Hermann Heitkamp, Alfred Plewa (Hrsg.)

Soziale Arbeit in Selbstzeugnissen

Band 2

LAMBERTUS

Hermann Heitkamp, Alfred Plewa (Hrsg.)

Soziale Arbeit in Selbstzeugnissen
Band 2

Mit Beiträgen von
Marianne Hege
Heinz J. Kersting
Martha Krause-Lang
Klaus-Rainer Martin
Maria Dorothea Simon
Silvia Staub-Bernasconi
Werner Steinhauser
Hans Thiersch
Wolf Rainer Wendt

Lambertus

Die Deutsche Bibliothek - CIP-Einheitsaufnahme

Ein Titeldatensatz für diese Publikation ist bei
Der Deutschen Bibliothek erhältlich

Umschlaggestaltung: Christa Berger, Solingen
Satz und Layout: Ursi Aeschbacher, Emmendingen
Herstellung: Franz X. Stückle, Druck und Verlag, Ettenheim
ISBN 3-7841-1397-4

Inhalt

Vorwort

Wie im 1999 erschienenen Band 1 von „Soziale Arbeit in Selbstzeugnissen“ und schon zuvor in dem 1982 von Ludwig J. Pongratz herausgegebenen Vorläuferbuch „Pädagogik in Selbstdarstellungen, Band IV“ kommen auch in unserem Folgeband wieder bedeutende Vertreterinnen und Vertreter der Sozialen Arbeit zu Wort.
Mit den hier vorgelegten neun neuen Beiträgen besitzen wir nunmehr in allen drei genannten Werken insgesamt 26 Autobiographien, die nach unserer Auffassung ein gültiges Bild von der Entwicklung einer Wissenschaft der Sozialen Arbeit zumindest über den Zeitraum etwa der letzten 80 Jahre vermitteln können. Dieses Bild zeigt sich natürlich nicht als eine in sich geschlossene, harmonische Gestalt! Wissenschaftlicher Fortschritt – zumal in seinem jeweiligen zeithistorischen Kontext gesehen – verläuft ja nie nur linear, kontinuierlich und ungestört, sondern weist immer wieder auch Brüche, Verwerfungen und gelegentlich sogar Rückschritt auf. Für die Soziale Arbeit mag dies vielleicht noch viel stärker als für andere Wissenschaften gelten.
Unser Buch möchte einen Beitrag zur Geschichte der Sozialen Arbeit im deutschsprachigen Bereich leisten, wobei uns bewusst ist, dass die biographische Dimension in einem solchen Vorhaben nur einen, allerdings wohl unverzichtbaren Aspekt darstellen kann. Denn selbstverständlich müssen Biographien unter historiographischem Anspruch in Beziehung zu „objektiveren“ Bereichen gestellt werden, wie zum Beispiel zur institutionellen Geschichte einer Profession oder Disziplin. Gleichwohl: Wer vermag sich der Faszination erlebter und nicht selten mitgestalteter Geschichte in der Fülle persönlich geschilderter Erfahrungen und Reflexionen zu entziehen?
Wir wollen hier auf inhaltliche Kurzcharakterisierungen oder Zusammenfassungen ganz verzichten. Alle biographischen Beiträge sprechen ja für sich! Noch entschiedener verbieten wir uns irgendwelche Kommentare, sondern wollen abschließend nur einen „Eindruck“ wiedergeben: Eben wirklich in „beeindruckender“ Weise erbringen alle Einzelbeiträge sowohl ein überaus differenziertes als auch zugleich wiederum zusammenhängendes Gesamtbild von Sozialer Arbeit. Das von den Autorinnen und Autoren

dargebotene reichhaltige Material wird sich vermutlich besonders jenen Lesern voll erschließen, die nicht nur diachronisch sondern häufig „quer" lesen und dabei vergleichen und nochmals vergleichen.

Wolfegg und Weingarten im März 2002

Hermann Heitkamp und Alfred Plewa

Marianne Hege
* 13.11.1931

Meine Berufsbiographie

Ich habe lange gezögert, diese Berufsbiographie zu schreiben. In meiner Ausbildung zur Sozialarbeit lernten wir „Geschichte der Sozialarbeit" anhand von „Gestalten" aus dem 19. Jahrhundert. In der Tradition des 19. Jahrhunderts wurden uns Persönlichkeiten vorgestellt, die kraft ihrer persönlichen Eigenschaften wie Intelligenz, Willensstärke, Gerechtigkeitssinn, organisatorische Tüchtigkeit u.a. sich in religiöser oder humaner Hingabe um ganz bestimmte Personengruppen kümmerten, „Werke" schufen, die nach ihrem Ableben auch nach ihnen, ihren Begründern, benannt wurden. Personen – so die übermittelte Auffassung – machen auch in der Sozialen Arbeit Geschichte.
Mein heutiges Verständnis von Geschichte der Sozialen Arbeit und das Verständnis von der Sozialisation der Menschen, die in der Sozialen Arbeit tätig sind, hat sich gewandelt. Ich kann mich als handelndes Subjekt immer nur sehen im reaktiven oder aktiven Austausch mit anderen Subjekten in der jeweiligen geschichtlichen Situation. Ich will das, was ich im Rahmen der Sozialarbeit getan habe, nicht abstrahieren von den Fragen und Anforderungen, die in der Ausbildung und Praxis der Sozialarbeit in den Nachkriegsjahren gestellt wurden.
In meiner Darstellung werde ich daher immer wieder Bezug nehmen zu den sozialen Fragen, die sich in der jeweiligen Zeit stellten. Desgleichen werde ich die strukturellen und zeitgeschichtlichen Bedingungen schildern, in welchen ich arbeitete.[1]

Zur familialen Sozialisation

Ich wurde am 13.11.1931 als dritte und jüngste Tochter des Kaufmanns Ulrich Hege und seiner Frau Anna[2] in Pforzheim geboren. Nach dem Besuch

---

[1] Ich berichte nicht von Studenten, Studentinnen, Klienten und Klientinnen. Diese haben meine Arbeit sicher mindestens so stark geprägt, wie die benannten Kolleginnen und Kollegen. Schon aus diesem Grund ist der Bericht unvollständig.

der Volksschule trat ich 1942 in die dortige Oberschule ein. Nachdem die elterliche Wohnung durch Bombenangriffe zerstört war (1944), suchte unsere Mutter mit uns Kindern auf dem Land bei entfernten Verwandten Zuflucht. Kriegsbedingte Not, eine anstrengende Mithilfe in der Haus- und Feldarbeit und mein auf dem Lande nicht zu befriedigender Wissensdrang prägten nach meiner Erinnerung die Jahre des Kriegsendes und der unmittelbaren Nachkriegszeit. Dem Einsatz meiner Mutter, die selbst nie einen Beruf erlernt hatte, verdanke ich, dass ich schließlich als Fahrschülerin das Realgymnasium einer Kleinstadt besuchen konnte. Mein Vater nahm nach seiner Rückkehr aus dem Krieg den erlernten Kaufmannsberuf nicht mehr auf. Er widmete sich der Gemeindearbeit der Mennoniten und dem angeschlossenen Hilfswerk. Dies führte bei mir nach dem Abitur, das ich 1952 in Sinsheim ablegte, zu dem Wunsch, Theologie zu studieren. Die Botschaft, dass Leben und Arbeit in den Dienst derer zu stellen sei, die der Hilfe bedürfen, war eine Botschaft, die ich aus dem Elternhaus unhinterfragt übernahm.

STUDIUM IN HEIDELBERG UND MÜNCHEN

Mein Studium begann ich in Heidelberg. Da zu dieser Zeit in meiner Religionsgemeinschaft das „Weib in der Gemeinde zu schweigen“ (Paulus) hatte, schrieb ich mich in Psychologie ein mit dem Ziel, später als Psychologin in dem angestrebten sozialen Beruf zu arbeiten. Ich belegte eine Fülle von Vorlesungen und genoss, zu hören und zu lesen. Studieren zu dürfen erschien mir als ein hohes Privileg. Ich war die erste in der Familie, die einen akademischen Beruf anstrebte.

Die Universitätsbibliothek in Heidelberg war unzerstört, ich konnte alle Bücher bekommen, die ich lesen wollte. Ich nahm die Literaturangaben der Professoren „wörtlich“, d.h. ich las das, auf was sie sich in ihren Anmerkungen bezogen. Johannes Rudert,[3] Ordinarius am Psychologischen Institut, kam aus der geisteswissenschaftlichen Psychologie der Leipziger Schule. Er bezog sich in seinen Vorlesungen auf Karl Bühler, Eduard Spranger, Friedrich Schleiermacher, Ludwig Klages und auf Philipp Lersch,[4] dessen Veröffentlichung, „Aufbau des Charakters“ mich faszinierte und in mir den Wunsch weckte, nach München zu wechseln, um bei ihm zu studieren.

---

[2] Anna Hege geb. Nafziger (1900-1981); Ulrich Hege (1892-1974).

[3] Dr. J. Rudert (1894-1980), Professor für Psychologie an der Universität Heidelberg.

Im Folgenden benenne ich die Erfahrungen in Heidelberg, die für den weiteren Studienweg und meine berufliche Entwicklung wichtig wurden:
Die Vorlesungen bei Hans-Georg Gadamer[5] belegte ich zunächst aus formalen Gründen; er nahm im Studiengang der Psychologen die Diplomprüfung in Philosophie ab. In diesen Veranstaltungen war ich zunächst irritiert. Ich versuchte, wie gewohnt mitzuschreiben, das gelang mir nicht, und ich folgerte daraus, dass ich „nichts verstehen" konnte. Ich war enttäuscht, aber gleichzeitig fasziniert. Gadamer entwickelte in den Vorlesungen seine Gedanken, er begann einen Satz, brach ab, formulierte neu, stellte Beziehungen zu andern Philosophen her, die ich nicht kannte, auf die ich aber neugierig wurde. Schließlich stellte er Fragen, die er nicht beantwortete. Ich ging verwirrt aus den Vorlesungen, hatte aber immer etwas „nachzudenken" oder „nachzusuchen". Ich bekam eine Ahnung davon, dass Erkennen und Wissen mehr sind, als Vorlesungen nachzuarbeiten und Bücher zu rezipieren.
Eine Kommilitonin nahm mich mit in die Medizinische Fakultät, hier könne ich eine Psychologie hören, die im Institut verpönt sei. Ich war gespannt. Albert Görres, damals Assistent bei Alexander Mitscherlich,[6] las in einem großen Hörsaal einer kleinen Gruppe von Psychologiestudenten: „Einführung in die Psychoanalyse". Was ich hörte, war ganz anders als das, was ich über Entwicklungspsychologie bislang erfahren hatte. Selbstreflexion war mir aus dem religiösen Erleben als Erforschung des Gewissens bekannt. Dass sie dazu dienen konnte, Entwicklung von psychischen Schädigungen in der Kindheit zu erforschen und darüber hinaus die Entwicklung psychologischer Erkenntnisse zu fördern, war überraschend, neu und blieb mir lange Zeit fremd.
In München hatte ich zunächst eine Eignungsprüfung für das Psychologiestudium zu absolvieren. Lange Testbatterien in Gruppen fand ich quälend und ernüchternd, so hatte ich mir die psychologische Praxis nicht vorge-

---

[4] Dr. K. Bühler (1879-1963), 1938 in die USA emigriert; E. Spranger (1882-1963) gilt als Begründer der geisteswissenschaftlichen Psychologie; F. Schleiermacher, Theologe und Philosoph (1768-1834); L. Klages (1872-1956), Philosoph und Psychologe, lehnt in seiner biozentrischen Lebensphilosophie die Vorherrschaft begrifflichen Denkens ab; Dr. Ph. Lersch (1898-1972), Professor an der Universität München. Hauptwerk „Aufbau der Person" 1952.

[5] Dr. H.-G. Gadamer (geb. 1900), Philosoph. Hauptwerk „Wahrheit und Methode. Grundzüge einer philosophischen Hermeneutik".

[6] Dr. A. Görres (1918-1996), Tiefenpsychologe; Dr. A. Mitscherlich (1908-1987), Arzt und Psychoanalytiker.

stellt. Versöhnt wurde ich durch die intensiven Explorationen der Assistenten Lückert und Heinelt. Ich konnte berichten, was mich zur Psychologie und nach München geführt hatte, sprach von meinen Plänen in der Sozialen Arbeit. Ich wurde beraten, mich gleichzeitig bei der Fachschule für Sozialarbeit am Bogenhauser Kirchplatz zu bewerben, und im übrigen zeigten sich beide Dozenten beeindruckt von dem, was ich in den zwei Semestern an Wissen angesammelt hatte.

Dr. Martha Rehm,[7] Leiterin der Sozialen Schule, nahm mich nach einem Gespräch in den anlaufenden Ausbildungsjahrgang auf. Ich begann mein Doppelstudium mit einem halben Jahr Befreiung zur Ableistung des Vordiploms und der Anerkennung meiner Praktika bei beiden Ausbildungsgängen, so dass ich 1955 das Vordiplom in Psychologie, 1956 die Prüfung für Wohlfahrtspflegerinnen, 1957 die Diplomprüfung in Psychologie ablegen konnte. Nach meinem Praktikantenjahr, das damals verpflichtend für die Wohlfahrtspflegerinnen nach der zweijährigen schulischen Ausbildung war, erhielt ich 1958 die staatliche Anerkennung. Im April 1959 promovierte ich.

Meine hohen Erwartungen an die Psychologievorlesungen von Philipp Lersch erfüllten sich nicht. Ich war eher enttäuscht. Philipp Lersch schrieb besser als er sprach. Er hatte gerade die Überarbeitung seines Hauptwerkes „Aufbau der Person“ abgeschlossen. Über das Geschriebene hinaus gab es keine neuen Einsichten und Erkenntnisse.

Es ging mir wie vielen Kommilitoninnen: Ich war wegen Lersch nach München gekommen, saß aber dann bewegt und betroffen in den Seminaren und Vorlesungen von August Vetter.[8] Er sprach in seinen Vorlesungen nicht über den Aufbau von Persönlichkeitsstrukturen, vielmehr über Lebensprozesse und psychologische Entwicklungen, die uns alle betrafen. Es ging um Probleme der Ablösung vom Elternhaus, um Beziehungen zwischen Männern und Frauen.

August Vetter konnte Einzelprobleme differenziert schildern und an deren Lösung seine psychologische Vorgehensweise verdeutlichen. Er verfügte über eine lange Beratungserfahrung und sah sich zugleich in die „Geistesgeschichte“ der Psychologie eingebunden. Seine philosophisch-psychologischen Betrachtungen über die Entwicklung der Psychologie als Teilgebiet der Philosophie des Individuums von der griechischen Philosophie bis

---

[7] Dr. M. Rehm (1895-1990), Direktorin der Sozialen Schule der Stadt München von 1934-1960.

[8] Professor Dr. A. Vetter (1887-1976).

zu den Lebensphilosophen des 20. Jahrhunderts (Schopenhauer, Nietzsche) faszinierten uns. Er bezog in seine Darstellungen eine kritische Würdigung der Psychoanalyse ein – ich erinnere mich am meisten an seine Darstellung von C. G. Jung.[9] Besondere Bedeutung für die sogenannte Ausdruckskunde hatten die Lebensphilosophen Carl Gustav Carus[10] und Ludwig Klages, die nach seiner Auffassung als erste die Bedeutung der Emotionen und des „Gemütes“, auch des „Unbewussten“ gegenüber der Ratio postulierten. Über den Einfluss von Klages auf die Verbindung von Vitalismus und Nationalismus, „hörte“ ich ihn nicht sprechen. Die Zeit des Nationalsozialismus blieb ausgeblendet, ich habe aber auch keine Fragen gestellt. Geprägt durch die Kriegserfahrungen, konfrontiert mit vielen gebrochenen Autoritäten zum Kriegsende und aus der Erfahrung mit den Heimkehrern, suchte ich im Studium und in der Ausbildung der 50er Jahre nach unbeschädigten „Autoritäten“. Ich wollte die alten Geschichten und deren Rechtfertigung nicht mehr hören. (Ich erinnere mich, dass wir als Fahrschüler die Abteile mieden, in denen auf dem Weg zur Arbeit die „alten Landser“, wie wir sie nannten, sich immer wieder ihre Kriegserfahrungen berichteten und unsere Aufmerksamkeit einklagten).[11]

Durch die Vorlesungen von Alf Däumling[12] eröffnete sich mir der Blick für die praktischen Arbeitsfelder der Psychologie. Durch diese konnte ich eine Verbindung herstellen zwischen dem, was an der Fachschule und der Universität gelehrt wurde. Es waren für mich sehr unterschiedliche, mich aber in gleicher Weise interessierende Welten.

An der Sozialen Schule faszinierte mich der Praxisbezug; am Bogenhauser Kirchplatz wurde über jene Menschen und ihre Lebensverhältnisse gesprochen, denen ich mich nach dem Studium zuwenden wollte. Es ging um Rechtsgrundlagen, um Hilfemöglichkeiten bei materiellen Nöten, auch um Volkswirtschaft, Geldwirtschaft, Methoden der Hilfe etc. Das fand ich interessant, lebendig und praxisnah. Bedrückt und mehr und mehr belastet hat mich dagegen der Unterrichtsstil, der streng schulisch ausgerichtet war: Abfrage der letzten Stunde, Anwesenheitspflicht, Entschuldigung bei Feh-

---

[9] C. G. Jung (1875-1961) entwickelte die Lehre vom individuellen und kollektiven Unbewussten.

[10] C. G. Carus (1789-1869), Arzt, Naturforscher, Philosoph.

[11] Damit habe ich – und ich denke, meine Generation – zum Schweigen und Verschweigen und letztlich auch zur Verdrängung dieser jüngeren deutschen Geschichte beigetragen.

[12] Dr. A. Däumling (geb.1917), Professor für Psychologie an der Universität Bonn, setzte sich in besonderer Weise für die Verbreitung der Gruppendynamik ein.

len. Dieser Stil war den Schülerinnen nicht angemessen und im Hinblick auf die zukünftige Aufgabenstellung unpassend, sollten sich doch die Wohlfahrtspflegerinnen selbständig in ihrem Arbeitsfeld bewegen. Doch dieses Lernziel war nicht für alle Lehrkräfte verbindlich. Die Schulleiterin Martha Rehm kam aus einer anderen Tradition, doch das habe ich erst viel später begriffen.

Positiv erlebte ich die unterschiedlichen Sichtweisen der Fächer. In den Psychologievorlesungen des Psychologischen Instituts wurde viel von ganzheitlicher Wahrnehmung und Erfassung gesprochen. An der Sozialen Schule wurde diese ganzheitliche Sichtweise gelebt. Der Strenge und dem Reglement entgegen erlebten wir Dr. Martha Krause-Lang,[13] die Soziologie lehrte und zugleich eine Methoden- und Handlungslehre entwickelte. Ich erinnere mich noch heute an den Fall, mit dem sie uns die Hilfe zur Selbsthilfe erklärte. M. Krause-Lang hat in den USA die Methoden des Casework studiert und später die wichtigen Werke des Casework ins Deutsche übertragen. Sie war als Person stets präsent, eine Frau, die sich als Kriegswitwe und Alleinerziehende ganz bewusst mit den vielfältigen Problemen des Nachkriegsdeutschland und auch mit uns auseinandersetzte. Meine eigenen Bemühungen um die Lehre der Methoden waren emotional immer rückgebunden an diese lebendigen Denkanstöße.

PRAKTIKA

Die Unterschiede zwischen den Lehrveranstaltungen an der Universität einerseits und der Fachschule andererseits hinsichtlich ihrer Konsequenzen für die Praxis wurden mir in den Praktika bewusst, die ich ablegen musste. Zunächst absolvierte ich für die Ausbildung an der Sozialen Fachschule ein pflegerisches Praktikum von acht Wochen und ein sogenanntes Amtspraktikum von sechs Wochen.

Das pflegerische Praktikum brachte mich in ein Kinderkrankenhaus mit angeschlossenem Säuglingsheim. Ich war erschrocken über den Entwicklungsstand der Kinder, vor allem über ihre geringe Resonanzfähigkeit auf soziale Kontakte. Ich wurde belehrt, das sei normal für Heimkinder. Durch meine Versuche, Änderungen in den Tagesablauf zu bringen, z.B. durch ei-

---

[13] Dr. M. Krause-Lang (geb.1912), Dozentin an der Höheren Fachschule der Stadt München. 1971 Professorin an der Katholischen Stiftungsfachhochschule München (s. ihren Beitrag in diesem Band, S. 147).

nen kleinen Ausflug in den Garten des Hauses, verstörte ich die Kinder nachhaltig, die allein schon durch das Licht und das Fahren im Wagen aufs höchste irritiert waren. Seit diesen Tagen hatte ich lebhafte und deutliche Bilder, wenn ich später von Hospitalismuserscheinungen hörte.
Mein Amtspraktikum führte mich nach Heidelberg in das dortige Jugendamt. Praxisanleiter und Praxisanleitung waren dort noch unbekannt. Man brachte mich in der Amtsvormundschaft unter, wo ich zunächst die behördlichen Aufgaben erledigte. Jedes „uneheliche" Kind bekam einen Vormund. Ich erlebte die Nöte der Mütter, die auch dann, wenn sie die Kinder bei sich erziehen wollten, auf keine finanziellen oder gar beraterischen Hilfen rechnen konnten. So war bei weniger gutsituierten Frauen die Heimunterbringung fast unumgänglich. Diese ungünstige Ausgangssituation stand mir immer vor Augen, wenn ich in Statistiken später von den Karrieren „unehelich" Geborener las oder von Heimerziehern Klagen über den mangelnden emotionalen Bezug unehelicher Mütter zu ihren Kindern hörte. Unterbringung der Kinder und die Suche nach dem zahlenden Erzeuger waren die sichtbaren Arbeitsschwerpunkte des Amtes. Ich wurde mitgenommen zu den sogenannten „Vaterschaftsprozessen", in denen der Amtsvormund die Vaterschaft zahlungsunwilliger Erzeuger klären ließ. Zu der Zeit konnten die als Erzeuger angeklagten Männer noch den „Mehrverkehrseinwand" nutzen, um sich der Zahlung zu entziehen. Ich fand diese Prozesse entwürdigend, vor allem für die Frauen, die als Zeuginnen aussagen mussten. Ab und zu wurde ich einer Fürsorgerin zugeteilt, die Hausbesuche machte. Ich war verblüfft von der Unterwürfigkeit der Hilfesuchenden, noch mehr von der Tatsache, dass Kolleginnen diese als angemessen bezeichneten. Sie hielten auf Ordnung im Umgang mit Klienten, sahen die Kontrolle von Abhängigen als ihre Pflicht, d.h. sie befragten nicht nur Schulen, sondern auch die Nachbarn, um Informationen zu bekommen. Offenbar war dies eine Handlungsweise, die unhinterfragt aus der kontrollierenden Vorgehensweise im Nationalsozialismus mit neuen Inhalten als Amtsautorität beibehalten wurde. Fixiert auf psychologische Konzepte, schrieb ich dieses Verhalten den einzelnen Kolleginnen zu, es war deutlich zu spüren, dass die Durchsetzung ihrer Macht sie befriedigte. Das System von Kontrolle und Ausgrenzung begriff ich zu dieser Zeit noch nicht; ich hoffte, dass durch eine andere persönliche Behandlungsform den Klienten geholfen werden könnte. Solche Behandlungsformen wollte ich lernen.
Mein erstes selbstgewähltes Praktikum führte mich in die Frauenstrafanstalt nach Rothenfeld, wo weibliche Jugendliche und erstbestrafte Erwachsene ihre Strafe verbüßten. Ich wollte der Thematik von Schuld und Ge-

rechtigkeit weiter nachgehen, die mich bei meinem Vordiplom beschäftigt hatte.
Praxisanleiterin war die Oberlehrerin und Psychologin Frau Dreyer. Die Anstalt wurde von Frau Lang geleitet. Ich wurde von beiden Frauen in guter Weise begleitet. Ich hatte, was heute undenkbar ist, die Schlüssel für alle Zellen und konnte mich ohne Wachpersonal und ohne „Vorführungen" bewegen. Ich führte Freizeitveranstaltungen durch und kümmerte mich um einzelne Gefangene, soweit die Arbeitszeit, die ich einhalten musste, das erlaubte. Ich konnte nicht nach „Einschluss" weitermachen, obwohl ich das gerade für wichtig hielt; waren die langen Nachtzeiten doch für die jungen Frauen langweilig und in meiner Sicht für die Resozialisierung ungenutzt.
Bezüglich der „Straftaten" war ich auf „Verbrechen" oder schwere Vergehen gefasst, wurde aber mit Lebenskonflikten konfrontiert, die mir zuvor nicht begegnet waren. Bei den erwachsenen Ersttäterinnen erinnere ich mich an Frauen, die wegen Abtreibung oder Fremdabtreibung inhaftiert waren. Ich war tief betroffen von der Härte der Strafen gegenüber diesen Frauen, die in der Haft unter schrecklichem Heimweh nach ihren Kindern und ihrer Familie litten. Ich fand diese Strafen für die Frauen, die abgetrieben hatten, zutiefst ungerecht. Andererseits erschrak ich über die Fremdabtreiberinnen, über deren kalte, von finanziellem Gewinn bestimmte Einstellung, noch mehr aber über die Methoden, denen abtreibungsbereite Frauen ausgesetzt waren. Es waren die gesetzlichen Grundlagen, die drohende Strafe, welche die Frauen in die Hände dieser Kurpfuscherinnen trieb. Dieser Zusammenhang wurde mir klar und stellte meine bisherigen Rechtsvorstellungen in Frage. Es gab Lebenssituationen, die nicht durch eine Entscheidung für den „geraden Weg" zu lösen waren. Meine „Rechtsgläubigkeit" wurde nachhaltig erschüttert.
Ein zweiter mir bislang unbekannter Straftatbestand war die „Gewerbsunzucht". Es waren weibliche Jugendliche, die ihren Unterhalt durch Prostitution bestritten, sich jedoch dem Reglement entzogen (Ausweis, Wohnsitz, gesundheitliche Kontrolle), die die Prostituierten vor Strafe schützte. Diese Jugendlichen hatten keinen festen Wohnsitz, verloren immer wieder den Ausweis, mitunter bestahlen sie ihre Freier. Die Jugendstrafe, z.T. die unbestimmte Jugendstrafe, sollte ihrer äußeren und inneren Festigung dienen. Ich lernte die jungen Frauen kennen und vergaß mehr und mehr die einzelnen Straftaten, sah sie als Personen und suchte mit ihnen nach Lebensmöglichkeiten nach der Entlassung. Die Lebensgeschichten schienen mir der Schlüssel für das abweichende Verhalten – ein Verhalten, das ich in vielen Fällen sozial einsichtig und nicht „strafwürdig" empfand. Ich hielt

alle für resozialisierbar und schmiedete mit ihnen weit überzogene Pläne für die Zeit nach der Entlassung, versprach Unterstützung draußen und meine Begleitung bei Arbeits- und Wohnungssuche.
Frau Lang ging damals an die Grenze ihrer Möglichkeiten, als sie erlaubte, dass ich mit einer lang einsitzenden Jugendlichen eine Woche vor deren Entlassung ihre zukünftige Unterkunft und die Arbeitgeberin besuchte. Auf diesem Ausgang wurde mir erschreckend deutlich, dass trotz des lockeren Vollzugs die junge Frau sich kaum in der „Freiheit“ bewegen konnte. Später lernte ich dieses Verhalten als Hospitalisierung deuten.
Bei der Formulierung von Berichten und Testergebnissen wurde mir klar, dass die Sprache des „Aufbaus der Person“ (Philipp Lersch) keine Begriffe und keine Erklärungen bereithielt für die Frauen, an denen mir so viel lag. Wie sollte ich in dieser Sprache die Wutausbrüche benennen, wie ihr labiles Beziehungsverhalten, wie erklären, warum sie immer wieder auf den Strich gingen, obwohl sie sich nach einer Familie, Ehemann und Kindern sehnten, warum bestahlen sie die Menschen, die sie gern hatten? Auch bei den Testverfahren und deren Auswertung kam ich zu Berechnungen, welche die vorgegebenen Tabellen sprengten.
In den Fallseminaren am Psychologischen Institut wagte ich nicht, meine Fälle darzustellen. In ihnen ging es hochdifferenzierend um Probleme von Kindern gebildeter Eltern, da passten die „Strichmädchen“ nicht hinein. Deren Probleme konnte ich mit Martha Krause besprechen und mit Gräfin Brühl, der Sozialarbeiterin des Sozialdienstes Katholischer Frauen (SKF), die in Rothenfeld Dienst tat. Bei ihnen spürte ich Verständnis für meine Umgangs- und Resozialisierungsbemühungen, wobei die Gräfin Brühl ironisch distanziert immer wieder betonte, dass die Arbeitsstellen, die sie anbieten konnte, weniger attraktiv seien als die Angebote amerikanischer Besatzungssoldaten.
Ich hatte in dieser Zeit keine befriedigenden Erklärungsmuster für die Verhaltensweisen, die wir damals als „Verwahrlosung“ kennzeichneten. Ich habe mich damit in meiner Promotionsschrift auseinandergesetzt.[14] Diese Auseinandersetzung wurde mit Titel und Urkunde bestätigt, die inhaltliche Antwort, die ich fand, hat mich nicht zufriedengestellt. Heute haben wir psychologische Modelle, die diese Verhaltensweisen präziser fassen.
Das zweite Praktikum leistete ich bei Dr. Luitgard Brem-Gräser[15] in München ab. Sie hat im Rahmen des Schulreferates eine der ersten Erziehungs-

---

[14] Hege, M., Kriminalpsychologische Motivationsforschungen bei weiblichen jugendlichen Strafgefangenen, München 1958.

beratungsstellen in München aufgebaut (in der Nachfolge von Beratungen in den Amerikahäusern). Sie war eine Lersch-Schülerin, auf die Diagnostik und Behandlung von Schulschwierigkeiten spezialisiert. Im Rahmen dieser psychologischen Grundlagen arbeitete ich in diesem Praktikum. Ich lernte, Anamnesen zu erheben, den Umgang und die Beurteilung von kindspezifischen Testverfahren, die eingesetzten Verfahren kritisch zu betrachten, andere zur Kontrolle einzusetzen, den Befund in einem psychologischen Gutachten festzuhalten und die Eltern zu beraten. Es waren Eltern der Mittelschicht, die mit eigener Motivation die Beratung aufsuchten und in der Regel auch bereit waren, sich auf eine Beratungssituation einzulassen, d.h. sie suchten neue Wege.
Ich lernte durch die unterschiedlichen Praktika, wie stark die Rahmenbedingungen der Tätigkeit die berufliche Tätigkeit selbst und auch die Ergebnisse bestimmen. Das galt insbesondere für die Beratungssituation. Die Eltern in der Erziehungsberatung suchten „Rat“, und wenn die Beratung auch oft die Hoffnungen nicht erfüllte, dass jetzt alles anders werden würde, so gab es doch Einsicht und den Willen zur Veränderung. In der Strafanstalt dagegen waren psychologische Verfahren und Beratung fremd, die Gefangenen sahen diese als Abwechslung oder Manipulationsinstrumente. Die Ergebnisse spiegelten oft die Situation „der Person in der Kasernierung“, die nicht aufzuheben war.
Beide Arbeitsgebiete interessierten mich so sehr, dass ich sie zur Vertiefung in meinem Anerkennungsjahr wieder wählte. In diesen Monaten lernte ich die Möglichkeiten meines Berufes realistischer einzuschätzen. Versuche, junge Frauen in München weiter zu betreuen, blieben ohne Wirkung. Die Warnung Gräfin Brühls schien sich zu erfüllen, dass sie der Verführung meist farbiger, lebensfreudiger und materiell gut ausgestatteter amerikanischer Besatzungssoldaten erlagen. Später lernte ich verstehen, dass in dieser Zeit die sogenannte Gefährdetenfürsorge nicht nur materiell bescheidenst ausgestattet war (Wohnheime, Arbeitsplätze), darüber hinaus meist lebensfeindlichen, puristischen Wertvorstellungen folgte, zu denen ich heute auch meine damalige Auffassung der Resozialisierung, als auf den „richtigen Weg bringen“, zähle. Die Vorstellung war familienbezogen, so wurde auch die Erfüllung sexueller Bedürfnisse auf die Ehe beschränkt. Andere Lebensformen wurden entwertet. Aus den Gesprächen mit den jungen Frauen erfuhr ich, dass diese oft eine vorher nicht erlebte Aufwertung ihrer Person, als weiße Freundin ei-

---

[15] Prof. Dr. L. Brem-Gräser (geb. 1919), Diplom-Psychologin, 1972 Professorin an der FH München.

nes schwarzen Mannes erfuhren. Was wir als Abgleiten in die Prostitution bezeichneten, erfuhren sie als Etablierung in „der Halbwelt."
In der noch eher grauen Nachkriegsgesellschaft entstand auch bei nicht in die Kriminalität „abgeglittenen" Frauen ein Lebenshunger, die Lust auf Leben, die sich Bahn brach („Fräuleinwunder"). Sie ließ sich mit den von Krieg und Entwertung unbelasteten Boys aus Übersee besser erleben und leben als mit den deutschen Männern, die durch Krieg und Niederlage gezeichnet waren. Die Eheschließung mit einem Besatzungssoldaten eröffnete die Auswanderung in die USA, die uns zu dieser Zeit noch als das Land der unbegrenzten Möglichkeiten erschien. Die in dieser Zeit als „Verwahrlost" gekennzeichneten jungen Frauen fanden aus unterschiedlichsten Gründen keine legalen Formen für ihre Lebensplanung in dieser Umbruchszeit. Sie wurden stigmatisiert und ausgegrenzt. Diese Zusammenhänge konnte ich zu dieser Zeit nicht sehen. Ich buchte meine „Niederlagen" auf meine fachliche Inkompetenz, die ich zu beheben trachtete.

BERUFSJAHRE IN DER ERZIEHUNGSBERATUNG

In München schien es für mich 1958 keine Arbeitsstelle zu geben, so zog ich mich zunächst nach Hause zurück, um an meiner Promotion zu arbeiten. Alf Däumling – mein Doktorvater – wollte mir eine Assistenzstelle an die Uni Heidelberg vermitteln, zugleich erhielt ich eine Anfrage von München. Frau Dr. Brem-Gräser war nach einer Psychologin für die neu zu gründende evangelische Erziehungsberatung gefragt worden. Sie empfahl mich, und Pfarrer Otto Steiner,[16] der für den Bereich Hasenbergl zuständig war, sagte nach „Augenschein" sofort zu.
1958 stand München wie andere Städte im wirtschaftlichen Aufschwung. Für die Sozialpolitik verantwortliche Persönlichkeiten, wie Oberbürgermeister Thomas Wimmer, Pfarrer Leonhard Henninger von der Inneren Mission, von der Caritas Monsignore Oskar Jandl, Dr. Anna Heim-Pohlmann[17] vom Paritätischen Wohlfahrtsverband kannten sich aus der Zeit des Nationalsozialismus, dessen sozialpolitischen Zielen sie widerstanden. Sie versuchten

[16] O. Steiner (1917-1995), 2. Vereinsgeistlicher der Inneren Mission, 1959. Gemeindepfarrer der Emmauskirche Hasenbergl.

[17] Dr. A. Heim-Pohlmann (1885-1980), Direktorin der Sozialen Frauenschule München 1921-1933; Monsignore O. Jandl, Caritasdirektor (1938-1962); L. Henninger (1909-1985), Vereinsgeistlicher der Inneren Mission 1935-1976; T. Wimmer (1887-1964) Oberbürgermeister der Stadt München 1948-1960.

durch eine umsichtige Sozialpolitik eine Spaltung der Bevölkerung in die, die mit dem Wirtschaftswunder reich wurden, und die, die unter den Kriegsfolgen zu leiden hatten, auszugleichen. Auf der Bundesebene war das BSHG verabschiedet worden (1961) und hatte den Rechtsanspruch auf Hilfe gebracht. Hilfe wurde über die materielle Unterstützung hinaus als persönliche Hilfe formuliert. Das bildete die Grundlage für eine Fülle von sozialen Initiativen, vor allem für eine Ausbildung und Qualifizierung von Fachkräften, die diese Hilfe leisten konnten. Die Novellierung des Jugendwohlfahrtsgesetzes ging nicht so weit, wie die Fachkräfte sich das zu dieser Zeit schon wünschten, doch bezogen auf meine Tätigkeit in der Erziehungsberatung gab es eine wichtige Veränderung. Die Erziehungsberatung wurde zur Pflichtaufgabe des Jugendamtes. Ende der 50er Jahre, besonders in den 60er Jahren, schienen die materiellen Folgen des Krieges weitgehend durch Renten und die Möglichkeiten des BSHG abgesichert. Der Schwerpunkt der Hilfen verlagerte sich von der materiellen Hilfe auf die psychosozialen Hilfen. Dabei wurde offenbar, dass der materielle Ausgleich leichter zu bewältigen war – die gesellschaftlichen Veränderungen und die rasche Anpassung an die neu erstehende Leistungsgesellschaft hatte Folgen für Familien, Kinder und Jugendliche und damit für die Arbeit der Jugendhilfe. Die Einrichtungen der Jugendhilfe und Jugendpflege, der Verbände wie der Kommunen, begannen ihren Anteil am Wirtschaftswachstum einzufordern. Wie ernst man eine fachlich zu fundierende Jugendhilfepolitik in München nahm, zeigt die Berufung von Kurt Seelmann[18] zum Jugendamtsleiter. Ein Schulmann und Therapeut an der Spitze einer durch Ordnungspolitik bekannten Behörde war ein völliges Novum.

In diesen für neue Inhalte in wiedererrichteten Strukturen (Öffentliche und Freie Wohlfahrtspflege) offenen Zeit, begann ich meine Tätigkeit an der Erziehungsberatung. Zu meinem Aufgabengebiet gehörte neben der Beratungstätigkeit im engeren Sinne, die Beratung der Jugendhilfeeinrichtungen der Inneren Mission. Das waren ein großes Kinderheim, ein heilpädagogisches Heim, ein Säuglingsheim und last not least die Heime der Herzogsägmühle, die obdachlose Erwachsene aufnahmen, Jugendhilfeeinrichtungen betrieben und Geistigbehinderten Unterkunft boten.

Zu meiner Überraschung wurde ich damit konfrontiert, dass die Leitungsaufgabe auch die Verantwortung für die Finanzierung der Arbeit einschloss. So konnte ich mich nicht allein mit meinen vertrauten und geliebten Fach-

---

[18] K. Seelmann (1900-1987), Pädagoge und Individualpsychologe; einer der ersten Erziehungsberater in München.

aufgaben beschäftigen, ich musste mich um Zuschussgeber kümmern. Was mich zunächst überforderte, sehe ich im Nachhinein als eine ausgezeichnete Schulung in Sachen Soziales Management. Meine wohlfahrtspflegerische Ausbildung kam mir zustatten. Ich wurde aber auch im Bereich der Diakonie unterstützt. Ratgeber war in dieser Zeit der „Herr Bruder Krumm“,[19] Diakon der Rummelsberger Anstalten, der respektvoll so tituliert wurde. Er war Vertreter des Landesverbandes der Diakonie für die politischen Verbindungen zu den Ministerien des Landes Bayern. Er verfügte nicht nur über profunde Kenntnisse in Bezug auf die Finanzierung sozialer Dienste, er hatte sich selbst ein Netz von sozialen Verbindungen geschaffen, in das er gerne die psychologischen Dienste einbezog, die er, allen anderen voraus, für die Entwicklung der Jugendhilfe für unabdingbar hielt.

So ist es zunächst den günstigen Rahmenbedingungen zu danken, dass wir in acht Jahren meiner Tätigkeit an der Erziehungsberatung diese jährlich durch neue Arbeitsgebiete erweitern konnten. Der andere Teil des Wachstums ist unserer Arbeitsfreude und Begeisterung für die Sache geschuldet. Es sollte eine evangelische Beratungsstelle für die Gemeinden Münchens sein. Von diesen Gemeinden kamen aber zunächst keine ratsuchenden Eltern. Wir wurden aber mehr und mehr zu Erziehungsvorträgen eingeladen und stellten uns so mit der Arbeit vor. In dieser Zeit gab es ein großes Bedürfnis nach Diskussion von Erziehungsfragen. Die meisten Eltern wollten ihre Kinder nicht so erziehen, wie sie erzogen worden waren. Mit den eigenen Problemen jedoch eine psychologische Fachstelle aufzusuchen, war für Eltern das Eingeständnis von Schwäche und Unfähigkeit. Oft wurden Erziehungsschwierigkeiten auch noch verstanden als „Pathologie“, deren man sich schämen musste. Schwer war es insbesondere für Eltern geistig behinderter Kinder, sie wussten noch um das Stigma der Nationalsozialisten und fragten nach der eigenen erblichen Belastung und ihrer Schuld an der Zeugung eines solchen Kindes.

Durch die Veranstaltungen in den Gemeinden, sicher auch durch die Diskussion in der Öffentlichkeit, wurden die Barrieren niedriger. Eltern trauten uns zu, sie zu beraten. Eine Ausnahmesituation ergab sich in der Emmausgemeinde am Hasenbergl. Pfarrer Steiner, der dort Gemeindepfarrer war, versuchte tatkräftig, in der Trabantenstadt eine soziale Infrastruktur zu schaffen. Wenn es um neu zu schaffende Einrichtungen ging, z.B. einen Schulkindergarten, später heilpädagogische Tagesstätten, wandte sich Pfarrer Steiner an mich und forderte Rat und Unterstützung ein. Nach vier Jahren

[19] Diakon Krumm (1908-1975).

führten wir regelmäßig Erziehungsberatung in einer Zweigstelle im Hasenbergl durch.
In der Arbeitsweise der Erziehungsberatung führte ich die Arbeit so fort, wie ich diese bei Frau Dr. Brem-Gräser gelernt hatte. Doch legten wir in der Anamnese, wie auch in der Beratung, einen Schwerpunkt auf das soziale Umfeld. Ein Drittel der Kinder wurde nach der Erstuntersuchung und Beratung in der Spieltherapie weiterbetreut. Konzeptionell orientierten wir uns bei Anamnese und Untersuchung an der Entwicklungspsychologie und einem Leitfaden wie ihn später Lilli Kemmler (1965) herausgab; mehr und mehr wurden uns tiefenpsychologische Sichtweisen wichtig. In der Spieltherapie orientierten wir uns an Zulliger (1959) und in der Gruppenarbeit an Slavson (1956). In der Beratung waren zunächst die Veröffentlichung von Ruth Bang (1958) wichtig, bis Tausch (1960) in Hamburg die Gesprächspsychotherapie entwickelte. Bei der Erhebung der Anamnese wurde im Laufe der Zeit das Erspüren der Haltungen vor allem in der Beziehung zum Kind wichtig, die meist indirekt über die Berichte von Fakten als deren emotionale Begleitung zutagetraten. Ohne dass wir das durch Befragung intendierten, wurden auch die von Freud beschriebenen wichtigen Phasen für die Entstehung von Störungen deutlich. Wir orientierten uns deshalb mehr und mehr an den Leitfragen, die Annemarie Dührssen (1960) veröffentlicht hat. Das Konzept hat sich auf diese Weise ständig weiterentwickelt. Ich konnte bereits im zweiten Jahr mit einer Assistentin arbeiten, die von der Victor-Gollancz-Stiftung[20] vermittelt wurde. Jährlich kamen in den Semesterferien zwei bis drei Studierende der Psychologie, die ihr Praktikum ableisteten. Auf diese Weise waren wir in die praktische Ausbildung von Psychologen/-innen eingebunden und erhielten Informationen über die Weiterentwicklung unseres Arbeitsgebietes in den Psychologischen Instituten. Alle Assistenten/-innen hatten in ihrer Zeit ein einschlägiges Thema zu bearbeiten, das im Team diskutiert wurde. Auf diese Weise konnten wir immer wieder Neues erfahren und erproben. Waren doch diese Jahre reich an Übersetzungen von Literatur und praktischem Transfer von dem, was in den USA entwickelt worden war (Bowlby 1964, Spitz 1957)! Wir hatten eine Menge „nachzuarbeiten“.
Wenn ich mich selbst in der Beratung dieser Zeit sehe, so war mein Ziel jenseits konzeptioneller, methodischer Überlegungen, unzufriedene Eltern

[20] V. Gollancz (1893-1967), englischer Verleger jüdischer Herkunft. Trat nach dem Kriege für die Verständigung mit Deutschland ein. Die Victor-Gollancz-Stiftung wurde 1972 aufgelöst.

mit ihren Kindern zu versöhnen; unsere Beratung war eigentlich ein Werben um Verständnis für die Kinder, deren Nöte sich in den Testergebnissen spiegelten. 44% der Kinder wurden uns wegen schulischer Leistungsstörungen vorgestellt. Die Kinder reagierten auf Überforderung durch die Eltern oder die Schule, die Leistungsgesellschaft kündigte sich an, und die Erzieher/innen waren verunsichert: Was musste erzwungen werden, wo war Lebenszeit und Möglichkeit neben den schulischen Pflichten? Besonders die Väter waren absorbiert von den Anforderungen der Arbeitswelt. Die meisten Mütter waren sehr erstaunt und fast abwehrend, wenn wir ihnen sagten, dass wir die erste Beratung nach der Untersuchung mit beiden Elternteilen durchführen wollten. Zeitbarrieren bauten wir durch unsere Abendsprechstunden ab. So versuchten wir dem Trend entgegenzuarbeiten, der in diesen Jahren mehr und mehr den Frauen alle Erziehungsarbeit zuschob. Doch waren gegenteilige Trends spürbar, ich erinnere mich an eine Akademikermutter mit drei Kindern, die uns nach und nach alle ihre Kinder brachte, die sich prächtig entwickelt hatten, jedoch ungehalten auf die Überforderung und zentrale Unzufriedenheit der Mutter reagierten. Die Mutter aber war zutiefst unglücklich über den Verlust der geliebten Berufsarbeit. Ich erörterte ihr fast mit einem schlechten Gewissen, wie sie es ermöglichen konnte, einen Teil ihrer Arbeit wieder aufzunehmen um mit dem verdienten Geld eine Kinderbetreuung zu finanzieren.

Die evangelischen Gemeinden kamen nur zögernd auf uns zu, die Mitarbeiterinnen des Allgemeinen Sozialdienstes (ASD) im Münchner Westen nahmen unsere Arbeit dagegen gerne in Anspruch. Frau Riffelmacher, Leiterin des ASD-West, kam monatlich einmal mit all ihren Mitarbeiterinnen – zunächst zur Fortbildung, dann zur Fallbesprechung – in die Erziehungsberatung. Wir versuchten auch eine kombinierte Beratung von Erziehungsberatung und ASD. Ich war erstaunt über das Lernbedürfnis und die großen Wissenslücken. Erst viel später wurde mir bewusst, dass mehr als die Hälfte dieser Mitarbeiterinnen in der Nazizeit ausgebildet worden waren.

Ein weiterer Schwerpunkt war die Beratung in den Heimen. Im Kinderheim Feldkirchen (im Osten Münchens gelegen), einem sogenannten Normalheim, mit etwa hundert Kindern, eingeteilt in Jahrgangsgruppen, suchte eine Erzieherin Rat. Sie hatte eine Gruppe mit 30 Buben übernommen, von denen die Hälfte Bettnässer waren. Diesem Problem konnte ich nicht mit differenzierten Einzeluntersuchungen begegnen, die wir in der Erziehungsberatung praktizierten. Es ging darum, die Lebensbedingungen der Kinder und die Arbeitsbedingungen der Erzieher/innen zu verändern. Wir unterstützten den Heimleiter bei seinen finanziellen Forderungen zum Umbau

(Abschaffung von Schlafsälen u.a.). Bei den Gesprächen mit den Erziehern und Erzieherinnen entdeckte ich die „Praxisberatung". Es wurde mir deutlich, dass es in der Beratung zwar um die Beziehung zu Kindern mit ganz besonderen Eigenarten ging, diese jedoch anders als bei Eltern bestimmt wurden durch die berufliche Sozialisation der Erzieherinnen und ganz wesentlich durch die Struktur und Aufgabenstellung in der jeweiligen Einrichtung. Die Heimerziehung konnte die Elternbeziehung nicht ersetzen, wie es manche Konzepte der Heimerziehung zu dieser Zeit noch suggerierten; d.h. es mussten für die Heime eigene Lernziele entwickelt werden, der Kontakt mit den Eltern musste während der Unterbringung gepflegt werden, was den Erziehern und Erzieherinnen schwer fiel, verstanden sie sich doch in der Mehrzahl als die besseren Ersatzväter und Ersatzmütter.
Im Heilpädagogischen Kinderheim in Lochhausen, einem Stadtbezirk im Westen Münchens, war mir eine andere Rolle zugedacht. Das kleine Heim wurde durch zwei Diakonissen geleitet, die ihre langjährige Erfahrung mit schwierigen Kindern jetzt in einem ihnen gemäßen Konzept und der überschaubaren Struktur realisieren wollten. Die Genehmigung als „heilpädagogische Einrichtung" war gekoppelt an die Mitarbeit einer Psychologin. Es ist mir unvergesslich, wie in meiner Fortbildung die beiden Schwestern mit sorgfältig gespitzten Bleistiften in ihre vorbereiteten Hefte schrieben, was ich als Schulweisheit von der Universität brachte. Die Fortbildungen gestalteten sich für mich zu lehrreichen Stunden, weil ich in die Erfahrungswelt der Erzieherinnen Einblick bekam. Schon zu dieser Zeit entwickelten sie einen auf jedes Kind abgestimmten Hilfeplan. Neben der Testdiagnostik und Spieltherapie bekam ich durch die längere Behandlung wertvolle Einblicke in die Verlaufsformen psychischer Störungen, die in der Erziehungsberatung nicht so sichtbar werden konnten. Vor allem lernte ich eine kritischere Einschätzung und Relativierung der Ergebnisse von Testmethoden durch die achtsame und genaue Beobachtung dieser Erzieherinnen.
Im Säuglingsheim Löhehaus (im Stadtbezirk Neuhausen) erwartete man von mir die Übernahme des Psychologieunterrichts für die Ausbildung der Säuglingsschwestern. Auch hier gab es große Offenheit für die Aufnahme der Ergebnisse der Psychologie der frühen Kindheit. Die Phaseneinteilung Freuds schien den Diakonissen und jungen Frauen, die tagtäglich mit Füttern und Saubermachen beschäftigt waren, höchst plausibel. Der warmherzigen Leiterin, die selbst Erzieherin war, lag die psychische und seelische Entwicklung der Kleinstkinder sehr am Herzen. Sie sah die Entwicklungsdefizite der Heimerziehung, bat um eine Untersuchung über den Entwick-

lungsstand der Kinder und um Beratung für eine Umorganisation der einzelnen Stationen (Hege/Bischof 1963). Die Untersuchung zeigte Defizite bei der Entwicklung der Kinder, die jedoch nicht so gravierend waren, wie die, die wir aus der Literatur kannten. Wir berieten die Umgestaltung des Heimes. Aus heutiger Sicht hätten wir andere und radikalere Möglichkeiten für die Unterbringung der Kinder fordern müssen, doch damals glaubten wir noch an die Überwindung organisatorischer Mängel durch Qualifizierung und Multiplizierung des Personals. Letztlich war ich verführt durch die mütterliche Ausstrahlungskraft dieser Diakonisse, die mit gutem Willen, Einsatzkraft und Hoffnung allen Widernissen zu trotzen schien.
Als ich das erstemal in die Heime der Herzogsägmühle kam, empfing mich der Erziehungsleiter mit den Worten, „wie schön, dass Sie da sind, wir haben lange auf Sie gewartet". Damit eröffnete er mir nicht nur emotional den Zugang zu der komplexen Aufgabenstellung, er definierte zugleich den Bedarf und die Hoffnung auf psychologische Hilfe für die Jugendeinrichtungen. Die Jugendlichen wohnten in Heimen, die durch Hauseltern, Hausvater und Hausmutter, einem Diakonenehepaar, geleitet wurde. Es gab eine Reihe von Werkstätten, in welchen die Jugendlichen in einer dreijährigen Lehre ausgebildet wurden. Dieses Konzept war abgestellt auf die Bedürfnisse der unmittelbaren Nachkriegszeit, auf Jugendliche, die nach der Flucht auf der Straße lebten, in getrennten Familien nicht leben konnten, d.h. Jugendliche, die durch die Kriegsereignisse „aus der Bahn gekommen waren". Ende der 60er Jahre hatte sich die Einweisungspraxis (FE und FEH) geändert, aber auch die Gründe, derentwegen die Jugendlichen „auffällig" geworden waren. Der Leiter der Jugendhilfeeinrichtung war auf der Suche nach neuen Konzepten, für diese erwartete er psychologische Unterstützung.
Einmal im Monat wurden die Praktikanten/innen zur Psychologischen Untersuchung in die Heime „vorausgeschickt". Ich kam einen Tag später, besprach mit den Heimeltern und der Erziehungsleitung die Ergebnisse, die dann mit uns zusammen das weitere Vorgehen berieten. Der Nachmittag war der Fortbildung vorbehalten, in die auch die Werkmeister einbezogen wurden. Dieses Programm war ein Tropfen auf den heißen Stein, nach zwei Jahren konnte eine Assistentin die Arbeit in der Herzogsägmühle übernehmen, ein Jahr später wurde sie fest angestellt
Der Leiter der Gesamtheime der Herzogsägmühle, Diakon Goller, war stets sehr beschäftigt. Das erste Gespräch mit mir musste er abkürzen, weil er in der Haftanstalt „einen Mann abholen" musste: „Er hat über 100 Strafen; der Mann ist in Ordnung, aber das Gesetz nicht!" Dieser Ausspruch hat sich mir

eingeprägt, so deutlich hatte ich meine Zweifel an der Gerechtigkeit des Strafgesetzbuches noch nicht zu formulieren gewagt. Dieser Leiter sah seine Aufgabe nicht nur in der umfangreichen Betreuung von Obdachlosen, Behinderten und Jugendlichen; er sah sich als Sozialpolitiker, der sich sowohl in der Diakonie als auch in übergeordneten sozialpolitischen Gremien für sein Klientel einsetzte. Wie Diakon Krumm und Pfarrer Steiner verband „Bruder Goller" diakonischen Dienst mit Unternehmertum, aber auch mit klarer sozialpolitischer Einflussnahme für die Betroffenen, eine Position, für die ich mich damals gerne vereinnahmen ließ.
Durch die Heimberatung wurden wir auch über den Münchner Raum hinaus bekannt und zu Beratungen herangezogen. So erhielten wir den Auftrag des Evangelischen Schulbundes, eine Untersuchung in acht Heimen der Diakonie Bayerns durchzuführen. Ziel war die Erarbeitung einer Empfehlung zur Differenzierung der Heime und der Heimschulen. Es gab zu dieser Zeit schon heilpädagogische Heime, die neurotische und erziehungsschwierige Kinder aufnahmen, Kinderheime mit traditionellem Familienprinzip, Kinderheime, die sich für alle Kinder zuständig sahen. Es wurde aber mehr und mehr deutlich, dass eine Heimunterbringung kaum mehr als Dauerunterbringung gefragt war. Von den 349 untersuchten Kindern waren nur 7% Heimkinder, d.h. Kinder, die bislang immer in Heimen untergebracht waren. Es gab eine große Fluktuation aus den verschiedensten Gründen. Wir suchten zu ermitteln, welche Kinder, mit welchen Störungen, wo am besten betreut werden konnten und erarbeiten Vorschläge zur Umstrukturierung von Häusern (Bau und Personal) und Kooperation der Häuser untereinander. Die Heime klagten über ihre Abhängigkeit von den Jugendämtern und deren unkonzeptionelle Belegungspraxis. Dem sollten die Heime – so unser Vorschlag – mit eigenem Konzept entgegenwirken, was sich bei den bestehenden heilpädagogischen Einrichtungen bewährt hatte. Doch dieser Vorschlag kam für die meisten Häuser zu früh, sie wollten zunächst am alten Konzept „dem Heimatgeben" festhalten. Dafür konnten sie aber weder den materiellen noch den personellen Rahmen zur Verfügung stellen. Wir forderten vor allem den Ausbau der Elternarbeit, formulierten, dass eine Kinderarbeit ohne Miteinbeziehung der Elternbeziehung nicht mehr möglich sei. Das stieß auf Unverständnis, der Milieuwechsel sollte nach alter Auffassung heilsam sein und das hieß in diesem Verständnis eine Trennung von dem die Schädigungen verursachenden häuslichen Milieu.
Unsere inhaltlichen Forderungen waren richtig, wir waren geübt in Elternberatung und Praxisberatung, wussten aber noch nichts von Organisationsberatung. Die Vorschläge kamen zu früh, der „Leidensdruck" der Heime war noch zu gering, daher blieb diese Untersuchung unwirksam.

Von den vielen Kontakten, Vorträgen und Fortbildungen in der Diakonie, zu denen wir herangezogen wurden, möchte ich eine schildern, die von besonderem Einfluss für die spätere Aufgabenstellung in der Lehre der Fachhochschule wurde. Die Referentin der Diakonie in Nürnberg, Frau Gertrud Günnel,[21] plante in Zusammenarbeit mit der Evangelischen Höheren Fachschule Neuendettelsau einen Lehrgang für alle Sozialarbeiterinnen in der Diakonie Bayerns für das „Methodische Handeln in der Einzelhilfe". Frau Gerstenberger,[22] die Methodendozentin und Supervisorin dieser Höheren Fachschule, lud mich ein, an diesen Kursen mitzuarbeiten (1964 bis 1969). Es war der Anfang einer langen, immer noch andauernden beruflichen und freundschaftlichen Zusammenarbeit.

Es war aber auch der Anfang einer langen konzeptionellen Auseinandersetzung mit der Einzelhilfe, dem Casework. In diesen zweijährigen Kursen übernahm ich die Vermittlung von Gesprächsführung und Fallarbeit im sozialen Bezugssystem. Zwischen den Kursabschnitten gab es Fallarbeit in Gruppen. Wir sammelten unsere Erfahrungen in „individueller Praxisberatung in Gruppen". Die Gruppen arbeiteten 20 Sitzungen über zwei Jahre an der Umsetzung der „neuen Methode" in die Alltagspraxis. Ich war beeindruckt, mit welchem Elan sich die Sozialarbeiterinnen in diese Auseinandersetzung begaben. Überrascht hat mich, mit welcher Kreativität die Erfahrenen ihre Ressourcen in die Fallarbeit integrierten, d.h. sie entwickelten den Behandlungsplan jetzt mit ihren Klienten und nicht fürsorglich für sie. Mit wachsendem Interesse bemerkte ich, dass über die Fallarbeit hinaus die Kolleginnen begannen, ihr Arbeitsgebiet neu zu strukturieren: Sie räumten ihre Aktenschränke um, forderten neues Mobiliar. Sie definierten ihre Rolle neu und stellten in Auseinandersetzungen mit den unterschiedlichen Vorgesetzten – im Regelfall Theologen – ihre eigene Rollendefinition zur Diskussion. Ich lernte in diesen Gruppen, auf den Zusammenhang von methodischem Handeln und organisatorischen, institutionellen Zusammenhängen zu achten.

Die Vielfalt der Rollen, die ich in den ersten Berufsjahren erprobte, die Beratung von Eltern, Praxisberatung, Spieltherapie, die Anleitung von Praktikanten/innen in der eigenen Erziehungsberatung, die Leitung unserer Teambesprechungen, die Einarbeitung von Assistenten/innen, Vertretung der Psychologen in der Diakonie u.a. führte zu Überschneidungen der Rollen, d.h.

---

[21] G. Günnel (geb. 1908), Referentin im Landesverband der Diakonie Nürnberg.

[22] E. Gerstenberger (geb. 1922), Supervisorin ab 1972, Professorin an der FH Esslingen.

mitunter auch zur persönlichen Konfusion. Ich suchte zur Klärung Beratung bei August Vetter, der inzwischen emeritiert war und die Begleitung gerne übernahm. Es war eine auf die Person abgestimmte Beratung, die mich im Berufsanfang stützte. Von großer Bedeutung waren in diesen Jahren auch die jährlichen Treffen der 12-14 Psychologen und Psychologinnen in der Diakonie Bayerns und Baden-Württembergs. Wir nannten es Fortbildung, es war im Grunde eine Peersupervision. Wir arbeiteten sehr „vereinzelt" in der Vielfalt und Größe von Einrichtungen an der Qualifizierung abgegrenzter Projekte. Diese Treffen dienten daher auch der beruflichen und fachlichen „Selbstvergewisserung". Fasziniert hat mich damals schon die Erfahrung durch den Austausch mit Kolleginnen und Kollegen, dass das gründliche fachliche Arbeiten in gleichen Strukturen, an ähnlichen Problemen, unabhängig von den Personen ähnliche Ergebnisse zeitigte.

Die Erziehungsberatungsstellen selbst wurden mehr und mehr zu anerkannten Institutionen der Jugendhilfe. Sie schlossen sich in einer eigenen „Arbeitsgemeinschaft der Erziehungsberatungsstellen" zusammen. Die Evangelischen Beratungsstellen hatten eine eigene „Konferenz der Erziehungs- und Eheberatungsstellen". In München gab es darüber hinaus noch einen eigenen mehr informellen Zusammenschluss, den „Obletterkreis",[23] in dem sich Leiter von Beratungsstellen und Jugendpsychiater der Kliniken zum Austausch trafen. Ich selbst erhielt einen Lehrauftrag im Bereich der praktischen Theologie an der Universität Erlangen und wurde in „Gremien" tätig.

1964/65 begannen wir mit einer katamnestische Befragung über die ersten fünf Jahre der Erziehungsberatung. Wir wollten wissen, ob unsere Einschätzung unserer Arbeit sich mit der der Eltern deckte und befragten 533 Eltern (Hege/Bichlmayr 1965). Zu gleicher Zeit diskutierten wir über die Ausweitung der Stelle zu einer Ehe- und Erziehungsberatung. In vielen Erziehungsschwierigkeiten der Kinder spiegelten sich nach unserer Auffassung die Konflikte der Eltern. Die Neukonzeption stieß auf Interesse sowohl bei unserem Träger als auch in den Gemeinden Münchens. Die Beratung der Ehepartner provozierte noch einmal die Grundsatzdiskussion über das Verhältnis von Psychologie und Seelsorge. Der neue Mitarbeiter sollte auf alle Fälle die Seelsorge garantieren. So fiel die Wahl auf einen Theologen mit tiefenpsychologischer Ausbildung. Die Innere Mission gab die Gesamtaufgabe an die Gesamtkirchenverwaltung ab, die entschied, dass wir alle dem Theologen als Leiter in fachlichen und dienstlichen Belangen unterstellt werden sollten.

---

[23] Benannt nach Dr. Obletter, Referentin des Sozialministeriums, die sich sehr für die Erziehungsberatung einsetzte und bei den Besprechungen zugegen war.

Diese Entscheidung habe ich nicht akzeptiert, mit meinem Widerspruch stieß ich an die Grenzen einer weiblichen Karriere in der kirchlichen Struktur. Diese Einsicht traf mich hart, fühlte ich mich doch zugehörig und hatte mich bislang in dieser Struktur mit meinem fachlichen Engagement entfalten können. Ich war nicht gewillt, mich jetzt einer fachfremden Leitung zu unterstellen. Ich schloss die Katamnese und die Beratungen ab und kündigte. Die Erziehungsberatung war inzwischen auf vier hauptamtliche Psychologinnen angewachsen. Neun Assistenten und etwa 60 Studenten/innen hatten in den acht Jahren bei uns praktiziert.

DOZENTIN AN DER HÖHEREN FACHSCHULE FÜR SOZIALARBEIT AM BOGENHAUSENER KIRCHPLATZ

1966 wechselte ich von der Erziehungsberatung zur Höheren Fachschule am Bogenhauser Kirchplatz. Meine Arbeitsgebiete waren Psychologie, Methodenlehre, insbesondere Einzelhilfe und die Betreuung des Berufspraktikums. Die Höhere Fachschule war unter der Leitung von Dr. Irmgard Berghaus[24] eine der Modellschulen für Jugend und Sozialarbeit. Sie umschloss die Höhere Fachschule für Jugend- und Sozialarbeit, die Höhere Fachschule für Jugendleiterinnen, sowie die Ausbildung von Kindergärtnerinnen in der Fachschule, sowie ein Seminar für Werklehrerinnen. Die Schule wurde durch den Jugendplan als Modellschule gefördert. Ich kam in ein junges Kollegium, in dem viel Neues erprobt wurde.
Gleich zu Beginn meiner Tätigkeit fand ich einen riesigen Stapel von Berichten aus der Praxis vor, die der Zulassung der Studierenden zum Kolloquium für die staatliche Anerkennung dienten. Irmgard Berghaus hatte umfangreiche Gliederungen für eine Institutionsanalyse und einen Fallbericht vorgegeben. Beim Lesen der Berichte und der Durchführung des Kolloquiums ging ich gleichsam mit Siebenmeilenstiefeln durch die unterschiedlichen Felder und Organisationen der Sozialarbeit. Ich nahm die mehr oder weniger deutlichen Klagen der jungen Kollegen und Kolleginnen wahr, dass das methodische Arbeiten in der Praxis nicht gewünscht und offenbar auch nicht umzusetzen sei, weil „es nicht gehe“, „es nicht passe“. Einige Mutige kritisierten den Unterricht an der Höheren Fachschule oder die Methoden selbst. Bei den Fallberichten erschrak ich über die Fülle von Deutungen und Behandlungsvorschlägen im Verhältnis zu dem dürftigen Begründungszusammenhang.

[24] Dr. I. Berghaus (1905-1976).

Irmgard Berghaus – im Vorstand der Victor-Gollancz-Stiftung einflussreich – vermittelte mir umgehend den Zugang zu Fortbildungen der Methodendozenten an Höheren Fachschulen, die von der Victor-Gollancz-Stiftung durchgeführt wurden. Ich lernte in diesen Kursen die Frauen als Dozentinnen kennen, die sich um die Einführung des Casework verdient gemacht haben: Dora von Caemmerer aus Nürnberg, Doris Zeller und Paula Lotmar von der Sozialen Schule in Zürich, Dr. Ilse Tägert von der Alice-Salomon-Schule Berlin, Marie Kamphuis und Frau ten Kate aus Holland.[25] Teilnehmerinnen an den Kursen waren die Methoden- und Praxisdozentinnen aus den Höheren Fachschulen, Sozialarbeiter/innen, die sich z.T. schon durch Supervisorenkurse oder Studienaufenthalte in Holland, der Schweiz oder den USA qualifiziert hatten. Neben der vertiefenden inhaltlichen Qualifizierung in der für die Sozialarbeit so spezifischen Methodenlehre war das berufspolitische Ziel, die an den Schulen arbeitenden Sozialarbeiterinnen als Dozentinnen der Methodenlehre zu etablieren, um so dem Berufsstand in der Ausbildung eine adäquate Stellung zu verschaffen. Sozialarbeiterinnen sollten mehr und mehr durch Sozialarbeiterinnen ausgebildet werden.

Mit dem Doppelstudium und der Berufspraxis hatte ich einen anderen Zugang zur Lehre, ich musste mich nicht durch die Fortbildung legitimieren, war aber an den inhaltlichen Fragen sehr interessiert. Die amerikanischen Grundlagenwerke waren zu der Zeit noch nicht ins Deutsche übersetzt, die kurzen Ausarbeitungen und Übersetzungen der Dozent(inn)en waren von daher für die Teilnehmerinnen sehr wertvoll.

Vor allem die holländischen Dozentinnen konnten den Weg ihrer eigenen Übersetzung der amerikanischen Denkanstöße verdeutlichen, ihnen verdanke ich viele Anregungen. Eine Integration in die Gruppe gelang mir nur schwer; mit den Fragen, die ich aus meiner Ausbildung und meiner Berufspraxis stellte und die kritisch gefärbt waren, irritierte ich die Kolleg(inn)en. Ich lernte die praktische Bedeutung der Einzelhilfe schätzen, doch schien mir die theoretische Fundierung nicht ausreichend, die ideologische Überhöhung der Beziehung irritierte mich. Ich sah mich nicht am rechten Ort und überlegte, ob ich nicht doch eine andere Arbeitsstelle suchen sollte. Viele Gespräche mit Frau Gerstenberger und Frau Tägert, die meine Einwände verstehen konnten, bewogen mich, auf dem einmal entschiedenen

---

[25] D. v. Cämmerer (1910-1988); D. Zeller (geb. 1919); Dr. P. Lotmar (geb. 1918); Dr. I. Tägert (geb. 1913), Psychologin, Prof. an der Alice-Salomon-Fachhochschule Berlin; M. Kamphuis (geb. 1907), Direktorin der Akademie für soziale und kulturelle Arbeit Groningen.

Weg zu bleiben und meine eigenen fachlichen Fundierungen zu suchen. Am Ende des letzten Kurses dieser Art im Jahr 1969 stellten die Teilnehmerinnen stolz und zufrieden fest, dass die Methodenlehre jetzt an allen Höheren Fachschulen ein verbindliches Lehrfach sei und allein durch Sozialarbeiterinnen gelehrt werde.
Die Tätigkeit an der Höheren Fachschule machte mir überwiegend Freude. Zunächst hatte ich genügend Stoff aus der Praxis und der Konzeptionsarbeit, um die Unterrichtsstunden zu füllen. Mehr noch interessierte mich die Arbeit mit den Praktikanten, die Vermittlung und Betreuung des Berufspraktikums. Ich erkannte mit anderen, dass die Studierenden nach dem Praktikum sehr motiviert waren weiterzulernen. Sie wussten jetzt besser, wo ihre Fähigkeiten und ihre Defizite waren, konnten anfangen, Theorie und Praxis miteinander zu verbinden. Deshalb setzte ich mich stets für eine Integration der Praxis in das Studium ein. An der Höheren Fachschule wurden die Praktikanten intensiv betreut und auch an der Praxisstelle besucht. Durch meine Besuche lernte ich eine Fülle von Praxisstellen kennen und erlebte, wie fruchtbringend eine systematische Praxisanleitung war. Mit Angelika Neidhart[26] arbeitete ich mit den Kolleginnen aus der Praxis in München an der Auswertung und Vorbereitung der Blockpraktika. Wir entwickelten darüber hinaus ein theoriebegleitendes Praktikum. Die Studentinnen betreuten ein Jahr lang einen Klienten und wurden zur Beratung dieser Praxis in Gruppen zusammengefasst. Wir entwickelten Kriterien für die Auswahl der Fälle wie für die Praxisbegleitung. Es kam uns dabei zugute, dass wir mit Praktikerinnen zusammenarbeiten konnten, die in Frankfurt beim Deutschen Verein schon Kurse zur Praxisanleitung gemacht hatten oder die ersten Kurse zur Praxisberatung/Supervision abgeschlossen hatten, Elfriede Rothmaier und Edeltraud Höfelmayr.[27]
Diese Arbeit mit den Studierenden an deren Praxis war eine der Grundlagen für meine Weiterentwicklung der Methodenlehre. Die frühe Kritik der Studentinnen, dass die Methodenlehre nicht zur Arbeit passe, erwies sich als berechtigt. Das methodische Vorgehen muss in jedem Arbeitszusammenhang immer wieder mit dem jeweiligen Auftrag in Zusammenhang gebracht werden – die Analyse der Ausgangssituation bestimmt das Ziel, das mögliche Setting und damit das methodische Vorgehen.

---

[26] A. Neidhart (geb. 1936), Praxisbeauftragte an der Höheren Fachschule. Ab 1972 Lehrende Sozialpädagogin an der Fachhochschule München.
[27] E. Rothmaier (geb. 1923), Supervisorin in der Leitung des ASD München; E. Höfelmayr (geb. 1931), Supervisorin, Gruppenleiterin im ASD München.

Nach vier Jahren stieß ich mit meinen Wünschen nach wissenschaftlicherer Durchdringung an die Grenzen der Konzeption der Höheren Fachschule. Die Anhebung und Qualifizierung der Ausbildung beschäftigte auch die Konferenz der Höheren Fachschulen. Diese Pläne erfuhren jedoch auf Seiten der Praxis nur verhaltene Zustimmung. In eine neue Phase kam die Diskussion, als Anfang der 70er Jahre die Gründung der Fachhochschulen anstand. Die Studierenden streikten das erstemal und setzten sich zusätzlich mit Petitionen für die Übernahme in die Fachhochschule ein. Schneller als erwartet wurde die Entscheidung getroffen, die Chance einer Anhebung der Ausbildung in diesem Rahmen zu nutzen. Ich war sehr froh über diese Entscheidung und erhoffte mir durch die Vergrößerung und Erweiterung der Ausbildung die Anstellung und Kooperation mit Kollegen anderer Fachrichtungen, die bislang durch Lehrbeauftragte abgedeckt worden waren, sowie Anregungen für neue Konzepte. Vor allem hoffte ich auf größere Freizügigkeit in der Gestaltung des Lehrplanes, für die Studenten mehr Wahlmöglichkeiten und die Auflösung der Klassenverbände (Klassenbuch, Lehrerpult, Anwesenheitspflicht).

Die Übergangsphase erwies sich als überaus krisenreich. Irmgard Berghaus entschied sich für den vorzeitigen Ruhestand, ihr designierter Nachfolger Ulrich Seibert[28] entschied sich knapp vor dem Übergang für eine Tätigkeit am Institut für Erziehungswissenschaft der Universität Tübingen. Mehrere erfahrene Kolleg(inn)en wollten die Veränderung nicht mittragen und arbeiteten weiter in der Ausbildung der sozialpädagogischen Fachschule, die bei der Stadt verblieb oder zogen den Gang in die Praxis vor. So waren es nur sieben Dozenten/innen, Pedro Graf, Marianne Hege, Angelika Neidhart, Peter Schauwecker, Hans Schleicher – aus der Höheren Fachschule für Sozialarbeit, Dr. Elfriede Bode, Dr. Luitgard Brem-Gräser, Christian Strauß[29] – aus der Ausbildung der Jugendleiterinnen, die für den Neuanfang an der Fachhochschule zur Verfügung standen. Das Klima wurde belastet durch „revoltierende“ Studenten, die Einfluss auf die Entscheidung zu nehmen versuchten, wer von den Dozenten/innen sich für die Übernahme an die Fachhochschule eigne. Wir waren nicht in der Lage, den Abschied von dem alten Arbeitsplatz emotional und organisatorisch gut zu gestalten, statt dessen trennten wir uns fast formlos. So erhielten die Kollegin-

---

[28] U. Seibert (geb. 1930), Mitarbeiter im Institut für Erziehungswissenschaft der Universität Tübingen.

[29] C. Strauß (1926-1990), erster Dekan des Fachbereichs Sozialwesen; P. Graf (geb. 1936), Jurist; P. Schauwecker (geb. 1936), Pädagoge; H. Schleicher (geb. 1938), Jurist; Dr. E. Bode (geb. 1936) Soziologin.

nen und Kollegen, die nicht in die Fachhochschule übernommen wurden, auch Irmgard Berghaus, nicht die Würdigung, die ihren Tätigkeiten und Verdiensten entsprachen.
Beim entscheidenden Gespräch um die Raumaufteilung zwischen der Stadt als dem Träger der Sozialpädagogischen Fachschule und dem Staat als Träger der Fachhochschule war niemand da, der den Besitzanspruch und die Interessen der zukünftigen Ausbildung an der Fachhochschule wirksam vertrat, so wurde die Fachhochschule gleichsam „geduldet" in den Räumen der Stadt, am Bogenhauser Kirchplatz, die ursprünglich für die Weiterentwicklung einer Schule für Jugend und Sozialarbeit errichtet worden waren. Diese missglückte Trennung hatte weitreichende Auswirkungen auf die Entwicklung des 1972 schließlich neu errichteten Fachbereichs Sozialwesen an der Staatlichen Fachhochschule München.

FACHHOCHSCHULLEHRERIN

Diese Auswirkungen bekamen wir sehr schnell zu spüren. An der Höheren Fachschule regelte ein Aufnahmeverfahren mit persönlicher Vorstellung den Zugang. Jetzt gab es den Rechtsanspruch der Studierenden auf einen Studienplatz. Wir mussten im ersten Jahr bereits die doppelte Studentenzahl aufnehmen. Unserer Bitte auf einen vorläufigen Numerus Clausus wurde nicht stattgegeben. Der damalige Präsident hatte ein Interesse, die Fachhochschule auszuweiten und lehnte unser Ansinnen ab. Er unterstützte uns bei der Forderung nach Professorenstellen, die zügig ausgeschrieben wurden. Mittel für Lehrbeauftragte wurden zur Verfügung gestellt. Es ist dem Organisationstalent unseres ersten Fachbereichsleiters Christian Strauß zu verdanken, dass wir nicht im ersten Jahr Schiffbruch erlitten. Ihm gelang es immer wieder, in den wenigen Räumen die Gruppierungen in Schichten unterzubringen und so den Betrieb formal „am Laufen zu halten". Die notwendigen inhaltlichen Diskussionen konnten aus Zeitgründen nicht stattfinden. Als stellvertretende Fachbereichsleiterin war ich damit beschäftigt, Lehrbeauftragte zu finden; der stellvertretende Präsident der Fachhochschule unterschrieb geduldig die immer neuen Verträge und fragte nicht nach der formalen Absicherung. Personell unterbesetzt konnten wir auch nicht, so wie wir uns das vorgestellt hatten, mitwirken bei der Erstellung der Rahmenlehrpläne.
Alle Verwaltungskräfte waren bei der Stadt geblieben, so dass Christian Strauß eine Verwaltung neu aufbauen musste, die mit der Verwaltung der

Hochschule abzustimmen war. Auch dieses Geschäft erwies sich schwieriger als wir erwartet hatten, wir „Sozis“ waren ungewollt und fremd im Kreis der zwölf anderen überwiegend technischen Fachbereiche an der Fachhochschule.

Allein diese Rahmenbedingungen, die organisatorische und personelle Unklarheit, waren mitverantwortlich, dass sich an unserer Schule der Studentenprotest besonders heftig entfalten konnte. Unser „System“ selbst gab Anlass zur Kritik. Die Frage, die jeden Studenten der Sozialarbeit „umtreibt“, was denn nun wirklich die Sozialarbeit ist, wurde unterschiedlich aufgenommen und in verschiedenster Weise diskutiert. Ich selbst, als eine der „Alten“, versuchte durch Analyse der bisherigen Arbeit in ihrer Auswirkung Antwort zu geben, doch meine Begründungen kamen aus Konzepten, die in der Zeit der 68er-Proteste nicht gefragt waren. Die theoretische Kritik wurde ja gerade an der Methodenlehre und vor allem an der Einzelhilfe festgemacht. Meine praktischen Erfahrungen diskreditierten mich als eine von denen, die für das „Elend“ mitverantwortlich war.

Die Auseinandersetzung konnte nicht klärend geführt werden, weil die Diskussion quer durch die Reihen der Studenten und Dozenten geführt wurde. Jede neue Argumentation hatte Anhänger in der Dozenten- wie in der Studentenschaft. Es gab keine „getrennten“ Gruppen. Studenten und Dozenten diskutierten „zusammen“, sowohl in den Vollversammlungen, wie in den Gremien. Dadurch konnte auch der in der berechtigten inhaltlichen Diskussion verborgene Generations- und Autoritätskonflikt nicht bearbeitet werden. Meine Herkunft, meine Fächer wie auch meine Funktion als stellvertretende Fachbereichsleiterin – ich war mitverantwortlich für eine „ordnungsgemäße“ Durchführung der Lehre – machten mich zur Projektionsfigur für vielerlei „Autoritätserfahrungen.“ Ich erinnere mich an einen Protestbrief eines lehrbeauftragten Theologen, der sich über mein Verhalten in einer Konferenz beschwerte und seinen Brief mit dem Hinweis schloss, er kenne mein Verhalten, ich würde lächeln wie sein Bischof. Angreifbar – so meine Sicht von heute – war sicher auch die von mir noch unhinterfragte Loyalität mit den Patriarchen und Patriarchinnen der damaligen Praxis. Unser Fachbereichsleiter Christian Strauß versuchte mir zu raten, er meinte kriegserfahren, man dürfe beim vollen Beschuss nie den Kopf aus dem Schützengraben stecken, müsse vielmehr abwarten, bis der Gegner sein Material verschossen habe. Ich aber würde voll in die Kugeln laufen. Damit hat er sicher etwas Richtiges gesehen. Ich war bislang gewohnt, mich auf Anfragen zu stellen – einem solchen Beschuss allerdings war ich bislang nicht ausgesetzt gewesen.

Eine konstruktive Auseinandersetzung im Kollegium gelang mir nicht, ich war schockiert vom Verlust der Formen insgesamt, auch vom Verlust der ästhetischen Formen. Ich fühlte mich beeinträchtigt durch „verwahrloste" Räume, verweigerte mich der neuen Kleiderordnung, sie passte nicht zu mir. Ich erinnere mich an eine turbulente Sitzung mit Dozenten und Studenten. Zwei Kollegen kamen zu spät – sie kamen vergnügt aus der Sonne barfuß – da sie keine Stühle fanden, setzten sie sich bequem auf einen Tisch am Fenster damit sie auch die Beine hochlegen konnten. Ich selbst saß den beiden gegenüber auf dem Stuhl und war schockiert, weil ich statt der Köpfe der Kollegen deren Füße als Gegenüber hatte (Theodor W. Adorno soll den Schock als Auslöser für die Reflexion bezeichnet haben). Die Reflexion, die dieser Schock bei mir auslöste, drehte sich die nächste Stunde nur um die verzweifelte Frage, warum Füße so hässlich sein müssen. An das Thema der Diskussion erinnere ich mich nicht. Nicht alle Formverletzungen trieben mich in die innere Emigration. Der Ausspruch von Fritz Teufel[30] während seines Prozesses, der bei einer Aufforderung des Richters, sich als Angeklagter zu erheben sagte: „Wenn es der Wahrheitsfindung dient", hat mich positiv schockiert. Es gab so viele Regeln der Konvention, die inhaltlich nicht mehr gefüllt waren, das galt insbesondere für Konventionen im Bereich zwischen Abhängigen und Autoritäten. Die größere Offenheit im Kontakt mit Studenten und Studentinnen lernte ich schätzen. Pulte für Dozenten wurden weggeräumt, Stühle und Tische wurden immer wieder neu einander zugeordnet, um Kommunikation zu erleichtern. Das blieb über die Jahre ein immer wieder neuer Versuch: Wenn es Konflikte zwischen Lehrenden und Lernenden gab, stand häufig auch die Sitzordnung zur Diskussion.

Ein Schlüsselbegriff in dieser Zeit war die „Aufklärung", sie wurde praktisch erprobt. Zweiergespräche, Beratung hinter verschlossener Tür, waren herrschaftsverdächtig. Verdecktes, das galt auch für Unausgesprochenes, musste „entschleiert" werden. Bei dem revolutionären Eifer wurde dabei nicht unterschieden zwischen Prüderie, echter und falscher Scham und Intimität. So kam es in den Gruppen selbst, aber auch bei den Angegriffenen zu Verletzungen und Kränkungen, die bei mir die psychische Abwehr stärkten und meine Rückzugstendenzen förderten. Die vielfältigen Schockierungen jedoch waren ein Anstoß für mich und für viele Kollegen in der Praxis, die

---

[30] Zusammen mit Rainer Langhans wurde er in einem aufsehenerregenden Prozess gegen die Mitglieder der Berliner Kommune I zu einer mehrjährigen Gefängnisstrafe verurteilt.

inhaltliche Kritik an der bisherigen Jugendhilfepraxis ernst zu nehmen. An diesem Punkt irritierten mich die älteren Fachleute, die mir bislang als Vorbild galten, wiesen viele von ihnen doch die Kritik z.T. tief gekränkt und strikt von sich. Ich war um so mehr erstaunt, weil wir doch selbst Kritik ausgetauscht und unsere Ohnmacht erfahren hatten. Was die Südfront – die Kritiker der Heime – anklagten, war zwar überzeichnet, aber von uns zuvor gesehen und auch angemahnt worden. Bei einer solchen Anmahnung blieb ich zumindest stehen. Ich erinnere mich auch an ein Protestpapier, das mir Frau Ilg, die Psychologin der Heime der Herzogsägmühle, brachte. Die Heimerzieher hatten es formuliert, mitgezeichnet war es von ihr und dem Pfarrer Ostertag der Herzogsägmühle. Ich versuchte damals zu klären und zu schlichten. Schlichten – so meine Einsicht jetzt – diente der Konfliktvermeidung. Konfliktbearbeitung aber wollte ich für die Zukunft lernen.
Die Gelegenheit bot sich in gruppendynamischen Seminaren, zu denen mich Alf Däumling einlud. Als Individualpsychologin lernte ich die Realität der Gruppe neu kennen, die Veränderungsprozesse von Individuen, sobald sie in Gruppen handeln, die Unterschiede zwischen Fremd- und Selbstwahrnehmung, vor allem den konstruktiven Umgang mit Konflikten in der Laborsituation, einer Situation, die nicht unmittelbar übertragbar war auf die Organisation und Institution Hochschule. Auch das musste ich selbst immer wieder schmerzlich erfahren und experimentieren.
Zugleich beschäftigte ich mich intensiv mit den Theorien, die als Grundlagen des Umbruchs thematisiert wurden. Am Marxismus, der viele Diskussionen beherrschte, faszinierte und interessierte mich der Aspekt der sozialen Gerechtigkeit, der schon immer mein Thema war. Aber die ideologische Einseitigkeit und persönliche Schärfe der Debatten in den unterschiedlichen Gruppen ließen mich da nicht heimisch werden. Ich hatte zuviel Praxis erlebt, zuviel unterschiedliche Sozialisationen samt ihren Auswirkungen kennengelernt, als dass ich an eine allumfassende Heilung durch die Veränderung „der Verhältnisse" glauben konnte. Die Auseinandersetzung zunächst mit den Thesen zur Kommunikation von Jürgen Habermas, dann mit seinem Buch „Erkenntnis und Interesse" (1968) gaben mir wichtige Impulse für ein interessen- und methodengeleitetes Handeln im professionellen Bereich.
Gesprächspartner in dieser Zeit waren Gruppendynamiker, vor allem Karlheinz Geißler.[31] Aber diese fachliche Auseinandersetzung war nicht die Sache der jungen Kollegen und noch weniger die der Studenten. Sie brachten immer wieder neue Autoren zur Rechtfertigung der Ablehnung von Sozialer

[31] Dr. K.A. Geißler (geb.1944), Professor für Wirtschaftspädagogik an der Universität der Bundeswehr in München.

Arbeit ein. Eine Zeitlang spielten wir Hase und Igel. Ich nahm die Namen auf, kaufte die vielen Raubdrucke samt Mao-Bibel, las diese Autoren und nahm kritisch Stellung zu ihnen. Ich erinnere mich, dass ich einmal zur Unterrichtsvorbereitung an einem Wochenende 400 Seiten Marcuse las. Das diente meiner Kenntnis über die Theorien, nicht aber der Verständigung mit den Studenten. Sie dynamisierten jedoch meine eigenen Überlegungen, und ich schrieb 1973 den „Engagierten Dialog". Mit dieser „unzeitgemäßen" Veröffentlichung (1974) setzte ich mich zwischen alle Stühle. Die Therapeuten nahmen mir übel, dass ich ihrer Grundthese widersprach, die helfende Beziehung zwischen Helfer und Hilfebedürftigen sei allein mit bestimmten Haltungen und methodischen Schritten herstellbar. Ich dagegen vertrat die unterschiedlichen Vorstrukturierungen des Gespräches in unterschiedlichen Handlungssituationen der Sozialarbeit. Der idealen Gesprächssituation, dem Habermasschen Diskurs, stellte ich die empirische Gesprächssituation gegenüber, die vorstrukturiert ist u.a. durch die institutionelle Einbindung, das auftragsgebundene Handeln. Das enttäuschte die, die Macht in der Sozialarbeit für überwindbar hielten (ich halte sie lediglich für benennbar und bearbeitbar).
Ich zitierte Adorno,[32] der es für eine „Lüge" hielt, dass alle Menschen gleich sind und forderte, dass die Ungleichheit gesehen und daraus Strategien abgeleitet werden müssten. Das ärgerte die, die zu der Zeit als Politisierung die Solidarisierung mit den Klienten forderten. Last not least, die Kolleg(inn)en, die Methodendozent(inn)en, die in der Zeit in allen Schulen im Kreuzfeuer der Kritik standen, fühlten sich von mir verlassen, grenzte ich mich doch mit meiner Kritik deutlich von jenen Autoren ab, welche die Grundlagen der Einzelfallhilfe formulierten. Das Modell des Lebensraumes (Lewin 1969),[33] das ich einführte, wird heute besser mit systemischen Modellen gefasst. Verteidigen wollte ich die „Subjektivität" gegenüber den „objektiven Verhältnissen". Das hat sich überholt! Es war mein erster Versuch einer sozialwissenschaftlichen Betrachtungsweise: Entwicklungsschritte auch von Einzelnen zu sehen im Zusammenhang von Zeitgeschichte und sozialen Bedingungen. Diesen Zusammenhang konnte ich damals nur generell proklamieren, zu begründen lernte ich diesen erst später.

---

[32] T. W. Adorno (1903-1969), Soziologe, Philosoph, Mitbegründer der kritischen Frankfurter Schule und zeitweiliger Mentor der Studentenbewegung.
[33] K. Lewin (1890-1947), Psychologe, Vertreter der Gestaltpsychologie und Begründer der Gruppendynamik.

1973 legte ich mein Amt als Stellvertretende Fachbereichsleiterin nieder. Nach einem einwöchigen Streik beschlossen die Studenten und ein Teil der Dozenten, diesen Streik auf unbestimmte Zeit fortzuführen. Da die „Alternativseminare" in der ersten Woche nur von wenigen Studenten besucht worden waren, schien dieser Beschluss für mich nicht mehr tragbar.
1974 waren die Räume am Bogenhauser Kirchplatz endgültig überfüllt, es mussten neue Räume gefunden werden. Ein Gebäude, das die FH von einer privaten Ingenieurschule im westlichen Stadtbezirk Aubing übernommen hatte, wurde uns zugewiesen. Auch dieses Gebäude konnte nicht alle Studenten aufnehmen – so kam es zu einer Trennung des Fachbereichs in zwei Abteilungen. Wir entschieden inhaltlich nach Studiengängen, aber letztlich entschied die Dynamik der Gruppe. Diese Trennung hat eine gemeinsame Entwicklung und damit den Fachbereich insgesamt behindert, ermöglichte aber den beiden Gruppen ihre unterschiedlichen Konzepte zu erproben.
In Aubing waren die Studiengänge Resozialisierung und Erziehung untergebracht, für die sich jüngere Kolleg(inn)en interessierten. Für mich war es an der Zeit, neue Praxiserfahrungen zu sammeln. Ich entschied mich für das Arbeitsfeld der Rehabilitation Psychisch Kranker. Des Kämpfens und Theoretisierens müde, wollte ich wieder mit Klienten arbeiten, beantragte ein Praxissemester und bewarb mich in der Familienpflege für Psychisch Kranke (Sektorpsychiatrie) in Paris. Auf diese Weise konnte ich einen lang gehegten privaten Wunsch mit dem fachlichen Interesse verbinden, einige Monate in Paris zu leben.

PRAXISSEMESTER IM PLACEMENT FAMILIAL

Der Kulturschock und der Praxisschock trafen mich gleichermaßen. Aus der Sicht einer Berufstätigen verlor Paris, diese riesige Stadt, einen Teil ihres Glanzes, als Verkehrsteilnehmer verloren die Franzosen ihre Höflichkeit und ihren Charme; dass dieser häufig nur Ausdruck eines „machohaften" Verhaltens war, enttäuschte mich. Zum Praxisschock: Meine letzte Praxiserfahrung lag 15 Jahre zurück, ich war Hochschullehrerin geworden. Wenn ich als solche in Kontakt mit der Praxis kam, blieb ich in meiner Rolle; darüber hinaus erlaubte mir diese, den Kontakt mit Schlüsselpersonen des jeweiligen Feldes oder der Organisation zu gestalten. Mein Interesse wurde erwidert. Ich konnte gezielt meine Fragen stellen und mir rasch einen „Überblick" verschaffen. In der Sektorpsychiatrie war ich die deutsche Praktikantin der Assistente Sociale Anette Faivre, ich erlebte die Organisation aus der „Froschperspektive". Zunächst ging es um das Zurechtfinden in dem kleinen Arbeitsbereich des Placement Familial.[34] Der zuständige Arzt, der nur zu Sprechstunden und Teamgesprächen vorbeikam, war Thilo Held, deutscher Psychiater und Analytiker, der in Paris ausgebildet worden war. Er kam zu Teamgesprächen und bei wichtigen Neuplatzierungen. Mittelpunkt und Leiterin der Stelle war Anette Faivre, die Sozialarbeiterin und Madame Faure, die Sekretärin. Die psychiatrische Krankenschwester war im Mutterschaftsurlaub, ich sollte einen Teil ihrer Arbeit übernehmen. 24 Patienten waren in 24 Gastfamilien untergebracht. Das Placement Familial war eines der 12 Projekte der Sektorpsychiatrie des 13. Bezirkes. 1974 galt die Entwicklung dieses Modells als abgeschlossen (nach 10 Jahren), es gab alle Einrichtungen, die eine sozialpsychiatrische Versorgung erfordert. Im Mittelpunkt stand die Betreuung Psychisch Kranker in der eigenen Familie, im gewohnten Umfeld. Die Unterbringung in der Klinik diente der Entlastung der Patienten in Krisen oder bei psychotischen Episoden, wenn diese im Familiensystem nicht mitgetragen werden konnten. Die Patientinnen des Placement Familial waren Personen, die keine eigene Familie hatten oder deren Familienkontakt durch lange Kasernierung verloren war. Die Besonderheit dieses Gesamtmodells im Vergleich zu Deutschland war, dass man in einem Bezirk (Sektor von Paris) die gesamte psychiatrische Versorgung einem Träger zugeordnet hatte, der kein anderes Ziel verfolgte, als den Auf- und Ausbau einer Gemeindepsychiatrie. Die leitenden Ärzte waren Psychoanalytiker, die Erfahrung in der Therapie von Psychosen hatten, nicht aber dazu tendierten, das analytische Setting in die Sektorpsychiatrie zu übernehmen. Aus dem psychoanalytischen Verständnis von Krankheit und Therapie abgeleitet war das Prinzip des Bezugsarztes und des Bezugsteams. D.h. der Arzt und das Team, die für die Aufnahme im Sektor zuständig waren, hielten diese Beziehung aufrecht und blieben verantwortlich für alle Entscheidungen z.B. der Klinikaufnahme, wie der Entlassung. Auch für die Maßnahmen, die in Wohnheimen oder Werkstätten durchgeführt wurden, blieben sie verantwortlich. Damit war eine kontinuierliche Betreuung gewährleistet. Es gab eine Gesamtfinanzierung des Modells, so dass keine Kostenüberlegungen oder bürokratische Überweisungsverfahren im Einzelfall bei Veränderung der Unterbringung anstanden.

[34] Im 13. Bezirk wurde die sogenannte „Sektorpsychiatrie" mit einem Modell erprobt. Alle Patienten dieses Bezirkes hatten Anspruch auf die Behandlung in ihrem Wohnumfeld. Der Schwerpunkt lag auf der unmittelbaren Betreuung der Familien mit den Erkrankten; Einrichtungen wurden dem Bedarf gemäß nacheinander errichtet (Werkstätten, Wohnheime u.a.).

Wohl aber bedurfte es der Absprachen und der Kooperation von Personen und Fachkräften, die in den unterschiedlichen Teilorganisationen arbeiteten. Jeder Leitende Arzt hatte die Verantwortung für einen Sektor und zugleich eine Verantwortung für einen Teilbereich (Hege 1978).
Im Zusammenhang mit der Berufsbiographie möchte ich die Erfahrungen schildern, die meinen weiteren Umgang mit Psychisch Kranken prägten. Wie bei allen neuen Tätigkeitsfeldern versuchte ich, mich durch die „Erhebung von Fakten" zu informieren. So auch im Placement – hatte doch Thilo Held auch die Erwartung gehegt, durch meine Tätigkeit den Ansatz zu einer wissenschaftlichen Auswertung der Arbeit zu bekommen. Doch erging es mir im Kontakt mit diesen Patienten ähnlich wie mit den Strafgefangenen in der Strafanstalt Jahre zuvor – ich erwartete Diagnosen und deren Auswirkungen im Verhalten und ich begegnete Menschen, deren Kranksein zunächst nicht in Erscheinung trat. Anette Faivre und ihre Sekretärin, denen ich meine Fragen stellte, waren irritiert. Die Sekretärin wurde ärgerlich, weil ich sie um die Bereitstellung von Unterlagen bat („L'allemande me fait travailler!"). Anette Faivre distanzierte sich bald mit ironischer Freundlichkeit von meinen „idees statistique", nahm mich mit in die Familien und ließ mich teilhaben an ihren Gesprächen. Ich hatte über Lebensraum und seine Bedeutung nachgedacht und geschrieben, hier erlebte ich mit großem Erstaunen, wie selbstverständlich Anette Faivre sich in der Lebenswelt dieser Familien bewegte und sich zugleich an ihr orientierte. Sie kam als Vertreterin des Placements, wurde als solche respektiert, der Kontakt war ungezwungen, der Austausch lebhaft. Im Gespräch wurde das erörtert, was für die Patienten und deren Familie wichtig war. Es ging um das Kochen, wie es geschmeckt hat, über die Einrichtung des Zimmers, die neue Frisur, den Einkauf von Kleidern, die vorgeführt wurden. Man sprach über die Unternehmungen des Wochenendes, die Freude bereiteten. Es waren, wie wir heute sagen würden, ressourcenorientierte Gespräche, die der Ermutigung der Patienten, wie auch der Familien dienten. Sich anbahnende Konflikte wurden angesprochen, Fragen klar beantwortet, nicht problematisiert. In den Gesprächen, die wir nach den Besuchen führten, wurde mir Anettes hohe Präsenz und Wachsamkeit deutlich. Im Gespräch in der Familie nahm sie kleinste Veränderungen der Beziehung und der Befindlichkeit der Patientinnen wahr, die sie auch sofort ansprach, wenn sie sich sicher war, dass sie durch eine Intervention zur Entspannung oder Klärung beitragen konnte.
Bei der Auswahl der Familien und bei der Frage, wer in welche Familie passt, wurde sehr sorgfältig darauf geachtet, dass der Lebensstil, Geschmack und die Gewohnheiten der beteiligten Menschen zusammenpassten. Vor al-

lem wurde die mögliche Toleranz gegenüber abweichenden „kranken“ Verhaltensweisen ausgelotet. Solche Verhaltensweisen wurden umgangssprachlich als Besonderheiten der Patienten geschildert. Die Familien ihrerseits schilderten die Besonderheiten, die ihnen Probleme verursachten, auch umgangssprachlich, z.B. dass die Patientin sehr müde sei, langweilig und dadurch nerve, dass sie sich abschließe, sich nicht mehr unterhalten wolle, dass sie sich mit Leuten unterhalte, die nicht da seien oder Geschichten erzähle, die man nicht verstehen könne. Anette versuchte, das Verständnis für diese Verhaltensweisen zu erweitern, respektierte jedoch stets die Tragfähigkeit der Gastfamilie. So wurde der Arzt eingeschaltet, um mit einer Patientin zu sprechen, die Geschichten erzählte, und sie darum gebeten, die Gastfamilie nicht mit diesen Vorstellungen zu belasten, vielmehr mit dem Arzt darüber zu sprechen. In diesen Gesprächen ging es dann auch um die Frage der Medikamente. Thilo Held war daran gelegen, die Einnahme und die Dosierung mit den Patienten auszuhandeln. Er war in der Einrichtung selten anwesend, aber für die Gastfamilien sehr präsent. Anette Faivre arbeitete sehr selbständig, zog aber zu allen wichtigen Entscheidungen den Psychiater hinzu. Ich fragte sie, warum sie auf dieses Ritual nicht verzichten wolle: „Für die Familien und die Patienten ist es wichtig“, war ihre Antwort. Die Bedeutung des Arztes wurde mir im Laufe meiner eigenen Arbeit deutlicher. Er war für das System gleichsam der Garant von Sicherheit gegenüber der dunklen Seite der „maladie“, der Krankheit, die dann bedrohlich wurde, wenn die Verständigung nicht mehr möglich war und die Angst sich ausbreitete. Man unterstellte den Ärzten die Handhabbarkeit solcher Situationen, die sie als Entscheidungsträger auch wahrnahmen. Es gab für die Gastfamilien eine Telefonnummer der Klinik, in der immer ein Arzt zur Verfügung war. In dem halben Jahr meiner Anwesenheit wurde dieser nur einmal bemüht.

Die Familien freuten sich, dass jemand aus dem Ausland sich für ihre Arbeit interessierte. Die Patienten fanden guten Zugang zu mir, wohl auch über mein „Fremdsein“. Sie amüsierten sich über meine sprachliche „Behinderung“ und halfen mir freundlich aus. Ich wollte nur „helfen“, wenn die Patienten sich nicht selbst helfen konnten. Eine Patientin grenzte sich höflich aber bestimmt gegenüber meinen Ideen von Emanzipation ab, die mir damals sehr wichtig waren und die sie wohl erspürte. Regelmäßig hatte ich sie zu ihrem Hausarzt zu fahren. Sie fragte, ob ich nicht in das Sprechzimmer mitkommen wolle. Ich lehnte ab mit dem Hinweis, sie selbst wisse doch am besten Bescheid über sich. Nach der Konsultation erzählte sie mir, der Arzt habe gefragt, warum die neue Assistente Sociale nicht mitgekommen sei. Sie habe ihm gesagt: „Das ist eine kleine Deutsche, die weiß noch nicht richtig Bescheid.“ Im Anschluss daran fragte sie mich interessiert

nach meinen Lebensgewohnheiten in Paris und meinte dazu: „Oh, das ist nicht mein Leben, so allein zu sein, alles selbst erledigen zu müssen. Ich brauche die Familie, ich weiß, dass die nicht immer gut sind, aber ich bin da zu Hause, und es ist doch gut, manchmal mit dem Auto gefahren zu werden und", fügte sie liebenswürdig hinzu, „mit einer Deutschen über deren Ansichten sprechen zu können." Dann fragte sie unvermittelt: „Kennen Sie die großen Altersheime, die Asyle?" Ich bejahte. „Voilà", meinte sie lakonisch. Ich hatte verstanden. Sie hatte mit ihrer Bemerkung recht, ich kannte mich noch nicht aus: Die Akzeptanz der Krankheit bedingt die Akzeptanz von Abhängigkeit. Die Patientin hatte diese so gestaltet, wie es für sie optimal war. Verselbständigung, Emanzipation, die mir als Ziel Sozialer Arbeit so wichtig geworden war, wurde von ihr gründlich in Frage gestellt. Ich trennte mich nur schwer von dieser anregenden und anrührenden Arbeit mit den Gastfamilien während der sechs Monate in Paris. Rückblickend bin ich froh, dass meine erste Erkenntnis von und die Erfahrung mit psychotischem Erleben sich in der Lebenswelt dieser Gastfamilien erschloss. So erschien mir Integration von Psychisch Kranken lebbar.
Fasziniert von der Idee dieses Projektes versuchte ich in München ein ähnliches Konzept mit einer Kollegin zu realisieren, die auch in Paris praktiziert hatte. Dies misslang gründlich. Deutsche Ansprüche an die Fachlichkeit der Gastfamilien waren nicht zu verwirklichen. Die neuen Rehabilitationseinrichtungen waren stolz auf ihre professionellen Erfolge und trauten der Laienarbeit nicht, sie wollten keine Patienten abgeben. Last not least war die Frage der Kostenregelung zu dieser Zeit nicht befriedigend zu lösen. Wir konnten zwar alle Kosten abdecken – Unterhalt der Patientin und Pflegegeld für die Gastfamilien – scheiterten aber an der Vielfalt der Kostenträger, der jeweiligen Kommune und dem Bezirk. Darüber hinaus gab es auch inhaltliche Probleme über die Definition der Gastfamilien als Rehabilitationsmaßnahme – wie sollten wir voraussagen, wie lange die „Maßnahme" notwendig war, um eine „Rehabilitation" zu erreichen?

AUBINGER DISKUSSIONEN UND KOOPERATIONEN

In München traf ich auf eine lebhafte Diskussion über die Psychiatrieenquête und die daraus abzuleitenden Reformvorhaben. Pfarrer Steiner plante im Hasenbergl die Errichtung eines Sozialpsychiatrischen Dienstes und bat mich mit anderen zur Beratung. Ich musste mich erst wieder an die deutschen Grundsatzdiskussionen gewöhnen; sie waren notwendig, an den kämpferischen Polarisierungen beteiligte ich mich jedoch nicht. Ich kon-

zentrierte mich auf die Frage, was Sozialpädagogen/innen für die Arbeit in diesem Feld beitragen können, wie sie an der Fachhochschule im Studiengang Rehabilitation qualifiziert vorbereitet werden konnten.
Für mein Anliegen fand ich am Fachbereich in Aubing mittlerweile gute Bedingungen vor. Die Kolleg(inn)en hatten sich in dem kleineren Kreis nach der Trennung der beiden Abteilungen fachlich und auch persönlich im Meinungsaustausch gefunden. Zwei neue Kollegen waren in der Zeit meiner Abwesenheit berufen worden: Hans-Dietrich Engelhardt (Soziologie) und Gotthart Schwarz (Politik). Jetzt wurden diese „heißen Sachgebiete" von Fachleuten vertreten, die ihre Sturm-und-Drang-Zeit außerhalb der Hochschule erlebt hatten und sich mit ihren Interessen, Erfahrungen und Kompetenzen für die Lehre und Forschung an einer Fachhochschule entschieden hatten. Das brachte eine Versachlichung, Verfachlichung und Konkretisierung der bislang stark ideologisch gefärbten Diskussionen um den Zusammenhang von gesellschaftlichen Einflüssen und Sozialer Arbeit. Im Mittelpunkt der Diskussion standen für unsere Studiengänge die Theorien abweichenden Verhaltens, vor allem die Auseinandersetzung um die „totalen Institutionen", die Strafanstalten und die großen Bezirkskrankenhäuser. Es war für mich eine schmerzliche Erkenntnis, zu begreifen, dass viele unserer Hilfsprogramme, die wir in der Differenzierung und Klassifizierung des Klientels entwickelt hatten, letztlich ein Beitrag zu deren Stigmatisierung und Ausgrenzung waren. Das Organisieren des Zusammenlebens in einer Organisation lag nicht allein in den Händen derer, die darin arbeiteten. Es entwickelte sich in diesen Organisationen gleichsam hinter dem Rücken der Beteiligten ein Regelwerk zur Erhaltung der Organisation, das der Gesundung der Bewohner/-innen entgegenlief, ja sie in ihrer Identität zerstören konnte. Ich verstand im Nachhinein, warum trotz des großen Engagements der beteiligten Pädagog(inn)en in den geschlossenen Jugendeinrichtungen (FE-Heime z.B.) keine Hilfe geleistet werden konnte und sich in vielen Fällen die negativen Karrieren weiter verfestigten.
Diese Erkenntnisse wurden nicht in der Radikalität, aber doch in der Tendenz, vertreten durch die Psychiatrieenquête. Die ambulante Versorgung sollte ausgebaut werden und Vorrang vor der Betreuung und Behandlung in Kliniken haben. Bei mir selbst entwickelte sich ein „antiinstitutioneller Affekt", der mich einfallsreich für außerinstitutionelle Betreuung machte, aber auch zunehmend desinteressiert an den bestehenden Organisationsformen. Allerdings verfiel ich nicht der Auffassung, dass Krankheit lediglich eine Folge der Zuschreibung von Krankheit ist, wie manche Verlautbarungen in dieser Zeit dies suggerierten, hatte ich doch gerade in Frankreich un-

terschiedliche Formen psychotischen Erlebens gesehen, deren „Durchbruch" in keinem direkten Zusammenhang zu einer Kasernierung standen. Eine immer wieder neue Diskussion brachte in Aubing die Frage des Lehrens und damit die Frage nach Nähe und Distanz von Studenten und Dozenten. Magdolna Kneffel, unsere Pädagogin aus Leidenschaft, war uns dabei ein guter Kompass. Sie ortete stets mit viel Engagement und Humor unsere Ideen.

Mit meiner Vorstellung, die ich in die Fachhochschule gebracht hatte, mit „allen zusammen" ein „gemeinsames Curriculum" zu entwickeln, überforderte ich mich und nervte die Kolleginnen und Kollegen. In Aubing erprobten vor allem die neuen Kollegen eine konkrete Form der Integration von Fächern durch gemeinsame Veranstaltungen. So arbeitete ich mit meinem juristischen Kollegen Peter Mrozynski[35] in einem Seminar zur Rehabilitation Psychisch Kranker zusammen. Ich begriff die Schwierigkeiten einer Psychiatriereform bei den gegebenen regionalen Zuständigkeiten von Bezirken und Kommunen und die Bindung finanzieller Unterstützung an die so unterschiedlichen gesetzlichen Voraussetzungen der Versicherungsträger, des BSHG und der Krankenkassen. Die Hoffnung vieler Reformer auf die Öffnung der Krankenkassen für sozialpsychiatrische Projekte verpflichtete diese unausweichlich zur medizinischen Diagnosestellung. Hatte ich mir – im Sinne einer Verteilungsgerechtigkeit – viel von der „Verrechtlichung" der Sozialen Arbeit erhofft, so schwand doch in der Folgezeit meine Hoffnung. Ja, ich erlebte in der Folgezeit die stärkere Ausdifferenzierung rechtlicher Bestimmungen nicht mehr als Ermöglichung, sondern als Einengung und Gängelung sozialpädagogischen Handelns.

Gotthart Schwarz,[36] im Fachbereich für die Schwerpunkte Sozialpolitik, Kommunalpolitik, kommunale Sozialarbeit, Theorie und Geschichte der Sozialarbeit verantwortlich, entwickelte Idee und Konzept für eine gemeinsame Vorlesung zu den Grundlagen und der Geschichte der Sozialpolitik/ Sozialarbeit, die ich gerne aufnahm. Im wöchentlichen Wechsel stellten wir in einer gemeinsamen Vorlesung die durch unsere fachliche Sicht bedingte unterschiedliche Sichtweise und Interpretationen der geschichtlichen Epochen Sozialer Arbeit dar. Aus der unterschiedlichen Sichtweise entwickelte sich bald ein anregender Dialog, jeder ging in seiner Vorlesung auf die Ar-

---

[35] Dr. P. Mrozynski (geb. 1941), Jurist, Professor an der Fachhochschule München.

[36] Dr. G. Schwarz (geb. 1935), seit SS 1975 im Fachbereich mit den Schwerpunkten Sozialpolitik, Kommunalpolitik, kommunale Sozialarbeit, Theorie und Geschichte der Sozialarbeit.

gumente und Thesen des anderen ein. So kam es zwar nicht zu einer Angleichung, aber zu einer Verknüpfung und allmählichen Verständigung psychologischer, sozialpädagogischer und sozioökonomischer historischer Sichtweisen. Dies war besonders gut an bestimmten historischen Epochen zu verdeutlichen, für die ich beispielhaft den Zusammenhang von Struktur und Ökonomie der mittelalterlicher Städte mit der Almosenlehre des Thomas von Aquin benennen will. Ich kannte die Entwicklung der freien Wohlfahrtspflege im 19. Jahrhundert als Antwort auf die durch die Industrialisierung verursachte Verelendung. Neu war für mich indes, dass die Wohlfahrtspflege zugleich der Abwehr gesellschaftlicher Veränderungen diente (J. H. Wichern, 1901),[37] wie sie durch die Sozialisten gefordert wurden. In der Vorbereitung auf die Vorlesung über die NS-Zeit suchte ich nach den Quellen für die Sozialarbeit im Faschismus (Gesetzgebung, Durchführung) im Münchner Institut für Zeitgeschichte. Wir konnten darstellen, wie sich im totalitären System des Nationalsozialismus der politische Wille bis in die Dienstanweisungen und Durchführungsbestimmungen der Volkswohlfahrt/ Volkspflege durchsetzte. Durch die Bearbeitung wichtiger Fragen der Sozialarbeit durch zwei Semester lernte ich in dieser Kooperation den Begründungszusammenhang konkretisieren, den ich im „Engagierten Dialog" wenige Jahre zuvor postuliert hatte. Es wurde eine Lehrveranstaltung, die bei den Studierenden zunehmend Anklang fand. Hatten sie zuvor häufig eine „Spaltung" der sozioökonomischen und methodischen Sichtweisen erfahren, so honorierten sie in der Vorlesung unsere Anstrengung zur Verständigung und teilten unsere Freude, wenn diese gelang. So war die gemeinsame Vorlesung nicht nur ein Gewinn für unsere Neugier und unser eigenes Lernbedürfnis. Die Student(inn)en erlebten Ansätze einer Integration der Standpunkte, aber auch die Kontroversen und konnten selbst den denkerischen „Perspektivenwechsel" üben.

Die von vielen Berufspolitikern als Mangel empfundene Vielfalt der Fächer und ihrer Vertretung in der Ausbildung habe ich zwar als anstrengend und anspruchsvoll, aber für die Entwicklung von Konzepten als überaus fruchtbar erlebt. Die Konzeptionen, Praxisprojekte und Theoriediskussionen, die sich jetzt in einer Theorie von Sozialarbeit zusammenfügen, sind das Ergebnis einer intensiven multiprofessionellen Arbeit. Voraussetzung für eine erfolgreiche Arbeit allerdings war und ist, dass die unterschiedli-

[37] J.H. Wichern (1808-1881), evangelischer Theologe und Publizist. Gründer des „Rauhen Hauses" in Hamburg für vernachlässigte Jugendliche (1833) und des „Centralausschusses für die Innere Mission" (1849).

chen Fachvertreter/innen sich auf die Handlungskonzepte der Sozialarbeit beziehen und sich auf die Probleme der Beteiligten einlassen können. Wichtige Fachvertreter für die Lehre sind dabei die Sozialpädagoginnen und Sozialpädagogen. Aber auch diese können sich in der Ausbildung nicht nur auf die gegebene Praxis und die Handlungsformen stützen. Sie sind an der Fachhochschule in einem neuen Feld, sind Dozentinnen und müssen sich mit den gleichen Problemen der Umsetzung von Theorie und Praxis auseinandersetzen, sich mit Lernenden verständigen. Diese wichtige und fruchtbare Kooperation wurde jedoch durch die Tatsache erschwert, dass die lehrenden Sozialarbeiter/innen nicht mit dem Status von Professoren/innen übernommen wurden. Diese Kränkung konnte durch Kollegialität nicht ausgeglichen werden.
Eine gelingende Kooperation an der Fachhochschule ist ein gutes Modell für die spätere berufliche Praxis der Sozialpädagogen/innen. Sie treffen in der Praxis stets auf andere Berufsgruppen, mit denen sie sich verständigen und mit denen sie kooperieren müssen. Ich selbst habe beide Formen der Kooperation im Beruf geschätzt und gebraucht: die mit Fachkollegen, die der Weiterentwicklung oder Verwerfung des bisher Erarbeiteten, der fachlichen Selbstvergewisserung, dienten: Psychologen unter sich, Sozialpädagogen unter sich, Gruppendynamiker unter sich, Supervisoren unter sich, aber auch die Kooperation mit anderen Fachvertretern, die fremde, neue Sichtweisen den eigenen gegenüberstellen.

VERTRETUNG IN DER STUDIENREFORMKOMMISSION

1976 erreichte uns das „Städtetagspapier“,[38] so genannt nach den Verfassern aus den Reihen des deutschen Städtetags, das heftige Kritik an der Ausbildung der Sozialpädagogen durch die Fachhochschulen übte. Die Verbände der Wohlfahrtspflege nahmen, wenn auch stärker differenzierend, diese Kritik auf. Das bayerische Kultusministerium reagierte mit der Bildung einer Kommission aus Vertretern der Ausbildungsstätten und der öffentlichen und freien Anstellungsträger. Ihr Auftrag war, Vorschläge für eine Reform der Ausbildung zu erarbeiten. Ich wurde von den Kollegen

[38] Eine massive Kritik der kommunalen Spitzenverbände (Deutscher Städtetag und Landkreistag) an der Ausbildung von Sozialpädagogen durch die neu gegründeten Fachhochschulen, verbunden mit der Forderung nach einer grundlegenden Reform und einem deutlich stärkeren Einfluss der Anstellungsträger.

„ausersehen", die Fachhochschule München in dieser Kommission zu vertreten. Innerhalb des Fachbereichs wurde eine Vierergruppe gebildet, der ich jeweils über die Sitzungs- und Arbeitsergebnisse berichtete und die mich für die Weiterbehandlung der Themen beriet. In der ersten Sitzung der Kommission wurde ich überrascht sowohl von einer Fülle von Vorwürfen und Fehlinformationen seitens der Praxisvertreter aus der freien Wohlfahrtspflege als auch seitens der Behörden. Es wurde offenbar, dass wir in den Aufbaujahren so mit den eigenen Problemen beschäftigt waren, dass wir den Kontakt zu den kommunalen Anstellungsträgern und den Wohlfahrtsverbänden sträflich vernachlässigt hatten. Die alte, für die Regierungsvertreter als überaus wichtig erachtete Prüfung für die staatliche Anerkennung, war mit der Gründung der Fachhochschulen ersatzlos weggefallen. Mit dieser Prüfung hatten die Vertreter der Regierung Einblick in und Einfluss auf das Lerngeschehen an den Höheren Fachschulen. Die Fachhochschulen dagegen waren autonom in Prüfungsfragen. Einige Praxisvertreter bedauerten noch immer die Schließung der Höheren Fachschulen, sie hielten diese Ausbildung für angemessener als die an den Fachhochschulen. So ging es zunächst einmal darum, zu informieren, Missverständnisse aufzuklären, aber auch Verständnis dafür zu gewinnen, dass bei der Kapazitätenausweitung der Ausbildung Fachhochschullehrer mit Praxiserfahrung schwer zu gewinnen waren. Die Forderungen von Praxis und Behörden richteten sich vordergründig auf einen stärkeren Praxisbezug. Die Praktikanten hätten keine methodischen und didaktischen Kenntnisse, sie würden nur theoretisieren, es sei außerordentlich schwierig, sie für die praktische Arbeit anzuleiten – so der immer wiederholte Vorwurf. Mehr und mehr wurde in den Diskussionen jedoch deutlich, dass die Praxisvertreter mit dieser Argumentation die öffentlich vorgetragene fundamentale Kritik an den Defiziten und Missständen in der Berufspraxis der Lehre an der Fachhochschule anlasteten. Es bestand höchstes Misstrauen gegenüber den von der Fachhochschule initiierten Lehrangeboten und noch mehr gegenüber den praxisorientierten Projekten. Die Fachhochschulen sollten den „schlüsselfertigen Sozialarbeiter für die Praxis" ausbilden, wie es in dem Papier bezeichnenderweise hieß und sich beim Praxis„geschäft" heraushalten.

Die Kritiker wollten vor allem jene Fächer streichen oder gekürzt wissen, welche die bisherige Berufspraxis und Ausbildungsinhalte theoretisch „hinterfragten". Dazu zählten vor allem die Fächer Politik und Soziologie, deren Stunden zugunsten der Fächer Recht und praktische Methoden gekürzt werden sollten. Es gab sehr dirigistische Vorstellungen der Ministe-

rialvertreter über den Bildungsauftrag der Fachhochschule und detaillierte Forderungen hinsichtlich der Lehrinhalte und Prüfungen. Die Kommission tagte nach meiner Erinnerung mehr als vier Jahre. Die Zusammenarbeit mit den Fachkollegen aus den anderen Hochschulen war gut. Sie ließen es nicht zu, dass einzelne Fachbereiche, z.B. der besonders stark kritisierte Fachbereich Sozialwesen an der Fachhochschule München, isoliert wurden. Mehr und mehr ließen sich im Laufe der Zeit auch die Praxisvertreter in einen fachlichen Diskurs einbinden, was der gemeinsamen Arbeit zugute kam. Die in der Kommission erarbeiteten Inhalte wurden in die Fachbereiche rückgekoppelt, so dass diese zu den neu entstehenden Rahmenlehrplänen Stellung beziehen konnten. Heinrich Schiller[39] Präsident der Stiftungsfachhochschule Nürnberg, brachte zur richtigen Zeit seinen Vorschlag für das neu zu schaffende so genannte „Zentralfach"[40] ein, ebnete damit den Weg für die Verständigung über ein neues Curriculum für die Ausbildung im Grund- und Hauptstudium.
Bei der intensiven Arbeit in der Kommission hatten wir mal wieder die Studierenden, wenn auch nicht vergessen, so doch zu wenig berücksichtigt und so gut wie gar nicht eingebunden. Sie waren mit der Arbeit der Kommission und ihren Ergebnissen nicht einverstanden, kündigten Protest an und kamen auch mit einem großen Bus nach Gauting, wo wir tagten. Ich hatte an diesem Tag die Sitzungsleitung. Präsident Zeit[41] von der Katholischen Stiftungsfachhochschule in München erklärte sich spontan bereit, das Protokoll zu führen und nahm neben mir Platz. Die Stimmung war angespannt. Es gab auf Seiten der Kommissionsmitglieder viele Phantasien über das, was von der Protestdelegation zu erwarten sei und wie wir uns gegen Übergriffe schützen könnten. Ich wollte und konnte der Versammlung nicht erklären, wie viel Erfahrung ich inzwischen mit solchen Situationen gesammelt hatte (viele der protestierenden Studenten kamen aus München). Letztlich verlief die Sitzung außerordentlich friedlich. Wir hörten die Einwände der Studierenden, die Kommissionsteilnehmer brachten ihre Positionen ein, wir sagten eine bessere Information zu. Es gab Erstaunen und Erleichterung, dass man so miteinander reden konnte.

---

[39] Prof. Dr. H. Schiller (geb. 1924), Präsident der Evangelischen Fachhochschule Nürnberg (s. seinen Beitrag in Band 1).
[40] Das Zentralfach sollte die sozialpädagogischen Inhalte – vor allem die Methodenlehre – umfassen, die übrigen Fächer sollten diesem Fach zugeordnet werden.
[41] H. Zeit (1925-1988), Gründungspräsident der Katholischen Stiftungsfachhochschule München.

Die inhaltlichen Ergebnisse der Beratungen schienen uns zunächst tragbar, waren doch die Rahmenlehrpläne so gehalten, dass die Fachkollegen innovativ arbeiten konnten. Manches war sogar zukunftsweisend: das Zentralfach, die Einbeziehung der Praxissemester, Streichung der alten Studiengänge und die Einrichtung von Studienschwerpunkten zur Vertiefung im Hauptstudium. Die Prüfungsordnung allerdings missriet in ihrer restriktiven Engstirnigkeit weitgehend. Die von den Ministerialvertretern durchgesetzte Rücksicht auf übergreifende Rechtsvorschriften des Bayerischen Fachhochschulgesetzes und der Rahmenprüfungsordnung brachte uns eine Fülle von schriftlichen Prüfungen und schriftlichen Seminararbeiten, so dass sich unversehens wieder eine Verschulung ergab. Es konnte gerade noch verhindert werden, dafür habe ich mich vehement eingesetzt, dass die Methodenfächer und Praxisleistungen „benotet" wurden. Dennoch hat die neue Prüfungsordnung das Lernverhalten der Studierenden in Richtung eines verschulten Fächer- und Prüfungslernens in der Folgezeit mehr und nachhaltiger beeinflusst, als es uns damals vorstellbar war. Seit den 80er Jahren erwies sie sich mehr und mehr als zweites „geheimes" Curriculum neben dem offiziellen. Studentinnen und Studenten, die ihr Studium straffen mussten oder wollten, zogen sich von der zeitaufwendigen Projektarbeit und vom „Erfahrungslernen" zurück, oft mit dem Hinweis auf die Rechtsfächer, die nicht nur von ihrem Inhalt, sondern auch von der Vielzahl her „bearbeitet werden" mussten. An der großen Fachhochschule wurde es so möglich, dass Studierende ohne nennenswerte Auseinandersetzung mit sich und ihrer Studienmotivation ihr Studium abschließen konnten.

ERFAHRUNGEN IN DER GRUPPENDYNAMIK UND DER SUPERVISION

Nach der ersten Erfahrung eines gruppendynamischen Seminars in Gummersbach erhielt ich ein Gutachten, das ich als Aufforderung betrachtete, weiter zu lernen. Zunächst als Teilnehmerin und später als Co-Trainerin, arbeitete ich in Trainings, die Alf Däumling veranstaltete, in den Gruppen mit Jörg Fengler, Lothar Nellessen und Axel Swensson (1972).[42] Die holländischen Gäste waren Bodo Lehmann und Kees Wieringa. In der Phase,

[42] Dr. J. Fengler (geb. 1944), Professor für Psychologie an der Heilpädagogischen Fakultät der Universität zu Köln; Dr. L. Nellessen (geb. 1940), Professor für Gruppendynamik an der Gesamthochschule Kassel; Dr. A. Swensson (1942-1972), Psychologe und Gruppendynamiker.

in der die Gruppendynamiker ihre „Organisationslabs" veranstalteten, arbeitete ich mit Otto Hürter und Pio Sbandi, Ann Vogl und Magda Grube.[43] Mit Pio Sbandi bastelten wir in Hünfeld an der Organisation im Laboratorium bis hin zur Simulation „lebendiger Organisationen". Im Staff analysierten wir über Stunden dieses Lab-System (1973). Mit Otto Hürter arbeiteten wir an „konkreten Organisationen". Ich erinnere mich besonders an die Trainings mit den Mitarbeiterinnen des „Trierer Modells", einem frühen Versuch der Organisationsveränderung in der Verwaltung, der den Sozialarbeitern größere Entscheidungsbefugnis brachte. Beseelt von der Idee der „Aufklärung", arbeiteten wir konfrontativ in einer renommierten Institution. Es gelang uns, deren Ideologie mit Hilfe des gruppendynamischen Repertoires zu entschleiern, der daraus entstehende Konflikt wurde zu unseren Gunsten entschieden, ein leitender Mitarbeiter verließ das Training – wir aber wurden nicht mehr eingeladen!

Neben dem rein handwerklichen Lernen von Interventionen in Gruppen entwickelte sich bei mir in dieser Zeit aber auch die Faszination an den Intra- und Intergruppenprozessen. Die Dynamik vieler gemeinsamer Sitzungen ist in dieser Zeit sicher auch den Teilnehmern geschuldet. Gerade Anfang bis Mitte der 70er Jahre versammelten sich in den gruppendynamischen Veranstaltungen viele Pädagogen, Therapeuten und Hochschullehrer, die eine politische Veränderung anstrebten. Jeder brachte gleichsam sein eigenes Trainingsziel für seine Laufbahn oder die eigene Institution mit und ließ sich mit besonderer Intensität auf die Prozesse ein. Heftige Auseinandersetzungen um Führung, Macht und Autorität waren gleichsam ein „Qualitätsmerkmal" dieser Veranstaltungen. Mein zaghafter Versuch, solche Prozesse an der eigenen Hochschule anzuregen und das vorhersehbare Scheitern, dämpften ganz rasch meine Hoffnung auf die Wirkung solcher Interventionen in Bezug auf die bestehenden realen Machtverhältnisse in bestehenden Organisationen. Ich durchlief die gruppendynamische Ausbildung mit der Übernahme von Co-Rollen in den Trainings, begleitender Supervision und vielen „Beziehungsklärungen" bis schließlich Anerkennung und Aufnahme in die DAGG erfolgten (1974).

Die stunden- und manchmal nächtelangen Diskussionen in den Staffs dienten der Prozesssteuerung. Sie förderten Erkenntnisse über die Gruppenprozesse und schufen in langen Beziehungsklärungen tragfähige fachliche und

---

43 Prof. Dr. P. Sbandi (geb. 1927), Pastoralpsychologe an der Universität Innsbruck; Dr. A. Vogl (geb. 1935) Psychotherapeutin und Gruppendynamikerin; Dr. M. Grube (1927-1985), Psychotherapeutin und Gruppendynamikerin.

berufliche Verbindungen. Ich lernte Kollegen und Kolleginnen kennen, die wie ich das Interesse vertraten, die gruppendynamischen Erfahrungen und Erkenntnisse für Lernprozesse in der Ausbildung zu nutzen. Die Gruppendynamik wurde, wie die Kritiker meinten, domestiziert, sie wurde aber auch präzisiert. Wir wurden bescheidener und, wie ich meine, auch redlicher in der Formulierung von Lernzielen. Gerd Leuschner lud mich zu gruppendynamischen Seminaren ein, die zunächst als gesonderter „Block" in der Fort- und Weiterbildung ihren Platz bekamen, so auch bei der Weiterbildung zur Supervision, die von Bernd Oberhoff[44] geleitet wurde. In den gruppendynamischen Seminaren in Münster arbeite ich mit Gerd Leuschner, Gerd Wittenberger, Kees Wieringa und Wolfgang Weigand[45] zusammen – an der Katholischen Akademie in Freiburg mit Franz Leinfelder und Magda Grube. Ich kann für diese Zeit nur schwer trennen, was meine eigenen Lernerfahrungen nun mit der Gruppendynamik oder mit der Supervision in Gruppen bzw. Supervision von Gruppenarbeit verband (Hege 1977).

In den jährlichen Workshops zur Supervision, welche die Akademie Münster veranstaltete, reflektierten wir unseren Erfahrungsgewinn mit ehemaligen Absolventen der Supervisionskurse. Wir diskutierten die besondere Beratungsform der Supervision und lernten sie trennen von der Trainerfunktion in Gruppen. In diesen Workshops arbeitete ich häufig mit Kees Wieringa zusammen. Er ertrug meine hartnäckig fordernden Fragen nach theoretischer Begründung, setzte dagegen seine längere praktische Berufserfahrung in Holland in der Lehre und Beratung dagegen und verstand es meisterhaft, mit Humor alle Fragen auf die Situation im „Hier und Jetzt" zu beziehen. Lösungen waren in der Situation mit den Ressourcen der Beteiligten zu erarbeiten. Ich lernte so, generalisierende Erkenntnisse aus der konkreten Situation abzuleiten und mehr und mehr den Verzicht auf „umfassende anwendbare Theorien" (Hege 1979).

Am Ende eines Workshops 1979 eröffnete mir Gerd Leuschner seine Vorstellung und Planung für eine Zeitschrift für Supervision in der Herausgeberschaft der Akademie und lud mich zur Mitarbeit ein. 1982 erschien das erste Heft. Achtzehn Jahre arbeitete ich als Redakteurin und später Heraus-

---

[44] Dr. B. Oberhoff (geb. 1943), Diplom-Psychologe, Supervisor, Gruppenanalytiker.

[45] G. Leuschner (geb. 1936), Geschäftsführender Direktor der Akademie für Jugendfragen; Dr. G. Wittenberger (geb. 1941), Psychoanalytiker und Supervisor; Dr. K. Wieringa (1927-1992), Andragoge an den Universitäten Amsterdam und Utrecht; Dr. W. Weigand (geb. 1945), Professor an der Fachhochschule Bielefeld. Bis 2001 Vorsitzender der Deutschen Gesellschaft für Supervision.

geberin dieser Zeitschrift, die Anregungen aus dem Arbeitsfeld reflektierte, sie durch theoretische Beiträge begleitete und die Weiterentwicklung der Professionalisierung der Supervision förderte. Anregend und produktiv war die intensive Zusammenarbeit in den Redaktionskonferenzen (jährlich 4-5 Tage), die wir im Grunde wie einen Staff organisiert hatten. Wir diskutierten jeden einzelnen Beitrag! Das war möglich, weil wir uns durch praktische Arbeitsbezüge kannten und in den ersten zehn Jahren durch praktische Projekte der Aus- und Fortbildung verbunden waren. Eine Krise brachte die Schließung der Katholischen Akademie in Münster. Es war dem Verhandlungsgeschick von Wolfgang Weigand und der Großzügigkeit des Leiters der neuen Katholischen Akademie in Altenberg, Werner Tschetsch, zu verdanken, dass die Zeitschrift unter eigener Trägerschaft der bisherigen Redakteure weitergeführt werden konnte. Im ersten Redaktionsteam arbeitete ich mit Gerd Leuschner, Gerd Wittenberger, Bernd Oberhoff, nach deren Ausscheiden weiter mit Wolfgang Weigand, Peter Berker, Carl-Joseph Leffers, Bernd Janssen, Winfried Münch und in den letzten Jahren mit Kornelia Rappe-Giesecke.[46]
Es war für mich persönlich mitunter schwer, nach der intensiven Kooperation mit Kollegen an der Zeitschrift oder mit einem hochmotivierten Teilnehmerkreis in Fort- und Weiterbildungen in den Alltag der Fachhochschule zurückzufinden. Ich habe die Kollegen anfangs oft mit meiner Enttäuschung konfrontiert, was nicht zur Erwärmung des Klimas in der Gruppe beitrug. Mit den Jahren lernte ich jedoch die unterschiedlichen „Orte“ besser zu unterscheiden, durch die Wiederholungen der Seminare, auch durch viele konflikthafte Entwicklungen, verloren die Erfahrungen „draußen“ auch an „Glanz“, ich konnte nüchterner und sachbezogener die unterschiedlichen Orte vergleichen und in der Fortbildung der Praktiker für die Ausbildung der Studenten lernen (Hege 1988).

DER PSYCHOBOOM

Hatten wir in der Studienreformkommission gerade noch die Folgen der Politisierung der Sozialarbeit diskutiert, so zeigten die Studierenden Ende

[46] Dr. P. Berker (geb. 1952), Professor an der Fachhochschule Münster; Dr. C.J. Leffers (geb. 1942), Supervisor in freier Praxis; B. Janssen (geb. 1950), Leiter der Akademie Münster; Dr. W. Münch (geb. 1936), Professor an der Fachhochschule Frankfurt; Dr. K. Rappe-Giesecke (geb. 1954), Professorin für Supervision an der Fachhochschule Hannover.

der 70er Jahre immer weniger Interesse an politischen Diskussionen. Sie forderten Wissen über therapeutische Methoden ein, der Psychoboom zog auch die Fachhochschulen in seinen Bann. Die Ursachen dieses Wandels wurden im Kollegium heftig und ausführlich und nicht ohne wechselseitige Vorwürfe diskutiert. Die sozialpolitische Reformphase näherte sich ihrem Ende (Rücktritt des Bundeskanzlers Willy Brandt 1973). Als Folge der Ölkrise kam es zur zweiten wirtschaftlichen Rezession in der Nachkriegsgeschichte der Bundesrepublik. Bei den „Systemoppositionellen" gab es einen spürbaren „psychischen Verschleiß" nach all den Jahren des politischen Engagements (Hüppauf in Geißler 1979). Das psychische Elend in den Psychiatriekrankenhäusern, das die Enquête aufdeckte, schreckte die Öffentlichkeit auf. Die Sozialpädagogen, die sich mit diesem Personenkreis beschäftigten, mussten sich mit der eigenen Betroffenheit auseinandersetzen. Es war die Zeit der Entdeckung des „subjektiven Faktors" in der Interaktion mit den Klienten, aber keine Wiederaufnahme des Individualismus, wie viele befürchteten (Hege 1980). Die Klärung der eigenen Studienmotivation wurde für den Studienfortgang wichtig, doch fand ich Wolfgang Schmidbauers[47] Erklärung des Helfersyndroms, die so große Zustimmung erfuhr, einseitig. Soziale Institutionen sind Sozialisationsagenturen für die Entwicklung des Helfersyndroms, sie fördern alle Symptome einer depressiven Charakterstruktur, die Schmidbauer vorstellt, das wollte ich immer berücksichtigt wissen.
Therapeutische Methoden sind die Antwort auf Krankheit und Leiden, das geheilt werden soll. Zu heilen ist aber keine Aufgabe von Sozialpädagogik. Auch hatten wir gerade „begriffen", dass Diagnosen im sozialen Kontext zu Zuschreibungen und Stigmatisierungen führen können. Wie der Sozialpädagoge nur in seinem historischen und institutionellen Auftrag begriffen werden kann, so kann auch der Klient nur in seiner konkreten Notlage in einer bestimmten gesellschaftlichen Situation gesehen werden. Der Sozialpädagoge wird „angerührt" von dieser Notlage, er geht auf die Betroffenheit des Klienten ein, d.h. es begegnen sich zwei Subjekte, zwei Menschen. Der Sozialpädagoge braucht die Fähigkeit der „Reflexion", d.h. die Kompetenz, mögliche Verzerrungen der Wahrnehmung in dieser Begegnung reflektieren zu können. Mit dieser Reflexion entsteht jedoch keine therapeutische Situation. Ich war nicht gewillt, mich mit dem therapeutischen Anspruch für unsere Ausbildung zu identifizieren. Ich wollte einen Beitrag zur Systematisierung der diskutierten Konzepte für die Behandlung im Einzel-

---

47 W. Schmidbauer 1977.

fall leisten. Karl-Heinz Geißler verfolgte ähnliche Ziele für die Gruppenarbeit und Gruppendynamik, so diskutierten und schrieben wir unser Buch „Konzepte Sozialpädagogischen Handelns“ (1. Auflage 1978, 10. veränderte Auflage 2002). Die ausführliche Darstellung der Konzepte in ihrem historischen Zusammenhang, im beruflichen wie institutionellen Kontext, die Systematisierung wie die klärenden Unterscheidungen von Begründung und Rechtfertigung, von Konzepten und Methoden, von Intervention und Situationsbezug, waren und sind offenbar eine Hilfe der Klärung bei der „Flut“ von neuen therapeutischen Angeboten. So erklären wir uns, dass diese Veröffentlichung zu einem „Klassiker“ wurde.
Mit dem Psychoboom wandelte sich die Studienmotivation der Studierenden. Die Frage, „Was hat das, was ich lernen soll, mit mir selbst zu tun?“ wurde immer häufiger gestellt. Diese Frage wird an der Fachhochschule gefördert durch die Lehrinhalte. Johann Schülein (1977) hat das Phänomen unter dem Begriff „Selbstbetroffenheit“ beschrieben. Durch die Inhalte der Lehre und die Art der Lehre, setzen wir Prozesse der Auseinandersetzung in Gang, die sich mit den lebensgeschichtlich gegebenen Themen verbinden: der Ablösung vom Elternhaus, der Partnersuche etc. Student(inn)en müssen sich mit der Frage beschäftigen, ob es sich lohnt, sich auf diesen komplizierten Beruf einzulassen. Diese Auseinandersetzung mit sich selbst und in Gruppen, weckt bei den Studierenden Hoffnung auf die Lösung ganz persönlicher Fragen und Probleme, die im Lehr- und Lerngeschäft nicht befriedigend bearbeitet werden können. Da ich geschult war, solche Prozesse zu sehen und zu beachten, war ich mitunter versucht, meine Rolle zu verlassen. Das erwies sich aber nicht als Lösung. Im Nachhinein frage ich mich allerdings, warum es uns nicht gelungen ist, ein Mentorensystem für die Lernprozesse an der Fachhochschule zu entwickeln, wie wir das ja bei den Abschlussarbeiten eingeführt und ganz selbstverständlich in der Praxisanleitung einforderten.
Ich habe über den notwendigen Erwerb von subjektiver, sozialer und reflexiver Kompetenz für die Soziale Arbeit geschrieben und diese für die Berufsrolle der Sozialpädagoginnen eingefordert, stand aber immer wieder vor der Frage, was davon in der Grundausbildung tatsächlich erworben werden kann. War ich in Bezug auf Auseinandersetzung mit Praxisproblemen hartnäckig und manchmal überfordernd, so war ich gerade bei dem einsetzenden Selbsterfahrungsboom vorsichtig und achtsam und ging in der Begleitung nur auf solche Fragen ein, die sich unmittelbar aus dem behandelten Stoff oder den zu bearbeitenden Praxisproblemen ergaben. Es war die zunehmende Kenntnis von unbewussten Vorgängen, in der Beziehung (Übertragung und Gegen-

übertragung), mein wachsendes Bemühen um Rollenklarheit und last not least das Wissen um den Zusammenhang von Zielvorstellungen und Setting bei Veränderungsprozessen, die mich lehrten, behutsamer zu sein. Eine inhaltlich fundierte Lehre zu vertreten, im Fachgebiet auf dem Laufenden zu sein, die Verbindung zu einer stets sich wandelnden Praxis zu halten und dies alles befriedigend im Lehren zu kommunizieren, schien mir mehr und mehr Anforderung genug. Zu dieser Einsicht brachte mich die Beobachtung von Selbstheilungsprozessen bei den Studierenden, zu denen auch die intensive informelle Gruppenarbeit beitrug wie auch die Erfahrung in den Fortbildungsveranstaltungen, in der Gruppendynamik und der Supervision.
Zu dieser Erkenntnis verhalf mir auch eine eigene Analyse, die allein der Bearbeitung meiner primären Sozialisation diente, wie die fünfjährige Arbeit in einer wöchentlich stattfindenden Balintgruppe, in der ich meine beruflichen „Fälle" einbringen konnte. Die Kenntnis über die Methode konnte ich in Ausbildungsseminaren in der Schweiz erwerben (Hege 1983).

ARBEITSSCHWERPUNKT PSYCHISCH KRANKE

Die sozialpädagogische Arbeit mit Psychisch Kranken, war nach dem Praxissemester in Frankreich ein Schwerpunkt meiner Tätigkeit in der Lehre geworden. Ich organisierte im ersten und zweiten Semester die Einführung für dieses Arbeitsfeld, im dritten und vierten Semester das theoriebegleitende Praktikum, die Konsultationsgruppe während der Praxissemester. Und schließlich oblag mir die Organisation des Schwerpunktes „Rehabilitation Psychisch Kranker". Wir, d.h. Praktiker aus der Sozialpsychiatrie und Kollegen aus dem Fachbereich, gestalteten diese Veranstaltungen immer wieder neu, brachte doch die Entwicklung der Praxis in diesem Bereich immer wieder neue Anregungen. „Freiheit heilt" – diese Kampfansage aus der italienischen Psychiatriereform beflügelte nicht nur die Studenten, sondern auch die Fachvertreter, man kämpfte politisch um einen Beschluss zur Schließung der großen Anstalten.
Es gab zu Beginn der 80er Jahre in Großstädten wie München und einigen Landkreisen eine Aufbruchstimmung und konkrete Innovationen in der ambulanten Versorgung psychisch kranker Menschen. Ärzte und Therapeuten bemühten sich vor allem um die Akuterkrankten mit dem Ziel, eine Einweisung in die Klinik zu verhindern oder zu verkürzen – doch die großen Bezirkskrankenhäuser bestanden weiter. „Was tun mit den Langzeitpatienten?", war die Frage. Eine „Verschiebung" in Pflegeheime war keine Lösung. Die

Diskussion der italienischen Psychiater um die Deinstitutionalisierung der Psychiatrie interessierte mich besonders. Ich wollte wissen, ob es möglich ist, in einem Bezirkskrankenhaus ohne Rolle zu sein (weder Patient noch Personal). Ich wollte aus dieser Position beobachten, welche Dynamik diese Häuser „am Bestehen" hält. So fragte ich bei Dr. Mario von Cranach an, der die Leitung des Bezirkskrankenhauses in Kaufbeuren übernommen hatte, ob ich mit diesen Bedingungen ein Praxissemester auf einer Station im Langzeitbereich ableisten könne. Er sagte mir spontan Unterstützung zu, so dass ich auf einer Langzeitstation für Frauen im Arztzimmer ein Bett aufstellen konnte, um dort 3 bis 4 Tage der Woche auf der Station mit den Patienten zu „leben". (Vom Aufstehen und Frühstücken bis zum Abend, mit Ausnahme des Mittagessens). Ich wollte an Mikrostudien und Lebensgeschichten von Bewohnerinnen rekonstruieren, wie die Ausgliederung verläuft und warum eine Wiedereingliederung nicht mehr möglich ist.

Der Rollenwechsel in der extremen Form hat mir persönlich mehr Unsicherheiten und Angst bereitet, als ich zuvor annahm. Der Praxisschock überwältigte mich wieder einmal. Ein Grundgefühl war zunächst „es ist alles noch viel schlimmer", obwohl die äußeren Voraussetzungen gut waren. Der Klinikbau, die Unterbringung, das Mobiliar, glichen einem modernen Altenheim. Das Eingespanntsein in einen so zähen und routinierten Tagesablauf, die Unüberschaubarkeit der ganzen Gebäude und dann die Öde und Langsamkeit der Ereignisse auf der Station, belasteten mich sehr. Aus der Überaktivität von Unternehmungen und der Erlebnisvielfalt meiner sonstigen Tätigkeiten fühlte ich mich in eine seelische und mitmenschliche Wüste versetzt, in der die Zeit, die Luft, die Bewegung gleichsam stillstanden. Es beschlich mich gerade in den ersten Tagen das Gefühl der „Ineffektivität": „Warum sitze ich meine kostbare Zeit hier ab?" In Bezug auf die fantasierten Aktivitäten schwankte ich zwischen lähmender und ermüdender Langeweile und Bewegungssturm. Ich erlebte in Arbeitskreisen und in Aktivitäten der Schwestern und Kollegen immer wieder diese Schwankungen zwischen „es hat alles keinen Sinn" und dem „jetzt muss endlich aber sofort viel geschehen". Beide Formen verfehlen jedoch den Zugang zu chronischen Patienten. Sie haben eine eigene Form des Zugangs und der Kommunikation (Hege 1983). Die Patientinnen ließen mich warten, sie hatten ihre Zeit und beobachteten mich genau. Es gab menschliche Kontakte und Begegnungen ganz eigener Art, sie passten nicht zu den psychiatrischen Beschreibungen von Symptomen. Erschreckend war, dass sich die Entwertung durch die Zuschreibung der Krankheit auch in der Hierarchie unter den Patienten auf der Station abbildete. Im letzten Drittel meines Aufenthaltes begann ich mit dem Studium der Krankengeschichten. Ich entwickelte eine tiefe Aversion gegen die psychiatrischen Begrifflichkeiten, den zuschreibenden und durch die Jahre stereotyp sich verfestigenden Beschreibungen von einmal gefundenen Symptomen, die im Gegensatz standen zu dem, wie ich die Patientinnen in ihrem bescheidenen Lebensraum sah. Hierüber geriet ich in heftige Auseinandersetzungen mit der langjährig verantwortlichen Psychiaterin. Ich habe mich gefragt, ob es weiter sinnvoll ist, diese Psychopathologie an der Fachhochschule zu lehren. Auf der anderen Seite war unbestreitbar, dass es unterschiedliche Formen der Verarbeitung der Anstaltserfahrungen gab. In der Kommunikation erlebte ich wesentliche Unterschiede in der Aufnahme von Beziehungen zwischen den eher „Ich-Gestörten“ und den depressiven oder süchtigen Patientinnen. Es wäre kurzschlüssig, alle psychischen Strukturbegriffe über Bord werfen zu wollen und sich allein mit dem sozialen Beziehungsfeld auseinanderzusetzen. Allerdings, so meine Einsicht, reicht die herkömmliche Klassifikation nicht aus. Die Patientinnen hatten sich so an die jahrelange und manchmal jahrzehntelange Unterbringung gewöhnt, dass eine Entlassung für sie mehr Angst als Hoffnung auslöste. Die Ordnungen der Institution waren gleichsam zum Ersatz für die eigene Steuerung geworden. Die Patientinnen brauchten, so meine Erfahrung, Begleitung und Trauerarbeit beim Verlassen der Klinik. Sie sollten dieser Entlassung zustimmen können, um ihre Eigenkräfte zu stärken. Später erlebte ich, dass wegen Schließungen und Umorganisation der Kliniken die Entlassung schneller erfolgte und man Rückfälle in psychotische Zustände gleichsam als Übergangssituation in Kauf nahm.

Die beiden Praxissemester prägten nachhaltig meine Auffassung über die Rehabilitation Psychisch Kranker und fanden ihren Niederschlag in der Organisation und Zielsetzung der Veranstaltungen zu diesem Thema. Vor allem beschäftigte mich die Frage, wo und wie sollen die Kranken, die lange in den Anstalten gelebt hatten, draußen leben? Wer sollte sie begleiten auf dem Weg nach draußen? Mir schien dies eine spezifische sozialpädagogische Aufgabe zu sein. In den theoriebegleitenden Praktika haben wir[48] diese Arbeit in Zusammenarbeit mit einer Station des Bezirkskrankenhauses in Haar erprobt. Bei der Begleitung der Studentinnen konnte ich durch meine eigenen Erfahrungen jetzt eine empathischere Unterstützung anbieten.

Die Freiheit, die den Kranken allein ihre Würde wieder zurückgeben kann, war eine unverzichtbare Bedingung und Voraussetzung ihrer Rehabilitation.

---

[48] Stellvertretend für die Gruppe der Praktikerinnen sei Frau Keitel, die Leiterin des sozialpsychiatrischen Dienstes am Hasenbergl, genannt, die über zehn Jahre in unterschiedlichen Rollen mit uns zusammenarbeitete.

Das Leben in der Freiheit aber muss gestaltet werden nach den Ressourcen und wachsenden Bedürfnissen der Betroffenen. Dazu bedurfte es der Begleitung, zugleich der Schaffung von Bedingungen in der Gesellschaft, welche die „Befreiten“ zu integrieren hat. Dieser lange Weg war für viele Studentinnen überfordernd, sie erhofften sich schnellere und einflussreichere Wege. Ich erinnere mich an eine Gruppe von Studenten, die gemeinsam in einem Bezirkskrankenhaus praktizierten und sich vorgenommen hatten, möglichst vielen, gerade jungen Patienten den Gang nach draußen zu ermöglichen. Sie suchten Unterkunft und Arbeit und waren zutiefst geschockt, als sich trotz ihres Bemühens die psychotischen Zustände wiederholten. In einem Praxisbericht schilderte ein Praktikant sehr anschaulich, wie sich ein jugendlicher Schizophrener in sein Zimmer zurückzog und von Tag zu Tag unansprechbarer und von großer Angst überflutet war. „Ich habe nicht gewusst, dass man so krank sein kann“, war seine Erkenntnis am Ende des Berichtes. Eine Psychiatriereform ohne Auseinandersetzung nicht nur mit den Begriffen, sondern auch mit den konkreten Erscheinungsformen der „Krankheit“ war nicht möglich. Wir mussten für die Ausbildung Psychiater finden, die sich um „Erkrankte“ bemühten, zugleich aber kritisch ihr diagnostisches Repertoire betrachteten.

Ich ging mit dieser Auffassung an der Fachhochschule meinen eigenen Weg der Qualifizierung von Sozialpädagogen. Dem widersprachen Praktiker in München, die eine „sozialpsychiatrische Identität“ über die Berufsgrenzen hinaus entwickeln wollten. „Wir sind alle gleich, wir betreiben Sozialpsychiatrie“, war die Aussage in den ersten Sozialpsychiatrischen Teams. Die in den Kliniken so destruktiven hierarchischen Abhängigkeiten zwischen den Berufsgruppen, sollten in der Sozialpsychiatrie nicht wieder entstehen. Ich dagegen erhoffte mir eine produktive Zusammenarbeit von unterschiedlichen Berufsgruppen im multiprofessionellen Team und wollte die Sozialpädagogen dafür vorbereiten (Hege 1975).

Frauenbewegung an der Fachhochschule

In den selbstinitiierten und im Ausbildungsprogramm angebotenen Selbsterfahrungsgruppen jener Jahre wurde auch über die Frage diskutiert, inwieweit das Persönliche nicht letztlich das Politische sei. Die Studentinnen führten die Frauenfrage in die Fachhochschule über „weibliches Empfinden“ und „Betroffenheit“ ein. Die gesellschaftliche Dimension dieser Fragen, die in der Frauenbewegung diskutiert wurden, vernachlässigten sie zu-

nächst. Ein Teil dieser jungen Frauen nutzte die Ausbildung mindestens im gleichen Umfang zur Selbsterfahrung wie zur Vorbereitung auf den Beruf. Sie forderten eine „neue Mütterlichkeit“ ein. In Verbindung von Ausbildung und eigenem Leben brachten sie die Kinder mit in die Hochschule, es wurde in den Vorlesungen gestillt, gestrickt, in den Teeküchen Müsli bereitet. Zugleich gab es den Appell an die Mütterlichkeit der Dozentinnen. Ich sah mich bald überfordert, wenn lebhafte Kleinkinder in der Vorlesung versuchten mit mir – die ich soviel redete – ins Gespräch zu kommen, war es doch ihr gutes Recht. Außerdem wusste ich, wie wichtig die Beachtung dieser Kommunikationsversuche ist; ich konnte darüber nicht „hinwegsehen“. Es galt, neue Lösungen zu suchen. Ich war sehr dankbar, dass sich an der Hochschule engagierte Kolleginnen für eine professionellere Form der Kinderbetreuung mit Beteiligung der Mütter einsetzten. Für die Ausbildung selbst konnte es keinen „Mutterbonus“ in Form der Anerkennung der Erziehungsleistung als Praktikum oder durch den Nachlass von Leistungsnachweisen geben. Doch konnten wir den zeitlichen Rahmen durch Beurlaubungen, Entlastung von Anwesenheit und Kompensation durch schriftliche Arbeiten so gestalten, dass es auch an der Hochschule möglich wurde, Familie und Berufsausbildung miteinander zu verbinden.
Neben dieser ganz praktischen Auseinandersetzung im Alltag der Hochschule, hat mich die Frage beschäftigt, ob Soziale Arbeit noch immer oder jetzt erneut ein „weiblicher Beruf“ ist. „Bestimmt die Definition von Weiblichkeit das Berufsbild und damit auch die Handlungslehre?“, fragte ich mich. Die Begründerinnen des Sozialen Berufes hatten die Soziale Arbeit als weibliche Berufsarbeit definiert und diese eng mit ihrem (bürgerlichen) Verständnis von Weiblichkeit und Mütterlichkeit verbunden. Jetzt stellte sich die Frage neu, was bedeutet diese Definition für die Professionalisierung? Der Anteil an männlichen Studenten hatte abgenommen, ein Teil der frauenbewegten Frauen wandte sich den Fragen der Gewalt an Frauen zu und proklamierte die Hilfe von Frauen für Frauen, wobei sie „Frausein“ als ausreichende Voraussetzung für die wirksame Hilfe definierten. Ich selbst fand den Zugang zu dieser Frage neben der praktischen Auseinandersetzung mit der „neuen Mütterlichkeit“ an der Hochschule zunächst im Studium der Berufsgeschichte.

DIE STEINERNE FEE ODER DIE SELBST-LOSE FRAU

Bei der Materialsammlung für eine Vorlesung zur Geschichte der Sozialarbeit im Mittelalter suchte ich nach der Burgherrin Elisabeth von Thüringen, von der ich wusste, dass sie während einer Hungersnot von ihrer Burg zu den Armen herunterstieg, um ihnen Korn zu bringen. Ich glaubte, an ihrem Handeln den Vollzug der Almosenlehre des Thomas von Aquin verdeutlichen zu können. In den Quellenberichten zu dem Verfahren ihrer Heiligsprechung fand ich Spuren der wirklichen Gestalt Elisabeths oder konnte sie aus spontanen Äußerungen und aus Widersprüchlichkeiten der Berichterstattung erschließen. Ich wurde neugierig, las die Schriften der Kirchenväter und stieß auf die vergessenen Frauen, die Hexen. Auch diese haben über sich selbst nicht berichtet. Es gibt nicht die individuelle Hexe, es gibt ein Bild der Hexe in der zuschreibenden Anklage, das mit inquisitorischer Logik und körperlicher Tortur stets aufs Neue in den Geständnissen bestätigt wird. Ich habe deshalb als Leitgedanken für eine Veröffentlichung ein Zitat der Schriftstellerin Christa Wolf[49] gewählt: „Das lebendige Gedächtnis wird der Frau entwunden, ein Bild das andere von ihr sich machen, wird ihr untergeschoben. Der entsetzliche Vorgang der Versteinerung, der Verdinglichung am lebendigen Leib". Das Bild der bösen und der guten Frau, Dämonisierung und Idealisierung wollte ich in verschiedenen geschichtlichen Epochen darstellen. Abschließen wollte ich die Veröffentlichung mit Berichten über die Mütter sexuell misshandelter Kinder, die häufig dämonisiert werden, wie mit Fallberichten über die sozialpädagogische Arbeit mit Prostituierten. Der Herausgeber, der sich sehr um diese Veröffentlichung bemühte, fand diese letzten Berichte zu „abstoßend". Er setzte sich schließlich auch mit dem Titel „Die Steinerne Fee" durch, ich selbst hatte den Titel „Die Selbst-lose Frau" vorgeschlagen. Schien mir doch dieses „ohne eigenes Selbst-sein" kennzeichnend für die Frauen der unterschiedlichen Epochen. Sie mussten sich stets mit einem durch Männer definierten Bild ihrer selbst begnügen oder auseinandersetzen. Im Studium der Geschichte der Professionalisierung von Frauen zu Diakonissen und Männern zu Diakonen Mitte des 19. Jahrhunderts begegneten mir noch einmal die Frauen und Männer, die für meine ersten Berufserfahrungen Bedeutung hatten. Wilhelm Löhe[50] hat das Gelübde für die Einsegnung der Diakonissen in Neuendettelsau formuliert, in dem das Mönchsgelübde „arm, gehorsam und keusch zu leben" wiederbelebt wird. Die radikale Selbstverleugnung – mein Lohn ist, dass ich dienen darf – ist verbunden mit einer streng patriarchalischen Vorstellung der Frau in der Familie, die theologisch begründet wird, weil „der Mann zuerst und

---

[49] C. Wolf (geb. 1929), Schriftstellerin.

[50] W. Löhe (1808-1872), evangelischer Theologe, gründete 1846 die Missionsanstalt und 1854 das Diakonissenmutterhaus Neuendettelsau.

zur Selbständigkeit geschaffen ist, das Weib ihm beigegeben ist um seinetwillen. Des Weibes Ausartung ist Selbständigkeit und männliches Wesen, ihre größte Ehre ist einfältige Weiblichkeit." Für die diakonischen Unternehmer war diese Auffassung und Erziehung von Frauen funktional. Ich verstand durch dieses Studium der Geschichte noch einmal, was mich aufgrund meiner persönlichen Sozialisation in diesen diakonischen Unternehmen angezogen hatte, aber auch, warum ich die Verträge aufkündigen musste und mich von diesen Müttern und Vätern verabschieden konnte.
Ende des 19. Jahrhunderts setzten die Frauen den Bildungsanspruch durch, den sie in der ersten Frauenbewegung eingefordert hatten. Sie begannen ihre neue Rolle selbst zu gestalten und haben sich sichtbar verändert. Die Gruppe der bürgerlichen Frauen wollte diese Veränderung nicht mitvollziehen. Sie fürchteten um ihre „Weiblichkeit", stellten das in der klassischen Epoche entwickelte polare Geschlechterverhältnis, das dem Wesen des Mannes ein Wesen der Frau gegenüberstellte, der geforderten Gleichheit entgegen. Sie wollten gerade ihre weibliche Eigenart, die geistige Mütterlichkeit, in die Kultur und auch in die Soziale Arbeit einbringen. Sie wollten ergänzen, nicht kämpfen, geschweige denn mit männlichen Rollen rivalisieren, sondern sich gemäß ihrer Wesensart einbringen. Als Modell diente die Vorstellung der bürgerlichen Familie. Diese Selbstbeschränkung auf die töchterliche oder mütterliche Rolle, in der sie bezogen blieben auf die liberalen bürgerlichen Väter, ermöglichte ihnen den Gang und die Anerkennung in die als weiblich definierten pflegerischen und pädagogischen Berufe. Diesem Frauenbild, entsprachen die Konzepte des beruflichen Handelns, für das die „Fürsorge" kennzeichnend blieb, die die Betroffenen in Abhängigkeit hielt. Da diese Fürsorge als Ausdruck „wesentlicher" weiblicher Hingabefähigkeit galt, konnte sie lange von den Beteiligten nicht kritisch betrachtet werden.
Das Thema „Mütterlichkeit" in der Sozialen Arbeit wurde in den 80er Jahren vielfältig diskutiert. Einerseits war es nach der männlichen Definition von politischer Sozialarbeit und der Entwertung der „alten Fürsorgearbeit" an den Fachhochschulen an der Zeit, sich damit zu beschäftigen, was diese Gründergeneration tatsächlich wollte und auch, was sie für die Ausbildung geleistet hat. Andererseits mischten sich in diese Entdeckungen aber auch wieder Idealisierungen. Eine konzeptionelle „Anbindung" an die Konzepte von Alice Salomon z.B. unter Auslassung der Entwicklung in den 20er und 30er Jahren, fand ich allzu kurzschlüssig. Aber damit greife ich vor auf die Veröffentlichung über die Soziale Frauenschule der Stadt München, die ich erst im Ruhestand fertig stellen konnte (Hege 1999).
Wie stark diese Fragen nach der Definition von Weiblichkeit in unserem Beruf die Kolleginnen beschäftigte, erfuhr ich über die Rückmeldungen zur

„Steinernen Fee“, die spontaner erfolgten und häufiger waren als bei meinen anderen Veröffentlichungen.

FRAUENHAUS UND FÖRDERVEREIN FRAUENHILFE E.V.

1985 – ich hatte gerade mein Buch fertiggestellt – wurde ich von den Leiterinnen der Frauenhilfe in München angefragt, ob ich nicht im Fachbeirat ehrenamtlich mitarbeiten könne. Ich sagte zu. Über die Berichte der praktischen Arbeit erfuhr ich von dem zentralen Problem der „Gewalt gegen Frauen.“ Ich begann, mich mit der feministischen Literatur über dieses Thema auseinanderzusetzen. 1986 wandelten wir den Fachbeirat in einen „Förderverein Frauenhilfe München e.V.“ um. Wir wollten mit diesem Verein über die Arbeit der fachlichen Beratung hinaus um politische und finanzielle Unterstützung für die Frauenhilfe werben. In diesem Verein arbeitete ich mit Eva Bujok, Anne Liese, Angelika Schmidt-Wellenburg, Gisela Mähler, Marianne Breithaupt, Jutta Bartling und Susanne Rüggeberg[51] zusammen. Meine Kolleginnen wählten mich zur Vorsitzenden des Vereins.

Ich erlebte die Frauengruppe als große fachliche und persönliche Bereicherung. Der direkte, offene und ungezwungene Umgang miteinander unterschied sich wohltuend von den Gremien, in denen ich bisher gearbeitet hatte. Wir erarbeiteten uns mit großem zeitlichen Aufwand und viel Befriedigung eine fachliche und politische Position zur Frauenhausarbeit (Hege 1988). Die Mitarbeiterinnen des Frauenhauses erlebten uns produktiv und unterstützend. Als der Verein für Fraueninteressen die Trägerschaft des Hauses abgab, wollte Herr Uffrecht, Geschäftsführer des Paritätischen Wohlfahrtsverbandes, zunächst unserem kleinen Verein die Trägerschaft übergeben, das scheiterte aber schon am Einspruch der Stadt, die uns zu Recht diese Aufgabe nicht zutraute. Herr Uffrecht schlug dann die Gründung einer GmbH vor, in der unser Verein als Minigesellschafter (DM 1000 als Einlage) die fachliche Seite vertreten sollte, der Paritätische Wohlfahrtsverband als Hauptgesellschafter (DM 49 000 als Einlage) den Betrieb und die wirtschaftliche Absicherung garantierte. Unser Verein sollte weiter für die Konzeption und die fachliche Be-

[51] E. Bujok (geb. 1946), Soziologin in der Marktforschung; A. Liese (geb. 1943), Soziologin, Professorin an der Stiftungsfachhochschule München; A. Schmidt-Wellenburg (geb. 1944), Soziologin; Dr. G. Mähler (geb. 1938), Rechtsanwältin in freier Praxis; Dr. M. Breithaupt (geb. 1946), Familienrichterin; J. Bartling (geb. 1956), Rechtsanwältin in freier Praxis; S. Rüggeberg (1948-1994) Pädagogin.

ratung zuständig sein. Wir diskutierten lange auch mit den Mitarbeiterinnen des Hauses und waren sehr zögerlich, schließlich gaben uns die Juristinnen grünes Licht, sie hatten die vertraglichen Bedingungen so gestaltet, dass wir ein Kündigungsrecht hatten, ohne dass die ganze Konstruktion der GmbH gefährdet wurde. So wurde unser Verein 1987 zum Minigesellschafter der GmbH.

Im gleichen Jahr bat mich die zuständige Referentin des Paritätischen Wohlfahrtsverbandes um Unterstützung bei der Konzeptentwicklung zur Beratung von Frauen in Frauenhäusern auf Landesebene. Die meisten Frauenhäuser, die im Bereich des Paritätischen Wohlfahrtsverbandes arbeiteten, bestanden auf einer parteilichen Beratung. Im Ringen um staatliche Bezuschussung der Arbeit war diese kritisiert worden, die Beratung sollte „familienbezogen" sein. In der Diskussion mit den Mitarbeiterinnen der Frauenhäuser entwickelte ich eine fachliche Begründung des parteilichen Beratungskonzeptes (Hege1987), das ich auch bei einer landesweiten Veranstaltung durch das Sozialministerium vertrat (1988). Ich konnte mich dabei auf die Diskussion beziehen, die bei Begründung der Frauenhäuser in Berlin und Köln entwickelt worden war (Mies1987). Diese Begründungen fanden jetzt auch in Bayern Gehör.

Mit der Argumentation einer parteilichen Beratung von Frauen für Frauen konnten die Frauenhäuser und Notrufe ihre frauenspezifische Arbeit begründen, die jetzt auch durch Richtlinien für die Bezuschussung gestützt wurde. Schon zu dieser Zeit (1988) verglichen zwei Kolleginnen des Notrufs die Vergewaltigung mit der Geiselnahme. In der modernen Traumatherapie werden diese beiden Situationen „ideologiefrei" nebeneinander dargestellt. Das Tabu, das vor der Wahrnehmung spezifischer männlicher Gewalt stand, scheint gebrochen. Auch wird in der Traumatherapie die Neutralität des Therapeuten oder Beraters aufgegeben zugunsten einer unterstützenden und aktiven Stellungnahme auf Seiten der Opfer in Gewaltsituationen. Mit dieser öffentlichen Stellungnahme zur parteilichen Beratung wurde ich in der Frauenszene bekannt und von den Frauen um Unterstützung angefragt, die ihr frauenspezifisches Engagement mit ihrer fachlichen Arbeit als Psychologinnen und Sozialpädagoginnen verbinden wollten.

Der Einzug professioneller Fachkräfte in die Frauenhausarbeit wurde nicht von allen Frauen begrüßt. Die autonomen Frauen, die die Gründerinnen der ersten Frauenhäuser waren, verteidigten gleichsam nicht nur die Häuser als ihren Arbeits- und Lebensraum, sie fürchteten zu Recht, dass eine Professionalisierung ihre Konzepte verändern würde. Sie verteidigten die gleiche Betroffenheit aller Frauen durch die Unterdrückung im Patriarchat, die den von körperlicher Gewalt betroffenen Frauen die Möglichkeit gab, andere Frauen

allein aus ihrer Erfahrung zu unterstützen. Die Analyse des Patriarchats war für sie nicht nur Teil der Analyse gesellschaftlicher Bedingungen, es war die Aufforderung zum Kampf gegen das Patriarchat in all seinen konkreten (männlichen) Erscheinungsformen. In ihrer Auffassung von der Selbstbefreiung durch politischen Kampf tradierten sie eine Auffassung, die auch in den 70er Jahren von Sozialpädagogen und Pädagogen vertreten wurde (Illich 1982, Freire 1981) und die ich wenige Jahre später in Südafrika wiederfand. Sie waren und sind noch heute zutiefst misstrauisch gegenüber allen Anforderungen von Konzeptionalisierung und Dokumentation ihrer Tätigkeit, die sie als unberechtigte Einmischung von außen erlebten.
Ausgelöst durch unsere öffentliche Stellungnahme (1988) gab es innerhalb der Frauenhilfe kontroverse Diskussionen. Für eine Gruppe der Mitarbeiterinnen wurden therapeutische Konzepte mehr und mehr bestimmend, wir im Vorstand sahen unsere mehr politisch definierte Position in Frage gestellt. Das Klima in der Kommunikation mit den Mitarbeiterinnen, die uns zur Trägerschaft ermutigt hatten, änderte sich. In der Bearbeitung der sich entwickelnden Konflikte wurde deutlich, dass die Mitarbeiterinnen die Konsequenzen unseres Rollenwechsels von der Beratung zur verantwortlichen Trägerschaft nicht überdacht hatten und diese jetzt ablehnten. Sie gestanden uns keinen Einfluss auf die konzeptionelle Arbeit im Frauenhaus zu. Auch wir hatten Schwierigkeiten, uns in die neue Rolle zu finden. Schließlich mussten wir doch Entscheidungen fällen gegen die Interessen eines Teiles der Mitarbeiterinnen. Es kam zum offenen Konflikt, die Mitarbeiterinnen bedienten sich jetzt der neugeschaffenen Struktur und bestritten uns als Minigesellschafter den verabredeten Einfluss. In der Folge ließen wir uns einbeziehen in die Eskalation des Konfliktes, der weitgehend jenem Konfliktmuster folgte, das die betroffenen Frauen in das Frauenhaus führt. Es ging auch in unserem Konflikt um Täter und Opfer. Als Vorstandsfrauen selbst in den Konflikt einbezogen, konnten wir ihn als Beteiligte nicht lösen und beschlossen einmütig das Ende unserer Mitarbeit sowie die Auflösung des Fördervereins. Als Gruppe blieben wir in der gemeinsamen Reflexion der Ereignisse verbunden und wollten die Gründe unseres Scheiterns erforschen. Wir suchten diese zunächst selbstkritisch bei uns. Hatten wir uns „unprofessionell" auf gewagte Strukturen und eine unhinterfragte „Frauensolidarität" eingelassen, die uns in der kleinen Gruppe unseres Vereins verband und die wir auf die Mitarbeiterinnen übertrugen? Diese Übertragung wurde den realen Abhängigkeiten in der Struktur der GmbH nicht gerecht. Wir hatten nicht nur Verantwortung, wir hatten auch Macht, die wir aber nicht „nach patriarchalischen Mustern" einsetzen wollten. Wir waren zögerlich und ungeschickt in der Handhabung unserer Trägerfunktion und blind gegenüber den konkret

bestehenden Rivalitäten unter den Frauen und uns in der gegebenen Struktur. Wir waren stark und klug in der Entwicklung von Strategien nach außen zur Verteidigung der Frauenhausarbeit, aber schwach und unfähig in der Konfliktregelung nach innen. In der Abwertung unseres Bemühens bekamen wir schmerzlich die Kränkung zu spüren, die die langjährig tätigen engagierten Basisfrauen durch unseren „Seiteneinstieg" als Professionelle ihrerseits erlebt hatten. Die Reflexion dieses Scheiterns hat meine spätere Arbeit in der Beratung von Frauenprojekten maßgeblich beeinflusst.
Ich lernte, stärker auf die immer wieder geleugneten informellen und formellen Machtstrukturen in Frauenprojekten zu achten, konnte die weiblichen Strategien der Rivalitäten sehen und bearbeiten, ohne sie zu diskriminieren. Ich förderte Frauen, die Leitungspositionen anstrebten, ermutigte zum Austragen latenter Konflikte. Last but not least die Frage und die Analyse nach dem „Patriarchat in uns selbst" wurde ein Thema der Selbstreflexion wie auch der Fallbesprechungen in Supervisionsgruppen mit Frauen (Hege 1987, 1990, 1991).
Mit Frauenfragen an der Fachhochschule und in der Praxis der Beratung von Frauen durch Frauen beschäftigt, lag es für mich nahe, dieses Thema auch im Zusammenhang mit der Redaktion der Zeitschrift Supervision zu betrachten. Ich war sehr überrascht, dass mein Vorschlag in der Redaktionskonferenz der Zeitschrift keinen Widerhall fand und ich das Heft gegen den Widerstand und die neutrale Zurückhaltung in der Männergruppe durchsetzen musste. Ich hatte „mein Thema", aber keine Unterstützung und zog daraus den Schluss, dass das Thema wirklich wichtig war, was die Reaktion auf das Heft auch bestätigte (Hege 1991).

PRAXISSEMESTER IN SÜDAFRIKA

1987 hatte ich wieder die Gelegenheit, ein Praxissemester zu beantragen. Mich beschäftigte in dieser Zeit die Kritik nicht nur der „autonomen Frauen", sondern der Selbsthilfebewegung insgesamt an unserem Bemühen um Professionalisierung der Sozialen Arbeit. Wieder einmal traf uns der Vorwurf, dass wir die Bedürfnisse der „Betroffenen" zu wenig im Blick haben, immer wieder „Lösungen" und „Programme" anbieten, Hilfe zur Selbsthilfe proklamieren und doch die Selbsthilfekräfte verkümmern lassen. Ich hatte in der Literatur die Ansätze der Theologie der Befreiung verfolgt, in den Grundlagenfächern hatten wir uns mit Paolo Freire (1980) und Ivan Illich (1981) beschäftigt. Jetzt wollte ich versuchen, „vor Ort" diesen Ansatz kennenzulernen. Da ich mir nicht zutraute, die Sprachbarrieren in einem lateinamerikanischen Land in so kurzer Zeit zu überwinden, entschied ich mich für Südafrika. Ich fand Kontakt zum South African Council of Churches (SACC). Als ich reiste, wusste ich, dass diese kirchliche Institution eine Stellungnahme gegen die Apartheidspolitik erstellt hatte. Ich wusste auch vom Schüleraufstand in Soweto, hatte jedoch keine Vorstellung, was es heißt, parteiliche Soziale Arbeit im Widerstand gegen staatliches Recht und staatliche Gewalt zu praktizieren. Im Land war nach den tiefgreifenden Unruhen der Ausnahmezustand erklärt, das heißt die staatlichen Sicherungskräfte konnten jederzeit Verhaftungen ohne richterliche Entscheidung vornehmen.

Die schwarzen und weißen Mitarbeiter des SACC, waren sehr daran interessiert, mich zu informieren und teilhaben zu lassen an ihren Erfahrungen. Sie erwarteten keine konkrete Unterstützung ihres aktuellen, täglichen Kampfes. Ich konnte schwarze Mitarbeiter in die schwarzen Siedlungen begleiten, las mich in die breite Dokumentation der Berichte über die Folter und Menschenrechtsverletzungen ein, die an der Tagesordnung waren und erst Jahre später in den Prozessen nach der Wahl Mandelas zum Staatsoberhaupt öffentlich wurden. Ich begriff den Satz Adornos, dass es „nichts Richtiges im Falschen“ gibt in seiner Konsequenz. Die Apartheid selbst war das „Falsche“, deshalb konnte auch Sozialarbeit der Weißen für die Weißen und der Schwarzen für die Schwarzen, organisiert in der Apartheid mit den aus den USA importierten humanistischen Konzepten methodischen Handelns, keine Hilfe sein.

Der Kampf im SACC, einer Institution außerhalb der offiziellen Hilfeeinrichtungen, richtete sich deshalb gegen die Apartheid. Unvergesslich ist mir eine Versammlung von Widerstandsgruppen unterschiedlichster Herkunft in Kapstadt, die u.a. darüber abstimmte, ob dieser Kampf auch mit Gewalt geführt werden sollte, wenn die Situation dies erfordere. Alle Hände hoben sich, auch die von weißen und schwarzen Ordensschwestern.

Neben dem generellen Kampf, an dem sich viele Jugendliche beteiligten, ging es dem SACC darum, den Opfern der Unterdrückungspraktiken konkret zu helfen: Unterkunft zu finden für Jugendliche, die auf der Flucht waren, ärztliche und psychologische Hilfe zu finden für jene, die in der Haft vergewaltigt und gefoltert worden waren. Die Mitarbeiter selbst wurden in Workshops geschult und zugleich ihre Familien ermutigt und unterstützt. Ein Viertel der Mitarbeiter des SACC war in diesem Jahr z.T. vorübergehend inhaftiert, ihre Arbeit wurde von anderen übernommen (Hege 1988). Neben der konkreten Arbeit im Widerstand und mit den Opfern der Apartheid arbeiteten die Sozialarbeiter zugleich an Konzepten und Gesetzesvorhaben für die Zeit nach der Apartheid. Das geschah meines Wissens auf al-

len Ebenen des Widerstandes und ist sicher ein Grund dafür, dass der Übergang nach der Apartheid gelingen konnte.
Ich war in dieser Zeit umgeben von Frauen und Männern, die sich selbst organisierten, vor allem aber die Verantwortung für das, was geschah, ganz selbstverständlich trugen. Besonders beeindruckt haben mich die schwarzen Frauen im Widerstand, die mit großer Kraft Schmerz und Empörung zu gleicher Zeit auszudrücken verstanden. Ihre Kräfte wuchsen gleichsam mit dem Maß der Unterdrückung. Mit großer Selbstverständlichkeit verbanden sie den Kampf gegen Rassismus mit dem Kampf gegen Sexismus. Sie bedurften dazu keiner theoretischen Unterstützung aus Europa. Eine schwarze Nonne erklärte mir „die weißen Frauen sind innerlich verkrüppelt, aber sie merken es nicht". Sie sprach von den kämpferischen und aufgeklärten weißen Frauen aus Europa, die sie kennengelernt hatte. In unserer europäischen Erziehung wird das Bild der Frau nicht nur gelebt, es wird in der Bildung auch vermittelt, es ist somit gleichsam doppelt gegeben und so verinnerlicht, dass sich viele Frauen in Europa gegenüber den „sichtbar unterdrückten Frauen" als privilegiert erleben. Den schwarzen Frauen dagegen ist die Unterdrückung vor Augen, ihre Stellung in der Familie lebt offenbar aus einer anderen Tradition, die schon immer Stärke nicht nur im Ertragen erforderte. Diese Frauen haben keine „Bildung" erworben, die ihre Rolle idealisierte. Winnie Mandela,[52] die ich kennenlernen konnte, ist in ihrer kämpferischen Einstellung keine Ausnahme, sie repräsentierte an vorderster Stelle den Typus der schwarzen Frauen im Widerstand.
Der „Seitenwechsel" durch die Einladung einer weißen Kollegin, die an einer weißen Sozialen Schule arbeitete, brachte mich in Kontakt mit weißen Südafrikanern, die ganz selbstverständlich die Apartheid lebten. Am meisten erschreckte mich, wie wenig sie von dem, was sich in ihrem Land vollzog, wahrnahmen. Die Apartheid war nicht nur politisch vorgegeben, sie war auch in den „Köpfen" der weißen Minderheit fest verankert. Sie verhinderte die Wahrnehmung der so unterschiedlichen Lebenswelten der schwarzen Bevölkerung und ließ nur eine durch Herrschaft bestimmte verzerrte Kommunikation zu (Hege 1988). Einer offiziellen Einladung in das Kollegium der Schule wollte ich nur zustimmen, wenn ich über meine Erfahrungen im SACC berichten könnte. Die Einladung wurde nicht ausgesprochen.

---

[52] Damals die Ehefrau des 27 Jahre inhaftierten Nelson Mandelas, die später in kriminelle Machenschaften verwickelt war und von ihm geschieden wurde.

Zurück in München beschäftigte ich mich verstärkt mit den Einwirkungen der Gesellschaft auf die Sozialisationsbedingungen von Jugendlichen, präziser mit der sekundären Sozialisation. Persönlich war ich erleichtert, ohne den latenten Druck der Angst, der in Afrika durch den deutschen Pass erträglich war, leben zu können. Als Fachfrau und Bürgerin lernte ich zu schätzen, in einem Rechtsstaat zu leben, in dem aus dem Blickfeld der Betroffenen nicht immer Gerechtigkeit herrscht, doch Recht eingefordert werden kann.

DAS PROJEKT „GEWALT IN FAMILIEN"

1987 plante Barbara Speck[53] im Allgemeinen Sozialdienst (ASD) ein Projekt zur „Verbesserung des ganzheitlichen Hilfekonzeptes bei *Gewalt in Familien*". Mein Kollege Gotthart Schwarz und ich wurden gebeten, das Projekt, das in einem Stadtteil im Münchner Norden angesiedelt wurde, wissenschaftlich zu begleiten (1988-1991). Gotthart Schwarz arbeitete seit Jahren mit Student(inn)en und Berufspraktiker/-innen in Stadtteilprojekten an Problemen kommunaler Sozialpolitik, Jugend und Familienpolitik, in der Ausländerarbeit und an den sozialstrukturellen Problemen kommunaler Sozialarbeit. Sein Interesse galt der Verbindung von Forschung und Praxis mit dem Ziel, Innovationen anzuregen und Lernprozesse in Gang zu setzen. Ich selbst brachte meine Erfahrungen aus Supervision und Gruppendynamik ein und war interessiert an der Überprüfung unserer Methoden. Wir haben den Gang und die Ergebnisse dieses dreijährigen Projektes dokumentiert und veröffentlicht (1992).
Schon in den Lehrveranstaltungen an der Fachhochschule hatten wir immer wieder versucht, in konzeptionellen Überlegungen Gemeinwesenarbeit und Fallarbeit miteinander zu verbinden. Im Projekt wurde diese Kooperation die ausschlaggebende Grundlage für den Erfolg. Die Eingangsphase, in der die Fallarbeit im Mittelpunkt stand, war ein lebendiger Prozess, in dem viele Erfahrungen über die Einzelhilfe bei Problemen in Gewaltfamilien reflektiert und neue Erfahrungen über die institutionelle Dynamik bei Gewaltfällen gesammelt werden konnten. Wir bewegten uns gleichsam in vertrauten Bahnen. Den Stadtteil und die Kooperation mit anderen Institutionen in den Blick zu nehmen, erweckte zunächst Ängste und Widerstände – und das zu Recht – hatten doch die Mitarbeiterinnen bislang diese Ressourcen vernachlässigt und waren im Umgang mit den Fachkräften anderer Institutionen wenig ge-

[53] B. Speck (geb. 1942), Stellvertretende Leiterin des ASD München.

übt. Sie neigten dazu, sich ihren Kommunikationspartnern als „Hilfesuchenden" zuzuwenden oder diese als Informationsquelle für das eigene Hilfeplanverfahren zu nutzen.
Hier war eine Lücke in den bisherigen Konzepten der Familienhilfe zu schließen. Den Weg von der Einzelfallhelferin zur Kooperationspartnerin gingen die Mitarbeiterinnen mit Erfolg, sie entdeckten bei sich neue, die Kommunikation aktivierende Fähigkeiten, die sie mit Freude nutzten. Darüber hinaus war die Vernetzung des Falles im Stadtteil zwar ein zusätzlicher methodischer Schritt, erforderte Arbeitszeit, diente andererseits aber der Entlastung. Die Verantwortung blieb bei der Mitarbeiterin des ASD, für die Erstellung eines Hilfeplanes und dessen Durchführung jedoch ergaben sich zusätzliche Alternativen. Es galt nicht nur, die Ressourcen in der Familie zu nutzen, sondern auch die Kooperation und Vernetzung im Stadtteil zu fördern. Kooperation und Vernetzung als Teil des Arbeitsauftrages des ASD war für die Mitarbeiterinnen ein wertvoller Zugewinn, den sie auch in anderen Bereichen ihres Arbeitsauftrages einsetzten. Die Ereignisse in den Familien waren in jedem neuen Fall wieder belastend, doch hatten die Mitarbeiterinnen neben der Achtsamkeit für die destruktive Dynamik gelernt, die Ressourcen im Familiensystem und im Stadtteil zu nutzen. Für mich selbst war diese Entwicklung über die Grenzen der bisherigen Arbeit hinaus ein hoher Gewinn, hatte sich doch die alte Trennung und Polarisierung von Gemeinwesenarbeit, Gruppen- und Einzelarbeit in der konkreten Praxis als überwindbar erwiesen. Sie war nun möglich geworden in der Kooperation unterschiedlicher Fachvertreter in der Begleitung des Projektes.
1990 lud mich Manfred Neuffer[54] als Moderatorin zu einem Symposion nach Siegen ein. Wir diskutierten mit Zeitzeuginnen über die Einführung der Methodenlehre nach dem Krieg. Mir wurde noch einmal bewusst, welche Bedeutung die Begegnung dieser Zeitzeuginnen mit der amerikanischen Demokratie nach den Erfahrungen im Nationalsozialismus hatte. In meiner Veröffentlichung über die Soziale Frauenschule der Stadt München habe ich diesen Zusammenhang untersucht.

GASTPROFESSUR IN KASSEL IM STUDIENGANG SUPERVISION

Im Wintersemester 1990/91 nahm ich die Einladung der Gesamthochschule Kassel für eine Gastprofessur im Studiengang Supervision an. Ich kannte

[54] Dr. M. Neuffer (geb.1944) studierte an der Sozialen Schule in München. Heute Professor an der FH Hamburg.

die Ausbildung aus der Sicht der Lehrsupervisorin und von Lehraufträgen. Ich genoss es, mich ein Semester lang mit einem meiner „Themen“ gründlich befassen zu können. In den Seminaren und Vorlesungen konnte ich meine Erfahrungen systematisieren und im lebhaften Austausch mit hochmotivierten, in der Praxis erfahrenen Studenten und Studentinnen diskutieren. Mir wurde wieder einmal bewusst, welche Chance uns der Beruf als Hochschullehrerin gibt, neue Erkenntnisse und Innovationen stets in der Lehre „rückkoppeln“ zu können. Neue Überlegungen und Weiterentwicklungen in der Lehre und Forschung sind für mich in der Erinnerung verbunden mit kritischen Anfragen und Beiträgen von Studentengruppen, die mir anschaulich vor Augen sind.
Größere Klarheit gewann ich in der Trennung von Supervision und Therapie, ich definierte die Bedeutung der Berufsbiographie (Hege 1994). Von besonderem Interesse für die Studierenden war die Genderfrage. Es gab interessante Seminare mit Frauen, die sich mit der Frauengeschichte ihrer Mütter und Großmütter auseinandersetzten. In diesen Seminaren entdeckten sie, dass es möglich war, jenseits der je eigenen Mutterbeziehung, Mütter zu sehen als Frauen, die ihr Leben nicht nur in der Mutterrolle gelebt hatten. Sie entdeckten, in welchem Ausmaß die Lebensverhältnisse und die Lebensthemen bei den „Kohorten“ sich glichen. Sie entdeckten Ressourcen und Stärken, die durch die Auseinandersetzung in der eigenen Ablösung von der Mutter nicht gesehen worden waren. Studentinnen, die sich in ihrer Suche nach beruflicher Betätigung getrennt hatten von der Welt der Mutter als Familienfrau waren gefangen in der unbearbeiteten Ambivalenz von Trauer und Auflehnung. Die Entdeckung des eigenen Weges der Mutter – der nicht durchgehend durch „Unterdrückung“ gekennzeichnet war – wirkte befreiend für die Suche nach der eigenen beruflichen Identität. Besonders kontrovers und strittig waren die Diskussionen in einem Theorieseminar über Männer- und Frauenbilder. Nicht nur die Literatur tradiert vorurteilsbeladene Stereotypien, sie sind auch in den Köpfen fortschrittlicher, lernwilliger Supervisoren und Supervisorinnen (samt Dozenten). In gemischt geschlechtlichen Seminaren hatten Männer die Möglichkeit, die Arbeit von Frauen zu beobachten und dann auch zu supervidieren, Frauen konnten die Arbeit von Männergruppen beobachten und in der Männergruppe supervidieren. Es war für alle erstaunlich, welche Wahrnehmungsverzerrungen sich bei diesen Beobachtungen ergaben. So war es manchen Frauen kaum möglich, emotionale Betroffenheit bei Männern wahrzunehmen, wenn diese nicht in den üblichen Formen sprachlich ausgedrückt wurde. Männer wurden ungeduldig und gereizt, wenn in Frauengruppen „so

unpräzise und verwaschen" geredet wurde, sie wollten mit ihren Interventionen endlich „das Problem auf den Punkt" bringen.
Nach diesen Seminaren bestand eine große Nachfrage auch bei Lehraufträgen, die ich in späteren Jahren annahm. Lernchancen sehe ich jedoch nur in einer zahlenmäßig gleichen Verteilung von Männern und Frauen, die selten gegeben ist! Im Vergleich der unterschiedlichen Seminare „Gemischtgeschlechtliche Gruppen" einerseits und „Frauengruppen" andererseits, lernte ich deren Bedeutung für unterschiedliche Lernziele kennen und damit auch zu entideologisieren.[55]
Auch in München war ich an der Ausbildung von Supervisoren beteiligt. Christine Arbogast[56] hatte für das Landesjugendamt ein Ausbildungskonzept erstellt. An dieser berufsbegleitenden Weiterbildung (1987-1992) arbeitete ich gerne mit, weil sie abgestellt war auf die Ausbildung von Beratern für den Jugendhilfebereich mit dem Blick auf die zu erwartende Neuregelung des Jugendhilfegesetzes, das 1990 verabschiedet wurde. Es erforderte Beratung für die Umstrukturierung von Arbeitsfeldern, neben der Fortbildung auch Beratung der Mitarbeiter für ein neues Verständnis von Dienstleistung und Kooperation mit den betroffenen Familien. Die Auseinandersetzung mit den Strukturen der Einrichtungen, in welchen die zu Beratenden tätig waren, in der auch die Supervisoren tätig werden sollten, hat mich besonders interessiert und beschäftigt (Hege 1990). Auch die „Gesellschaft für analytische Gruppendynamik" (GAG) bat mich um Mitarbeit bei ihrer Supervisorenausbildung, bei der insbesondere die Anwendung psychoanalytischer Konzepte mein Interesse fand.
Im Jahr 1989 wurde die Deutsche Gesellschaft für Supervision (DGSv) gegründet. Für mich, als Verfechterin der Fachlichkeit, ein Meilenstein in der Professionalisierung der Supervision. Ich gehöre nicht zu den Gründungsmitgliedern, bin jedoch diesem Verband beigetreten und habe mit Freude sein Wachstum und die ersten Jahre der fachlichen Diskussion und des strukturellen Aufbaus begleitet. Nur zögernd ließ ich mich auf eine Kandidatur für den Standardüberprüfungsausschuss ein, dem ich sechs Jahre lang

[55] Von Bedeutung für die Supervision ist in der Kontrakt- und Beziehungsklärung die Klärung der Erwartung, die mit der Wahl einer Supervisorin oder eines Supervisors verbunden ist. Es gibt ganz unterschiedliche, nicht voraussehbare bewusste und noch mehr verborgene Wünsche, die im Laufe des Prozesses zu Tage treten, die zum Teil erfüllt, aber in der Mehrzahl verworfen und bearbeitet werden müssen.

[56] C. Arbogast (geb.1946), damals Leiterin der Fort- und Weiterbildung beim Bayerischen Landesjugendamt, jetzt in freier Praxis tätig.

angehörte. Die Standards selbst wurden schon in der Vorbereitungskommission für die DGSv als Grundlage für die Aufnahme von Ausbildungsinstitutionen festgelegt und in der Vollversammlung auch so beschlossen. Es waren die Ausbildungsstätten selbst, die diese Regelung im Konsens entschieden. Die Inhalte der Standards bildeten 1991 die realen Mindeststandards für die Ausbildung der in der DGSv versammelten Ausbildungsinstitute. Das war fachlich gesehen eine sinnvolle Grundstruktur. Allerdings erwartete ich, dass diese Struktur mit der sicher notwendigen Weiterentwicklung der Ausbildung, der Ausweitung der Anwendungsfelder, auch immer wieder verändert werden würde. Für mich war neben der formalen Überprüfung ein ständiges Gespräch über die Standards Teil der Aufgaben in der Überprüfungskommission. Durch die rasche Zunahme der Ausbildungsinstitute haben sich der Auftrag und die Situation der Überprüfung jedoch schnell verändert. Die Rollenverteilung wurde immer klarer und strikter gehandhabt, es war eine Kontrollsituation entstanden, in der ein Diskurs über die Regeln selbst nicht mehr glaubwürdig geführt werden konnte.
Da gleichzeitig der Kampf um die Verteilung der Marktchancen härter wurde, wurden die Standards zu Zugangs- und Ausgrenzungsinstrumenten, die jetzt auch von den Mitgliedern der wachsenden Konkurrenz wegen vehement eingefordert wurden. Waren die Standards zunächst vernünftige, durch fachliche Argumentation zu begründende Voraussetzungen für eine qualifizierte Ausbildung, so wurden sie mehr und mehr – um ein Bild zu gebrauchen – zu mosaischen Gesetzestafeln, denen man sich wegen der Zugehörigkeit beugte, sich aber von der Verehrung des goldenen Kalbes nicht abbringen ließ. Ich erlebte diese „Regelung“ mehr und mehr als „Denkhemmung“ für notwendige Diskussionen um die Veränderung von Ausbildungskonzepten, ganz abgesehen von den mitunter peinlichen Kommunikationsformen, in die mich diese Rolle gegenüber den Kollegen und Kolleginnen brachte. Solche Regelungen habe ich in der Supervision immer hinterfragt, in Institutionen stets kritisiert und mich ihnen nie gebeugt. Ich war deshalb sehr entlastet, als meine Amtsperiode beendet war.

ZUSAMMENLEGUNG DER ABTEILUNGEN IN PASING UND ABSCHIED

An der Fachhochschule in München gab es bei meiner Rückkehr von Kassel die Vorbereitung für die Zusammenlegung der beiden bisher getrennten Abteilungen im neu für den Fachbereich umgestalteten Gebäude der ehemaligen Pädagogische Hochschule in Pasing. Ich war etwas beklommen

mit Blick auf die Kooperation mit den „alten“ Kollegen aus den gemeinsamen Zeiten am Bogenhauser Kirchplatz, es gab bei mir noch angstbesetzte Bilder. Die Zusammenarbeit aber war einfacher und konstruktiver als meine Besorgnis. Einmal waren die Kollegen und Kolleginnen in der Überzahl, die nach der „Trennung“ berufen worden waren. In beiden Gruppen, bei den „Aubingern“ und den „Bogenhausenern“ hatte sich der in den Gründungsjahren starke Gruppenzusammenhalt aufgelöst, viele Kolleginnen und Kollegen zeigten die zeittypische Individualisierung auch im beruflichen Bereich. Es gab neue Möglichkeiten des Kontaktes, des Austauschs und neue Arbeitsbeziehungen zwischen den Kollegen aus beiden Abteilungen. Wohl hatten sich in den langen Jahren der räumlichen Trennung unterschiedliche Organisationskulturen in den Abteilungen entwickelt. In Bezug auf die Bewältigung der gegebenen Aufgaben jedoch hatte sich erstaunlich viel „angeglichen“. Wir hatten in der gleichen Zeit, in der gleichen Stadt, mit den gleichen Praktikern, unter den gleichen finanziellen und gesetzlichen Bestimmungen gearbeitet. Wieder einmal erwiesen sich die „Verhältnisse“ stärker als die unterschiedlichen Ideen!
Mit Leo Dümpelmann, Theologe und Philosoph, einem meiner damaligen Antipoden, führte ich viele Gespräche, in denen wir versuchten, unsere alten strittigen Standpunkte noch einmal zu diskutieren. Das „Alte“ konnten wir nicht klären, jeder von uns hatte seine Geschichte dieser Zeit „verarbeitet“, es waren sehr unterschiedliche, nicht mehr vergleichbare Geschichten. Wohl aber konnten wir uns über das Hier und Jetzt, die anstehenden Aufgaben verständigen. Ich übernahm noch einmal eine kleinere Koordinationsaufgabe als Beitrag für die gemeinsame Zukunft des Fachbereichs.
Für mich selbst aber begann ich mit der Abschiedsarbeit vom Fachbereich. Ich bemühte mich, meine Pflichtveranstaltungen mit den mir immer jünger erscheinenden Studenten und Studentinnen gut zu gestalten, gab den Schwerpunkt im 7./8. Semester ab und formulierte eine Ausschreibung für mein freiwerdendes Arbeitsgebiet. An der personellen Nachfolgediskussion beteiligte ich mich nicht. Das Abschiednehmen wurde mir selbst am deutlichsten mit der Tatsache, dass mir wichtig erscheinende Innovationen des Fachbereiches vorangetrieben wurden, an denen ich mich nicht mehr beteiligte – oder auch nicht mehr beteiligt wurde. Kolleginnen und Kollegen schufen den neuen Schwerpunkt „Sozialmanagement“. Mit ihm wurde ein wichtiger Baustein, die Organisation, der Betrieb, die Qualitätssicherung und das Management der Sozialarbeit in die Ausbildung aufgenommen. Ich wurde erinnert an die Aussagen der frühen Praktikanten, die klagten, dass ihre Methoden nicht in die Organisationen passten, und die sich

durch die Jahre in so vielen Beratungen wiederholten. Jetzt konnten die Organisation, der Sozialbetrieb und das qualifizierte berufliche Handeln zusammengefügt werden.

1993 ließ ich mich in den Landesvorstand des Paritätischen Wohlfahrtsverbandes wählen. Ich hatte viele interessante Organisationen und lebendige Initiativen kennengelernt, die diesem Verband angehörten. Seine Grundprinzipien Offenheit, Toleranz und Vielfalt versprachen mir interessante Arbeitsmöglichkeiten. Meine Bedenken bezüglich der Anforderungen, juristische Probleme und Haushaltsfragen eines so großen Verbandes zu beurteilen und handhaben zu können, zerstreute der 1. Vorsitzende Alexander Eberth.[57] Für diese Fragen stünden – so versicherte er mir – fachlich ausgewiesene Mitglieder im Vorstand und vor allem die Geschäftsführer zur Verfügung. Ich sollte als Ehrenamtliche meine fachliche Kompetenz in den Vorstand einbringen. Persönlich hat Alexander Eberth diesen Kontrakt gehalten, die gegebene Struktur, vor allem die Mitglieder, erlaubten mir diese Abstinenz nicht. Zunächst konnte ich meine Kompetenzen in die Gestaltung von Fachtagen, dem sogenannten „Paritätischen Tag" mit den Themen Armut, Ehrenamt und Qualitätssicherung einbringen (Hege 1999). Ich vertrat die Mitglieder in der Öffentlichkeit, arbeitete mit an der Vorbereitung einer Ausstellung zum 40jährigen Jubiläum des Paritätischen Wohlfahrtsverbandes. Zu meinem großen Erstaunen wurde ich von den Frauenprojekten nicht in Anspruch genommen, die mich für den Vorstand vorgeschlagen hatten. Für sie war die Zugehörigkeit zum Verband eher eine notwendige Verbindung. Inhaltliche Diskussionen führten sie in Fachgruppen, die sie nach außen abschirmten. Ich initiierte eine Mitgliederbefragung, die uns einen besseren Aufschluss über die Bedürfnisse und sehr unterschiedlichen Interessen der rund 720 Mitglieder gegenüber dem Verband bringen sollte. Die Umsetzung der Umfrageergebnisse in die Praxis erwies sich schwieriger, als ich dachte, es regte sich viel Widerstand bei den langjährigen hauptamtlichen Verbandsmitarbeitern. Jahrelang hatte ich u.a. im Landesjugendhilfeausschuss die Kritik der Wohlfahrtsverbände an den reformunfähigen staatlichen und kommunalen Bürokratien gehört. Doch die Verbände ähneln in ihrer Struktur durchaus den kritisierten Verwaltungsinstitutionen, wie ich jetzt erleben musste. Die Umsetzung der Mitgliedervorschläge in das Verwaltungshandeln des Verbandes erlebte ich leider in meiner Amtszeit nicht mehr. Wir wurden von Personalproblemen, finanziellen Belastungen durch

---

[57] A. Eberth (geb. 1944), Rechtsanwalt und Vorsitzender des Paritätischen Landesverbandes Bayern von 1990 bis 1999.

Neubauten im Bereich der eigenen Einrichtungen des Verbandes etc. in Atem gehalten. Die Aufregung der Mitglieder, ihr Wunsch nach besserer Information, der Ruf nach effektiver Führung und Verantwortung des Vorstands führte dazu, dass ich mich doch mit Haushaltsfragen beschäftigen musste. Es gab im Vorstand wichtige Entscheidungen zu fällen, die ich jetzt in der Tragweite verstehen musste und wo ich mich nicht mehr an den Experten allein ausrichten konnte. Das gab eine Fülle von Arbeit, auch massive Belastungen, zeigte sich doch jetzt deutlich, dass die Struktur des Verbandes mit einem vielköpfigen ehrenamtlichen Vorstand der Größe der Organisation und dem notwendigen Management der gegebenen Aufgaben nicht mehr entsprach. Es wurde mir immer klarer, dass auch dieser Verband eine grundsätzliche Reform seiner Struktur braucht, die Jahre dauert und junge Kräfte erfordert. So stand ich 1999 für die Kandidatur einer dritten Amtsperiode nicht mehr zur Verfügung.

In meinem letzten Semester 1993-1994 bot ich einen kleinen Workshop zur Erforschung der Geschichte der Vorläuferschulen Sozialer Arbeit an. Gemeinsam mit den Studentinnen führte ich Interviews bei einer Reihe von Sozialarbeiterinnen durch, die in den letzten Jahrgängen vor 1945 die Ausbildung an der Fachschule abgeschlossen hatten. Mit den Ergebnissen dieses Workshops verabschiedete ich mich von der Fachhochschule im Frühjahr 1994. Die Arbeit an der Geschichte der Sozialen Frauenschule der Stadt München in den Jahren zwischen 1919 und 1945 beschäftigte mich lange über meinen Abschied von der Hochschule hinaus (Hege 1999). Was ich zuvor in der Literatur untersucht hatte, die Entwicklung des Berufes, konnte ich für meine ehemalige Schule durch ein interessantes und langes Quellenstudium rekonstruieren. In besonderer Weise interessierte mich die Berufsbiographie der Direktorinnen und ihre Lehre. In der ersten Phase lehrte Frieda Duensing (1864-1921), die ganz dem Frauenbild der ersten emanzipierten Frauen um die Jahrhundertwende entsprach. Für sich selbst war ihr Unabhängigkeit ein hoher Wert, doch für die Arbeit mit dem Klientel galten die Ordnungsregeln der bürgerlichen Familie. Frauen wurden durch Frauen unterrichtet, ihre wesensgemäßen Eigenschaften und Anlagen zu entwickeln, um im mütterlichen Geiste ihre Klientinnen praktisch versorgen zu können.[58]

Die zweite Direktorin der Münchner Frauenschule, Anna Heim-Pohlmann, hat sich ihr Studium als Werkstudentin verdient. Sie war eine Sozialpolitikerin und Antifaschistin, die 1933 entlassen wurde. Sie hat praktische Projekte gemeinsam mit den Schülerinnen entwickelt und war eine der Initiatorinnen des Paritätischen Wohlfahrtsverbandes nach dem Krieg und beim

Wiederaufbau dieses Vereins aktiv. Ihre Nachfolgerin ab 1933 war Dr. Martha Rehm, die 1954 auch meine Lehrerin wurde. Ich habe sie als eine äußerst pflichtbewusste Frau kennengelernt. Meine Quellenstudien zeigten, dass sie auch im Dritten Reich eine äußerst pflichtbewusste Beamtin war, die Verordnungen höherer Stellen niemals in Frage stellte. Sie führte die Schule, wie das von ihr erwartet wurde, indem sie das nationalsozialistische Frauenbild, wie auch die nationalsozialistische Wohlfahrtpflege vermittelte. Ich verstand jetzt, warum sie die Frauen der ersten Frauenbewegung so verehrte, was uns damals als antiquiert erschien. Frauenbewegt und nationalistisch gesinnt, fand sie sich wieder im Entwurf des nationalsozialistischen Verständnisses der Frau. Sie verband große Hoffnungen mit der Wohlfahrtspflege des Nationalsozialismus. Ich fand keine Informationen über eine Veränderung ihrer persönlichen Auffassung oder Verarbeitung nach dem Krieg. Martha Rehm aber ist wie Anna Heim-Pohlmann eine der „Trümmerfrauen" für die soziale Ausbildung nach dem Krieg, für die sie sich unentwegt einsetzte. Wir haben sie nach der Lücke in ihrer beruflichen Biographie und in der Geschichte der Sozialarbeit (1933-1945) niemals befragt.

Die in dem Workshop von uns befragten Zeitzeuginnen konnten sich auf unsere Fragen nicht erinnern (Workshop 1993/94), wer sie seinerzeit die faschistischen Inhalte gelehrt hatte. Vielmehr stellten wir nach ihrer Auffassung die falschen Fragen. Eine Absolventin des letzten Ausbildungskurses stellte mir ihre alten Skripten zur Verfügung. In ihnen spiegelt sich der Alltag faschistischer Lehre, der alle Lebensbereiche so selbstverständlich und total umfasste, dass es gleichsam keinen „Ort" gab, von dem aus es eine differenzierende Sicht auf dieses Geschehen hätte geben können. Mit anderen Worten: Nach 1945 gab es in der Sozialen Arbeit keinen eigentlichen „Neuanfang", nur den Rückgriff auf den Anfang des Jahrhunderts, und es gab die Orientierung an den amerikanischen Vorbildern. Aber damit bin ich wieder am Anfang meiner Geschichte mit der Sozialen Arbeit angelangt.

---

[58] In dieser Phase des Studiums der Frauenschule erinnerte ich mich an ein Buch von Philipp Lersch, das ich zwischenzeitlich „vergessen" hatte. Es trug den Titel „Vom Wesen der Geschlechter" (1950) und bietet eine psychologisch-phänomenologische Beschreibung des polaren Geschlechterverhältnisses. Bei Philipp Lersch, meinem früheren Lehrer, fand ich die Quellen dieses Verständnisses im Neuhumanismus, der die geistige und ideelle Grundlage meiner gymnasialen Ausbildung darstellte. Ich verstand jetzt, warum wir Mädchen, geduldet in einer früheren Jungenschule, es so schwer hatten, als Gleiche anerkannt zu werden.

Ich selbst musste diese Berufsgeschichte noch einmal rekonstruieren – ohne Idealisierung und Dämonisierung! Dabei wurde mir noch einmal bewusst, wie bedrückend und politisch belastet der Beruf der Volkspflegerin, Wohlfahrtspflegerin in den zwölf Jahren der nationalsozialistischen Diktatur war. Getrennt von der fachlichen und wissenschaftlichen Entwicklung in Europa und in den USA, einbezogen in die faschistische Volkspflege, war die fachliche und moralische Legitimation des Berufsstandes verloren. Wir mussten hart arbeiten, um der Ausbildung und der Profession ein neues eigenständiges Profil zu geben. Jetzt arbeiten Kollegen und Kolleginnen an einer Theorie der Sozialen Arbeit – es muss eine Theorie des Sozialen Wandels sein, denn die Soziale Arbeit wandelt sich mit dem Sozialen Wandel (Hege/Dürrmeier 1998). Die jungen Frauen, die jetzt meine Beratung suchen als Supervisorin oder als ehrenamtliche Beraterin im Projekt Netzwerk für Frauen, stellen ihre Fragen für ihre berufliche Arbeit heute. Sie fordern ganz selbstverständlich die Vereinbarkeit von Familie und Beruf. Nicht immer ist es leicht, die Rollen zu trennen. Ich begleite sie gerne bei der Suche nach ihrer beruflichen Identität.

Marianne Hege

LITERATURVERZEICHNIS

Bang, R. (1958): Einzelfallhilfe (Casework). Wiesbaden

Bowlby, J. (1964): Maternal care and mental health. Genf

Dührssen, A. (1960): Psychotherapie bei Kindern und Jugendlichen. Göttingen

Freire, P. (1981): Pädagogik der Unterdrückten. Hamburg

Illich, I. (1982): Vom Recht auf Gemeinheit. Hamburg

Kemmler, L. (1965): Die Anamnese in der Erziehungsberatung. Bern

Lersch, P. (1950): Vom Wesen der Geschlechter. München

Mies, M. (1987[3]): Methodische Postulate zur Frauenforschung – dargestellt am Beispiel der Gewalt gegen Frauen. In: Beiträge zur feministischen Theorie und Praxis

Neuffer, M. (1990): Die Kunst des Helfens. Geschichte der Sozialen Einzelhilfe in Deutschland. Weinheim

W. Schmidbauer (1977): Die hilflosen Helfer. Über die seelische Problematik der helfenden Berufe. Reinbek

Schülein, J. A. (1977): Selbstbetroffenheit. Frankfurt

Slavson, S.R. (1956): Einführung in die Gruppentherapie. Göttingen

Wichern, J. H. (1901): Der Kommunismus und die Hülfe gegen ihn – In: Sämtliche Werke, Bd. 1. Hamburg

EIGENE VERÖFFENTLICHUNGEN

Hege, M./Bischof, D. (1963): Psychologische Analyse eines Säuglings- und Kleinkinderheimes. In: Praxis der Kinderpsychologie und Kinderpsychiatrie 1/S. 15ff.
Hege, M./Bichlmaier, R. (1965): Katamnestische Untersuchung über 5 jährige Beratungsarbeit an einer öffentlichen Erziehungsberatungsstelle. In: Praxis der Kinderpsychologie und Kinderpsychiatrie, S.97ff.
Hege, M. (1974): Engagierter Dialog. München/Basel
Hege, M. (1975): Der Sozialarbeiter im Team der Sozialpsychiatrie. In: Sozialpsychiatrische Information. Hannover
Hege, M. (1977): Praxisberatung in der Fachhochschule. In: Zeitschrift für Gruppenpsychotherapie und Gruppendynamik, Bd.12 ½, S.169ff.
Hege, M. (1978): Die Arbeit der Gastfamilien mit psychisch Kranken – Therapie oder Nichttherapie. In: Sbandi/Vogl (Hrsg.): Lebenselement Gruppe
Geißler, K.-A./Hege, M. (1978): Konzepte sozialpädagogischen Handelns. München
Hege, M. (1979): Individuelle und Institutionelle Faktoren im Praxishandeln von Supervisanden. In: Kongress Supervision. Münster
Hege, M. (1981): Die Bedeutung der Methoden in der Sozialen Arbeit. In: Projektgruppe Soziale Berufe (Hg.) Expertisen I Ausbildung und Qualifikation. München S.145ff.
Hege, M. (1983): Redaktion: Balintarbeit. Zeitschrift Supervision H. 4
Hege, M. (1983): Wie fühlen sich Langzeitpatienten. In: 35. Gütersloher Fortbildungswoche. Gütersloh
Hege, M. (1985): Redaktion: Politische Dimension der Supervision. Zeitschrift Supervision H. 8
Hege, M. (1985): Die steinerne Fee – Idealisierung und Dämonisierung weiblicher Kraft. Weinheim/Basel
Hege, M. (1987): Parteilichkeit in der Beratung von Frauen. In: Bestandsaufnahmen und Perspektiven. DPWV. Frankfurt
Hege, M. (1987): Töchter der Väter oder das Patriarchat in uns. In: Gruppendynamik Bd. 23, 4/S. 229ff.
Hege, M. (1988)Redaktion: Der Theorie-Praxisbezug an der Fachhochschule- Seine Reflexion in der Supervision von Studierenden. Zeitschrift Supervision 13/1988
Hege, M. (1988): Die Spur der weißen Sozialarbeit in Südafrika. In: Sozialmagazin H. 7-8, S.62ff.
Hege, M. (1988): In der rechten Hand die Bibel, in der linken die sozioökonomische Analyse. In: Sozialpädagogik, H. 3
Hege, M. (1988): Das Frauenhaus zwischen Frauenbefreiung und Fürsorgeeinrichtung. In: 10 Jahre Frauenhaus. 10. Erfahrungsbericht der Frauenhilfe. München
Hege, M. (1990): Männer und Frauen in der Supervision: In: Zeitschrift Supervision Sonderheft

Hege, M. (1990): Die Organisationsvielfalt der Jugendhilfe – eine Herausforderung für die Praxisberatung/Supervision. In: Materialien aus der Fortbildung. Bayerisches Landesjugendamt. München

Hege, M. (1991): Redaktion Frauen in der Supervision. Zeitschrift Supervision H. 20

Hege, M. (1991): Mütterlichkeit und Soziale Arbeit. – Historische Entwicklungen und gegenwärtige Tendenzen. In: Fthenakis, W.E.: Handbuch der Elementarerziehung

Hege, M./Schwarz, G. (1992): Gewalt gegen Kinder – Zur Vernetzung sozialer Unterstützungssysteme im Stadtteil. Soziale Arbeit in der Wende Nr.13. München

Hege, M. (1994): Redaktion: Berufsbiografien. Zeitschrift Supervision H. 26

Hege, M. (1995): Supervision als zielgerichteter Lernprozess. In: Supervision – Ein Instrument der Personalentwicklung, Sonderheft

Hege, M. (1995): Die psychosozialen Folgen der Arbeitslosigkeit. In: Bayerischer Wohlfahrtsdienst

Hege, M. (1996): Konzeptionsfragen der Supervision. In: Supervision H. 29

Hege, M. (1996): Profession zwischen Markt und anspruchsvoller Fachlichkeit. In: Dokumentation der Landesfachtagung vom 27.10.1998 in Mainz. DBSH, Landesverband Rheinland-Pfalz

Hege, M./Dürrmeier, W. (1998): Redaktion: Professionen im Wandel der Arbeitswelt. Zeitschrift Supervision H. 33

Hege, M. (1999): Die Soziale Frauenschule der Stadt München 1919 – 1945. Zur Geschichte der Professionalisierung geistiger und praktischer Mütterlichkeit. Alling

Heinz J. Kersting
* 31.5.1937

Biografien sind vorläufige Interpunktionen, die einem Leben Sinn verleihen sollen.

KINDHEIT UND SCHULZEIT

Ich wuchs auf in einer gut katholischen Großfamilie. Der Großvater war Arzt, der sich bis zur Weltwirtschaftskrise auch als Unternehmer betätigt hatte. Er stammte aus dem westfälisch-niederländischen Grenzraum und hatte sich Aachen als Wohnsitz für die eigene Familie ausgesucht, weil Aachen damals mehrheitlich katholisch war, ebenfalls an die Niederlande grenzte, woher ein Teil seiner Vorfahren stammte, und vor allem weil es zu Ende des 19. Jahrhunderts in Aachen noch keinen akademisch ausgebildeten Zahnarzt gab. Er war der gestrenge Patriarch der Familie. Die Großmutter stammte aus Franken und würzte die westfälische Strenge mit einer lebensfroheren, barocken Variante des Katholizismus. Meine eigene Mutter brachte die fröhliche, linksrheinische Katholizität der Gegend in die Familie ein. Den Nazis stand meine Familie reserviert gegenüber, nicht aus demokratischem Bewusstsein, eher aus einer undifferenzierten Treue zur katholischen Kirche. Außerdem hielt man die Nazis ähnlich wie Fußballfans für rüpelhafte Proletarier, so furchtbar wie Kommunisten und noch schlimmer als Sozialdemokraten, die in der Familie ebenfalls verachtet wurden. Mit Protestanten verkehrte die Familie ohnehin nur geschäftlich. Peinlich berührt war die Familie, als ein Onkel, der die Rolle des „Schwarzen Schafes“ in der Familie innehatte, in die NSDAP eintrat. Darüber sprach man auch nach dem Krieg nicht sehr gerne.
Biographisch und familiengeschichtlich war mein Weg in die Soziale Arbeit nicht unbedingt vorgezeichnet. Ich war nämlich von der Familie ausgeguckt worden, Priester zu werden. So war es in unserer Familie seit Jahrhunderten in jeder Generation Brauch, getreu dem sogenannten 6. Gesetz des fröhlichen Rosenkranzes, das da lautet: „... der für uns Priester gewor-

den ist ...“ – und d.h. stellvertretend für den Rest der Familie, damit die übrigen Mitglieder ungestörter ihren weltlichen Geschäften nachgehen konnten.
Allerdings hatte mein Eintritt in die Kirche als unmündiger Säugling bereits etwas mit Sozialarbeit zu tun, denn ich wurde von einer Sozialarbeiterin, die man 1937 noch Fürsorgerin nannte, getauft.
Das kam so: Meine beiden Eltern entstammten unterschiedlichen familiären Kulturkreisen. Meine Mutter kam von einem Bauernhof, und in der bäuerlichen Kultur war es notwendig, ein Kind sofort nach der Geburt zu taufen, damit es auf jeden Fall in den Himmel kommen würde, sollte es denn als Säugling sterben. In der väterlichen Familie mit ihrem mehr bourgeoisen Hintergrund war die Taufe eines neuen Familienmitgliedes ein großes Fest, an der alle und besonders der jeweilige Erzeuger teilnehmen mussten. Mein Vater, ein Maschinenbauingenieur, war zur Zeit meiner Geburt im Auftrag seiner Firma in München auf der Reichsnährstandschau, so hießen damals die Landwirtschaftsausstellungen, und sollte erst 14 Tage später zurückkommen. Meine arme Mutter war hin und her gerissen zwischen den Ansprüchen der beiden Familienkulturen. Meine Tante, die Fürsorgerin, fand eine echt sozialarbeiterische Lösung.
Überhaupt diese Tante Lisbeth, sie war in jungen Jahren Sekretärin – ohne Bezahlung, versteht sich – bei dem großen Sozialpriester Carl Sonnenschein in Mönchengladbach, beim alten Volksverein für das katholische Deutschland gewesen, wo ihr Interesse für die Soziale Arbeit geweckt worden war. Kurz nach dem 1. Weltkrieg studierte sie Sozialarbeit an der Heidelberger Sozialen Frauenschule. Als echte Vertreterin der ersten Frauenbewegung erzwang sie sich zusammen mit einigen Kommilitoninnen durch ein „Sit-in“ im Studentensekretariat der Universität Hamburg das Studium der Volkswirtschaft und wurde nach bestandenem Examen (es war das erste Mal in Deutschland, dass Frauen als Volkswirte diplomiert worden waren) in Aachen Stadtfürsorgerin für „Trinker und Idioten“, wie ich noch als 12-jähriger Junge an ihrer Bürotür im Gesundheitsamt lesen konnte. Nun, Tante Lisbeth ergriff den Säugling und spendete ihm kurzerhand die Nottaufe. Sie erfand auf diese Weise für das Zwei-Familien-Dilemma eine elegante „Lösung zweiter Ordnung“, wie Paul Watzlawick das später wissenschaftlich ausdrücken sollte. Ich vermute, dass es der frauenbewegten Tante auch persönlich Spaß gemacht hat, auf diese Weise der Männerkirche ein Schnippchen zu schlagen. Bei der Heimkehr des Vaters wurden dann an dem bereits getauften Säugling die feierlichen Kirchenriten nachgeholt.
Diese Geschichte vom Frauenpriestertum wurde in der Familie immer wieder voller Lust erzählt. Ich selbst fühlte mich als etwas Besonderes, denn

wer war als Katholik schon von einer Frau getauft worden? Wahrscheinlich hat diese Erzählung bereits früh in mir die Lust an paradoxen Lösungen geweckt. Heute wundert es mich nicht, dass ich anfällig wurde für provokative Beratung und die Mehrperspektivität des Konstruktivismus.[1]
Trotz Krieg und Nazizeit war das familiale Leben durch die kirchlichen Jahreszeiten und Feste bestimmt. Bei den vielen Kindern in der Großfamilie ging jedes Jahr ein Kind zum ersten Mal zur Kommunion. Zu diesem Fest bekamen die im Krieg stehenden Verwandten Sonderurlaub, und die Großfamilie nahm die Gelegenheit wahr, sich selbst zu feiern.
Inzwischen rückte das Kriegsgeschehen näher. Aachen lag in der Einflugsschneise der alliierten Bomber. Ab 1943, so erinnere ich mich, verbrachten wir fast jede Nacht im Luftschutzkeller. Bei einigen Angriffen auf die Stadt Aachen löschten der achtzigjährige Großvater, die Mutter und die Tanten das Haus, und ich durfte stolz als Sechsjähriger nassen Sand herbeischleppen. Es geschah damals häufig, dass ein Klassenkamerad, mit dem ich am Vortag noch zusammen in der Bank gesessen hatte, am nächsten Tag von den Bomben getötet worden war. Im April 1944 waren die meisten Schulen in Aachen zerstört, und die Schulkinder wurden „kinderlandverschickt“.[2] Ich kam ins Jülicher Land in die Familie eines Schmieds. Nachts durfte ich schlafen, wenn auch zuweilen unterbrochen von wilden Albträumen von brennenden Häusern und verkohlten Leichen. „Fantasieren“ nannten die Erwachsenen mein Schreien im Schlaf. Jetzt traf es nicht mehr die Klassenkameraden, sondern deren in Aachen gebliebene Eltern und Verwandte. Schrecklich waren die Sekunden, wenn immer häufiger morgens der Rektor in die Klasse kam und einen Jungen herausrief, weil in der Nacht ein Familienmitglied von den Bomben tödlich getroffen war. Das Schreien des Kindes vermischte sich mit der eigenen Erleichterung, dass der Todesengel noch einmal vorübergegangen war. Es waren nur wenige Monate, die ich

---

[1] Zur provokativen Therapie vgl.: Farrelly, F., Brandsma, J.F. (1986): Provokative Therapie, Berlin/Heidelberg/New York; Dawes, G. (1999): Das Bermuda-Dreieck im Kopf. Die turbulente Welt der Provokativen Therapie, in: Kersting, H.J.: Der Zirkel des Talos. Gespräche mit systemischen TherapeutInnen, Aachen, S. 271-293; zum Konstruktivismus vgl.: Watzlawick, P. (Hg.) (1981): Die erfundene Wirklichkeit. Wie wissen wir, was wir zu wissen glauben? Beiträge zum Konstruktivismus, München/Zürich; Bardmann, Th.M., Kersting, H.J., Vogel, H.-Chr. (1991): Das gepfefferte Ferkel. Lesebuch für SozialarbeiterInnen und andere KonstruktivistInnen. Aachen, (1. Aufl.), 1992 (verbesserte 2. Auflage).

[2] Vgl. ausführlicher Kersting, H. (1996): Münchhausens Schopf. Biographiebezogene Gedanken zur Enttrivialisierung der Schule, in: Voß, R. (Hg.): Die Schule neu erfinden, Neuwied, S. 184-195.

in der Kinderlandverschickung verbracht habe, aber sie waren eine Quelle beißenden Heimwehs. Doch lernte ich endlich Lesen und Schreiben. Die strenge Frau des Schmieds hatte eine unendliche Geduld mit dem nervösen Stadtkind und übte Stunden um Stunden.

Ende Mai 1944 starb der Großvater an einer Lungenentzündung, die er sich beim Löschen unseres Wohnhauses zugezogen hatte. Die Großfamilie zerfiel. Meine Mutter zog mit den Geschwistern ebenfalls aufs Land, der Vater war in Russland und später in Frankreich Soldat. Im Herbst 1944 wurden wir vor der näherkommenden Front in die Nähe von Halle und später in den Harz „evakuiert". Auf dem Lande gab es keinen Fliegeralarm mehr. Das „Fantasieren" verlor sich allmählich. Obschon ich in dieser streng katholischen Familie aufgewachsen war, die Mutter in der Evakuierung den jeweiligen Ortsgruppenleitern der NSDAP auf den Hitlergruß ein „Grüß Gott" erwiderte und wir jeden Sonntag die Messe besuchten, war ich ärgerlich, als Anfang 1945 die Amerikaner in unser Dorf einzogen. Kurze Zeit später hätte ich nämlich das Alter erreicht, um Mitglied im Jungvolk der Hitlerjugend zu werden. Der Nazionkel, mein Taufpate hatte mir schon den geflochtenen Lederknoten fürs Halstuch der Hitlerjungenuniform geschenkt, den ich beim Einzug der Sieger wie einen kostbaren Schatz mit meiner Hand umklammerte. So tragfähig scheint die katholische Sozialisation trotz allem nicht gewesen zu sein. Wie wäre mein Leben verlaufen, wenn die Hitlerdiktatur länger gehalten hätte oder wenn ich 10 Jahre früher zur Welt gekommen wäre?

Wir kehrten nach Aachen zurück. Der Vater war schon vorher aus der Gefangenschaft entlassen worden. Die Kernfamilie war wieder vereint. Der „Nazispuk" war verschwunden. Die meisten Familienmitglieder hatten es ja schon immer gewusst, dass das nicht gut gehen würde. Der wichtigste Halt wurde wie schon zuvor die Kirche, die scheinbar als einzige Institution gerechtfertigt aus dem Unheil hervorgegangen war. Es gab zwar keine Zentrumspartei mehr, dafür aber die CDU mit einem Patriarchen, nicht unähnlich dem verehrten Großvater an der Spitze. Die Welt war wieder in Ordnung. Die Familie schwärmte wie früher für Karl den Großen. Preußen hatte man ohnehin immer als kulturlos verachtet. Paris galt als die heimliche Hauptstadt. Die „Ostzone" war nicht so wichtig, sie hatte nicht zum Karolingerreich gehört, war weitgehend protestantisch und jetzt auch noch von Kommunisten beherrscht, die ohnehin schlimmer waren als die Nazis, da sie von Stalin ferngesteuert wurden.

Der Lebensrhythmus wurde wie bisher vom Kirchenjahr bestimmt. Jetzt noch deutlicher als in den früheren Jahren, da ich Ministrant geworden war.

Schon der Großvater hatte mich täglich zur Messe mitgenommen. Die Sozialisation zum Priester betrieb die Familie zielstrebig. Zu Hause hatte der Vater mir einen Altar gebaut, an dem ich mit den Geschwistern „Messe spielen“ konnte. Es gab damals, das mag junge Leute heute verwundern, sogar Läden, in denen man Kinderkelche, Kindermonstranzen, Kindermessgewänder und alles Übliche kaufen konnte. Für meine Geschwister müssen die kirchlichen Hauptfeste anstrengend gewesen sein. Wir gingen erst in die richtige Messe, oft noch ein zweites Mal als richtige Messdiener; dann vor dem Mittagessen noch Christenlehre; und hinterher alles noch einmal mit mir als Pastor.[3]

Ich besaß aber immer noch den Halstuchknoten der Hitlerjugend. Als die englische Besatzungsmacht nach längerem Zögern Jugendverbände wieder zuließ, trat ich nicht in die kirchliche Jugendgruppe unserer Pfarrei ein, sondern wählte die katholische Pfadfindergruppe in der Nachbarpfarrei. Die Mitglieder trugen eine Uniform. Endlich kam mein Halstuchknoten zu Ehren. Doch obschon einige meiner Pfadfinderführer ihre Gruppensozialisation in der Hitlerjugend erfahren hatten, sorgte die Nähe von Aachen zu Holland und Belgien und die Begegnung mit den Pfadfindern dieser Nationen dafür, lange bevor die Grenzen nach Westen allgemein geöffnet wurden, dass sie die autoritären Seiten ihrer nationalsozialistischen Jugendarbeit abstreifen konnten. Vor allem bemühten sich schwedische Pfadfinder aus Stockholm mit ihren Lebensmittelpaketen und gemeinsamen Zeltlagern, in denen wir erste Ansätze partnerschaftlichen Gruppenlebens erlernten, um unseren körperlichen und geistigen Wiederaufbau. Bisher hatte ich Internationalität nur in der Form des Katholischseins erfahren. Die schwedischen Pfadfinder waren selbstverständlich evangelisch und wir katholisch, aber trotzdem verband uns aufs herzlichste die Gemeinsamkeit der pfadfinderischen Idee, und ohne es genau zu registrieren, trat die konfessionelle Abgrenzung, die Ende der vierziger Jahre noch sehr streng war, allmählich in den Hintergrund. Mein Vater, wohl besorgt um meine zukünftige Priesterlaufbahn, versuchte mich später vergeblich zu überreden, in den Jugendbund „Neudeutschland“, den Verein der katholischen Gymnasiasten, einzutreten.

1946 begannen wir die Werke Baden-Powells, des Gründers der Pfadfinder, zu lesen, die die Väter einiger Gruppenmitglieder zusammen mit den alten

[3] Vgl. Kersting, B. (1997): Legenden vom Heinz, in: Bardmann, Th.M., Hornmann, W.: EulenFest & SpiegelSchrift zusammengestellt für Heinz J. Kersting zum 60. Geburtstag, Aachen, S. 180-190.

Gruppenfahnen aus Verstecken hervorholten, in denen sie Gestapoterror, Bombenangriffe und die Schlacht um Aachen überdauert hatten. In den Büchern von Baden-Powell begegnete ich zum ersten Male, ohne von diesem geistigen Zusammenhang zu wissen, einem Werk aus dem Umkreis der Reformpädagogik, die zwischen den Weltkriegen in Blüte stand, und, wie ich viel später in der Dissertation von Heinrich Schiller[4] feststellen konnte, zusammen mit der Pfadfinderbewegung eine der Quellen der Methode der Sozialen Arbeit, des „Social Group Work“ gewesen ist. Die Gruppenarbeit der Pfadfinder ist bekanntlich ein Erziehungsinstrument, um jungen Menschen das Zusammenleben in einer demokratischen Gesellschaft nahe zu bringen. Pfadfinderarbeit ist eine Veranstaltung von Erwachsenen für Kinder und Jugendliche und unterschied sich damals für mich sehr deutlich von allen mir bekannten (auch kirchlichen) Jugendverbänden, die ideologisch geprägte Weltanschauungen transportierten oder uns für eine Lebensgemeinschaft rekrutieren wollten, die im Erwachsenenalter fortdauern sollte.

Ich durchlief alle Stufen eines Pfadfinders vom Grad der Wölflinge bis zum Grad der Rover, die damals in Deutschland noch Georgsritter hießen. Ich wurde bald selbst Pfadfinderleiter und machte meine ersten Erfahrungen im Leiten von Gruppen.

Getreu der familialen Bestimmung wurde ich auf das Kaiser-Karls-Gymnasium geschickt, ein humanistisches Gymnasium mit fast 400jähriger Tradition, das besonders von katholischen Jungen aus konservativen Familien besucht wurde. Dort konnte ich Latein, Griechisch und Hebräisch lernen. Als ich in der Pubertät Schulschwächen zeigte, wurde ich für einige Jahre in ein Internat gesteckt, das vom Orden der Pallottiner geleitet wurde, damit meine Berufung, von der ich inzwischen fest überzeugt war, nicht abhanden kommen sollte. Die Gymnasialzeit finde ich in der Rückschau wenig prägend. Die Lehrer erzählten, wenn sie keine Lust zum Unterrichten hatten, von ihren Kriegserlebnissen. Der Geschichtsunterricht endete jedes Mal vor dem ersten Weltkrieg. Eine Auseinandersetzung mit dem Nationalsozialismus fand nicht statt. Unser Griechischlehrer interessierte sich mehr für Homer als für Platon. Im Deutschunterricht lasen wir den klassischen Kanon. Ich kann mich nicht erinnern, dass wir irgendetwas von Brecht oder zumindest Thomas Mann gelesen hätten, geschweige denn von Heinrich Mann. Dass Lernen Freude machen konnte, habe ich nur im Religionsunterricht erfahren. Vor allem erinnere ich mich an die Stunden, in denen uns

---

[4] Schiller, H. (1963): Gruppenpädagogik (Social Group Work) als eine Methode der Sozialarbeit. Wiesbaden-Biebrich, 3. Aufl. 1966 (s. seinen Beitrag in Band 1).

Dr. Karl Klinkhammer vergleichende Religionskunde beibrachte. Dass Buddhismus und Islam nicht verdammenswürdigen Unglauben bedeuteten, habe ich erst in dieser Zeit lernen dürfen. Die übrigen Lehrer waren äußerst autoritär. Als ich später für einige Jahre selbst als Religionslehrer an derselben Schule unterrichtete, stellte ich fest, wie treffsicher wir als Schüler unsere Lehrer charakterisiert und durchschaut hatten. Es spricht für die Schule, dass die schlimmsten Lehrer auch im Kollegium die unbeliebtesten waren.

ERSTES HOCHSCHULSTUDIUM: PHILOSOPHIE UND KATHOLISCHE THEOLOGIE

Nach dem Abitur am Kaiser-Karls-Gymnasium begann ich im Sommersemester 1958 das Studium der Philosophie und Theologie an der Jesuitenhochschule St. Georgen in Frankfurt am Main. Warum ich damals nicht an die Universität Bonn gegangen bin, an der die meisten Aachener Theologen studierten, und darauf bestand, die dem Vernehmen nach schwierigere Hochschule zu wählen, weiß ich heute nicht mehr. Zum ersten Mal in meinem Leben machte mir Lernen durchgängig Spaß. Die strenge Disziplin, die auch für die Studenten galt, die nicht dem Jesuitenorden angehörten, die intellektuelle Lebendigkeit, die ansteckend war, und die geistige Aufgeschlossenheit, die beflügelt wurde durch die Aufbruchstimmung unter dem Pontifikat von Johannes XXIII. und des beginnenden 2. Vatikanischen Konzils, haben mich für mein weiteres Leben geprägt. Dass ich später selbst – nach einigen Umwegen – 30 Jahre lang – von 1970 bis 2000 voller Begeisterung Hochschullehrer war, führe ich auf diese jesuitische Prägung zurück.

Der wichtigste Lehrer während meiner ersten Studien in Frankfurt war Oswald von Nell-Breuning, der Mitverfasser der Sozialenzyklika „Quadragesimo Anno“ von Pius XI. Bei ihm begegnete mir zum ersten Mal der Begriff der „Sozialen Gerechtigkeit“, der für mich bis heute wichtig für die Soziale Arbeit geblieben ist. Denn was bedeutet Soziale Arbeit ethisch anderes, als „für ein Stück mehr an sozialer Gerechtigkeit zu sorgen“, wie es Silvia Staub-Bernasconi so treffend formuliert.

Von Nell-Breuning war übrigens der einzige Professor, der mich jemals durch eine Prüfung hat fallen lassen. Im Fach „christliche Soziallehre“ hatte er uns das halbe Semester mit den Schriften von Karl Marx traktiert. Fürs Examen hatte ich mir jedoch nur die Werke der katholischen Soziallehrer

Adolf Kolping und Bischof Wilhelm von Ketteler angeschaut. Karl Marx, so meinte ich, las man Ende der 50er Jahre noch nicht. Von Nell-Breuning prüfte mich aber genau über ihn. Am Ende der Prüfung sprach er: „Sie kommen wieder! Wenn Sie schon nicht die wichtigen Analysen von Karl Marx zu estimieren wissen, so sollten Sie sich zumindest mit den Ansichten der Gegner ihrer Familie beschäftigen."

Die Anspielung auf die Familie war ein Hinweis auf die väterliche Familie. Als Referent des Volksvereins in Mönchengladbach hatte von Nell-Breuning in Mönchengladbach meine Tante Lisbeth kennen gelernt. Inzwischen allerdings, das wusste von Nell-Breuning nicht, war die Familie verarmt, und ihre Mitglieder hatten andere, kreativere Ressourcen für die Berufswahl aktivieren müssen. So wurde z.B. das soziale Engagement der Fürsorgerin Elisabeth Kersting für so manches Familienmitglied meiner und der nachfolgenden Generation zum Vorbild. Priester als Ausgleich für die Sünden der Familie waren inzwischen überflüssig geworden.

Bedeutsam war auch, dass an der Philosophisch-Theologischen Hochschule St. Georgen die Kirchengeschichte nicht als eine verkappte Heilsgeschichte gelehrt wurde. Zum ersten Mal erfuhr ich, dass das Verhältnis der katholischen Kirche zum Nationalsozialismus nicht so heroisch verlaufen war, wie es in unserer Familie geglaubt und von den Aachener Priestern in der Nachkriegszeit gerne behauptet wurde. Besonders Professor von Nell-Breuning und Professor Wolter berichteten uns von den Verwirrungen und Kollaborationen der katholischen Hierarchie, was für mich neu und in meinem katholischen Milieu zu der Zeit noch weitgehend unbekannt war. Erst damals begann ich Heinrich Böll zu lesen.

Für das Examen Philosophicum mussten wir 1960 eine theoretisch-praktische Arbeit verfassen und was lag für mich näher, als diese Diplomarbeit über die „geistigen Grundlagen der Pfadfinderbewegung" zu schreiben? Damals stieß ich auf viele reformpädagogische Elemente, z.B. auf den ressourcenorientierten Ansatz in der Pädagogik, den Grundsatz, vom Educandus auszugehen (bei Baden-Powell „look at the boy" genannt) oder das experimentelle Lernen (bei Baden-Powell „learning by doing" genannt), auf die Projektmethode, die sich auf Dewey[5] zurückführen lässt. Diese Elemente sollten mein methodisches Arbeiten ein Leben lang begleiten.

---

[5] Vgl. u.a. Dewey, J. (1964): Demokratie und Erziehung, Braunschweig, Neuausgabe (1993); Baden-Powell, R. (1908) Scouting for Boys, London; deutsche Ausgabe (z.B. 1960): Pfadfinder, Düsseldorf.

Während meines Studiums trat ich in das Oratorium in Aachen ein, einer Weltpriestergemeinschaft, die sich auf die erste Gründung eines Oratoriums im 16. Jahrhundert durch Philipp Neri in Rom zurückführte. Ich studierte noch zwei Semester Theologie an der Universität Bonn, weitere zwei Semester an der Jesuitenfakultät der Universität Innsbruck und wurde 1964 zum Priester geweiht.

ERSTE SCHRITTE IN DIE SOZIALE ARBEIT ZUSATZAUSBILDUNG IN SOCIAL GROUP WORK AN DER AKADEMIE FÜR JUGENDFRAGEN MÜNSTER

Ich war vorläufig der letzte Priester in einer jahrhundertlangen Reihe und das auch nur für sieben Jahre. Als blutjunger Anfänger wurde ich sogleich Chef von Sozialarbeiterinnen und Sozialarbeitern an einem „Haus der Offenen Tür für die Jugend". So einfach war das damals, da soll sich heute manches geändert haben. „Wem Gott ein Amt gegeben, dem gibt er auch die Kraft, es auszufüllen." So schlicht redete man in den 60er Jahren noch daher. Aber es war auch die Zeit des 2. Vatikanischen Konzils, und die Laien, so nannte man die Leute ohne die Weihen eines geistlichen Amtes, hörten auf, die mangelnden Kompetenzen ihrer Seelenhirten einfach als gottgegeben hinzunehmen. Sie sprachen offen aus, was ihnen nicht passte. Sogar Frauen unter ihnen taten das, entgegen allen Weisungen des hl. Paulus, der den „Weibern das Schweigen in der Gemeinde" befohlen hatte. Es waren vor allem die Sozialarbeiterinnen, die mir, ihrem Chef, erklärten, dass ich von Sozialer Arbeit praktisch nichts verstünde. Mir war klar, dass sich diese Inkompetenz auf meine Chefrolle ungünstig auswirken könnte. Ich nahm's mir zu Herzen im Gedenken an Tante Lisbeth und suchte Rat bei einer Frau, die später eine der starken Frauen in der deutschen Sozialen Arbeit werden sollte, bei Dr. Teresa Bock, die damals noch Direktorin der Sozialen Frauenschule in Aachen war.[6]
Sie machte mich auf eine Zusatzausbildung in Social Groupwork an der Akademie für Jugendfragen in Münster aufmerksam, die sie selbst, als sie noch Mitarbeiterin an dieser Fortbildungsakademie war, mitinitiiert und an der sie als Lernende teilgenommen hatte. Auf Vermittlung einer niederländischen Sozialarbeiterin, Cora Baltussen,[7] die an der Akademie einen Fort-

[6] Teresa Bock (1999), in: Heitkamp, H., Plewa, A. (Hg.): Soziale Arbeit in Selbstzeugnissen, Freiburg, S. 55-82.

bildungskurs in „Social Case Work“ leitete, war seinerzeit, Professor Dr. Louis Lowy[8] von der School of Social Work der Boston University gewonnen worden, eine Group-Work-Ausbildung zu konzipieren. Es war damals für mich nicht einfach, einen Ausbildungsplatz zu bekommen. Zu ungewöhnlich empfand man es wohl, dass ein Priester eine Fortbildung für SozialarbeiterInnen besuchen wollte, aber irgendwie glückte es dann doch. Und es war tatsächlich ein Glück für mich!

Gewiss, ich brachte aus der Großfamilie, den Pfadfindern, aus meiner Tätigkeit in der Pfarrei und in der Schule viele Gruppenerfahrungen mit, aber dass es Theorien zur Gruppenarbeit gab, Forschungen und systematisierte Praxiserfahrungen, war für mich neu. Dass meine Gruppentätigkeiten von einem Supervisor begleitet wurden, war eine so ungewöhnlich bereichernde Lernerfahrung, dass ich darüber die Mühen des weiten Fahrtweges vergaß – mein Supervisor Herr Kofeman wohnte in Utrecht in den Niederlanden. Das waren damals jedes Mal 12 Stunden Fahrtzeit für anderthalb Stunden Supervision. In den folgenden Jahren habe ich jedes neue Autobahnstück zwischen Maastricht und Amsterdam bei meinen Fahrten zur Supervision mit Freuden miteingeweiht, denn es trug dazu bei, die Reise nach Utrecht zu verkürzen.

Ein weiterer Glücksfall war – was ich damals selbstverständlich noch nicht wusste – dass uns in der Ausbildung ein Modell von Gruppenarbeit vermittelt wurde, welches bereits einen Wendepunkt in der US-amerikanischen Geschichte des Social Group Work darstellte, da es versuchte, unter einem sozialpsychologischen Paradigma (inspiriert von den Arbeiten Kurt Lewins und seiner Mitarbeiter) die unterschiedlichen Schulen und Modelle der Sozialen Gruppenarbeit miteinander zu verbinden.[9] Das war auch für mich persönlich ein Glücksfall, denn ich wollte zwar etwas über Sozialarbeit erfahren, aber zunächst kein Sozialarbeiter werden. Das Entwicklungsstufenmodell der Sozialen Gruppenarbeit war jedoch so offen, dass ich all meine Arbeiten mit den unterschiedlichsten Gruppen in der Seelsorge, in der Jugendarbeit, der Erwachsenenbildung, der Schule, der Beratung, der Konferenzleitung, der Planungsarbeit und später sogar als parteiloser, sachkundi-

---

[7] Cora Baltussen hatte im niederländischen Widerstand gegen die deutsche Okkupation gekämpft. Sie hatte Louis Lowy ermuntert, in Deutschland zu arbeiten.

[8] Zu Lowy vgl.: Scherzinger, A. (1995): Louis Lowy. Ein Leben für eine Gesellschaft mit menschlichem Gesicht, in: Wieler, J., Zeller, S. (Hg.): Emigrierte Sozialarbeit, Freiburg, S. 221-232; Kersting, H.J.: Louis Lowy (1920-1991), in: Mobile, Social-Groupwork-Report, 1/1997, S. 5-8; Kersting, H.J. (1998): Louis Lowy, in: Hugo Maier (Hg.): Who is who der Sozialen Arbeit, Freiburg, S. 371-373.

ger Bürger für „Die Grünen" im Sozialausschuss der Stadt Aachen mit dem strategischen Instrumentarium und den reflektorischen Möglichkeiten des Social Group Work bereichern konnte. Ich erlebte die Ausbildung damals, wenn auch mit SozialarbeiterInnen zusammen lernend, nicht eingeschränkt auf die Soziale Arbeit.[10]

Eine große Bedeutung für mein Lernen hatten zwei wichtige Lehrer im Group-Work-Kurs: Louis Lowy und Kees Wieringa – wobei Lowy als der Kursleiter in dieser Zeit den größeren Einfluss auf mich ausübte. Wieringas Einfluss verstärkte sich später, aber da waren wir schon Kollegen im Supervisionsgeschäft.

Wichtig wurden in der ersten Zeit der Ausbildung in Sozialer Gruppenarbeit zwei Ereignisse, das eine war mehr persönlicher Art, das zweite stärker gesellschaftspolitisch. Ich wurde versetzt in eine Pfarrgemeinde in einem Neubaugebiet, das man heute als einen „sozialen Brennpunkt" bezeichnen würde. Ich erhielt die Aufgabe, den Bau eines neuen „Hauses der Offenen Tür" für die Jugend voranzutreiben. Zunächst gab es für die Jugendarbeit nur einen Keller unter der Kirche. So betrieb ich erst einmal „Streetwork" im Stadtteil, vor allem mit Rockergruppen, wie wir damals die aggressiven Jugendbanden nannten. Die bisherige Seelsorgearbeit trat immer mehr in den Hintergrund. Ohne es zunächst zu merken, wurde ich immer mehr zum Sozialarbeiter. Als das „Haus der Offenen Tür" fertiggestellt war, leitete ich es eine Zeitlang, bevor ich wieder zum Vorgesetzten von SozialarbeiterInnen wurde. Die eigene Tätigkeit in der Sozialen Arbeit, die durch die Supervision bei Herrn Kofeman unterstützt wurde, befähigte mich, meine Chefrolle mehr als Koordinator der in der Pfarrei geleisteten Sozialarbeit auszuüben. Ich wurde von den SozialarbeiterInnen als Kollege akzeptiert.

Das andere Ereignis war die Studentenrebellion, die Aachen als Universitätsstadt auch mit etwas Verzögerung erreichte. Ich selbst war zwar kein Student mehr und zum Mitmachen wohl schon zu alt. Häufig kam ich je-

---

[9] Bernstein, S. (Ed.) (1965): Explorations in social group work, Boston/Mass.: Boston University, School of Social Work Boston, reprinted (1973): Hebron/Con: Practitioners Press; deutsche Ausgabe: Bernstein, S., Lowy, L. (Hg.) (1969): Untersuchungen zur Sozialen Gruppenarbeit, Freiburg; Bernstein, S. (Ed.) (1970): Further explorations in social group work, Boston/Mass: Boston University, School of Social Work, reprinted (1973): Hebron/Con.: Practitioners Press; erweiterte deutsche Ausgabe: Bernstein, S., Lowy, L. (Hg.): Neue Untersuchungen zur Sozialen Gruppenarbeit, Freiburg.

[10] Vgl. Kersting, H.J.: Verschiedene Modelle in der Sozialen Gruppenarbeit, in: Lebendige Seelsorge, 3/1972, S.165-173.

doch mit den StudentInnen in Kontakt, da das Kloster der Oratorianer im Hochschulviertel lag. Oft stellten wir das „Haus der Offenen Tür" für Versammlungen und Diskussionen zur Verfügung. Der Aufruhr der StudentInnen öffnete mir die Augen. Es waren nicht die allzu verquasten, vulgärmarxistischen Ideen der StudentInnen, die mein Interesse erregten. Die Theorien von Karl Marx hatte ich bei von Nell-Breuning differenzierter kennen gelernt. Außerdem beschäftigte ich mich damals mit den „Philosophischen Untersuchungen" von Ludwig Wittgenstein, dessen analytische Klarheit wenig zur Aufgeregtheit der studentischen Kulturrevolution passte. Was man heute harmlos als Mentalitätswandel bezeichnet, war für mich tatsächlich so etwas wie die Aneignung der geschenkten Demokratie durch Erfahrung. Zum ersten Mal setzte ich mich ernsthaft mit dem, was Demokratie bedeuten könnte, auseinander. Ich beschäftigte mich mit den Fragen von Partizipation und Mitbestimmung, mit dem Problem und der Notwendigkeit des staatlichen Gewaltmonopols, der Verhältnismäßigkeit gewalttätiger Mittel auf Seiten der Staatsgewalt und auf Seiten der aufbegehrenden StudentInnen. Ich nahm deutlicher die autoritären Strukturen in Gesellschaft und Kirche in der Adenauer-Strauß-Zeit wahr. Ich bemerkte das mangelnde demokratische Bewusstsein in unserer Familie und entdeckte die Verdrängung der Vernichtung des europäischen Judentums, von der bei uns nie die Rede gewesen war. Wieso gab es in der eigenen Herkunftsfamilie keine Widerstandskämpfer gegen die Hitlerdiktatur? Gewiss, alle hatten bis zum Ermächtigungsgesetz als gute Katholiken selbstverständlich Zentrum gewählt. Bis auf je einen Onkel in der väterlichen und mütterlichen Familie war nach Hitlers Machtergreifung keiner Nazi geworden. Stolz wurde uns Kindern erzählt, dass bei der letzten freien Reichstagswahl die Zentrumspartei im Rheinland und besonders in Aachen immer noch stärkste Partei gewesen sei. Man verschwieg uns aber den beschämenden zweiten Teil der Geschichte, dass die Zentrumsabgeordneten im Reichstag nach der Wahl mehrheitlich dem Ermächtigungsgesetz zugestimmt hatten und die meisten Stadtverordneten der Zentrumspartei in Aachen schon nach wenigen Tagen zur NSDAP übergelaufen waren.

Im Ausbildungskurs zum Social Group Work fiel es mir damals wie Schuppen von den Augen, als ich auf dem Arm von Louis Lowy die eintätowierte Nummer eines Konzentrationslagers sah, die ich bisher nicht bemerkt hatte. Auf Nachfrage hin erfuhr ich, dass der amerikanische Professor ein aus Deutschland in die Tschechoslowakei vertriebener deutscher Jude war, der die Konzentrationslager Theresienstadt und Auschwitz überlebt hatte. Nach dem Krieg war er mit seiner Gattin Ditta,[11] die er im KZ Theresienstadt kennen gelernt und die ebenfalls das KZ Auschwitz überlebt hatte, in die USA ausgewandert. In Boston hatte er zunächst als Buchhalter gearbeitet und schließlich Sozialarbeit studiert. Er hatte 1966 an der Harvard Universität zum Doktor der Philosophie promoviert.[12] Von 1957 bis 1985 lehrte er als Professor an der School of Social Work der Boston University. Inzwischen war er ein bekannter Wissenschaftler und Forscher geworden. Er war Organisationsentwickler, Hochschulmanager, Sozialpolitiker und Gerontologe.[13] Seit Mitte der 60er Jahre kam er bis 1988, drei Jahre vor seinem Tod, jedes Jahr nach Deutschland, um mit deutschen Sozialarbeitern sein Wissen zu teilen.[14] In ihm fand ich meinen Lehrer für die Soziale Arbeit. Die Begegnung mit ihm regte in mir darüber hinaus eine Beschäftigung mit der Vernichtung des europäischen Judentums durch die Deutschen an, die mich bis heute nicht mehr losgelassen hat.

Für mich und für viele seiner SchülerInnen, war neben dem Wissen, das er uns vermittelte, die Art und Weise seines Lehrens beispielgebend. Er war auch als Lehrer ein ausgezeichneter Groupworker, und so ergänzten sich die Form seines Lehrens mit dem vorgetragenen Inhalt aufs Beste.

Wer Louis Lowy als Lehrer erleben durfte, wird sich daran erinnern, dass er in der Lage war, die kompliziertesten Lehrinhalte prägnant und einleuchtend auf den Punkt zu bringen. Und es waren schwere, ungewohnte Stoffe und noch ungewohntere Einstellungen, die hinter diesen Stoffen standen, die Louis Lowy in immer neuen Kursen uns (und das sage ich ganz offen), die wir damals weit hinter dem internationalen Standard von sozialarbeiterischem Wissen zurückgebliebenen waren, beibrachte.

---

[11] Fischer, A. (1995): Edith Lowy: „Wir haben nichts zu riskieren – wir wollen leben!", in: Wieler, J., Zeller, S. (Hg.): Emigrierte Sozialarbeit, Freiburg, S. 217-220.

[12] Louis Lowys Promotionsthema lautete: „Selbst- und Rollenklärung während der Sozialarbeitsausbildung". 1979 zeichnete ihn die Boston University aus mit dem Titel eines „exzellenten Lehrers"; 1988 verlieh ihm das Wheelock College in Boston, eine Universität mit einer bedeutenden pädagogischen Fakultät, aus Anlass ihres 100jährigen Bestehens den Ehrendoktor in Pädagogik.

[13] Vgl. z.B. Lowy, L., Blocksberg, L., Walberg, H.J. (1974): Integrative Learning and Teaching in Schools of Social Work. A Study of Organizational Development in Professional Education, New York: Assoc. Press; Lowy, L. (1980): Social Polices and Programs on Aging: What Is and what Should Be in Later Years, Lexington/Mass: Heath and Company; Ders. (1981): Soziale Arbeit mit älteren Menschen. Ein Lehrbuch, Freiburg; Ders. (1986): Why Education in the Later Years?, Lexington/Mass: Heath and Company.

[14] Bock, a.a.O. 1999, S. 68-70.

Ich habe seither mit vielen ehemaligen KursteilnehmerInnen gesprochen, und was ihnen vor allem im Gedächtnis blieb, ist Louis Lowys Art, den Stoff didaktisch aufzuarbeiten, wie er ausging von dem Wissen und den Erfahrungen der Lernenden, wie er in Untergruppenarbeit unser eigenes Denken und das kollegiale Erarbeiten von Wissen anregte und wie er in den Plenumsveranstaltungen, das von uns Erarbeitete aufgriff, es einbezog in die Inhalte, die für uns neu waren. Er brachte das Neue mit unserem Wissen und mit unserer Lebenserfahrung in Kontakt und ließ uns so die Freiheit, uns selbst in diesem Lernen neu zu definieren. Gewiss, vieles war neu, vieles war auch schockierend – „normativer Schock" –, wie Lowy zu sagen pflegte. Aber die Konfrontation wurde aufgefangen durch seine menschlich warme Art, sein Interesse am Lernenden und dessen Leben. Er schaute nicht auf unsere Mängel, er nutzte unsere Ressourcen und wir hatten, während wir von ihm und mit ihm lernten, stets das Gefühl, dass das Ergebnis des Lernens auch unsere eigene Leistung war. Das bedeutete für uns eine außerordentliche Ermutigung.

Selten habe ich einen Wissenschaftler erlebt, bei dem der Inhalt seiner Botschaft so identisch war mit der Art, in der er diese Botschaft vermittelte, wie bei Louis Lowy. Die Idee vom „Selbstbestimmungsrecht des Klienten", der Orientierung an den Ressourcen der Klienten statt an ihren Defiziten und der Kompetenz der Klienten,[15] selbst ihre Probleme handhaben zu können, bzw. dieses Handhaben mit Hilfe des Sozialarbeiters lernen zu können, lebte Louis Lowy in der Art seines Lehrens.

Für die Jüngeren mag die vorhin geschilderte Art des Lehrens inzwischen selbstverständlich geworden sein. Für uns, die wir aus einer autoritären Zeit stammten, war es ungewöhnlich. Wir waren es noch gewohnt, dass Professoren vom Katheder und Pfarrer von Kanzeln herab sprachen. Die älteren Kollegen hatten noch überdeutlich den Kommandoton des Arbeitsdienstes und des Kasernenhofs im Ohr. Das eigene Denken der Lernenden war noch nicht entdeckt worden, in Rom hatte man gerade erst das 2. Vatikanische Konzil ausgerufen, und die Erwachsenenbildung lag noch in den Windeln.

Ich erinnere mich noch genau an meine wichtigste Lernerfahrung mit Louis Lowy, die zu einem Schlüsselerlebnis für mich werden sollte. Ich meine noch die Bäume draußen riechen zu können, und ganz deutlich sehe ich den Raum in der Sportschule in Münster vor mir, wo der Kurs stattfand. Ich

---

[15] Vgl. Lowy, L. (1973): Die Funktion der Sozialarbeit im Wandel der Gesellschaft: ein Praxis-Kontinuum, Solothurn: Antonius; Ders. (1983): Sozialarbeit/Sozialpädagogik als Wissenschaft im angloamerikanischen und deutschsprachigen Raum, Stand und Entwicklung, Freiburg.

könnte noch sagen, an welchem Platz die einzelnen KursteilnehmerInnen gesessen haben, als Lowy uns die Relativität von Normen und die darauf aufbauende funktionalistische Systemtheorie Talcott Parsons erklärte. Ich meinte, eine Welt bräche für mich zusammen. Natürlich war ich mir bewusst, dass Lowy kein Christ, schon gar nicht ein Katholik war, selbstverständlich hatte ich als philosophisch geschulter Theologe den Agnostiker in ihm erkannt, aber ich konnte machen, was ich wollte, es gelang mir damals nicht, mich nicht mit seiner Ansicht der Welt auseinander zu setzen, die von meinem strengen und dogmatischen Weltbild so verschieden war. Seine große Menschlichkeit machte es mir unmöglich, mich von seiner Ansicht einfach zu distanzieren. Heute weiß ich, dass der größere Schock nicht die schockierende wissenschaftliche Theorie war, sondern, dass ein solch weiser Mann – und als einen solchen erlebte ich Louis Lowy von Anfang an – ein „Ungläubiger", ein Agnostiker war.
Louis Lowy selbst datiert den Beginn seiner groupworkerischen Tätigkeit auf seine KZ-Zeit zurück, wo er in Theresienstadt Kindergruppen leitete. Bei seinem 70. Geburtstag im Jahr 1990 lernte ich einige seiner Freunde aus dem KZ in Auschwitz kennen, die erzählten, wie Louis Lowy sie im KZ um sich geschart hatte und so ihr Lehrer wurde. Dass sie überlebt haben, führten sie zu einem wesentlichen Teil auf diese „KZ-Schule" zurück, die ihrem sinnlosen Sklavenleben Halt und Hoffnung auf eine Zukunft gegeben hatte.
Der zweite bedeutende Lehrer in der Ausbildung war Kees Wieringa, ein Niederländer, er arbeitete nur zwei Wochen in unserer fast dreijährigen berufsbegleitenden Ausbildung. Später übersiedelte er ganz nach Deutschland, wo er bis zu seinem Tod (1990) lebte und in der Fortbildung arbeitete. Eine wichtige Rolle spielte er bei der Entwicklung der Supervision in Deutschland. Er machte uns im Kurs vertraut mit den Methoden der Gruppendynamik, was uns zunächst ungemein verunsicherte. Er konfrontierte uns mit uns selbst und unserem persönlichen Gruppenverhalten. Er regte uns an, unsere eigenen Gruppenerfahrungen zu machen und bestärkte auf diese Weise unsere Selbstorganisation. Bei aller gruppendynamischen Konfrontation waren wir uns jedoch sicher, dass er uns akzeptierte und vertrauten auf seine Empathie.
Für Louis Lowy waren Gruppenarbeit und Überleben synonyme Worte geworden. Obschon ich, gottlob, bisher noch niemals in solch extreme Situationen wie er geführt worden bin, erfuhr ich auf anderer Ebene Vergleichbares, was mich manchmal zu der Redensart verführt: „Group Work, das ist das Leben!"[16] Für mich war die Ausbildung neben der fachlichen Bereicherung ein Weg der Befreiung, des Weiterlebenkönnens und Neukonstruierens.

In den meisten Situationen meines Lebens, ob in der Kommunalpolitik, in Verbänden, in der Hochschule, ob in der Didaktik der Schule, der Hochschule, der Erwachsenenbildung, ob im Management, bei Teamentwicklungen, in der Organisationsberatung, in der Supervision, in der Durchführung von Forschungsprojekten oder beim Veranstalten von Festen, stets waren meine groupworkerischen Kompetenzen die Basis für meine Erfolge. Von all meinen Fortbildungen in der Sozialen Arbeit war die Groupworkausbildung die effektivste, gewinnbringendste und somit die wichtigste.
Effektiv war sie nicht nur in meiner Tätigkeit als Priester und in meiner Rolle als Chef von SozialarbeiterInnen, sie brachte mir auch unmittelbaren und materiellen Gewinn und sicherte mir mein Überleben.

METHODENLEHRER FÜR SOCIAL GROUP WORK
SUPERVISIONSAUSBILDUNG AN DER KATHOLISCHEN FACHHOCHSCHULE NW

Als Dr. Teresa Bock 1970 zur Gründungsrektorin der Katholischen Fachhochschule Nordrhein-Westfalen berufen wurde, musste sie ihre Lehrtätigkeit an der Höheren Fachschule in Aachen aufgeben. Sie bat mich, ihre Unterrichtsstunden in Sozialer Gruppenarbeit zu übernehmen. Zuerst war ich nebenamtlicher Dozent und arbeitete weiterhin in der Pfarrgemeinde. Zwei Jahre später gab ich mein Priesteramt auf, ich entschied mich für das, woran mein Herz hing, für die Soziale Arbeit. Ich stand nicht auf der Straße und brauchte mir nicht, wie so viele meiner ehemaligen Priesterkollegen, erst einen neuen Beruf zu erarbeiten. Ich hatte einen: Methodenlehrer für Social Group Work.
Die Katholische Fachhochschule war so großzügig, den laisierten, ehemaligen Priester weiterhin als Dozenten zu beschäftigen. Noch zu Zeiten der Höheren Fachschule hatte die damalige Soziale Frauenschule in Aachen die Methodenausbildung analog dem Ausbildungskonzept der Schools of Social Work umgeformt. Dazu war es notwendig, den StudentInnen während ihrer Tätigkeiten in der Praxis Supervision zu erteilen. SupervisorInnen sollten die MethodenlehrerInnen sein. Inzwischen gab es in der Bundesrepublik bundeszentrale Fortbildungsinstitutionen, die eigene Ausbildungen zur Supervision

[16] Siehe: Anton, D. (1997): Das letzte Wort – Frauensache? Oder *„Groupwork is et Leben“*, in: Nebel, G., Woltmann-Zingsheim, B. (Hg.): Werkbuch für das Arbeiten mit Gruppen. Texte und Übungen zur Sozialen Gruppenarbeit, Aachen, S. 353-356.

anboten. Da diese Institutionen so schnell die Vielzahl der benötigten Supervisor(inn)en, die die zukünftige Katholische Fachhochschule NW brauchte, nicht ausbilden konnte, entwickelte Louis Lowy,[17] der bereits an der Akademie für Jugendfragen in Münster eine erste Supervisionsausbildung durchgeführt hatte, zusammen mit Cora Baltussen eine Ausbildung für diese Personengruppe, die bei Errichtung der Katholischen Fachhochschule NW 1971 abgeschlossen war. Für mein supervisorisches Handeln war die Zusammenarbeit mit meinem Lehrsupervisor, Henk Foole, dem Leiter einer Supervisionsweiterbildung in Nijmegen/Niederlande wichtig. Damals nannten wir die Lehrsupervisoren noch Mentoren. Henk Foole war tatsächlich ein guter Mentor ins Land der Supervision.[18] Die an der Katholischen Fachhochschule ausgebildeten SupervisorInnen erhielten seinerzeit zum ersten Mal in Deutschland ein Fachhochschuldiplom in Supervision. Leider stellte die Katholische Fachhochschule diesen Aufbaudiplomstudiengang später wieder ein, als sie genügend SupervisorInnen für die Ausbildung der StudentInnen hatte. Von 1970 bis 1976 lehrte ich an der Höheren Fachschule für Sozialarbeit, der späteren Abteilung Aachen der Katholischen Fachhochschule Nordrhein-Westfalen Soziale Gruppenarbeit und erteilte Supervision für die StudentInnen, von 1971-1974 hauptamtlich, danach wieder nebenamtlich.
Doch ich erkannte bald, dass die damals gegründeten Fachbereiche für Sozialwesen an den Fachhochschulen das gerade erst an den Höheren Fachschulen durchgesetzte Modell der Methodenschwerpunkte nach amerikanischem Muster nicht aufrecht halten würden.[19] Bei der Akademisierung der Fachhochschule spielten leider akademische Titel eine weit wichtigere Rolle als Erfahrungen in der praktischen Sozialarbeit, und die Lehrer für die Methoden der Sozialarbeit waren in der Regel nicht promoviert. Außerdem mussten im Unterschied zur Höheren Fachschule oft bis zu viermal so viele StudentInnen belehrt werden, was mit dem aufwendigen Ausbildungskonzept für die Me-

[17] Zum inhaltlichen Konzept dieser Supervisionsausbildung vgl. Lowy, L. (1977): Supervision: Ein agogischer Lehr- und Lernprozess, in: Haus Schwalbach (Hg.): Supervision – ein berufsbezogener Lernprozess, Wiesbaden.

[18] Vgl. Foole, H., Kamphorst, I., Zier, H. (1974).: Gegenseitige Praxisberatung. In: Siegers, F.M.J. (Hg.): Praxisberatung in der Diskussion, Freiburg, S. 181-202; zu Henk Foole als Lehrsupervisor vgl. Kersting, H.J. (1997): Lehrsupervision als System und als Begegnung, in: Eckhardt, U.-L., Richter, K. F., Schulte, H.G. (Hg.): System Lehrsupervision, Aachen, S. 15-38.

[19] Z.Zt. gibt es auch in den USA nur noch wenige Universitäten, die eine Spezialisierung in Social Group Work anbieten, da sich Social Group Work nur noch schwer vermarkten lässt und die Therapeutisierung des Social Work in den USA inzwischen fortgeschritten ist.

thoden der Sozialarbeit, das man an den Höheren Fachschulen aus gutem Grund erarbeitet hatte, nicht mehr durchführbar war. Dazu kam, dass der westdeutsche Sozialstaat mit seiner breit ausgearbeiteten Sozialgesetzgebung einen vielseitig einsetzbaren Sozialarbeitertyp benötigte. Verlangt wurde ein Generalist und kein Spezialist.[20] Soziale Gruppenarbeit, ebenso wie Einzelfallhilfe und Gemeinwesenarbeit aber waren in Anlehnung an die klassische Ausbildung der Schools of Social Work Spezialistenausbildungen. Obwohl die Gesellschaft den Generalisten verlangt, kommt die Praxis nicht ohne Spezialisten aus. Auf diese Weise findet in Deutschland lange Zeit hindurch eine stillschweigende Arbeitsteilung statt: Die Fachhochschulen bilden die Generalisten aus, und dann, wenn sich die generalistisch ausgebildeten SozialarbeiterInnen in einer konkreten Praxis etabliert haben, unterziehen sie sich an einem Fortbildungsinstitut einer Spezialausbildung (z.B. in einer Beratungsmethode, in Gruppenleitung, Medienarbeit oder Management).
Unter der Perspektive dieses Wechsels des gesellschaftlichen Anforderungsprofils an die in der Sozialen Arbeit Tätigen können auch die polemischen Anwürfe auf die Methoden des Social Work subsumiert werden, die von Mitgliedern der Gruppe vorgetragen wurden, aus der später die Zeitschrift „Neue Praxis“ hervorgegangen ist.[21] Junge ProfessorInnen, die meisten von ihnen ohne Praxiserfahrung in der Sozialarbeit, drängten in die Fachbereiche Sozialwesen. Sie mussten sich einen Platz erkämpfen. Die wichtigsten Identifikationsfiguren an den Höheren Fachschulen waren bis dahin die Methodenlehrer, also Spezialisten, gewesen. Diese waren oft auch die einzigen hauptamtlichen DozentInnen. Die Neuen verschafften sich erfolgreich Platz mit den ihnen geläufigen Mitteln, nämlich denen der akademischen Auseinandersetzung, denn auf wissenschaftlichem Gebiet hatten die PraxislehrerInnen meist wenig entgegen zu setzen. Außerdem kamen diese neuen ProfessorInnen zumeist noch „bewaffnet“ mit den damals an den Fachhochschulen noch weitgehend unbekannten und die junge StudentInnen anziehenden Theorien des Marxismus. Dieser Mischung aus wissenschaftlicher Ideologie, politisch-strategischem Durchsetzungsvermögen und jugendlichem Elan, gepaart mit einem höheren gesellschaftlichen Status als ProfessorInnen und einer unvergleichbar besseren Bezahlung waren die häufig altgedienten Praxislehrer selten gewachsen. Viele

[20] Vgl. Kersting, H.J., Klüsche, W. (1995): Der Modellstudiengang am Fachbereich Sozialwesen der Fachhochschule Niederrhein., in: Kersting, H.J., Hernández Aristu, J., Budai, I. (Hg.): Ausbildung für die Soziale Arbeit auf Europäischem Level. Schriftenreihe des Fachbereichs Sozialwesen an der Fachhochschule Niederrhein Mönchengladbach, Bd. 13, Mönchengladbach, S. 66.

zogen sich resigniert zurück. Unter der Perspektive der Verdrängung der vorher herrschenden Generation war dies ein voller Erfolg.[22] Allerdings wäre ohne diesen Verdrängungsprozess wohl auch kaum die gesellschaftliche Forderung nach der Ausbildung von Generalisten erfolgreich in die Tat umgesetzt worden. All das geschah in der Regel auf Kosten der früheren Methodenausbildung. Berufs- und arbeitsmarktpolitisch jedenfalls wurden die generalistisch ausgebildeten Sozialarbeiterinnen in den letzten 10 Jahren auf dem Stellenmarkt zu einer der erfolgreichsten Gruppen von allen ArbeitnehmerInnen.

---

[21] Vgl. dazu: Schiller, H. (1997): Soziale Gruppenarbeit. Persönliche Erinnerungen und Erfahrungen, in: Nebel, G., Woltmann-Zingsheim, B. (Hg.): Werkbuch für das Arbeiten mit Gruppen. Texte und Übungen zur Sozialen Gruppenarbeit, Aachen, besonders S. 312-320. Die Angriffe dieser Gruppe richteten sich nicht in erster Linie gegen das „Developmental Model" der Boston University. Im wissenschaftlichen Diskurs war es damals offensichtlich noch nicht üblich, sich auf Primärliteratur zu beziehen. Man bezog sich auf Sekundärliteratur. Die Bücher von Bernstein/Lowy von 1969 und 1975 a.a.O. wurden trotz der zahlreichen Auflagen und ihres Einflusses auf die praktische Sozialarbeit von den Kritikern nicht zur Kenntnis genommen. Unter Berücksichtigung der Referenzliteratur, auf die sich die Kritik der Autoren bezog, waren ihre Angriffe nicht ganz von der Hand zu weisen. Sie bezogen sich auf Werke, die in den USA selbst bereits als etwas angestaubt galten, wohl aber bei den bekämpften Methodenlehrern in Deutschland noch auf den Literaturlisten standen und zu Prüfungen herangezogen wurden. Interessant ist, dass das Developmental Model nach der Zeit der Kritik als einziges von den nordamerikanischen Modellen des Social Group Work in der Literatur zur Gruppenarbeit noch Erwähnung findet und als brauchbar referiert wird; vgl. z.B. Langemaack, B., Braune-Krikkau, M. (1987): Wie die Gruppe laufen lernt. Anmerkung zum Planen und Leiten von Gruppen. Ein praktisches Lehrbuch, München, Weinheim (2. Aufl.).

[22] Es muss allerdings angemerkt werden, dass in den 80er Jahren sich einige der an Fachhochschulen als MethodenlehrerInnen angestellte SozialarbeiterInnen der Mühe unterzogen haben, neben ihrer Berufstätigkeit zunächst ein Universitätsdiplom zu erwerben und danach noch zu promovieren. Von einem solchen Methodenlehrer wurde auch die einzige mir aus den 80er Jahren bekannte Dissertation über Soziale Gruppenarbeit in der Erwachsenenbildung verfasst: Krapohl, L. (1987): Erwachsenenbildung. Spontaneität und Planung, Aachen.

ZWEITES HOCHSCHULSTUDIUM: SOZIALWISSENSCHAFTEN PROMOTION IN ERZIEHUNGSWISSENSCHAFTEN

Ich zog aus dieser Situation den Schluss, mich nicht auf einen aussichtslosen Kampf für den Erhalt einer spezialisierten Methodenausbildung gemeinsam mit zumeist resignierten MethodenkollegInnen einzulassen, sondern, erstens so schnell wie möglich einen Doktortitel zu erwerben,[23] zweitens auf die gesellschaftliche Forderung einzugehen und mich über meine Kompetenzen in Social Group Work hinaus fit zu machen für die Generalistenausbildung[24] und drittens danach zu trachten, als Fortbildner in Sozialer Gruppenarbeit tätig zu werden.[25] Ich hatte am eigenen Leib erfahren, dass Social Groupwork eine äußerst brauchbare Basismethode für jede Art von Gruppenaktivitäten ist. Ich persönlich hätte es als uneffektiv betrachtet, wenn dieses Instrumentarium nur SozialarbeiterInnen vorbehalten geblieben wäre, zumal es unter den derzeitigen Ausbildungsbedingungen ohnehin nicht mehr in den grundständigen Ausbildungsgang hineinpasste.
Wissenschaftlich verlegte ich mich als Ausbilder von SozialarbeiterInnen auch auf andere Themen: z.B. Schulsozialarbeit und Supervision, die ich häufig mit Sozialer Gruppenarbeit verknüpfte. 1975 schrieb ich das erste deutsche Buch über Gruppensupervision, in dem ich u.a. die These vertrat, dass Gruppensupervision verstanden werden kann als angewandte Soziale Gruppenarbeit nach dem Developmental Model der School of Social Work der Boston University.[26] 1985 stellte ich die Ergebnisse meiner Handlungsforschungen zur Schulsozialarbeit vor, auch darin wird der Einsatz von Sozialer Gruppenarbeit berücksichtigt.[27]

---

[23] Soziale Gruppenarbeit nahm auch in meiner Dissertation einen breiten Raum ein: Kersting, H.J. (1977): Agogische Aktion als Handlungsforschung in der Lehrerausbildung: Realisation, Konstruktion und Revision sprachdidaktischer Grundkurse, Frankfurt am Main, Bern, New York.

[24] Der 1988 eingeführte Modellstudiengang Sozialarbeit/Sozialpädagogik des Fachbereichs Sozialwesen der Fachhochschule Niederrhein setzt mit seiner starken Fächerintegrierung vollständig auf eine generalistische Ausbildung, vgl. Braun, M. (1996): Der „Modellstudiengang Mönchengladbach" des Fachbereichs Sozialwesen der Fachhochschule Niederrhein. Realisierungen – Rezeption – Reflexionen, Schriftenreihe des Fachbereichs Sozialwesen an der Fachhochschule Niederrhein, Bd. 18, Mönchengladbach.

[25] Meine Dozententätigkeit als Weiterbildner in Sozialer Gruppenarbeit begann ich bereits 1971 im Saarland im Auftrag des dortigen Landesberufsverbandes.

[26] Siehe Kersting, H.J. (1975): Kommunikationssystem Gruppensupervision – Aspekte eines Lernlehrverfahrens, Freiburg im Br., besonders S. 78-81.

In meiner Praxis als Groupworker hatte ich keine Gegner. Die Verbindung von Sozialer Gruppenarbeit nach dem Entwicklungsmodell der Boston University mit angewandter Gruppendynamik, wie ich sie bei Kees Wieringa gelernt hatte, fand großen Anklang. Man hörte mir in der Lehreraus- und weiterbildung ebenso aufmerksam zu, wie wenn ich darüber zu Theologen, Managern, SupervisorInnen, Freizeitanimateuren, Bundeswehroffizieren und AusbilderInnen von Pflegepersonal sprach. Unterschiedliche Berufsgruppen luden mich zu Seminaren und Tagungen ein. Selbst K-Gruppen der siebziger Jahre baten mich, mit ihnen in Workshops ihre internen Probleme mittels Social Groupwork zu bearbeiten. Die ostwestfälischen Anwürfe aus Bielefeld gegen die Soziale Gruppenarbeit waren in rheinischen Universitätsstädten nicht zur Kenntnis genommen worden.

Ich hätte gerne über ein Thema aus der Sozialarbeit promoviert. Die Suche nach einem geeigneten Doktorvater erwies sich als sehr schwierig. Schließlich bot mir Professor Dr. Horst Sitta[28] an, ein Handlungsforschungsprojekt zur Hochschuldidaktik für die StudentInnen im Fach „Deutsche Sprache und Kommunikation" durchzuführen und darüber zu promovieren. Professor Sitta war Direktor des Seminars für Deutsche Sprache und Literatur an der Pädagogischen Hochschule Rheinland, Abteilung Aachen. Dieses Seminar galt, was die Didaktik des Schulunterrichts betraf, als einer der fortschrittlichsten Lernorte im deutschen Sprachraum.[29] Damals entdeckte die Schulpädagogik das Lernziel „Kritische Kommunikationsfähigkeit". Sie entwickelte eine Unzahl von Theorien zu diesem Thema, es fehlte aber noch eine entsprechende Didaktik und Methodik für die zukünftigen DeutschlehrerInnen. Wichtig wurden für mich die theoretischen Konstrukte der Palo-Alto-Gruppe, die ich am Lehrstuhl von Professor Sitta kennen lernte und die mein Denken auf eine neue Art bestimmen sollten.[30] Spannend und bereichernd

---

[27] Kersting, H.J. (1985): Schulsozialarbeit – Hilfen beim Übergang vom Schul- ins Beschäftigungssystem, Aachen.

[28] Prof. Dr. Horst Sitta lehrte später, bis zu seiner Emeritierung, als Professor für Deutsche Sprache an der Universität Zürich.

[29] Vgl. u.a. Beck, G., Boettcher, W., Kersting, H.J., Sitta, H., Tymister, H.-J.: Lehrerausbildung im Fach Deutsch „Sprachwissenschaft/Sprachdidaktik, in: Diskussion Deutsch 27/1976: 2-18; Kersting, H.J.: Das Grundstudienjahr, in: Diskussion Deutsch 27/1976: 18-31; Boettcher, W., Otto, G., Sitta, H., Tymister, H.-J. (1976): Lehrer und Schüler machen Unterricht. Unterrichtsplanung als Sprachlernsituation, München. Die Abteilung Aachen der Pädagogischen Hochschule Rheinland wurde später als Pädagogische Fakultät in die Rheinisch Westfälische Technische Hochschule (RWTH) Aachen integriert. An ihr wurde neben der LehrerInnenausbildung auch eine Ausbildung für Diplompädagogen angeboten.

war der philosophische Lesezirkel mit Hans-Josef Tymister[31] und Jean Firges.[32] Bei den Jesuiten war ich in der Philosophie der Neuscholastik geschult worden. Im Lesekreis lasen wir intensiv Heidegger, Hegel und Wittgenstein. Es war für mich wie ein Sprung aus der Vormoderne in die Moderne. Ich begann die „spanischen Stiefel“ auszuziehen. Heideggers Denken versetzte den ersten Schock, Hegels Phänomenologie bedeutete für mich die große dialektische Versuchung, Wittgensteins analytische Nüchternheit schenkte mir Klarheit.
Professor Sitta betreute zusammen mit Professor Lowy meine Doktorarbeit, die ich 1976 vorlegte. Obschon Horst Sitta nur ein halbes Jahr älter ist als ich, war er ein wunderbarer Doktorvater. Er unterstützte mich in jeder Hinsicht, er ermutigte mich, wenn ich die lästige Arbeit aufgeben wollte und nahm mich mit nach Griechenland, wo er mir an Ort und Stelle die klassische Antike erschloss. Dass er die antiken Inschriften so leicht lesen und übersetzen konnte, wie normal gebildete Leute allenfalls ihre Zeitung, imponierte mir gewaltig. Er überwachte inhaltlich den Fortschritt meiner Dissertation und half mir auch noch, stilistisch und orthographisch mit dem Schreiben zurecht zu kommen. Nicht nur unser allzu geringer Altersunterschied bewahrte mich vor dem sonst nicht seltenen „Vatermord“, von der die deutsche Geschichte der Wissenschaft voll ist. In meiner Dissertation versuchte ich, Methoden der Sozialen Arbeit für die Hochschuldidaktik nutzbar zu machen.[33] Das untersuchte Anwendungs- und Erprobungsfeld waren die Einführungstutorien für die StudienanfängerInnen an der Pädagogischen Hochschule in Aachen, ein Thema und eine Praxis, die mich bis zu meinem letzten Semester im Jahr 2000 auch am Fachbereich Sozialwesen in Mönchengladbach immer wieder aufs neue beschäftigten.[34] Jahr für Jahr bildete ich am Fachbereich Sozialwesen im Sommersemester studentische TutorInnen als Groupworker aus, die im darauf folgenden Winterse-

[30] Vgl. z.B. Tymister, H.-J.: Ansätze zu einer pragmatischen Analyse von Unterrichtsdialogen, in: deutsche sprache, 2/1973, S. 82-99; Boettcher, W. (1973): Kritische Kommunikationsfähigkeit. Implikationen eines Lernziels, Bebenhausen; Sitta, H., Tymister, H.-J. (1976): Kommunikationsfähigkeit als Lernziel, in Krallmann, D. (Hg.): Kommunikative Aspekte der Didaktik – Didaktische Aspekte der Kommunikation, Kronberg/Ts.
[31] Prof. Dr. Hans-Josef Tymister lehrte später, bis zu seiner Emeritierung, an der Universität Hamburg.
[32] Prof. Dr. Jean Firges lehrte, bis zu seiner Emeritierung, an der Pädagogischen Hochschule Ludwigsburg.
[33] Kersting a.a.O. 1977.

mester die StudienanfängerInnen in Gruppen betreuten und in das Studieren einführten.

Die Akademisierung der Sozialen Arbeit Professor für Soziale Arbeit an Fachhochschulen in Köln und Mönchengladbach

Nach meiner Promotion bewarb ich mich nach einer kurzen Phase als freiberuflicher Supervisor auf Professorenstellen an Fachbereichen Sozialwesen in Nordrhein-Westfalen. Ich hatte inzwischen geheiratet, und da meine Frau als Lehrerin in Aachen tätig war, glaubte ich, räumlich keinen größeren Spielraum zu haben. Als erste der Hochschulen, an denen ich mich beworben hatte, berief mich die Abteilung Köln der Katholischen Fachhochschule NW auf eine Stelle als Dozent für Pädagogik, speziell Didaktik und Methodik der Sozialpädagogik. Nach der damals üblichen Probezeit von zwei Jahren wurde ich 1978 zum Professor ernannt. Im Sommersemester 1981 begann ich als Professor für die Didaktik und Methodik der Sozialen Arbeit am Fachbereich Sozialwesen der Fachhochschule Niederrhein in Mönchengladbach. Dort lehrte ich bis zu meiner Emeritierung zum Ende des Sommersemesters 2000.

Meine akademische Lehrtätigkeit an Fachhochschulen (als hauptamtlicher und nebenamtlicher Dozent an der Abteilung Aachen 1971-1975, dann als Dozent und Professor an der Abteilung Köln derselben Katholischen Fachhochschule NW 1976-1981, zuletzt an der Fachhochschule Niederrhein) umschließt einen wichtigen Zeitraum der Akademisierung der Sozialen Arbeit in Deutschland. Darum möchte ich als Zeitzeuge rückblicken auf diesen Akademisierungsprozess an der Fachhochschule. Dass ich dabei vor allem mein Augenmerk auf die Zeit in Mönchengladbach richte, erklärt sich dadurch, dass ich dort selbst agierend an diesem Prozess teilnehmen konnte.

Zum Vergleich betrachte ich zunächst den Prozess der Akademisierung der Schools of Social Work in den USA.[35] Die Akademisierung vollzog sich

[34] Siehe Kersting, H.J., Vogel, H.-Chr. (1996): Einführung in das Studium, in: Braun, M. (1996): Der „Modellstudiengang Mönchengladbach" des Fachbereichs Sozialwesen der Fachhochschule Niederrhein. Realisierungen – Rezeption – Reflexionen, Schriftenreihe des Fachbereichs Sozialesen an der Fachhochschule Niederrhein, Bd. 18, Mönchengladbach, S. 66-77; Kersting, H.J.: Soziale Gruppenarbeit an der FH-Niederrhein, in: Mobile, Social-Groupwork-Report, 2/1996, S. 3-5.

dort in drei Schritten und war zu Anfang der 80er Jahre, zu der Zeit, als mich die School of Social Work in Boston als „visiting professor" während eines Forschungssemesters eingeladen hatte, gerade abgeschlossen.

(1) Der erste Schritt war in den 50er Jahren der Versuch, die eigene Position innerhalb der Universität zu verbessern. Um das zu erreichen, vergrößerte man als erstes die Anzahl der promovierten Lehrer.

(2) Als ich Anfang der 70er Jahre in Aachen meine Dissertation begann, hatten die Schools of Social Work der US-amerikanischen Universitäten gerade den zweiten Schritt der Akademisierung getan, indem sie Doktoratsprogramme einrichteten. Nur so war es überhaupt möglich geworden, dass der Sozialarbeitsprofessor Louis Lowy an einer deutschen Universität meine Doktorarbeit mitbetreuen durfte.

(3) Der dritte Schritt war die Veränderung der Auswahlkriterien für die neu einzustellenden Lehrenden. Wichtiger als die Praxis wurden für die Einstellung die durchgeführten Forschungsprojekte und die Anzahl der Publikationen der Bewerber. Eine Folge davon war der Bedeutungsverlust und die Verdrängung der Lehrenden mit praktischen Erfahrungen.

Letzteres verwundert um so mehr, weil die US-amerikanische Ausbildung zum Master in Social Work im Unterschied zur deutschen Ausbildung für die Soziale Arbeit eine ungemein praxisorientierte Ausbildung ist. In den zwei Studienjahren, die zum Master führen, verbringt der Student die meiste Zeit seines Studiums in einer Praktikumsstelle, und Supervision bzw. Praxisanleitung (die Amerikaner nennen es „field instruction") nehmen einen großen Teil der Ausbildung ein. Eigentlich ähnelt das Masterstudium eher berufsbegleitenden Fortbildungen, vergleichbar denen, die in Deutschland von Fortbildungsträgern außerhalb der Hochschule wie seinerzeit zum Beispiel an der Akademie für Jugendfragen in Münster und am Institut für Beratung und Supervision in Aachen angeboten wurden oder neuerdings auch an Fachbereichen Sozialwesen, wie zum Beispiel der Aufbaustudiengang Sozial-Management, der im Wintersemester 2000/2001 als Verbundstudiengang der Fachbereiche Sozialwesen an der Fachhochschule Niederrhein in Mönchengladbach und der Fachhochschule Münster begonnen wurde.

---

[35] Vgl. zur Akademisierung der Sozialen Arbeit: Salustowicz, P.: Über die Akademisierung in der Sozialen Arbeit am Beispiel der Fachhochschulen – eine kritische Bestandsaufnahme, in: Neue Praxis, 6/1999, S. 561-575, dessen Ausführungen ich im Folgenden auf den Fachbereich Sozialwesen in Mönchengladbach beziehen werde.

Das Masterstudium umfasst auch heute noch trotz der vollen Akademisierung der Schools of Social Work zwei Drittel Praxisanteile in einer Institution der Sozialen Arbeit und nur ein Drittel Theorieanteile an der Universität. Ein amerikanischer Student beginnt sein Masterstudium an der Universität häufig erst nach einer vorherigen Berufstätigkeit. Als Zugang zu dieser ersten Berufstätigkeit dient in der Regel ein Collegeexamen, das manchmal ein Bachelor of Social Work ist. Die Ausbildung am College ist ähnlich dem deutschen Fachhochschulstudium generalistisch orientiert. Der Bachelor of Social Work wurde an den meisten Colleges erst im Zuge der Akademisierung der Schools of Social Work eingeführt. Ein Vorgang, den es bei der Übernahme der angelsächsischen Titel Bachelor und Master in unser deutsches Hochschulwesen wohl zu bedenken gilt. Die mehr spezialistisch orientierte Ausbildung an den Schools of Social Work gilt auch heute noch als ausgesprochen praxisorientiert und wird von den Studenten meistens gerade deswegen gewählt, um die bisherige berufliche Praxis zu verbessern und um sich zum Beispiel als Berater oder Therapeut selbständig zu machen. Dabei spielt der angesehene Titel eines Masters einer Universität selbstverständlich eine bedeutende Rolle. Warum, so fragt man sich, war diese Akademisierung überhaupt notwendig?
Bevor ich darauf eine Antwort gebe, möchte ich den Blick auf die deutsche Entwicklung der Fachbereiche Sozialwesen lenken. Die Gründung der Fachhochschulen vor genau 30 Jahren war tatsächlich bereits der entscheidende Schritt auf dem Weg der „Akademisierung auf Raten", wie Gängler es ausdrückt.[36] Die zur Zeit stattfindende Debatte um die Soziale Arbeit als Wissenschaft, an der sich der Dekan des Fachbereichs Sozialwesen der Fachhochschule Niederrhein, Professor Dr. Wilhelm Klüsche[37] als Leiter des Ausschusses des Fachbereichstages beteiligt hat und in dem die Ausschussmitglieder in die Richtung einer Sozialarbeitswissenschaft „ein Stück weitergedacht" haben, wie die Ergebnisse des Ausschusses im Buchtitel gekennzeichnet wurden,[38] ebenso wie die Diskussionen am Institut für Beratung und Supervision in Aachen (IBS), die einmündeten in Veröffentlichungen des Wissenschaftlichen Verlags des IBS von Theodor M. Bard-

[36] Gängler, H. (1994): Akademisierung auf Raten? Zur Entwicklung wissenschaftlicher Ausbildung zwischen Erziehungswissenschaft und Sozialpädagogik, in: Krüger, H.-H., Rauschenbach, Th. (Hg.): Erziehungswissenschaft. Die Disziplin am Beginn einer neuen Epoche, Weinheim, München.
[37] Klüsche, W., in: Heitkamp, H., Plewa, A. (Hg.) 1999, S. 158.
[38] Klüsche, W. (1999): Ein Stück weitergedacht ... Beiträge zur Theorie- und Wissenschaftsentwicklung der Sozialen Arbeit, Freiburg i. Br.

mann, Sandra Hansen, Britta Haye, Jana Kaiser, Heiko Kleve, Bernd Woltmann-Zingsheim, Hans-Christoph Vogel und mir,[39] haben, so meine ich, zusammen mit einem reichen Schrifttum zur Sozialarbeitswissenschaft seit Beginn der 90er Jahre den Boden für einen weiteren Akademisierungsschritt vorbereitet.

Fraglich ist jedoch, ob das zu dem gleichen Erfolg führen wird, wie das Akademisierungsprojekt in den USA. Der institutionelle Hintergrund in Deutschland ist nämlich durch die Anbindung der Fachbereiche Sozialwesen an die Fachhochschule und nicht an die Universität ein ganz anderer. Die übrigen Fachbereiche der Fachhochschule scheinen da auf den ersten Blick besser gestellt zu sein, da sie meistens an den Universitäten durch vollakademisierte Wissenschaften gleichen Namens vertreten sind. Auf den zweiten Blick hin sind sie möglicherweise noch ärmer dran als der Fachbereich Sozialwesen, da sie gleichsam in der „zweiten Bundesliga der Wissenschaften" spielen, und welche Kränkungen mit dieser Position zusätzlich verbunden sein können, haben wir in Mönchengladbach mit unserer Liebe zu Borussia Mönchengladbach bitter durchlitten.

Ich will die an anderen Hochschulen und vor allem an einigen Universitäten geführten Diskurse über den Unterschied zwischen Sozialarbeit und Sozialpädagogik vernachlässigen, die in Deutschland die Diskussion um die Akademisierung zusätzlich belasten. Sie sind für den Fachbereich in Mönchengladbach nie besonders wichtig gewesen. Für mich bestätigt sich außerdem zunehmend die schon 1971 von Heinrich Tuggener, Professor für Sozialarbeit an der Universität Zürich, aufgestellte Vermutung der Konvergenz von Sozialarbeit und Sozialpädagogik im deutschen Sprachraum.[40]

---

[39] Vgl. u.a.: Bardmann, Th.M., Kersting, H.J., Vogel, H.-Chr., Woltmann, B. (1991): Irritation als Plan. Konstruktivistische Einredungen, Aachen; Bardmann, Th.M., Kersting, H.J., Vogel, H.-Chr. (1991): Das gepfefferte Ferkel. Lesebuch für SozialarbeiterInnen und andere KonstruktivistInnen. Aachen, 1. Auflage, (1992), verbesserte 2. Auflage; Kleve, H. (1996): Konstruktivismus und Soziale Arbeit, Aachen; Bardmann Th. M., Hansen, S. (1996): Die Kybernetik der Sozialarbeit. Ein Theorieangebot, Aachen; Bardmann, Th.M. (1997) Unterscheide! Konstruktivistische Perspektiven in Theorie und Praxis, Aachen; Haye, B., Kleve, H. (1997): Lehrsupervision als Beobachten des Beobachtens. Systemtheoretische Bemerkunken zur Kommunikation und Wirklichkeitskonstruktion in Prozessen der Lehrsupervision, in: Eckhardt, U.-L., Richter, K. F., Schulte, H. G. (Hg.): System Lehrsupervision, Aachen, S. 81-79; Vogel, H.-Chr., Kaiser, J. (1997) (Hg.): Neue Anforderungsprofile in der Sozialen Arbeit, Aachen; Kleve, H. (1999): Postmoderne Sozialarbeit: ein systemtheoretisch-konstruktivistischer Beitrag zur Sozialarbeitswissenschaft, Aachen.

Als problematisch in der Diskussion um die Akademisierung erweist sich also der akademische Status des Ausbildungsortes Fachhochschule. Kann die Fachhochschule den ausreichenden institutionellen Rahmen dafür anbieten, dass sich die Soziale Arbeit als wissenschaftliche Disziplin entwickeln kann? Zumal, wenn man bedenkt, dass angeblich gesellschaftlich nur die Universität „zum institutionellen Ort der disziplinären Struktur der Wissenschaft" geworden ist, wie Stichweh[41] behauptet? Demgegenüber stehen aber meiner Meinung nach berechtigte Bedenken, dass die heutigen Strukturen der Universität viel zu unflexibel sind, als dass sie disziplinäre Innovationen wirklich fördern könnten.
Und wenn man in diese Richtung noch ein Stück weiterdenkt, so begegnet man den Gedanken Lyotards, nach dessen Diagnose sich längst die disziplinären Strukturen der Wissenschaft aufzulösen beginnen. „Disziplinen verschwinden, an den Grenzen der Wissenschaft zeigen sich Übergriffe, woraus neue Territorien entstehen. Die Hierarchie der Erkenntnisse macht einem immanenten, sozusagen ‚flachen' Netz von Forschungen Platz, deren jeweilige Grenzen nicht aufhören, sich zu verschieben".[42]
Was die Akademisierung den Schools of Social Work gebracht hat, ist vor allem ein höheres Maß an Anerkennung und Reputation. Das ist den amerikanischen Kolleginnen und Kollegen tatsächlich gelungen. Für uns in Deutschland ist es eine offene Frage, ob es der Sozialen Arbeit, gleich ob in der Form einer Sozialarbeitswissenschaft oder in der Form von Sozialarbeitsforschung, gleich ob an der Universität oder an der Fachhochschule platziert, gelingen wird, für sich eine höhere Anerkennung im Wissenschaftssystem zu erringen. Es ist naiv zu glauben, das würde allein durch Willensbekundungen und Theoriekonstruktionen erreicht werden. Die Akademisierung ist und bleibt ein kollektives Projekt vieler, ein Ausdifferenzierungs-Prozess, dessen Erfolg von internen wissenschaftlichen Bedingungen, aber auch von vielen äußeren gesellschaftlichen und hochschulpo-

---

[40] Tuggener; H. (1971): Social Work. Versuch einer Darstellung und Deutung im Hinblick auf das Verhältnis von Sozialarbeit und Sozialpädagogik, Weinheim/Berlin/Basel seit dem Wintersemester 2001/2002 verleiht der Fachbereich Sozialwesen in Mönchengladbach erstmalig im bevölkerungsgrößten Bundesland als Abschluss des 8-semestrigen Studiums Soziale Arbeit den Titel Diplom-Sozialarbeiter/Sozialpädagoge. NRW folgt damit der Handhabung anderer Bundesländer wie z.B. Berlin und Niedersachsen.

[41] Stichweh, R. (1994): Disziplinen in Hochschulerziehungen und Wissenschaften: die frühmoderne Situation, in: Schriewer, J. u.a. (Hg.): Sozialer Raum und akademische Kulturen, Frankfurt am M., S. 19.

[42] Lyotard, J. F. (1986): Das postmoderne Wissen. Ein Bericht, Graz, Wien, S. 116.

litischen Fakten abhängig ist. Zumeist ist es notwendig, die Gunst der Stunde zu nutzen und mit den vorhandenen Ressourcen etwas zu tun und nicht abzuwarten, bis alle Fragen restlos geklärt sind.
Eine solch günstige Gelegenheit bot sich dem Fachbereich Sozialwesen der Fachhochschule Niederrhein 1986, als sich die Notwendigkeit ergab, eine Reform des Studiums durchzuführen. Aus dieser Reform ging der erste Modellstudiengang[43] hervor, der alle weiteren Innovationen im Gefolge hatte. Studienreformen geschehen übrigens selten aus Einsicht, sondern sind meistens aus der Not geboren. So auch damals in Mönchengladbach. Anlass war die Drohung der Wissenschaftsministerin, den Fachbereich Sozialwesen in Mönchengladbach aufzulösen, es sei denn, er würde sich zur Reform bereit erklären.
Bis dahin war bereits viel über eine notwendige Reform geredet worden. Ich erinnere mich noch sehr gut, dass es im ersten Jahr meines Dienstantritts 1981 Studientage der Dozentinnen und Dozenten zu diesem Thema gab. Als Neueinsteiger schienen mir die Studientage jedoch vor allem eingerichtet worden zu sein, um sich gegenseitig zu bestätigen, wie schwierig eine Reform sei, wie wenig Erfolg man mit der Durchsetzung im Ministerium hätte und dass ohnehin alles sehr schlimm sei. Die massive Drohung des Ministeriums 1986 verschob die Stimmenverhältnisse im Fachbereich für die Durchführung der Reform. Tatsächlich wurde sie Anfang 1988 nach einem heftigen Diskussionsprozess und gegen anhaltenden Widerstand, ja bis hin zum Streik der Studentinnen und Studenten,[44] mit einer Stimme Mehrheit beschlossen. So streikten im Dezember 1986 nur an drei Orten der Welt die Studentinnen und Studenten: In Paris gegen die Androhung von Studiengebühren, in China für ein Mehr an Demokratie und in Mönchengladbach gegen die Einführung des Modellstudienganges.
Ich war zur Zeit der Reformüberlegungen Vorsitzender des Prüfungsausschusses und qua Amt Mitglied der Studienkommission, die aus dem Dekan Professor Dr. Gerd-Ferdinand Kirchhoff, dem Prodekan Professor Wilm Möllmann und Professor Dr. Albin Hänseroth bestand. Ich habe mich damals vehement für diese Reform eingesetzt. Mein Engagement hatte mehrere Gründe:

---

[43] Braun, a.a.O. 1996.

[44] Vgl. Woltmann-Zingsheim, B. (1997): Rätselhafte Gruppenarbeit. Systemisches Driften mit Heinz Kersting, in: Bardmann, Th.M. Hornmann, W.: EulenFest & SpiegelSchrift zusammengestellt für Heinz J. Kersting zum 60. Geburtstag, Aachen, 303-310.

Erstens redete ich mir ein, mein Einsatz würde gespeist von meinem Idealismus als Lehrender in der Sozialen Arbeit. Als ich 1981 an die Fachhochschule Niederrhein wechselte, fand ich eine Studienordnung vor, die für die Mehrzahl der Studentinnen und Studenten undurchsichtig war. Aus ihr schienen nur die hochintelligenten Studentinnen und Studenten echten Profit zu ziehen. Benachteiligt schienen mir die Studierenden, die ein normales deutsches Schulsystem durchlaufen hatten. Fächer und Inhalte standen unverbunden nebeneinander, die Integration des Gelernten wurde allein den Studierenden zugemutet.

Zweitens bot mir die Mitarbeit in der Kommission, die mit dem Ministerium über die Studienreform verhandelte und die der Motor war für den Diskurs im Fachbereich mit den Kolleginnen, Kollegen, Studentinnen und Studenten, endlich die Gelegenheit, einige der Ideen, die wir in dem von Louis Lowy in den Jahren 1971/72 geleiteten Lehrplanentwicklungsprojekt an der Katholischen Fachhochschule Nordrhein-Westfalen erarbeitet hatten, in die Tat umzusetzen.[45] Hilfreich als Ideenschmiede war für mich auch die jahrelange Mitarbeit in einer Kommission des Fachausschusses Soziale Berufe des Deutschen Vereins für öffentliche und private Fürsorge.[46] In der Kommission ging es um die praxisorientierte Ausbildung von SozialarbeiterInnen und SozialpädagogInnen. Die auf Grund der Vorarbeiten der Kommission beschlossene Resolution des Deutschen Vereins zur praxisorientierten Ausbildung[47] fand Eingang in die Vorschläge der Kultusministerkonferenz für die Reform der Ausbildung für die Soziale Arbeit.[48] Diese Reform wollte das Wissenschafts-Ministerium in Nordhein-Westfalen exemplarisch an unse-

[45] Bock, T., Lowy, L. u.a. (1974): Lehrplanentwicklungsprojekt für Sozialarbeiter und Sozialpädagogen, Freiburg; siehe auch Bock, T., a.a.O. 1999, S. 73 f.

[46] Von 1978-1984 war ich Mitglied des Fachausschusses VI „Soziale Berufe", Unterausschuss „Praxisorientierte Ausbildung" beim Deutschen Verein für öffentliche und private Fürsorge. Dieser Ausschuss war für mich ein wichtiges Seminar zu Fragen der Hochschulpolitik und Hochschuldidaktik. Der Diskurs in diesem Ausschuss wurde von Fachleuten aus Hochschule, Praxis und Politik auf einem sehr hohen Niveau geführt. Eine meiner Veröffentlichungen aus dieser Zeit beschäftigt sich ausdrücklich mit diesem Thema: Kersting, H.J. (1984): Die Kooperation zwischen sozialer Berufspraxis und Ausbildungsstätte, in: Deutscher Verein für öffentliche und private Fürsorge (Hg.): Soziale Arbeit in den 80er Jahren – Herausforderung durch veränderte Rahmenbedingungen, Frankfurt am Main, S. 593-610.

[47] Deutscher Verein für öffentliche und private Fürsorge (1983): Anforderungen an eine berufsqualifizierende Ausbildung der Sozialarbeiter/Sozialpädagogen. Sonderdruck aus dem Nachrichtendienst des Deutschen Vereins für öffentliche und private Fürsorge, 5/1983, S. 129 f.

rem Fachbereich durchführen, so dass ich in den Diskussionen im Ministerium Ideen wieder begegnete, die ich im Lehrplanentwicklungsprojekt und beim Deutschen Verein in Frankfurt mit entwickelt hatte.

Drittens will ich auch meine privatesten Motive nicht verschweigen. Ich bin ein Verehrer des niederländischen Kriminalschriftstellers Jan Willem van de Wetering. In seinen Romanen empfiehlt der Comissaris seinen Inspektoren, bei allen Motiven immer auch möglichst die niedrigsten Motive mit zu bedenken.

Ich gestehe es, der Fachbereich Sozialwesen der Fachhochschule Niederrhein war beruflich gesehen nicht meine erste große Liebe. Als ich 1981 an diesen Fachbereich wechselte, war das zunächst so etwas wie eine Vernunftehe. Aber wie das mit solchen Ehen häufig geschieht, wurde sie beruflich meine längste, war sie die solideste und wurde eine sehr glückliche Ehe. Was will man beruflich eigentlich mehr? Meine erste große berufliche Liebe war die Katholische Fachhochschule Nordrhein-Westfalen.
Einige Jahre vor meinem Weggang von der Katholischen Fachhochschule schlugen mir der damalige Rektor und einige Kolleginnen und Kollegen dieser Fachhochschule vor, dass ich in Köln eine Weiterbildungsabteilung aufbauen sollte. Doch andere Kollegen und einige katholische Träger, die selbst Fortbildungen anboten, waren dagegen, sie fürchteten möglicherweise die Konkurrenz. Die Art und Weise, wie diese Pläne vereitelt wurden, waren so unschön, dass ich damals meinte, um meiner Ehre willen den Hut nehmen zu müssen. Übrigens plant dieselbe Katholische Fachhochschule jetzt, Fortbildungen für SozialarbeiterInnen als Masterstudiengänge durchzuführen, was, meiner Meinung nach, wie eben schon angedeutet, genau der Zielsetzung einer nordamerikanischen School of Social Work entspricht. Heute weiß ich, dass ich mit meinen damaligen Plänen, die Weiterbildung zum Hebel der Akademisierung der Ausbildung der Sozialen Arbeit zu machen, mehr als 20 Jahre zu früh aufgetreten war. Weiterbildung habe ich dann trotzdem mit großem Erfolg zusammen mit engagierten Freundinnen und Freunden am Institut für Beratung und Supervision in Aachen anzubieten begonnen. Jedoch geschah das dann nur noch mittelbar im Rahmen der Akademisierung des Fachbereichs Sozialwesen. Darüber später mehr.

---

[48] Sekretariat der Ständigen Konferenz der Kultusminister der Länder der Bundesrepublik Deutschland (Hg.) (1984): Entwurf, Empfehlungen der Studienreformkommission Pädagogik/Sozialpädagogik/Sozialarbeit, Bd. 2: Ausbildungsbereich Sozialwesen, Bonn.

Aber zurück zu meinem niedrigeren Motiv. Als ich seinerzeit die Katholische Fachhochschule verließ, fragte mich einer der Kollegen, wohin ich denn gehen würde. Auf meine Antwort „nach Mönchengladbach" sagte er: „Mönchengladbach? Ich wusste gar nicht, dass dort in Sozialarbeit ausgebildet wird." Damals existierte der Fachbereich Sozialwesen der Fachhochschule Niederrhein immerhin bereits seit zehn Jahren. Meine Antwort daraufhin: „Es kann ja sein, dass Sie davon noch nichts gehört haben, aber warten Sie nur ab, wenn ich eine Zeitlang dort bin, dann werden Sie auf jeden Fall von Mönchengladbach hören." Ich nehme an, diesem Kollegen haben in den nachfolgenden Jahren noch oft die Ohren geklungen. Für mich jedenfalls war diese kränkende Bemerkung ein antreibender Motor.
Es ging mir als Lehrender vor allem darum, für den Fachbereich Sozialwesen der Fachhochschule Niederrhein nach dem Vorbild des Akademisierungserfolges der amerikanischen Schools of Social Work das höchst mögliche Maß an Reputation zu gewinnen. Dazu wollte ich meinen Beitrag leisten. Ich wollte zum Zeitpunkt meiner Pensionierung sagen können, dass ich an einem Fachbereich gearbeitet hatte, den man kennt, von dem man mit Respekt spricht, der hohes Ansehen in Deutschland und wenn möglich über Deutschland hinaus besitzt und zu dessen Studentinnen und Studenten man in der Praxis sagt: „Oh, toll, Sie haben in Mönchengladbach studiert."
Hätte ich damals schon so viel von Niklas Luhmann gelesen, wie es heute der Fall ist, dann wäre ich vermutlich auf einen Text gestoßen, den er bereits 1968 geschrieben hatte. In diesem Text meint er, dass die Reputation sowohl eine wichtige Grundlage für die *wissenschaftsinternen Verteilungsentscheidungen* ist, als auch eine wichtige *Verbindung der Wissenschaft mit ihrer gesellschaftlichen Umwelt* darstellt.[49] Luhmann selbst sucht in seinem Text nach etwas besserem als Reputation und schlägt die konsistente Theorie als solche vor. Dazu möchte ich kritisch bemerken, dass Luhmann damals die Bedeutung der Reputation als Machtinstrument im Wissenschaftsbetrieb eindeutig unterschätzt hat und idealistisch daran zu glauben schien, dass die Rationalität der Theorie sich selbst genug legitimieren könne, um anerkannt zu werden. Im Falle der Sozialen Arbeit müssen wir ohnehin trotz der lobenswerten Anstrengungen vieler Kolleginnen und Kollegen ein erhebliches Theoriedefizit feststellen. Wir haben darum 1986 in Mönchengladbach zunächst einmal auf Reputation gesetzt.

---

[49] Luhmann, N. (1971): Selbststeuerung der Wissenschaft, in: Jahrbuch für Sozialwissenschaften 19, S. 147-170.

Wichtig bei der damaligen Studienreform war, dass wir die vorhandenen Ressourcen nutzten, die der Fachbereich besitzt:

(a) Es war und ist eine hohe und interessante *Interdisziplinarität* vorhanden.

(b) Es gab und gibt viele und tragfähige *Kontakte zur sozialen Praxis.*

(c) Die Kolleginnen und Kollegen waren sehr *schreibfreudig*, und sie sind es bis heute. Es bestand und besteht immer noch eine große Lust, *Forschungsprojekte* durchzuführen.

(d) Es waren außerdem am Ende der 80er Jahre eine Reihe *Kontakte zu europäischen und amerikanischen Hochschulen* aufgenommen worden, die im Laufe der Zeit vermehrt wurden.

(1) Da ist zunächst die *Interdisziplinarität.* Dies unterscheidet die Fachhochschule ausdrücklich von den „Lehrstühlen Sozialpädagogik" an den Universitäten. Diese Lehrstühle stellen in der Sicht der Pädagogischen Fakultät häufig nichts anderes dar als eine Unterdisziplin der Erziehungswissenschaft. So war es jedenfalls an der Pädagogischen Fakultät in Aachen, als ich dort arbeitete. Einen Versuch, diese Interdisziplinarität zu nutzen, stellen in Mönchengladbach die sogenannten Schwerpunktveranstaltungen dar, die sich in allen Studienordnungen des Fachbereichs Sozialwesen in Mönchengladbach wiederfinden.[50] Ich weiß, dass Interdisziplinarität nicht zu verwechseln ist mit Integration. Ich bin mir bewusst, dass Schwerpunktveranstaltungen hochkomplexe Lernorganisationen sind und die hohe Kunst der Hochschuldidaktik verlangen. Ich weiß, dass alles exemplarische Lernen das spezielle Lernen ausblendet. Trotzdem bietet die Schwerpunktveranstaltung, in der drei verschiedene Dozenten aus unterschiedlichen Disziplinen zu einem Problem aus der Sozialen Arbeit ein Semester lang in der Woche acht Stunden miteinander lernen und lehren, für die Studierenden eine Fülle an Lernchancen, sie macht die Relativität von Faktenwissen deutlich und kann das Vorbild von gelungener Kooperation und Teamarbeit darstellen. Für die Dozentinnen und Dozenten bedeutet sie, abgesehen von all den herausfordernden Möglichkeiten, etwas Neues zu entwickeln, die heilsame Disziplin, vor den Augen und Ohren der Kolleginnen und Kollegen zu

[50] Vgl. Braun, M. (1996): Schwerpunktveranstaltungen, in Dies. (Hg.): Der „Modellstudiengang Mönchengladbach" des Fachbereichs Sozialwesen der Fachhochschule Niederrhein. Realisierungen – Rezeption – Reflexionen, Schriftenreihe des Fachbereichs Sozialwesen an der Fachhochschule Niederrhein, Bd. 18, Mönchengladbach, S. 309-336.

lehren. Manchmal denke ich, dass der unglücklich gewählte Name „des schweren Punktes" doch etwas von der Wichtigkeit, dem Fleiß, der Kreativität und der Mühe anzeigt, die diese Veranstaltung auszeichnet. Die auf diese Weise forschenden HochschullehrerInnen sind die wichtigste Voraussetzung für das forschende Lernen durch die Studierenden. In den Schwerpunktveranstaltungen und in den Projekten, die zwei Semester dauern,[51] erhalten die StudentInnen eine Schulung, die sie in die Lage versetzt, offene Fragen selbständig zu erkennen und beantworten zu können. Zu lernen, sich immer aufs Neue mit ungelösten Problemen auseinandersetzen zu können, ist die beste Vorbereitung auf den Sozialarbeitsberuf in einer Zeit, die überliefertes Wissen schneller als je zuvor entwertet. Für ein Fach wie Sozialarbeit, das keine festgelegte Berufsfeldkompetenz bedienen kann, ist dies die einzige Möglichkeit, eine hochwertige Berufsqualifikation zu vermitteln. Forschendes Lernen befähigt zum lebenslangen Lernen.

Ich vermute, dass auf die Dauer diese postmoderne Entdifferenzierung der Einzeldisziplinen, wie sie am Fachbereich Sozialwesen der Fachhochschule Niederrhein in Deutschland einzigartig in dieser Radikalität vorgenommen worden ist, noch manches Mal von den KollegInnen kritisch diskutiert werden wird. Vielleicht hilft am Ende tatsächlich nur die Etablierung einer Sozialarbeitswissenschaft, die dann vielleicht Hinweise geben kann, welche der herkömmlichen Disziplinen als sogenannte Hilfswissenschaften überhaupt noch für die Ausbildung der Sozialen Arbeit nötig sind. Brauchbar ist sicherlich eine „legitimierende Theorie", wie Luhmann meint. Doch ist sie erst dann in der Lage, wirklich zu legitimieren und das heißt immer auch zu entscheiden, auszuscheiden und abzuscheiden, wenn sie genügend Reputation an sich gezogen hat.

(2) Eine weitere Ressource ist der *Praxisbezug*. Wie die Untersuchungen des Bielefelder Kollegen Piotr Salustowicz 1992 gezeigt haben, ist der Praxisbezug an der Fachhochschule größer als an der Universität.[52] Nähe und Distanz zur Berufspraxis sind deutlich jeweils anders verteilt. Wir haben im

---

[51] Vogel, H.-Chr.: Projektveranstaltungen, in Braun, M. (Hg.), a.a.O. 1996, S. 267-307. In den Projektveranstaltungen des Fachbereichs arbeiten jede Woche ein/e HochschullehrerIn mit einem/r PraktikerIn zusammen, wobei diese/r sein Praxisfeld für die StudentInnen zur Verfügung stellt. Die Veranstaltungen sind über zwei Semester verteilt mit je sechs Wochenstunden Lehrveranstaltung und zusätzlichen Praxiskontakten von ca. 100 Stunden.

[52] Salustowicz, P. (1992): Forschung an Fachhochschulen – Der Weg in eine neue Identität? Eine empirische Untersuchung in den Fachbereichen „Sozialwesen" in Nordrhein-Westfalen, Weinheim.

Modellstudiengang mit dem ins Studium integrierten Praxissemester der professionellen Kultur eine große Vorrangstellung eingeräumt. Das hat uns in unserem Umfeld eine Menge an Reputation eingebracht. Viele Praktikerinnen und Praktiker heben immer wieder den Praxisbezug des Fachbereichs Sozialwesen in Mönchengladbach lobend hervor und fühlen sich durch die regelmäßigen Besuche der HochschullehrerInnen in den Praktikumsstellen in ihrer Arbeit ermutigt und geehrt. Es könnte aber sein, dass auf die Dauer die größere Praxisnähe der Ausbildung an der Fachhochschule sich eher hemmend als fördernd für den Akademisierungsprozess der Fachbereiche Sozialwesen an den Fachhochschulen erweist. Vielleicht bedarf es in Zukunft einer stärkeren Differenz zwischen Disziplin und Profession, wie etwa im Medizinstudium, wo deutlich unterschieden wird zwischen Forschungsdisziplinen und klinischen Disziplinen, ein Gedanke, den Teresa Bock schon vor dreißig Jahren in die Diskussion eingebracht hatte.

(3) Eine besondere Ressource ist die *Schreibfreudigkeit* und die *Lust* der Kolleginnen und Kollegen, *Forschungsprojekte* durchzuführen. Salustowicz stellte in der oben erwähnten empirischen Untersuchung fest, dass der Fachbereich Sozialwesen der Fachhochschule Niederrhein in Relation zu der Anzahl der Lehrenden die höchste Zahl von Veröffentlichungen und Forschungsprojekten aller Fachbereiche Sozialwesen in NRW vorzuweisen hatte. Dieses Niveau konnten wir übrigens halten und dank einer eigenen Schriftenreihe weiter ausbauen.
In den USA werden Rankinglisten der Fakultäten herausgegeben. Eine wichtige Maßeinheit ist die Anzahl der gedruckten Veröffentlichungen. Die für den Zeitraum 1990-1993 untersuchte Produktion von Publikationen an Schools of Social Work mit Doktoratsprogrammen zeigte u.a., dass 44% der untersuchten Fakultäten nur sehr wenige Publikationen aufzuweisen hatten. Nur einige Fakultäten haben eine höhere Quote: Die berühmte Columbia University School of Social Work in New York steht mit 101 Aufsätzen an der Spitze und weitere sechs andere haben jeweils etwas mehr als 50 Publikationen herausgebracht.[53] Mitglieder des Fachbereichs Sozialwesen der Fachhochschule Niederrhein haben im gleichen Zeitraum (1990-1993) 131 Publikationen veröffentlicht.[54] Damit würde der Fachbereich Sozialwesen in Mönchengladbach, läge er in den USA, zu den hochproduzierenden Schools gehören. Die Zahl der Veröffentlichungen nimmt am Fachbereich für die nachfolgenden Jahre deutlich zu. Veröffentlichungen werden unterstützt durch die vom Dekan des Fachbereichs herausgegebene

[53] Vgl. Salustowicz, a.a.O., S. 569f.

Schriftenreihe.[55] Sicherlich ist es fragwürdig, wie weit von der Publizierfreudigkeit auf die tatsächliche Qualität eines Fachbereichs geschlossen werden kann. Sie ist jedoch ein wichtiger Baustein für die Reputation.
Erstaunlich ist, wie viele Kolleginnen und Kollegen am Fachbereich sich an Forschungen beteiligen. Die Zahl von Drittmittelprojekten mit hohen Förderungen nahmen im letzten Jahrzehnt deutlich zu. Insgesamt wurden in den letzten zehn Jahren ungefähr eine Million DM an Drittmitteln für den Fachbereich Sozialwesen eingeworben.
Wenn Salustowicz noch 1999[56] allgemein für die deutschen Fachbereiche Sozialwesen meint, dass die Forscherrolle keineswegs zum Selbstverständnis der Fachhochschulprofessoren zählen würde, so sieht das für viele Kolleginnen und Kollegen am Fachbereich Sozialwesen in Mönchengladbach deutlich anders aus.[57]

(4) Die *internationale Seite der Sozialen Arbeit* war mir ganz besonders wichtig. Ich war längere Zeit Auslandsbeauftragter des Fachbereichs, und Kontakte zu ausländischen Partnern lagen mir sehr am Herzen. Sie nahmen einen Großteil meiner Arbeit am Fachbereich ein. Ich möchte darum diese Tätigkeit etwas ausführlicher behandeln. Die Auslandsarbeit der KollegInnen hat sehr viel zur Reputation des Fachbereichs beigetragen.[58]
Bereits zu den Zeiten der Reform des Studiums gab es *Kontakte zu ausländischen Hochschulen,* doch waren diese mehr zufällig und entsprachen den Vorlieben einiger weniger Dozenten. In der Folge, vor allem seit 1990, konnten diese Kontakte ausgebaut und als Ressource des Fachbereichs gebündelt werden. Seit den Anfängen der Sozialen Arbeit existieren viele internationale Beziehungen zwischen AusbilderInnen und PraktikerInnen der Sozialen Arbeit. Die Geschichte der Sozialen Arbeit weist eine Menge gegenseitiger Beeinflussungen auf. Schon zu Beginn des vorigen Jahrhunderts wurden internationale Konferenzen in vielen Ländern des europäi-

---

54 Vgl. Kirchhoff, G.F.: Forschungen am Fachbereich Sozialwesen der Fachhochschule Niederrhein, in: Braun, M. (Hg.), a.a.O. 1996, S. 410-446. Da für den Bericht vom Kollegen Kirchhoff nur die Schriften, die von den KollegInnen selbst als erwähnenswert angesehen wurden, aufgeführt worden sind, habe ich mir die Mühe gemacht, weitere Veröffentlichungen hinzuzuzählen, soweit sie mir zugänglich waren. Dabei wurden von mir nur Publikationen mit mehr als zehn Druckseiten Länge berücksichtigt.
55 Vgl. Klüsche, W., a.a.O., S. 157.
56 Salustowicz, P., a.a.O., S. 570.
57 Vgl. Kirchhoff, G.F., a.a.O.
58 Vgl. Schiller, H. (1999), in: Heitkamp, H., Plewa, A. (Hg.): Soziale Arbeit in Selbstzeugnissen, Freiburg, S. 319f.

schen und amerikanischen Kontinents veranstaltet. Die in der Sozialen Arbeit Tätigen lernten von einander. So studierten z.B. amerikanische Social Worker bei Sigmund Freud und Carl Gustav Jung die Psychoanalyse. Europäische SozialarbeiterInnen wurden häufig in den 20er Jahren von Social Workern und Schools of Social Work zu Vorträgen in die USA eingeladen. Alice Salomon reiste mehrmals in die USA, sie lernte die Soziale Arbeit von Jane Addams in Chicago und Lillian Wald in New York schätzen, 1923 nahm sie als Gast an der Nationalkonferenz der US-amerikanischen Social-Worker teil. In der Zeit der Hitlerdiktatur emigrierten viele europäische SozialwissenschaftlerInnen und SozialarbeiterInnen in die USA, manche von ihnen brachten nach dem Krieg amerikanische Sozialarbeitsmodelle nach Europa zurück.[59] Nach dem zweiten Weltkrieg nahmen die SozialarbeiterInnen ihre früheren internationalen Kontakte wieder auf. Deutsche und niederländische SozialarbeiterInnen studierten in den USA. Seit den 50er Jahren gibt es einen regen Austausch zwischen deutschen und ausländischen SozialarbeiterInnen und Ausbildungseinrichtungen für die Soziale Arbeit, wovon ich selbst durch meine niederländischen Supervisoren und AusbildnerInnen profitiert habe. Die Begegnung mit Louis Lowy, die Supervisionen bei niederländischen Sozialarbeitern, die Einladungen zu Gastprofessuren an die Boston University und meine Mitgliedschaft in der intentionalen Groupworkervereinigung, der Association for the Advancement of Social Work with Groups (AASWG) prägten meine internationale Einstellung.

---

[59] Vgl. die Beispiele für die Emigration deutscher SozialarbeiterInnen und die späteren „Rückimporte" sozialarbeiterischen Wissens nach dem Krieg: Wieler, J., Zeller, S. (Hg.) (1995): Emigrierte Sozialarbeit, Freiburg; Alice Salomon berichtete über ihre Reise in die USA und porträtierte anschaulich die beiden großen „Führergestalten" der nordamerikanischen Sozialen Arbeit Jane Addams und Lillian Wald in: Salomon, A. (1924): Kultur im Werden. Amerikanische Reiseeindrücke, Berlin; vgl. auch Salomon, A. (1937): Education for Social Work. A Sociological Interpretation based on an International Survey, Zürich: Verlag für Recht und Gesellschaft. Alice Salomon, 1872 in Berlin geboren, musste als Jüdin emigrieren und starb 1948 in New York. Sie war Gründungsmitglied und erste Präsidentin des internationalen Komitees der Schulen für Soziale Arbeit, vgl. Seibel, F.W. (1999): Agora Opening, in: Chytil, O., Seibel, F.W. (Hg.): Europäische Dimensionen in Ausbildung und Praxis der Sozialen Professionen. European Dimensions in Training and Practice of Professions. Dimensions Européenes das la Formation et la Pratique des Professións Sociales. Evropskè dimenze ve vzdclávâni a praxi sociálních profesi. ERASMUS – TNP – Konferenz, Ostrava/CZ, 28.-31.8.1998. ECSPRESS-Edition, Bd. 1, Boscovice/CZ: Albert.

Es gibt in der deutschen Sozialarbeit aber auch eine andere Seite: Der aufmerksame Beobachter kann zur gleichen Zeit im Denken vieler SozialarbeiterInnen eine gewisse Blickverengung auf die eigenen nationalen Probleme feststellen. Das ist verständlich, denn bei aller Ähnlichkeit der Probleme in den Industriegesellschaften bleibt die Soziale Arbeit als gesellschaftliche Arbeit – bisher jedenfalls noch – weitgehend auf die je eigene Gesellschaft bezogen. Von ihr erhält sie ihre Ressourcen, ihre gesetzlichen Bestimmungen und die Richtlinien für die Ausbildung der SozialarbeiterInnen. Bis heute ist die Solidarität mit denen, die Hilfe brauchen, und ohne die Soziale Arbeit nicht funktionieren würde, nationalstaatlich organisiert.
Das allerdings ändert sich zur Zeit: Die europäische Vereinigung schreitet voran. Spätestens seit dem Vertrag von Amsterdam im Mai 1999 hat die Europäische Union den Weg in Richtung einer „europäischen Sozialverfassung" beschritten. Das wird die Sozialarbeit in den einzelnen Nationalstaaten nicht unberührt lassen.[60]
Die VertreterInnen der Sozialen Arbeit in den Ländern der Europäischen Union täten darum gut daran, sich auf ihre seit den Anfängen der Geschichte der Sozialen Arbeit entwickelte Kompetenz zur internationalen Kooperation zu besinnen und diese gezielter in den Vordergrund zu rücken.
Man sollte meinen, dass für einen Fachbereich Sozialwesen, wie dem der Fachhochschule Niederrhein in Mönchengladbach, der Blick auf die internationale Seite der Sozialen Arbeit durch seine unmittelbare Grenznähe zu den Niederlanden selbstverständlich sein müsste. Brüssel, die Hauptstadt der Europäischen Union, Luxemburg, Amsterdam und Paris sind nur wenige Auto- bzw. Bahnstunden entfernt. Vom Regionalflughafen Mönchengladbach gibt es tägliche Flugverbindungen nach England und Spanien, der Flughafen Düsseldorf ist mit der S-Bahn in einer halben Stunde zu erreichen. Gewiss gab es und gibt es bis heute am linken Niederrhein manche Anregungen aus den Niederlanden, die von einzelnen KollegInnen und Praxisinstitutionen im Bereich der Sozialen Arbeit, vor allem in der Supervision,[61] der Organisationsentwicklung[62] und im Video-Home-Training gerne aufgegriffen wur-

---

[60] Vgl. Kersting, H.J. (2001): Europäische Sozialpolitik als Herausforderung für die Soziale Arbeit, in: Ders., Riege, M. (Hg.): Internationale Sozialarbeit, Schriften des Fachbereichs Sozialwesen der Fachhochschule Niederrhein, Bd. 29, Mönchengladbach, S. 19-32.

[61] Vgl. Kersting, a.a.O. 1975; Kersting, H.J. (1992): Kommunikationssystem Supervision. Unterwegs zu einer konstruktivistischen Beratung, Aachen. Ich habe alle meine Supervisionen und Lehrsupervisionen von niederländischen Supervisoren erhalten.

den,[63] aber eine regelmäßige und institutionalisierte Zusammenarbeit fand lange Zeit hindurch nicht statt.
Der Fachbereich Sozialwesen der Fachhochschule Niederrhein pflegt zwar bereits seit seiner Gründung 1971 Kontakte zu ausländischen Hochschulen. Diese entstanden zunächst jedoch aus persönlichen Beziehungen und Interessen einzelner HochschullehrerInnen des Fachbereichs zu KollegInnen an ausländischen Hochschulen und Universitäten.
Erst seit 1988 wurden die internationalen Kontakte zu ausländischen Hochschulen intensiviert, deutlich vermehrt und durch Hochschulverträge abgesichert. Damals nahm die Beschäftigung mit der Sozialarbeit im Ausland im Lehrangebot des Fachbereichs zu.[64] Die Zahl der StudentInnen, die ein oder mehrere Semester im Ausland und ausländische StudentInnen, die in Mönchengladbach studierten, wurde größer.
Eigentlich kann man erst mit Beginn der 90er Jahre von zunehmenden Tendenzen zur Internationalisierung in der Ausbildung und vom allmählichen Anfang grenzüberschreitenden Studierens am Fachbereich sprechen.[65] Die Gründe sind sicher vielfältig, einige für mich wichtige möchte ich nennen:

(1) Ende der 80er Jahre begann die Diskussion um die Anerkennung der Studienabschlüsse in den Ländern der Europäischen Union, die dann auch 1992 tatsächlich vereinbart worden ist. Erstmals spielte diese Diskussion eine Rolle beim Genehmigungsverfahren des „Modellstudiengangs mit Integriertem Praxissemester" im Wissenschaftsministerium NRW, der im Wintersemester 1988/89 als Modellstudiengang am Fachbereich eingeführt wurde.

---

[62] Kollege Prof. Dr. Hans-Christoph Vogel erhielt seine Ausbildung zum Organisationsentwickler in den Niederlanden, was deutliche Spuren im Curriculum der Weiterbildung in systemischer Organisationsentwicklung des Instituts für Beratung und Supervision hinterlassen hat.

[63] Vgl. Kreuzer, M., Räder, H. (Hg.) (1996): Video-Home-Training. Kommunikation im pädagogischen Alltag. Eine erprobte Methode (nicht nur) in der Familienhilfe, Schriften des Fachbereichs Sozialwesen an der Fachhochschule Niederrhein, Bd. 17, Mönchengladbach, (1999), 2. erweiterte Auflage.

[64] Vgl. Kersting, H.J.: Auslandsbeziehungen des Fachbereichs Sozialwesen, in: Braun, M. (Hg.) a.a.O., S.455-465.

[65] Vgl. Kersting, H.J. (1999): Internationalisierung der Ausbildung. – Über die Entwicklung des grenzüberschreitenden Studierens am Fachbereich Sozialwesen der Fachhochschule Niederrhein, in: Hansen, K. (Hg.): Soziale Arbeit zwischen globalen Risiken und nachhaltiger Hilfe vor Ort, Schriften des Fachbereichs Sozialwesen der Fachhochschule Niederrhein, Bd. 25, Mönchengladbach, S. 333-354.

(2) Das mit dem Modellstudiengang verbundene und ins Studium integrierte Praxissemester erleichterte unseren StudentInnen das Absolvieren eines Auslandssemesters. Dieses Curriculumelement entspricht in seiner Kombination von Praxistätigkeiten in einer Institution des Sozialwesens und Seminaren an der Hochschule dem Studium des Social Work, wie es an angelsächsischen Hochschulen üblich ist, und in manchen europäischen Ländern (z.B. in Spanien) zum Modell für die Studienreform der Hochschulpraktika wurde. Von unseren Studierenden wird das Integrierte Praxissemester als eine besonders günstige Möglichkeit angesehen, ein Auslandssemester zu absolvieren. Im Praxissemester lässt sich am leichtesten eine Vereinbarkeit mit dem Curriculum des Fachbereichs Sozialwesen herstellen. Die wenigsten StudentInnen verfügen außerdem über genügende Sprachkenntnisse, um im Ausland ein Semester sprachlich zu bewältigen und dazu noch Tests und mündliche Prüfungen zu bestehen. Für das Absolvieren des Praxissemesters fordert die Studienordnung des Fachbereichs jedoch nur die erfolgreiche Teilnahme. Manche Studierende benutzen das Praxissemester, um sich für ein anschließendes mehr theoretisches Auslandssemester sprachlich fit zu machen.

(3) Im November 1990 trat die Pädagogische Hochschule Vitéz János in Esztergom in Ungarn an den Fachbereich heran mit der Bitte, ihr bei der Einführung des ersten Studiengangs Soziale Arbeit in Ungarn nach dem Systemwechsel zu helfen. Daraus entstand 1991 das TEMPUS-Projekt SWEEL (Social Work Education on a European Level), das zusammen mit dem Departamento Trabajo Social der Universidad Publica de Navarra in Pamplona/Spanien und einer Vielzahl von deutschen, spanischen und ungarischen Praxisinstitutionen bis 1995 durchgeführt wurde.[66] Mit meinem guten Freund, Professor Dr. Jesús Hernández Aristu aus Pamplona leitete ich dieses Projekt.

[66] Siehe: Kersting, H.J., Hernández Aristu, J., Budai, I. (Hg.) (1995): Ausbildung für die Soziale Arbeit auf europäischem Level. Das TEMPUS-Projekt SWEEL (Social Work Education on a European Level) Deutschland – Spanien – Ungarn, Schriften des Fachbereichs Sozialwesen an der Fachhochschule Niederrhein, Bd. 13, Mönchengladbach; Kersting, H.J., Wuletin, S. (1996): A TEMPUS-SWEEL Projekt, in: Budai I., Somorjai, I., Tordainè, V. K. (Hg.): Szociális képzés európai szinten. Hazai viszonyok között. Social Work Education at European Level (SWEEL), Vitéz János Föiskola, Esztergom, S. 30-53; Kersting, H.J.: Curriculumentwicklung als Organisationsberatung in Ungarn. Das TEMPUS-Projekt SWEEL, in: OSC Organisationsberatung, Supervision, Clinical Management, 2/1998, S. 113-136. Die ungarische Hochschule verlieh dem Dekan Prof. Dr. Wilhelm Klüsche, Jesús Hernández Aristu und mir für unsere Arbeit die Vitéz-János-Plakette, die wie die ungarische Hochschule nach dem bedeutesten ungarischen Humanisten benannt ist.

Professor Dr. István Budai war der ungarische Projektleiter. Jesús und mich verbinden eine lange Freundschaft und Erfahrungen in der Zusammenarbeit bei der Umgestaltung der Ausbildung der SozialarbeiterInnen und SozialpädagogInnen in Navarra. Wir wollten das TEMPUS-Projekt SWEEL in der Form eines Organisationsentwicklungsprojekts durchführen. Wir hielten das Modell der Organisationsentwicklung als beispielhaft für das, was unserer Meinung nach die ungarischen KollegInnen über die Quintessenz westlicher Sozialarbeit/Sozialpädagogik lernen konnten.[67]
Ein wesentliches Axiom der Sozialarbeit ist die „Hilfe zur Selbsthilfe". Wir Kollegen aus der Europäischen Union wollten darum auf keinen Fall das Management des Projekts übernehmen. Wir verstanden uns als Projektbegleiter und in bestimmten, genau kontraktierten Phasen des Projekts, als Projektberater. Das Projektmanagement sollte ganz eindeutig bei den ungarischen PartnerInnen verbleiben. Auf diese Weise, so hofften wir, konnten die ungarischen KollegInnen die „Hilfe zur Selbsthilfe" während des TEMPUS-Projekts erleben und für sich einüben. Dieses Vorgehen sollte außerdem gewährleisten, dass den ungarischen Partnern nicht ein deutsches oder spanisches Ausbildungskonstrukt übergestülpt würde, das der Umwelt nicht entspricht, für die ungarische SozialarbeiterInnen ausgebildet werden. Außerdem sollte die geplante Projektorganisation dazu anregen, die eigenen Ressourcen zu mobilisieren. Auf diese Weise sollte ein weiteres wichtiges Axiom der Sozialarbeit „Orientierung an den Ressourcen der Klienten" im TEMPUS-Projekt erfahrbar gemacht und eingeübt werden.
In Reflexionen überprüften wir immer wieder die Einhaltung der einzelnen Rollen und die Durchführung der unterschiedlichen Aufgaben. Das war notwendig, da anfänglich häufig von den ungarischen KollegInnen der Wunsch nach Leitung und Entscheidung an uns, die KollegInnen aus der Europäischen Union, herangetragen wurde. Da wir sowohl als Projektbegleiter als auch als Projektberater hinsichtlich des Projektauftrags Experten waren, bestand bei uns manchmal die Versuchung, zu „Oberleitern" des Projekts zu werden. In unseren externen Supervisionssitzungen war die Gefahr, zu heimlichen Projektmanagern zu werden, häufig Gegenstand der Reflexion. In diesen Supervisionen überlegten wir auch Strategien, die es den ungarischen KollegInnen leichter ermöglichen sollten, eigenverantwortlich zu handeln und sich von ihren Selbstbeschränkungen und Entscheidungsängsten zu emanzipieren.

---

[67] Kersting, H.J.: Die Bedeutung der Handlungsforschung als „forschendes Lernen" für die Sozialpädagogik, in: Sozialpädagogik 6/1980, S. 286-291.

Gerade dieser wechselseitige Lernprozess zur Verselbstständigung scheint uns einer der größten Erfolge des TEMPUS-Projekts SWEEL gewesen zu sein. Während der Projektzeit konnten die ungarischen Kolleginnen – in einem geschützten Rahmen – Teamarbeit und Kooperation erlernen, wie sie an gut funktionierenden westlichen Hochschulen üblich sind. Ein Curriculum zu erstellen und ohne allzu große Schwierigkeiten in der zur Verfügung stehenden Zeit durchzuführen, ist eine Sache, eine andere ist es, eine Studienorganisation als offenen Curriculumentwicklungsprozess ständig an die Erfordernisse des Umfeldes und der Adressaten anzupassen. Letzteres machte es für die Mitglieder der Projektgruppe notwendig, Qualifikationen zu erwerben, die über das Projektende hinauszielten. Dadurch, dass das Projekt als lernendes, verlernendes und sich selbst organisierendes System von den Beteiligten gesehen wurde, war es flexibel genug, auftauchende Probleme nicht als Krise, sondern als Herausforderung und Chance zu betrachten. Durch diese Sichtweise wurde das Projekt zu einem exemplarischen Modell für den Umgang mit Problemen in der Sozialen Arbeit und in der Hochschuldidaktik. Diese kybernetische Perspektive, die die Selbstreferenz des gesamten Systems im Blick hatte, ermöglichte erst ein brauchbares Problemmanagement. Alle Beteiligten waren im Projekt zeitweise „KlientIn“ (d.h. Lernende und somit ManagerInnen der Selbstorganisation) und zeitweise „SozialarbeiterIn“ (d.h. ProblemmanagerIn und somit „change-agent“, HandlungsforscherIn, EthnologIn, OrganisationsentwicklerIn, LernorganisatorIn, BeraterIn der Institution und der Selbstorganisation). Im TEMPUS-Projekt SWEEL lernten nicht nur die ungarischen KollegInnen, auch wir aus der Europäischen Union begannen unsere jeweiligen Ansichten von deutscher bzw. spanischer Sozialer Arbeit zu reflektieren. Das Handlungsforschungsprojekt zur Entwicklung eines ungarischen Ausbildungssystems für die Soziale Arbeit wurde zum „lernenden System“ für alle Beteiligten. Anschlussprojekte, die ebenfalls von der Europäischen Union gefördert würden, fanden zusammen mit unserem Partnerfachbereich an der Bournemouth University/UK und der Abteilung Aachen der Katholischen Fachhochschule NW bis 2001 in Ungarn statt. Die TEMPUS-Projekte sind verbunden mit Dozenten- und Studentenmobilitäten für die ungarischen Partner, die durch die Europäische Union gefördert werden. Die Internationalität der Sozialen Arbeit wurde mit einem Schlag am Fachbereich Sozialwesen der Fachhochschule Niederrhein augenfällig. Alle KollegInnen des Fachbereichs beteiligten sich am TEMPUS-Projekt SWEEL. Meine Erfahrungen in den Projekten mit Louis Lowy, der in Deutschland eine ähnliche Aufgabe übernommen hatte, wie wir in Ungarn, waren für mein praktisches Handeln, theoretisches Konzipieren und besonders für meine Einstellung gegenüber Angehörigen einer fremden Kultur bestimmend. Lowys Tätigkeit in Deutschland wurde für mich zu einem wichtigen Ansporn in dieser Aufgabe.

(4) 1994 gründete der Fachbereich mit seinen europäischen Partnerfachbereichen ein Europäisches Netzwerk für den Dozenten- und StudentInnenaustausch und für die Durchführung gemeinsamer Forschungsprojekte. Symbol für dieses Netzwerk ist das jährlich von einer Hochschule des Netzwerks veranstaltete European Social Work Symposium. Bisher fanden sechs Symposien statt:
Im Internationalen Jahr der Familie 1994 lud das Institute of Health & Community Studies der Bournemouth University in England die Partner ein zum 1. European Social Work Symposium mit dem Thema: „The Changing Family in Europe. Social Welfare Perspectives".[68]
1995 wählte der Fachbereich Sozialwesen für sein Symposium in Mönchengladbach das Thema: „The Challenge of Age. Social Work Responses in Europe".[69] Die Wahl fiel auf dieses Thema, weil am Fachbereich ein interdisziplinärer Forschungsschwerpunkt „Kompetenz im Alter" stattfindet.[70]
1996 fand das dritte Symposium in Pamplona/Spanien statt. Das Departamento Trabajo Social der Universidad Publica de Navarra wählte das Thema: „Social Exclusion and Social Work".[71]
1997 veranstaltete die Abteilung Sozialarbeit der Università degli Studi di Perugia/Italien das vierte Symposium und stellte es unter das Thema: „Women's impact on social work".[72] Das Thema wurde gewählt, weil auf diesem Kongress auch die Ergebnisse des tri-nationalen Forschungsprojekts

[68] Institute of Health & Community Services, Bournemouth University (ed.) (1995): European Social Work Symposium 1994: The Changing Family in Europe – Social Welfare Perspectives, Bournemouth.
[69] Klüsche, W. (Hg.) (1996): Die Herausforderung des Alters. Antworten der Sozialen Arbeit in Europa. 2. Europäisches Symposium für Soziale Arbeit. The Challenge of Age. Social Work Responses in Europe. 2nd European Social Work Symposium, Schriften des Fachbereichs Sozialwesen an der Fachhochschule Niederrhein, Bd. 16, Mönchengladbach.
[70] Vgl. Kerkhoff, E. (Hg.) (1995): Kompetenz im Alter zwischen Routine und Neubeginn, Schriften des Fachbereichs Sozialwesen an der Fachhochschule Niederrhein, Bd. 14, Mönchengladbach.
[71] Hernández Aristu, J., Olza Zubiri, M. (Compiladores) (1998): La exclusión social. Reflexión y acción desde el trabojo social, Pamplona: Eunate.
[72] Benvenuti, P., Segatori, R. (2000): Professone e Genere nel Lavoro Sociale, Milano: Franco Angeli.

der Fachhochschule Niederrhein, der Universitäten Bournemouth und Perugia „Frauen in der Sozialarbeit" vorgestellt wurden.[73]
1999 wählten die KollegInnen der Abteilung Sozialarbeit der Universität Györ in Ungarn für das fünfte Symposium das Thema: „Models in Community Services – Networking in Social Work". Dieses Thema stand auch im Zentrum des 3. TEMPUS-Projekts in Ungarn an der Universität Györ und am Fachbereich Sozialarbeit der Universität Jaszbereny in Ostungarn, an dem der Fachbereich Sozialwesen beteiligt war.
Im Jahr 2000 fand das sechste Symposium an der Opleiding Sociaal Pedagogische Hulpverlening der Hogeschool Arnhem in Nijmegen/Niederlande statt. Das Thema lautete: „Creativity and Creative Media in Social Pedagogical Practice".
Zum Oktober 2001 lud die Universidad Publica de Navarra zum siebten Symposium ein. Das Thema lautete: „Social Work Methods: How is Social Work done?".
Seit dem zweiten European Social Work Symposium 1995 in Mönchengladbach nehmen an den Symposien auch StudentInnen der Partnerhochschulen teil. Meistens verbinden die einzelnen Fachbereiche die Teilnahme mit einer Exkursion, in deren Rahmen die StudentInnen soziale Einrichtungen im Land der gastgebenden Hochschule besichtigen und mit SozialarbeiterInnen diskutieren. 1999 wurde dem fünften Symposium in Györ ein zehntägiges „Intensivseminar" zum Kongressthema vorgeschaltet, an dem über 50 Studierende und 12 Lehrende von den Hochschulen Aachen, Bournemouth, Györ, Mönchengladbach und Pamplona teilnahmen. Dieses Intensivseminar wurde gefördert durch die Europäische Union.

(5) 1996 wurden mit allen europäischen Partnerfachbereichen des Fachbereichs Sozialwesen bilaterale Verträge im Rahmen des Erasmus-Sokrates-Programms der Europäischen Union geschlossen. 1999 kam der Fachbe-

---

[73] Riege, M. (1996): Frauen in der Sozialen Arbeit. Deutsche, englische und italienische Sozialarbeiterinnen im Vergleich, Fachbereich Sozialwesen an der Fachhochschule Niederrhein, Schriften des Fachbereichs Sozialwesen an der Fachhochschule Niederrhein, Bd. 15, Mönchengladbach; Riege, M. Bevenuti, P., Gristina, D. A., Hume, S.: Frauen in der Sozialen Arbeit. Deutsche, englische und italienische Sozialarbeiterinnen im Vergleich, in Neue Praxis, 1/1997: 3-21; Hume, S., Bevenuti, P., Gristina, D. A., Riege, M.: Paradox in professional practice – women's view of social work. A tri-national study in England, Germany, Italy, in: European Journal of Social Work, Vol. 1/1998: 55-70; Bevenuti, P., Gristina, D. A. (1998): La Donna e il Servicio Sociale. Identità sessuale e professionale dell' assistente sociale, Milano: Franco Angeli.

reich Sozialwesen des Espoo-Vantaa Polytechnic in Tuusula/Finnland hinzu. Dieser Fachbereich trat auch dem europäischen Netzwerk der Partnerhochschulen bei. In Amerika bestehen Partnerschaftsverträge seit Ende der 80er Jahre mit der School of Social Work der Boston University und mit dem Department of Criminal Justice der University of North Carolina in Charlotte/NC. 1998 wurde mit der Escuela de Trabajo Social der Universidad Nacional Autonoma de Mexico in Mexiko ebenfalls ein Partnerschaftsvertrag geschlossen.

(6) Als Auslandsbeauftragter nahm ich regelmäßig an der Konferenz der Auslandsbeauftragten der Fachbereiche der Fachhochschule Niederrhein teil und war zeitweilig deren Vorsitzender. 1995 schloss die Fachhochschule Niederrhein einen Hochschulvertrag mit der Universidad Publica de Navarra in Pamplona ab. Dieser ermöglichte allen Fachbereichen der Fachhochschule Niederrhein eine Kooperation mit den jeweiligen Fakultäten in Pamplona. Das Rektorat ernannte mich zum Beauftragten dieser Zusammenarbeit, von der bis heute rege Gebrauch gemacht wird. Es sind vor allem StudentInnen der technischen Fakultäten aus Pamplona, die diesen Vertrag nutzen, da sich in Navarra viele internationale Firmen angesiedelt haben. StudentInnen des Fachbereichs Sozialwesen gehen gerne nach Pamplona, während erst einige spanische Studentinnen den Weg nach Mönchengladbach gefunden haben.

(7) Nicht alle Studierenden können am Studentenaustausch teilnehmen. Ausreichende Stipendien stehen nur in geringem Umfang zur Verfügung. Die Zuschüsse der Europäischen Union im Erasmus-Sokrates-Programm sind äußerst dürftig. Wer als StudentIn im Ausland studieren will, muss in der Regel erhebliche Eigenmittel aufbringen. Um aber trotzdem den StudentInnen die Erfahrung der Internationalität der Sozialen Arbeit zu ermöglichen, werden vom Fachbereich Sozialwesen in jedem Semester Exkursionen ins Ausland angeboten. Zuweilen sind sie verbunden mit internationalen Kongressen (z.B. der internationalen Vereinigung der Social Group Worker, die ihre Kongresse in den USA veranstalten), manchmal bieten sie den Studierenden die Möglichkeit, eine Zusatzqualifikation zu erwerben (z.B. das Zertifikat in Kriminologie der Sommeruniversität in Dubrovnik), immer aber sind die Exkursionen verbunden mit Begegnungen von ausländischen StudentInnen und PraktikerInnen aus der Sozialen Arbeit. Einige Partnerhochschulen besuchen mit DozentInnen und StudentInnen ebenfalls den Fachbereich Sozialwesen in Mönchengladbach, wo dann gemeinsame Seminare stattfinden. Im Rahmen des Erasmus-Sokrates-Programms und anderer Programme lädt der Fachbereich Sozialwesen KollegInnen der euro-

päischen und amerikanischen Partnerhochschulen zu Gastveranstaltungen am Fachbereich ein. Der Fachbereich Sozialwesen in Mönchengladbach versucht diese Veranstaltungen nach Möglichkeit in das Regelstudienangebot zu integrieren. Im Sommersemester 2000 fand eine Ringvorlesung „Internationale Sozialarbeit" statt. In ihr trugen VertreterInnen aller europäischen Partnerhochschulen des Fachbereichs und eine Vertreterin von einer der amerikanischen Partneruniversitäten vor, wie sich in ihrem Heimatland die Soziale Arbeit entwickelt hat, was derzeit die drängenden Probleme für die Sozialarbeit sind und wie in ihrem Land die SozialarbeiterInnen ausgebildet werden.[74] Äußerer Anlass für den Zeitpunkt dieser Ringvorlesung war der Wechsel im Amt des Auslandsbeauftragten von mir zu Marlo Riege. Internationale Zusammenarbeit lebt von persönlichen Beziehungen, braucht aber für ihren Bestand die Kontinuität. Diese versuchten wir zu sichern, indem wir die gemeinsame Ringvorlesung zum Symbol für einen persönlichen Abschied und gleichzeitig zum Zeichen für die institutionelle Weiterarbeit machten.

(8) 1996 richtete der Fachbereich Sozialwesen das Amt eines studentischen Auslandstutors ein, der zusammen mit dem Auslandsbeauftragten die InteressentInnen für ein Auslandsstudium berät und die ausländischen StudentInnen am Fachbereich betreut. Gemeinsam organisieren der Auslandsbeauftragte und der/die jeweilige AuslandstutorIn Informationsveranstaltungen für die Studierenden des Fachbereichs. Sie geben seit 1997 zwei- bis dreimal im Jahr das „Internationale Bulletin" in einer Auflage von derzeit 300 Exemplaren heraus, das auf ca. 40 Seiten über die Auslandsaktivitäten des Fachbereichs informiert, Beiträge zur internationalen Sozialen Arbeit von KollegInnen der Partnerhochschulen veröffentlicht und den Kontakt zu den ausländischen Partnern des Fachbereichs und den eigenen StudentInnen im Ausland zu halten versucht. Seit 1999 gibt es auch eine internationale Seite auf der Homepage des Fachbereichs (www.fh-niederrhein.de/fb06).

(9) ProfessorInnen des Fachbereichs führen zusammen mit KollegInnen der Bournemouth University, der Universidad Publica de Navarra, der Università degli Studi di Perugia, der Universität Györ, der University of North Carolina und niederländischen KollegInnen in der Sozialen Arbeit internationale Forschungsprojekte durch. An diesen Projekten sind in der Regel

---

[74] Vgl. Kersting, H.J., Riege, M. (2001): Internationale Sozialarbeit, Schriften des Fachbereichs Sozialwesen der Fachhochschule Niederrhein, Bd. 29, Mönchengladbach.

auch StudentInnen unseres Fachbereichs beteiligt. Neben meiner Tätigkeit im Organisationsentwicklungsprojekt SWEEL, das als Handlungsforschungsprojekt in Ungarn durchgeführt und in Deutschland und Ungarn dokumentiert wurde, arbeitete ich mit in Projekten zur Implementation von Ausbildungen zu SupervisorInnen und OrganisationsentwicklerInnen in Spanien. Leiter dieser Projekte ist Professor Jesús Hernández Aristu von der Universidad Publica de Navarra. Im Jahre 2000 ernannte mich die spanische Gesellschaft für Supervision (ISPA) wegen dieser meiner Mitarbeit zu ihrem ersten Ehrenmitglied.

(10) Die Kommission der Europäischen Union entwickelte Mitte der 90er Jahre das European Credit Transfer System (ECTS), um eine einheitliche Vorgehensweise für die gesicherte Anerkennung von im Ausland erbrachten Studienleistungen bereitzustellen. Ich koordinierte im Fachbereich Sozialwesen die Errichtung eines European Credit Transfer Systems für den Modellstudiengang Sozialarbeit/Sozialpädagogik. Der Fachbereich in Mönchengladbach war 1997 der erste deutsche Fachbereich Sozialwesen, der dieser Aufforderung der Kommission folgte. Er veröffentlichte 1998 ein umfangreiches Informationspaket, in dem in deutsch und englisch die Hochschule, der Fachbereich, die Studienziele, das städtische Umfeld und alle Veranstaltungen beschrieben werden. Der ausländische Student wird darüber hinaus genau informiert über die Anrechnungspunkte (Credits), die dann für seine Hochschule in der Europäischen Union verbindlich sind.[75] Das ECTS-Verfahren hat sich inzwischen beim StudentInnenaustausch aufs Beste bewährt. Im Herbst 2000 übertrug ich das ECTS-Verfahren auch auf den achtsemestrigen grundständigen Studiengang Sozialmanagement des Fachbereichs Sozialwesen.

Die Internationalisierung der Ausbildung am Fachbereich Sozialwesen geht weiter. Vorlesungen und Seminare zur internationalen Sozialarbeit sollen immer mehr die Regel werden. Wenn im Sommer 2001 das dritte TEMPUS-Projekt in Ungarn zu Ende geht, wird sich der Fachbereich voraussichtlich einer neuen Aufbauarbeit in Mitteleuropa zuwenden. Geplant ist ein Projekt zur Entwicklung des Curriculums Soziale Arbeit an der Universität Sarajewo in Bosnien.

---

[75] Der Rektor der Fachhochschule Niederrhein, der Dekan des Fachbereichs Sozialwesen der Fachhochschule Niederrhein (Hg.) (1998): ECTS – European Credit Transfer System. Informationspaket des Fachbereichs Sozialwesen der Fachhochschule Niederrhein – Information Package of the Department of Social Work and Management, University of Applied Sciences, Mönchengladbach.

Seit einigen Jahren arbeiten die Opleiding Sociaal Pedagogische Hulpverlening der Hogeschool van Arnhem in Nijmegen und der Fachbereich Sozialwesen der Fachhochschule Niederrhein an der Entwicklung eines gemeinsamen, europäischen Curriculums Kulturpädagogik mit den Abschlüssen Bachelor und Master.[76] Dieser Studiengang wurde im Herbst 2001 genehmigt. Mit Beginn dieses Studiengangs in Nijmegen und Mönchengladbach im Wintersemester 2002/2003 wird dann das Studieren der Sozialen Arbeit im deutsch-niederländischen Grenzraum tatsächlich grenzüberschreitend werden.

MEINE WISSENSCHAFTLICHEN DENKWEGE

In der Rückschau stelle ich fest, dass ich seit meiner Begegnung mit Louis Lowy eine Reihe von Denkwegen gegangen bin, an deren vorläufigem Ende eine explizit konstruktivistische Kognitionstheorie zur Reflexion sozialarbeiterischer Praxis steht.[77] Mitte der 70er Jahre gehörte ich zu den wenigen, die in den Zeiten der Therapeutisierung sozialarbeiterischer Beratung kommunikationstheoretische Studien heranzogen, um diese für die Entwicklung von Praxistheorien Sozialer Arbeit zu verwerten. Besonders die pragmatischen Kommunikations-Theorien von Paul Watzlawick und der Palo-Alto-Gruppe erschienen mir für die Beschreibung der Gruppensupervision passend zu sein, mit der ich mich während meiner Zusatzausbildung im Diplomstudiengang an der Katholischen Fachhochschule beschäftigte. Dass ich dem damals grassierenden Psychoboom nicht erlegen bin, verdanke ich Louis Lowy. Er stammte aus einer sozialarbeiterischen Tradition, die nicht von Freud und seinen NachfolgerInnen beeinflusst war. Er und seine KollegInnen an der Boston University bezogen sich zur Kon-

---

[76] Klüsche, W. (1999): Reformansätze in den Studiengängen Sozialarbeit, Sozialpädagogik und Sozialmanagement am Fachbereich Sozialwesen der FH-Niederrhein, in: Hansen, K. (Hg.): Soziale Arbeit zwischen globalen Risiken und nachhaltiger Hilfe vor Ort, Schriften des Fachbereichs Sozialwesen der Fachhochschule Niederrhein, Bd.25, Mönchengladbach, S. 291-332.

[77] Heiko Kleve beschreibt als außenstehender Beobachter zu meinem 60. Geburtstag meinen wissenschaftlichen Denkweg. Für mich erstaunlich, konstruiert er einen Weg, der zwar nicht linear verläuft, aber in seiner Sicht konsistent zu sein scheint: Kleve, H. (1997): Supervision, Sozialarbeit(swissenschaft) und Konstruktivismus, die äußerst brauchbare Synthese des Heinz Kersting, in: Bardmann, Th.M., Hornmann, W.: EulenFest & SpiegelSchrift zusammengestellt für Heinz J. Kersting zum 60. Geburtstag, Aachen, S. 15-37.

struktion von sozialarbeiterischer Theorie auf die Handlungsforschung Kurt Lewins und auf die Systemtheorie Talcott Parsons. 1975 erschien mein Buch „Kommunikationssystem Gruppensupervision",[78] es war das erste deutsche Buch über Gruppensupervision und das erste Buch, das in Deutschland systemtheoretische Ansätze vor allem der Palo-Alto-Gruppe[79] zur Beschreibung von Sozialer Arbeit und Supervision verwendete. Die Kritik der schreibenden SupervisorInnen war weitgehend vernichtend, während die PraktikerInnen mein Buch als sehr brauchbar erlebten. Ich schwamm gegen den Trend vieler Methodiker und Didaktiker der Sozialarbeit/Sozialpädagogik. Sie versuchten aus individuumszentrierten Therapieschulen, z.B. der Psychoanalyse, der Gesprächspsychotherapie oder der Gestalttherapie Beratungskonzepte für die Sozialarbeit abzuleiten. Erst viel später ließ eine der damaligen KritikerInnen gerade mit meinem Buch die „kommunikationstheoretische Wende" in der Supervision beginnen.[80]
Meiner Dissertation[81] legte ich das niederländische Konzept der „agogischen Aktion" zugrunde und versuchte aufzuzeigen, dass es sich bei diesem Konzept um die Adaption der Handlungsforschung Kurt Lewins handelte, die als Problemlösungsverfahren auf alle Handlungswissenschaften anwendbar ist, die sich mit dem geplanten sozialen Wandel beschäftigen. Diese Erweiterung war forschungsstrategisch notwendig, da ich meine Forschungen zu dieser Arbeit im Rahmen der Lehrerausbildung betrieben hatte. Ich konnte jedoch aufzeigen, dass dieses agogische Wissenschaftsverständnis weit über das der Erziehungswissenschaft hinausgeht. Es bietet in der Tat einen Ansatzpunkt für ein neues Verständnis von Sozialarbeitswissenschaft als Reflexions- und Praxistheorie. Ich konzipierte die agogische Aktion als ein Kommunikationssystem, das durch die professionelle Beziehung der Zusammenarbeit zwischen Partnern qualifiziert wird. Um diese Beziehungen zu beschreiben,

---

[78] Siehe Anmerkung 26.

[79] Watzlawick, P., Beavin, J. H., Jackson, D. D. (1967): Pragmatics of human communication. A study of Interactional Patterns, Pathologies and Paradoxes, New York: Norton & Company; deutsche Ausgabe (1969): Menschliche Kommunikation. Formen, Störungen, Paradoxien, Bern/Stuttgart/Wien.

[80] Schreyögg, A.: Wie viele Brillen verwenden Berater? Zur Bedeutung der Mehrperspektivität in Supervision und Organisationsberatung, in: OSC – Organisationsberatung, Supervision, Clinical Management 1/1994, S. 5-28.

[81] Siehe Anmerkung 23; ich setzte mich besonders mit den niederländischen Autoren: ten Have, T.T. (1962): De wetenschap der sociale agogie, Groningen: Wolters-Noordhoff und van Beugen, M. (1968) Sociale technologie en het instrumentelle aspect van agogische actie, Assen: van Gorcum, 1. Auflage, (1972), 2. Auflage, auseinander.

nutzte ich die pragmatische Kommunikationstheorie nach Watzlawick. Inzwischen war das Buch „Lösungen. Zur Theorie und Praxis des menschlichen Wandels“ erschienen,[82] das zusammen mit dem 1981 von Watzlawick herausgegebenen und von ihm ausführlich kommentierten Buch mit Aufsätzen über den Konstruktivismus[83] zu einer anregenden Wegzehrung auf meinen Denkwegen wurde. In meiner Lehre an Fachbereichen Sozialwesen, den Forschungsprojekten in der Schulsozialarbeit und der Weiterbildung von SozialpädagogInnen und in meinen Veröffentlichungen habe ich seitdem diese Gedanken weiter vertieft.

Etwa zur gleichen Zeit begann meine Mitgliedschaft in einer Balintgruppe, die von Gerhard Leuschner, Münster geleitet wurde. Gerhard Leuschner gehört in Deutschland zu den Pionieren, die das ursprünglich von Balint für Ärzte konzipierte Modell auf alle helfenden Berufe übertragen hatten. Dieser Gruppe gehörte ich sieben Jahre an. Ich schätze die Methode der Balintarbeit und übe sie bis heute allein oder zusammen mit meiner guten Freundin Dr. med. Ulrike Brandenburg aus. Meine damalige Beschäftigung mit der Psychoanalyse geschah jedoch durch die Brille des Konstruktivismus, womit ich sicherlich den psychoanalytischen Schulen nicht immer gerecht geworden bin. Später (1995) habe ich auch theoretisch versucht, eine Synthese aus Konstruktivismus und der Methode der Balintarbeit herzustellen.[84]

Handlungs- bzw. Aktionsforschung unterscheidet sich von der klassischen Forschung vor allem dadurch, dass die ForscherInnen, die bewusst im Aktionssystem handelnd auf das System verändernd einwirken, selbst Teil des Systems werden. So war es nicht verwunderlich, dass die Gedanken von Heinz von Foerster zur Beobachtung zweiter Ordnung in meinem Denken leicht Anschluss fanden. Ich war in der Systemik 2. Ordnung angekommen. Ende der 80er Jahre fanden sich am Fachbereich Sozialwesen mehrere Kollegen und eine Menge begabter StudentInnen in Seminaren und freiwilligen Arbeitskreisen zum Konstruktivismus und zur Systemtheorie in lebhaften Diskussionen zusammen. Wir entdeckten die Schriften von Humberto Maturana und Francisco Varela, lasen Niklas Luhmann, Heinz von Foerster,

---

[82] Watzlawick, P., Weakland, J.H., Fisch, R. (1974): Change. Principles of Problem Formation and Problem Resolution, New York: W. W. Norton & Company; deutsche Ausgabe (1974): Lösungen. Zur Theorie und Praxis menschlichen Wandels, Bern/Stuttgart/Wien.

[83] Siehe Anmerkung 1.

[84] Kersting, H.J.: Kontrollsupervision für SupervisorInnen – Methoden der Balintgruppenarbeit konstruktivistisch betrachtet, in: Supervision 27/1995, S. 37-48.

Ernst von Glasersfeld und Fritz B. Simon, bissen uns die Zähne aus an Gregory Spencer Brown und Gotthard Günther und waren überzeugt, dass wir neue Konstrukte gefunden hatten, um Soziale Arbeit beschreibbar zu machen. Wir veranstalteten Klausurtagungen, fuhren zu den großen Heidelberger Kongressen, wo unsere konstruktivistischen, postmodernen und systemtheoretischen „Heroen" Vorträge und Workshops hielten. Wir traten selbst mit unseren neuen Ideen auf Kongressen auf, luden KollegInnen in unsere Seminare ein, baten sie Vorträge in Ringvorlesungen am Fachbereich zu halten und in den Museumsseminaren mitzuwirken, die das Institut für Beratung und Supervision regelmäßig in der Kunstsammlung NRW in Düsseldorf veranstaltet. Es war eine wahre Lust, ein wissenschaftliches Leben zu führen. Hans-Christoph Vogel und ich wandten unsere neuen Erkenntnisse auf die Supervision und die Organisationsentwicklung an, Theo M. Bardmann und Sandra Hansen beschrieben die Soziale Arbeit als „Profession ohne Eigenschaften". Bernd Woltmann-Zingsheim entwarf eine konstruktivistische Didaktik der Sozialpädagogik[85] und zusammen mit Georg Nebel leitete er eine konstruktivistische Wende in der Sozialen Gruppenarbeit[86] ein. Später stießen noch Britta Haye und Heiko Kleve aus Berlin zu uns. Heiko Kleve gelang es dann, eine wirklich konstruktivistische und systemische Wissenschaft der Sozialen Arbeit zu entwickeln.[87] Es war eine Zeit der Diskussionen, der Anregungen, des Entdeckens, zu dem der Fachbereich Sozialwesen der Fachhochschule Niederrhein in Mönchengladbach und das Institut für Beratung und Supervision in Aachen die materielle Basis und die Ressourcen zur Veröffentlichung boten.

Inzwischen sind die Mitglieder der Gruppe eigene Wege gegangen. Die Interessen haben sich differenziert. Theodor M. Bardmann interessiert sich mehr für den Bereich der Medien.[88] Hans-Christoph Vogel forscht im Bereich von Organisationsentwicklung und Management.[89] Bernd Woltmann-Zingsheim arbeitet seit Jahren auf Landesverbandsebene des Deut-

---

[85] Woltmann, B. (1991): Planen, Autopoiese und Sozialpädagogik – Ausführungen zu einer Epistemologie didaktischer Wirklichkeitskonstruktion, in: Bradmann, Th.M., Kersting, H.J., Vogel, H.-Chr., Woltmann, B.: Irritation als Plan. Konstruktivistische Einredungen, Aachen, S. 64-107.

[86] Nebel, G., Woltmann-Zingsheim, B. (Hg.) (1997): Werkbuch für das Arbeiten mit Gruppen. Texte und Übungen zur Sozialen Gruppenarbeit, Aachen.

[87] Siehe Anmerkung 39: Kleve, a.a.O.1996; 1999; vgl. auch Ders. (2000): Die Sozialarbeit ohne Eigenschaften. Fragmente einer postmodernen Professions- und Wissenschaftstheorie der Sozialen Arbeit, Freiburg.

[88] Vgl. Bardmann, Th.M. (1998): Zirkuläre Positionen. 2. Die Konstruktion der Medien, Opladen/Wiesbaden.

schen Paritätischen Wohlfahrtsverbandes. Britta Haye und Heiko Kleve arbeiten an der Konzipierung eines systemischen Casemanagements.
Ich interessiere mich für die Konzipierung einer konstruktivistisch-systemischen Supervision[90] und bin beschäftigt mit Fragen nach einer Ethik für die Soziale Arbeit. Ein Jahr lang (1997/98) hatte ich mir darum Zeit genommen, um die Schriften des jüdischen Philosophen Emmanuel Lévinas zu studieren.[91] In einer Zeit, in der gestritten wird, ob man therapeutisches Klonen erlauben soll oder nicht, steht, so meine ich, die ethische Frage nach der Menschenwürde zentraler im Mittelpunkt der Auseinandersetzung als je zuvor. Menschenwürde zählt zwar immer schon zur Grundmaxime der Sozialen Arbeit. Sie wurde aber in den ethischen Überlegungen von SozialarbeiterInnen meistens nur im Zusammenhang mit der sozialen Gerechtigkeit gesehen. Durch die sich abzeichnenden neuen biologisch-medizinischen Techniken ist die Menschenwürde auf wesentlich existenziellere Weise bedroht. Außerdem scheinen inzwischen die alten Streitlinien, z.B. die zwischen Christentum und Aufklärung obsolet geworden zu sein. In der bioethischen Debatte geht es darum, ob die Menschen gewillt sind, Grenzen zu respektieren, die von allen einzelnen Äußerungsformen unabhängig und unantastbar sind. Menschenrechte und Menschenwürde beruhen auf einem „Willen zum Glauben" (William James). SozialarbeitswissenschaftlerInnen kann es darum heute nicht mehr nur um die Frage gehen, wie man den Glauben an die Menschenrechte und die Menschenwürde begründen soll, sondern vielmehr darum, wie Werte entstehen. Dabei helfen rationale Argumente alleine nicht weiter, gefordert sind vielmehr konstitutive Erfahrungen. Wir wollen wissen, woher der Glaube an Menschenrechte und Menschenwürde historisch herkommt und wie er sich in der individuellen Persönlichkeitsentwicklung herausbildet.
Was wir notwendig brauchen, ist eine gefühlsmäßige Bindung an den Wert der „Menschenwürde". Ich beobachte, dass diese gefühlsmäßige Bindung in der letzten Zeit eine stärkere Dynamik zu entfalten beginnt. Ich glaube darum nicht, dass die manchmal geäußerte Diagnose vom Werteverfall stimmig ist. Im Gegenteil: Die Menschenwürde wurde in der jüngsten Ver-

---

[89] Vgl. Lorenzen, I., Vogel, H.-Chr. (1999); StOErfall Praxis. Wirkbuch für OragaisationsEntwicklung, Aachen.
[90] Vgl. Kersting, H.J. (2002): Zirkelzeichen, Supervision als konstruktivistische Beratung, Aachen.
[91] Vgl. Kersting H.J. (1998): Im Antlitz des Anderen. Die Ethik der Verantwortung nach Emmanuel Lévinas, in: Neumann-Wirsig, H., Kersting, H.J. (Hg.): Supervision in der Postmoderne, Aachen S. 49-74.

gangenheit häufig zum Anstoß von Veränderungen. Viele Menschen sind erschüttert über die „Entwertung" des Menschen im letzten Jahrhundert. Das hat dazu beigetragen, den Glauben an die Menschenwürde zu verbreitern und zu intensivieren. In den heutigen Diskussionen, in denen das Wesen des Menschseins neu verhandelt wird, steht für mich eins fest: Die Leitlinie unseres Handelns muss der Respekt vor der „Unverfügbarkeit des Anderen" (Emmanuel Lévinas) sein. Wir fangen langsam an, entlang dieser Leitlinie brauchbare Vereinbarungen zu konstituieren.
Seitdem ich die Hochschule verlassen habe, werde ich wieder häufiger angefragt, Menschen und Organisationen zu beraten. Die praktische Sozialarbeit als Berater macht mir nach der langen Zeit des Lehrens besondere Freude. Ich habe für die wissenschaftliche Forschungsarbeit noch nicht wieder die freien Zeiträume gefunden, die ich mir an der Fachhochschule immer wieder zu schaffen wusste.
Der Kollege Salustowicz hatte bereits 1985 als Ideal für einen Lehrenden an einem Fachbereich Sozialwesen gefordert, die drei Rollen des Forschers, Lehrers und Praktikers in eine Balance zu bringen.[92] Aus eigener Erfahrung weiß ich, wie schwierig das ist. Tatsächlich stand für mich im Zentrum meines beruflichen Handelns im Fachbereich Sozialwesen das Lehrersein, in dieser Rolle waren Oswald von Nell-Breuning und Louis Lowy meine großen Vorbilder. Da ich wusste, dass ich auf die Dauer ohne Forschung keine gute und brauchbare Lehre mehr abliefern würde, musste ich forschen. Wenn ich meine Forschungsaktivitäten in der Rückschau betrachte, konzentrierten sie sich zunächst auf Handlungsforschungsprojekte in den Bereichen des Lehrens und Lernens an der Hochschule, in der Weiterbildung, in Supervision und Schulsozialarbeit. Sie waren also stets bezogen auf das Lernen und Lehren, was mit meinem Fach Didaktik und Methodik der Sozialen Arbeit zusammenhing. Erst in den letzten Jahren habe ich mich mit der Erforschung der systemischen Therapie und der systemischen Supervision stärker der „oral-history-Forschung" zugewandt.[93] Mit meiner Praxis als Berater, Supervisor und Erwachsenenbildner verhielt es sich ähnlich, sie war ebenfalls deutlich rückgebunden an meine Lehrerrolle.

---

[92] Salustowicz (1985): Die Ausbildung in der Sozialen Arbeit. Kritik und Perspektiven, Weinheim, Basel.
[93] Vgl. Kersting, H.J. (1999): Der Zirkel des Talos. Gespräche mit Systemischen TherapeutInnen, Aachen.

Meine Lehrerrolle lebe ich zur Zeit vor allem als Weiterbildner am Institut für Beratung und Supervision in Aachen (IBS) und in vielen Workshops, zu denen ich eingeladen werde. Ich habe von den drei Rollen des Lehrers, Forschers und Praktikers noch nicht Abschied genommen. Ich bin sicher, dass ich auch in diesem „Leben nach der Fachhochschule" wieder für diese drei Tätigkeiten eine brauchbare Balance finden werde.
Im Jahr 1985 gründete ich mit Lothar Krapohl[94] eine Gesellschaft für Weiterbildung und Forschung. Louis Lowy, der bei unseren Dissertationen Mitbetreuer und Zweitgutachter war, stand uns mit Rat und Tat zur Seite und arbeitete nach seiner Emeritierung 1985 als Dozent in unserer Supervisionsausbildung mit. 1987 vermehrte sich die Gruppe der Gesellschafter noch um Christiane Beilfuß[95] und Georg Nebel.[96] Anlass zur Gründung war für Lothar Krapohl und für mich unsere Beobachtung, dass sich damals die meisten Supervisionsausbildungen an das Beratungskonzept irgendeiner therapeutischen Schule anlehnten oder übergewichtig gruppendynamisch orientiert waren. Der sich durch die Forschungen der Palo-Alto-Gruppe abzeichnende Paradigmenwechsel fand in den vorhandenen Supervisionsausbildungen keinerlei Entsprechung. Wir waren dagegen der Meinung, dass gerade der kommunikationstheoretische und systemische Ansatz für die Tätigkeiten in der Sozialen Arbeit bei weitem anschlussfähiger sei als z.B. Psychoanalyse, Gestalttherapie und reine Gruppendynamik. Außerdem wollte ich die Vorarbeiten, die ich für das vereitelte Weiterbildungsinstitut an der Katholischen Fachhochschule erbracht hatte, nutzen und in die Tat umsetzen.
Wir gründeten diese privatwirtschaftliche Gesellschaft bürgerlichen Rechts quasi zwischen zwei Hochschulen, der Katholischen Fachhochschule in Aachen und der Fachhochschule Niederrhein in Mönchengladbach mit dem Ziel, PraktikerInnen in der Sozialen Arbeit weiterzubilden. Damit diese

---

[94] Dipl.-Soz.Päd., Dipl.-Päd. Lothar Krapohl ist Professor an der Abteilung Aachen der Katholischen Fachhochschule NW. Er war bis Ende 1997 Gesellschafter des IBS; über meine Geschichte mit dem IBS bis 1997 vgl. Krapohl, L. (1997): Heinz und das Institut für Beratung und Supervision, in: Bardmann, Th.M., Hornmann, W.: EulenFest & SpiegelSchrift zusammengestellt für Heinz J. Kersting zum 60. Geburtstag, Aachen, S. 51-58.

[95] Dipl.-Soz.Päd. Christiane Krapohl, geb. Beilfuß ist freiberufliche Therapeutin und Supervisorin. Sie war bis 1992 geschäftsführende Direktorin des IBS und bis Ende 1997 Gesellschafterin des IBS.

[96] Dipl.-Soz.Arb. Georg Nebel ist Weiterbildungsreferent beim Kirchenkreis Jülich. Er ist seit 1987 Gesellschafter und seit 1998 Geschäftsführer des IBS.

Gesellschaft sich der gleichen Freiheit in Forschung und Lehre erfreuen konnte wie die Hochschulen, verpflichteten wir uns als Gesellschafter, unsere materielle Existenz außerhalb der Gesellschaft abzusichern. Sollte einer der Gesellschafter gezwungen sein, seinen Lebensunterhalt vorwiegend durch Arbeit im Rahmen des Instituts zu verdienen, musste er seinen Gesellschafterposten niederlegen. Diese Entscheidung hat dafür gesorgt, dass sich die Gesellschaft bis heute ihre Freiheit in hohem Maße bewahrt hat. Sie bewährte sich in Krisen, gestattete den Gesellschaftern die kritische Infragestellung ihres Tuns und schützte sie davor, Modetrends auf Grund hoher Nachfrage und damit ökonomischer Lukrativität mitzumachen.

Wir kreierten als erste Weiterbildung eine Supervisionsausbildung. Sie sollte zum einen sehr nah an der praktischen Arbeit von SozialarbeiterInnen angesiedelt sein und zum anderen die neueren Ideen aus der Kommunikationstheorie aufgreifen, wie sie vor allem Bateson, Watzlawick und seine KollegInnen am Mental Health Institute in Palo Alto erarbeitet hatten. Wir sind stolz darauf, dass die *Sozialarbeiterin* Virginia Satir ein bedeutendes Mitglied dieser Palo-Alto-Gruppe war, was heute oft vergessen oder verschwiegen wird. Wir meinten, dass die Supervision, die seit den 90er Jahren des 19. Jahrhunderts innerhalb der Sozialarbeit zu ihren wichtigsten Bestandteilen gehört, in dieser systemtheoretischen, oder wie sie damals von der Palo-Alto-Gruppe noch genannt wurde, in dieser kommunikationstheoretischen Sicht, viel besser aufgehoben war als das, was durch die gruppendynamischen und psychoanalytischen Konstrukte in Deutschland während der siebziger Jahre des 20. Jahrhunderts in den Supervisionsausbildungen in Gang gesetzt worden war. Louis Lowy hatte uns gelehrt, dass bereits zu Ende des 19. Jahrhunderts die Sozialarbeit in den USA sich Gedanken gemacht hatte über den Kontextbezug und die Ressourcenorientiertheit.[97] Sozialarbeit kann als Praxis nur Hilfe zur Selbsthilfe sein. Sozialarbeit gibt Anregungen, konstruktivistisch würden wir sagen, setzt Irritationen. Das Klientensystem hilft sich selbst, kann seine Selbstorganisation stärken und erarbeitet eigene Selbsthilfemaßnahmen.

Zwischen 1970 und 1980 wurde in den USA die Systemtheorie zum Paradigma der Sozialarbeit, die sich dort als Wissenschaft versteht. Bedeutende,

[97] Vgl. Staub-Bernasconi, S.(1995): Das sanfte Entschwinden einer Nobelpreisträgerin Sozialer Theorie und Arbeit, in: Dies.: Systemtheorie, soziale Probleme und Soziale Arbeit: lokal, national, international oder: vom Ende der Bescheidenheit. Bern, S. 25-41; Dies: (1995): Soziale Arbeit und Ökologie 100 Jahre vor der ökologischen Wende. Ein Vergleich der theoretischen Beiträge von Jane Addams (1860-1935) und Wolf Rainer Wendt, in: a.a.O., S. S, 34-86.

auch in Deutschland bekannt gewordene Autoren sind Carel B. Germain und Alex Gitterman.[98] Ihr Werk fußt auf einer Systemtheorie erster Ordnung.
In den Jahren von etwa 1935 bis etwa 1960 war die Sozialarbeitstheorie in den USA an einigen Schools of Social Work psychoanalytisch geprägt. Das war eine Folge der Vertreibung jüdischer PsychoanalytikerInnen aus Europa durch die Deutschen. In den USA konnten diese Flüchtlinge zunächst keine Stelle als PsychoanalytikerInnen finden, weil ihre in Europa erworbene medizinische Approbation nicht anerkannt wurde. Viele von ihnen wurden darum ProfessorInnen für Sozialarbeit an den damals neugegründeten Schools of Social Work. Die Therapeutisierung des Social Work hat also auch diesen historischen Hintergrund. So wird es verständlich, dass es plötzlich innerhalb des Case Work, das ursprünglich nicht therapeutisch orientiert war, eine psychoanalytische Wende gab. Vielleicht bedeutet es ein Stück kultureller Phasenverschiebung (cultural lag), dass in Deutschland in den 70er und 80er Jahren eine psychoanalytische Phase in der Sozialen Arbeit und Supervision begann, als in den USA die Systemtheorie schon längst wieder zum wissenschaftlichen Beschreibungsparadigma für die Sozialarbeit geworden war.
Als wir 1985 mit der ersten Supervisionsausbildung anfingen, waren wir theoretisch sehr stark von den konstruktivistischen Theorien beeinflusst, die in Deutschland zunächst mit dem Namen Watzlawick verbunden wurden. Seit 1981, dem Erscheinen des von Watzlawick herausgegebenen Buches „Die erfundene Wirklichkeit" hatten Lothar Krapohl und ich uns intensiv mit dem Konstruktivismus beschäftigt. Der Konstruktivismus stellte uns jedoch als Kognitionstheorie kein methodisches Handwerkszeug zur Verfügung. Wir hatten eine brauchbare Theorie, auf die wir uns verständigen konnten, es fehlten uns aber die passenden Methoden dazu. Eines stand fest, wir wollten keine TherapeutInnen ausbilden und wir wollten unser Supervisionskonzept, das in unserer Ausbildung gelehrt werden sollte, nicht im Anschluss an eine therapeutische Schule entwickeln. Letzteres geschah unserer Meinung nach allzu oft im deutschen Sprachraum und hatte wesentlich zur Therapeutisierung der Sozialen Arbeit beigetragen. Wir waren aber bereit zu lernen. So eigneten wir uns Methoden an, die systemische Fa-

[98] Germain, C.B., Gitterman, A. (1983): Praktische Sozialarbeit. Das „Life Model" der Sozialen Arbeit, Stuttgart. Alex Gitterman war in den letzten Jahren der Präsident der internationalen Groupworkervereinigung, der Association for the Advancement for Social Work with Groups (AASWG).

milientherapeutInnen benutzen. Diese hatten zur gleichen Zeit in Deutschland gerade die konstruktivistischen Ideen einer Systemik 2. Ordnung als eine passende Beschreibungs- und Beobachtungstheorie für ihr praktisches Handeln entdeckt. Wir übernahmen beileibe nicht alles, denn wir wollten im IBS SupervisorInnen und nicht TherapeutInnen ausbilden.
Wir formulierten unser konstruktivistisches Supervisionskonzept so: Die SupervisandInnen konstruieren in ihren Institutionen und Praxissituationen ihre je eigenen Wirklichkeiten. Wenn in diesen Arbeitssystemen Probleme auftauchen, sind möglicherweise die bisherigen Wirklichkeitskonstrukte unbrauchbar geworden. Darum braucht die Supervision unterschiedliche Strategien, die in der Lage sind, eingefahrene Wahrnehmungs-, Deutungs- und Handlungsabläufe so zu unterbrechen, dass die Komplexität menschlicher Erfahrungsmöglichkeiten wieder sichtbar werden kann. Der Weg geht also vom Reduzierten zum Komplexen und wieder zu einer neuen, hoffentlich brauchbareren Reduktion. Interventionen aus Beratungskonzepten werden von uns danach ausgewählt und auch in der Supervisionsausbildung vermittelt, ob sie in der Lage sind, brauchbar anzuregen und zu irritieren. Supervision ist für uns die im System installierte Beobachtung 2. Ordnung. Wir sind überzeugt, dass die Soziale Arbeit am Ende des 19. Jahrhunderts mit dem Einbau dieser selbstreflexiven Schleife, bereits ohne es genau beschreiben zu können, die Kybernetik der Kybernetik als forschendes Lernen in ihren Beruf eingebaut hat und so, obschon damals das Ende der Moderne noch nicht absehbar war, zum ersten wirklich post-modernen Beruf wurde.[99]
Wir begrenzten uns nicht auf die Ausbildung von SupervisorInnen. Der gesamte Bereich Sozialer Arbeit sollte über die Lehr- und Forschungstätigkeit an den jeweiligen Fachhochschulen hinaus im Institut für Beratung und Supervision zum Gegenstand von Ausbildung, Forschung und Praxis werden. Aus diesem Grund hatten wir für die von uns gegründete Gesellschaft auch den Namen Institut gewählt. Im Laufe der Zeit kamen zu der Supervisions-

[99] Vgl. dazu Bardmann, Th.M. (1996): Eigenschaftslosigkeit als Eigenschaft. Soziale Arbeit im Lichte der Kybernetik des Heinz von Foerster, in Bardmann/Hansen, a.a.O., S. 15-33; vgl. zur Beobachtung 2. Ordnung: Kersting, H.J. (1997): Heinz von Foerster – Der ent-fachte Beobachter, in: Bardmann. Th. M. (Hg.): Zirkuläre Positionen. Konstruktivismus als praktische Theorie, Opladen, 57-65; siehe zum Konzept der Supervisionsausbildung am IBS: Kersting, H.J., Krapohl, L. (1997): Die Konzeption der Ausbildung zur Supervisorin/Supervisor am Institut für Beratung und Supervision in Aachen, in: Eckhardt, U.-L., Richter, K. F., Schulte, H. G. (Hg.): System Lehrsupervision, Aachen, S. 220-232; Kersting, H.J. (Hg.) (2001): Supervision und Qualität. Das Aachener Modell der Supervisionsausbildung, Aachen.

ausbildung, die dem Standard der Deutschen Gesellschaft für Supervision und den Zertifizierungsrichtlinien der Systemischen Gesellschaft entspricht, weitere Fortbildungen hinzu.

Seit 1987 bieten wir eine Intensivausbildung an in systemischem Arbeiten mit Gruppen, die den Standards der Gesellschaft für Social Groupwork entspricht.[100] Im Laufe der Jahre konzipierten wir weitere Beratungsausbildungen. So führten wir zunächst von 1987 bis 1993 eine Weiterbildung in Anlehnung an Methoden der klientzentrierten Gesprächsführung durch.[101] 1988 folgte eine Ausbildung in Systemischer Familienberatung.[102] Bei dieser Weiterbildung handelte es sich um eine der ersten dieser Art in Deutschland. Sie wurde bewusst als Weiterbildung für Menschen in der Sozialen Arbeit konzipiert. Ein Abschluss in Systemischer Therapie wurde und wird von uns nie angestrebt. Seit 1996 wird eine weitere Beratungsausbildung mit einem sozialintegrativen Ansatz angeboten.[103] Die Ausbildung in Systemischer Familienberatung wurde inzwischen zu einer allgemeinen Ausbildung in Systemischer Beratung ausgeweitet und entspricht damit den Zertifizierungsrichtlinien der Systemischen Gesellschaft.

1993 begannen wir die erste längerfristige deutsche Weiterbildung in systemischer Organisations-Entwicklung,[104] zu der 1998 als vorläufig letzte Ausbildung eine Weiterbildung in systemischem Projektmanagement[105] hinzu kam. Im Jahr 2001 wurde zusätzlich für die Durchführung von Organisationsentwicklungs-Projekten die Firma IBS-Consult gegründet.

---

[100] Vgl. Nebel, G., Woltmann-Zingsheim, B. (1997): Angebot einer selbsterfüllenden Prophezeiung: Das Aachener Curriculum zur Sozialen Gruppenarbeit, in: Nebel/Woltmann-Zingsheim, a.a.O., S. 95-99; das Leitungsteam besteht z.Zt. aus Georg Nebel (Fachbereichsleiter), Dipl.-Soz.Arb. Delia Anton und Dipl.-Soz.Arb. Wolfgang Offermann.

[101] Geleitet wurde die Weiterbildung von Dipl.-Psych. Heide Cardinal und Dipl.-Soz.Arb. Fritz Krienke.

[102] Das Leitungsteam besteht z.Zt. aus Dipl.-Psych. Kurt Pelzer (Fachbereichsleiter), Dipl.-Soz.päd. Rudolf Brune, Dipl.-Soz.Arb. Edith Kees und Dipl.-Psych. Anna Schubert.

[103] Die Weiterbildung wird geleitet von Dipl.-Soz.Päd. Christiane Krapohl.

[104] Zu den Inhalten der Ausbildung vgl. Vogel, H.-Ch., Bürger, B., Nebel, G., Kersting, H.J. (1994): Werkbuch für Organisationsberater. Texte und Übungen, Aachen, 1. Auflage; (1997), erweiterte 2. Auflage. Das Leitungsteam besteht z.T. aus Prof. Dr. Hans-Christoph Vogel (Fachbereichsleiter), Dipl.-Soz. Brigitte Kemper-Bürger, Dipl.-Soz.Arb. Georg Nebel und Prof. Dr. Heinz J. Kersting.

[105] Geleitet wird die Weiterbildung von Dipl.-Soz.Päd. Michael Teichert und Prof. Dr. Heinz J. Kersting.

Seit seiner Gründung pflegt das Institut Kontakte zu ausländischen Institutionen der Weiterbildung. Mitglieder des IBS werden zu Vorträgen, Kongressen und Workshops im gesamten deutschen Sprachraum, in die USA und in Europa eingeladen. KollegInnen von anderen Instituten und besonders aus dem Ausland lehren am IBS. Eine Folge meiner vielfältigen Tätigkeiten in Spanien war, dass ich 1989 bei der Neufassung der spanischen Hochschulgesetze für das Fach Sozialpädagogik zum Hearing der spanischen Regierung nach Madrid eingeladen wurde, um über die Ausbildung der deutschen SozialpädagogInnen und über den Modellstudiengang am Fachbereich Sozialwesen in Mönchengladbach zu berichten. Ich schlug damals vor, zur Akademisierung der Sozialpädagogik eigene Fachbereiche an Universitäten einzurichten und nicht den deutschen Sonderweg einer Zweiteilung in Fachhochschulen und Universitäten zu gehen.[106] Inzwischen haben die meisten Autonomien[107] ihre Escuelas Universitarias als Fachbereiche in die Universitäten überführt. Das ist selbstverständlich kaum auf meine Anregung zurückzuführen. Die Diskussionen im Hearing in Madrid hatten deutlich gezeigt, dass die Spanier eine Übernahme der Zweiteilung der deutschen Hochschule in Fachhochschule und Universität für unsinnig hielten. Lothar Krapohl und ich wurden 1990 vom spanischen Sozialministerium nach Madrid eingeladen, um in mehreren Workshops das deutsche Verständnis von Supervision bekannt zu machen.[108]
Seit 1993 arbeiten DozentInnen des IBS mit in den Supervisionsausbildungen der Asociación Mitxelena in Navarra/Spanien, und Jesús Hernández Aristu, der Präsident der Asociación Mitxelena, arbeitet mit in der Supervisionsausbildung des IBS.[109] Im Jahre 1999 konzipierten Michael Teichert und ich für diese Asociación eine Ausbildung in systemischer Organisations-Entwicklung, die wir im Jahr 2000 als Pilotprojekt durchführten. Ebenfalls wirkten KollegInnen des IBS mit an den Sozialarbeits-Symposien des

---

106 Vgl. Kersting, H.J.: Estudios de Pedagogia Social y Trabajo Social en la República Federal Aleman, in: Menores, 13-14/1989, S. 91-100.

107 Autonomien entsprechen in Spanien den Bundesländern, allerdings haben sie meistens mehr Rechte als die deutschen Länder. So besitzt die Autonomie Navarra, deren Hauptstadt Pamplona ist, z.B. Kultur-, Sozial- und Finanzhoheit.

108 Vgl. Kersting, H.J. (1991): La Supervisión como Instrumento del Reciclaje Profesional, in: Cervantes, J. S. (Hg.): I. Congreso Internacional Infancia y Sociedad, Bienestar y Derechos Sociales de la Infancia, Band 3, Madrid, S. 225-267; Ders., Krapohl, L. (1993): La Supervisión de Equipos de Atención a la Infancia, Madrid.

109 Vgl. Hernández Aristu, J., Kersting, H.J.: Supervision in Spanien und Deutschland – ein Vergleich, in: Supervision 35/1999, S. 9-19.

europäischen Netzwerks der Partnerhochschulen des Fachbereichs Sozialwesens in Mönchengladbach und an den TEMPUS-Projekten der Fachbereiche Sozialwesen in Mönchengladbach und Aachen.
Ich hielt es für notwendig, dass das Institut nicht nur Weiterbildungen anbot und gut vermarktete. Ein ebenso wichtiges Anliegen war für mich die Forschung. So führt das Institut seit Bestehen eine Reihe eigener Forschungsprojekte durch und wird häufig eingeladen, sich an Forschungsprojekten zu beteiligen. Wichtige eigene Forschungsprojekte des Instituts waren ein Projekt zur Schulsozialarbeit in Köln,[110] ein Projekt zur Erwachsenenbildung[111] und ein Projekt zu Selbsthilfegruppen und Alternativorganisationen in Aachen.[112] In immer neuen Projekten beschäftigte sich das Forschungsinstitut des IBS mit der Diagnose und Intervention in Supervisionsprozessen. Zur Zeit führt das Institut ein Projekt zur Entwicklung der systemischen Supervision im deutschen Sprachraum durch.
Der bereits mit der Gründung ins Leben gerufene Wissenschaftliche Verlag des Instituts für Beratung und Supervision ermöglicht es, die Ergebnisse schnell zu veröffentlichen und die Ideen, die im Institut für Beratung und Supervision produziert werden, auch unmittelbar in den Ausbildungen des Instituts zu nutzen. Erst im Nachhinein merkten wir, dass unsere publizistische Tätigkeit auch äußerst werbewirksam für das Institut ist. Bücher zeugen von seriöser Arbeit. Wir legen unsere Konzepte offen. Prospekte schmeißen die Kunden in den Papierkorb, Bücher des Instituts stellen sie sich in den Bücherschrank. Der Verlag des Instituts, dessen Leiter ich von Anfang an bin, ist sehr interessiert an der Entwicklung der Sozialarbeitswissenschaft in Deutschland und veröffentlicht entsprechende Publikationen.[113] So bin ich besonders stolz darauf, dass das derzeit wichtigste Werk zu einer systemtheoretisch-konstruktivistischen Sozialarbeitswissenschaft, das Buch von Heiko Kleve: „Postmoderne Sozialarbeit: ein systemtheoretisch-konstruktivistischer Beitrag zur Sozialarbeitswissenschaft“ 1999 im Wissenschaftlichen Verlag des IBS in Aachen erschienen ist.
Seit 1996 besitzt das Institut eine eigene Homepage im Internet (www.ibs-networld.de), die den Informationsfluss intensiver werden ließ. Seit 2001 gibt das IBS ein Online-Journal zum systemischen Denken und Handeln

---

[110] Siehe Fußnote 27.

[111] Krapohl, L. (1987): Erwachsenenbildung. Spontaneität und Planung, Aachen.

[112] Jennes-Rosenthal, L. (1990): Selbsthilfe in Aachen. Selbsthilfe-Initiativen und professionelle Helfer, Aachen.

[113] Siehe Anmerkung 39; vgl. die Homepage des Wissenschaftlichen Verlage: www.kersting-verlag.de.

heraus, damit die Ergebnisse unserer Forschung noch schneller bekannt werden.
Das Institut steht in vielerlei Kontexten und so verwundert es nicht, dass berufspolitische Interessen bei den Mitgliedern des IBS einen breiten Raum einnehmen. Aus diesem Grund war das IBS führend beteiligt am Professionalisierungsprozess der Supervision in Deutschland und in Spanien. Alle Gesellschafter, viele DozentInnen, LehrsupervisorInnen und ehemalige AbsolventInnen der ersten Supervisionsausbildung gehörten 1989 zu den Gründungsmitgliedern der Deutschen Gesellschaft für Supervision e.V. (DGSv). Ich selbst wurde zum ersten Vorsitzenden der DGSv gewählt. 1992 stellte ich mich nicht mehr einer Wiederwahl, da ich inzwischen eine größere Aufgabe übernommen hatte. Der Fachbereich Sozialwesen der Fachhochschule Niederrhein hatte mich 1991 mit der Leitung des TEMPUS-Projektes SWEEL der Europäische Kommission in Ungarn beauftragt.
1993 beteiligten sich Mitglieder des IBS an der Gründung der Gesellschaft für Social Groupwork e.V. Diese Gesellschaft wurde 1994 als deutsche Sektion aufgenommen in die Association for the Advancement of Social Work with Groups (AASWG), der internationalen Groupworkervereinigung, der ich seit 1980 als Einzelmitglied angehören.[114] Erstes Ehrenmitglied dieser jungen Gesellschaft wurde Professor Dr. Heinrich Schiller, der Pionier der Sozialen Gruppenarbeit in Deutschland. Die Gesellschaft für Social Groupwork stiftete 1998 einen Preis für die Verbreitung der Idee der Sozialen Gruppenarbeit in Deutschland. Sie nannte diesen Preis nach Louis Lowy.[115] Der Wissenschaftliche Verlag des IBS stellt das Preisgeld zur Verfügung.
Seit 1994 ist das IBS Mitglied des Netzwerks der systemisch-orientierten Institute in der DGSv. In diesem Sinne beteiligt es sich seit dieser Zeit auch aktiv an den systemisch-orientierten Freiburger Supervisionstagen, die alle zwei Jahre von Heidi Neumann-Wirsig und Gerd Neumann vom BTS, der Gesellschaft für Organisationsberatung, Training und Supervision in Mannheim und ihrem engagierten Mitarbeiterteam veranstaltet werden[116] und die KollegInnen aus Deutschland, Österreich und der Schweiz zusammenführen.

---

[114] Von 1993 bis 2000 waren die DozentInnen des IBS Wolfgang Offermann, 1. Vorsitzender, Delia Anton, 2. Vorsitzende und Georg Nebel Beisitzer im Vorstand der Gesellschaft für Social Groupwork.
[115] Vgl. zur ersten Verleihung des Louis-Lowy-Preises an Anett Raack vom internationalen Jugendprojekt Muskauer Park e.V. mobile. Social-Groupwork-Report 2/1999, S. 6-12.

1996 trat die Systemische Gesellschaft, der Deutsche Verband für systemische Forschung, Therapie, Supervision und Beratung (SG) an uns heran und lud das Institut für Beratung und Supervision ein, Mitglied in dieser renommierten Gesellschaft zu werden.[117] In der Systemischen Gesellschaft finden die wissenschaftlichen Ideen und Auseinandersetzungen des Instituts für Beratung und Supervision um Konstruktivismus und Systemtheorie eine neue Heimat.

DANK

Ohne das Institut für Beratung und Supervision in Aachen und die vielen Menschen, die in ihm mit mir zusammengearbeitet haben, hätte ich in den letzten 16 Jahren nicht diese Fülle von Aufgaben und Herausforderungen im Bereich der Sozialen Arbeit leben können – als Hochschullehrer, Weiterbildner, Auslandsbeauftragter des Fachbereichs Sozialwesen, Studienreformer, Verbandsfunktionär, Netzwerkmanager, Supervisor in der sozialen Praxis, Organisations- und Teamentwickler in Institutionen, Forscher, Wissenschaftler, wissenschaftlicher Schriftsteller, Vortragsreisender, Wissenschaftsmanager, Wanderer zwischen Kulturen und Ländern, Verleger und wissenschaftlicher Direktor des Instituts. Ich hoffe, dass ich in einigen dieser Rollen weiterhin präsent sein kann.

Mein Berufsleben war reich an mannigfaltigen Begegnungen. In zwei verschiedenen Pfarrgemeinden, in zwei Häusern der Offenen Tür, an vier Hochschulen in drei unterschiedlichen Orten, in unzähligen Praxisfeldern der Sozialen Arbeit, in Beratungssituationen, in Weiterbildungsveranstaltungen und Kongressen in Deutschland, Belgien, der Schweiz, den USA, Spanien, Ungarn, Österreich, England, Irland, Italien, Finnland und den Niederlanden, in vielen Ausschüssen, Gremien, Berufsverbänden und im Institut für Beratung und Supervision durfte ich mit guten und liebenswer-

---

[116] Die Dokumentationen zu den Freiburger Kongressen werden im Wissenschaftlichen Verlag des IBS in Aachen herausgegeben von Kersting, H.J., Neumann-Wirsig., H.J. (1993): Systemische Supervision. Oder: Till Eulenspiegels Narreteien. (1996): Systemische Perspektiven in der Supervision und Organisationsentwicklung. (1998): Supervision in der Postmoderne. Systemische Ideen und Interventionen in der Supervision und Organisationsberatung. (2000): In Aktion – Systemische Organisationsentwicklung und Supervision.

[117] Kurt Pelzer ist seit dem Jahr 2000 Beisitzer im Vorstand der Systemischen Gesellschaft. Ich selbst bin Sprecher des Zertifizierungsgremiums Supervision.

ten Menschen zusammenarbeiten, mit ihnen immer gemeinsam lernen, manchmal schöne Feste feiern und meistens mich im Empfangen und Geben an meinem Leben erfreuen. Dafür bin ich dankbar.
Ganz besonders danke ich Waltraud Hornmann, meiner herzlieben Frau, die mir stets zur Seite steht, den Mund aufmacht, um mich zu ermutigen und zu korrigieren, und mir sehr oft den Rücken freihält. Was wären ich und meine Soziale Arbeit ohne sie und ihre Liebe? Dankbar bin ich auch meinen geliebten Töchtern Annelie und Lisa, die nicht erst seitdem sie studieren, sondern von klein an liebevolle und kritische Anregerinnen und Gesprächspartnerinnen sind.

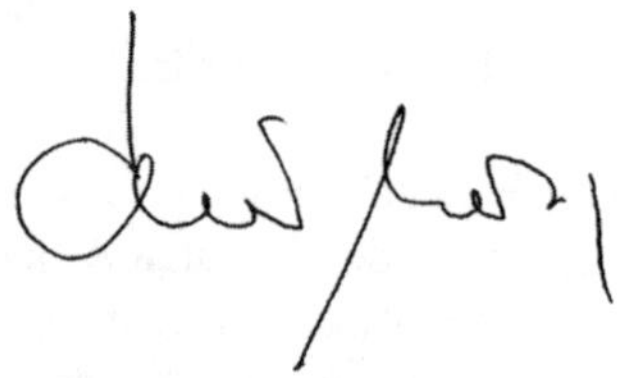

FOLGENDE LITERATUR WURDE IRGENDWANN EINMAL WICHTIG FÜR MEIN LEBEN ALS SOZIALARBEITER:

Bachtin, M. (1987): Rabelais und seine Welt. Volkskultur als Gegenkultur, Frankfurt am Main

Baden-Powell, R. (1908) Scouting for Boys, London

Bardmann, Th.M. (1994) Wenn aus Arbeit Abfall wird. Aufbau und Abbau organisatorischer Realitäten, Frankfurt am Main

Bardmann, Th.M., Hansen, S. (1996): Die Kybernetik der Sozialarbeit. Ein Theorieangebot, Aachen

Bateson, G. (1981): Ökologie des Geistes. Anthropologische, psychologische, biologische und epistemologische Perspektiven, Frankfurt am Main

Bateson, G. (1982): Geist und Natur. Eine notwendige Einheit, Frankfurt am Main

Bauman, Z. (1992): Moderne und Ambivalenz. Das Ende der Eindeutigkeit, Hamburg

Bauman, Z. (1992) Dialektik der Ordnung. Die Moderne und der Holocaust, Hamburg

Berger, P., Luckmann, Th. (1980): Die gesellschaftliche Konstruktion der Wirklichkeit, Frankfurt am Main

Bernstein, S. (Ed.) (1965): Explorations in social group work, Boston/Mass.: Boston University, School of Social Work Boston, reprinted (1973): Hebron/Con: Practitioners Press; deutsche Ausgabe: Bernstein, S., Lowy, L. (Hg.) (1969): Untersuchungen zur Sozialen Gruppenarbeit, Freiburg

Bernstein, S. (Ed.) (1970): Further explorations in social group work, Boston/Mass: Boston University, School of Social Work, reprinted (1973): Hebron/Con: Practitioners Press; erweiterte deutsche. Ausgabe: Bernstein, S., Lowy, L. (Hg.): Neue Untersuchungen zur Sozialen Gruppenarbeit, Freiburg

Bote, H. (1992): Till Eulenspiegel, herausgegeben von Sichtermann, S.H., 2. Auflage, Frankfurt am Main

Brusis, I., Grönefeld, M. (Hg.) (1990): Unbequeme Grenzziehung. Streitschriften von Oswald von Nell-Breuning, Köln

Coser, L.A. (1972). Theorie sozialer Konflikte, Neuwied, Berlin

Dewey, J. (1964): Demokratie und Erziehung, Braunschweig, Neuausgabe (1993)

Derrida, J. (1976): Die Schrift und die Differenz, Frankfurt am Main

Elias, N. (1978): Über den Prozeß der Zivilisation, Bd.1., 6. Auflage, Frankfurt am Main; Bd. 2., 7. Auflage, Frankfurt am Main

Erasmus von Rotterdam (1987): Lob der Narrheit, Zürich

Farrelly, F., Brandsma, J.F. (1974): Provocative therapy, Cupertino/Ca.: Meta Publications; deutsche Ausgabe (1986): Provokative Therapie, Berlin/Heidelberg/ New York

Faraday, A. (1980): Deine Träume – Schlüssel zur Selbsterkenntnis, Frankfurt am Main

Foucault, M. (1980): Archäologie des Wissens, Frankfurt am Main

Freire, P. (1970): Pädagogik der Unterdrückten, Stuttgart, Berlin

Goffman, E. (1969): Wir alle spielen Theater. Die Selbstdarstellung im Alltag, München

Goffman, E. (1972): Asyle. Über die soziale Situation psychiatrischer Patienten und andere Insassen, Frankfurt am Main

I Ging. (1956): Das Buch der Wandlungen, herausgegeben von Wilhelm, R., Köln

Hergemüller, B.-U. (1985): WEDER – NOCH. Traktat über die Sinnfrage, Hamburg

Kadushin, A. (1976): Supervision in social work, New York: Columbia University Press

Roth, J.K. (1984). Hilfe für Helfer. Balintgruppen, München

Kleve, H. (1999): Postmoderne Sozialarbeit: ein systemtheoretisch-konstruktivistischer Beitrag zur Sozialarbeitswissenschaft, Aachen

Koestler, A. (1978): Sonnenfinsternis, München

Krappmann, L. (1969): Soziologische Dimension der Identität. Strukturelle Bedingungen für die Teilnahme an Interaktionsprozessen, Stuttgart

Laing, R.D., Phillipson, H., Lee A.R. (1971); Interpersonelle Wahrnehmung, Frankfurt am Main

z.Zt. besonders die Werke von Emmanuel Lévinas. Zum Einstieg empfehle ich: Lévinas, E. (1996): Ethik und Unendliches. Gespräche mit Philippe Nemo, Wien: Passagen

Lowy, L. (1973): Die Funktion der Sozialarbeit im Wandel der Gesellschaft: ein Praxis-Kontinuum, Solothurn: Antonius

Lowy, L., Blocksberg, L., Walberg, H.J. (1974): Integrative Learning and Teaching in Schools of Social Work. A Study of Organizational Development in Professional Education, New York: Assoc. Press

Lowy, L. (1983): Sozialarbeit/Sozialpädagogik als Wissenschaft im angloamerikanischen und deutschsprachigen Raum, Stand und Entwicklung, Freiburg

Ludewig, K. (1992): Systemische Therapie. Grundlagen klinischer Theorie und Praxis, Stuttgart

Luhmann, L. (1987): Soziale Systeme. Grundriß einer allgemeinen Theorie, Frankfurt am Main

Luhmann, L. (1998): Die Gesellschaft der Gesellschaft, Bd. 1. und Bd. 2., Frankfurt am Main

Maturana, H. R., Varela F. J. (1987): Der Baum der Erkenntnis. Die biologischen Wurzeln des menschlichen Erkennens, Bern/München/Wien

Mead, G.H. (1973): Geist, Identität und Gesellschaft aus dem Geist des Sozialbehaviorismus, Frankfurt am Main

Meister Eckehart (1963): Deutsche Predigten und Traktate, München

Nebel, G., Woltmann-Zingsheim, B. (Hg.) (1997): Werkbuch für das Arbeiten mit Gruppen. Texte und Übungen zur Sozialen Gruppenarbeit, Aachen

Pfeifer-Schaup, H.-U. (1995): Jenseits der Familientherapie. Systemische Konzepte in der Sozialen Arbeit, Freiburg

Serres, M. (1981): Der Parasit, Frankfurt am Main

Schiller, H. (1963): Gruppenpädagogik (Social Group Work) als eine Methode der Sozialarbeit, Wiesbaden-Biebrich, 3. Aufl. 1966

Schmidt, S.J. (Hg.) (1987): Der Diskurs des Radikalen Konstruktivismus, Frankfurt am Main

Siegers, F.M.J., Haan, P.M., Knoers, A.M.P. (Hg.) (1976): Supervisie 1. theorie en gegrippen; Supervisie 2. pratijk en onderzoek, Alphen aan den Rijn: Samson

Simon, F. B. (1993): Unterschiede, die Unterschiede machen. Klinische Epistemologie: Grundlagen einer systemischen Psychiatrie und Psychosomatik, Frankfurt

Staub-Bernasconi, S. (1995): Systemtheorie, soziale Problem und Soziale Arbeit: lokal, national, international, Bern/Stuttgart/Wien

ten Have, T.T. (1962): De wetenschap der sociale agogie, Groningen: Wolters-Noordhoff

van Beugen, M. (1972): Sociale technologie en het instrumentelle aspect van agogische actie, 2. Auflage, Assen: van Gorcum

von Foerster, H. (1993): Wissen und Gewissen. Versuch einer Brücke. Herausgegeben von Schmidt, S.J., Frankfurt am Main

von Glasersfeld. E.(1987): Wissen, Sprache und Wirklichkeit, Braunschweig, Wiesbaden

von Schlippe, A., Schweitzer, J. (1996): Lehrbuch der systemischen Therapie und Beratung, Göttingen

Watzlawick, P., Beavin, J.B., Jackson, D.D. (1967): Pragmatics of Human Communication. A Study of Interactinal Patterns, Pathologies and Paradoxes, New York: W. W. Norton & Company; deutsche Ausgabe (1969): Menschliche Kommunikation. Formen, Störungen, Paradoxien, Bern/Stuttgart/Wien

Watzlawick, P., Weakland, J.H., Fisch, R. (1974): Change. Principles of Problem Formation and Problem Resolution, New York: W. W. Norton & Company; deutsche Ausgabe (1974): Lösungen, Zur Theorie und Praxis menschlichen Wandels, Bern/Stuttgart/Wien

Watzlawick, P. (Hg.) (1981): Die erfundene Wirklichkeit. Wie wissen wir, was wir zu wissen glauben? Beiträge zum Konstruktivismus, München/Zürich

Weick, K. E. (1985): Der Prozeß des Organisierens, Frankfurt am Main

Welter-Enderlin, R., Hildenbrand, B. (1996): Systemische Therapie als Begegnung, Stuttgart 1996

Wittgenstein, L. (1971): Philosophische Untersuchungen, Frankfurt am Main.

AUSWAHL AUS MEINEN VERÖFFENTLICHUNGEN:

Kommunikationssystem Gruppensupervision – Aspekte eines Lernlehrverfahrens, Freiburg im Br. 1975

Agogische Aktion als Handlungsforschung in der Lehrerausbildung: Realisation, Konstruktion und Revision sprachdidaktischer Grundkurse, Frankfurt am Main, Bern, New York 1977

Die Bedeutung der Handlungsforschung als 'forschendes Lernen' für die Sozialpädagogik, in: Sozialpädagogik 6/1980, S. 286-291

Schulsozialarbeit – Hilfen beim Übergang vom Schul- ins Beschäftigungssystem, Aachen 1985

Konstruktivistische Teamsupervision. Oder: Wie störe ich ein Arbeitssystem?, in: Brandau, H. (Hg.) (1991): Supervision aus systemischer Sicht, Salzburg: Otto, S. 133-150

Irritation als Plan. Konstruktivistische Einredungen. Mitautoren: Bardmann, Th.M., Vogel, H.-Chr., Woltmann, B., Aachen 1991

Das gepfefferte Ferkel. Lesebuch für SozialarbeiterInnen und andere KonstruktivistInnen. Mitautoren: Bardmann, Th.M., Vogel, H.-Chr. Aachen 1991, (1. Aufl.), 1992 (verbesserte 2. Auflage)

Kommunikationssystem Supervision. Unterwegs zu einer konstruktivistischen Beratung, Aachen 1992

Die Verantwortung des Sozialarbeiters. Ethische Implikationen von Theorie und Praxis, in: Klüsche, W. (Hg.) (1994): Grundpositionen der Sozialen Arbeit, Mönchengladbach, S. 161-176

Werkbuch für Organisationsberater. Texte und Übungen. MitautorInnen: Bürger, B., Nebel, G., Vogel, H.-Chr., Aachen 1994 (1. Aufl.), 1997 (erweiterte 2. Aufl.)

Ausbildung für die soziale Arbeit auf europäischem Level. Das TEMPUS-Projekt SWEEL (Social Work Education on a European Level) Deutschland – Spanien – Ungarn. Mitherausgeber: Hernández Aristu, J., Budai, I., Mönchengladbach 1995

Kontrollsupervision für SupervisorInnen – Methoden der Balintgruppenarbeit konstruktivistisch betrachtet, in: Supervision, Zeitschrift für berufsbezogene Beratung, 27/1995, S. 37-48

Im Antlitz des Anderen. Die Ethik der Verantwortung nach Emmanuel Lévinas, in: Neumann-Wirsig, H., Kersting, H. J. (Hg.) (1998): Supervision in der Postmoderne, Aachen S. 49-74

Organisationsentwicklung an einer ungarischen Hochschule. – Projektmanagement – Projektberatung – Projektbegleitung, in: Lorenzen, I., Vogel, H.-Chr. (Hg.)

(1999): StOErfall Praxis. Wirkbuch für OrganisationsEntwicklung, Aachen, S. 113-136

La supervisión como sistema de refelexión de la praxi profesional: Paradojias y oportunidades desde la perspectiva constructivista, in: Hernández Aristu, J. (Hg.) (1999): La Supervisión. Calidad de los servicios. Una oportunidad par los profesionales de ayuda, Pamplona: Eunate, S. 47-70

Der Zirkel des Talos. Gespräche mit Systemischen TherapeutInnen, Herausgeber, Aachen 1999

Supervision in der Gruppe – eine Spezialform der Sozialen Gruppenarbeit, in: Kersting, H.J., Neumann-Wirsig, H. (Hg.) (2000): In Aktion – Systemische Organisationsentwicklung und Supervision, Aachen, S. 123-145

Internationale Sozialarbeit, Mitherausgeberin: Riege, M., Mönchengladbach 2001

Supervision und Qualität. Das Aachener Modell der Supervisionsausbildung, Herausgeber, Aachen 2001

Zirkelzeichen – Supervision als konstruktivistische Beratung, Aachen 2002

Martha Krause-Lang
* 26.3.1912

I. DIE HERKUNFTSFAMILIE

Wenn mich jemand fragt, welche besonderen Lebensumstände die Wahl des später ergriffenen Berufs im besonderen Maß beeinflusst haben, so nenne ich ohne Umschweife spontan meine Familie und die früheren Kinderjahre in einem bemerkenswerten Dorf, das alle zehn Jahre im Mittelpunkt weltweiten Interesses steht, Oberammergau im Landkreis Garmisch-Partenkirchen in Bayern. Mein Vater war von Beruf Töpfermeister, der seine Lehrjahre zunächst am Ort bei seinem Vater hinter sich gebracht hatte und später seine handwerklichen Erfahrungen als Gehilfe in der Fremde erweiterte, ehe er allmählich in Oberammergau eine eigene Werkstatt mit mehreren Angestellten betreiben und später seine Erzeugnisse auf großen Messen wie in Leipzig und Frankfurt zur Schau stellen konnte. Eine weit über Deutschland und Europa hinausgehende Berühmtheit erlangte er aber durch seine Rolle als Christusdarsteller beim Oberammergauer Passionsspiel. Er wurde erstmals für das Spiel im Jahre 1900 vom Passionsspielkomitee ausgewählt. Später fand er sich noch 1910, 1922 und zuletzt in dieser Rolle 1930 wieder.

Der Fremdenverkehr brachte zwar in den Sommermonaten und kurze Zeit im Winter auch außerhalb der Spieljahre Gäste ins Dorf. Aber der größte Ansturm auf die Gastlichkeit meines Geburtsortes waren doch die Passionsspiele, die auch mein Elternhaus schon bald unter der Leitung meiner Mutter in eine Fremdenpension mit dem Namen „Daheim“ verwandelte. Die Pension beherbergte zwar nur ca. 20 Gäste, die aber oft jahrzehntelang dem Haus die Treue hielten und wiederkamen. Die Gästebücher ab 1903 zeugen von Besuchern aus der ganzen Welt, darunter zahlreichen Berühmtheiten aus Welt und Kirche. Der Umgang mit diesen Gästen macht es auch heute noch notwendig, dass die Kinder im Dorf sich frühzeitig mit dem Erlernen der Allerweltssprache Englisch befassen müssen. Viele junge Mädchen aus guten Familien sind aufgrund solcher Notwendigkeit schon um

die Jahrhundertwende zum Englischlernen in die Fremde geschickt worden, um dort nicht nur ihr Brot zu verdienen.
Sie sollten vor allem in den Beherbergungsbetrieben daheim das Englische übersetzen und selbst sprechen können. So hatte es auch meine Mutter als junges Mädchen aus dem Hause eines stimmbegabten Dorfschmieds und Chorleiters (Jakob Rutz) im Passionsspiel einst gemacht, ebenso ihre Schwägerin, die geliebte Tante Anna von uns sechs Geschwistern. Sie war unverheiratet geblieben und starb im hohen Alter inmitten der Familie, gleich meiner Mutter, die 90 Jahre alt wurde. Während meine Mutter mehr für die Organisation des Hauses und des Ladengeschäftes zuständig war, hat „die Tante Anna“, von allen im Dorf bis zu ihrem Tod so genannt und wegen ihrer Menschenfreundlichkeit und ihres Humors geliebt, den Umgang mit den Gästen zu ihrer Aufgabe gemacht und daneben auch das Wohl der drei Buben und drei Mädchen unserer Familie im Auge gehabt. Während unsere Mutter sehr viel von ihrer Küche verstand und daher auch ungewöhnlichen Gästen mit anderen Lebens- und Essgewohnheiten den Aufenthalt im Haus so angenehm wie möglich machen konnte, hat Tante Anna mit ihrer Fröhlichkeit, ihrem Mutterwitz, ihren Sprichwörtern und Geschichten, die sie in ihrer heimischen Mundart uns Kindern beibrachte, das Pflichtgefühl unserer Mutter ins Heitere übersetzt.
In unserer Familie wurde viel musiziert: Meine Mutter hatte eine ausgebildete Stimme. Sie brachte aus ihrer Familie die Tradition mit, dass jedes der Kinder ein Instrument erlernen sollte. Wir Mädchen und der ältere Bruder durften daher schon bald Klavierunterricht nehmen, der zweite Bruder lernte das Geigenspiel. So kam es schon früh zu Hausmusikabenden, an denen immer auch Lehrer aus der Ammergauer Volksschule teilnahmen; und bei den vielen Anlässen wie Kirchenfesten oder Vereinsveranstaltungen im Ort wurden wir Kinder theaterspielend oder musizierend hinzugezogen. Ich erinnere mich, dass als Gast im „Daheim“ der Künstlerpianist Michael Raucheisen mich als kleine Schülerin einmal auf unserem Klavier begleitete, was mir aber durchaus keinen übermächtigen Eindruck machte. Dass mir auch während meiner Münchener Jahre auf der Oberschule St. Anna von den Eltern erlaubt wurde, den Klavierunterricht fortzusetzen, habe ich schon damals sehr zu schätzen gewusst. Weniger begeistert war ich freilich, dass ich so oft zum Gedichtaufsagen bei festlichen Anlässen herangezogen wurde, das aber dann später aus der Mode kam. Doch musste ich noch einmal 1925 beim Besuch des damaligen Apostolischen Nuntius, Kardinal Pacelli, einen solchen Begrüßungsvers in unserem Garten aufsagen. Dieser hohe Herr besuchte das Passionsdorf, und niemand konnte ahnen, dass er später als Papst Pius XII. in die Geschichte eingehen würde.

In Oberammergau geboren zu sein, ist mit großer Wahrscheinlichkeit für jedes Kind des Ortes etwas Unvergleichbares gegenüber anderen. Die wechselseitigen Beziehungen zwischen dem Drinnen und Draußen, zwischen einer traditionsbewussten Heimat und der „Welt" draußen, wie sie sich in den Besuchern des Passionsspiels und seinen verschiedensten anhänglichen Gästen immer wieder zeigt, hatten großen Bildungswert. Diese enorme Weite in der Skala der Besucher habe ich 1922 als Zehnjährige beim Passionsspiel, bei den großen Volksszenen auf der Bühne, selbst erlebt. Welche Verschiedenheit der Nationen, der Rassen, der Glaubensüberzeugungen kam da zutage! Es gab noch bescheidene Leute, die zu Fuß und Jugendliche, die von weit her mit dem Fahrrad zu den Passionsspielen kamen. Manche Besucher sahen das Spiel wie eine gottesdienstliche Handlung an und verhielten sich während des damals mindestens sechs Stunden dauernden Spiels still, als seien sie in einer Kirche.

Mein Vater hatte als Christusdarsteller eine kleine Garderobe, in der ich ihn in der Mittagspause oft besuchte, um ihm das Essen von zuhause zu bringen. Meist ging er dabei seinen Text still von Neuem durch. Manchmal erzählte er auch, wie viele Dutzend Postkarten er mit seinem Namen zwischen gestern und heute hatte signieren müssen, und dass er lieber mit den Besuchern ein paar freundliche Worte gewechselt hätte. Meinem Vater war das Spiel des Jahres 1922 schwerer gefallen als anno 1900 und 1910; das erfuhr ich erst später, als er nach 12 Jahren ein kleines Buch „Aus meinem Leben" veröffentlicht hatte. Den verlassenen, gepeinigten Menschensohn in der Ölbergszene spielen zu müssen, angesichts der vielen Trauernden unter den Zuschauern, die im vor kurzem beendeten Weltkrieg Menschenopfer hatten bringen müssen oder in schwere wirtschaftliche Not geraten waren, forderte ihm besonders viel Kraft ab.

In dieser schweren Zeit nach dem 1. Weltkrieg kamen aus den USA Aufforderungen, das Passionsspiel doch „drüben" filmen zu lassen. Ähnliche Angebote, die direkt an meinen Vater gingen, hat die Gemeinde Oberammergau immer zurückgewiesen, weil die Kommerzialisierung der Idee und Tradition zuwiderlaufen würde. Jedoch sind die von ihrer Hände Arbeit lebenden Spieler, die zwischen den einzelnen Spielsaisonen damals noch zumeist Holzschnitzer und Bildhauer waren, gern der Einladung gefolgt, in einigen amerikanischen Großstädten ihre Erzeugnisse auszustellen und Aufträge entgegen zu nehmen. Eine größere Anzahl von Männern, darunter auch einige der Hauptdarsteller, nahm diese aufreibende Arbeit während einiger Monate zwischen 1923/24 wahr. Obwohl keine einzige Passionsspiel-Szene drüben zur Aufführung kam, hatte Oberammergau eine langdauernde Pressekampa-

gne zu bestehen, in der das Für und Wider abgehandelt wurde. Aber neben den Schnitzerei-Aufträgen brachte diese Reise auch eine Reihe von caritativen Spenden ein, aus denen beispielsweise der Bau eines Altenheimes finanziert wurde oder in den Notwintern eine Suppenküche für bedürftige Familien eingerichtet werden konnte, die ausschließlich von Oberammergauer Frauen durchgeführt wurde. Hier war auch meine Mutter wieder am Werk. Sie hatte um diese Zeit bereits einen katholischen Frauenbund gegründet und mit diesen Frauen Hilfen für bedürftige Familien oder die Ausgestaltung des alljährlichen Kinderfestes der Erstkommunikanten organisiert. Darstellende Spiele zu allfälligen Feiern im Jahreslauf, meist mit Schulkindern aufgeführt, hat dieser katholische Frauenbund jahrzehntelang mit großem Schwung unternommen. Das Theaterspielen und Singen mit ganz jungen Kindern und ungezählte Proben im Elternhaus unter dem Regiment meiner Mutter sind mir noch heute lebhaft in Erinnerung. Es ist mir heute unvorstellbar, woher sie Zeit und Kraft nahm, um die Kinder anzustiften, anderen eine Freude zu bereiten. „Sich kümmern um andere“ erlernte ich bei meiner Mutter.
Inzwischen war die Zeit für einen Schulwechsel gekommen. Es gab in Bayern einige gute Mittelschulen und einige Lehranstalten, die „sogar“ Mädchen auf das Abitur vorbereiteten, was zu dieser Zeit nicht selbstverständlich war. In Ettal, dem Nachbarort, gab es ein bekanntes Jungengymnasium, geführt von den Benediktinern der Abtei. Aber die Zeit war noch nicht reif, dass hier auch Mädchen aufgenommen oder wenigstens als Externe am Unterricht des neunklassigen Gymnasiums hätten teilnehmen dürfen. Um in eine Mittelschule für Mädchen zu kommen, musste man sich um die Aufnahme in einem von geistlichen Schwestern geleiteten Institut bemühen, was damals bei Mehrkindfamilien durchaus Opfer verlangte. Für mich bedeutete das eine heimwehbesetzte Zeit von vier Jahren in einer klösterlichen Mädchenschule. Da der Übergang in eine Oberrealschule nur mit einer Sonderprüfung möglich war und ich dem Abitur zustrebte, musste ich auch noch diese Hürde nehmen. Dann aber ging es für die restlichen Jahre bis zur Reifeprüfung nach München an die Oberrealschule St. Anna am Lehel. Aber um dort aufgenommen zu werden, musste ich zunächst die Sonderprüfung am Anger, einem sehr angesehenen Mädchengymnasium, ablegen. Ich erinnere mich vor allem, dass ich den Stoff für drei Jahre in Französisch in kürzester Zeit einzuholen hatte und das Pensum einer Realschule in Physik und Mathematik. Aber von einem echten Berufswunsch war zu dieser Zeit bei mir nicht die Rede. Vorerst genoss ich in vollen Zügen die Stadt München. Es war ja eine ganz besondere Luft in dieser Stadt! Die zwanziger Jahre gingen zu Ende. Das große Angebot an kulturellen Veran-

staltungen war einzigartig. Von solchen Dingen Gebrauch zu machen, scheiterte zwar manchmal am bescheidenen Taschengeld. Aber es gab immerhin noch ein Stehparkett in der Oper im Bayerischen Nationaltheater oder eine Theateraufführung in den Kammerspielen des Schauspielhauses, wo gerade die „Dreigroschenoper" von Bert Brecht aufgeführt wurde. Die Klassiker, von Lessing bis Schiller und Goethe wurden im Prinzregententheater allmonatlich in Sonderveranstaltungen für Studierende angeboten. Und welche Lust war es für ein musikalisches junges Ding wie mich, berühmte Geiger oder Sängerinnen im Odeon oder in der Tonhalle zu hören! Es war eine berauschende Welt, wo die Schöpferkraft des Geistes an jedem Platz und in jeder Straße einem jungen Menschen entgegen trat, immer herausfordernd zur Auseinandersetzung und zur Antwort. Wir hatten hervorragende Lehrer und einen weitblickenden Direktor Weidinger, dessen Gerechtigkeitssinn sprichwörtlich war. Dazu waren genügend Mitschülerinnen vorhanden, denen das Lernen nicht als schreckliches „Muss" erschien, wie mit der geringsten Anstrengung das Ziel der Universitätsreife zu erreichen sei.

II. Warum Volkswirtschaft studieren?

Dennoch war gerade das letzte Jahr meiner Schulzeit Anstoß für eine Hinwendung zu sozialen Problemen. Sie waren nicht ausgelöst durch den Unterricht, sondern Ergebnis einer lange schon bestehenden Brieffreundschaft mit einer Berlinerin, die gerade ihren Doktor in Nationalökonomie gemacht hatte. Aus ihren Erzählungen, mehr als durch die schulüblichen Darstellungen von Berufsbildern, hörte ich von industrieller Frauenarbeit, von den Problemen der Heimarbeiterinnen, an deren Schicksal ich besonders lebhaft teilnahm. Da Gabriele Schwarzkopf auch nach ihrer Verheiratung die Verbindung zu meiner Familie nicht abreißen ließ, konnte ich mich auch in Fragen des Studiums von ihr beraten lassen. Sie war eine wunderbare, unersetzliche ältere Freundin. Die Identifikation mit ihr ging so weit, dass ich wie sie Volkswirtschaft als Studienfach wählte. Meine Eltern freilich hatten keine Vorstellungen über die Chancen dieses Faches als Beruf. Ich konnte aber von ihnen erbetteln, dass sie mich auf ein Semester sozusagen „zur Probe" nach Bonn ziehen ließen, um dort zu studieren. Einige rheinische Studentinnen, die ich in dem internationalen privaten Studentenheim in München vor dem Abitur gut kennen gelernt hatte, halfen mir zu einem billigen Wohnplatz in einem interessanten Haus in der Wörthstraße nahe dem heutigen Palais

Schaumburg, das früher von den preußischen Prinzen bewohnt war, die in Bonn vor 1918 studierten. Nun war das Haus eine Schule für kirchliche Textilkunst geworden, geleitet von der Künstlerin Ella Broich. Die Dienstbotenzimmer im obersten Stock dieses hochherrschaftlichen Hauses über dem Rhein wurden billig an uns vermietet. Wir genossen die herrliche Lage und Kultur der damals kleinen Stadt in vollen Zügen.

Mein erster Gang an die Uni scheint nicht sehr eindrucksvoll gewesen zu sein. Denn ich erinnere mich nur schwach an eine Vorlesung zur Einführung in die Volkswirtschaft und an ein Kolleg „Politische Soziologie" bei Prof. Dempf, die aber mit der empirischen Wissenschaft von heute nichts zu tun hatte, sondern eher ein geisteswissenschaftliches Kolleg war. Sehr beeindruckt hat mich Anfängerin, dass mich niemand aus dem Doktorandenseminar bei einem der berühmtesten Nationalökonomen seiner Zeit hinauswies. Es handelte sich um Prof. Josef Schumpeter, der damals im schönsten Wienerisch seine Gedanken zur Unternehmerpersönlichkeit vortrug vor höheren Semestern als ich es war.

Es war nach diesem Sommer an der Zeit, mit ernsthaftem Studieren zu beginnen. Ich durfte nach Wien, weil ich dort bei Freunden meiner Eltern wohnen konnte. An der Universität fand ich für mein Fach die größte Hörerschaft bei Othmar Spann, dem Exponenten seiner „universalistischen" Volkswirtschaftslehre, die sich deutlich von der Lehre der klassischen Vertreter der Ökonomie abhob. Mich haben die Institutsbibliothek und die großen Lesesäle, wo man ungestört studieren konnte, zum Arbeiten gebracht. Eindrucksvoll war aber auch die soziale Atmosphäre dieser Stadt, die so viel von großer Geschichte unter den österreichischen Kaisern erzählt. Aber die Massenarbeitslosigkeit warf ihre Schatten. Es gab zu viele Straßenmusikanten und eine Unzahl von „Volksküchen". Die sich bereits feindlich gegenüberstehenden Gruppierungen von „arischen" und jüdischen Studenten ließen eine Zeit tiefgreifender politischer Veränderungen ahnen.

„Gemütlich" war Wien damals nicht. Zu viele Einwohner mussten um ihre Existenz fürchten. Als Studentin durfte ich mich aber in der Familie eines „Herrn Hofrats" mit zwei Töchtern trotzdem noch des Lebens freuen. Besonders interessant war für mich die Bekanntschaft mit jüngeren Menschen, die sich um den Studentenseelsorger Prof. Pfliegler gruppierten und neue pädagogische Ideen, u.a. eine moderne Volksschule in Grinzing, auf den Weg brachten. Die Gruppe hieß „Neuland". Ich traf in späteren Jahrzehnten solche „Neuländer" als Journalisten, Künstler, Theologen – darunter einen berühmten österreichischen Kardinal. Sie stammten aus diesem lebendigen Kreis jener Jahre, zu dem auch die ältere Tochter meiner Gastfamilie gehörte.

Für die nächsten Jahre wählte ich mir endgültig Freiburg i. Br. als Studienort. Mir fiel auf, dass die Volkswirtschaft hier viel stärker als in Bonn und Wien von der „Wirtschaft“ handelte. In Wien hatte unser Studienfach überhaupt den bezeichnenden Titel „Staatswirtschaft“ getragen. Man sieht daraus, dass damals das Objekt meines Faches noch nicht einheitlich definiert war. Die eine Seite meines Studiums in Freiburg waren die Vorlesungen und Übungen, bei den bekannten Männern der sogenannten Freiburger „Volkswirtschaftlichen Schule“, wie z.B. deren Begründer Prof. Eucken sowie etwas später bei meinem Doktorvater Prof. Constantin von Dietze. Die andere Seite bildete das parallel laufende Studium am Institut für Caritaswissenschaft. Es war angebunden an die Theologische Fakultät der Freiburger Universität. Studenten in den höheren Semestern sollten neben ihrem Hauptstudium mit den wissenschaftlichen Grundlagen der sozialen und caritativen Arbeit der katholischen Kirche vertraut gemacht werden. Studenten der verschiedensten Disziplinen fanden sich hier ein zu einem viersemestrigen Studium, das mit einer akademischen Prüfung und einem Diplom für Caritaswissenschaft abschloss. Manche strebten dieses Diplom nicht an, suchten aber nach einer adäquaten Ergänzung ihres Hauptstudiums, in dem gesellschaftliche und theologische Fragen diskutiert werden konnten, ohne eine explizite Führungsposition in einem sozialen Bereich anzustreben. Freiburg war und ist Sitz des Deutschen Caritasverbandes, des größten Trägers der Freien Wohlfahrtspflege in Deutschland. In seiner Zentrale, im Lorenz-Werthmann-Haus, befand sich eine ausgezeichnete Bibliothek mit einem Lesesaal. Da viele in- und ausländische Gäste das Werthmann-Haus unter Leitung des damaligen Präsidenten Dr. Benedikt Kreutz besuchten, war an qualifizierten Gästen auch am Institut kein Mangel. Es gab genügend brisante Themen, vor allem aber die Auseinandersetzung mit dem Nationalsozialismus, die nach der Machtergreifung Adolf Hitlers ihren Höhepunkt erreichte. Der Begriff „Menschenwürde“ war in den Mittelpunkt vieler Diskussionen getreten. Neue, in der Öffentlichkeit furchteinflößende Worte wie „Euthanasie“ oder „Sterilisation“ machten die Runde.

III. Erste Berufserfahrungen: Soziale Arbeit auf dem Lande im Rahmen der Dorfcaritas

Zwar hatte ich einen Text über die sozial-caritative Arbeit des Katholischen Frauenbundes in Bayern am Institut für Caritaswissenschaft in Freiburg zur Abschlussprüfung vorgelegt, wollte aber nicht in eine solche Organisation einsteigen. Meine Tätigkeit im Herbst 1935 hatte eine andere kurze Vorgeschichte. Ich hatte mich damals als Studentin manchmal mit dem ehemaligen Pfarrer eines schwäbischen Dorfes unterhalten, der seit kurzem das Referat „Dorfcaritas" im Werthmannhaus übernommen hatte. Seine Aufgabe war es, die sozialen und pastoralen Probleme des flachen Landes aufzuschlüsseln. Die Organisationsform „Verein" schien dafür wenig geeignet. Sie entsprach zu wenig der Eigenart des Dorfes und den darin spezifischen Lebensformen.

Einige Absolventinnen des Instituts für Caritaswissenschaft sollten vom Herbstbeginn an bis etwa Ostern vor Beginn der landwirtschaftlichen Arbeit in mehreren Diözesen Deutschlands beginnen, dorfeigene Formen der Caritas zu studieren und auszuprobieren.

Gedacht war, „Dorfcaritas-Kurse" hauptsächlich für Frauen anzubieten, um dem ehrenamtlichen Engagement vor Ort Mitarbeiterinnen zuzuführen. Ich gehörte dem Team der fünf jungen Kursleiterinnen an. Mir war zunächst der südliche Teil der Diözese Rottenburg zugewiesen, dem damaligen Württemberg-Hohenzollern, später war mein Einsatzgebiet in Dörfern der Eifel und des Saarlandes. Einen langen und lehrreichen Winter brachte ich außerdem in Oberschlesien zu, mit einer für mich bisher völlig unbekannten Bevölkerungsschicht, den dortigen Landarbeitern. Diese Erfahrung im Osten, insbesondere der Einblick in den schweren Arbeitstag der Frauen zur Zeit der Zuckerrübenernte, festigte in mir die Überzeugung, dass der übliche Vortragsstil in diesem Fall nicht genügt. Anregungen, die etwas bewegen wollten, mussten anders gestaltet werden. Langsam bildete sich bei mir ein Stil für diese Kurse heraus, den ich heute als „rudimentäre Gemeinwesenarbeit" bezeichnen würde. Gemeinwesenarbeit war aber seinerzeit in Deutschland noch völlig unbekannt, „Animation" als Technik ebenfalls. Wir konnten damals unsere Tätigkeit nur als eine Form der Erwachsenenbildung einordnen. Ich versuchte zum Beispiel bei Beginn eines Kurses, mit meiner Hörerschaft zunächst der Frage nachzugehen, was unter dem Wort „Caritas" verstanden wurde – vom „Volksmund" bis zur Liturgie. Gerade in Oberschlesien, wo sich die erntemüden Arbeiterinnen und Mütter meist um ein Kanonenöfchen in der Sakristei oder im Kirchenraum setzten, war es nicht ganz leicht, die Aufmerksamkeit zu erhalten. Einmal hatte ich mir in einem Breslauer Antiquariat ein Gebetbuch in polnischer Sprache gekauft und erreichte fortan das volle Vertrauen meiner Frauen, indem ich das „Gegrüßet seist du Maria" in dieser ihrer Alltagssprache vortragen konnte. Mit der Anfangsfrage: „Was ist bei Euch los? Was macht Ihr in Eurem Dorf, wenn einer lange Zeit krank ist? Was geschieht mit Euren Mädchen, wenn sie schwanger sind, was mit Euren Töchtern, die sommers als Erntehelferinnen in die Grenzmark geschickt werden?", versuchte ich an ihre Alltagserfahrungen anzuknüpfen. Nach einer solchen Bestandsaufnahme möglicher, meist brauchtümlich geregelter Hilfen durch die Nachbarschaft oder die erweiterte Familie wurde über Lücken in den örtlichen oder pfarrlichen Hilfsmöglichkeiten nachgedacht. Die Selbsthilfekräfte einer Pfarrgemeinde kamen dabei meist ebenso wieder zu Bewusstsein, wie die Notwendigkeit, in Formen einer organisierten Caritas zusammenzuarbeiten.

Die Idee einer Pfarrcaritas war damals neu, die Begründung gegenseitiger Nothilfe aus Bibelwort und Liturgie wenig bekannt. Aber es zeigte sich mir gerade in diesen Jahren vor dem zweiten Weltkrieg, wo in relativ geschlossenen Gemeinden auf dem Lande der Sonntag noch mit einem gemeinsamen Gottesdienst gefeiert wurde, dass an religiöses Brauchtum und an Zusammenhänge zwischen Sonntagsmesse und Alltag sehr gut angeknüpft werden konnte.

Die Dorfcaritas-Kurse waren in der Regel dreitägig. Natürlich erhielten sie in jedem Bistum, in dem ich arbeitete, jeweils etwas andere Akzente, was hier im Einzelnen nicht ausgeführt werden kann. Die äußeren Bedingungen waren im „Dritten Reich" für jegliche kirchliche Arbeit insofern schlecht, als sie auf kirchliche Räume beschränkt werden musste, und selbst, wenn es solche gab (z.B. einen pfarrlichen Kindergarten), durften sie aus hygienischen Gründen nicht in Anspruch genommen werden. Kein Wunder also, dass gelegentlich unsere Zusammenkünfte in einer ungeheizten Sakristei oder einem Hinterzimmer im Pfarrhaus stattfanden.

Einmal wurde ich in einem Dorf am Rhein einen Nachmittag lang von der Polizei verhört –, glücklicherweise konnte ich die betroffenen Frauen heimschicken. Aus dem Versammlungsverbot in außerkirchlichen Räumen konnte Mitarbeitern der sogenannten Freien Wohlfahrtspflege schon der Garaus gemacht werden.

Die Kursarbeit im Rahmen der Dorfcaritas sollte die Grundlage bilden für eine spätere Zusammenarbeit der Ehrenamtlichen einer Landgemeinde mit der Tätigkeit einer Caritasfürsorgerin im Kreis. Daher wurde die Caritasvertreterin des Kreises jeweils gebeten, sich zum Ende eines solchen Kurses vorzustellen und fortan mit den verantwortlichen Frauen des Dorfes in Verbindung zu bleiben. Die Zusammenarbeit dieser beiden Partner funktionierte in unterschiedlicher Weise, was nicht anders zu erwarten war. Dass dieses mehrjährige Experiment mit Ausbruch des Krieges eingestellt wurde, ohne dass seine nachhaltige Wirkung überprüft werden konnte, war eine Folge der äußeren Umstände und scheiterte keineswegs am fehlenden Enthusiasmus.

IV. Krieg und Nachkriegszeit

Im Rückblick lässt sich deutlich erkennen, welche schicksalshafte Wende das Jahr 1939 für Europa, für das deutsche Volk und für mein Privatleben mit sich brachte.
Mit meiner Hochzeit im Sommer 1939 schien zunächst meine berufliche Laufbahn beendet. Ich folgte meinem Mann in seine Reichenberger Heimat im damaligen Sudetenland, wo er an einem Gymnasium unterrichtete. Ich hatte damals nur die Familie im Sinn und das Leben in seiner böhmischen Heimat. Nach dem aufregenden „Anschluss" an Deutschland ein Jahr zuvor, hatte sich alles langsam wieder beruhigt. Da der ganze Gürtel um das geschichtsträchtige „Herzland Böhmen" überwiegend von Deutschen bewohnt war, hatte ich nicht einmal mehr einen Sprachwechsel mitzumachen. Da ich mich schon lange mit der großartigen, wenn auch oft durch Streit zwischen den großen Volksgruppen der Tschechen und Deutschen überlagerten Geschichte dieses Landes befasst hatte, waren meine Erwartungen nur positiv. Aber es kam alles anders.
1940 wurde unser Sohn geboren, doch der Vater leider zum Militär eingezogen. Bald danach wurde er auf mehrere Kriegsschauplätze kommandiert. Als der Krieg schon verloren war, nämlich im Dezember 1944, fiel er im Westen bei der letzten Gegenoffensive an der lothringischen Grenze. Mit einem der letzten, für Zivilisten nur unter großen Schwierigkeiten erreichbaren Züge, war ich mit meinem Sohn zu meiner Mutter gefahren und verbrachte dort die letzten Kriegsmonate in ihrem Haus, das damals eine Zuflucht für Schülerinnen aus dem bombenbedrohten Düsseldorf geworden war. Meiner Mutter Fremdenpension war in den letzten Kriegsjahren überhaupt ein Asyl für Evakuierte. Die nationalsozialistische Volkswohlfahrt hatte die Verpflegung der aufs Land verschickten Großstadtkinder übernommen. (Ich hatte damals im Haus meiner Mutter das Verpflegungsbuch für die NSV geführt, in dem minutiöse Angaben für kleinste Portionen von Lebensmitteln pro Kopf verlangt waren).
Diese Sommermonate unmittelbar nach Kriegsende werde ich nie vergessen! Nicht nur, weil mir Einblick gewährt wurde, wie auch das größte Chaos bezwungen werden kann, wenn auch nur ein Mensch (meine Mutter) Überblick bewahrt, um die strategischen Ziele (Obdachbeschaffung und Verpflegung für viele Gäste) zu schaffen, ohne dass diese den Stempel der „Zwangseinquartierung" bekamen. Alle halfen zusammen. Sogar die zwangsverpflichteten Ausländer, die in einer Baracke am Ortseingang hausten und nun begreiflicherweise den Tag des Kriegsendes herbeisehnten, haben in diesen Tagen

den Keller meiner Mutter vor Plünderungen geschützt, nur weil eine von uns einem Franzosen aus Burgund Deutschunterricht gegeben hatte.
Von der amerikanischen Besatzungsmacht kamen im Laufe der folgenden Monate immer wieder Offiziere ins Haus, die sich meines Vaters aus früheren Passionsspielen erinnerten. Viele Oberammergauer konnten gut Englisch sprechen, dabei war die Verständigung leichter als anderswo, und man hoffte, bald wieder normaleren Zeiten entgegensehen zu dürfen.
Aber die Szenerie änderte sich von Neuem. Die Gruppen der vom Krieg betroffenen Evakuierten konnten zwar im Laufe der Zeit, wenn auch auf oft abenteuerlichen Wegen, wieder in ihre Heimatorte zurückkehren. Aber sie wurden abgelöst von Strömen von Menschen, die aus den Gebieten östlich der Oder-Neiße-Linie aus Angst vor den andrängenden Russen ihre bisherigen Siedlungsgebiete freiwillig verlassen hatten. Manche fanden nach Süddeutschland, noch bevor es zu einer Vereinbarung zwischen den Alliierten im August 1945 kam, wie sie das gewonnene deutsche Gebiet untereinander aufteilen wollten.
Die folgenschwersten Entscheidungen unter den drei Großmächten brachte das Potsdamer Abkommen im August 1945 mit sich. Im Gefolge der Beschlüsse von Potsdam kam es zu den bekannten Besatzungszonen der Alliierten. Die amerikanische Zone, die Bayern umfasste, war als Aufnahmeland für jene Deutschen bestimmt worden, die in so genannten organisierten Transporten aus der damaligen Tschechoslowakei ausgesiedelt werden sollten. Alle Liegenschaften und sonstigen Vermögen wurden von der CSSR beschlagnahmt. Von den rund 3 Millionen Deutschen – einer sehr beachtlichen „Minderheit“ bei den 8 Millionen Einwohnern, die im ganzen Staatsgebiet gezählt wurden – kamen zunächst 2 Millionen in Zwangstransporten und mit einem Notgepäck von höchsten 25 kg über die Grenze. Diese Zahl vermehrte sich im Lauf der nächsten Jahre infolge der Kriegsheimkehrer und anderer Formen der Familienzusammenführung innerhalb der übrigen Zonen.
Ich beschreibe die politischen Vorgänge jener Zeit nur deshalb so ausführlich, weil sie den Hintergrund meiner sozialen Tätigkeit im Zusammenhang mit Krieg und Nachkriegszeit bildeten.
Die Tragödie der Ausweisung, der Schrecken des Transports unter elendesten äußeren Umständen, für die meisten im kalten Winter, ist seither oft beschrieben worden. Aber bei vielen Betroffenen, vor allem bei Frauen, lösten sich erst nach langen Jahren die Zungen. Da in Bayern die größeren Städte meist durch den Zuzug härter mitgenommen waren als das flache Land, mussten die Ausgewiesenen mit der Unterbringung in Lagern, später in Dörfern, mit einfachsten Unterkünften vorliebnehmen. Es war vorauszu-

sehen, dass auch die unvorbereitet getroffenen Bauern keineswegs erfreut über die amtliche Zuweisung von Flüchtlingen waren. Die Sudetendeutschen hielten zwar ihrerseits als Gruppe nach Möglichkeit zusammen. Es bestand aber keine Hoffnung auf Rückkehr in die angestammte Heimat. Die Fremde allein ertragen zu müssen, war vor allem für alleinstehende Mütter mit Kindern die härteste Prüfung.

Diese Situation im Herbst 1945 traf auch in etwa meine eigene kleine Familie. Ich konnte nicht mehr zurück in die Heimat meines Mannes, in unser Haus in Reichenberg.

Aus den oben beschriebenen und anderen Gründen habe ich mich in den Jahren nach dem Krieg stark mit den Heimatvertriebenen und ihrem schweren Schicksal identifiziert. Im Sommer, als die ersten „wilden" Flüchtlinge eintrafen, die über die „Grüne Grenze" und keineswegs „in geregelten Transporten" in Bayern ankamen, konnten wir das Ausmaß der sudetendeutschen Tragödie noch nicht übersehen. Ich habe mich zunächst einem anderen Notstand zugewandt. In meinem Heimatdorf und seiner weiteren Umgebung wurden viele deutsche Soldaten „entmilitarisiert". Viele von ihnen hatten keine zivile Kleidung und mussten zunächst mit einer solchen ausstaffiert werden. In Wald und Feld fanden die Kinder Mengen von Uniformstücken, die noch gut erhalten waren. Ich kam mit dem damals kommissarischen Bürgermeister überein, ein örtliches Nothilfswerk der Frauen zu gründen. Er stellte uns bereitwillig im alten Schulhaus Nähmaschinen zur Verfügung, und es fanden sich zwei Schneider, die anfangs mithalfen, aus den gefundenen Kleidungsstücken der Militärs Trachtenjoppen und Mäntel zu fabrizieren. Frauen aus dem Dorf halfen ehrenamtlich reihum mit. Aus Sammlungen schöner Hirschgeweihe wurden Trachtenknöpfe gedrechselt. Die neue Bekleidung kam in eine Kleiderausgabestelle, die später als Tauschzentrale für Kinderbekleidung weitergeführt wurde. Als es gelang, eine Vertreterin von Frauenarbeit bei der US-Militärregierung in München für unser kleines Hilfswerk zu interessieren, konnten wir eine Vergabestelle von Stoffen und Garn einrichten, um andere Näharbeiten durch Flüchtlingsfrauen fertigstellen zu lassen. Die Frauen schufen sich dadurch einen kleinen Verdienst, bis die neue Versorgungsgesetzgebung wieder funktionierte. Wir haben in einem Kiosk an der Theaterstraße in Oberammergau während der Passionsspiele 1950 die so gefertigten Gegenstände verkauft. Als dieses Nothilfswerk seine Tätigkeit einstellen konnte, war ich schon endgültig nach München umgesiedelt.

V. WIEDEREINSTIEG IN BERUFLICHE ARBEIT

Beim neu errichteten Staatskommissariat für Flüchtlingswesen fand ich zu Beginn des Jahres 1946 meine Anstellung als Referentin für Flüchtlingsfürsorge. Diese Sonderverwaltung gehörte zum bayerischen Innenministerium. Einen Stellenplan dafür gab es nicht. Die gesamte Verwaltung war ja erst im Aufbau und stellte zunächst nur Leute ein, die nicht entnazifiziert werden mussten.

Chef der Behörde war der Jurist Dr. Wolfgang Jänicke, ein Schlesier. Aufgrund eines Notgesetzes konnte er Beschlagnahmungen für Flüchtlingswohnungen vornehmen. In jedem Stadt- oder Landkreis bestellte er einen Flüchtlingskommissar, der für die Flüchtlingsunterbringung und -versorgung zuständig war. Zuerst in den großen Regierungsauffanglagern konnte ich Flüchtlingsfürsorgerinnen einstellen, danach auch in größeren Lagern auf Kreisebene. Auf geeignete Häuser oder bestehende Einrichtungen musste hingewiesen werden, wenn für Flüchtlinge ein besonderes soziales Bedürfnis vorlag, wie z.B. bei alleinreisenden Kindern, alten Menschen oder Behinderten. Einmal gelang es, die Bewohner eines ganzen Heimes mit sehbehinderten Menschen in einem bereits bestehenden Blindenheim aufzunehmen. Die Transporte von den vier Grenzübergangsstellen entlang der bayerisch-tschechischen Grenze von Passau bis Hof wurden zunächst vom Roten Kreuz betreut und dann unter Kontrolle der Militärregierung in die jeweiligen Regierungsauffanglager geleitet, bis eine weitere möglichst endgültige Bleibe für Familien und Einzelne gefunden war. Jene Glücklichen, die Verwandte oder gute Bekannte in Bayern hatten, konnten sich den Verbleib in Lagern verkürzen. Für die Mehrzahl der anderen dauerte es oft lange Zeit. Zumal für größere Familien waren dies oft harte Zeiten. Die Städte, viele ausgebombt oder schon überbelegt, boten in diesen Jahren selten Unterkunftsmöglichkeiten für Flüchtlinge. Auf dem Lande aber war die Bereitschaft, Fremde, noch dazu Flüchtlinge, aufzunehmen, nicht allzu groß. Es konnte manchmal lange dauern, bis ein eingesessener Dörfler sich für Herkunft und Schicksal einer Zwangseinquartierten interessierte. Es bedurfte einer über Jahre sich hinziehenden Aufklärungsarbeit durch Flüchtlingsbehörden, vor allem aber für die Kirchen, um das Zusammenleben im ganzen erträglich zu machen. Eine Caritasschulungsstätte für Flüchtlingshilfe in Greding bei Roth (Oberfranken), die in gut zusammengestellten Drei-Wochen-Kursen jüngere Frauen auf Überlebensfragen der Flüchtlinge vorbereitete oder sie zur ehrenamtlichen Hilfe motivieren konnte, war in dieser Zeit eine gute Hilfe. Der Unterricht enthielt auch das Fach Religion. Hier zeigte sich, welch großen Stellenwert

die Pflege des Glaubenslebens in einer Zeit so schwerer Erschütterung bildete.
Es gehörte zu meinen Aufgaben, bei der Einrichtung Greding mitzuwirken und dieser Schulungsstätte die nötigen materiellen Hilfen zu verschaffen. An vielen Kursen, die später auch auf Männer – unter ihnen Spätheimkehrer aus Rußland – ausgedehnt wurden, konnte ich mich mit Vorträgen über Themen aus dem Bereich der Flüchtlingsverwaltung beteiligen. Sehr bedeutungsvoll war die Information über in Bayern bestehende Einrichtungen, die zur Sesshaftwerdung dienen konnten oder Auskünfte über bereits in Gang kommende Gesetze zur Verbesserung der Lage der Flüchtlinge boten. Bayern hat 1948 als erstes der Aufnahmeländer für Flüchtlinge ein Soforthilfegesetz geschaffen, Vorgänger des zwei Jahre später in Kraft getretenen Lastenausgleichsgesetzes. Typisch für den Überlebenswillen der Sudetendeutschen war der Aufbau von Einrichtungen oder Gemeinschaften, die Ausdruck des Selbsthilfewillens der Flüchtlinge wurden, bevor es zur Zulassung von Parteien kam. Bayern gab sich 1950 seine Verfassung. Schon vorher gründeten die Vertriebenen „Gesinnungsgemeinschaften". Sie waren Ausdruck des entschlossenen Willens, an der gemeinsamen Zukunft in einem Aufnahmeland mitzuarbeiten.
Eine dieser Gemeinschaften war die Ackermanngemeinde, die bereits 1946 als katholische Flüchtlingsgemeinschaft der Sudetendeutschen quer durch alle Berufe und Altersgruppierungen gegründet wurde. Sie schuf sich ein eigenes Sozialwerk, innerhalb dessen sie Fachkräfte für die Beschäftigung von Kindern und Jugendlichen in zwei großen Lagern anstellte und schon 1951 ein eigenes Lehrlingsheim bei Regensburg errichtete. Ich konnte als Vorsitzende des Sozialwerks diese Maßnahmen leiten und begleiten – selbstverständlich im Ehrenamt.

VI. Meine Tätigkeit in der sozialen Ausbildung

Jede Sozialschule in Deutschland machte nach dem letzten Weltkrieg eine über Jahre sich hinziehende „stille Revolution" mit. Eine neue Antwort war zu finden, wie, mit welchen Menschen und mit welcher Ausstattung der noch junge Beruf der Sozialarbeiterin (bis in die 60er Jahre noch „Fürsorgerin" genannt) sich der ganz besonderen sozialen Bedürfnisse der Nachkriegszeit annehmen könne.
Ich zitiere mich im Folgenden selbst aus einem Vortrag zum Schuljubiläum 1960, wo ich versuchte, Kennzeichen dieser Wandlung näher zu beschreiben (Krause-Lang 1960).

„Einige Kennzeichen der sich wandelnden Gesellschaftsbasis:

(1) Die Struktur unserer gesamten Sozialarbeit ist in Veränderung begriffen. Der heutige Wohlfahrtsstaat macht Sozialarbeit zum Überbau einer ungemein differenzierten Sozialgesetzgebung, welche Hilfeleistungen für große Gruppen von Menschen in Aussicht stellt. Dabei betont der moderne Wohlfahrtsstaat das Recht auf Hilfe, ein Prinzip das erst im kommenden Sozialhilfegesetz zu seiner vollen Auswirkung kommen wird. Längst spielen Geld- und Sachleistungen nicht mehr die ausschlaggebende Rolle wie einst. Persönliche Hilfe wird, je weiter sich das Netz von Versicherungs- und Versorgungsleistungen oder von gesetzlich vorgesehenen Sonderleistungen im Zusammenhang mit Kriegs- und Vermögensverlusten ausbreitet, immer wichtiger. Dabei handelt es sich heute nicht mehr um Armenpflege, sondern mehr und mehr um geistig-seelische Anpassungshilfen, die dem Sozialarbeiter in unserer technischen Welt abverlangt werden, weil Familie und Nachbarschaft bzw. die spontane Hilfsbereitschaft des einzelnen Mitbürgers aus verschiedenen hier nicht näher auszuführenden Gründen in den Hintergrund treten. Der Mensch von heute wird immer verlorener inmitten einer wirtschaftlich florierenden Welt.

(2) Der Hilfsbedürftige ist infolgedessen heute ein anderer als vor 40 Jahren. Er pocht häufiger auf Hilfe, ist aber auch misstrauischer als früher gegen jede autoritär auftretende Form von Hilfe. Sein Selbstbewusstsein verbietet ihm, Fürsorge anzunehmen, wo er glaubt, Rechte zu haben. Daher kommt Fürsorge, ein Wort so edlen Ursprungs, immer mehr in Misskredit. Diese Ablehnung der Befürsorgung seitens der Klienten wird nicht nur in der öffentlichen, sondern sogar in der viel älteren freien Wohlfahrtspflege in gewissem Umfang sichtbar.

(3) In allen hochindustrialisierten Ländern kann die Sozialarbeit mehr Wert auf die Prophylaxe legen, die Menschen und Kapital erfordert. Daher kann zum Beispiel der Gesundheitspflege neben der Fürsorge heute ein größerer Raum gegeben werden. Es verstärken sich überall die Tendenzen zur Früherfassung von Schäden, zur öffentlichen und privaten Beratung, zur Förderung der gesunden Familie, zur Lebens- und Starthilfe für die Jugend. Der sozialpädagogische Ansatz in der heute allerorten hörbaren Forderung nach Jugendschutz und Jugendpflege ist unverkennbar und höchst berechtigt.

(4) In der heutigen Zeit werden die Wissenschaften vom Menschen und seiner Umwelt in einer Weise für die Sozialarbeit nutzbar gemacht, wie wir dies noch nie zuvor erlebten. Biologie, Anthropologie, Psychiatrie, Medizin, Psychologie (und hier wiederum besonders die Tiefenpsychologie), Pädagogik,

Soziologie, auch die Philosophie und Theologie tragen das Ihre dazu bei, um soziale Arbeit immer wirksamer für den Menschen in Not werden zu lassen. Was wäre moderne Sozialarbeit, was wäre Kinder- und Familienfürsorge heute etwa ohne die neuen Untersuchungen von Portmann oder René Spitz, Arnold Gehlen und Schelsky? Wir wissen heute mehr über die Bedeutung der frühen Kindheit, hier wieder besonders über das Verhältnis von Mutter und Kleinkind. Was könnten wir ohne ein – mindestens vorläufiges! – Wissen um die Akzelerationserscheinungen anfangen! Noch eine andere Neuerung gewinnt langsam an Boden in Deutschland: die Teamarbeit der Wissenschaften vom Menschen, eine höchst bedeutende Kooperation von Fachdisziplinen, die eine bessere Analyse der Tatbestände anstreben und eine rationellere und daher wirksamere Form der Therapie im Auge haben. Man denke nur an die ungemein wichtige Zusammenarbeit von Arzt, Seelsorger und Sozialarbeiter zur Durchdringung und gegenseitigen Ergänzung ihrer Arbeit im Zeitalter der Tiefenpsychologie!

(5) Das kausalgesetzliche Denken hat auch in der Sozialarbeit Fuß gefasst. Ursache und Wirkung werden in ihrer engen Beziehung erkannt. Der moderne Sozialarbeiter fragt bei seinen Beobachtungen am Menschen nach den Hintergründen des Handelns und nimmt dabei wahr, dass neben bewussten Motiven auch viele unbewusste stehen. Auch der Sozialarbeiter handelt nicht mehr rein spontan, seinem guten Herzen, den Kräften des Glaubens oder der weltanschaulichen Überzeugung allein folgend. Er lernt reflektieren, bewusst machen, er kontrolliert sich selber und seine Gefühle. Dieser Vorgang darf nicht nur negativ gewertet werden, er hat auch sein Gutes, denn er macht eigentlich erst Sozialarbeit lehrbar und lernbar. Das paradox scheinende Wort „Liebe muss gelernt sein" bekommt dadurch einen besonderen Sinn. Der Umweg der Bewusstmachung, den wir Europäer erst jetzt in der Sozialarbeit durchlaufen, kann sich durchaus auf dem Hintergrund einer warmen, dem Mitmenschen redlich zugewandten Haltung abspielen. Gefühle brauchen nicht zu sterben. Vor allem aber braucht das Ethos der Sozialarbeit durch die stärkere Rationalität, die heute in unseren Beruf kommt, nicht beschnitten zu werden. Es scheint eine eigentümliche Gesetzlichkeit darin zu liegen, dass in der Entwicklung der Sozialen Ausbildung zunächst nur auf Haltung Wert gelegt wurde und man dabei die Methode vernachlässigte. Im Gegenzug hat man dann eine Zeitlang nur mehr das Methodische für wichtig erachtet. Heute müssen wir zu einer Synthese kommen. Die Frage nach dem Ziel, dem Sinn, dem Wert einer sozialpädagogischen oder einer funktionalen Ausrichtung der Sozialarbeit darf ebenso wenig zur Ruhe kommen wie das Ringen um die besten Methoden,

mit denen wir anderen Menschen helfen können. Ohne Transzendenz, ohne ein Menschen- und Gottesbild kommt die heutige Sozialarbeit ebenso wenig aus wie die andere moderne Pädagogik.

(6) Im technischen Zeitalter ist die Werbung für eine Sache „allgegenwärtig und unentbehrlich“ (Freyer) geworden. Auch die Sozialarbeit, auch die Ausbildung wird sich überlegen müssen, wie sie am besten für die Verbreitung ihrer Ideen und für den sozialen Beruf wirbt. Vielleicht hat die Sozialarbeit am längsten von allen Bereichen darauf verzichtet, Eigenpropaganda zu machen. Man hat geglaubt, dass der Stil des Sozialberufes dies verbiete, die notwendige Verschwiegenheit, welche in einem Beruf erforderlich ist, der so sehr auf enge Vertrauensbeziehungen angewiesen ist. Möglich, dass hier auch Verhaltensweisen früherer Epochen der Sozialarbeit mitschwingen, die noch ganz geprägt sind von der christlichen Caritas, wo „die linke Hand nicht wissen soll, was die rechte tut“. Jedenfalls wird uns durch die Spielregeln der heutigen Gesellschaft aufgezwungen, hier gewaltig umzudenken und die modernen Massenmedia des Films, der Plakatwerbung, des Slogans, der kleinen Schriften usw. weit mehr als bisher zu benützen. So kann die Sozialarbeit heute die empirischen Forschungsergebnisse nicht mehr entbehren. Der junge Sozialarbeiter von heute muss aber schon auf seiner Ausbildungsstätte mit ihnen und den modernen Werbemethoden vertraut gemacht werden, wenn er auf größere Wirksamkeit seiner Arbeit abzielen soll.“

Die Soziale Frauenschule in München

Nach einigen Vorträgen über die Flüchtlingsfürsorge an den sozialpädagogischen Fachschulen, lud mich die Direktorin der Sozialen Frauenschule der Stadt München zu einem „Sondierungsgespräch“ ein. Ich möge doch meine Bewerbung als hauptamtliche Dozentin einreichen, falls ich Lust an einer solchen Aufgabe hätte. Die Flüchtlingsverwaltung war 1948 im Begriff, sich langsam in die Gebiete der ordentlichen Verwaltung einzugliedern. Das war ein günstiger Zeitpunkt für einen anderen Beruf, der mich auch lockte. Ich sagte zu.

Die Soziale Frauenschule der Stadt München war eine Gründung der Zeit nach dem 1. Weltkrieg unter der Leitung einer namhaften Juristin, die große Verdienste um das Zustandekommen des Jugendwohlfahrtsrechtes 1924 hatte (Dr. Frieda Duensing). Dr. Martha Rehm, die derzeitige Schulleiterin, hatte schon während der NS-Zeit – obwohl nicht Parteimitglied – die Soziale Schule weiterführen können. (Nähere Umstände erfuhr ich aus dem Aktenstudium der ehemaligen Schülerin und späteren Kollegin, Dr. phil. Marianne Hege).

Nach der Bayerischen Ausbildungs- und Prüfungsordnung von 1923 für Soziale Schulen setzte sich die Ausbildung zur Fürsorgerin aus einem Vorpraktikum und dem zweijährigen Unterricht mit zwei Kurzpraktika zusammen. Sie endete mit einer Prüfung unter Aufsicht des Kultusministeriums. Anschließend folgte ein volles Jahr Praxis unter Anleitung mit nachfolgender staatlicher Anerkennung. Ich kam als erste hauptamtliche Dozentin hierher. Das Schulgebäude war ausgebombt. Wegen der gefürchteten Luftangriffe musste für die zahlreichen Schülerinnen ohnehin der Unterricht auf das Land verlegt werden. Eine Notunterkunft wurde der Sozialen Frauenschule in München bei meinem Antritt in der Gebele-Schule am Herkommerplatz in zwei Klassenräumen gewährt. In einem weiteren Zimmer befanden sich gleichzeitig Sekretariat, Direktorat und Aufenthaltsraum für Dozenten, auch fanden hier die Sprechstunden für Schülerinnen statt. Die Schulspeisung, an der „die Lehrpersonen" dankbar teilnahmen, fand im Untergeschoss in der Nähe der Knabentoilette statt. Nach einigen Monaten konnten wir der Enge erleichtert entkommen. Aber die teilweise noch ausgebombte ehemalige Volksschule am Bogenhausener Kirchplatz war ebenfalls nur eine Zwischenlösung, bis wir eine geräumige schöne Privatvilla an der Neuberghausener Straße zugesprochen erhielten. Dort kam dann auch wieder die anfangs sehr kleine Schulbibliothek unter, in der sich – o Wunder – einige Bändchen der unersetzlichen „Familienfürsorge" von Marie Baum sowie zwei Ausgaben von Alice Salomons „Staatsbürgerkunde" fanden.

Von meinem Dozentenzimmer im 1. Stock konnte ich auf das St. Georgs-Kirchlein mit dem Künstlerfriedhof sehen. Die Isaranlagen auf der Höhe lagen davor. Die Großstadt war zwar nahe, aber im Bogenhausener Viertel nicht zu sehr spürbar. Die Schatten der Großstadt mit jenen Bevölkerungsgruppen, denen später einmal die berufliche Zuwendung der hier auszubildenden Sozialarbeiterinnen gelten sollte, kamen uns dennoch jede Woche einmal bei einer sogenannten Besichtigung auch virtuell näher.

Der große Wandel der Sozialschulen vollzog sich schon zu Beginn meiner Tätigkeit. Zu meiner Überraschung wurden mir gleich mehrere Hauptfächer der Ausbildung übergeben: Geschichte der Wohlfahrtspflege, Wohlfahrtskunde (worunter Aufgabengebiete und Institutionen der Sozialarbeit zu verstehen waren), Jugendwohlfahrtshilfe sowie Vorbereitung der Praktika und deren Auswertung, wöchentliche Besichtigungen von Einrichtungen der Wohlfahrtspflege in München und Umgebung. Wohl konnte ich stets mit der Beratung durch meine Direktorin rechnen, aber ich hatte mich zunächst intensiv einzuarbeiten und meine rückschauend, dass die ersten Jahre an der Sozialen Frauenschule ein „learning by doing" waren. Lehrbücher gab es so gut wie keine. Nur in einem der Fächer konnte ich den Studierenden einen kopierten „Leitfaden" zur Hilfe geben. Ansonsten mussten sich die sozialen „Schülerinnen" auf das Mitschreiben von Stichworten verlassen. Dass ich in der nächsten Unterrichtsstunde solche Stichworte „nachfragte", trug mir am Ende des 1. Jahres bei der Auswertung mit der „Klasse" heftige Beanstandungen ein (ich konnte es trotzdem nicht völlig lassen). Die übrigen Lehrfächer wie Psychologie, Pädagogik, Sozialversicherung, Volkswirtschaftslehre, Sozialmedizin wurden von nebenamtlichen Lehrkräften unterrichtet. Gesundheits- und Krankheitslehre trug der damals noch junge Kinderarzt und spätere Professor Theodor Hellbrügge vor, ein wegen seiner Methoden und Einrichtungen für die Behandlung von Kleinkindern in einer medizinisch-pädagogischen Form international bekannter Pädiater.

Dr. Rehm war für die juristischen Fächer zuständig. Als Schulleiterin war sie außerordentlich interessiert an einer möglichen Verbesserung der Lehrinhalte. Sie besuchte damals nicht nur selbst ein Weiterbildungsseminar in Holland, sondern gab mir viele Möglichkeiten, an solchen Veranstaltungen im In- und Ausland teilzunehmen. Sie war Mitglied im Vorstand der „Konferenz der Sozialen Schulen" und trug bald Sorge, dass ich zu deren Sitzungen mitkommen bzw. sie manchmal vertreten konnte.

1948 ermöglichte mir die Direktorin einen Studienaufenthalt in den USA, wo ich erste Begegnungen mit amerikanischen Sozialschulen machen und das Casework etwas kennen lernen konnte, aber auch sehr beeindruckt war von der Tätigkeit der Nachbarschaftsheime, die damals Gruppenarbeit (besonders mit Puertoricanern) machten. Es handelte sich beim Casework um den beruflichen Umgang mit Einzelnen oder Familien auf der Basis bestimmter psychologischer und soziologischer Theorien. „Methodisch" wurde damals in der Einzelhilfe nach dem medizinischen Modell (Untersuchung, Diagnose, Behandlung) vorgegangen. Für das Studium dieser Methoden benützten Sozialarbeiter Fallstudien. Die ins Deutsche übersetzten amerikanischen Lehrfälle gingen vom amerikanischen Milieu und amerikanischen Ressourcen aus. Wir konnten aber im Lauf der Jahre die sperrigen ausländischen Fallbeschreibungen gut durch deutsche bzw. schweizerische ersetzen. Auch der Arbeit mit Gruppen lagen ähnliche wissenschaftliche Vorgehensweisen zugrunde. Unsere Psychologin an der Ellen-Ammann-Schule konnte sich später in das Fach Soziale Gruppenarbeit einarbeiten durch die kollegiale Unterstützung von Dr. Heinrich Schiller,[1] Direktor der Evangelischen Sozialschule

Nürnberg, der als Schüler bei Dr. Gisela Konopka in den USA Groupwork studiert hatte. Die Skepsis der Praktiker gegenüber der methodischen Arbeit wich langsam der Zustimmung, weil in vielen Fortbildungsveranstaltungen dieses Jahrzehnts die verschiedensten Dienststellen damit vertraut gemacht werden konnten. Auch in der beim Gesundheitsamt installierten Familienfürsorge wurde die Nutzung der Einzelhilfe-Methode bald als brauchbar empfunden.
Gleichzeitig mussten wir in diesem Jahrzehnt der „methodischen Revolution" gemeinsam mit den Berufsverbänden für Sozialarbeiter um die Verbesserung der Besoldung für den sozialen Dienst kämpfen. Die Sozialen Schulen waren stark herausgefordert, Überzeugungsarbeit in Verhandlungen mit dem Bayerischen Innenministerium zu leisten.
Während meiner Zeit an den ersten beiden Sozialen Frauenschulen erhielt ich einen Lehrauftrag für Familiensoziologie an der Münchener Universität, den ich mehrere Jahre beibehielt. Die Zusammenarbeit mit dem Soziologischen Institut kam mir durchaus zustatten.
Im Rückblick auf diese Jahre stelle ich fest, dass es eine Zeit großer Auseinandersetzungen in der „Konferenz der Sozialen Schulen" um die Reform der Ausbildung war, die auch noch das nächste Jahrzehnt bestimmte. Wert und Unwert neuer Lehrfächer wurden heftig diskutiert. Der Vorstand der Sozialschulen Deutschlands, mit Dr. Hans Wollasch, Freiburg, als überzeugendem Sprecher an der Spitze, versuchte Ministerien und private Schulträger bei der Beurteilung von Reformen der Ausbildung für Sozialarbeiter zu unterstützen. Für die im Dozentenkollegium anstehenden Diskussionen um einen verbesserten Lehrplan erhielten die Münchener Sozialschulen bemerkenswert guten Beistand durch ausländische Kollegen. In der Nachkriegszeit waren es auf europäischer Seite die Niederländer, die zur Umsetzung überseeischer Ideen am meisten Zugang fanden, weil sie wenig Übersetzungsschwierigkeiten hatten. Aber auch die Militärregierungen, besonders die der amerikanischen Zone in Bayern, haben gute Botschafter auf dem Sozialgebiet in unsere Stadt entsandt. Ich erinnere mich an einige Namen und Gesichter aus den USA: Als erster kam Prof. Kurt Reichert, damals zuständig als amerikanischer Sozialberater der Stadt Nürnberg, einen Winter lang einmal wöchentlich zu einem Referat über Casework (in deutsch gehalten) zu uns. Dann nahm Dr. Erna Magnus mit großem Interesse an unserem Unterricht mehrere Wochen teil, um über die Sozialarbeiterausbildung in Deutschland ein Buch zu schreiben. Mit Gisela Konopka

---

[1] Siehe seinen Beitrag in Band 1.

erlebte ich ein längeres Seminar über Groupwork in Schockethal/Hessen. Prof. Louis Lowy, Boston, gab zahlreiche Vorträge über den Aufbau des Sozialarbeiterstudiums an einem amerikanischen College. Ich durfte zu Seminaren der Europäischen Sozialschulen oder Veranstaltungen der „International Conference of Social Work“ (ICSW) fahren. Die aus Köln während der NS-Zeit nach den USA emigrierte Hertha Kraus, welche die ersten ins Deutsche übersetzten Falldarstellungen in einem Buch veröffentlichte, lernte ich 1948 bei meinem ersten Besuch in Philadelphia kennen, wo sie an einem College der Friends (Quäker) lehrte. Viele Verdienste um die Sozialen Schulen in Deutschland hat sich Marie Kamphuis aus Groningen erworben, die nicht nur zu vielen Seminaren hierher kam, sondern auch die erste Einführung in das Social Casework auf Deutsch besorgte. An mehreren ihrer Seminare für deutsche Dozenten durfte ich mit großem Gewinn teilnehmen. Die ins Deutsche übersetzte, ursprünglich holländische Ausgabe ihres Buches über Casework war zunächst das einzige Lehrbuch in der Sozialen Einzelfallhilfe.

Während der 50er Jahre hat sich das Erscheinungsbild der Studierenden an den deutschen Sozialschulen deutlich verändert. Auch Männer ersuchten um Aufnahme. Heimkehrer aus dem Krieg bewarben sich mit guten Gründen um eine Neuorientierung in einem Beruf, der jetzt einem spezifischen friedlichen Wiederaufbau dienen sollte. Die gegenseitige Ergänzung der Geschlechter ist, wo sie ohne Zögern im Unterricht in Gang gesetzt wurde, von den Schulleitungen als Vorteil für beide Gruppen gesehen worden. Das Leitbild der „mütterlichen Fürsorgerin“, wo immer es noch gehegt worden sein mag, begann zu verblassen. Es war an der Zeit, die gedruckten Prüfungszeugnisse an der Sozialen Frauenschule zu überarbeiten und dafür einen neuen Namen zu finden.

Einen ganz entscheidenden Anstoß für meine eigene Vorbereitung auf das Fach Casework erhielt ich auf einem Seminar der Universität Helsinki im Sommer 1952. Dort hielt Dr. Eileen Younghusband (London) den Einleitungsvortrag über die Grundausbildung im Casework und deren Platz im Lehrplan der Sozialen Schulen. Auch mit Helen Perlmans Buch „Social Casework, A Problem-Solving Process“ (1957) konnte ich etwas anfangen. Um wenigstens einen Anfang zu machen für die Einführung in Einzelhilfe bzw. Soziale Gruppenarbeit, übersetzte ich in den 60er Jahren Biesteks „Wesen und Grundsätze der helfenden Beziehung in der Sozialen Einzelhilfe“ (Erstauflage 1968) und das kleine Bändchen „The Small Group“ (Die Kleingruppe – Soziologische und sozialpsychologische Aspekte) von Michael Olmsted, beide erschienen im Lambertus-Verlag Freiburg. Außerdem versuchte ich in Fachzeitschriften für die Methodenfächer einzutreten.

Später haben wir sogar experimentiert, an Hand eines Falles aus der Methodenlehre gleichzeitig auch andere Fächer abzuprüfen. Wir haben damit zur gleichzeitigen Teilnahme an der Prüfung auch den Juristen (etwa für Familien- und Jugendrecht) oder den Psychologen mit eingeschaltet. Dieser Versuch hat sich aber aus verschiedenen Gründen nicht als praktikabel für eine Schlussprüfung erwiesen. Es hat aber verdeutlicht, dass das Casework ein Integrationsfach ist, in dem das Basiswissen aus mehreren Fächern zur Anwendung kommen kann.

Die „Schülerinnen" und „Schüler" (dies war die damalige Anrede, die aber schon in den 50er Jahren in „Studierende" geändert wurde) amüsierten sich zu Beginn der Einführung in dieses amerikanisch-angelsächsische Lehrfach „Casework" über den Namen. Aber allmählich merkten sie, dass Grundsatzfragen der Sozialarbeit schlechthin angesprochen wurden, Problemfelder, gesellschaftliche Bedingungen, Beziehungen, partnerschaftliche Problemlösungen usw.

Die Einführung der Methodenlehre an Sozialen Schulen war vor der amtlichen Anerkennung dieses Grundfachs in den Prüfungsordnungen der Länder ein gewisses Wagnis. Zunächst war es die mangelnde Vorbildung der Lehrenden für dieses neuartige Unterrichtsfach, das ja als erstes eine bestimmte Vertrautheit mit der Methode vom Dozenten erforderte, die jedoch bis dahin nicht vermittelt war. Da ich dieses neue Lehrfach in der Einzelhilfe übernehmen sollte, versuchte ich es mit einer Analyse bei einem am Institut für Psychotherapie anerkannten ärztlichen Psychotherapeuten. Diese Art von Lehranalyse zog sich über etwa eineinhalb Jahre hin. Es wurde als selbstverständlich vorausgesetzt, dass ich dafür aus eigenen Mitteln aufkam. Als ich mich um ein Stipendium an die damalige Viktor-Gollancz-Stiftung wandte, erhielt ich von dort einen Zuschuss von ganzen 300 DM mit einer vorsichtig angebrachten Bemerkung, dass von der Psychoanalyse auch nicht alles Heil zu erwarten sei (was ich im übrigen nie angenommen hatte). Eine gewisse Förderung für den Besuch weiterführender Kurse „zur Entwicklung eines wichtigen Lehrfachs" erhielten wir durch eine Dienststelle der Amerikaner. Der Schulbehörde in unserer Stadt konnten wir die Notwendigkeit dieser Neuerung nicht verständlich machen, solange nicht die Genehmigung des Bayerischen Kultusministeriums ausdrücklich vorlag. Bis es dazu kam, konnten wir immerhin an unserer Schule eine Klausur in Methodenlehre bei der Abschlussprüfung durchführen und erhielten die Genehmigung, das Fach auch im Abschlusszeugnis zu nennen.

Jedoch fehlten die erforderlichen Supervisorinnen für die Praxis. Daher veranstalteten wir einen übrigens außerordentlich gut besuchten Kurs über

die neue Methode für Sozialarbeiterinnen der Stadt. Eine große Aufgabe war auch der mühsame Aufbau guter Kontakte zu Praxisstellen, die gewillt waren, solch neue Arbeitsweisen überhaupt zuzulassen. An der Ellen-Ammann-Schule haben wir einige Jahre später sehr konsequent, aber mit noch viel größeren Schwierigkeiten versucht, geeignete Dozenten für ein Seminar zur Gewinnung von Supervisorinnen zu erhalten und einen besonderen Ausbildungsplan dafür zu entwerfen. Dies war dann der Beginn einer eigenen Abteilung „Fortbildung" an der späteren Fachhochschule für Sozialarbeit. Solche Fortbildungsmaßnamen verlegten wir, um einen intensiven Seminarbetrieb zu gewinnen, nach Freising in die dortige Domakademie.
Zurückblickend auf meine Anfangszeit an der Münchener Städtischen Sozialen Schule finde ich es erstaunlich, wie mit nur zwei hauptamtlichen, aber zahlreichen nebenamtlichen Dozenten, der Weg zu einer erneuerten Ausbildung beschritten wurde. Wir konnten das Fach Soziologie einführen. Dass Dr. Rehm es schaffte, unserem Berufsschulreferat der Stadt klarzumachen, wir hätten wegen der vielen Nachkriegsveränderungen in der Sozialen Arbeit ein Fach „Wohlfahrtspflege II" in den Stundenplan aufzunehmen, hinter dessen Titel sich die Einführung in das völlig unbekannte Methodenfach „Einzelhilfe" verbarg, war eine kleine Eigenmächtigkeit, aber es half uns weiter.
Ich erinnere mich nicht, dass die „Schülerinnen" wegen Überbelastung des Stundenplans je Klage geführt hätten. Der Hunger nach Ausbildung war in dieser ersten Nachkriegsgeneration zu groß. Die dafür in Kauf genommenen Anstrengungen waren beachtlich, denn die Zahlung eines „Schulgeldes" war obligatorisch. Ganz abgesehen von den Ausgaben für Unterkunft und Verpflegung, konnten auch Besichtigungsfahrten und von den Studierenden angeregte Feste oft nur durch freiwillige Nebenarbeiten der Studierenden (wie Nachtwachen, Hausarbeit bei fremden Familien etc.) bezahlt werden. Dennoch haben wir während jedes Studienabschnitts auch Besichtigungen interessanter alter und neuer Einrichtungen, einige sogar im Ausland, durchführen können. Ich erinnere mich z.B. lebhaft an eine Gemeinschaftsfahrt nach Paris, um die dortige Soziale Schule kennen zu lernen und Sozialarbeit mit ausländischen Arbeitern, Berufseingliederungsversuche bei Prostituierten und Jugendarbeit in einer Pfarrei zu erleben. Glücklicherweise half zunehmend das Bundesjugendprogramm, um die geldlichen Engpässe für die Studierenden zu überwinden.
Das Feiern von Festen war der Sozialen Schule durch die Nachbarschaft mit einer Städtischen Schule für Werklehrerinnen erleichtert. Ich habe nie wieder mit so wenigen Mitteln derart kreativ ausgestattete Faschingsnächte – ein typisch Münchnerischer Brauch – erlebt wie damals.

Feste mit Theaterspiel und Musik, z.B. die Aufführung „Der kleine Prinz" in einem bombengeschädigten Schulhaus – mitten im Klassenzimmer – gehörten zur damaligen, noch relativ bescheidenen „Schülerzahl" (50-60).
In den Jahren nach 1958 erreichte der Reformwille der Sozialen Schulen in Deutschland die Umstellung von der Fachschule zur Höheren Fachschule mit einem erweiterten Lehrplan und neuen Voraussetzungen.
Mit dem Ausscheiden der Direktorin 1960 und dem Freiwerden dieser Stelle an der Münchener Katholischen Frauenschule bewarb ich mich dort mit Erfolg.

Die Stiftungsfachhochschule in München

Die Ellen-Ammann-Schule übersiedelte 1970 mit ihrem letzten Kurs auf ein neues kirchliches Gelände in der Preysingstraße, wo früher ein großes Erziehungsheim der „Frauen vom guten Hirten" gestanden hatte. 1972 wurde die Höhere Fachschule für Sozialarbeit der männlichen Wohlfahrtspfleger unter der Leitung von Hermann Zeit mit unserer Schule institutionell vereinigt. Der Zusammenschluss brachte auch den Verlust des Namens Ellen-Ammann-Schule mit sich. Fortan hieß das gemeinsame Institut „Katholische Stiftungsfachhochschule für Sozialarbeit".
Der Vereinigung beider Schulen waren viele Überlegungen auch mit kirchlichen Stellen vorausgegangen. Die katholischen Bischöfe Bayerns waren bereit, das neue Werk in der Form einer Stiftung zu finanzieren. Es war klar, dass es fortan eine soziale Berufsausbildung ohne Anhebung auf eine Fachhochschule nicht mehr geben könne. Dafür aber wäre jede der beiden katholischen Schulen finanziell und personell völlig überfordert gewesen. Dass im Jahr 1968 auch die eigenen Vertretungen der Studierenden die Notwendigkeit einer neuen Ausbildungsform kräftig unterstützen würden, war beinahe vorauszusehen.
Neues Bildungsziel war, wissenschaftliches Arbeiten und die berufliche Praxis enger zu verbinden. Während bisher die praktische Ausbildung in einer Kurzform im 2. Studienjahr erfolgte, wurde die Praxis nunmehr auf das 5. und 6. Semester gelegt und der Verantwortung der Fachhochschule überlassen, die auch für Supervision zu sorgen hatte. Am Ende der beiden folgenden Semester stand die Graduierung, ab 1978 Diplomierung. Das bisherige sogenannte Praxisjahr mit der am Schluss erteilten Berufsgenehmigung („Staatliche Anerkennung") entfiel. Die Staatliche Anerkennung wurde nun unmittelbar nach erfolgreich abgelegter Abschlussprüfung verliehen. Die Ausdehnung des bisherigen Studiums von 6 auf 8 Semester brachte mit sich, dass die

meisten Dozenten im letzten Studienjahr deutlich mehr von Fragen auszugehen hatten, welche die im Vorjahr erlebte Praxis stellte. Die Methodenlehre als Lehrfach entfiel. Die Vermittlung wissenschaftlicher Erkenntnisse sollte auf das zentrale Handlungsfeld „Sozialarbeit" ausgerichtet sein. Die Soziologie als Gesellschaftswissenschaft wurde aufgewertet. Dadurch verlagerte sich der Schwerpunkt der methodischen Ausbildung mehr auf „Systeme" anstelle der „Helfenden Beziehung".
In der Weiterentwicklung der wissenschaftlichen Grundlagen für Sozialarbeit wurde die sozialkritische Reflexion systemischer Lebenszusammenhänge und des institutionellen Rahmens Sozialarbeit in den Mittelpunkt gerückt. Daraus sind in meinen letzten Berufsjahren interessante und herausfordernde neue Ansätze einer Theorie-Praxis-Lehre entstanden, z.B. Soziales Management und Soziale Planung. In den heutigen Dienststellen für Psychosoziale Beratung haben sich Behandlungsstrategien aus dem ehemaligen Casework erhalten.

Benediktbeuern

Bemerkenswert für die Ausdehnung der Stiftungsfachhochschule in München war, dass sie eine eigene Abteilung in Benediktbeuern bei Bad Tölz führt (der Theologischen Hochschule der Salesianer organisatorisch angeschlossen).
Sie hat sich aus einer ursprünglichen Fachschule für Sozialpädagogik heraus entwickelt, die von Anfang an auch mit entsprechenden Dozenten der ehemaligen Katholischen Männerfachschule in München und später der Ellen-Ammann-Schule ergänzt wurde.
Ich habe an der Stiftungsfachhochschule die Anfangsentwicklung miterlebt, die Einrichtung unserer Gremien, die Wahl des Präsidenten, die Suche nach Dozenten mit der nötigen Qualifikation, die beginnende Festigung einer neuen, selbstbewussten Studentenschaft. Ich wurde für die 1. Wahlperiode zur Vizepräsidentin gewählt und habe in meinen letzten Berufsjahren in der Münchener Preysingstraße mit dem ehemaligen Direktor der Männerschule, Hermann Zeit, und dessen Stellvertreter, Hundmayer, zusammengearbeitet. Die Fächer „Einführung in Casework" habe ich im Hauptstudium gelehrt und Seminare übernommen. Ende des Sommersemesters 1976 ging meine Tätigkeit an der Fachhochschule zu Ende.
Zwei ergänzende Beobachtungen aus meinen Berufsjahren an sozialen Ausbildungsstätten in Bayern:
München war seit langem beliebtes Ziel ausländischer Studenten, auch für solche, die von religiösen Gemeinschaften oder Orden entsandt wurden.

Wir machten gute Erfahrungen mit asiatischen Studentinnen (Inderinnen), die von ihren deutschen Ordensgemeinschaften bereits erste Einführungen in das Gastland erhalten hatten und den späteren Arbeitsplatz in ihrer Heimat in der Regel schon kannten. Dennoch fühlte sich das Dozentenkollegium angesichts seiner meist unzureichenden Kenntnisse und Erfahrungen über das Entsendeland gelegentlich überfordert, wenn es unsere Gesellschaftsstruktur zum Ausgangspunkt seiner Vorlesungen nahm oder an die kodifizierte Rechtsprechung in Deutschland heranzuführen hatte, deren Sinn Ausländern oft fremd blieb.

An der Fachhochschule gestaltete sich die Verbindung von Lehre und Praxis anders als vorher üblich. Die anstelle des früheren Jahrespraktikums integrierten Praxissemester (5. und 6. Semester) erwiesen sich als großer Vorteil. Das letzte Studienjahr ermöglichte bereits die weitgehende Auswertung der Erfahrungen einer tatsächlichen Integration von Lehre und Praxis. Das war für Dozenten wie Studenten weit befriedigender als frühere Lösungen.

VII. Nachberufliche Tätigkeiten

Als ich 1976 die Stiftungsfachhochschule verließ, schien die Ausbildung von Berufskräften in der Sozialarbeit weitgehend gefestigt zu sein. Von bereits Erreichtem und von zukünftigen Aufgaben berichtet die Festschrift der Kollegen zu meinem 80. Geburtstag 1992 mit dem Titel „Sozialarbeit – Herkunft und Perspektiven". Es geht in dieser Schrift um uralte Themen, wie z.B. die christlichen Wurzeln der Sozialarbeit oder den Zusammenhang zwischen Wissenschaft, Ausbildung und Bezug zur Praxis. Aber auch um die Weiterentwicklung von Markt und Diakonie unter heutigen Perspektiven ist die Rede sowie von einer positiven Ökonomie der Sozialen Arbeit, um den Bedeutungswandel der Freien Wohlfahrtspflege, um neue Selbsthilfegruppen usw. Auch zwei bemerkenswerte Beiträge von früheren Studierenden der Ellen-Ammann-Schule fanden Eingang in die Festschrift. Ein Bericht erzählt zum Beispiel in knapper Form, wie eine in Brasilien tätige Sozialarbeiterin, Angehörige einer religiösen Kongregation, in dem brasilianischen Bundesstaat Goiás eine Gewerkschaft von Büglerinnen und Wäscherinnen ins Leben rief.

Im Jahre 1983 bin ich nach Aachen gezogen. Das erschwerte zwar die Aufrechterhaltung alter Beziehungen zu den Münchener Sozialschulen. Doch brachte mich die eine oder andere nachberufliche Tätigkeit gelegentlich wieder nach Bayern. Ich führe im Nachfolgenden solche Tätigkeiten auf:

Treffen mit Ehemaligen

Weil der Zugang zur Fachliteratur in meinem Ruhestand sehr erschwert ist, gewinne ich auf andere Weise Einblick in die Tätigkeit von Studenten und Studentinnen aus früherer Zeit. Ich werde alljährlich mehrmals zu Treffen ehemaliger Graduierter nach Bayern eingeladen. Einmal kam sogar eine Gruppe von 20 Damen zu mir nach Aachen, einige selbst schon längere Zeit im Ruhestand. Die Ältesten von ihnen besuchten die Soziale Schule 1948 – 1950. Sie waren besonders betroffen beim Vergleich mit ihren beruflichen Anfängen, da der Bezug zu Klienten in den letzten Jahren ganz auf Begegnungen im Büro beschränkt war. Die Familienfürsorge sei völlig in Wegfall gekommen. Die von Marie Baum seinerzeit propagierte Zuständigkeitsbündelung für alle Fälle von Familienproblemen bei der Fürsorgerin sei völlig untergegangen und der Bürokratie (ohne Hausbesuche) überlassen. Dadurch entfalle die Prävention völlig.

Nachqualifizierung italienischer Sozialhelfer im Dienst an italienischen Industriearbeitern (Gastarbeitern) in Deutschland

Dies war der seltsamste Lehrgang, an dem ich jemals mitgearbeitet habe. Dieser Kurs wurde zwar organisiert durch den Deutschen Caritasverband in Freiburg, sollte aber in drei Abschnitten abgeleistet werden, an deren Ende eine Prüfung in Rom an der dortigen Katholischen Sozialschule stattfand. An einer deutschen Sozialschule wäre dies wegen der völlig unterschiedlichen Voraussetzungen für das Studium der Sozialarbeit nicht möglich gewesen. Der Unterricht fand in der deutschen Sprache statt, wenn wir in Freiburg tagten (je 3 Wochen), um auf die deutschen Verhältnisse bezugnehmenden Unterrichtsfächer zu absolvieren. Um aber eventuell später auch in Italien als Sozialarbeiter wirken zu können, mussten juristische Kenntnisse (vor allem Methodisches) auch auf Italienisch gelehrt werden, wofür der Leiter der römischen Sozialschule verantwortlich war. Ich hatte den schwierigen Stundenplan für Deutschland zu organisieren, eventuelle Gastdozenten anzuwerben und Besichtigungen durchzuführen. Glücklicherweise half dabei von Anfang an der deutscher Psychologe Dr. Hartmann-Mainz mit seinem Unterricht tatkräftig mit. Es war ein ständiger Drahtseilakt, die Komponenten im Auge zu behalten, Misstrauen nicht aufkommen zu lassen, dem unterschiedlichen Vorbildungsstand der Studierenden gerecht zu werden u.a.m. Zur Abnahme der Abschlussprüfung mussten wir nach Rom, gerade zu jener Woche, in der dort das Kardinalskollegium Papst Johannes Paul II. wählte. Die Weiterführung anderer Italienerkurse hat der Deutsche Caritasverband aus den verschiedensten Gründen einstellen müssen. Ich habe nur an zwei Lehrgängen mitgearbeitet.

Lehrgänge zur Nachqualifizierung von Altenheimleitern und -leiterinnen in Bernried am Starnberger See, im Kloster der Missionsbenediktinerinnen von Tutzing

Der Landescaritasverband Bayern übertrug mir die Leitung der ersten beiden Kurse aufgrund meines Ausbildungsplanes für eine solche Aufgabe. Der erste Kurs wurde fast ausschließlich von Ordensschwestern – meist ausgebildete Krankenpflegerinnen – besucht. Jeder Lehrgang bestand aus 3 Blöcken zu je drei Wochen, verteilt auf 1½ Jahre. Dazwischen lag die Rückkehr in die frühere Tätigkeit im Altenheim. Der Lerneifer dieser Schwestern bleibt mir unvergesslich. Es war aber vor allem bemerkenswert und zu bewundern, wie diese meist nicht ganz jungen, wohl aber in ihrem Alltag sehr erfahrenen Klosterfrauen, sich im Laufe des Lehrgangs wandelten. Aus beflissenen „braven" Hörerinnen wurden höchst aufgeschlossene, selbständige diskussionsfreudige Gruppenmitglieder. Zum Abschluss hatten sie eine Hausarbeit zu einem Problem ihrer täglichen Heimpraxis zu schreiben und eine mündliche Prüfung in Gegenwart eines Mitglieds der Regierung abzulegen. Sie konnten danach ein von der Regierung gezeichnetes Prüfungsdokument in Empfang nehmen. Diese zwei Klosterfrauen-Lehrgänge in der friedlichen Abgeschlossenheit eines Benediktinerinnenklosters am geschichtsträchtigen Starnberger See gehören zu den erfreulichsten Erinnerungen meines Berufs. Noch immer erhalte ich alljährlich einen Rundbrief, den die Vorsitzende einer aus diesen ersten Lehrgängen entstandenen „Altenheimleiter-Vereinigung" mir zuschickt.

Weiterbildung von ehrenamtlichen Mitarbeiterinnen und Mitarbeitern der Caritas

Nach dem Vorbild der im 19. Jh. begründeten Vinzenzvereine für Männer entstanden in diesem Jahrhundert Caritasgruppen für Frauen als Elisabethenvereine (heute sind es die meist im Rahmen einer Pfarrgemeinde tätigen Ehrenamtlichen). Für sie wurde an der Zentrale des Caritasverbandes in Freiburg eine Geschäftsstelle eingerichtet, welche in den Bistümern ehrenamtliche caritative Arbeit auf den Gebieten der Familien- und Altenarbeit fördert, u.a. auch durch Herausgabe einer eigenen Zeitschrift „Begegnen und Helfen". Es ist klar, dass im Zug der Neubelebung christlichen Gemeindebewusstseins auch der Wunsch nach Förderung solcher Helfer und Helferinnen sich erhob. Unter diesem Aspekt wurde ich durch die Zentrale in Freiburg in den ersten zehn Jahren meines Ruhestands öfters um Übernahme von Schulungstagen oder -wochen für ehrenamtliche Gruppen gebeten. Die Ausarbeitung eines solchen Kurses für Anfänger oder Fortgeschrittene regte mich an, eine Einführung in Buchform unter dem Titel „Zum Helfen befähigen" zu schreiben (1976).

In Fortsetzung der Grundkurse wurde ich bald gebeten, die Helferschulung von Ehrenamtlichen auch auf die Leiter und Leiterinnen solcher Kreise in den Gemeinden auszudehnen. Das tat ich ebenso gern wie bei den Grundkursen, aber mit dem Unterschied, dass ich jetzt bereits erfahrene Mitglieder einer Pfarrgemeinde vor mir hatte, die für spezielle Leitungsfunktionen herangebildet werden sollten. Wieder ein neuer Personenkreis, wieder mit anderen Einstellungen gegenüber einer neuen Aufgabe!

Ich lernte immer mehr das darstellende Spiel als Lernhilfe in die Kurse einzubauen und fand – nach anfänglichem Zögern vor allem bei älteren Helferinnen – allmählich ein immer größeres Interesse dafür.

Schriften zur Altenproblematik

In den späteren siebziger Jahren überkam mich immer mehr die Lust an meinem eigenen Altern zu arbeiten, anstatt den Blick überwiegend auf Andere zu richten. Die Fragen an mich selbst, nicht nur vor dem Spiegel, nahmen zu. Das Ergebnis war ein Buch, „Nie mehr so schön wie Sulamith" (Freiburg 1978) und Beiträge zu gerontologischen Fragen in Zeitschriften.

VIII. Schluss

War es ein Vorzug, dass ich an zwei katholischen Sozialschulen tätig war? Ich denke: Ja. Allem Anschein nach hat die ausführliche Würdigung ethischer Fragen in Vorlesungen und Diskussionen – an unserer Stiftungsfachhochschule wirkten mehrere Theologen, Priester und Laien – eine große Rolle zu spielen für die Persönlichkeitsbildung in einem der anspruchsvollsten Berufe, die es gibt. Der Sozialarbeiter als Partner im Verhältnis zu Einzelnen oder Gruppen kann nur dann wirksam werden, wenn er seine ganze Person entsprechend ins Spiel einbringt. Die Medizin erkennt seit ihren Ursprüngen, dass ihr Beruf ethische Normen verlangt. Die Sozialarbeit darf sich vor einem ähnlichen Eingeständnis nicht drücken.

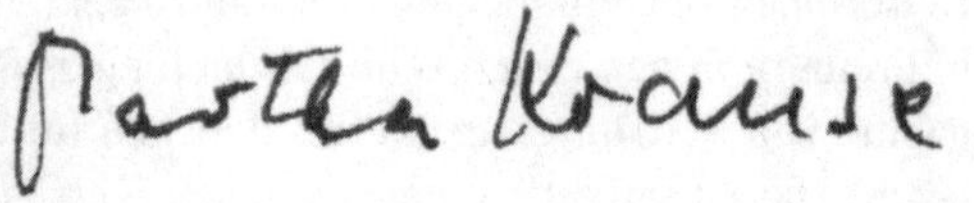

IX. AUSWAHL WICHTIGER VERÖFFENTLICHUNGEN

1. Entwicklung von Methoden und Ausbildung der Sozialarbeit

Krause-Lang, Martha (1949): Eindrücke von der Nationalkonferenz für soziale Arbeit. In: Caritas. Zeitschrift für Caritasarbeit und Caritaswissenschaft, 50, S. 209-212

Krause-Lang, Martha (1960): Entwicklungslinien der Sozialarbeit in den letzten vier Jahrzehnten im Spiegel einer Fachschule für Sozialberufe. In: Bayerischer Wohlfahrtsdienst, 12, S. 80-82

Krause-Lang, Martha (1962): Überwindung der Masse in der Praxis der Sozialarbeit. In: Caritas. Zeitschrift für Caritasarbeit und Caritaswissenschaft, 63, S. 353-367

Krause-Lang, Martha (1964a): Ausbildung von Führungskräften in der Sozialarbeit. Europäisches Seminar der Vereinten Nationen in Amersfort, Holland. In: Soziale Arbeit, 13, S. 53-60

Krause-Lang, Martha (1964b): Didaktik der wissenschaftlichen Fächer im Unterricht an den Höheren Fachschulen für Sozialarbeit, 13, S. 545-555

Krause-Lang, Martha (1965): Wertungsfreie Sozialarbeit? In: Blätter der Wohlfahrtspflege, 112, S. 298-304

Krause-Lang, Martha (1966): Die Ausbildung zur Sozialarbeit im internationalen Gespräch. In: Caritas. Zeitschrift für Caritasarbeit und Caritaswissenschaft, 67, S. 295-303

Krause-Lang, Martha (1969a): Ausbildung zur Sozialarbeit auf verschiedenen Ebenen. In: Soziale Arbeit,18, S. 293-303

Krause-Lang, Martha (1969b): Soziale Werte und Sozialarbeiterausbildung. In: Caritas. Zeitschrift für Caritaswissenschaft,70, S. 150-153

Krause-Lang, Martha (1970): Kriterien einer Erfolgsbewertung in der Sozialarbeit. In: Caritas. Zeitschrift für Caritaswissenschaft, 71, S. 189-196

Krause-Lang, Martha (1971a): Brauchen wir eine „Gesellschaft für soziale Ausbildung?“ In: Soziale Arbeit, 20, S. 49-53

Krause-Lang, Martha (1971b): Die helfende Beziehung. In: Caritas. Zeitschrift für Caritasarbeit und Caritaswissenschaft, 72, S. 310-323

Krause-Lang, Martha (1975): Neuere Entwicklungen in der Ausbildung und Beschäftigung von Sozialarbeitern in den USA. In: Sozial, 2, S. 11 ff.
Krause-Lang, Martha (1976a): Aktuelle Überlegungen zum Ethos der Sozialarbeit. In: Caritas. Zeitschrift für Caritasarbeit und Caritaswissenschaft, 77, S. 69-77
Krause-Lang, Martha (1988): Erinnerungen an die Ellen-Ammann-Schule (EAS), 1969 bis 1971, in: Gedenkschrift für Prof. Hermann Zeit. Ein Beitrag zur Geschichte der Katholischen Stiftungsfachhochschule München und der Katholischen Fachakademie für Sozialpädagogik, München

2. Aufsätze zum Thema „Familie in der modernen Gesellschaft“

Krause-Lang, Martha (1953): Die Mutter in der heimatvertriebenen Familie. In: Caritas. Zeitschrift für Caritasarbeit und Caritaswissenschaft, 54, S. 155 ff.
Krause-Lang, Martha (1955): Die offene Familie, in: Caritas. Zeitschrift für Caritasarbeit und Caritaswissenschaft, 56, S. 85-89
Krause-Lang, Martha (1961): Die sich wandelnden Bedürfnisse der Familie und die Sozialpolitik. In: Caritas. Zeitschrift für Caritasarbeit und Caritaswissenschaft, 62, S. 191-194
Krause-Lang, Martha (1976b): Leitbilder der gegenwärtigen Rolle von Hausfrau und Mutter. In: Caritas. Zeitschrift für Caritasarbeit und Caritaswissenschaft, 77, S. 1-9
Krause-Lang, Martha (1978): Die Palette der Hilfen zum Schutz des werdenden Lebens. In: Caritas. Zeitschrift für Caritasarbeit und Caritaswissenschaft, 79, S. 166-203
Krause-Lang, Martha (1982): Familien sind anders. In. Caritas '82. Jahrbuch des Deutschen Caritasverbandes, S. 144-150

3. Beiträge zum Thema „Ehrenamt in der caritativen Arbeit“

Krause-Lang, Martha (1969c): Die Frau in der dritten Phase – unsere Mitarbeiterin? In: Caritas. Zeitschrift für Caritasarbeit und Caritaswissenschaft, 70, S. 125-133
Krause-Lang, Martha (1971c): Möglichkeiten und Grenzen der Beratung für ehrenamtliche Mitarbeiter. In: Caritas. Zeitschrift für Caritasarbeit und Caritaswissenschaft, 72, S. 68-73
Krause-Lang, Martha (1972): Zusammenarbeit mit ehrenamtlichen Helfern. In: Caritas. Zeitschrift für Caritasarbeit und Caritaswissenschaft, 73, S. 160-165
Krause-Lang, Martha (1976c): Zum Helfen befähigen. Soziales Training für ehrenamtliche sozialcaritative Dienste, hg. vom Verband der Caritaskonferenzen Deutschlands, Freiburg i.Br. 1976
Krause-Lang, Martha (1984): Fachkräfte und Ehrenamtliche in der Altenhilfe. Ein Tagungsbericht. In: Caritas. Zeitschrift für Caritasarbeit und Caritaswissenschaft

Klaus-Rainer Martin
* 22.08.1938

Kurz vor dem Ende der beruflichen Laufbahn tue ich nichts lieber, als über mein Leben zu berichten, wie ich zur Sozialen Arbeit gekommen bin, wie meine berufliche Ausbildung, mein Studium und mein beruflicher Weg als Sozial- und Heilpädagoge in der Jugendhilfe, in meinem berufsverbandlichen Engagement sowie meiner Mitarbeit in vielen Fachgremien verlaufen ist und was mir in meiner Arbeit wichtig war und noch ist. Dafür, dass mir hierzu Gelegenheit gegeben wird, danke ich den Herausgebern sehr. Zugleich ist dieser Bericht der Versuch, Vergangenes noch einmal Revue passieren zu lassen, zu sichten und zu ordnen. Zum besseren Verständnis habe ich meine berufliche Tätigkeit, meine Erfahrungen in der berufsverbandlichen Arbeit und die Mitarbeit in Fachgremien getrennt dargestellt, wohlwissend, dass diese drei Bereiche stets zeitlich und inhaltlich miteinander verflochten und aufeinander bezogen waren. Häufig musste ich dabei mit Goethe ausrufen: „Es ließe sich alles trefflich schlichten, könnte man die Dinge zweimal verrichten."

Meine Kindheit und Jugendzeit

Das Licht der Welt erblickte ich in dem 6000 Einwohner zählenden Städtchen Hartenstein im Erzgebirge als vierter von fünf Jungen. Meine Eltern waren zu jener Zeit überzeugte Nationalsozialisten, die Mutter war ehrenamtlich tätig als „Führerin" der NSV-Ortsgruppe (NSV = Nationalsozialistische Volkswohlfahrt), mein Vater war hauptberuflich in der DAF (Deutsche Arbeitsfront) tätig. Schon wenige Tage nach meinem ersten Geburtstag wurde er als Offizier eingezogen. In meinen ersten fünf Kindheitsjahren erlebte ich ihn nur sechsmal je zwei bis drei Wochen während seiner Heimaturlaube. Am Tag der Kapitulation kam er als Hauptmann in jugoslawische Kriegsgefangenschaft, wurde als Kriegsverbrecher zum Tode verurteilt, später zu lebenslänglicher Zwangsarbeit begnadigt und kehrte erst 1952, wenige Tage vor meiner Konfirmation, zurück. Fortan war er bis zu seinem plötzlichen Tod im Alter von 68 Jahren im Sommer 1967, als Arbeiter in einer Papierfabrik tätig. Er muss zwei Leben geführt haben: Einerseits war er zum Kriegsverbrecher geworden. Unsere Fragen an ihn nach Einzelheiten aus dieser Zeit blieben ohne Antwort. Andererseits war er ein guter Familienvater, warmherzig, mitfühlend und nachsichtig. Niemals hat er eines seiner Kinder geohrfeigt.

Wir lebten in bescheidenen Verhältnissen gemeinsam mit unserer Mutter bei den Großeltern in deren Häuschen. Unsere Mutter erzog uns ganz im Sinne der nationalsozialistischen Idee. Der älteste Bruder wurde bald „Fähnleinführer“ bei der Hitlerjugend. Wir Kleineren waren traurig, noch nicht mitmachen zu dürfen. Der Großvater war Schuhmachermeister und von kaisertreuer Gesinnung. An die politischen Verhältnisse angepasst, trat er kurz vor Ausbruch des 2. Weltkriegs der NSDAP bei. Was die Großmutter meinte, als sie sagte, „wer sich an den Juden versündigt, unterschreibt sein eigenes Todesurteil“, verstand ich damals nicht, ebensowenig eine Diskussion während des letzten Urlaubs zu Weihnachten 1944 zwischen meinem Vater und meinem Cousin Horst, der als junger Soldat die Invasion auf Kreta mitmachen musste, darüber, ob der Krieg noch zu gewinnen sei. Die Drohung meines Vaters, „wenn du nicht mein Neffe wärst, müsste ich dich melden“, blieb mir damals unverständlich.

Als dann 1944 die ersten Flüchtlingsfamilien aus Ostpreußen und später aus Schlesien in unseren Ort kamen und meine Mutter als Führerin der NSV-Ortsgruppe für diese Familien Wohnraum requirieren musste, machte sie sich so manchen bis dahin „strammen“ Nazi zum Feind.

In den letzten Apriltagen 1945 nahmen die Amerikaner mit Panzern unser Erzgebirgsstädtchen ein. Ich fragte damals meine Mutter: „Müssen wir jetzt mit ‚Heil Roosevelt‘ grüßen?“ Doch die Amerikaner machten der Roten Armee Platz, die bald darauf Sachsen und Thüringen besetzte. So hatten es die Alliierten in Potsdam vereinbart.

Die neue Zeit, die nach der Kapitulation anbrach, begriff ich als Siebenjähriger kaum. Weshalb wurden mein Bruder Albrecht und ich von älteren Kindern auf der Strasse verprügelt und vom Rodelberg gejagt mit den Worten „deine Eltern sind mit schuld, dass es uns jetzt so dreckig geht“? Ich fühlte mich ausgestoßen. Das wurde erst anders, als Albrecht und ich im Herbst 1946 von der Katechetin im Christenlehre-Unterricht gefragt wurden, ob wir beim diesjährigen Krippenspiel zu Weihnachten in der Kirche mitmachen wollten. Das war mein erster Zugang zur Kirche, zu christli-

chem Denken und Handeln. Von da an besuchte ich mit Überzeugung die „Kinderbibelstunden". So hieß damals die in der sowjetischen Besatzungszone geduldete kirchliche Kinderarbeit. Ich lernte als Neunjähriger im Posaunenchor Trompete blasen und sang im Kinderchor der Kirchengemeinde mit. Nach meiner Konfirmation 1952 wurde ich Mitglied der Jungen Gemeinde. Das Leben und die Geisteshaltung der Männer der Bekennenden Kirche während der Naziherrschaft (Dietrich Bonhoeffer, Martin Niemöller, Helmut Gollwitzer) oder das Tagebuch der Anne Frank prägten unser Denken. Für uns waren Toleranz gegenüber Andersdenkenden und Pazifismus Antworten auf die Greueltaten der Nazis.
Auch meine Mutter, für die mit der Kapitulation am 8. Mai 1945 eine Welt zusammengebrochen war, für die sie mit Fanatismus gelebt und gearbeitet hatte, suchte in der christlichen Botschaft neue Orientierung. Sie widmete sich weiterhin der Betreuung von bedürftigen Familien, doch nun nicht mehr unter dem Dach der NSV, sondern mit christlicher Akzentsetzung. Sie starb 1994 im Alter von 86 Jahren.
Im Christenlehre-Unterricht erfuhr ich erstmals etwas von Innerer Mission, von Johann Hinrich Wichern und dem Rauhen Haus in Hamburg. Als Zehnjähriger schrieb ich 1948 an Pastor Donndorf, dem damaligen Vorsteher des Rauhen Hauses, um zu erfahren, was man tun müsse, um dort als Erzieher zu arbeiten. Er antwortete mir, ich solle zunächst meine Schule beenden und einen „normalen" Beruf erlernen. Wenn ich dann immer noch die Absicht hätte, Erzieher zu werden, könne ich mich im Rauhen Haus in Hamburg oder in einer anderen Diakonenanstalt, z.B. Moritzburg bei Dresden, bewerben.
Schon bald war dieser Schriftwechsel vergessen, denn die folgende Zeit erforderte ständiges auf der Hut sein. Stets befand man sich im Konflikt zwischen der atheistisch-kommunistischen Agitation in der Schule und den in der Christenlehre und zu Hause vermittelten christlichen Werthaltungen. Schon sehr früh lernte ich eine gewisse „Doppelzüngigkeit": Offiziell musste man anders reden, als man es in den eigenen vier Wänden im Familienkreis tun konnte. Als am 7. Oktober 1949 die DDR gegründet wurde, war das für mich und in unserer Familie keineswegs ein Freudentag. Wussten wir doch, dass damit die Spaltung Deutschlands besiegelt war. Geradezu konfliktträchtig war für uns im gleichen Herbst die Gründung der Kinderorganisation „Junge Pioniere" (später Thälmann-Pioniere genannt). Über zwei Jahre lang weigerte ich mich, dieser Organisation beizutreten, zuletzt als einziger meiner Klasse. Schließlich gab ich dem Druck nach, wurde als Zwölfjähriger ohne Überzeugung „Junger Pionier" und rückte damit mit vierzehn Jahren

automatisch in die Staatsjugend-Organisation der DDR, die FDJ (Freie Deutsche Jugend), auf.
Im Frühling 1952, wenige Wochen vor der Entlassung aus der 8. Klasse der Volksschule kam unser Klassenlehrer mit einer Liste möglicher Lehrstellen in die Klasse. Vier aus unserer Klasse durften zur Oberschule. Ich gehörte nicht zu ihnen, obwohl mein Notendurchschnitt das zugelassen hätte, da meine Eltern Nazis gewesen waren. So wartete ich darauf, dass der Klassenlehrer eine mir passend erscheinende handwerkliche Lehrstelle nannte. Doch ich wartete vergebens. Zu dritt blieben wir am Ende übrig. „Und ihr werdet Bergmann", verkündete uns der Klassenlehrer. Damit war die „Berufsberatung" zu Ende und ich sollte das werden, was bei den Vorfahren meines Vaters Tradition hatte.
Bevor ich am 1. September 1952 meine Lehre im „Steinkohlenbergwerk Karl Marx" in Zwickau in Sachsen antrat, verlebte ich noch drei schöne Wochen in einem Jungschar-Zeltlager im Grunewald in Westberlin. Mein Bruder Ekkehard, damals in Ostberlin Theologiestudent, hatte mir zu diesem kostenlosen Urlaubsaufenthalt verholfen. Dort bekam ich auch Gelegenheit, bei der Westberliner DLRG die Prüfung als Frei- und Fahrtenschwimmer abzulegen. In der Zwickauer Berufsschule jedoch wurde dieser westliche Schwimmausweis nicht anerkannt. Ich wurde den Nichtschwimmern zugeordnet. Aus Trotz blieb ich während der dreijährigen Berufsschulzeit ein „Nichtschwimmer", um den sich der Sportlehrer vergeblich bemühte.
Die harte und nicht ganz ungefährliche Arbeit unter Tage verrichtete ich gerne. Noch lieber ging ich zur Berufsschule. Unsere Lehrer verfolgten die Absicht, uns zu Bergleuten mit einem guten Allgemeinwissen auszubilden. Sie machten uns nicht nur mit den kommunistischen Arbeiterdichtern Willi Bredel und Hans Marchwitza bekannt. Ebenso gehörten Stefan Zweig, Thomas und Heinrich Mann, Fjodor Dostojewski, Honoré de Balzac, Victor Hugo und viele Klassiker der Weltliteratur in den Lehrplan. Als 1953 im Sportunterricht regelmäßige Schießübungen eingeführt wurden, an denen ich mich weigerte teilzunehmen, entschied der Sportlehrer, ich müsse mit zum Schießplatz marschieren, dürfe aber in den zwei Stunden, in denen die anderen schießen, auf dem benachbarten Sportplatz laufen. Damit wurde die Konfliktsituation behoben und bei mir der Grund für extreme Ausdauerleistungen gelegt. Die politische Agitation trat hinter das Wissen und das handwerkliche Können. In der dreijährigen Lehrzeit wurde ich mehrmals als „Bester Lehrling des Lernaktivs" ausgezeichnet und sogar als jüngster Bergmann der DDR im „Augenzeuge", der DDR-Wochenschau, in den Kinos vorgestellt.

Was lag näher, als mich bei derartigen Erfolgen, nach Abschluss der Lehre und weiteren zwei Jahren Berufstätigkeit als Hauer unter Tage, im „Steinkohlenbergwerk Deutschland“ in Oelsnitz im Erzgebirge für das Studium an einer Bergbau-Ingenieurschule zu bewerben, zumal auch meine drei älteren Brüder nach ihrer handwerklichen Berufstätigkeit über den zweiten Bildungsweg die Hochschulreife erlangt und ein Studium begonnen hatten? Doch Leistung allein und die in Abendkursen erworbene Fachschulreife reichten nicht. Man musste von seiner Brigade zum Studium delegiert werden. Nachdem auch diese Hürde genommen war, begann ich am 1. September 1957 mit dem Studium an der „Bergbau-Ingenieurschule Georgius Agricola“ in Zwickau/Sachsen.
Ich schloss mich der Studentengemeinde an, welche vorwiegend aus Studenten der Musikhochschule Robert Schumann bestand. Das hatte für mich den Nebeneffekt, dass ich Zugang zur klassischen Musik fand und mein Wissen über Musik erweitern konnte.
Die „Studentenbude“ teilte ich mit einem Kommilitonen, der überzeugter SED-Genosse war. Häufig gerieten wir in politische Diskussionen. Dabei schien er mir verblüffend offen und tolerant. Zugleich war er fest davon überzeugt, dass im „Neuen Deutschland“, dem Zentralorgan der SED niemals etwas Falsches abgedruckt werde. Ich versuchte, ihm das Gegenteil zu beweisen. Und bald bot sich Gelegenheit hierzu. Die Sowjetunion schoss den Satelliten „Sputnik II“ mit dem Hund Laika ins Weltall. Das „Neue Deutschland“ berichtete ausführlich darüber, auf welch wunderbare und sichere Weise Laika wieder zur Erde zurückkommen werde. Der Versuch misslang. Wenige Tage später stand es im „Neuen Deutschland“ schwarz auf weiß: „Wie die gesamte Weltpresse ist auch die Redaktion ‚Neues Deutschland‘ das Opfer eines bedauerlichen Irrtums geworden ...“ – Es wurde weiter erklärt, dass von vornherein geplant war, Laika im Weltall nach Abschluss der Versuchsreihe auf humane Weise zu töten. Mein Triumph über diesen zugegebenen Irrtum des Zentralorgans der SED führte bei meinem Kommilitonen zu der Reaktion „Das muss ich meiner Parteileitung melden.“ Bereits tags darauf begannen für mich eine Anzahl von verhörähnlichen Gesprächen bei der ZSGL (Zentrale Schulgruppenleitung der FDJ), in welchen ich meine politische und weltanschauliche Gesinnung darzulegen hatte. – Am Ende stand mein Ausschluss aus der FDJ. Während einer FDJ-Vollversammlung in der Aula der Ingenieurschule musste ich vor vierhundert Studenten mein Blauhemd ausziehen und abgeben. Eine Woche lang saß ich bei den Vorlesungen als einziger im karierten Hemd zwischen den Studenten im Blauhemd. Dann erfolgte auf Antrag der FDJ-

Vollversammlung an die Schulleitung meine Exmatrikulation, mein Ausschluss vom Studium. Ich fühlte mich ungerecht behandelt und legte Einspruch beim Volkskammerpräsidenten Johannes Dieckmann (LDPD) ein. Doch dieser bestätigte die Entscheidung der Schulleitung, nannte mich einen *„Zweifler an der Richtigkeit der Politik der DDR"* und riet mir, mich für vier Jahre zum Dienst an der Waffe bei der im März 1956 gegründeten Nationalen Volksarmee zu verpflichten, um damit tätige Reue zu zeigen. Das war für mich unannehmbar. So arbeitete ich wieder als Hauer im Steinkohlenbergwerk „Deutschland" in Oelsnitz/Erzgebirge. Gleichzeitig sann ich darüber nach, wie ich es anstelle, in den Westen zu gelangen, um dort mein Studium fortzusetzen. Die Kumpel meiner Brigade, die mich zum Studium delegiert hatten, forderten mich in einer Betriebsversammlung vor Schichtbeginn auf, darzulegen, weshalb ich vom Studium ausgeschlossen worden sei. Mein Bericht rief Unmut über das Verhalten der Schulleitung hervor. Während der anschließenden Arbeit unter Tage bat mich der Steiger, nach Schichtende bei ihm einen Urlaubsschein zu beantragen und „weit weg zu fahren". Ich verstand, was er damit sagen wollte. Noch in der gleichen Nacht, am 8. März 1958, verließ ich mit einem kleinen Köfferchen die DDR über Westberlin, um mein Glück im Westen zu suchen. Im Gepäck hatte ich nur zwei Bücher, die Bibel und Dietrich Bonhoeffers „Widerstand und Ergebung".

Mein beruflicher Werdegang

Im Westen wurde ich als „politischer Flüchtling" anerkannt und fand problemlos Arbeit als Hauer in der Steinkohlenzeche „Hannibal" in Bochum-Hordel. Die Zeche bot ledigen Bergleuten auch Unterkunft, im Volksmund „Bullenkloster" genannt. Deren Bewohner hatten es schwer, in örtlichen Gruppierungen Anschluss zu finden. Wir waren damals ähnlichen Diskriminierungen ausgesetzt, wie sie heute ausländische Mitbürger zu ertragen haben. Schließlich gelang es mir doch, in einem anderen Stadtteil, beim CVJM in Bochum-Riemke Anschluss zu finden. Auch die Wiederaufnahme meines Studiums gestaltete sich schwieriger als erwartet. Arrogant schaute man auf die SBZ-Flüchtlinge und deren schulische Bildung herab, gerade so, als seien sie soeben aus dem Busch entsprungen. Meine mühsam in Abendlehrgängen erworbene Fachschulreife wurde nicht anerkannt. So blieb mir nichts anderes übrig, als in Bochum ein Jahr lang neben der Arbeit die Bergvorschule zu besuchen, um schließlich am 1. April 1959 zum Studium zugelassen zu werden.

In Westdeutschland wurde man zu jener Zeit noch mit 21 Jahren volljährig. Da ich noch keine 21 Jahre alt war, wurde mir ein „Berater" zur Seite gestellt. Es war der Leiter der Bochumer CVJM-Gruppe. Er war Diakon und Wohlfahrtspfleger. Allmählich fand ich Interesse an seinem Beruf. Nach einem schweren Motorradunfall kam mir während des Krankenhausaufenthaltes in Adenau in der Eifel ein Prospekt über die Diakonen- und Wohlfahrtspflegerausbildung im Rauhen Haus in Hamburg in die Hände, der mich wieder an meinen Briefwechsel 1948 mit Pastor Donndorf erinnerte. In mir begann der Entschluss zu reifen, mein Studium an der Bergschule in Bochum aufzugeben und mich im Rauhen Haus zu bewerben. In dieser Situation war es für mich ein Schock, als mir der Arzt eröffnete, ich müsse mich auf ein künftiges Leben im Rollstuhl vorbereiten. Verbissen trainierte ich gegen die drohende Beeinträchtigung an. Mein Entschluss stand fest: Sollte ich wieder ganz gesund werden, dann will ich meine körperliche Belastbarkeit in dreimonatiger Arbeit unter Tage testen und mich bei einem positiven Ergebnis im Rauhen Haus bewerben.

Am 1. Oktober 1959 war es so weit. Ich ging als Diakonschüler ins Rauhe Haus nach Hamburg. Da meine schulischen Voraussetzungen nicht für den Besuch der Fachschule für Wohlfahrtspflege genügten, musste ich zum dritten Mal in einem zusätzlichen Abendunterricht die Fachschulzulassung erwerben. Die Ausbildung zum Wohlfahrtspfleger war als zweites und drittes Jahr in eine insgesamt vierjährige Diakonenausbildung eingebettet. Gleichzeitig bestand für uns die Möglichkeit, die so genannte „Zweite kirchliche Verwaltungsprüfung" abzulegen und die Lehrbefähigung für Religionsunterricht an Sonder-, Grund- und Hauptschulen zu erwerben. Beide Möglichkeiten habe ich wahrgenommen. Die Chance, auch noch die „C-Prüfung für Organisten" abzulegen, konnte ich wegen mangelnder Übungsmöglichkeiten nicht nutzen.

Vor Beginn der schulischen Ausbildung musste ich jedoch noch ein neunmonatiges Vorpraktikum in einem Lehrlingsheim in Schwelm bei Wuppertal absolvieren. Dem Hausvater Karlheinz Franke, selbst Rauhhäusler Diakon und Wohlfahrtspfleger, habe ich viel zu danken. Durch ihn fand ich den Zugang zum weiten Feld der Sozialarbeit, lernte unsere Arbeit als nur einen Teilaspekt menschlichen Lebens zu verstehen und begriff das Erfordernis, fachliche Notwendigkeiten mit den finanziellen und organisatorischen Möglichkeiten in Einklang zu bringen. Zugleich war ich in dieser Zeit aktiv in einer „Jugend-Gilde" tätig. Die Jugend-Gilden kümmerten sich darum, jugendlichen Flüchtlingen aus der DDR den Einstieg in das neue, ungewohnte und unreglementierte Leben im Westen zu erleichtern.

Während der anschließenden ersten zwei Ausbildungsjahre und im vierten Jahr im Rauhen Haus mussten die Diakonschüler neben dem Studium gleichzeitig in einer „Familie" (so hießen damals im Rauhen Haus die Heimgruppen) als „Gehilfe" und später als „Familienleiter" arbeiten. Nur in der Zeit, in der unsere Kinder im Schulunterricht waren, hatten wir selbst Gelegenheit zum Besuch der Fachschule. „Schulbegleitendes Praktikum" hieß das offiziell. Während andere Diakonschüler auch Praktika in Kirchengemeinden absolvierten, musste ich immer in den Familien des Rauhen Hauses arbeiten und entwickelte so mein besonderes Interesse für die Heimerziehung. Nur während des zweiten Jahres der Wohlfahrtspflegerausbildung lebten wir außerhalb der Erziehungsfamilien. Dafür hatten wir je ein dreimonatiges Praktikum bei der Hamburger Sozialbehörde und bei der Jugendbehörde abzuleisten. Hier entwickelte ich meine „zweite Vorliebe" in der Sozialarbeit, die Arbeit mit Nichtsesshaften. Diese Vorliebe wurde noch dadurch verstärkt, dass ich zweimal für vier Wochen als Krankheitsvertretung des „Hausvaters" in eine „Herberge zur Heimat" nach Friedberg in Hessen abkommandiert wurde. Dabei wurde als normal vorausgesetzt, dass ich die verlorenen Unterrichtsstunden nacharbeitete.
Fünf Ereignisse außerhalb der „Anstalt Rauhes Haus" hinterließen bei mir einen nachhaltigen Eindruck:

- Im Frühsommer 1961, wenige Wochen vor dem Mauerbau der DDR, kam mein jüngster Bruder Andreas mit seiner Verlobten in den Westen. Als gelernter Betriebsschlosser und Elektriker fand er problemlos Arbeit und konnte sich später zum Ingenieur für Elektrotechnik und Elektronik qualifizieren.
- Als sich am 13. August 1961 die DDR mit einer Mauer vom „kapitalistischen Westen" abriegelte, waren die regelmäßigen Treffen mit meinen Eltern in Westberlin unmöglich geworden.
- Unmittelbar nach dem Mauerbau wurde mein Bruder Albrecht aus politischen Gründen in Ostberlin verhaftet und musste bis zum Sommer 1963 eine Haftstrafe in DDR-Gefängnissen verbüßen.
- Schließlich fürchtete ich beim Höhepunkt der Kuba-Krise im Oktober 1962 und erneut
- nach der Ermordung John F. Kennedys am 22.11.1963 den Ausbruch eines dritten Weltkrieges, in dessen Verlauf ich als ehemaliger „SBZ-Flüchtling" in den kommunistischen Machtbereich geraten könnte.

Rückschauend betrachte ich die Ausbildung zum Wohlfahrtspfleger im Rauhen Haus in Hamburg als nicht besonders herausragend, mit Wissensvermittlung oft „aus zweiter Hand“, aber solide und orientiert an den aktuellen Bedürfnissen der Praxis der Kirchengemeinden, Wohlfahrtsverbänden und staatlichen Dienststellen. Es fand keine Auseinandersetzung mit unterschiedlichen Lehrmeinungen statt, sondern lediglich die Vermittlung gesicherten, unbestrittenen Wissens. In der Ausbildung hatte die Handhabung des Jugendwohlfahrtsgesetzes und des 1962 in Kraft getretenen Bundessozialhilfegesetzes einen höheren Stellenwert als die „klassischen Methoden der Sozialarbeit“. Diese wurden nur einseitig und eindimensional gelehrt: Soziale Einzelfallhilfe nach Ruth Bang, Soziale Gruppenarbeit orientiert an den Schwalbacher Blättern, die gerade sich entwickelnde Gemeinwesenarbeit gar nicht. Auch die Unterrichtsfächer Pädagogik und Psychologie hoben sich nicht von dieser soliden, aber kaum besondere „Aha-Erlebnisse“ bietenden Wissensvermittlung ab. Daran änderte sich auch nichts, als 1961 aus der Fachschule für Wohlfahrtspflege die Höhere Fachschule für Sozialarbeit wurde. Unsere Ausbildung wurde noch zweijährig zu Ende geführt. Erst der Jahrgang nach uns erhielt die dreijährige Ausbildung. Zudem wurde zwar eine Identifikation mit der Berufsbezeichnung Diakon vermittelt, jedoch kaum mit der des Wohlfahrtspflegers. Damals sah ich in dieser Ausbildung aber auch die Chance, nun endlich doch noch nach dem dritten Anlauf meine Bildungsvoraussetzung „Volksschule Klasse 8“ zu überwinden, zumal meine drei älteren Brüder diese Hürden erfolgreich genommen und über den zweiten Bildungsweg ihr Studium abgeschlossen hatten. Dieter hatte als gelernter Stellmacher und Karosseriebauer sein Studium an der Sporthochschule in Köln hinter sich gebracht und war anschließend als Diplom-Sportlehrer in Barcelona, zuletzt bis zu seinem plötzlichen Tod im Mai 2000 als Professor an der Gesamthochschule Kassel tätig. Ekkehard, gelernter Müller und später im Uran-Bergbau und dann als Hauer im Steinkohlenbergbau tätig, hatte nach dem Theologiestudium seine erste Pfarrstelle in der brandenburgischen evangelischen Kirche erhalten. Albrecht, ursprünglich gelernter Tischler, war vor und nach seiner Haft als Bauingenieur in Berlin tätig. Er verstarb 1988 in Ostberlin.

Im März 1963 legte ich die Prüfung zum Wohlfahrtspfleger ab. Das Anerkennungsjahr war zugleich die nachfolgende einjährige unterrichtsbegleitende Tätigkeit in einer Erziehungsfamilie des Rauhen Hauses während des letzten Ausbildungsjahres zum Diakon. Im Februar bzw. März 1964 folgten die Prüfungen zum Diakon, die Lehrbefähigung für Religionsunterricht an Sonder-, Grund- und Hauptschulen sowie die Prüfung zum kirchlichen Verwaltungsdienst. Zudem erhielt ich die staatliche Anerkennung als Wohlfahrtspfleger.

Während ich in meiner „Bochumer Zeit" häufig Sehnsucht nach meiner erzgebirgischen Heimat hatte, ist mir das Rauhe Haus in Hamburg in den Jahren 1959 bis 1963 zu einem zweiten Zuhause geworden, in das ich noch heute gerne als Diakon der Brüder- und Schwesternschaft des Rauhen Hauses einkehre.
Der Geschäftsführer des Landesverbandes für Innere Mission Hamburg, Diakon Friedrich Jahnke, bot mir die Leitung des Kinderheimes der Stiftung „Kinderheim Sonnenschein" in Reinfeld (Holstein) ab April 1965 mit dem Auftrag an, dieses Heim entsprechend den „AFET-Richtlinien für Heilpädagogische Heime" umzustrukturieren (AFET = früher: Allgemeiner Fürsorge-Erziehungstag; heute: Arbeitsgemeinschaft für Erziehungshilfe). Das bis dahin verbleibende Jahr solle ich nutzen, um mich intensiv mit heilpädagogischer Heimerziehung zu befassen. Diesem Rat folgend, studierte ich die mir bis dahin unbekannten AFET-Richtlinien, las mich in Heinrich Hanselmanns „Einführung in die Heilpädagogik" ein und leistete schließlich im April/Mai 1964 ein sechswöchiges Praktikum im „Kindersanatorium Wülfrath/Aprath" bei Wuppertal, der heutigen „Bergischen Diakonie Aprath" ab. Diese Einrichtung galt damals als das heilpädagogische Heim schlechthin.
Anschließend ging ich für ein Jahr ins gerade neu gegründete Heilpädagogische Seminar (HPS) Bethel, um Heilpädagoge zu werden. Dieses Jahr hat mich für mein gesamtes Berufsleben entscheidend geprägt. Lernen wurde hier ganz anders begriffen und praktiziert, als ich es vom Rauhen Haus her kannte. Der Gründer und Leiter des Seminars, Wolfgang Klenner, verstand es, uns in Fachdiskussionen einzubeziehen, die Dinge von verschiedenen Standpunkten aus zu betrachten und uns für Neues, Unbekanntes neugierig zu machen. Die reichhaltige Fachbibliothek und die Freiheit, außerhalb der Lehrveranstaltungen keine weiteren Verpflichtungen zu haben, wie in den vier Jahren im Rauhen Haus, regten mich zu umfangreichen Literaturstudien an. Dabei standen wir unter hohem Erwartungsdruck. Neben den Studierenden im HPS in München waren wir die ersten in Deutschland ausgebildeten Heilpädagoginnen und Heilpädagogen. Bisher war es nur in der Schweiz, vor allem am HPS Zürich möglich, sich zum Heilpädagogen zu qualifizieren. Deshalb galt es, den „Züricher Heilpädagogen" ebenbürtig zu sein und zugleich ein unverwechselbares „deutsches Profil" zu entwickeln. Wolfgang Klenner verstand es meisterhaft, sich mit der neuen deutschen Heilpädagogen-Ausbildung am HPS Zürich zu orientieren und gleichzeitig die Bestrebungen namhafter Fachverbände wie z.B. den AFET einzubeziehen, welcher am 1. September 1962 „Ausbildungsrichtlinien für eine heilpädagogische Zusatzausbildung" verabschiedet hatte. Gemeinsam mit den Leitern der neu gegründeten oder in Gründung befindlichen Heilpädagogischen Seminare

München, Delmenhorst, Würzburg und Freiburg, Ulrich Kastantowicz, Theodor Falt, Peter Flosdorf, Alexander Sagi und dem AFET-Vorsitzenden Pastor Johannes Wolff gründete er im Herbst 1964 die „Ständige Konferenz von heilpädagogischen Ausbildungsstätten". In Ermangelung einer Sekretärin habe ich das Gründungsprotokoll geschrieben. In Wolfgang Klenners Vorlesungen wurden wir skeptisch gemacht gegenüber einem unkritischen Glauben an Therapien und das unbedenkliche Verabreichen von Psychopharmaka. Die sich daraus entwickelnde kritische Einstellung hätte mich beinahe meinen erfolgreichen Studienabschluss als Heilpädagoge gekostet. Mein Praktikum leistete ich in der Klinik für Kinder- und Jugendpsychiatrie in Delmenhorst bei Bremen ab. Als Abschlussarbeit lieferte ich nur eine Tabelle ab, in der ich folgendes vermerkte:

Name	Aufnahmegrund	verordnete Therapie
Alexander X.	sexuelle Auffälligkeiten	2 x wöchentlich 1 Stunde Bogenschießen, 3 x täglich 30 Tropfen Melleril.
Felix Y.	Gestörte Motorik	2 x wöchentlich 1 Stunde Bogenschießen, 3 x täglich 30 Tropfen Melleril.
Ferdinand Z.	Aggressionen gegen sich und seine Umwelt	2 x wöchentlich 1 Stunde Bogenschießen, 3 x täglich 30 Tropfen Melleril.
usw.	jedwede Auffälligkeit	2 x wöchentlich 1 Stunde Bogenschießen, 3 x täglich 30 Tropfen Melleril.

Die Klinikleitung fühlte sich mehr ge- als betroffen. Sie beantragte beim zuständigen Regierungspräsidenten meinen Ausschluss von der Prüfung zum Heilpädagogen. Ich musste zum zweiten Mal in meinem Leben eine Exmatrikulation befürchten. Schließlich fanden wir einen Kompromiss: Ich durfte an der Prüfung teilnehmen, ohne zu wissen, ob ich auch die Anerkennung als Heilpädagoge erhalten werde. Mit dieser Ungewissheit beendete ich meine Ausbildung zum Heilpädagogen, ging am 8. April 1965 aber doch noch mit dem Prüfungszeugnis in der Hand als 26-jähriger lediger Heimleiter ins Kinderheim Sonnenschein nach Reinfeld in Holstein.

Heimerziehung: Eine ständig neue Herausforderung

Im Kinderheim Sonnenschein in Reinfeld (Holstein) wartete eine Fülle von Arbeit. Das Heim hatte 60 Plätze, vier Gruppen zu je 15 Kindern und dazu nur fünf Erzieherinnen; für jede Gruppe eine, dazu eine „Sprungkraft", die regelmäßig alle fünf Tage täglich in einer anderen Gruppe Dienst hatte, damit die betreffende Gruppenerzieherin mal einen Tag frei machen konnte. Der Pflegesatz je Tag und Kind betrug DM 11,70. Alle Mahlzeiten wurden gemeinsam im Speisesaal eingenommen. Auch die Versorgung mit Kleidung, Schul- und Bastelmaterial erfolgte zentral. Es gab für alle Gruppen gemeinsam nur im Keller des Hauptgebäudes einen Duschraum. Damit war für mich die künftige Aufgabenstellung klar: Zuallererst musste die Gruppengröße reduziert werden. Das war nur durch den Umbau einer alten Scheune in eine fünfte Gruppenwohnung möglich, denn die Größe des Heimes mit 60 Plätzen galt zu jener Zeit als einzig denkbare wirtschaftliche Größenordnung. Am 1. Oktober 1966 war es soweit: Die neue Gruppe mit 12 Plätzen konnte bezogen werden. Zugleich wurden die anderen vier Gruppen auf je 12 Plätze reduziert. In der Zwischenzeit war es mir auch gelungen, fünf weitere Erzieherinnen anzuwerben, so dass sich in jeder Gruppe zwei Erzieherinnen im Dienst abwechseln konnten und der „Springer-Dienst" hinfällig wurde. Außerdem wurden in alle Gruppenwohnungen je eine kleine Küche eingebaut. Damit wurden die Voraussetzungen geschaffen, die Morgen- und die Abendmahlzeiten in den Gruppen einzunehmen. Sie wurden in der zentralen Küche nur noch vorbereitet. Zudem erhielt jede Gruppe ein Badezimmer.

Am 1. November 1968 begann eine Heilpädagogin ihren Dienst mit der Aufgabenstellung, außerhalb der Gruppen mit einzelnen Kindern behandelnd tätig zu sein. Das hatte es meines Wissens in der deutschen Heimerziehung noch nicht gegeben, dass eine Einrichtung eine „behandelnde Heilpädagogin" anstellte. Entsprechend häufig musste ich sowohl in Fachdiskussionen wie in Pflegesatzverhandlungen diese Entscheidung begründen. Am 1. April 1969 folgte noch eine Psychologin. Wir nannten dieses Team „gruppenergänzender Fachdienst". Heute sind in Einrichtungen der Jugendhilfe derartige Fachdienste eine Selbstverständlichkeit, oft nennt man sie „gruppenübergreifender" oder therapeutischer Fachdienst.

Am 1. Juli 1969 konnten wir nach zähen Verhandlungen mit der Jugendbehörde Hamburg die Gruppengröße von 12 auf 10 Plätze reduzieren und eine Heimklasse für Verhaltensgestörte als Außenstelle der Sonderschule Reinfeld gründen. Das Konzept hierfür wurde gemeinsam vom Leiter der Sonderschule Karl-Heinz Beese, unserer Heilpädagogin Maria Asmußen und mir erarbeitet und dem Kreisschulrat vorgelegt. Die Aufgabe als Lehrer übernahm der Sozialpädagoge Christian Kirchheim, bisher in einer Gruppe unseres Heimes und zudem als stellvertretender Heimleiter tätig. Da es da-

mals noch keine spezielle Ausbildung von „V-Lehrern“ (Lehrern für Verhaltensgestörte) gab, haben wir den Kreisschulrat davon überzeugt, dass es für einen berufserfahrenen Sozialpädagogen leichter sei, die Methodik und Didaktik des Unterrichtens zu erlernen, als für einen Lehrer, sich den angemessenen Umgang mit verhaltensauffälligen Schülern anzueignen. Ich übernahm in der Heimklasse den Religionsunterricht. Insgesamt habe ich 27 Jahre lang einen Tag in der Woche die zuletzt vier Heimklassen im Fach Religion unterrichtet und war so stets hautnah an den Problemen der Heimklassen. Da es bis zum heutigen Tage keine geeigneten Lehrbücher für das Fach Religion in Klassen für Erziehungshilfe gibt, musste ich mir mein eigenes Unterrichtskonzept erarbeiten. Zum einen ging es mir darum, den Schülern biblisches Wissen zu vermitteln, zum anderen nutzte ich die Religionsstunden zur Bildung von Normen und Werthaltungen wie z.B. unser Verhältnis zu Ausländern, die Erarbeitung gewaltfreier Konfliktlösungsstrategien oder die Aufarbeitung aktueller Probleme in der Heimgruppe.
Durch die zahlreichen Umstrukturierungsmaßnahmen erhielt das Kinderheim das Recht, sich künftig „Heilpädagogisches Kinderheim“ zu nennen. Mein Auftrag vom Stiftungsvorstand, das Heim entsprechend den AFET-Richtlinien zum heilpädagogischen Heim umzustrukturieren, war damit erfüllt.
In mehreren Referaten und Diskussionsbeiträgen in Fachzeitschriften legte ich meinen Standpunkt zur Frage „Ist Erziehung Arbeit?“ dar. Dabei vertrat ich die Auffassung, erzieherische Tätigkeit lasse sich weder mit den Merkmalen produktiver Arbeit noch mit denen der vielfältigen Dienstleistungen vergleichen. Erzieherische Tätigkeit sei neben der produktiven Arbeit und der Dienstleistung eine dritte Kategorie von Tätigkeit. „Erziehen heißt, das Kind ein Stück auf dem eigenen Reifungsweg mitnehmen“ (Paul Moor). Das war und ist auch heute noch meine Auffassung von Pädagogik. Deshalb plädierte ich für eine andere Form von Arbeitszeitregelung als die Wochenarbeitszeit und eine andere Bemessungsgrundlage für die Bezahlung erzieherischer Tätigkeit als die gültigen Eingruppierungsmerkmale des öffentlichen Dienstes. Doch mit solchen Forderungen erhielt ich weder von der Gewerkschaft, welche die Wochenarbeitszeit zu ihrem Dogma gemacht hatte, noch von den Pädagogen Beifall, welche mehrheitlich nur in der durch Dienstpläne geregelten Wochenarbeitszeit die Lösung aller Probleme sahen. Nur in der eigenen Einrichtung fand ich damals Verständnis und konnte mit den Mitarbeitern an Stelle eines streng geregelten Dienstplanes einen zusätzlichen Urlaub von 12 Tagen pro Jahr und die Zahlung einer Pauschale für Mehrarbeit vereinbaren. Die Gewerkschaft ÖTV lehnte sol-

che Überlegungen schroff ab und teilte mir mit: „Wir dürfen aus der Solidargemeinschaft aller Arbeitnehmer nicht ausbrechen und für den Heimbereich eigene Regelungen fordern." Deshalb sah ich in meiner Mitgliedschaft in der Gewerkschaft ÖTV keinen Sinn mehr und erklärte zum 31.12.1970 meinen Austritt.

Über Silvester/Neujahr 1969/70 fuhr ich erstmals gemeinsam mit einer Erzieherin und 16 Kindern zum Wintersport nach Südtirol/Italien. Das wurde zur Tradition. Bis 1996 fuhr ich insgesamt 26 mal über Silvester mit Kindern zum Wintersport nach Südtirol bzw. ab 1980 ins Salzburger Land nach Österreich. Häufig fuhren meine Frau Ursula und unsere Kinder mit. Zehnmal war unser Hausmeister Karl-Heinz Köster mein Begleiter. Mit dem Skilaufen seit meiner Kindheit im Erzgebirge vertraut, eignete ich mir die notwendigen Kenntnisse an, um verhaltensauffälligen Kindern Skiunterricht geben zu können. Das ist methodisch etwas anderes, als der Ski-Unterricht, den die Ski-Lehrer den Touristen erteilen.

Große strukturelle Veränderungen gab es im Sommer 1972. Die Gruppengröße wurde abermals um einen weiteren Platz von 10 auf 9 reduziert. Gleichzeitig wurde für jede Gruppe eine dritte Erzieher-Stelle geschaffen und auch besetzt. Der gruppenergänzende Fachdienst wurde um eine zweite Heilpädagogen-Stelle erweitert. Außerdem wurde eine zweite Heimklasse eingerichtet und für den Schulbereich eine zusätzliche Stelle für Einzelunterricht geschaffen. Da mit der Einstellung so vieler neuer Mitarbeiter auch einige Mitarbeiterkinder zu betreuen waren, wurde zum 1. August 1972 in der Nähe des Heimes ein Gebäude angemietet und dort ein Betriebskindergarten eingerichtet. Alle diese Aufgaben waren für den Heimleiter allein nicht zu schaffen. Deshalb musste zudem noch die hauptamtliche Stelle für eine Stellvertretung geschaffen werden. Diese Stelle nahm bis zu ihrer Pensionierung 1993 die bis dahin in unserer Einrichtung als Erzieherin tätige Kollegin Gundula Nachtweh ein.

Besondere Sorgen bereiteten uns immer wieder die aus der Schule entlassenen Jugendlichen. Jugendämter waren nicht mehr bereit, für sie den hohen Pflegesatz für Heimerziehung zu zahlen. Im Heim bestand keine Möglichkeit, sie zu günstigeren Konditionen zu betreuen. Der Stiftungsvorstand lehnte es ab, auch noch für diese Jugendlichen verantwortlich zu sein. So gründeten nahezu alle Mitarbeiter des Heimes gemeinsam den Verein „Jugendwohngemeinschaft Reinfeld e.V." und kauften ein Haus, in welches zum 1. Oktober 1973 zehn Jugendliche mit vier Mitarbeitern einziehen konnten. Vereinsvorsitzender wurde der Kollege Christian Kirchheim. Ich übernahm die Geschäftsführung.

Am 1. April 1974 wurde im Kinderheim Sonnenschein in Reinfeld die Gruppengröße der Heimgruppen von 9 auf 8 reduziert und je Gruppe eine vierte Erzieher-Stelle geschaffen. Damit war endlich ein Betreuungsschlüssel von 1:2 erreicht, wie er in den „Richtlinien für heilpädagogische Arbeit im Heim“ gefordert wurde.
Im gleichen Jahr wurden auch erstmals Kinder in Haushalten von Mitarbeitern, also außerhalb traditioneller Heimgruppen betreut. Damit war eine neue Betreuungsform geschaffen. Wir nannten sie „Einzelbetreuung“.
Zu Beginn des Jahres 1975 wurde der Gedanke entwickelt, in einem etwa 2 km vom Heim entfernt angemieteten Gebäude eine kleine Außenwohngruppe einzurichten. Fachlich orientierten wir uns an dem Modell, welches Rudolf Leski in der Sophienpflege Tübingen seit etwa einem halben Jahr praktizierte. Doch anders als in Tübingen wurden diese neuen Betreuungsformen vom Amt für Jugend Hamburg nicht als Heimerziehung anerkannt. Das Argument der Behörde lautete: „Das Jugendwohlfahrtsgesetz unterscheidet nur zwischen Erziehung im Heim und Erziehung in einer Pflegefamilie. Dazwischen gibt es nichts.“ Man verweigerte uns für die einzeln und in Außenwohngruppen betreuten Kinder den Pflegesatz und zeigte mich bei dem für uns zuständigen Kreisjugendamt an, da ich unerlaubterweise und gesetzeswidrig Kinder in Pflegestellen untergebracht hätte. Uns blieb nichts anderes übrig, als beim Verwaltungsgericht eine Feststellungsklage einzureichen. Es folgte ein jahrelanger Rechtsstreit. Das Verwaltungsgericht konnte zunächst nicht feststellen, ob die von uns praktizierten Betreuungsformen Heimerziehung im Sinne des Jugendwohlfahrtsgesetzes sei, da das Jugendwohlfahrtsgesetz an keiner Stelle definiere, was Heimerziehung ist. Gutachten mussten eingeholt werden. Erst als ein Gutachten der Bundesarbeitsgemeinschaft der Landesjugendämter ausdrücklich betonte, dass solche Betreuungsformen Bestandteil von Heimerziehung seien, lenkte das Amt für Jugend Hamburg ein. Nach acht Jahren (!), am 20. Dezember 1983, konnten wir unsere Feststellungsklage beim Verwaltungsgericht zurückziehen, da das Amt für Jugend Hamburg seine Anzeige gegen mich zurückgezogen hatte und wir uns außergerichtlich dahingehend einigen konnten, dass die Pflegesätze nachgezahlt würden. Doch Hamburg belegte fortan die Einrichtung Kinderheim Sonnenschein nicht mehr. Trotz dieser Auseinandersetzungen wurden in den Jahren 1979, 1980 und 1981 vier weitere Außenwohngruppen und mehrere Einzelbetreuungen eingerichtet.
Zu Beginn der Sommerferien 1976 brachen Günter Frommann, Karl-Heinz Unger und ich gemeinsam mit je fünf Jugendlichen aus den Einrichtungen

Stipsdorf und Reinfeld mit zwei alten VW-Bussen auf zu einer vierwöchigen Reise durch Skandinavien bis zum Nordkap. Wir hatten uns mit den Jugendlichen ein halbes Jahr lang in regelmäßigen Treffen auf das, was uns bevorstehen würde, gründlich vorbereitet.– Doch würde es den Rahmen dieses Berichtes sprengen, an dieser Stelle darzulegen, was wir in dieser Zeit für Erfahrungen machen konnten und trotz der intensiven Vorbereitung an Überraschungen erlebten.

Im Kinderheim Sonnenschein begannen wir am 1. August 1982 nach einer halbjährigen Vorbereitungsphase mit einer neuen, im Umkreis weitgehend noch unbekannten Betreuungsform, einer heilpädagogischen Tagesgruppe für neun Kinder. Diese kamen im Anschluss an den Schulunterricht in die Gruppe und blieben dort bis zum Abend. Nachts und an den Wochenenden blieben sie zu Hause bei ihren Eltern. Diese neue Betreuungsform erforderte von uns eine besonders intensive Arbeit in und mit den Familien und eine gute Zusammenarbeit mit dem Jugendamt. Doch drei Jahre später, am 30. Juni 1985, mussten wir diese Arbeit wieder aufgeben, da das Kreisjugendamt sich aus der Finanzierung mit dem Argument zurückzog: „Wir hatten uns eine Reduzierung des Heimplatzbedarfs erhofft. Doch statt dessen wurde mit der Tagesgruppenarbeit ein neuer Bedarf geweckt.“ – Wir waren wohl mit unserer Idee der Zeit um einige Jahre voraus.

Das Jahr 1983 brachte für mich fachlich den größten Rückschlag und dem Kinderheim nach erfolglosen Pflegesatzverhandlungen große finanzielle und strukturelle Schwierigkeiten. Am 19. März 1983 teilte die Hamburger Behörde für Arbeit, Jugend und Soziales der Heimleitung mit: „Die Beschäftigung von Sozialpädagogen, Sozialarbeitern und Heilpädagogen im Gruppendienst wird nicht berücksichtigt. Gruppenübergreifende funktionale Dienste werden nicht für wünschenswert gehalten. Es wird erwartet, dass vorhandene Stellen nach dem Ausscheiden der Mitarbeiter nicht wieder besetzt werden. Die Haltung zu dieser Frage wird nicht allein durch begrenzte finanzielle Ressourcen nahegelegt, sondern auch deswegen, weil das Amt für Jugend andere Prioritäten setzt. Den Heimträgern angeschlossene Schulen können für den Stellenplan der Heime keine Konsequenzen haben.“ Der Pflegesatz des Heimes wurde gegenüber dem Vorjahr um 3,4% gekürzt. Die Stiftung Kinderheim Sonnenschein sah sich gezwungen, schrittweise Arbeitsbereiche wieder abzubauen, welche in den 17 Jahren von 1965 bis 1982 entwickelt worden waren. Vielleicht war es auch eine „Retourkutsche“ dafür, dass ich es gewagt hatte, gegen das Amt für Jugend Hamburg eine Verwaltungsrechtsklage anzustrengen. Als erstes wurde die Zahl der Erzieherstellen in den Gruppen von 4 auf 3,5 reduziert. Zudem mussten wir die Kindergartenarbeit aufgeben. Doch eine Schließung, wie vom Stiftungsvorstand vorgeschlagen, schien mir gegenüber den Eltern und Kindern unverantwortlich. Nachdem wir über ein Jahr nach einer anderen Trägerschaft gesucht hatten, übernahm schließlich die Arbeiterwohlfahrt am 1. Juli 1984 diese Aufgabe. Unser Leiter Holger Hansen wurde von der Arbeiterwohlfahrt übernommen und versieht noch heute mit großem Erfolg und hohem Ansehen bei den Eltern und in der Kleinstadt Reinfeld diese Funktion.

Die Finanzkrise des Kinderheimes steuerte 1985 auf ihren Höhepunkt zu. Mitarbeiterschaft, Heimleitung und Stiftungsvorstand beschlossen gemeinsam, mit einem Sanierungskonzept dieser Krise Herr zu werden. Um das zu erreichen und alle künftigen personellen, strukturellen und finanziellen Entscheidungen in gegenseitiger Übereinstimmung zu treffen, wurde ein paritätisch besetzter „Finanz- und Strukturausschuss" gebildet. Dieser beschloss die Schließung von drei Außenwohngruppen zum 30. Juni bzw. 31. Oktober 1985. Lediglich eine Außenwohngruppe auf einem Bauernhof in Groß Pampau blieb bestehen. Dieser Hof gehört den Heilpädagogen Ruth und Ferdinand Sturm. Durch diese Entscheidungen wurde das Heim schrittweise von 60 auf 42 Plätze verkleinert und die Zahl der Mitarbeiter entsprechend reduziert. Am Jahresende verzichteten fast alle Mitarbeiter auf ihr 13. Monatsgehalt. Die zentrale Küche des Heimes wurde zum 31. Dezember geschlossen. Die Gruppen erhielten das Wirtschaftsgeld ausgezahlt und mussten nunmehr mit den Kindern der Gruppe einkaufen und kochen. Später erwies sich das als eine gute konzeptionelle Entscheidung. Doch in der aktuellen Situation ging es vorrangig darum, möglichst viel einzusparen. Dadurch veränderte sich der Arbeitsbereich für Ursula, die bisher als Hauswirtschaftsleiterin auch für die zentrale Küche, den Einkauf und den Speiseplan des Kinderheimes verantwortlich war. Nunmehr hatte sie für die Gruppen vor allem bezüglich der richtigen kindgemäßen Ernährung beratende Funktion. Zugleich sprang sie in den Gruppen zum Kochen ein, in denen Mitarbeiterinnen durch Krankheit oder Urlaub ausfielen.

Nachdem es seit 1983 praktisch keine Zusammenarbeit mehr mit Hamburg gab, hat sich das schleswig-holsteinische Sozialministerium nach langem Bemühen unsererseits 1988 endlich für die Vereinbarung von Pflegesätzen mit der Stiftung Kinderheim Sonnenschein für zuständig erklärt. Im Verlauf der Verhandlungen hat es für das Kinderheim als Namen vorgeschlagen „Haus Sonnenschein – Heilpädagogische Einrichtung für Kinder und Jugendliche". Der Stiftungsvorstand beschloss daraufhin, Mitglied im Landesverband für Innere Mission Schleswig-Holstein zu werden, und ich gab

meinen Sitz im Vorstand der Arbeitsgemeinschaft evangelischer Heime in Hamburg auf. Neue Hoffnung keimte auf, endlich wieder zukunftsweisende pädagogische Arbeit leisten zu können und neue pädagogische Konzepte zu entwerfen.
Dass ich bei allen physischen und psychischen Belastungen nie erkrankt war, verdanke ich meinem regelmäßigen Langlauftraining. Anfang des Jahres 1987 entschloss ich mich, im Spätsommer an einem extremen Langlauf über 1015 km innerhalb von 20 Tagesetappen zu je 50 bis 55 Kilometern ohne Ruhetage von Timmendorf an der Ostsee bis nach Mittenwald in den Alpen teilzunehmen. Ich erreichte das Ziel in einer Zeit von insgesamt 115 Stunden und 28 Minuten. Das Laufen konnte ich immer auch beruflich einsetzen. Hierzu gab es viele Gelegenheiten. Dabei ist mir Christian in besonderer Erinnerung geblieben. Er kam 1984 als Vierzehnjähriger zu uns in die Einrichtung. Auf ihn traf ziemlich genau das zu, was der Wiener Jugendpsychiater Hans Asperger über das Verhalten „autistischer Psychopathen" schreibt: „Beim Autismus findet sich eine hochgradige Abkapselung des Kindes. Daneben lässt sich ein ängstlich zwanghaftes Bedürfnis nach Gleicherhaltung der dinglichen Umwelt, die in gewisser Beziehung zu einer bemerkenswerten Veränderungsangst steht, erkennen ... Bei der autistischen Psychopathie ist die Sprache im Gegensatz zum frühkindlichen Autismus früh entwickelt. Autistische Psychopathen fallen weiter durch ein isoliertes, sonderlingshaftes Interesse an einzelnen Gegenständen, meist technischer Natur, auf."
Christian verkroch sich in seinem Zimmer wie in einem Schneckenhaus. Er schob den Schrank vors Fenster, hatte es immer dunkel im Zimmer und trug nur dunkle, hochgeschlossene Kleidung. Sein Interesse galt der Luft- und Raumfahrt und der Raketentechnik. Hier war er ein geradezu unschlagbarer Experte. Und er hatte noch eine „Marotte": Fast täglich machte er einen vier bis fünf Kilometer langen Waldlauf. Aber immer allein und im Dunkeln. Als er etwa zwei Jahre in unserer Einrichtung war, sprach er mich zum ersten Mal von sich aus an: „Sie laufen doch auch. Wie viele Kilometer laufen Sie denn?" Was wollte er mich damit eigentlich fragen? Unser Gespräch endete mit der Verabredung, künftig gemeinsam zu laufen. „Ja, aber nur im Dunkeln." Und so liefen wir über 1 ½ Jahre gemeinsam. Zuerst im Dunkeln, später zu jeder Tageszeit. Christians Leistungen wurden so gut, dass ich es wagte, ihn kurz vor seinem achtzehnten Geburtstag zu überreden, im Frühjahr 1988 gemeinsam mit mir am Hamburg-Marathon teilzunehmen. Es war ein sehr heißer Tag, als wir in Hamburg an den Start gingen. Trotzdem lief er im hoch geschlossenen dunklen Trainingsanzug. Und er trug auch noch warme Sachen (Unterhemd, langärmliges Oberhemd) darunter.

Nach etwa zehn Kilometern lief er mir davon, entgegen unserer Verabredung, bis zum Ziel zusammen zu bleiben. Er erreichte etwa zehn Minuten vor mir das Ziel und wartete auf mich. Ich versuchte, ihn zum Duschen zu überreden. Doch das ging über seine Kraft: 7000 nackte Männer in einer zur Dusche umfunktionierten Messehalle. Sein Körpergeruch auf der Heimfahrt im Auto war entsetzlich. Doch zum Glück waren wir nur eine Stunde unterwegs. Im Sommer darauf verließ uns Christian. Er begann eine Lehre und zog in eine Jugendwohngemeinschaft. Im Herbst erhielt ich von ihm eine Ansichtskarte aus Duisburg. Er hatte dort am Rhein-Ruhr-Marathon teilgenommen und eine Zeit von nahezu drei Stunden erreicht. Beim Hamburg-Marathon im Frühjahr 1989 tippte mir kurz nach dem Start jemand beim Überholen auf die Schultern. Es war Christian. Diesmal lief er in luftiger Laufkleidung. Er rief mir im Vorbeilaufen zu, er sei jetzt bei der Bundeswehr und wolle heute seine Drei-Stunden-Zeit unterbieten, denn er habe sich für eine Sportkompanie beworben.

Das Jahr 1989 stand für uns im Kinderheim unter dem Motto „100 Jahre Stiftung Kinderheim Sonnenschein". Schon lange vorher hatte ich alte Unterlagen der Stiftung gesichtet und einen historischen Überblick für eine Festschrift ausgearbeitet. Für die Kinder und Jugendlichen wurden ein Sommerfest, ein Fußballturnier und andere Veranstaltungen organisiert. Der offizielle „Festakt" mit geladenen Gästen fand am 14. Juni statt. Ein besonderes Jubiläumsgeschenk machte uns das Kreisschulamt: Mit Beginn des neuen Schuljahres im Herbst hatte es eine dritte Lehrerstelle bewilligt. Gleichzeitig wurde den Heimklassen der offizielle Status „Heimklassen für Erziehungshilfe" zuerkannt. Mit Beginn des Schuljahres 1990/91 erhielten wir im Haus Sonnenschein für unsere Heimklassen für Erziehungshilfe sogar eine vierte Lehrerstelle bewilligt. Mit Beginn des Schuljahres 1993/94 wurde diese vom Kreisschulamt aus Kostengründen allerdings schon wieder gestrichen und mit Beginn des Schuljahres 1994/95 auch noch die dritte Lehrerstelle. Damit war personell wieder das Niveau von 1972 erreicht!

Die Mehrheit der Mitarbeiterschaft des Hauses Sonnenschein beteiligte sich aktiv an der Diskussion um neue pädagogische Konzepte in Heimen der ehemaligen DDR. Viele Kolleginnen und Kollegen aus Mecklenburger Heimen waren zu Besuchen oder zu Hospitationen bei uns. Im Mai 1991 fuhren wir dann mit achtzehn Kolleginnen und Kollegen unserer Einrichtung zu einem Gegenbesuch ins Kinderheim „Jenny Marx" nach Rerik an der Ostsee. Im darauffolgenden Jahr reisten der Kollege Uwe Gromberg-van-Dorsten und ich in das Kinderheim Bandelin bei Greifswald, um dort mit den Kolleginnen und Kollegen ein neues pädagogisches Konzept zu er-

arbeiten. Im Herbst 1993 schließlich brachen wir mit insgesamt sieben Kolleginnen und Kollegen unserer Einrichtung gemeinsam mit einer Lübecker Hilfsorganisation ins Kinderheim Zelenogradsk bei Kaliningrad (Königsberg) in Rußland auf, um dort einen Hilfstransport an Lebensmitteln und Kleidung abzuliefern und gleichzeitig mit den russischen Kolleginnen und Kollegen Kontakte zu knüpfen. Diese Kontakte werden noch heute insbesondere durch Renate und Karl-Heinz Köster gemeinsam mit Dagmar und Klaus-Peter Tamms aufrechterhalten.
Zu Beginn des Jahres 1993 wurden vom Haus Sonnenschein in Lübeck vier Wohnungen angemietet, um dort Jugendliche im Rahmen der Heimerziehung extern zu betreuen. In unserer Kreisstadt Bad Oldesloe hatten wir schon seit einigen Jahren stets ein bis zwei Wohnungen angemietet. Nun aber waren die „Flexiblen Betreuungen" zu einem eigenständigen Arbeitsbereich für zwei Mitarbeiter geworden. Das Konzept hierzu entstand in Zusammenarbeit mit Uwe Gromberg-van-Dorsten, dem heutigen Stadtjugendpfleger von Bad Oldesloe.
Im Frühjahr 1995 regte Klaus Schäfer vom Kinderhaus Steinberghaff bei Flensburg an, mit unserer Einrichtung Kooperationspartner für das seit 1993 bestehende Auslandsprojekt Werkschule Cund in Siebenbürgen/Rumänien zu werden. Da die Zahl der nicht mehr mit „normalen" Mitteln der Heimerziehung erreichbaren Jugendlichen zunahm, haben wir nach langer Diskussion im Stiftungsvorstand einer Kooperationspartnerschaft zugestimmt. Am 1. Mai 1995 reiste der Heilpädagoge Heinz-Jürgen Meyer mit dem ersten Jugendlichen unserer Einrichtung nach Cund. Im Verlaufe eines Jahres folgten noch vier weitere Jugendliche. Zu einem Ausbau dieser Kooperationspartnerschaft und der Erarbeitung eines gemeinsamen pädagogischen Konzeptes kam es durch die Schließung des Hauses Sonnenschein 1½ Jahre später allerdings nicht mehr. Doch es gelang mir, bei Schließung des Hauses Sonnenschein den weiteren Aufenthalt „unserer" fünf Jugendlichen in Cund zu sichern. Erst fünf Jahre später stieß ich in der Vorwerker Diakonie Lübeck bei der Erörterung der Probleme von Jugendlichen, welche mit den allgemeinen Möglichkeiten der Jugendhilfe nicht mehr erfasst werden können, mit meinem Bericht vom Projekt in Rumänien auf großes Interesse. Ich arrangierte ein persönliches Kennenlernen mit Klaus Schäfer und im Mai 2000 einen Besuch in Rumänien. Schließlich trafen wir die Entscheidung, dass sich die Vorwerker Diakonie Lübeck an diesem Projekt beteiligt. Mit großem Engagement wurden alle Voraussetzungen hierfür geschaffen und ein gemeinsames Konzept entwickelt.
In der gemeinsam erstellten Leistungsbeschreibung haben wir dieses Projekt folgendermaßen beschrieben:

„Seit dem 01.07.2000 ist die Vorwerker Diakonie Lübeck Kooperationspartner des Kinderhauses Schäfer in Steinberghaff, der rumänischen Firma Vitorul Acriculturii Cund (Zukunft Landwirtschaft) und der dazugehörigen Stiftung Vitorul Copiilor (Zukunftskinder). Gemeinsam unterhalten diese ein Werkschulprojekt für acht bis zehn Jugendliche im Alter zwischen 14 und 18 Jahren. Ein Teil dieser Werkschule befindet sich in Cund in Siebenbürgen/Rumänien (ehemals Reußdorf), ein weiterer Teil in Lübeck. Hierbei handelt es sich nicht um ein erlebnispädagogisches Auslandsprojekt, sondern um eine besondere Form der Hilfe zur Erziehung, in welcher der Aufenthalt der Jugendlichen in Rumänien und in Deutschland gleichbedeutend sind. Deshalb ist ein regelmäßiger Wechsel in Zeiträumen von jeweils ca. drei Monaten von praktischer Tätigkeit im Rahmen eines Dorfentwicklungsprojektes unter einfachen Lebensbedingungen in Rumänien und anschließendem Aufenthalt in Deutschland, der für die Weiterentwicklung der persönlichen Perspektiven der Jugendlichen genutzt werden soll (Schulabschluss, Berufsausbildung, Ablösung vom bisherigen Umfeld), konzeptionell vorgesehen. Das bedeutet, dass sich jeweils vier bis fünf Jugendliche in Deutschland und zur gleichen Zeit vier bis fünf Jugendliche in Rumänien aufhalten. Wir nennen diesen ganzheitlichen Ansatz ‚Sinnpädagogik'.

Gemeinsam mit rumänischen Mitarbeiterinnen und Mitarbeitern sowie unseren Jugendlichen bewirtschaften Erzieher, Sozial- oder Heilpädagogen aus Deutschland in Cund/Rumänien einen Bauernhof mit Viehzucht (Milchwirtschaft, Hühnerhaltung, Schweinezucht) und Ackerbau (Gemüseanbau, Obstanbau) und in den dazugehörigen Nebenbetrieben eine Tischlerei, eine Schlosserei und eine Schuhmacherei. Die Endfertigung und der Vertrieb der Erzeugnisse erfolgt teilweise unter Beteiligung der Jugendlichen durch die Vorwerker Werkstätten in Lübeck. Die Jugendlichen erhalten in Rumänien regelmäßige schulische Förderung durch eine qualifizierte deutsche Lehrkraft. Außerdem helfen die Jugendlichen mit, im Dorf wieder eine funktionierende Infrastruktur aufzubauen. Damit wird neben der pädagogischen Arbeit auch die internationale Zusammenarbeit gefördert und praktische Hilfe zur Dorfentwicklung geleistet.

Aufbauend auf den Lern- und Arbeitserfahrungen in Rumänien können sich die Jugendlichen während des Aufenthaltes in Deutschland auf einen ihren schulischen Voraussetzungen gemäßen Schulabschluss vorbereiten, in den Vorwerker Werkstätten arbeiten oder eine Berufsausbildung absolvieren. Ihre Betreuung erfolgt in einer Wohngruppe in Lübeck oder in individueller Unterbringung. Eine enge Zusammenarbeit mit der Klinik für Kinder- und Jugendpsychiatrie der Vorwerker Diakonie ermöglicht diagnostische und erforderlichenfalls spezielle therapeutische Hilfen.

Dieses Projekt ist für einzelne Jugendliche gedacht, die im Rahmen ‚normaler heilpädagogischer Heimerziehung' nicht erreichbar sind, die jedoch die Möglichkeit zu einem Neubeginn erhalten sollen, indem sie ihr bisheriges soziales Umfeld hinter sich lassen können, um neue Lernerfahrungen zu machen. Die Jugendlichen werden in Cund/Rumänien ebenso wie in Lübeck in umfassender Lebens- und Arbeitsgemeinschaft gefördert und betreut.

> Ziel dieser Lebens- und Arbeitsgemeinschaft ist es, die jungen Menschen in ihrer Entwicklung soweit zu fördern und Fehlverhalten abzubauen, dass eine Eingliederung in die Lebens- und Arbeitswelt außerhalb eines beschützenden Rahmens in unserer Gesellschaft in Deutschland wieder möglich wird und sie ein eigenständiges, unabhängiges Leben führen können."

Das Haus Sonnenschein schloss das Jahr 1995 mit einem Verlust von 440.000 DM ab. Ursächlich waren nicht wie in den achtziger Jahren gescheiterte Pflegesatzverhandlungen, sondern der drastische Rückgang des Heimplatzbedarfs. In Schleswig-Holstein gab es rund 4000 Heimplätze, von denen nur noch etwa 2000 benötigt wurden, da sich die nicht schleswig-holsteinischen „Beleger" zurückzogen, insbesondere Berlin mit 700 Plätzen – hatte es doch seit der Wende Brandenburg vor der Haustür. In dieser Situation war „unsere" Bank, die Evangelische Darlehensgenossenschaft Kiel, zu keiner weiteren Erhöhung des Dispositionskredits bereit. Auch der Landesverband für Innere Mission in Schleswig-Holstein, welchem die Stiftung seit 1988 angehörte, sah keine Hilfsmöglichkeit. Im Gegenteil: Ihm schien es recht zu sein, wenn eine Einrichtung weniger um die abnehmenden Heimplätze im Lande konkurriert. Der Stiftungsvorstand sah sich gezwungen, einen Sanierungsplan zu beschließen, dem als erstes der gruppenergänzende Fachdienst zum Opfer fiel. Außerdem wurden die Nachtbereitschaftsdienste der Mitarbeiter in den Gruppen nicht mehr zusätzlich bezahlt, sondern mussten mit der tariflichen Wochenarbeitszeit verrechnet werden. Der weitere Rückgang von Nachfragen für eine Heimaufnahme zwang den Finanz- und Strukturausschuss des Hauses Sonnenschein zu weiteren Sanierungsmaßnahmen. Im April wurde eine Gruppe des Heimes geschlossen und vier Erzieherinnen und einer Hauswirtschaftskraft gekündigt. Da diese Maßnahme noch nicht ausreichte, traf es im Sommer noch eine weitere Gruppe. Alle Versuche scheiterten, neue Betreuungsformen aufzunehmen, z.B. eine heilpädagogische Intensivgruppe, eine heilpädagogische Tagesgruppe, eine 5-Tage-Gruppe, eine Wohngruppe für schulentlassene Jugendliche zur Vorbereitung auf eine flexible Betreuungsform in einer externen Wohnung, weil Jugendämter als Kostenträger keine neuen Zahlungsverpflichtungen eingehen wollten.

Diese bedrohlichen Entwicklungen machten mich dünnhäutiger. Meine Reaktionen auf das Fehlverhalten von Jugendlichen gerieten mitunter zu Überreaktionen. Und auch mancher Mitarbeiterin, manchem Mitarbeiter gegenüber reagierte ich unangemessen. Ich spürte, wie mir meine Gelassenheit zunehmend abhanden kam. – Diejenigen, denen gegenüber ich mich falsch verhalten habe, bitte ich nachträglich um Verzeihung. – Auch das Leben mit der Familie in einem Haus auf dem Gelände der Einrichtung wurde zunehmend zur Belastung. Um Abstand zu gewinnen, entschlossen sich Ursula und ich, den Plan, nach der Pensionierung über unseren Bausparvertrag ein kleines Haus zu kaufen, schon jetzt zu verwirklichen und die dadurch höhere Fremdfinanzierung in Kauf zu nehmen. Wir erwarben einen Rohbau, den wir innerhalb eines Vierteljahres in Eigenarbeit selbst bezugsfertig machten. Im September 1996 zogen wir aus dem Heim aus und in unsere Doppelhaushälfte ein, in dem 600-Seelen-Dorf Klein Wesenberg bei Lübeck, etwa 9 Kilometer von der Einrichtung entfernt. Dieser Umzug brachte uns allerdings auch den Verdacht ein, mehr von den bedrohlichen Entwicklungen gewusst und uns rechtzeitig „abgesetzt" zu haben.

Am Tage unseres Auszuges aus dem Heim teilte der Vorsitzende der Stiftung Kinderheim Sonnenschein in einer eigens dazu einberufenen Mitarbeiterversammlung mit, dass die Einrichtung auf Beschluss des Stiftungsvorstandes zum 31. Dezember 1996 geschlossen werde. Auf Nachfrage einer Mitarbeiterin erklärte er hierzu, dass die Schließung im Rahmen eines Konkursverfahrens erfolgen werde, um damit der Pflicht zur Erstellung eines Sozialplanes zu entgehen. Da die Evangelische Darlehensgenossenschaft (EDG) nicht nur eine Aufstockung des Dispositionskredits abgelehnt, sondern auch die auf Grundstück und Gebäude lastende Hypothek gekündigt habe, sei der Sachverhalt eines Konkurses gegeben. Hierauf erklärte ich in der Mitarbeiterversammlung, dass ich dieses Vorgehen von Stiftungsvorstand und EDG als „abgekartetes Spiel" missbillige und meine Loyalitätspflicht gegenüber dem Vorstand als beendet ansehe. Gewiss lag es rückschauend auch an mir, dass es zu dieser Situation kommen musste. Da ich mich in meinen Entscheidungen dreißig Jahre lang zuallererst von pädagogischen Erfordernissen und weniger von wirtschaftlichen Gesichtspunkten leiten ließ und gegenüber den finanziellen Begehrlichkeiten der Mitarbeitervertretung zu nachgiebig war, hatten wir kein finanzielles Polster für Notzeiten.

Es folgten mehrere vergebliche Versuche, die Einrichtung unter anderer Trägerschaft oder als GmbH fortzuführen. Der vom Amtsgericht eingesetzte Sequester sah trotz meiner ständigen Absprachen mit ihm über einzelne Schritte in diesen Versuchen eine Störung seiner Arbeit und setzte am 13. November 1996 gegenüber dem Stiftungsvorstand durch, mich noch am gleichen Tag spätnachmittags mit sofortiger Wirkung vom Dienst zu suspendieren. Ich musste nach über 31 ½ Jahren meinen Arbeitsplatz innerhalb einer Stunde räumen, geradeso, als hätte ich eine Unterschlagung begangen oder ein Kind sexuell missbraucht. – Rückschauend hatte meine Suspendierung vom Dienst für mich auch sein Gutes: Ich blieb davor verschont, in der Einrichtung so lange Dienst tun zu müssen, bis das letzte Kind anderweitig untergebracht und der letzte Teller versteigert worden waren.

TRAMPELPFADE ZU EINER EINHEITLICHEN BERUFSVERTRETUNG

Zu meinen ehemaligen Mitstudenten vom HPS Bethel hielt ich intensiven Kontakt. Bei unserem ersten Ehemaligentreffen im Herbst 1966 entstand der Plan, die Absolventen der Ausbildungsstätten München und Delmenhorst zu einem gemeinsamen Erfahrungsaustausch einzuladen. Ich übernahm es, die Kolleginnen und Kollegen einzuladen und das Treffen zu organisieren. Wir trafen uns am 27./28. Mai 1967 in Randersacker bei Würzburg. Die 25 Teilnehmer des Treffens gründeten spontan den „Berufsverband der Heilpädagogen in Deutschland (BHD)". Man wählte mich zum Vorsitzenden. Diese Verbandsgründung erfolgte, nachdem ich vorher vergeblich versucht hatte, beim Deutschen Berufsverband der Sozialarbeiter/Sozialpädagogen (DBS) die Bildung einer Fachgruppe für Heilpädagogen zu erreichen, denn schon damals war ich davon überzeugt, dass es sinnvoller ist, die Kräfte zu bündeln, als sich in vielen Verbänden zu verzetteln und für jeden Beruf innerhalb des weiten Feldes Sozialer Arbeit einen eigenen Berufsverband zu gründen. Wir einigten uns im BHD darauf, einmal jährlich eine Fachtagung durchzuführen. Die erste Tagung sollte bereits im Herbst 1967 stattfinden. Hierzu luden wir auch als Vertreter des „Verbandes der Absolventen des HPS Zürich (VAZ)" Günter Frommann, Eberhard Dyck und Gudrun Rönck ein. Nach dieser Tagung empfahlen diese den Mitgliedern der VAZ den Beitritt zum BHD. Gleichzeitig beantragten wir unsere Mitgliedschaft in der „Ständigen Konferenz heilpädagogischer Ausbildungsstätten", deren Vorsitzender Dr. Wolfgang Klenner war, mit dem Ziel, eine bundeseinheitliche Heilpädagogen-Ausbildung zu garantieren, Bündnispartner für unsere Forderung nach einer staatlichen Anerkennung dieses neuen Berufes zu finden und bei der Erstellung der Berufsbeschreibung „Heilpädagoge" durch die Bundesanstalt für Arbeit mitzuwirken. Ebenso beantragten wir die Mitgliedschaft im Fachbeirat der Arbeitsgemeinschaft für Erziehungshilfe (AFET). Gemeinsam mit Hubertus Braun machte ich einen „Antrittsbesuch" beim Vorstand der Gewerkschaft ÖTV in Stuttgart. Wir boten an, als BHD korporatives Mitglied der ÖTV zu werden. Doch die ÖTV lehnte mit der Begründung ab, dass es ein grundsätzliches gewerkschaftliches Prinzip sei, nur Einzelmitglieder aufzunehmen. – Ich trat als Vorsitzender des BHD der Gewerkschaft ÖTV bei,

in der Hoffnung, auf diese Weise einen mächtigen Bündnispartner für die Interessen der Heilpädagogen zu finden. (Wie bereits erwähnt, endete meine Mitgliedschaft jedoch am 31.12.1970).
Auf der Fachtagung des BHD im November 1968 in Springen im Taunus konnten wir den Leiter des HPS Zürich Fritz Schneeberger als Hauptreferenten begrüßen. Die Fragestellung seines Referates, ob man erzieherisches Tätigsein einfach mit produktiver Arbeit oder den vielfältigen individuellen oder sozialen Dienstleistungen gleichsetzen dürfe, hat mich während meines ganzen Berufslebens und berufsverbandlichen Engagements nicht mehr losgelassen. Seit dieser ersten Begegnung mit Fritz Schneeberger war ich als BHD-Vorsitzender häufiger Gast der schweizerischen Kollegen bei den traditionellen Schaffhauser Tagungen.
Im gleichen Jahr gab die Ständige Konferenz der heilpädagogischen Ausbildungsstätten eine Sammlung der „Stoffpläne für die Ausbildung zum Heilpädagogen" heraus. Das geschah in enger Zusammenarbeit mit dem BHD, namentlich mit dem Leiter des HPS Delmenhorst Theodor Falt und mir und war letztendlich nur möglich, weil der BHD den Druck finanzierte. Außerdem gab der BHD erstmals ein „Literaturverzeichnis für Heilpädagogen" und ein „Verzeichnis der Ausbildungsstätten zum Heilpädagogen" heraus. Diese Schriften wurden von einer kleinen Druckerei in Reinfeld gedruckt. Damit lagen alle mit dem Druck und Versand verbundenen Aufgaben in meiner Verantwortung.
Der Berufsverband BHD, inzwischen auf 400 Mitglieder angewachsen, führte im November 1973 seine Fachtagung in der Kongresshalle in Berlin durch. Großen Raum nahm auf dieser Veranstaltung die Diskussion um den Referentenentwurf eines neuen Jugendhilfegesetzes ein, welcher 1974 von der Bundesregierung aus Kostengründen allerdings wieder zurückgezogen wurde. Das in Berlin neu in den Vorstand gewählte Mitglied Helmut Heiserer aus Regensburg übernahm die seit Verbandsgründung von mir wahrgenommene Schriftleitung der „BHD-Informationen" und entwickelte daraus im Laufe der Jahre eine weit über den Mitgliederbereich hinaus bekannte Fachzeitschrift, die noch heute als „BHP-info" existiert.
In den ersten fünf Jahren seines Bestehens war es dem BHD auch gelungen, ein flächendeckendes Netz regionaler Sektionen zu gründen und so den einzelnen Mitgliedern des Verbandes die Möglichkeit zu regelmäßigen Treffen und Erfahrungsaustausch mit Kolleginnen und Kollegen zu bieten. Der Heilpädagoge Karl-Heinz Unger gründete die Sektion Schleswig-Holstein. Trotz aller Aktivitäten erschienen mir diese nur als winzige Trippelschritte. Es ist nach meiner Auffassung geradezu tragisch, dass wir in der Sozialar-

beit, Sozialpädagogik und Heilpädagogik dazu neigen, für jede neue Aufgabe, die sich uns stellt, sofort auch eine neue Zusatzausbildung zu erfinden, eine neue Berufsbezeichnung mit entsprechend höherer Eingruppierung zu fordern und schließlich eine eigene Berufsvertretung zu gründen. Deshalb erschien es mir wichtig, mitzuhelfen, dass sich möglichst alle Gruppierungen helfender Berufe aus den Bereichen Sozialarbeit, Sozialpädagogik und Heilpädagogik, gleichgültig, ob mit Hoch- oder Fachschulabschluss, in einer gemeinsamen Berufsvertretung zusammenfinden.
Im Dezember 1973 fand zum ersten Mal ein Gespräch zwischen verschiedenen sozialpädagogischen Berufs- und Fachverbänden statt. Von da an folgten bis 1975 jährlich zwei bis drei Treffen. Beteiligt waren die Arbeitsgemeinschaft Deutscher Bewährungshelfer, der Berufsverband der Sozialarbeiter/Sozialpädagogen (BSS), der Berufsverband der Sozialarbeiter im Strafvollzug, der Deutsche Berufsverband der Sozialarbeiter und Sozialpädagogen (DBS), die Deutsche Vereinigung für den Sozialdienst im Krankenhaus, der Verband der Praxisberater (Supervisoren) in der Sozialarbeit/Sozialpädagogik (VPS), die Bundesarbeitsgemeinschaft lehrender Sozialarbeiter, die Arbeitsgemeinschaft Sozialarbeiter in Beratung und Therapie und der Berufsverband der Heilpädagogen (BHD). Damit hatten wir noch längst nicht alle Fachorganisationen erfasst. Als Vertreter des BHD nahmen Heinz-Volker Faßnacht und ich an den Gesprächen teil. Kurzfristiges Ziel war, unsere berufspolitischen Aktivitäten miteinander abzustimmen und nach Möglichkeit in der Öffentlichkeit mit einer gemeinsamen Meinung aufzutreten. Mehrfach haben wir zu aktuellen Fragen in „Gemeinsamen Verlautbarungen" Stellung genommen. Längerfristig ging es uns darum, die Zersplitterung durch die Gründung eines einheitlichen Berufsverbandes zu beenden und auch jene Fachorganisationen zu erfassen, welche noch nicht an den gemeinsamen Gesprächen teilnahmen.
Nach vielen „Verbändegesprächen" in den Jahren 1974 und 1975, an denen Heinz-Volker Faßnacht und ich für den BHD teilnahmen, konnten wir mit etwa 175 Teilnehmerinnen und Teilnehmern aus insgesamt acht Fach- und Berufsverbänden vom 7. bis 9. November 1975 in Bacharach am Rhein eine gemeinsame Fachtagung organisieren. Der BHD finanzierte für 22 Mitglieder die Teilnahme. Hauptreferenten waren der Rektor der Evangelischen Fachhochschule Nürnberg, Prof. Dr. Heinrich Schiller, zugleich Vertreter des Berufsverbandes DBS und der Leiter der Caritas-Fortbildungsakademie Freiburg, Dr. Kurt Nachbauer, zugleich Vertreter des Berufsverbandes BSS. In einer „Bacharacher Erklärung" bekräftigten wir unseren Willen zu einem Zusammenschluss. Gleichzeitig beschlossen wir die

Erarbeitung einer gemeinsamen Satzung für einen künftigen einheitlichen Berufsverband. Nach einem gemeinsam erarbeiteten Zeitplan sollte der Zusammenschluss der Verbände zu einem einheitlichen Berufsverband im Sommer 1977 erfolgen.
Heinrich Schiller[1] machte uns in Bacharach bei unserem Bemühen mit jener Fabel Mut, nach welcher sich zwei Ameisen auf den langen und beschwerlichen Weg nach Mekka machten. Sie erreichten ihr Ziel nie. Als es ans Sterben ging, sagte die eine Ameise zur anderen: „Wenn wir Mekka auch nicht erreicht haben, so sind wir doch wenigstens auf dem Weg dorthin gestorben". Das scheint mir zwar idealistisch, doch sinnvoller, als vor scheinbar unlösbaren Aufgaben einfach zu kapitulieren, wie das Joachim Ringelnatz in einem seiner Gedichte beschreibt:
„Es waren zwei Ameisen, die wollten nach Australien reisen.
Bei Altona auf der Chaussee, da taten ihnen die Beine weh.
Da verzichteten sie weise auf den letzten Teil der Reise."
Am 15. April 1978 gründeten in Gernsbach im Schwarzwald der Berufsverband der Sozialarbeiter/Sozialpädagogen (BSS), der Verband der Praxisberater (Supervisoren) in der Sozialarbeit/Sozialpädagogik (VPS), die Arbeitsgemeinschaft Sozialarbeiter in Beratung und Therapie und der Berufsverband der Heilpädagogen (BHD) gemeinsam den „Berufsverband der Sozialarbeiter, Sozialpädagogen, Heilpädagogen – vereinigte Vertretung sozialpädagogischer Berufe (BSH) e.V.". Damit war nach fünfjährigen Verbändegesprächen endlich das Ziel erreicht. Die Gründungsversammlung wählte mich zum ersten Vorsitzenden des Gründungsvorstandes, nachdem ich in der Nacht vor der Gründungsversammlung von vielen Seiten nachdrücklich gebeten worden war, für dieses Amt zu kandidieren. Zweiter Vorsitzender des Gründungsvorstandes wurde Armin Lang, heute SPD-Abgeordneter im saarländischen Landtag. Dennoch mochte ich mich nicht so recht freuen, denn mir war bewusst, dass mir diese neue Aufgabe viel Arbeit neben meinem Beruf als Leiter eines heilpädagogischen Kinderheimes und als BHD-Vorsitzender bringen würde. Zum anderen erfolgte die Gründung nur durch vier der an den Verbändegesprächen beteiligten Berufs- und Fachverbände. Besonders schmerzlich war, dass der Deutsche Berufsverband der Sozialarbeiter und Sozialpädagogen (DBS) quasi in letzter Minute aus den Zusammenschlussverhandlungen ausschied. Viele DBS-Mitglieder quittierten das auch mit Austritt aus dem DBS und Eintritt in den BSH. Der DBS-Landesverband Bayern trat geschlossen zum BSH

[1] Siehe seinen Beitrag in Band 1.

über. Trotzdem bestand unsere künftige Politik nicht darin, einzelne DBS-Mitglieder abzuwerben, sondern mit dem DBS im Gespräch zu bleiben, um doch noch einen Zusammenschluss zu erreichen.
Noch im selben Jahr kamen auf den jungen BSH neben den vielen verbandsintern zu bewältigenden Aufgaben große fachliche Herausforderungen zu: Am 8. November 1978 stellte die Bundesregierung erneut einen Referentenentwurf für ein neues Jugendhilfegesetz der Fach-Öffentlichkeit vor. Glücklicherweise fand ich in dem vom Berufsverband BSS in den BSH übernommenen hauptamtlichen Geschäftsführer Günter Grunert einen versierten Kenner der Materie, der dem Gründungsvorstand für seine zu erarbeitende Stellungnahme reichlich Material und Argumente lieferte.
Im November 1978 führten die „Vereinigung der Absolventen des HPS Zürich (VAZ)“ und der BHD gemeinsam eine Fachtagung in Basel durch, an welcher 634 Kolleginnen und Kollegen aus beiden Ländern teilnahmen. Das Tagungsthema lautete: „Erziehungserschwernisse – Antworten aus dem Werk Paul Moors“. Für mich war das der letzte „große Auftritt“ im Rahmen des BHD.
Der erste Bundesmitgliedertag des neuen Berufsverbandes BSH fand am 27./28. April 1979 in Königstein im Taunus statt und stand unter dem Thema „Soziale Arbeit im Widerstreit von Politik, Administration und Fachlichkeit“. Hauptreferenten waren wie schon 1975 in Bacharach Heinrich Schiller, Nürnberg, und Kurt Nachbauer, Freiburg. Die Mitgliederversammlung wählte mich mit 185 Stimmen bei 4 Enthaltungen zum 1. Vorsitzenden des BSH. 2. Vorsitzende wurde Gabriele Mehr aus Limburg. Versammlungsleiter war Werner Schreiber, nach der Wende Arbeitsminister in Sachsen-Anhalt. Nach meiner Wahl zum 1. Vorsitzenden des BSH wurde von mir eine Kurzbiographie im deutschen „Who's who“ aufgenommen. Der Berufsverband der Heilpädagogen (BHD) hatte sich als eigenständiger Verband aufgelöst und als Bundesfachgruppe der Heilpädagogen dem BSH angeschlossen. Vorsitzender dieser Bundesfachgruppe wurde Helmut Heiserer.
Zu Beginn des Jahres 1980 lösten wir in Reinfeld in Holstein die Geschäftsstelle des BHD auf. Das Material brachten wir nach Büdelsdorf bei Rendsburg. Dort wurde eine Geschäftsstelle für die Bundesfachgruppe der Heilpädagogen im BSH eingerichtet. Damit war für mich nach nahezu 13 Jahren die Verantwortung für die Belange der Heilpädagogen auch sichtbar beendet.
Mir war es stets ein Anliegen, sich in einer vereinten Vertretung sozialpädagogischer Berufe nicht abzugrenzen, sondern auch Berufsgruppen „unterhalb“ des Fachhochschulabschlusses wie z.B. Erzieher oder Heilerzie-

hungspfleger und „oberhalb", wie z.B. Diplom-Pädagogen aufzunehmen. Immer wieder bezeichnete ich es als unerträglich, dass z.B. alle Kolleginnen und Kollegen, die nach dem kirchlichen Tarifvertrag im Heim eine „Dienstgemeinschaft" bilden sollen, nicht auch einem gemeinsamen Berufsverband angehören dürfen. Erzieher, Sozialpädagogen, Heilpädagogen, Sozialarbeiter, Diplom-Pädagogen u.a. sind beispielsweise in einem Heim gemeinsam für junge Menschen und deren Entwicklung verantwortlich und ergänzen sich dabei gegenseitig durch ihre unterschiedlichen Qualifikationen. Warum sollten deren berufsspezifische Interessen nicht auch durch einen gemeinsamen Berufsverband vertreten werden? Eine berufsständische Abgrenzungspolitik schien mir nicht mehr zeitgemäß. Beim Zusammenschluss der Verbände zum BSH im April 1978 konnten wir uns in dieser Frage nicht zu einer einheitlichen Linie durchringen. Wir schlossen den Kompromiss, diese Frage innerhalb der ersten Legislaturperiode, also bis zum April 1983 zu lösen. Schon auf der Bundesdelegiertenversammlung im Dezember 1981 in Waldfischbach, südlich von Kaiserslautern gelegen, trafen wir mit überwältigender Mehrheit einen Öffnungsbeschluss für alle in der Sozialarbeit tätigen Berufe. Es war mir mit einem Referat gelungen, auch manchen Skeptiker von der Richtigkeit dieser Entscheidung zu überzeugen. Doch der erhoffte große Zulauf aus diesen Berufsgruppen blieb aus. Der BSH mit seinen über 3000 Mitgliedern wuchs nur unmerklich.

Nach dem Öffnungsbeschluss vom Dezember 1981 packten wir im BSH auf der Bundesdelegiertenversammlung im Mai 1982 in Hübingen im Westerwald erneut ein „heißes Eisen" an: Wir begannen unter der Federführung des Vorstandsmitglieds Alban Scherzinger mit der Diskussion eines Berufsbildes. Dabei wurde von mir immer wieder betont, dass es nicht um ein einheitliches Berufsbild gehen dürfe, sondern um ein gemeinsames; „nicht um ein Portrait, sondern um ein Gruppenbild mit Landschaft", der Beschreibung gemeinsamer Grundlagen, Ziele und Prinzipien beruflichen Handelns und der Beschreibung spezifischer Arbeitsfelder und einzelner Berufsfunktionen. Dennoch entzündeten sich hier insbesondere mit den Kollegen der Bundesfachgruppe der Heilpädagogen heftige Kontroversen. Andere sahen in diesen Diskussionen die Chance, für einen einheitlichen Sozialberuf zu plädieren. Das wurde von mir in Anspielung auf die SED kritisch-ironisch als „SEB" (Sozialpädagogischer Einheitsberuf) bezeichnet.

Die alte sozial-liberale Bundesregierung hatte gegen Ende ihrer Amtszeit 1982 ein Haushaltssicherungsgesetz beschlossen. Die neue christlich-liberale Regierungskoalition beschloss 1983 ein Haushaltsstrukturgesetz. Beide Gesetze sahen tiefe Einschnitte ins soziale Netz vor. Um vor dieser Entwicklung zu warnen, bereiteten wir im BSH für Dezember 1983 ein „Bonner Fachforum" mit dem Thema „Strukturdefekt im Spareffekt" vor. Mein Einführungsreferat zu einer Podiumsdiskussion, an welcher auch Abgeordnete aller im Bundestag vertretenen Parteien teilnahmen, schloss ich aus meiner Überzeugung und um die folgende Podiumsdiskussion ein wenig anzuheizen, mit den Worten: „Heute erkennt man in allen Bereichen geradezu faschistoide Züge, wie wir sie aus Rosenbergs ‚Mythos des 20. Jahrhunderts' kennen, wo als zwangsläufige Gesetzmäßigkeit beschrieben wurde, dass das Leben ein immerwährender Kampf um die Selbsterhaltung sei. Dabei müsse bewusst in Kauf genommen werden, dass das Stärkere nur leben kann, wenn das Schwächere geopfert werde ... Der Appell an Nachbarschaftshilfe und Nächstenliebe wirkt angesichts solcher Kalkulationen unaufrichtig; verlangt doch Nächstenliebe in letzter Konsequenz, mein Leben für andere zu opfern. Unsere gesamte Politik zielt dagegen darauf hin, zur Erhaltung eines Prinzips die Existenz von Menschen zu gefährden und notfalls zu opfern." Und in Anspielung auf die Forderung des Bundeskanzlers Helmut Kohl in seiner Regierungserklärung vom Oktober 1982 nach einer „geistig-moralischen Wende", und nicht ahnend, dass das Wort Wende, später für die Ereignisse in der DDR von deren letztem Staatsratvorsitzenden Egon Krenz am 9. November 1998 benutzt wurde, schloss ich mit der Forderung: „Was wir brauchen ist eine ‚Wende', eine Umkehr des Denkens und Handelns, ‚Umkehr zum Leben', wie das Motto des letzten Katholikentages lautete." Mit meinem Referat hatte ich einen Eklat ausgelöst. Der FDP-Abgeordnete verließ das Podium. Einige Tage später wurde ich von der damaligen FDP-Generalsekretärin Irmgard Adam-Schwaetzer aufgefordert, mich für meine Äußerungen zu entschuldigen. Bei einem Gespräch in ihrem Büro in Bonn, an welchem auch das BSH-Vorstandsmitglied Kurt Möller teilnahm, konnten wir unsere Besorgnisse erläutern, ohne uns aber, wie gefordert, förmlich zu entschuldigen.

Die berufsverbandliche Arbeit steuerte auf eine Krise zu. Die Diskussion um das gemeinsame Berufsbild auf der Bundesdelegiertenversammlung im Mai 1985 in Hübingen machte unauflösbare Differenzen zwischen der Bundesfachgruppe der Heilpädagogen und der Gesamtheit des BSH deutlich. Auch in vereinbarten Gesprächen zwischen dem BSH-Vorstand und dem Bundesfachgruppenvorstand konnten diese Differenzen nicht ausgeräumt werden. Dabei wurde deutlich, dass es um mehr als nur um unterschiedliche Auffassungen zum Berufsbild ging. Es ging um die Wiedererlangung größerer berufsständischer Selbständigkeit, welche die Heilpädagogen mit der Auflösung des eigenständigen BHD und dem Zusammenschluss zum BSH verloren hatten. Die Erfüllung solcher Vorstellungen und Forderungen hätte die strukturelle Umwandlung des BSH in einen Dachverband bedeutet. Im November 1985 kam es auf der traditionellen Fachtagung in Bad Lauterberg im Harz zum endgültigen Bruch. Etwa die Hälfte der anwesenden Heilpädagogen gründeten einen neuen Berufsverband der Heilpädagogen (BHP). Diese Vereinsgründung war unter der Federführung des Kollegen Hans-Peter Feldhusen von „langer Hand“ vorbereitet. Ein Rechtsanwalt war zur Gründungsversammlung eingeladen worden und die Beschlussvorlage eines Satzungsentwurfes lag vor. Zum Vorsitzenden des BHP wurde Helmut Heiserer gewählt. Die Bundesfachgruppe der Heilpädagogen im BSH musste sich in Bad Lauterberg mit der anderen Hälfte der Heilpädagogen neu konstituieren. Zu ihrem Vorsitzenden wurde Julius Frey aus München gewählt. Im Verlauf der darauffolgenden Zeit verließen von den 800 Heilpädagogen etwa 400 den BSH, um dem BHP beizutreten. Unter denen, die den BSH verließen, waren viele meiner Weggefährten aus früherer Zeit, so Ulrich Ziethen, Günter Frommann, Hans-Peter Feldhusen, Claus-Eberhard Penk, Helmut Heiserer und Heinz-Volker Faßnacht. Das machte für mich diesen Bruch, den ich auch als eine persönliche Niederlage in meinem Bemühen um den Erhalt des einheitlichen Berufsverbandes empfand, noch schwerer.

Wenn man die Entwicklung des BHP betrachtet, der heute über 4000 Mitglieder zählt und einen hauptamtlichen Geschäftsführer hat, bin ich mir keineswegs mehr sicher, ob dies auch als Bundesfachgruppe innerhalb des BSH oder des jetzigen DBSH möglich gewesen wäre, wenn man gleichzeitig bedenkt, dass der BHP derzeit Kontakt mit dem 1400 Mitglieder zählenden Berufsverband für Heilerziehung, Heilerziehungspflege und –hilfe (HEP) aufgenommen hat. Eine organisierte Zusammenarbeit zwischen diesen beiden Verbänden scheint mir an der Zeit. Meine Kontakte als BHD-Vorsitzender zum Berufsverband HEP waren im November 1977 ohne greifbare Ergebnisse zu Ende gegangen. Ebenso sollte nunmehr eine Form der Zusammenarbeit zwischen dem BHP und dem etwa 6000 Mitglieder zählenden DBSH gefunden werden, zumal der DBSH eine neue Verbandsstruktur beschlossen hat, die keine Bundesfachgruppen mehr kennt, so dass die Bundesfachgruppe der Heilpädagogen aufgelöst worden ist und für die spezifischen Belange der Heilpädagogen damit kein direkter Ansprechpartner mehr im DBSH vorhanden ist. Das entspricht ganz und gar nicht dem, was ich mir unter einem gemeinsamen Berufsverband für alle sozial- und heilpädagogischen Berufe vorgestellt hatte.

Auf der Bundesdelegiertenversammlung des BSH am 9. Mai 1987 wurde turnusgemäß ein neuer Vorstand gewählt. Nach zwanzigjähriger Tätigkeit als Berufsverbandsvorsitzender, zunächst im BHD, dann im BSH, hatte ich mich entschlossen, nicht mehr für ein Vorstandsamt zu kandidieren. Das gebot mir mein Demokratieverständnis. Die herzlichen Verabschiedungen, die mir von der Bundesdelegiertenversammlung in Hübingen und in den Landesverbänden bereitet wurden, machten es mir jedoch nicht leicht, zu diesem Entschluss zu stehen. Zur neuen BSH-Vorsitzenden wurde Brigitta Vagt gewählt, engagierte Mitstreiterin für einen gemeinsamen Berufsverband seit den ersten Verbändegesprächen, in der Vorstandsarbeit erfahren und während der vergangenen Legislaturperiode Vorstandsmitglied. Diese Wahl gab mir letztlich das Gefühl, im BSH keine unschließbare Lücke hinterlassen zu haben. Zum anderen ließ mich der BSH nicht ganz los. Die Bundesdelegiertenversammlung setzte eine Arbeitsgruppe ein und beauftragte diese mit der Erarbeitung eines Positionspapiers. Ich wurde Mitglied dieser Arbeitsgruppe, und am 22. Oktober 1987 konnte ich mich der Wahl zum 1. Vorsitzenden des Landesverbandes Schleswig-Holstein nicht entziehen. In Schleswig-Holstein fanden sich Elisabeth Seehusen vom DBS, Hans-Peter Feldhusen vom BHP, Marianne Dopp vom Verband Evangelischer SozialpädagogInnen und ErzieherInnen (ES) und ich als Vertreter des BSH zu einer losen Arbeitsgemeinschaft sozialpädagogischer Berufsverbände zusammen, um auf Entwicklungen in unserem Bundesland gemeinsam zu reagieren.

Zu Beginn des Jahres 1988 legte die christlich-liberale Bundesregierung nunmehr einen dritten Diskussionsentwurf für ein neues Jugendhilfegesetz vor. Er erhielt viel Ablehnung. Fast übereinstimmend hörte man in der Fachwelt, das alte, noch aus der Weimarer Republik stammende Jugendwohlfahrtsgesetz, sei immer noch besser, als der neue Gesetzesentwurf. Doch allmählich bröckelte die Ablehnungsfront und man begann, sich mit einzelnen Inhalten zu befassen, so auch im BSH. Heute, nach einem Jahrzehnt Arbeit mit dem neuen Kinder- und Jugendhilfegesetz (KJHG), muss man diesem bescheinigen, dass sich in der Jugendhilfe so manches positiv verändert hat.

Am 9. und 10. November 1989 führte der BSH sein inzwischen zur Tradition gewordenes „Bonner Fachforum" durch. Am Abend des 9. November gründeten wir einen Verein mit dem Namen „BSH-Institut zur Förderung der sozialen Arbeit". Dieser Verein sollte die Gemeinnützigkeit beantragen und künftig Träger von Fortbildungsmaßnahmen im BSH werden. Dabei konnten wir nicht ahnen, dass noch in der gleichen Nacht in der DDR Mauer und Stacheldraht fallen würden und wir in kürzester Zeit in den neuen Bundesländern Fortbildungsmaßnahmen zur Nachqualifizierung der Jugend-, Sozial- und Gesundheitsfürsorger der ehemaligen DDR organisieren mussten. Wir waren die ersten, die derartiges wagten. Andere Fortbildungsträger folgten uns und orientierten sich an den Ausbildungsinhalten des BSH-Instituts. Als Nebeneffekt entstanden in den neuen Bundesländern BSH-Landesverbände, und die Mitgliederzahl des BSH stieg damit auf nahezu 5000.

Im April 1990 führte die schleswig-holsteinische Arbeitsgemeinschaft sozialpädagogischer Berufsverbände zum dritten Mal eine gemeinsame Fachtagung durch. Aufgrund unserer auf gemeinsamen Fahrten nach Wismar, Schwerin, Rostock und zur Humboldt-Universität in Ostberlin neu geknüpften Kontakte zu ostdeutschen Kolleginnen und Kollegen organisierten wir diese Tagung im „grenznahen" Lübeck. Die Tagung stand unter dem Thema „Das neue Denken in der Jugendhilfe". Damit sprachen wir die ostdeutschen Kollegen, die sich zum 1.10.1990 auf das neue westdeutsche Kinder- und Jugendhilfegesetz (KJHG) einzustellen hatten, ebenso an, wie die westdeutschen Kollegen, die sich zum 1.1.1991 vom alten Jugendwohlfahrtsgesetz verabschieden mussten. Entsprechend groß war die Resonanz aus Ost (Mecklenburg-Vorpommern) und West (Schleswig-Holstein).

Im Oktober 1992 führten wir in Timmendorfer Strand eine weitere Informationstagung zum Umgang mit dem neuen Betreuungsgesetz durch. Für das Frühjahr 1993 schließlich bereiteten wir eine größere gemeinsame Fachtagung zum Thema „Heimerziehung auf dem Prüfstand" in Rendsburg vor. Diese Tagung wurde sowohl inhaltlich als auch mit über 300 Teilnehmern zahlenmäßig ein Erfolg.

Aus dem Entwurf eines BSH-Positionspapiers war längst ein BSH-Grundsatzprogramm geworden, welches wir noch aufgrund der Ereignisse seit dem 9. November 1989 auf die Entwicklungen und Belange eines vereinten Deutschlands ergänzen mussten. Ich konnte meine Kenntnisse über Entwicklungen und ideologische Auffassungen in der ehemaligen DDR einbringen. Dabei zeigte sich für mich die Zusammenarbeit in der Arbeitsgruppe mit Brigitta Vagt, Hartwig Laack und Günter Grosser als wohltuend und gewinnbringend. Im Mai 1990 konnten wir der Delegiertenversammlung in Hannover den Entwurf eines BSH-Grundsatzprogramms zur Beschlussfassung vorlegen. Unser Entwurf wurde mit überwältigender Mehrheit angenommen.

Zwischen dem BSH und dem DBS wurde 1991 erneut der Gesprächsfaden mit dem Ziel eines Zusammenschlusses geknüpft. Es wurde eine gemeinsame Kommission gebildet, die alles klären und erarbeiten sollte, was bei einem Zusammenschluss bedacht werden musste. Seitens des BSH wurde ich mit weiteren Kolleginnen und Kollegen in diese Kommission berufen. Am 24. Juli 1993 endlich schlossen sich in Frankfurt am Main die Berufsverbän-

de DBS und BSH zum DBSH zusammen. Für mich war damit ein berufspolitisches Lebensziel erreicht. Die Gründungsversammlung wählte mich in den siebenköpfigen Gründungsvorstand. Allerdings kandidierte ich nicht mehr zur Wahl des ersten ordentlichen DBSH-Vorstandes durch die Bundesmitgliederversammlung am 18. November 1994 in Eschborn bei Frankfurt/Main. Doch der Wahl zum 1. Vorsitzenden des DBSH-Landesverbandes Schleswig-Holstein konnte ich mich im Herbst 1993 nicht entziehen. Das geschah jedoch mit der Einschränkung, dieses Amt in der Mitte der Legislaturperiode an die 2. Vorsitzende Elisabeth Seehusen zu übergeben und selbst die Funktion des 2. Vorsitzenden zu übernehmen, was im September 1995 auch geschah. Bei der zweiten turnusmäßigen Wahl eines DBSH-Landesvorstandes Schleswig-Holstein im Herbst 1997 kandidierte ich nicht mehr.
Im Oktober 1995 wurde ich in den Vorstand des DBSH-Institutes gewählt. Diese Aufgabe nehme ich noch heute als einzige Aufgabe im Berufsverband wahr. Gemeinsam mit Brigitta Vagt, Asta Koch, Sigrid Lüloff-Çan und Klaus Behrens gründeten wir die „Regionalgruppe Nord“ des DBSH-Institutes und organisierten in den Jahren 1996, 1997, 1998 und 1999 jeweils drei bis vier Nachmittags- oder Ganztagsveranstaltungen zu aktuellen sozialpolitischen Themen in Hamburg oder Schleswig-Holstein. Im Jahr 2000 haben wir die „Regionalgruppe Nord“ aufgelöst, da die DBSH-Landesvorstände in Hamburg und in Schleswig-Holstein keinen Bedarf mehr für die Organisation derartiger Veranstaltungen sahen, weil sie diese künftig in eigener Regie durchführen wollten.

Blicke über den Tellerrand: Mitarbeit in Fachgremien

Die gelungene Umstrukturierung des Kinderheimes zu einer heilpädagogischen Einrichtung, meine Funktion als BHD-Vorsitzender, zahlreiche Veröffentlichungen in Fachzeitschriften und meine vielerorts vorgetragenen Auffassungen zu Fragen der Arbeitszeitregelung und Bezahlung im Heim und deren Praktizierung in der eigenen Einrichtung machten mich in der Fachwelt bekannt. 1970 wurde ich in den „Fachausschuss Heilpädagogik“ des Evangelischen Erziehungsverbandes (EREV) berufen. Der EREV ist der Fachverband evangelischer Einrichtungen und Dienste der Jugendhilfe, dem heute etwa 450 Träger mit 25.000 Plätzen in den Einrichtungen und 13.000 Mitarbeiterinnen und Mitarbeitern angehören. Meine Mitarbeit in diesem Gremium war jedoch nur von kurzer Dauer. Und das kam so: Der Berufsverband BHD konnte seinen Mitgliedern zwar keinen Arbeitsrechts-

schutz bieten, war aber bereit, bei arbeitsrechtlichen Auseinandersetzungen einem Mitglied bzw. dessen Anwalt fachlich beratend zur Seite zu stehen. So war ich in einem Arbeitsrechtsstreit für einen Kollegen beratend tätig, der bei einem großen evangelischen Träger angestellt war. Die Einrichtung unterlag in diesem Rechtsstreit „mit Pauken und Trompeten“. Sie ersuchte den EREV, mich aus dem Fachausschuss Heilpädagogik auszuschließen. Da das offenbar fragwürdig war, wurde seitens des EREV eine außerordentliche Ausschusssitzung ausgerechnet zu dem Termin einberufen, an welchem der BHD seine Jahrestagung 1971 hatte. Damit war sichergestellt, dass der BHD-Vorsitzende nicht an der Ausschusssitzung teilnehmen konnte. Der Ausschuss löste sich auf dieser Sitzung auf. Es wurde ein neuer Ausschuss mit dem Namen „Fachausschuss für pädagogische Grundsatzfragen“ gegründet. Alle bisherigen Ausschussmitglieder außer mir waren Mitglied des neuen Ausschusses –, und ich war draußen.
Zu Beginn des Jahres 1973 bot Prof. Dr. Albrecht Müller-Schöll in der Diakonischen Akademie Stuttgart erstmals einen Fortbildungslehrgang „Sozialmanagement“ an. Hierzu hatte ich mich angemeldet und musste ein Jahr lang regelmäßig neben meiner Arbeit im Heim und der Funktion als BHD-Vorsitzender jeweils 700 km nach Stuttgart reisen. Doch die dort vermittelten Lehrinhalte waren sowohl für meine Aufgabe als Heimleiter als auch für die berufsverbandliche Arbeit ein Gewinn. Ohne meine Sekretärin Alice Kirchheim, die neben ihrer Anstellung im Kinderheim offiziell auch für die Korrespondenzen im BHD verantwortlich war, hätte ich diese Aufgabenfülle nicht bewältigen können.
Innerhalb des Diakonischen Werkes Hamburg gründeten der Heimleiter des Kinderheimes Hufnerstraße Dieter Radzuweit und ich 1973 die „Arbeitsgemeinschaft evangelischer Heime in Hamburg“. Dieser Arbeitsgemeinschaft schlossen sich 25 Hamburger Heime an. Damit wollten wir untereinander in einen ständigen Erfahrungsaustausch eintreten und zudem verhindern, dass uns das Amt für Jugend bei den schwieriger werdenden Stellenplan- und Pflegesatzverhandlungen gegeneinander ausspielt. Ich wurde zum 2. Vorsitzenden gewählt. Dieses Amt hatte ich bis 1987 inne. Vorsitzender wurde Dieter Radzuweit, ab 1981 der Erziehungsleiter des Rauhen Hauses, Jochen Rößler.
Zu Beginn des Jahres 1974 lud die Arbeitsgemeinschaft für Erziehungshilfe (AFET) den BHD dazu ein, in einer Arbeitsgruppe an einer Revision der „Richtlinien für heilpädagogische Heime“ mitzuarbeiten. Zu viert, Heinz-Volker Faßnacht, Günter Frommann, Ulrich Ziethen und ich, arbeiteten wir in dieser Arbeitsgruppe mit. Seitens der heilpädagogischen Ausbildungs-

stätten waren Wolfgang Klenner, Peter Flosdorf und Alexander Sagi beteiligt. Es bestand Einigkeit unter uns, dass es im Jahre 1974 nicht mehr darum gehen dürfe, Standards für eine kleine Zahl exklusiver Spezialheime zu formulieren, sondern vielmehr darum, dass heilpädagogisches Arbeiten in allen Heimen möglich wird. Ergebnis waren „Richtlinien für die heilpädagogische Arbeit im Heim". Damit haben wir für die Weiterentwicklung der Heimerziehung in Deutschland ein wichtiges Signal gesetzt.
Das gemeinsam mit Prof. Dr. Heinrich Kupffer, Eberhard Dyck und Ulrich Ziethen in vielen Treffen erarbeitete Buch „Einführung in die Theorie und Praxis der Heimerziehung" kam durch den Verlag Quelle & Meyer, Heidelberg 1977, auf den Markt. Es sollte ein Erfolg werden. Bis heute sind 6 Auflagen erschienen, stets überarbeitet und aktualisiert. Als „Belohnung" gönnten wir uns eine Studienreise nach Polen, um in Danzig, Warschau und Breslau die polnische Heimerziehung kennenzulernen und die deutsche Heimerziehung vorzustellen. Ermöglicht wurde diese Reise durch die Internationale Gesellschaft für Heimerziehung (FICE), in welcher Ulrich Ziethen als Vertreter des BHD mitarbeitete. Besonders beeindruckend waren die Begegnungen mit Kolleginnen und Kollegen in Danzig. Dort wurden wir zum Abschied von Kristina Kruschko, der Vorsitzenden der polnischen Sektion der FICE mit dem Orden „Towarzystwo Przyjaciol Dziecki" (Freund der Kinder) ausgezeichnet. Der Kontakt zu den Kollegen in Polen blieb bis heute bestehen.
Mit der Funktion als 1. Vorsitzender des BSH kamen auf mich auch neue, mir bisher unbekannte Aufgaben zu. Zum einen wurde der BSH als Nachfolger eines seiner Vorgängerverbände, dem BSS, Mitglied der Tarifgemeinschaft GGVöD, der Gemeinschaft von Gewerkschaften und Verbänden des öffentlichen Dienstes und hatte Sitz und Stimme im Vorstand, in der Tarifkommission und in der alle vier Jahre stattfindenden Vertreterversammlung. Die Funktionen im Vorstand und in der Tarifkommission nahmen der BSH-Geschäftsführer Günter Grunert und das Vorstandsmitglied Helmut Fink wahr. In der Vertreterversammlung trat ich mit beiden gemeinsam auf. Zum zweiten beantragte der BSH Sitz und Stimme im Hauptausschuss des Deutschen Vereins für öffentliche und private Fürsorge. Diese Funktion wurde ebenfalls von mir wahrgenommen, da auch andere Verbände und Organisationen durch ihre Vorsitzenden vertreten waren, wie der Deutsche Städtetag, der Deutsche Landkreistag, die Bundesanstalt für Arbeit oder die Bundesarbeitsgemeinschaft der Landesjugendämter. Der Deutsche Verein gibt Anstöße zur Gestaltung der Sozialpolitik in Deutschland. So war er z.B. Initiator zur Einführung der Pflegeversicherung. Im

Hauptausschuss werden alle diesbezüglich in den Fachausschüssen erarbeiteten Vorlagen verabschiedet.
Bereits vor meiner Wahl zum BSH-Vorsitzenden, im Herbst 1978, erfolgte beim Evangelischen Erziehungsverband (EREV) meine „Rehabilitation". Man lud mich dazu ein, auf der Jahresarbeitstagung im Mai 1979 in Osnabrück eines der drei Hauptreferate zu halten. Generalthema war „Der Mitarbeiter im Heim". Mein Referat stand unter dem Thema „Das Berufsbild des Heimerziehers". Die von mir bereits vielerorts geforderten und auch in Osnabrück dargelegten Vorstellungen einer Arbeitszeitregelung und Bezahlung von Mitarbeitern im Heim fand in der „Osnabrücker Resolution" vom 9. Mai 1979 volle Unterstützung: „... Wir fordern eine Änderung der derzeit geltenden Arbeitszeitordnung ... Die geforderte Änderung muss im Rahmen einer Sonderregelung für den gesamten Sozialbereich Möglichkeiten schaffen ... Es wäre ins Auge zu fassen, den Ausgleich für Mehrarbeit durch eine Verlängerung des Jahresurlaubs oder durch eine befristete Freistellung nach einer bestimmten Anzahl von Dienstjahren oder durch eine Anrechnung auf die Lebensarbeitszeit anzubieten ..."
Noch im gleichen Jahr bat mich der EREV in seinen „pädagogischen Fachausschuss", der 1971 nach Auflösung des „heilpädagogischen Fachausschusses" in meiner Abwesenheit gegründet worden war. Außerdem wirkte ich in den folgenden Jahren häufiger als Referent bei Fortbildungsveranstaltungen des EREV mit.
Durch die Osnabrücker Resolution in meiner Auffassung bestärkt, habe ich diese in der folgenden Zeit präzisiert und vorgeschlagen: „Heimerzieher leisten wie bisher Mehrarbeit (Überstunden) in der notwendigen Anzahl. Die Überstunden werden vom Anstellungsträger bezahlt (entweder nach ihrer tatsächlich geleisteten Anzahl oder in Form einer Pauschale). Die Überstundenvergütung wird jedoch nicht dem Mitarbeiter ausgezahlt, sondern in einen besonderen Fonds eingezahlt. Verwalter dieser Fonds könnten z.B. die Zusatzversorgungskassen sein ... Es könnte auch jedem Mitarbeiter durch einen solchen Fonds die Möglichkeit eröffnet werden, sich z.B. alle 3½ Jahre für sechs Monate unter Fortzahlung seines Gehaltes aus diesem Fonds beurlauben zu lassen." Die Ablehnung dieser Vorschläge erfolgte auf breiter Front. Die Zusatzversorgungskassen erklärten sich für nicht zuständig. Die Gewerkschaften beharrten auf dem Dogma der Wochenarbeitszeit, die Mitarbeiter im Heim sahen die Höhe des ausgezahlten Geldes am Monatsende schwinden, und die Träger der Einrichtungen hüllten sich abwartend in Schweigen. Erst heute, zwei Jahrzehnte nach dieser Diskussion, sind Flexibilisierung der Arbeitszeit und die Einführung von Arbeits-

zeitkonten für alle Beteiligten keine Tabu-Themen mehr. Doch ich fürchte, das wird manch kleine Einrichtung an den Rand des finanziellen Ruins treiben, wenn es nicht gelingt, hierfür einen einrichtungsunabhängigen Fonds zu bilden.

Im Frühjahr 1980 wurde ich in den Vorstand der Arbeitsgemeinschaft für Erziehungshilfe (AFET) gewählt. In dieser Arbeitsgemeinschaft arbeiten die öffentlichen Träger der Jugendhilfe, z.B. Kreisjugendämter, Landesjugendämter, Städte- und Gemeindebund und die freien Träger der Jugendhilfe, z.B. die Wohlfahrtsverbände und andere Fachorganisationen zusammen, um für alle, die Jugendhilfe betreffenden Fragen, gemeinsame Lösungswege zu finden. Dabei hatte ich von meiner Vorstandsarbeit beim AFET oft den Eindruck, für die berufsverbandliche Arbeit wie die Arbeit in der Heimerziehung mehr zu profitieren, als zu investieren. 1992 wurde ich vom Vorstand des AFET zum Vorsitzenden des Fachausschusses „Praxis erzieherischer Hilfen" gewählt. Vom AFET-Geschäftsführer Heiner Cohrs und der Referentin Marion Dedekind erhielt ich jede denkbare Unterstützung. Dieser Fachausschuss erarbeitete in der Zeit meines Vorsitzes Hinweise und Anregungen zur äußeren und inhaltlichen Ausgestaltung der Hilfeplangespräche nach § 36 KJHG, um damit einen Beitrag zu leisten, dass die an diesen Gesprächen beteiligten Kinder und deren Eltern so zu ihrem Recht kommen, wie es der Gesetzgeber vorgesehen hat. Zum zweiten ist der AFET-Fachausschuss das Wagnis eingegangen, Richtwerte für die Berechnung der Fachleistungsstunden als Finanzierungsinstrument einzelfallbezogener Hilfeleistungen zu erarbeiten, da es keine bundesweit übereinstimmenden Regelungen gab, obwohl die Fachleistungsstunde in aller Munde war. Die Diskussion um diese erarbeiteten Regelungen und die Kritik in der Fachwelt, diesen Versuch gewagt zu haben, war heftig; das Lob eher verhalten.

Im Herbst 1992 wurde ich von Prof. Dr. Max Kreuzer von der Fachhochschule Niederrhein, Mönchengladbach, angesprochen, bei der Herausgabe der Vierteljahresschrift „Gemeinsam Leben – Zeitschrift für integrative Erziehung" durch den Luchterhand Verlag Berlin mitzuarbeiten. Diese Zeitschrift sieht sich in der Tradition der von 1980 bis 1990 vom Deutschen Jugendinstitut herausgegebenen Hefte „Gemeinsam Leben", welche das Projekt „Integration von Kindern mit besonderen Problemen" begleiteten. Die Mitarbeit in dem siebenköpfigen Herausgeberteam ist bis zum heutigen Tag anregend und spannend.

Im Sommer 1996 sprachen mich Claus-Eberhard Penk, langjähriges Vorstandsmitglied im BHD und später im BHP, und Günter Frommann an und luden mich zur traditionellen Tagung der Heilpädagogen im November nach Bad Lauterberg im Harz ein. Auf dieser Tagung sollte Hans-Peter Feldhusen als ehrenamtlicher Geschäftsführer des BHP verabschiedet werden. Man erhoffte sich von mir nach nunmehr elf Jahren getrennter berufsverbandlicher Arbeit eine Geste der Versöhnung und bat mich als ehemaligen BHD-Vorsitzenden um eine kleine Ansprache. Dieser Bitte konnte und wollte ich mich nicht entziehen. So erhielt ich eine offizielle Einladung des BHP-Vorsitzenden Dr. Martin Korte. Als ich an einem Morgen am Frühstückstisch im Hotel von der Schließung des Kinderheimes Sonnenschein in Reinfeld (Holstein) und meiner derzeitigen perspektivlosen beruflichen Situation berichtete und mich schon als Würstchenverkäufer in einem Kiosk am Ostseestrand sah, war auch der Geschäftsführer des Evangelischen Erziehungsverbandes (EREV) Hans Bauer zugegen. Spontan bot er mir eine Stelle als Referent im EREV ab 2. Januar 1997 an, was ich dankbar annahm. Da sich die Geschäftsstelle des EREV in Hannover befindet, mietete ich mir in Hannover ein bescheidenes Zimmer. Zugleich legte ich meinen Vorstandssitz und den Vorsitz für den pädagogischen Fachausschuss beim AFET nieder.

Über meine 2 ½jährige Tätigkeit beim EREV wäre viel zu berichten. Dennoch möchte ich mich auf einige mir wesentlich erscheinende Fakten beschränken. Bei meinem Dienstantritt standen die Mitarbeiterinnen und Mitarbeiter der Geschäftsstelle mitten in den Vorbereitungen des im April 1997 stattfindenden Bundesfachkongresses in Bremen, zu welchem etwa 800 Teilnehmerinnen und Teilnehmer erwartet wurden. Er sollte unter dem Thema stehen „Leistung und Qualität in der Jugendhilfe“. Thematischer Mittelpunkt sollten die Ergebnisse des durch das Bundesfamilienministerium geförderten Forschungsprojektes „Untersuchung zum Erfolg von stationären und teilstationären Hilfen zur Erziehung“ (Jugendhilfeleistungen = JULE) sein. Federführung für dieses von der Universität Tübingen unter Leitung von Prof. Dr. Hans Thiersch durchgeführten Projektes hatte der EREV. Durch meine vielfachen Erfahrungen bei der Organisation und Durchführung von Tagungen konnte ich mich schnell einarbeiten und manche inhaltliche wie organisatorische Aufgabe übernehmen.

Während des Bundesfachkongresses in Bremen wurde eine Arbeitsgruppe gebildet, welche Vorschläge für die Neufassung des § 77 KJHG, der die Finanzierung von Jugendhilfeleistungen regelt, erarbeiten sollte. Ich erhielt den Auftrag, die Federführung für diese Arbeitsgruppe zu übernehmen. Die Ergebnisse dieser Arbeitsgruppe wurden in der Hauptgeschäftsstelle des Diakonischen Werkes positiv aufgenommen und fanden ihren Niederschlag im novellierten KJHG. Durch die mit der Gesetzesnovelle geforderte Leistungsbeschreibung (§ 78c) kam auf den EREV die Aufgabe zu, den Mitgliedseinrichtungen Material zur Erstellung von Leistungsbeschreibungen zur Verfügung zu stellen. Hier war ich erneut gefordert.

In Bremen wurde eine weitere Idee geboren. Die Vokabeln „Qualität", „Qualitätsmanagement", „Qualitätssicherung", „Qualitätsentwicklung" hielten ihren unaufhaltsamen Einzug in die Jugendhilfe – und mit diesen Vokabeln die Frage nach Zertifizierung oder der Schaffung eines eigenen Qualitätssiegels. Auch hier sollte ein Forschungsprojekt Antworten auf die vielfältigen Fragen geben. Ich erhielt den Auftrag, eine Projektskizze für ein solches Forschungsprojekt zu erarbeiten, und gemeinsam mit dem Vorsitzenden des EREV-Fachausschusses für Personal- und Organisationsentwicklung Karl-Heinz Filthut dem für die Bewilligung solcher Forschungsprojekte im Bundesfamilienministerium zuständigen Ministerialrat vorzutragen. Wir hatten mit unserem Anliegen Erfolg. Das Bundesfamilienministerium bewilligte ein über zwei Jahre laufendes Forschungsprojekt. Projektleiter wurde Peter Gerull, der in diesen zwei Jahren durch mehrere Veröffentlichungen auf das Projekt aufmerksam gemacht und ein praktikables Selbstbewertungssystem für Einrichtungen der Jugendhilfe entwickelt hat. Außerdem wurden unter meiner Mitwirkung mehrere Veranstaltungen durchgeführt, in welchen dieses Selbstbewertungssystem vorgestellt wurde. Zusammengefasst könnte das Ergebnis des Forschungsprojektes lauten: Nicht eine Zertifizierung durch betriebs- und fachfremde „Auditoren", sondern die Selbstevaluation (Selbstbewertung) nach einem standardisierten Bewertungssystem ist für die Einrichtungen der Jugendhilfe hilfreich.

Breiten Raum nahm in meiner Referententätigkeit beim EREV die Erstellung der Fortbildungsprogramme 1998, 1999 und 2000 und die Begleitung der laufenden Fortbildungsveranstaltungen sowie die Begleitung der Gremien, Fachausschüsse und Arbeitsgemeinschaften ein. Auch die Mitarbeit in der Redaktion der Fachzeitschrift „Evangelische Jugendhilfe" und der „EREV-Schriftenreihe" gehörte zu meinen Aufgaben. Die Wertschätzung und Anerkennung, die mir dabei zuteil wurde, brachten mir meine Gelassenheit, welche ich in den Jahren 1995 und 1996 im Haus Sonnenschein in Reinfeld eingebüßt hatte, wieder zurück. Abschließender Höhepunkt meiner Tätigkeit beim EREV war die Teilnahme an der Vorbereitung und Durchführung der Bundesfachtagung in Heidelberg im April 1999 zum Thema „Europäisierung und sozialräumliches Handeln – Jugendhilfe in Europa" mit mehr als 600 Teilnehmern. Als ich zum 31. Juli 1999 meine Tätigkeit als Referent beim EREV beenden musste, weil diese Stelle dem Rotstift zum Opfer gefallen war, habe ich schweren Herzens Abschied genommen, denn diese Aufgabe hat mich von der ersten bis zur letzten Stunde voll gefordert und befriedigt. Zugleich wusste ich, dass ein Ende meiner beruflichen Tätigkeit zum 13. November 1996 ungleich schwerer gewesen wäre. Dennoch überkam mich die Frage: „Soll das schon alles gewesen sein?"

... UND WAS TUT MAN IM RUHESTAND?

Nach dem 31. Juli 1999 gewöhnte ich mich schneller als erwartet an den Gedanken, nun als „Ruheständler" tun und lassen zu können, was mir behagt, und selbst Herr des Terminkalenders zu sein. Beratend bin ich im Bereich Jugendhilfe der Vorwerker Diakonie in Lübeck tätig. Mein berufsverbandliches Engagement begrenzt sich auf die Mitarbeit im Vorstand des DBSH-Institutes, die Arbeit in Fachgremien auf die Mitarbeit im Herausgeberteam der Zeitschrift „Gemeinsam Leben".

Während der gesamten Jahre meiner Berufstätigkeit war mir stets bewusst, dass ich meine „geistige Heimat" als Diakon im Rauhen Haus in Hamburg habe. Deshalb habe ich mich stets regelmäßig an allen Veranstaltungen der Brüder- und Schwesternschaft des Rauhen Hauses und dem „Konvikt Schleswig-Holstein/Süd", der für mich zuständigen regionalen Gliederung, beteiligt. Allerdings habe ich in all den Jahren innerhalb der Brüder- und Schwesternschaft nie eine Funktion angestrebt. Vielmehr war mir wichtig, mich dorthin ohne besondere Verantwortlichkeiten zurückziehen und besinnen und alle Angebote wahrnehmen zu können, z.B. Seminare zur Frage „Bruderschaft und Drittes Reich" oder zu anderen zeitgeschichtlichen Themen, Besuche in der Hamburger Synagoge, der KZ-Gedenkstätte Hamburg-Neuengamme, eines jüdischen Friedhofs oder eines ehemaligen Ausbildungslagers für jüdische Auswanderer während der NS-Zeit. Erst jetzt, wo ich nahezu alle berufs- und fachverbandlichen Funktionen abgegeben habe, kann und will ich mich für die Brüder- und Schwesternschaft des Rauhen Hauses engagieren. So vertrete ich diese derzeit im Ausschuss Berufspolitik des Verbandes Evangelischer Diakonen- und Diakoninnengemeinschaften (VEDD).

Zugleich ist mir bewusst, dass mit zunehmendem Alter und meinem Rückzug aus dem Berufsleben viele zumeist über das ganze Bundesgebiet verstreute Kontakte abnehmen werden. Ich muss mir also, will ich im Alter nicht vereinsamen, in der unmittelbaren Umgebung neue Kontakte aufbauen. Da mir Schützenverein oder Feuerwehr, die einzigen Vereine im Dorf, nicht liegen, beteilige ich mich lieber aktiv in der Kirchengemeinde und an der Gestaltung des kirchenmusikalischen Lebens. Unsere Kantorei ist auf finanzielle Hilfe von außen angewiesen. Deshalb haben wir im Sommer 2000 einen Verein zur Förderung der Kirchenmusik gegründet. Meine Erfahrungen bei zahlreichen Vereinsgründungen waren dabei sehr hilfreich. Schließlich stehe ich kurz vor der Fertigstellung eines Manuskriptes für einen zeitgenössischen Roman. Der rote Faden, der sich durch die Geschichte zieht, hat mit „Stiefeln" zu tun: Die Geschichte handelt von einem Schuster, welcher Zeit seines Lebens, ob im Kaiserreich, während der Nazizeit, in russischer Kriegsgefangenschaft oder später in der sozialistischen Zeit in der ehemaligen DDR dadurch überlebte – und das stets ein bisschen besser als die meisten anderen Menschen –, weil er sich auf eines gut verstand: die Herstellung von maßangefertigten Stiefeln. Und Stiefel waren nun mal nicht nur einfach Fußbekleidung, sondern in totalitären Systemen stets auch ein Symbol von Macht (Soldatenstiefel, SA-Stiefel, SS-Stiefel, Stiefel für die Offiziere der Roten Armee und der Volksarmee). – Ich bin mir bewusst, dass es nicht einfach werden wird, für die Herausgabe dieses Romans einen Verlag zu finden. Doch ich halte mich an Che Guevaras Leitspruch „Seien wir Realisten: Versuchen wir das Unmögliche!"

Schlussbemerkungen

In meinem Bericht habe ich bewusst viele Namen genannt. Und dabei ist es nur ein kleiner Teil der Namen, die zu nennen gewesen wären! Ohne diese vielen Gleichgesinnten, gleichgültig ob im Kinderheim, im Berufsverband oder in den unterschiedlichsten Gremien, wäre es nicht möglich gewesen, all diese Anstöße zu geben. Allein gelassen, hätten sich alle meine Anstrengungen im Nichts aufgelöst. Ich habe vielen Menschen zu danken, nicht nur denen, die mich ertragen haben, sondern auch denen, die meine Anregungen aufgegriffen und gemeinsam mit mir oder allein in die Tat umgesetzt haben. Bertolt Brechts „Fragen eines lesenden Arbeiters" („Wer erschuf die Gärten von Theben, wer die Pyramiden in Ägypten? ... haben etwa die Pharaonen die Steine selbst geschleppt?") gilt auch für das, was ich angestoßen habe.

Ich dachte manchmal auch an Aufgabe. Doch meine zahlreichen Funktionen als BHD- und später als BSH-Vorsitzender und in Gremien, Heinrich Schillers Fabel von den beiden Ameisen, die an mich gerichteten Erwartungen der Kolleginnen und Kollegen des Heimes und nicht zuletzt die Hilfe und Unterstützung meiner Frau und meiner Familie gaben mir Mut und

Kraft, mich durch manchen Rückschlag sowohl bei der Arbeit im Heim wie im berufsverbandlichen Engagement nicht entmutigen zu lassen.
Rückblickend hat für mich der Begriff „Heimat“ drei Bezugspunkte: das Erzgebirge, wo ich meine Kindheit verlebte, die Kleinstadt Reinfeld in Holstein, wo wir über 30 Jahre lang als Familie im Heim lebten und das Dorf Klein Wesenberg bei Lübeck, wo Ursula und mir 500 Quadratmeter dieser Erde und darauf eine Doppelhaushälfte gehören.
Oft frage ich mich, was aus dem geworden ist, was ich als Pädagoge bewirken wollte. Das Haus Sonnenschein in Reinfeld in Holstein gibt es nicht mehr. Ob ich vielen von den über 250 Kindern und Jugendlichen, die mir in den Jahren 1965 bis 1996 begegneten, ein wenig Lebenshilfe und Orientierung bieten konnte, wird wohl immer unbekannt bleiben. Ich kann nur sagen, dass ich versucht habe, mein Bestes zu geben. Doch darüber, ob das genug war, bin ich mir selbst im Zweifel.
Mehrfach bin ich gefragt worden, weshalb ich in meinem Leben nie eine Professur an einer Fachhochschule angestrebt habe. Meine Antwort darauf: Nur durch den unmittelbaren Praxisbezug und den aktuellen Problemdruck war ich in der Lage, gemeinsam mit anderen nach Wegen für eine Lösung zu suchen. Abstrakte Denkkonstruktionen und Einzelkämpfertum waren nie meine Stärken. Damit war ich zwar ein guter Praktiker, wäre aber ein schlechter Wissenschaftler und Vermittler von Theorien gewesen.

Klaus-Rainer Martin

BIBLIOGRAPHIE

Von den 116 Referaten und Aufsätzen in Fachzeitschriften, 46 veröffentlichten Kurzbeiträgen, 18 Tagungsberichten, 33 veröffentlichten Rezensionen, 6 umfangreicheren Beiträgen in Büchern und 6 teils mit anderen, teils allein herausgegebenen Büchern fanden besondere Beachtung:

I. Referate und Aufsätze in Fachzeitschriften

„Welche Erwartungen darf man an die Heilpädagogik stellen?“, in: Evangelische Kinderpflege, Heft 5/1966

„Ist Erziehung Arbeit?", Referat, gehalten in der Evangelischen Höheren Fachschule für Sozialpädagogik Alten Eichen im März 1969 in Hamburg

„Versuch einer Situations- und Bedarfsanalyse: Überlegungen und Erfahrungen aus der Arbeit im Heilpädagogischen Kinderheim Sonnenschein in Reinfeld (Holstein)", in: Archiv für angewandte Sozialpädagogik, Heft 4/1971

„Arbeitsweisen mit Verhaltensgestörten und Konsequenzen im Blick auf die Konzeption von Heimen", Referat, gehalten auf einer Tagung vor Heimleitern in der Diakonischen Akademie Stuttgart im November 1973, in: Archiv für angewandte Sozialpädagogik Heft 3/1974

„Grundzüge der Heilpädagogik in Abgrenzung und Ergänzung zur allgemeinen Pädagogik und zur Sozialpädagogik", Referat, gehalten vor Mitarbeitern von Kinder- und Jugendheimen in der Jugendbildungsstätte St. Magnus, Bremen, im November 1976, in: Archiv für angewandte Sozialpädagogik, Heft 3/1977

„Heimerziehung und Arbeitsrecht", in: Unsere Jugend, Heft 8/1977

„Heilpädagogik – ein Weg zur Förderung behinderter Kinder", Referat, gehalten am 8. Juni 1978 in der Bibliotheque Nationale in Luxemburg, in: Rundbrief der Association Luxembourgeoise des Pedagues Curatifs diplomes et licensies Heft 7/ 1978

„Das Berufsbild des Heimerziehers", Referat, gehalten auf der Jahrestagung des Evangelischen Erziehungsverbandes (EREV) am 8. Mai 1979 in Osnabrück, in: Fortbildungsbrief des EREV, Nr. 2/3, 1980

„Kommentar zur Expertise Verberuflichung der sozialen Arbeit", vorgetragen auf dem Symposium „Zum Berufsfeld von an Fachhochschulen und Hochschulen ausgebildeten Sozialpädagogen und Sozialarbeitern" im Oktober 1980 in Berlin, in: Sozialarbeit: Professionalisierung und Arbeitsmarkt unter dem Titel: „Grenzkonflikte überschätzt?" München, 1981

„Sind die Heime überqualifiziert? Zur Rolle und Funktion gruppenergänzender Fachdienste im Heim", Statement, abgegeben auf der Fachtagung der Arbeitsgemeinschaft evgl. Heime am 7. November 1983 in Hamburg, in: Sozial, Heft 4/ 1983, Heft 2/1984

„Heilpädagogische Arbeit im Heim", Referat, gehalten auf einer Tagung der Regierung Oberpfalz am 14.3.1984 in Windischeschenbach, in: Pädagogischer Rundbrief katholischer Einrichtungen für Heim- und Heilpädagogik, Oktober 1984

„Perspektiven benachteiligter Kinder und Jugendlicher in einem vereinten Europa", in: Diakonie, Heft 3/1998

II. Beiträge in Büchern

„Die Organisationsform Heim als Grundlage heilpädagogischen Handelns" und „Alternativen oder Ergänzungen zum bestehenden System der Heimerziehung", in: Asmußen, C. u.a.: Heilpädagogische Heimerziehung – Erfahrungen und Reflexionen aus der Praxis, Berlin 1981

„Zum Selbstverständnis des Heilpädagogen im Hinblick auf Uneinheitlichkeiten in Lehre und Praxis", in: AFET (Hrsg.): 25 Jahre heilpädagogische Ausbildung in der Bundesrepublik Deutschland, Hannover 1991

„Ist heilpädagogische Heimerziehung noch zeitgemäß?“ In: Schiedeck/Stahlmann (Hrsg.): Pädagogik als Zeitdiagnose, Neumünster 1994
„Henry Meier: Ich war nie groß, eine Fackel zu tragen“ in: Wieler/Zeller (Hrsg.): Emigrierte Sozialarbeit – Portraits vertriebener SozialarbeiterInnen, Freiburg 1995

III. Herausgabe von Büchern

Kupffer/Martin (Hrsg.): Einführung in Theorie und Praxis der Heimerziehung, Heidelberg, 1. Auflage 1977, 6. Auflage: 2000
Martin (Hrsg.): Sozialarbeit und Sozialpädagogik im Grundriß, Berlin 1981
Speck/Martin (Hrsg.): Sozialarbeit und Sonderpädagogik, Band 10 von: Handbuch der Sonderpädagogik, Berlin 1990

Der vorstehende Beitrag ist meiner Frau Ursula und meinen Töchtern Gabriele, Carola und Ulrike mit einem herzlichen Dank dafür gewidmet, dass sie stets mit Verständnis auf meine vielfältigen Funktionen und das damit verbundene Engagement und häufiges Abwesendsein reagierten.

Maria Dorothea Simon
* 6.8.1918

Menschen sind wir einst vielleicht gewesen
Oder werden's eines Tages sein,
Wenn wir gründlich von all dem genesen.
Aber sind wir heute Menschen? Nein!

Wir sind das schlecht entworfne Skizzenbild
Des Menschen, den es erst zu zeichnen gilt,
Ein armer Vorklang vor dem großen Lied.
Ihr nennt uns Menschen? Wartet noch damit!

Jura Soyfer
Er starb 1939 mit 26 Jahren im KZ Dachau

Meine eigene Vergangenheit hat mich bis vor kurzem nicht viel beschäftigt. Ich war immer über Leute verwundert, die nicht von ihrer Vergangenheit loskommen. Vielleicht war ich auch deshalb ein so ungeeignetes Objekt für eine Psychoanalyse.
Erst in letzter Zeit drängen sich mir Erinnerungen und Fragen auf und rauben mir die Ruhe. Das muss wohl eine Alterserscheinung sein. Da kam die Anfrage der Herausgeber dieses Buchs gerade recht, um mich daran zu erinnern, dass es „jetzt oder nie" für eine Reflexion über mein Leben heißt.
Ich frage mich beispielsweise, weshalb ich mich nie erkundigt habe, warum meine Eltern bei ihrer Emigration nach Prag die Großmutter in Wien zurückließen (sie starb in der Gaskammer von Treblinka) oder warum die Herkunft und Familie meines Großvaters mütterlicherseits in meinem Elternhaus ein verpöntes Thema war oder auch warum der Gedanke an den gewaltsamen Tod meiner Mutter, Opfer einer Massenerschießung von Juden in Minsk, mich erst in letzter Zeit stärker beschäftigt hat. Ich stellte überrascht fest, dass das alles Fragen sind, die mit meinem jüdischen Erbe zusammenhängen. Es scheint, als hätte ich das nicht zum Thema meines Lebens machen wollen. Auch wenn ich es nicht gewählt habe, so wurde es mir dennoch von den Umständen aufgezwungen. Es ist der Faden, der sich durch den ganzen Rückblick zieht.

MEIN ELTERNHAUS

Als ich am 6. August 1918 zur Welt kam, lag die österreichische Monarchie in den letzten Zügen, der erste Weltkrieg war verloren, aber noch nicht zu Ende. Meine Mutter war 24, mein Vater 18 Jahre älter. Mein Vater, *Rudolf Pollatschek*, stammte aus Münchengrätz in Nordböhmen, aus einer alteingesessenen jüdischen Familie, deren Ahnen seit 1620 in Dokumenten verzeichnet sind. Dies erfuhr ich allerdings erst vor einigen Jahren, als ein Verwandter die Abstammung dieses Zweigs der Familie recherchieren ließ.
Meine Mutter, *Juliane Grossfeld*, war in Wien geboren, ebenso ihre Mutter. Ihr Vater Max stammte aus Brody, einer ehemals zu 90 Prozent jüdischen Stadt in Galizien im damaligen Polen (jetzt Ukraine und garantiert ohne jüdische Einwohner). Die Herkunft meines Großvaters wurde nie erwähnt. Als ich mit etwa 12 Jahren ein Dokument fand, das den Geburtsort meines Großvaters angab, fragte ich meine Mutter, wo Brody ist. Sie antwortete verlegen „hinter Floridsdorf" (Floridsdorf ist ein Außenbezirk von Wien). Es galt wohl als Schande, von Ostjuden abzustammen. Ich weiß nicht, wie es den Großvater nach Wien verschlagen hat, wer seine Eltern waren, ob er Geschwister hatte, wo er zur Schule gegangen ist, wie er meine Großmutter kennen lernte. Jedenfalls war er ein eleganter Mann, der jeden Herbst und jedes Frühjahr zwei neue Maßanzüge bekam (die vorherigen erhielt mein Vater), akzentfrei deutsch sprach und einen Importhandel mit Eiern, Butter und Käse betrieb. Dem habe ich es wohl zu verdanken, dass ich als Kind, in einer Zeit in der viele Menschen in Österreich hungerten, keinen Mangel litt. Er starb 1934, als ich 15 Jahre alt war. Er hat sich also vieles, das die Familie in der folgenden Zeit traf, erspart.
Mein Vater war Ingenieur. Er hatte mehrere Jahre vor dem Krieg in Mexiko als Leiter einer Fabrik gelebt und kehrte erst während des ersten Weltkriegs nach Europa zurück. Da er schon 41 Jahre alt und noch Junggeselle war, fand er es offenbar an der Zeit, eine Familie zu gründen. Wieso er, in Böhmen beheimatet, seine Zukünftige in Wien fand, ist mir nicht klar, vermutlich durch Vermittlung von gemeinsamen Bekannten.
Meine Mutter war zu dieser Zeit Studentin. Es gab damals keine Gymnasien für Mädchen, sondern nur das Lyzeum, das nicht zu einer Universitätsreife führte. Meine Mutter konnte nach Absolvierung des Lyzeums ein weiteres Jahr eine Knabenrealschule besuchen, wo sie die Matura (Abitur) als Klassenbeste schaffte. Sie wurde zum Studium an der Exportakademie (heute Wirtschaftsuniversität) als erste weibliche Hörerin zugelassen. Als sie 1917 23jährig heiratete, brach sie das Studium ab. Ich meine, sie hat sich

von meinem Vater, der ein liebenswürdiger Mensch, jedoch ohne viel geistige Interessen war, unverstanden gefühlt. Ihre Talente lagen brach, sie fand nie einen Lebensinhalt, der sie befriedigen konnte. Mutterschaft war für sie mehr Pflicht als Anliegen.

Zur Zeit meiner Kindheit war mein Vater Direktor einer kleinen Holzwarenfabrik in Niederösterreich. Er war als Industrieller nicht sonderlich erfolgreich, und unsere Familie wurde von den mütterlichen Großeltern finanziell unterstützt. Wir wohnten in Wien in der Inneren Stadt, in einem Viertel, das von Angehörigen des jüdischen Mittelstandes bevorzugt wurde. Eine Studie über die demographische Verteilung der Wiener Juden fand ich ebenfalls erst vor einigen Jahren (1), und es wurde mir klar, dass wir in einer Art selbstgewähltem Ghetto gelebt haben. Die Familie war assimiliert, wir betrachteten uns als Österreicher, ich sah in meiner Kindheit nie eine Synagoge von innen. Wir feierten Weihnachten, der Nikolaus und der Osterhase beschenkten mich. Aber – und das ist das Paradoxe – wir verkehrten fast ausschließlich mit anderen ebenso assimilierten Leuten jüdischer Abstammung. Das war nicht Absicht, man kannte einfach kaum andere. Als meine Großmutter 1938 aus ihrer Wohnung vertrieben wurde, hatte sie keine nichtjüdischen Bekannten, denen sie etwas von ihrem Besitz hätte überlassen können.

Wir lebten das Leben einer bürgerlichen Familie. Es gab ein Dienstmädchen, ich hatte „Kinderfräuleins", meine Mutter hatte ihre Bridgepartien, Vater die Tarockpartie. Im Sommer fuhren wir für zwei Monate aufs Land, mit Sack und Pack und Dienstmädchen. Vater kam für zwei Wochen zu Besuch. Politik und Religion spielten keine Rolle.

Kindheit und Jugend in Wien

Ich blieb einziges Kind, und alle meine Briefe an den Storch, mir Geschwister zu bringen, blieben ohne Erfolg.

Meine Eltern mühten sich redlich, mir eine gute Kindheit zu verschaffen, so wie sie es eben verstanden. Sie stopften Essen in mich hinein, ließen mich impfen, nahmen mich regelmäßig zum Zahnarzt, ich lernte Klavierspielen (erfolglos) und wurde in einen Kindertanzkurs geschickt (wo meine Mutter feststellte „die Dorli tanzt wie ein Elefant"), später gab es Sprachferien in England und Frankreich.

Ich funktionierte nicht ganz so, wie es von mir erwartet wurde, sondern galt als „schlimmes Kind". Ich meinerseits nahm mir vor, viele Kinder zu haben und malte mir aus, wie ich als Mutter alles anders machen würde, als meine

Eltern. Heute weiß ich, dass ich Grund habe, meinen Eltern dankbar zu sein. Sie waren wohl keine großen Pädagogen, aber sie legten die Grundlage für meine gute Gesundheit, sie gaben mir Chancen, die den meisten anderen versagt geblieben sind. Für meine Welt brachten sie wenig Verständnis auf, sie haben mich aber nie ernsthaft gehindert, meinen Weg zu gehen.
Mit vier Jahren wurde ich in den Kindergarten geschickt. Man saß in Bankreihen wie in der Schule. „Hände auf den Tisch und stumm wie ein Fisch!“ lautete die Begrüßung durch die Kindergärtnerin. Mein Humor wurde dort nicht geschätzt. Als sich einmal eine Pfütze am Fußboden befand, setzte eine Großinquisition ein, um den Missetäter ausfindig zu machen. Ich sagte zu einem anderen Kind: „Das hat sicher die Frau Leiterin selbst gemacht“. Mehr hatte ich nicht gebraucht! Die derart Beschuldigte, zu der sich meine Bemerkung herumgesprochen hatte, drohte mich in den Rattenkeller zu sperren. Die Androhung wurde nach langem Bitten und Betteln nicht umgesetzt, aber die Angst davor genügte, um mir den Zwischenfall im Gedächtnis einzuprägen. Heinrich Schiller hat in seinem Beitrag zu dieser Sammlung von Erinnerungen (2) einen ähnlichen Vorfall beschrieben, damals wohl gängige Praxis in der Kindererziehung.
Die Volksschule, die ich von 1924-28 besuchte, befand sich in der unmittelbaren Nachbarschaft. Hier war ebenfalls etwa die Hälfte der Kinder aus jüdischen Familien, vor allem, wenn man die Definition der Nationalsozialisten, wer Jude ist, anwendet. Gesellschaftlich unterschieden sich die jüdischen und die nichtjüdischen Kinder. Die Eltern der jüdischen Mitschüler waren zum größten Teil Geschäftsleute oder Angehörige der freien Berufe, die der nichtjüdischen, Arbeiter oder Kleingewerbetreibende. Ein paar christliche Kinder aus bürgerlichen Häusern bildeten eine eigene Clique.
Ich erinnere mich an einen jüdischen Mitschüler, der aus dem Rahmen fiel, *Franz Rappaport*. Er war ein feiner, stiller Junge. Er kam aus einem armen, kinderreichen, frommen Hause und war der einzige, der sich an die jüdischen Traditionen hielt. Er setzte in der Religionsstunde seine Kappe auf, er schrieb am Samstag nicht. Die anderen Kinder ließen ihn links liegen. Er wurde nie zu einer der damals üblichen Kinderjausen eingeladen. Auch ich habe nie ein Wort mit ihm gewechselt. Ich kann mir nicht vorstellen, dass er mit dem Leben davon gekommen ist.
Auch unserer Religionslehrerin möchte ich gedenken. Sie hieß *Stella Wolf* und war eine freundliche ältere Frau. Von dem, was wir bei ihr lernten, habe ich außer einigen Geschichten aus der Bibel nichts behalten. Wir lernten die hebräische Schrift lesen und rezitierten Texte und Gebete, die wir nicht verstanden. Der einzige, der sie fließend lesen konnte und möglicherweise verstand, war Rappaport.

Ich habe Frau Lehrerin Wolf nach dem Krieg in Wien wiedergesehen. Ich traf sie auf der Straße. Sie war etwa 75 Jahre alt und war erfreut, von einer ehemaligen Schülerin angesprochen zu werden. Sie erzählte, dass sie *Theresienstadt* überlebt hat und jetzt in einem jüdischen Altersheim lebe. Ich versprach sie zu besuchen, ein Versprechen, das ich nicht gehalten habe. Dieses Versäumnis belastet noch heute mein Gewissen.

Antisemitismus habe ich in diesem Alter nicht bewusst wahrgenommen. Man wusste fast instinktiv, wo man hingehörte. Ich war in meiner Subkultur sicher eingebettet. Das sollte sich im Gymnasium ändern.

Dass es in der Welt ungerecht zuging, bekam ich allerdings bereits damals mit. Ich begann schon früh, mich mit vermeintlich oder tatsächlich Benachteiligten zu identifizieren. So machte ich meiner Mutter unter Tränen Vorwürfe, weil sie einem Straßenhändler in Italien etwas vom Preis herunterhandelte. Ich hatte einen Tagtraum, wie ich die Tiere aus dem Tiergarten befreien würde. Ich entwarf Szenarien zur Weltverbesserung, die mit der Redewendung begannen: „Wenn ich der Weltreformator wäre, würde ich ..." Der Plan mit verschiedenen Variationen bestand darin, dass sich die Kinder aus aller Welt zusammenschließen und den universellen Frieden herstellen würden. Mir kam dabei eine führende Rolle zu.

Mit zehn Jahren wechselte ich in die höhere Schule. Es war die gleiche Schule, das ehemalige Mädchenlyzeum, die meine Mutter besucht hatte, jetzt das Mädchenrealgymnasium des Beamtentöchtervereins. Ich glaube nicht, dass meine Eltern viel über die Schulwahl nachgedacht haben. Die Schule war so altmodisch und verzopft wie ihr Name, stockkonservativ und tödlich langweilig. Ich war auch keine gute Schülerin. Turnen in der Tradition von Turnvater Jahn verabscheute ich, und insbesondere das Völkerballspiel, in dem sich die Völker gegenseitig abschießen, war mir eine Qual. Die Symbolik habe ich aber damals wohl nicht verstanden.

Ich entdeckte meine eigene Welt in den Büchern, die ich unentwegt aus der Leihbibliothek nach Hause schleppte.

In diesen Jahren begann die Politik in den Schulen Einzug zu halten. Man wusste, wo jede Mitschülerin politisch stand. Viele bekannten sich als Nazi. Die Toiletten waren mit Hakenkreuzen beschmiert. Es war damals üblich, dass junge Mädchen sich in „Kränzchen" zusammenschlossen. Wir waren etwa 14 Jahre, als mir eine Mitschülerin, mit der ich einen gemeinsamen Schulweg hatte, erzählte, sie und einige Klassenkameradinnen hätten ein Maiglöckchen-Kränzchen. Ich weiß nicht mehr, was sie über die Aktivitäten erzählte, jedenfalls klang es für mich verlockend, und ich erkundigte mich, ob ich beitreten könne. Sie druckste herum, und schließlich rückte sie heraus, dass sie einen „Arierparagraph" hätten und folglich Jüdinnen nicht zugelassen würden. In der Klasse von etwa 30 Mädchen gab es fünf jüdische. Ich schlug denen vor, wir sollten ein eigenes Kränzchen bilden, was dann auch geschah.

Als ich fünfzehn war, nahm mich eine Schulkollegin zu einer Veranstaltung einer jüdischen zionistischen Jugendorganisation mit. Es war der *Haschomer hazair* („der junge Wächter"), eine politisch links stehende Organisation, welche die jugendlichen Mitglieder für ein Leben in einem Kibbuz im damaligen Palästina vorbereitete. Man traf sich in einem fensterlosen Kellerlokal mit dem Ambiente einer Räuberhöhle. Die Mitglieder kamen meist aus dem Kreis der ostjüdischen Zuwanderer, die meine Angehörigen so wenig schätzten. Das Vereinsleben war stark an die Formen der deutschen Jugendbewegung angelehnt: Man sang jüdische Lieder, tanzte jüdische Reigentänze, spielte Kreisspiele, machte Wanderungen, bei denen der mitgebrachte Proviant auf alle aufgeteilt wurde. Man lebte asketisch, Make-up, Rauchen, Alkohol und Gesellschaftstanz waren verpönt. Man hörte über das ersehnte jüdische Heimatland und wie man dort eine ideale Gemeinschaft aufbauen wollte. Es klang fast so, wie mein Kindheitstraum von der gerechten Welt. Palästina war, wie man uns sagte, ein fast leeres Land. Die wenigen Fellachen die es dort gab, schmachteten unter den abwesenden Großgrundbesitzern und würden von der Entwicklung des Landes durch die Juden nur profitieren. Man würde in guter Nachbarschaft leben. Dass die jüdischen Siedlungen als Wehrdörfer geschaffen wurden, um die Einwanderer vor Angriffen der Araber zu schützen, schien uns kein Widerspruch.

Ich schloss mich der Bewegung begeistert an. Die Mitglieder wurden ermutigt, anstatt eines Studiums, ein Handwerk zu erlernen, sich in Landwirtschaft auszubilden oder sich auf einen sonstigen praktischen Beruf vorzubereiten, wie man ihn beim Aufbau in Palästina brauchen würde. Mir kam das wie gerufen. Ich wollte die Schule aufgeben und Kindergärtnerin werden: Das war etwas, das man im Kibbuz brauchen würde. Es kam auch meinem Interesse an Kindern, das immer vorhanden war, entgegen, und schließlich war es eine Möglichkeit der ungeliebten Schule zu entkommen. Meine Eltern setzten dem Plan erstaunlich wenig Widerstand entgegen.

In den folgenden beiden Jahren 1934 bis 36 bereitete ich mich also auf den Beruf einer Kindergärtnerin vor. Als Teil der Ausbildung waren verschiedene Praktika vorgesehen. Eines davon machte ich im Kindergarten der Israelitischen Kultusgemeinde. Der Kindergarten befand sich in der Leopoldstadt, einem von der ärmeren jüdischen Bevölkerung bewohnten Bezirk. Ich habe ein Gruppenfoto von den Kindern und ihren Betreuern. Die Familien dieser Kinder hatten sicher nicht die Mittel und Verbindungen, die Wohlhabenderen unter Umständen zur Emigration verhalfen. Sie waren wohl alle zum Tode verurteilt.

Im Kindergarten der Israelitischen Kultusgemeinde, Wien 1935.
Ich stehe in der rückwärtigen Reihe, ganz links.

Bei einem anderen Praktikum gab es ein Schlüsselerlebnis, das auch für meine spätere berufliche Entwicklung von Bedeutung war. Ich hospitierte in einem städtischen Kindergarten, von dem ein Teil des Gebäudes und des Gartens abgegrenzt war. Wenn ich im Garten war, klebte ich wann immer es möglich war am Zwischenzaun und sah in den anderen Teil hinüber. Dort wurden Babys und Kleinkinder von einigen Frauen in ungewöhnlich liebevoller Weise betreut. Es schien alles so, wie ich mir den Umgang mit kleinen Kindern gewünscht hätte. Ich wusste weiter nichts über diese Einrichtung, aber malte mir aus, dort zu arbeiten. Später erfuhr ich, dass es sich um die Jackson-Nursery handelte, eine amerikanische Stiftung zur Erforschung der Kleinkindentwicklung, die von *Anna Freud* (Tochter *Sigmund Freuds*) gegründet und geleitet wurde. Die von mir bewunderten Pflegerinnen waren unter anderen *Anna Freud* und ihre Mitarbeiterin *Dorothy Burlingham*.

Ein weiteres für mein Leben bedeutsames Ereignis fiel in mein sechzehntes Lebensjahr. Zum besseren Verständnis für das Folgende sei gesagt, dass 1933 in Österreich die demokratische Verfassung außer Kraft gesetzt und das austrofaschistische Regime unter Kanzler Engelbert Dollfuß errichtet wurde. Die politischen Parteien wurden untersagt und durch die „Vaterländische Front" ersetzt. Die Sozialdemokraten, die Kommunisten und die Nationalsozialisten gingen in den Untergrund. Die Verfolgung der Gegner durch das neue Regime war jedoch, gemessen an dem, was später folgte, verhältnismäßig milde.

Damals gründete *Irene Harand*, eine christlich-konservative Offiziersgattin, eine Organisation zur Bekämpfung des Antisemitismus, die „Bewegung gegen Rassenhass und Menschennot", auch als *Harand-Bewegung* bezeichnet. Diese gab eine Zeitschrift namens „Gerechtigkeit" heraus. Meine „Kränzchen"-Schulfreundinnen und ich wollten während der Weihnachtsferien 1934 auf einen Skikurs fahren. Ich entdeckte in der „Gerechtigkeit" eine Anzeige, dass eine Skiwoche der Harand-Bewegung stattfinden werde und sich Interessenten melden sollten. Meine Freundinnen und ich gingen in Begleitung meiner Mutter zu der Vorbesprechung. Die vergammelten Jugendlichen, die wir dort sahen, waren nicht nach dem Geschmack meiner Mutter. Nur der junge Mann, der den Vortrag hielt, fand ihre Zustimmung. Sie fragte ihn, ob er selbst den Skikurs leiten würde, denn nur dann würde sie ihrer Tochter erlauben mitzufahren, was Josef Simon entgegen der Wahrheit bejahte. Josef war mein zukünftiger Mann.

Nun, Josef fuhr nicht mit, und vorerst bekam ich nicht viel von ihm zu sehen.

Der Skikurs war aber auch in anderer Hinsicht bedeutsam für mich. Alle anderen Teilnehmer schienen einander zu kennen. Während der Autobusfahrt zu unserem Quartier sangen sie sozialistische Kampflieder. Es stellte sich heraus, dass es sich um eine Gruppe des nunmehr verbotenen Vereins Sozialistischer Mittelschüler handelte, die als Jugendchor in der Harand-Bewegung einen Unterschlupf gefunden hatten. Der Zweck des Skikurses war nebst Skilaufen die politische Schulung der Teilnehmer. In den abendlichen Vorträgen erfuhr ich allerhand für mich Neues, z.B. dass die französische Revolution eine bürgerliche Revolution gewesen sei, dass die Geschichte gesetzmäßig ablaufe und das Endprodukt eine kommunistische Weltordnung sein werde. Ich kam mir furchtbar unwissend vor. Ich war auch sicher, dass die Mädchen vom Harand-Chor über alles das bestens Bescheid wussten. In der Gruppe wurde auch eine Art Urkommunismus praktiziert, was sich unter anderem darin äußerte, dass man von uns bürgerlichen Mädchen allen mitgebrachten Proviant hinterrücks beschlagnahmte.

In der folgenden Zeit schloss ich mich enger an die Leute vom Harand-Chor an, und der *Haschomer* trat in den Hintergrund. Auch hier pflegte man die Lebensformen der Jugendbewegung. Ich habe die Begeisterung kennengelernt, die dieses Gemeinschaftserlebnis bei jungen Menschen bewirken kann. Nicht ahnen konnte ich damals, wie verführbar es sie macht und wie leicht es in blinde Autoritätsgläubigkeit und Fanatismus umschlagen kann.
Ich wollte meine Bildungslücken schließen und mehr über die sozialistischen Theorien und die materialistische Geschichtsauffassung erfahren. Zu dieser Zeit war sozialistische Literatur verboten und nur für wissenschaftliche Zwecke zugänglich. Ich fand heraus, dass ich diese Lektüre in der Bibliothek der Arbeiterkammer (einer den Gewerkschaften nahestehenden Einrichtung) finden konnte. Ich saß von da an jeden Nachmittag in der Bibliothek und studierte die Theoretiker des Marxismus, ihre Vorläufer und Nachfolger, nicht zu vergessen die Anarchisten. Was ich damals lernte, kam mir Jahre später, als ich in England Politikwissenschaft studierte, sehr zustatten. Ich fand auch bald heraus, dass die Mädchen, die ich um ihr Wissen so beneidet hatte, vom Marxismus nur die Schlagwörter kannten.
Von den Leuten, die ich in diesem Umfeld kennenlernte, wurden einige später international bekannt, z.B. die Sozialwissenschaftlerin *Marie Jahoda*, Mitautorin der Studie über die Arbeitslosen von Marienthal, oder der Physiker *Robert Adler*, der nach seiner Emigration Professor an der Stanford University wurde und der Erfinder der Fernbedienung ist.
Viele der ehemaligen Sozialisten wandten sich in diesen Jahren von der nunmehr illegalen sozialdemokratischen Partei ab und gingen zu den Kommunisten. Ich selbst absolvierte dort ein kurzes Gastspiel. Jemand – ich weiß nicht mehr, wer – lud mich in einen Frauenclub ein. Auch dieser war politisch unterwandert, diesmal von Kommunisten. Dort lernte ich eine Medizinstudentin namens *Eva Kolmer* kennen, die eine starke Persönlichkeit war und die ich bewunderte. Sie gab mir kommunistische Literatur und warb mich für die illegale Arbeit an. Ich sollte regelmäßig am Ufer des Donaukanals einen Verbindungsmann zum Bundesheer treffen und mit illegalen kommunistischen Schriften versorgen. Es war die Zeit der Trotzkistenprozesse. In den Schriften fanden sich hauptsächlich langwierige Berichte über die phantastischen Übererfüllungen des Fünfjahresplans durch Stachanow-Arbeiter in obskuren Gebieten der Sowjetunion und Schmähungen der angeblichen Trotzkisten. Mich irritierte die dick aufgetragene Propaganda, und nach meiner Lektüre über die russische Revolution konnte ich die Anschuldigungen gegen die ehemaligen Politbüro-Mitglieder, die zu den Gründern der Sowjetunion gehörten, nicht glauben. Nach kurzer Zeit

zog ich mich von dieser mir sinnlos erscheinenden Tätigkeit zurück. Ich war damit für alle Zeit gegen Anfälligkeit für den real existierenden Kommunismus immunisiert. Ich traf *Eva Kolmer* in England wieder. Nach dem Krieg übersiedelte sie in die DDR und heiratete einen prominenten Atomphysiker (gerüchteweise den Spion Klaus Fuchs).

PRAG: ERSTE BEKANNTSCHAFT MIT SOZIALARBEIT

Ich war nun 18 Jahre alt und Kindergärtnerin, aber an eine Anstellung war in Österreich nicht zu denken. Es war eine Zeit großer Arbeitslosigkeit, und als Jüdin hatte ich überhaupt keine Chance im öffentlichen Dienst unterzukommen. Ich versuchte einen privaten Kinderhort aufzuziehen, aber es meldete sich nur eine einzige interessierte Mutter.

Da mein Vater aus Böhmen stammte, waren wir tschechische Staatsbürger, wenngleich wir durch unseren ständigen Wohnsitz in Wien Österreichern gleichgestellt waren. Ich selbst erfuhr das erst, als ich schon ein größeres Schulkind war. Tschechisch hatte ich auch nie gelernt. Da machte mir meine Mutter den Vorschlag, eine neugegründete Schule für Sozial- und Gesundheitsfürsorge in Prag zu besuchen – eine Tante aus Prag habe ihr darüber berichtet. Heute glaube ich, der Beweggrund meiner Eltern, mir diese Schule nahezulegen, war, mich von meinen damaligen Freunden wegzubringen. Hätte ich sie damals durchschaut, würde ich mich vermutlich geweigert haben, ihren Vorschlag anzunehmen. So aber war ich einverstanden und wurde ab Herbst 1937 Schülerin an der deutschsprachigen Abteilung der *Masarykschule für Sozial- und Gesundheitsfürsorge* in Prag. Eigentlich war Matura Voraussetzung für die Zulassung, aber meine Qualifikation als Kindergärtnerin ermöglichte mir die Aufnahme.

Die Schule war eine Neugründung, gefördert von der amerikanischen Rockefeller-Stiftung. Es sollte durch sie das Niveau der Fürsorgeausbildung auf den Stand der amerikanischen Sozialarbeiterausbildung angehoben werden. Mein Jahrgang war der zweite seit der Gründung. Die Ausbildung war auf 5 Semester angelegt. Alle Studierenden waren weiblich. Ein Drittel von ihnen besuchte die deutschsprachige Abteilung, zwei Drittel die tschechische. Die Absolventen der deutschen Abteilung sollten später in den Sudetengebieten arbeiten.

Hier in Prag erlebte ich zum ersten Mal bewusst, was Demokratie bedeutet. Ich kam aus einer stickigen Stube in die frische Luft. Ich konnte reden, was ich wollte, ich konnte lesen, was ich wollte, ohne Repressionen fürchten zu müssen. Ich konnte sogar glauben, was in den Zeitungen stand. In diesem

Jahr starb der erste Präsident der Tschechoslowakei, *Thomas G. Masaryk*. Ich stand im dichten Spalier am Wenzelsplatz, als der Leichenzug vorbeizog. Viele Menschen weinten.

Die Schule wurde als Internat geführt. Die Leitung bemühte sich, die Integration der deutschen und der tschechischen Schülerinnen zu fördern. Wir wohnten in Dreibettzimmern, mit jeweils einer deutschsprachigen und zwei tschechischen Bewohnerinnen. In der deutschen Abteilung gab es außer mir noch zwei jüdische Schülerinnen, sehr hübsche Mädchen aus Mährisch-Ostrau, namens Anny Krieger und Hansi Huss.

Nach meiner Kenntnis der amerikanischen Sozialarbeiterausbildung kann ich sagen, dass der Lehrplan der Masarykschule dem einer mitteleuropäischen Fürsorgeschule ähnlicher war, als dem amerikanischen Modell. Der Unterricht umfasste im ersten Jahr einen Flickenteppich von mehr als 30 Gegenständen. Diese betrafen die Gebiete des Wohlfahrtswesens, des Gesundheitswesens, sowie juridische, volkswirtschaftliche und hauswirtschaftliche Fächer. Ich hatte vorher nur vage Vorstellungen von der Tätigkeit einer Fürsorgerin und war von dem Gebotenen fasziniert.

In diesem Jahr fand das erste Praktikum statt, ein Pflegepraktikum in einem Krankenhaus. Ich absolvierte es im Spital der deutschsprachigen Karls-Universität. Die Arbeit am Krankenbett gefiel mir so sehr, dass ich bedauerte, mir durch den frühen Abgang vom Gymnasium den Weg zu einem Medizinstudium verbaut zu haben.

Eine an sich unbedeutende Episode war bezeichnend für die damalige Zeit. Ein altes jüdisches Paar, vermutlich die Großeltern, ganz arme Leute aus dem östlichsten Winkel der Tschechoslowakei, der Karpaten-Ukraine, brachten ein geistig behindertes, etwa zweijähriges Kind in das Krankenhaus. Sie sprachen nur Jiddisch. Sie waren voll Vertrauen, dass die Ärztin ihrem Kind helfen würde. Diese zeigte keinen Funken Mitgefühl, sondern machte sich ihren Spaß mit ihnen. Sie sprach mit den Eltern und dem Kleinkind mokierend in verballhorntem jüdischen Jargon. Das Kind, das Malke hieß, was auf Jiddisch Königin bedeutet, nannte sie „Malchen": „Bist a bledes Kindl, Malchen". Noch als die Familie gegangen war, spottete sie ihnen jüdelnd nach und sah mich dabei Beifall heischend an.

Die politische Lage in diesem Winter 1937-38 war explosiv. Hitler-Deutschland bedrohte Österreich. In der Tschechoslowakei verlangte die Sudetendeutsche Partei, Nachfolgerin der verbotenen Nationalsozialistischen Partei, unter der Führung von *Konrad Henlein* die Abtretung der deutschsprachigen Gebiete an Deutschland. 1937 fand in der Tschechoslowakei die letzte freie Wahl statt. In den Sudetengebieten erhielt die Henlein-Partei 87 Prozent der Stimmen.

In der Schule waren die deutschen Schülerinnen fast durchwegs Anhängerinnen Henleins. Ausnahmen waren die paar jüdischen Schülerinnen und zwei Mädchen, die mit tschechischen Soldaten befreundet waren, und einige, die sich bedeckt hielten. Ich weiß nicht, wer diese Anordnung gab, aber wenn Hitler eine seiner großen Ansprachen hielt, wurde diese durch den Schullautsprecher in der ganzen Schule verbreitet. Die Schülerinnen und Lehrer standen in den Gängen, die Tschechen und Juden mit versteinerten Gesichtern, die Deutschen jubelnd, mit glänzenden Augen.
Ich schloss mich der Sozialistischen Jugend in Prag an. Es war eine Gemeinschaft, die den Jugendorganisationen, die ich aus Wien kannte, ähnlich war. Wieder Heimabende, Wanderungen, politische Vorträge. Manchmal gab es Demonstrationen gegen die Henlein-Leute. Da hatte ich die ehrenvolle Aufgabe, die Fahne voranzutragen. Es war ziemlich klar, dass man auf verlorenem Posten stand, trotzdem hatten wir Illusionen, dass im Falle eines Angriffs durch Hitler-Deutschland die Sowjetunion, die Franzosen und die Engländer der Tschechoslowakei zur Hilfe kommen würden. Wir jedenfalls wollten kämpfen.
Am 13. März 1938 besetzte Hitler Österreich. In den Weihnachtsferien 1937 hatte ich zum letzten Mal Wien besucht. Meine Mutter und ich trafen uns zu Ostern 1938 in Tschechisch-Gmünd an der österreichischen Grenze, wo wir drei Tage miteinander verbrachten. Da sie einen tschechischen Pass hatte, konnte sie über die Grenze kommen. Ich konnte nicht ahnen, dass ich sie damals zum letzten Mal sah. Sie war 44 Jahre alt und hatte noch vier Jahre zu leben.
Während des folgenden Sommers übersiedelten meine Eltern nach Prag. Mein Vater fand Beschäftigung im Unternehmen seiner tschechischen Geschwister. Die Großmutter in Wien musste ihre Wohnung verlassen und zog mit ihrer ebenfalls verwitweten Schwester zusammen. Ich nehme an, dass meine Eltern dachten, die Nazis würden die alten Frauen in Ruhe lassen.

In England

Ein Onkel meines Vaters war in jungen Jahren nach England ausgewandert und hatte dort eine Familie gegründet. Ich wurde für die Sommerferien 1938 zu den mir bisher unbekannten englischen Verwandten nach London eingeladen. Im Herbst sollte ich an die Masaryk-Schule zurückkehren.
Die steigende Macht der Nationalsozialisten und der Anschluss Österreichs gaben den Anschlussbestrebungen der Sudetendeutschen Auftrieb. Ein

Krieg konnte durch das Münchener Abkommen vom Oktober 1938, in dem die sudetendeutschen Randgebiete der Tschechoslowakei an Deutschland abgetreten wurden, knapp vermieden werden. Ich erfuhr, dass die deutsche Abteilung der Masarykschule aufgelöst worden sei. Es war deshalb keine Rückkehr an die Schule möglich.
Ich blieb also in England. Da ich die Gastfreundschaft meiner Verwandten schon zu lange in Anspruch genommen hatte, suchte ich mir eine Arbeitsstelle. Ich meldete mich auf eine Annonce und wurde als Erzieherin an ein privates Kinderheim für geistig behinderte Kinder in einer Kleinstadt in Sussex aufgenommen.
Rückblickend kann ich sagen, dass das Heim ein Alptraum war. Es gab dort etwa 25 Kinder, die meisten von ihnen litten an Down-Syndrom. Das Besitzer-Ehepaar hatte ein etwa fünfjähriges Adoptivkind. Dieses war ein blondgelocktes, normales Mädchen, dem nichts abging: Sie hatte eine eigene Nanny, bewohnte mit dieser zwei Zimmer; Geschenke, welche die behinderten Kinder von ihren Angehörigen erhielten, gingen sofort an das eigene Kind. Sie war wie eine Puppe gekleidet, zu Essen bekam sie alles, was gut und teuer war. Die behinderten Kinder hingegen schliefen in zwei Räumen im dunklen Untergeschoss, sie hatten fast kein Spielzeug, ihre Kost bestand immer aus einem unappetitlichen Brei aus Hackfleisch und Kartoffelpüree. Nie bekamen sie feste Nahrung, Gemüse oder Obst. Sie kamen auch nie ins Freie. Ich bekam auch nie einen Arzt oder Angehörige der Kinder zu Gesicht.
Bei mehreren Kindern war mir unklar, was ihnen fehlte. Ich hätte gerne ihre Krankengeschichte kennengelernt. Es gab aber überhaupt keine Unterlagen. Ich konnte auch nicht Namen und Anschrift der Angehörigen erfahren. Ich versuchte die Kinder, soweit mir das möglich war, zu beschäftigen und zu fördern, wenngleich mir versichert wurde, das sei aussichtslos. Hier steigt die Erinnerung an den sechsjährigen *Ronny* auf. Er war spastisch behindert, konnte nicht sprechen und nur mit Mühe gehen. Wenn ich den Kindern im Spiel Fragen stellte, so konnte ich an Ronnys aufgeregten Gesten und seinen lebhaften Augen sehen, dass er alles wusste und verstand. Ich war sicher, dass Ronny geistig normal war und sich nur nicht ausdrücken konnte.
In dem Heim gab es eine junge Frau, Kathleen, eine Verwandte der Besitzer, die mitarbeitete. Sie beschäftigte sich manchmal mit Ronny, der sie offensichtlich sehr liebte. Kathleen war verlobt, und sie versprach Ronny, ihn mitzunehmen, wenn sie wegziehen werde. Als es so weit war, verließ sie das Heim, natürlich ohne Ronny. Sie lachte, als er versuchte, sich an sie zu klam-

mern. Das Kind war unbeschreiblich verzweifelt, es konnte seinen Schmerz nicht einmal artikulieren. Ich stellte Überlegungen an, ob ich irgendwie mit Ronnys Eltern in Kontakt treten oder ob es eine Stelle gäbe, wo man die Missstände melden könne. Ich war leider zu unerfahren, um diese Pläne umzusetzen. Nach drei Monaten hielt ich es nicht mehr aus und suchte nach einer anderen Stellung, diesmal als Kindermädchen bei einer Familie in London.
Inzwischen wurde die Lage der Tschechoslowakei immer bedrohlicher. Ende Februar 1939 kam mein Vater auf einer Geschäftsreise von Prag nach London. Ich bat ihn, seine Rückkehr noch etwas aufzuschieben. Am 15. März marschierten die Hitler-Truppen in Prag ein. Ich war ihnen durch unglaubliches Glück zum zweiten Mal durch die Fänge gegangen.
Mein Vater blieb ebenfalls in London. Er war 63 Jahre alt und mittellos. Zwar gelang es ihm mit Hilfe seiner englischen Verwandten meiner Mutter ein Einreisevisum nach England zu verschaffen, aber meine Mutter verschob ihre Ausreise immer wieder – offensichtlich fürchtete sie sich vor dem Flüchtlingsdasein und glaubte, der Spuk würde vorübergehen. Ihre letzte, wieder versäumte Chance wäre im Herbst 1939 gewesen, knapp bevor der Krieg ausbrach. Nachher gab es keine Ausreisemöglichkeit mehr. Im letzten Brief, den ich von ihr 1941 über Umwege aus Prag erhielt, schrieb sie, sie habe Tante Rosa (eine reiche Fabrikbesitzerin) um eine Decke gebeten. Rosa habe ihr diese verweigert, obwohl sie zwei Decken habe.
Kurz vor Kriegsausbruch erhielt ich auch einen Brief von Anny Krieger, meiner Mitschülerin aus der Masarykschule, ob ich ihr und ihrem Verlobten zu einem Einreisevisum nach England verhelfen könne. Ihr Verlobter lerne jetzt Schirmmacher. Das könne man doch sicher in England brauchen. Trotz Bemühungen konnte ich ihnen letzten Endes nicht helfen. Ich befürchte, in den Todeslagern waren Schirmmacher nicht gefragt.

Bei Anna Freud in der Hampstead Nursery

Ich lebte nun wieder in London, und in den folgenden beiden Jahren war ich zuerst Kindermädchen und danach, als ich nicht mehr „ganz im Haus" leben wollte, Stubenmädchen und Putzfrau. Ich teilte eine Wohnung mit meinem Vater und drei anderen Flüchtlingen. Während dieser Zeit besuchte ich Abendkurse, durch die ich den Schulabschluss erreichte, der einer Reifeprüfung entsprach.
Es war Krieg. Ich wurde durch die tschechische Exilregierung als Flüchtling anerkannt und erhielt eine Unterstützung von zwei Pfund in der Woche.

Ich wollte aber nicht auf der faulen Haut liegen, und als ich eines Tages erfuhr, dass Anna Freud ein Heim für kriegsgeschädigte Kinder eröffne, entsann ich mich, wie ich ihre Kleinkinderkrippe in Wien durch den Zaun bewundert hatte. Ich beschloss, mich zu bewerben. Da ich ja jetzt so reich war, wollte ich meine Dienste ohne Bezahlung anbieten. Anna Freud selbst hatte ich nicht wissentlich gesehen.

Als ich Anfang Dezember 1940 an der Tür in der Wedderburn Road anläutete, öffnete mir eine etwa 45jährige Frau in einem langen Rock, die ich für die Haushälterin hielt. Sie bat mich herein und fragte nach meinem Anliegen. Ich sagte ihr, dass ich ausgebildete Kindergärtnerin sei und schon in Wien über den Zaun in die Kinderkrippe geschaut hätte und gerne unbezahlt in dem Heim arbeiten würde. Sie war sehr freundlich und unterhielt sich lange mit mir. Ich dachte, in einem Heim, wo es so liebenswürdiges Personal gibt, würde ich tatsächlich gerne arbeiten. Die „Haushälterin", es war Anna Freud, versprach, mir bald Bescheid zu geben. Tatsächlich erreichte mich kurze Zeit später die Nachricht, ich möge kommen.

Die Arbeit in der Hampstead Nursery, diesem ganz ungewöhnlichen Kinderheim, ist von Anna Freud im Detail in ihren Publikationen beschrieben worden (3), und ich will hier nur auf meinen persönlichen Eindruck eingehen. Die Idee war, die Kinderentwicklung zu erforschen, wohl mit dem Gedanken, die Konzepte von Sigmund Freud empirisch nachzuweisen.

Die Kinder im Heim waren aus verschiedenen Gründen nicht, wie die meisten anderen, aus London evakuiert worden. Sie waren Babys und Vorschulkinder. Die Väter waren, sofern vorhanden, meist in der Armee, die Wohnungen hatten Bombenschäden, die Mütter mussten arbeiten. Die Familien gehörten fast durchwegs der Arbeiterklasse an.

Was mich am meisten beeindruckte, war die Menschlichkeit im Umgang mit den Kindern und ihren Eltern. Die Kinder waren wohl, wie damals üblich, in Gruppen nach Alter eingeteilt, aber das wurde keinesfalls strikt gehandhabt. Sie konnten sich frei im ganzen Haus bewegen, und viele fanden ihre Bezugspersonen außerhalb ihrer Gruppe, z.B. die Köchin, den Gärtner oder einen Hausarbeiter. Das männliche Element war auch vorhanden, nämlich Kriegsdienstverweigerer. Einer von ihnen, *James Robertson*, wurde später ein bekannter Psychoanalytiker und Mitarbeiter von *John Bowlby* an der Tavistock-Klinik. Die Angehörigen konnten ihre Kinder nicht nur jederzeit besuchen, sondern sie wurden ausdrücklich eingeladen, so viel Zeit wie möglich im Haus zu verbringen. Mehrere erhielten Jobs im Heim.

Ich hatte den Eindruck, dass Anna Freud eine Abneigung gegen Mitarbeiter mit vorgefasster Meinung hatte; jene, die ich dort traf, waren größtenteils von Theorie unbeleckt. Aber Anna Freuds Ausstrahlung und didaktischen

Fähigkeiten waren derart, dass sie bald zu glühenden Anhängern wurden. Ich war keine Ausnahme. Es gab jede Woche Besprechungen, bei denen nicht nur die Betreuer, sondern alle, die im Haus arbeiteten, von der Ärztin bis zur Putzfrau, teilnahmen. Diese Besprechungen hatten mehr den Charakter von Unterrichtsstunden Anna Freuds, in denen sie in allgemeinverständlicher Sprache über die einzelnen Kinder sprach und psychoanalytische Begriffe, sofern sie überhaupt vorkamen, in die Alltagssprache übersetzte. Für mich gab es so manches Aha-Erlebnis.

Nach einigen Monaten avancierte ich zu einer bezahlten Mitarbeiterin und konnte auf die Unterstützung durch den Czech Refugee Trust Fund verzichten.

Ich hatte bei der tschechischen Flüchtlingsbehörde eine Sozialarbeiterin kennengelernt, die mir eines Tages nahelegte, ich solle doch versuchen, meine begonnene Ausbildung fortzusetzen. Sie würde sich dafür einsetzen, dass ich ein Stipendium der tschechischen Exilregierung erhielte. Einerseits gefiel mir der Gedanke, andererseits war ich bei meiner Arbeit in der Hampstead Nursery sehr glücklich und dachte daran, Kinderanalytikerin zu werden.

Schließlich schickte ich doch Ansuchen um Aufnahme an verschiedene Ausbildungsstätten für Sozialarbeit ab und wurde zu einem Gespräch an die Oxford Universität eingeladen. Das war eine Verlockung, der ich nicht widerstehen konnte. Nach Ablegung einer Aufnahmeprüfung wurde ich aufgenommen.

In den folgenden Jahren hielt ich weiter Verbindung mit der Hampstead Nursery. Ich hospitierte dort während der Ferien und besuchte die Mitarbeiterbesprechungen, wann immer es mir möglich war.

SOZIALARBEITERAUSBILDUNG IN OXFORD

In Oxford wurde ich mit einer Variante der Sozialen Arbeit bekannt, die andere historische Wurzeln hat als die traditionelle Fürsorge in Deutschland und Österreich (4).

Bei der englischen Sozialarbeit standen zwei Bewegungen Pate. Einerseits, gegen Ende des 19. Jahrhunderts, die *private Wohltätigkeit* als Form der Armenpflege, welche von Frauenvereinen ausgeübt wurde. Hier finden sich die Ursprünge des Casework. Andererseits, und von der Philanthropie unabhängig, entstand die *Settlement-Bewegung*: Zu Beginn des 20. Jahrhunderts ließen sich junge Universitätsabsolventen inmitten der Armenviertel der großen Städte nieder und betrieben dort Einrichtungen in der Art von Gemeinschaftszentren. Hier sehen wir die Ursprünge von Gruppenarbeit, Gemeinwesenarbeit und Arbeiterbildung.

Bereits vor dem Ende des 19. Jahrhunderts gab es die ersten Bemühungen für eine Schulung der ehrenamtlichen Mitarbeiter, die stark von den Universitätslehrgängen beeinflusst war. Die englische Ausbildung war in ihren Anfängen weniger als die amerikanische der Psychologie verhaftet, sondern mehr der Soziologie, Volkswirtschaft und Sozialpolitik.

Zur Zeit als ich die Ausbildung in Oxford machte, befand sich der Berufsstand der Sozialarbeiter gerade in einer Phase der Umorientierung unter dem Einfluss der amerikanischen Casework-Philosophie. Wenngleich Casework seinen Ursprung in England hatte, so hatten während des ersten Weltkriegs in Amerika Psychologie und Psychiatrie einen großen Aufschwung genommen; insbesondere Psychoanalyse wurde populär. Die Psychoanalyse beeinflusste stark die Bemühungen um eine Verwissenschaftlichung der Sozialarbeit. Das 1917 erschienene Buch „Social Diagnosis" von *Mary Richmond* war ein Versuch, auf Grund psychoanalytischer Begriffe die Wohlfahrtshilfe methodisch auszurichten.

Die Ausbildungsstätte, welche ich besuchte, war aus der Settlement-Bewegung hervorgegangen, wie schon ihr Name, *Barnett House*, bezeugt. Sie war nach dem Gründer und Leiter eines der bekanntesten Settlements, Toynbee Hall im East End von London, *Samuel Barnett*, benannt.

Barnett House war damals nicht Teil der Universität, sondern hatte ein eigenes Statut. Zur Erklärung: Die Universität Oxford als solche,gibt es nicht. Sie ist die Gesamtheit der verschiedenen Colleges. Die Vorlesungen stehen allen Studenten der Colleges offen, aber jedes College hat seine eigene Organisation, insbesondere eigene Tutoren, die einen großen Teil des Unterrichts bestreiten. Barnett House wurde 1913 als extramurale Einrichtung zur Stärkung der sozialen Komponente der Universität geschaffen. Erst nach dem zweiten Weltkrieg wurden die Kurse als *Department for Social and Administrative Studies* dem neu gegründeten Nuffield College der Universität einverleibt.

Im Herbst 1941, als ich die Ausbildung begann, wurden zwei etwas unterschiedliche Studiengänge angeboten. Der eine führte zu einem *Diploma in Social and Public Administration* und dauerte vier Semester, der zweite, zu einem *Diploma in Economics and Political Science, with a Concurrent Certificate in Training for Social Work*, der fünf Semester umfasste. Mir sagte die Aussicht auf eine ausdrückliche Sozialarbeiter-Qualifikation mehr zu, und ich wählte den zweiten Lehrgang. Faktisch waren beide Aus-

bildungsgänge gleich, nur gab es beim zweiten zusätzliche Lehrangebote und Praktika für Soziale Arbeit.
Man kann aus den Bezeichnungen für die Lehrgänge bereits ersehen, dass die Inhalte weit von dem entfernt waren, was in den kontinentalen Schulen unterrichtet wurde. Was an Sozialarbeit geboten wurde, wirkte etwas aufgesetzt und passte nicht recht ins Grundkonzept.
Die Unterrichtsfächer umfassten in erster Linie Politikwissenschaft, Volkswirtschaft und Philosophie. Es gab Kurse in Sozial- und Wirtschaftsgeschichte, Sozialphilosophie, Verfassungskunde, Wirtschaftspolitik, Kommunalpolitik und ähnliches mehr.
Die Unterrichtsmethode war die gleiche wie in den Colleges von Oxford und Cambridge. In allen Fächern gab es Tutoren, die in der Regel jeweils zwei Studenten betreuten. Man bekam in jedem Fach jede Woche ein Thema zu bearbeiten und musste durch selbständiges Recherchieren in der Bibliothek eine Arbeit schreiben, die dann mit dem Tutor besprochen wurde. Durch dieses Selbsterarbeiten des Stoffes gelangte man zu einem viel tieferen Verständnis als durch Vorlesungen. Man musste auch ein spezielles Fach wählen, in dem man vertiefte Kenntnisse erwarb. Ich wählte *Penology*, das etwa Kriminalsoziologie entspricht.
Neben den Tutorials besuchte man auch Vorlesungen an der Universität. Diese waren frei wählbar. Ich hörte dort Psychologie und besuchte Vorlesungen von damals bekannten Persönlichkeiten, wie dem Sozialhistoriker *G.D.H. Cole* und dem sozialistischen Theoretiker *Harold Laski*. Es lasen in der damaligen Zeit aber auch viele hervorragende Wissenschaftler aus anderen Ländern, die in England Zuflucht gesucht hatten. Einer von ihnen war *Dr. Max Grünhut,* aus Deutschland emigriert, der mein Tutor für Penology war.
Die meisten Tutoren waren Dozenten („*Dons*") der Universität. Für den Unterricht in Sozialpolitik und Sozialarbeit im engeren Sinn und die Betreuung der Praktika gab es zwei hauseigene Tutorinnen. Von ihnen erfuhr ich zum ersten Mal über die Casework-Methode. Von meinen Praktika gefiel mir die Arbeit an einer Stelle zur Vermittlung von Adoptionen am besten.
Kriegsbedingt waren zu meiner Zeit nur etwa 40 Studierende am Barnett House, vorwiegend Frauen. Die meisten hatten bereits einen akademischen Grad, einige kamen aus Übersee, wie Indien und Afrika. Eine Studienkollegin war *Cicely Saunders*, später Gründerin der Hospiz-Bewegung für Sterbebegleitung.
Die Leitung hatte *C.V. (Violet) Butler*, eine damals etwa 60-jährige Junggesellin, die einer prominenten Familie von Oxford Dons entstammte und mit

dem Fahrrad durch Oxford sauste. Sie vereinigte das beste, was Oxford an Tradition, humanistischer Bildung, Toleranz und liberaler Grundeinstellung zu bieten hatte. Ich denke an sie und was sie mich gelehrt hat mit Dankbarkeit.

IN DER ENGLISCHEN ARMEE

Als ich mit dem Diplom in der Tasche vor der Frage stand, wie es weitergehen solle, kam ich zu dem Entschluss, es sei Zeit, meinen Teil im Krieg gegen Hitler zu leisten. England hatte mir eine neue Heimat und die Möglichkeit eines hervorragenden Studiums gegeben. Engländer gaben ihr Leben in einem Kampf, der auch der meine war. Ich meldete mich also zur Armee. Die Einberufung zur ATS (Army Territorial Service), dem weiblichen Corps, erfolgte bald. Die meisten Frauen arbeiteten in der Administration, in Warenlagern, Küchen, chauffierten Dienst- und Rettungsautos und dergleichen.

Man hatte mich gewarnt, dass Ausländer in der britischen Armee nur zu untergeordneten Tätigkeiten herangezogen würden, qualifiziertere Aufgaben und Aufstieg in höhere Ränge kämen für sie nicht in Frage. Nun hatte ich diesbezüglich keinen Ehrgeiz. Nichtsdestoweniger hatte ich bereits nach drei Monaten drei Streifen am Ärmel meiner Jacke, und war „Education-Sergeant". Die Armee unterhielt ein eigenes Bildungsprogramm. Ich war dem Army Education Corps zugeteilt. Zuerst war ich in einem großen Lager in Wales stationiert, später wurde ich nach London versetzt.

Während meiner 15monatigen Armeezeit hielt ich Kurse für Soldaten beiderlei Geschlechts. Meine Themen waren Zeitgeschichte, soziale Fragen, Hintergründe von aktuellen Ereignissen. Es gab zwar Broschüren, in denen die Themen aufbereitet waren, es blieb mir aber weitgehend überlassen, worüber ich sprechen wollte. Ich möchte betonen, dass es sich tatsächlich um Volksbildungsaufgaben handelte, nicht um Indoktrinierung. Ich entdeckte damals meine Liebe zum Unterrichten.

Ich hatte in dieser Zeit noch ein zweites Programm. Nachdem ich den Kurs in Oxford abgeschlossen hatte, wollte ich gerne noch über das Diplom hinaus weiter studieren, um einen akademischen Grad zu erwerben. Eigentlich hätte ich ein Psychologiestudium vorgezogen, doch war dies unter den gegebenen Umständen nicht durchführbar. Ich hatte am Barnett House eher zufällig eine gute Grundlage für Wirtschafts- und Politikwissenschaft erworben. Es war daher der logischste Weg, in dieser Richtung weiter zu studieren. Dies ließ sich auch in einem Fernstudium machen.

Ich schrieb mich also an der Londoner Universität als externe Studentin für das Studium der gleichen Richtung ein. Die Prüfungen zum ersten Abschnitt konnte ich auf Grund meiner Vorkenntnisse sozusagen aus dem Stand bestehen. Für den zweiten Abschnitt bereitete ich mich im Selbststudium vor. Es war mein Glück, dass es in der englischen Armee ausgezeichnete Bibliotheken gab, wo man jedes gewünschte Buch auch aus anderen Bibliotheken geliehen bekam. So verbrachte ich den größten Teil meiner Freizeit in der Bibliothek, wo ich meist allein war. Das Studium schloss ich im Juli 45 mit dem Titel *Bachelor of Science in Economics and Politics* ab.
Noch ein Ereignis, und für mich wohl das wichtigste, fiel in diese Zeit. Im Oktober 1943 kam *Joseph Simon*, den ich als Sechzehnjährige beim Harand-Chor kennen gelernt hatte, mit der amerikanischen Armee nach England (bei seiner Einbürgerung in Amerika hatte er die Schreibweise seines Vornamen auf Joseph geändert). Jetzt gehörte er einer Gruppe von Soldaten mit deutscher Muttersprache an, die hinter den Linien der Deutschen mit dem Fallschirm abspringen sollten. Er war unter abenteuerlichen Umständen über Skandinavien und die Sowjetunion in die USA gelangt. In London wurden wir durch gemeinsame Freunde wieder in Verbindung gebracht. Diesmal funkte es. Bei einer Silvester-Party bei Marie Jahoda beschlossen wir zu heiraten. Das war knapp bevor ich die Einberufung zur englischen Armee bekam. Vier Monate später konnte ich einen kurzen Urlaub erwirken, und wir heirateten am 10. April 1944 in Plymouth, beide in der Uniform der jeweiligen Armee.
Für die zivilisierte Welt, aber auch für uns beide, war es ein großes Glück, dass der Krieg in Europa im Mai 1945 zu Ende ging.
Einer der denkwürdigsten Tage in meinem Leben war der 6. Mai, als die bedingungslose Kapitulation Deutschlands unterzeichnet wurde. Eine riesige Menschenmenge strömte von allen Seiten ins Zentrum von London, um zu feiern. Der Jubel war unbeschreiblich und Fremde umarmten einander. Ich war unter ihnen und dachte mir, ich werde niemals im Leben glücklicher sein als heute.
Joseph brauchte nicht mit dem Fallschirm abzuspringen, sondern er wurde gleich nach dem Waffenstillstand der amerikanischen Botschaft in Kopenhagen zugeteilt. Ich wurde fast gleichzeitig aus der englischen Armee entlassen, wie es hieß, „aus familiären Gründen“. Ich erwartete mein erstes Kind.
Ich sollte bald meinem Mann folgen. Es fiel mir nicht leicht, England zu verlassen. Ich hatte in den sieben Jahren meines Aufenthaltes in dem Land Wurzeln geschlagen.

Auch befürchtete ich, es würde ein Abschied für immer von meinem 70-jährigen Vater sein. Das war aber glücklicherweise nicht der Fall. Einige Jahre später heiratete mein Vater wieder. Er starb in London 1965, im 90. Lebensjahr.
Das Ausmaß der Katastrophe, das unsere in Wien und Prag verbliebenen Angehörigen betroffen hatte, erfuhren wir erst nach Kriegsende. Mein Vater konnte die Umstände des Todes meiner Mutter und Großmutter in Erfahrung bringen. Ebenfalls in Vernichtungslagern und Gaskammern starben die zwei Schwestern meiner Großmutter, drei Schwestern meines Vaters, deren Kinder, Schwiegerkinder und Enkel, die jüngsten acht, zehn und zwölf Jahre alt.

IN DÄNEMARK UND AMERIKA

Zwei Wochen vor der Geburt meines Sohnes kam ich nach Kopenhagen. Joseph hatte familiäre Bindungen in Dänemark. Er war nach dem ersten Weltkrieg als Achtjähriger zu einer dänischen Pflegefamilie gekommen. Der Kontakt zwischen seiner Wiener Familie und der dänischen blieb bestehen. Josephs Schwester heiratete einen der Pflegebrüder. So gab es zu Kriegsende ein unverhofftes Wiedersehen mit der Familie Povlsen.
In dem Jahr 1945-46, das ich in Dänemark verbrachte, war ich hauptsächlich eine begeisterte Mutter. Ich schrieb jedoch eine längere Arbeit über die Neugestaltung des Sozial- und Gesundheitswesens in Großbritannien, die das dänische Sozialministerium veröffentlichte.
Joseph zog es nach Österreich zurück. Er hatte die Illusion, es wäre für rückkehrende Emigranten möglich, am Wiederaufbau des Landes mitzuwirken. Vorerst erwirkte er, nach Wien als Zivilangestellter der amerikanischen Hochkommission versetzt zu werden. Da er schon vor seiner Emigration noch in Österreich zum Doktor der Rechte promoviert hatte, wurde er der Rechtsabteilung zugeteilt.
Ich hatte durch meine Heirat mit einem amerikanischen Bürger die tschechoslowakische Staatsbürgerschaft verloren und war staatenlos. Ich sollte daher in die USA fahren, um dort die amerikanische Staatsbürgerschaft zu erwerben. Das ging als Frau eines in Übersee stationierten Botschaftsangehörigen binnen sechs Monaten.
Im Herbst 1946 kam ich mit meinem Kind nach Seattle, an der Westküste der USA, wo meine Schwiegermutter Zuflucht gefunden hatte. Sie nahm sich liebevoll meines Kleinen an, so dass es mir möglich wurde, eine Stel-

lung zu suchen. Um als Sozialarbeiterin qualifiziert zu sein, musste ich an der Universität um Approbation meiner Diplome ansuchen. Es wurde sowohl das Diplom aus Oxford wie auch der Bachelor-Grad der Universität London als dem amerikanischen „Master" gleichwertig anerkannt.
Die Nachfrage nach Sozialarbeitern war in dieser Zeit groß, Psychoanalyse war „in", und meine ehemalige Tätigkeit in Anna Freuds Kinderheim öffnete mir alle Türen. Da ich wusste, dass ich nicht sehr lange in den USA bleiben würde, nahm ich den ersten Posten an, der mir angeboten wurde. Es war die Wohlfahrtseinrichtung einer privaten jüdischen Hilfsorganisation, des Jewish Family Welfare Service. Die Leiterin dachte wohl, sie hätte an mir einen großen Fisch gefangen. Mein anfänglicher Enthusiasmus kühlte jedoch bald ab. Gleich zu Beginn wurde mir klar gemacht, dass die Einrichtung psychoanalytisch ausgerichtet sei, was bedeute, dass man niemals, wirklich niemals, materielle Hilfe gäbe. Man würde den Klienten ausschließlich in Gesprächen helfen, ihre Probleme aufzuarbeiten. Ein großer Saal war durch Vorhänge in kleine Kabinen geteilt, in denen die Sozialarbeiter nach den Regeln der Psychoanalyse, wie sie diese verstanden, ihres Amtes walteten. Im reichen Amerika gab es auch große Armut, und das System der öffentlichen Sozialhilfe war unzulänglich. Da kam beispielsweise irgendein armer Bittsteller und bat um ein Paar Schuhe. Er musste dreimal wiederkommen, seine Lebensgeschichte aufrollen, sein Ödipuskomplex wurde analysiert, und zum Schluss schickte man ihn mit leeren Händen weg. Ich dachte mir, *Anna* hätte ihm gleich beim ersten Mal ein Paar Schuhe gegeben. Das hier könne doch unmöglich der richtige Umgang mit der Psychoanalyse sein.
Einige Monate später, im März 1947, legte ich die vorgeschriebene Prüfung ab und erhielt die amerikanische Staatsbürgerschaft. Der Rückkehr nach Wien nach zehn Jahren lag nichts mehr im Wege.

WIEDER IN WIEN

Wien nach dem Krieg war eine desolate Stadt. Joseph traf viele seiner alten Freunde von den sozialistischen Mittelschülern wieder. Die meisten von ihnen hatten der Verlockung des Nationalsozialismus widerstanden und hatten selbst Verfolgung erlitten. Einige waren gefallen. Es herrschte große Not, die keine Schadenfreude aufkommen ließ. Wir halfen, so gut wir konnten.
Ich erinnere mich, wie ich damals meine ehemaligen Schulkolleginnen aus dem Gymnasium zu mir eingeladen hatte – viele von ihnen waren begeis-

terte Nazis gewesen. Ich tat es ein bisschen mit dem Hintergedanken: „Schaut nur, ich lebe noch und habe zwei reizende Kinder. Ihr habt mich nicht umbringen können!“ Und die ehemaligen Mitschülerinnen waren unglaublich devot und hocherfreut mich wiederzusehen, und keine von ihnen sei je Nazi gewesen und hätte mich vernichten wollen.

Nach der Geburt meiner Tochter wollte ich mich noch weiterbilden. Meinen Traum, Kinderanalytikerin zu werden, hatte ich noch nicht aufgegeben. Ich dachte damals, psychoanalytisch orientierte Sozialarbeit, wie ich sie in Amerika erlebt hatte, könne doch nur eine Entgleisung, und nicht *State of the Art* sein. Nun sah ich in Wien meine Chance. *August Aichhorn*, der Autor des Buches „Verwahrloste Jugend“, hatte die Zeit des Nationalsozialismus in Wien zugebracht und praktizierte wieder. Ich bewarb mich bei ihm um eine Lehranalyse und wurde angenommen. Aichhorn war zu dieser Zeit bereits sehr krank, und kurze Zeit später verstarb er. Ich setzte dann die Analyse bei *Dr. Otto Fleischmann,* der nach einem Jahr an die Menninger Clinic in Topeka, USA, ging und *Dr. Alfred Winterstein,* dem damaligen Präsidenten der Wiener Psychoanalytischen Vereinigung, fort. Vielleicht lag das Problem an dem zweimaligen Wechsel des Analytikers, vielleicht lag es an mir: Ich fand keinen rechten Zugang zur Analyse. Mir schienen die durchaus bemühten Analytiker hilflos, ihre Deutungen unzutreffend und befremdlich. Ich erinnere mich, wie ich einmal aus der Analysestunde kam und im Vorraum zu einem wartenden Kollegen sagte: „Finden Sie nicht auch, dass das des Kaisers neue Kleider sind?“ Der gute Mann sah mich entgeistert an.

Nun, man gibt nicht leicht etwas auf, das man so lange erstrebt hat und in das man so viel Emotion und Energie investiert hat.

Meine Analytiker fanden mich geeignet, ich nahm an den geforderten Ausbildungskursen teil, führte die sogenannten Kontrollanalysen unter Supervision durch und wurde im Jahr 1953 außerordentliches Mitglied der Wiener Psychoanalytischen Vereinigung. Dies verlieh mir auch die Befähigung zur selbständigen Ausübung des Berufs einer Analytikerin. Meine Ambivalenz gegenüber der Psychoanalyse dauerte viele Jahre; ich werde später in diesem Rückblick noch darauf zurückkommen.

Zur gleichen Zeit, in der ich die erwähnte Ausbildung machte, war ich auch Studentin an der Wiener Universität. Es war mir klar, dass ich als Analytikerin auch eine Qualifikation in Medizin oder Psychologie brauchte. Die Wahl fiel auf Psychologie und als Nebenfach Anthropologie. Von den vorausgegangen Studien wurde mir nichts angerechnet, die einzige Konzession war, dass ich mich an keinen bestimmte Zeitrahmen halten musste, also

auch schneller als in der Regelzeit das Studium absolvieren konnte. Dies schaffte ich in 7 Semestern, einschließlich Dissertation. Es war auch ein längeres Praktikum vorgeschrieben, das ich an der Psychiatrischen Universitätsklinik machte. Meine Dissertation beruhte auf einem damals neuen Projektionstest für Kinder und benannte sich *„Untersuchungen an gesunden und gestörten Kindern mit dem Children's Apperception Test"*.
Bei der Promotionsfeier im Jahr 1952 war ich „im neunten Monat" mit meinem dritten Kind.
Zwei Jahre später folgte noch ein viertes Wunschkind.

ZWISCHENSPIEL IN USA

Ich brauchte lange, um mich in Österreich wieder einzugewöhnen. Nicht dass ich persönlich Anfeindungen ausgesetzt gewesen wäre. Unter Antisemitismus hatte ich wirklich niemals zu leiden. Man hat sich eben die Kreise ausgesucht, in denen man wohlgelitten war. Ich litt mehr darunter, dass ich in Österreich keine entsprechenden beruflichen Möglichkeiten fand. Ich musste feststellen, dass ich es schwer hatte, wenn ich nicht politische Verbindungen ausspielen wollte. Das lehnte ich jahrelang ab, denn ich wollte eine adäquate Arbeit auf Grund dessen, was ich konnte und nicht wen ich kannte. Später gab ich es billiger.
Um mehr Praxis zu erlangen, aber auch um etwas Nützliches zu tun, arbeitete ich in diesen Jahren ehrenamtlich als Therapeutin in einem Kinderheim für verhaltensgestörte Kinder, das von der schwedischen Quäkerhilfe in Wien geführt wurde.
Ein Problem war es auch für mich, Beruf und Familie unter einen Hut zu bringen. Ich war nur Joseph zuliebe nach Österreich zurückgekehrt, und ich wollte ihn bewegen, es doch lieber in Amerika zu versuchen.
Da ergab es sich, dass ich ein Angebot erhielt, an der Abteilung für Psychiatrie der Medizinischen Fakultät der Universität von Arkansas in Little Rock, USA, eine Stelle als Dozentin für Klinische Psychologie zu übernehmen. Mein Mann wollte sich das ganze noch überlegen, und ich fuhr mit den Kindern voraus. Ich war am *Medical Center* von 1957 bis 61, unterbrochen von einem mehrmonatigen Besuch in Wien. Diese Zeit in Amerika blieb ein Zwischenspiel, wenngleich eines, an das ich gerne zurückdenke.
Little Rock stand damals im allgemeinen Interesse, weil es dort Rassenunruhen gab. Ich wollte gerne mit eigenen Augen sehen, wie es damit stand. Man bereitete mir einen großartigen Empfang: Eine Psychoanalytikerin aus Wien war das Nächstbeste nach Professor Freud persönlich. Die Kollegen

waren außerordentlich freundlich und hilfsbereit. Es gab keinen Feiertag, an dem wir nicht in ein gastliches Haus eingeladen gewesen wären. Auch die Kinder lebten sich schnell ein und waren glücklich. Ich wurde für die Zeitung interviewt, ich musste im Radio und in Vorträgen sprechen. Und zu meiner Erleichterung war am Spital die Rassenintegration bereits einigermaßen verwirklicht. Es gab schwarze Ärzte und Studenten, wenngleich auch nur wenige.

Ich arbeitete als Therapeutin in der Kinderabteilung, unterrichtete Medizinstudenten und Krankenpflegepersonal in Klinischer Psychologie und war in die Forschung eingebunden. Während dieser Zeit besuchte ich auch in Chicago einen Kurs für „Supervision of Intensive Psychotherapy", wo *Bruno Bettelheim* einer der Dozenten war.

Ein Forschungsprojekt von mir lag im Grenzgebiet zwischen Entwicklungspsychologie und Anthropologie, und ich möchte es kurz beschreiben: Ich war auf den deutschen Arzt *Winfried Zeller* (5) gestoßen, der einen Zusammenhang zwischen Gestalt und Schulreife hergestellt hat. Er beschrieb den „Ersten Gestaltwandel", eine Art „Kleine Pubertät" zwischen dem 5. und dem 7. Lebensjahr. Dabei unterschied er die Kleinkind-, die Übergangs- und die Schulkindgestalt und postulierte, dass ein Kind, das beispielsweise mit sechs Jahren noch eine Kleinkindgestalt hat, auch noch nicht schulreif sei. Zeller war in Amerika unbekannt, und auch in Europa wussten die wenigsten Bescheid. Ich wollte seine These empirisch überprüfen. Ich nahm Stichproben von Erstklässlern in Bezirken mit unterschiedlicher Bevölkerungsstruktur, vermaß sie und berechnete jeweils den Gestaltindex, der anzeigte, in welchem körperlichen Entwicklungsstadium sich das Kind befand. Dann korrelierte ich die Gestalt mit den Schulnoten. Es zeigte sich tatsächlich ein signifikanter Unterschied in der erwarteten Richtung im Schulerfolg zwischen Gleichaltrigen mit Kleinkind- bzw. mit Schulkindfigur. Die Arbeit wurde veröffentlicht und ich erhielt viele Zuschriften von Interessierten. Auch in einigen Lehrbüchern der Entwicklungspsychologie fand der Erste Gestaltwandel Erwähnung. Inzwischen ist die Gestaltdiagnose als Schulreifetest wohl wieder vergessen.

Die Zeit am Medical Center von Little Rock war für mich eine wichtige Erfahrung, und ich habe dort Freunde fürs Leben gewonnen.

Da Joseph sich letzten Endes von Österreich nicht losreißen konnte und mir die Familie wichtiger war als die Karriere, packte ich wieder die Koffer und kam endgültig nach Wien zurück.

WARUM ICH NICHT PSYCHOANALYTIKERIN WURDE

Es wäre logisch gewesen, wenn ich mich jetzt als Kinderanalytikerin etabliert hätte, und ich möchte dem Leser, aber vor allem mir selbst, erklären, warum ich es nicht tat. Die Ernüchterung war ein langwieriger Prozess, der schon bei meiner Erfahrung im Jewish Family Welfare Service in Seattle im Jahr 1946 begonnen hat. Ich war 41 Jahre lang Mitglied der Wiener und Internationalen Psychoanalytischen Vereinigungen. Ich saß in unzähligen Veranstaltungen, nahm an Kongressen teil, las Berge von Fachliteratur und wartete auf die Erleuchtung, die nie kam. In den Fallberichten ging es nie um den Therapieerfolg, sondern nur um methodische Spitzfindigkeiten. Es war sogar ein Tabu danach zu fragen. Als ich das einmal einer in Analytikerkreisen angesehenen Kollegin gegenüber erwähnte, sagte sie, es ginge überhaupt nicht um Therapie, sondern es sei einfach eine Methode zur Selbsterforschung, sozusagen eine Kunst als Selbstzweck. Die Überzeugung wuchs in mir, dass die Psychoanalyse als Theorie und als Therapiemethode steril ist. Sie ist ein in sich geschlossenes System, eine Religion und keine Wissenschaft. Sie hat ihren Propheten, ihre Apostel, ihre Häretiker und ihre Dogmen. In 1994 legte ich meine Mitgliedschaft zurück.

Dazu noch ein paar Worte zu meiner Faszination mit Anna Freud, die mich überhaupt erst auf diesen Weg gebracht hatte. Ich berufe mich hier auf die Zeugenschaft von *Sophie Freud,* Anna Freuds Nichte und Professorin für Sozialarbeit, welche Anna treffend in einem Aufsatz charakterisiert hat (8): Anna war in der Falle gefangen zwischen ihrer Loyalität zu den Theorien ihres Vaters und ihrem eigenen praktischen Verstand. Sie war am besten, wenn sie aus dem Rahmen der Theorien heraustrat und sich auf ihre eigenen Beobachtungen und eigene Kreativität verließ. Sie hatte eine außerordentliche Ausstrahlung und jene Eigenschaften, die wir einer großen Persönlichkeit zuschreiben. So war es tatsächlich der Mensch Anna Freud, nicht die Psychoanalytikerin, die mich ursprünglich auf diesen Irrweg geführt hatte.

Ich möchte nicht das Kind mit dem Bad ausgießen und den Eindruck erwecken, dass ich nicht die Bedeutung der Psychoanalyse als Ideenstifter zu würdigen weiß. Ich wende mich nur gleichermaßen gegen die Orthodoxie und Auswüchse, die mit dem Erbe getrieben werden. Ich schätze es hingegen, dass im Gefolge der Psychoanalyse viele früher tabuisierte Themen offengelegt und gesellschaftlich akzeptiert wurden, viel Scheinheiligkeit abgebaut wurde. Sigmund Freud hat die dünne Tünche der Zivilisation über der barbarischen Natur des Menschen aufgezeigt, Anna Freud hat ein Korrektiv gesetzt, indem sie frühkindliche Manifestationen von Mitleid und gegenseitiger Hilfe beschrieben hat. Der Psychoanalyse ist ebenfalls zu verdanken, dass in der Folgezeit die Aufmerksamkeit auf das Beziehungsgeschehen gelenkt wurde. Es ist heute schon Allgemeingut, dass der essentielle Wirkfaktor jeder Form von Psychotherapie die zwischenmenschliche Beziehung ist, und dass in der Entwicklung des Kindes die Bezugspersonen von elementarer Bedeutung sind. Auch in der Casework-Methode steht die therapeutische Beziehung im Mittelpunkt.

AM INSTITUT FÜR HÖHERE STUDIEN

Nun hatte ich die Wahl, weiterhin in der inneren Emigration zu bleiben oder mich den lokalen Sitten anzupassen. Joseph hatte die amerikanische Staatsbürgerschaft zurückgelegt, und dadurch war die Familie zu Österreichern geworden. Ich gab klein bei und trat dem Bund Sozialistischer Akademiker bei, der mir von den Berufsverbänden am nächsten stand. Von dann an ging alles glatt.

Einige Zeit nach meiner Rückkehr aus den USA ergab sich für mich die Möglichkeit, eine Stellung am *„Institut für Höhere Studien und Wissenschaftliche Forschung“* anzutreten.

Dieses war eine Neugründung, die über Initiative der gebürtigen Österreicher und in die USA emigrierten Wissenschaftler *Paul Lazarsfeld* und *Oskar Morgenstern* 1963 zustande kam. Die Aufgabe des Instituts war, jungen Sozialwissenschaftlern die Möglichkeit zur Fortbildung, insbesondere in den modernen statistisch-mathematischen Forschungsmethoden zu geben. Die Mittel kamen von der amerikanischen Fordstiftung und der österreichischen Bundesregierung. Ein neues Institutsgebäude wurde von der Stadt Wien zur Verfügung gestellt.

Die Konstruktion war sonderbar: Im Kuratorium waren die Spitzen der Regierung und Politik paritätisch vertreten – zur Hälfte sozialistisch, zur Hälfte konservativ. Und es gab zwei Direktoren, einen von jeder der großen politischen Parteien. Diese wechselten fast im Jahresrhythmus. Das Institut unterhielt vier Abteilungen: für Volkswirtschaftslehre, für Politologie, für Soziologie und für Formalwissenschaften (Wissenschaftstheorie, Mathematik und Statistik). Professoren gab es keine, sondern nur wissenschaftliche Assistenten als Tutoren für Lehre und Forschung. Alle 50 Studierenden hatten ein abgeschlossenes Universitätsstudium und waren Stipendiaten. Sie wurden als Scholaren bezeichnet. Der Lehrbetrieb wurde von den Assistenten und von renommierten ausländischen Gastprofessoren bestritten. An diesem Institut fand ich also eine Anstellung als Assistentin an der Abteilung für Soziologie.

Durch den ständigen Direktorenwechsel war für Chaos gesorgt. Die Zwischenwand zwischen den Büros der beiden Direktoren wurde abwechselnd niedergerissen und wieder aufgerichtet.

Nichtsdestoweniger verbrachte ich dort eine anregende Zeit. Ich lernte eine Menge über Sozialforschung, und ich hatte Gelegenheit berühmte Gastvortragende, die ich vorher nur dem Namen nach kannte, zu hören, unter ihnen z.B. die Psychologin *Charlotte Bühler*, den Ökonomen *Friedrich von Hayek* und *Henry Kissinger.*

Forschungsarbeiten wurden in einer Publikationsreihe des Instituts und in Fachzeitschriften veröffentlicht.

Ich war in erster Linie in die sozialpsychologische Forschung eingebunden, die ich größtenteils mit Gastprofessoren und Institutsmitgliedern gemeinsam durchführte. Die bearbeiteten Fragen hatte ich meist selbst gewählt, weil sie meinen Interessen entgegenkamen. Darunter waren Arbeiten und Publikationen über folgende Problemkreise:

- Untersuchung über die Auswirkung eines Spitalsaufenthaltes bei jüngeren Kindern,
- Teilnahme an einer internationalen Untersuchung über nationale Vorurteile bei Schulkindern,
- Entwicklung von Methoden zur Untersuchung von Familienpathologie,
- Untersuchung über Randschichtenproblematik (sozial auffällige Gruppen) in einer niederösterreichischen Kleinstadt,
- Vergleichende Selbstmordstudie Wien – Los Angeles,
- Erhebung über die Lage der Sozialarbeit in Österreich,
- Erhebung über die Lage junger unverheirateter Mütter.

Durch die Zusammenarbeit mit in- und ausländischen Fachleuten fand ich auch erfreuliche persönliche Kontakte.

So führte die Kooperation bei der *vergleichenden Suizidstudie* mit Professor *Norman Farberow* vom *Suicide Prevention Center der Universität von Südkalifornien* zu einer mehrmonatigen Einladung an sein Institut nach Los Angeles im Jahr 1967. Dort werteten wir gemeinsam die Untersuchungsergebnisse aus und verfassten die Publikation.

Während dieses Aufenthaltes in Los Angeles besuchte ich auch *Charlotte Bühler*, die ich am Institut für Höhere Studien kennengelernt hatte. Sie wohnte in einer prachtvollen Wohnung mit weitem Blick über die Stadt und Landschaft. Sie war auf jung geschminkt und machte den Eindruck eines gealterten Filmstars. Sie klagte, wie einsam sie sei und wie undankbar sich

alle erwiesen hätten. Nicht lange danach verstarb sie, eine verbitterte alte Frau, die ihren Ruhm überlebt hatte.
Bei der vergleichenden Untersuchung über *nationale Vorurteile von Kindern* (an der ich die Wiener Stichprobe erhob und bearbeitete) gab es ein Wiedersehen mit der Universität Oxford, wo der Leiter der Untersuchung, der Professor für Sozialpsychologie *Henri Tajfel,* lehrte.
Der bekannte Sozialpsychiater Prof. *Heinz Strotzka* war mein Mitautor bei den Untersuchungen über *Kinder im Spital* und über die *Umweltbedingungen von psychosozialen Fehlentwicklungen* von Bewohnern einer Kleinstadt.
Die Untersuchung über *die Lage der Sozialarbeit in Österreich* verfasste ich gemeinsam mit der Gründerin und Leiterin der österreichischen Bewährungshilfe, Dr. *Elisabeth Schilder*. Die Aufgabe war schwieriger, als ich erwartet hatte. Soziale Wohlfahrt ist Angelegenheit der Bundesländer, und ich entdeckte, dass es keine zentrale Stelle des Bundes gibt, wo die einzelnen Einrichtungen in Evidenz gehalten werden. Schließlich entstand eine größere Arbeit über die gesetzlichen Grundlagen und die Organisation der Wohlfahrt. Es erstaunte mich, bei dieser Untersuchung zu erfahren, dass Fürsorgerinnen, die nach der Reifeprüfung noch eine Fürsorgeausbildung absolviert hatten, im öffentlichen Dienst schlechter eingestuft und entlohnt waren als Beamte ohne Zusatzausbildung. Eine Fortsetzung der Arbeit über die Rolle der Fürsorgerinnen kam wegen der fehlenden Finanzierung nicht zustande.
Meine Untersuchung über die *Lebensbedingungen unverheirateter junger Mütter* führte schließlich zum nächsten Abschnitt meiner beruflichen Entwicklung.

Wie wird man Direktorin einer Schule für Soziale Arbeit?

Eine Anstellung als wissenschaftliche Mitarbeiterin am Institut für Höhere Studien war zeitlich begrenzt. Es hieß, fünf Jahre wären das Maximum. Ich drehte bereits eine „Ehrenrunde", es wurde mir nämlich ein weiteres Jahr zugestanden. Aber ich musste mich um eine andere Tätigkeit umsehen.
Meine Untersuchung über die unverheirateten Mütter war eine Auftragsarbeit des Jugendamtes der Stadt Wien. Durch sie kam ich in Verbindung mit dem Direktor des *Instituts für Heimerziehung*. Von ihm erfuhr ich, dass an seinem Institut eine Stelle für sozialpädagogische Grundlagenforschung geschaffen werden solle, und er bot mir an, diese Aufgabe zu übernehmen. Dieses Angebot akzeptierte ich gerne.

Die neue Stellung trat ich 1970 an. Das Institut für Heimerziehung war dem städtischen Jugendamt unterstellt. Dieses Amt war eine der größten Abteilungen der Stadtverwaltung mit über 5000 Mitarbeitern. An der Spitze stand der Jurist Dr. *Spazierer,*[1] ein mächtiger Beamter und Repräsentant des Schulerhalters. Seinem Ressort unterstanden unter anderem die Bezirksjugendämter, die Kindergärten, die Heime, die Bildungsanstalt für Kindergärtnerinnen, das Institut für Heimerziehung (jetzt Institut für Sozialpädagogik) und die Lehranstalt für gehobene Sozialberufe, die ehemalige Fürsorgeschule.
Ich hatte mich kaum in meine neue Tätigkeit einzuarbeiten begonnen, als mich ein Telefonanruf von Dr. Spazierer erreichte. Ich möge gleich in sein Büro kommen. Dort stellte er mir die Frage, ob ich Direktorin der *Lehranstalt für gehobene Sozialberufe* werden wolle. Ich war sprachlos. Ich hatte Dr. Spazierer vorher nur einmal gesehen. Ich hatte nie in einer österreichischen Schule unterrichtet, ich war auch nur ein paar Monate vorher in den Dienst der Gemeinde Wien eingetreten. Ich antwortete wahrheitsgemäß, dass es für mich zwar ein Traumjob wäre, dass ich aber keine Ahnung von den Anforderungen hätte. Ich wandte auch ein, dass ich mich ja gar nicht um die Stelle beworben hätte. Müsste ich das nicht nachholen? Meine Einwände fegte er beiseite – er interessierte sich auch gar nicht für meine Qualifikationen –, sondern fragte, ob ich in der kommenden Woche anfangen könne. Dieses Gespräch fand ungefähr einen Monat nach Beginn des Studienjahres 1970-71 statt. Es war sehr verwirrend. Zur Erklärung sagte er, die gegenwärtige Direktorin werde die neugegründete Schule des Bundes übernehmen. Ich meinte dann auch noch, dass ich doch eine Einführung in die Arbeit brauchen würde, und könnte ich nicht bis zum Ende des Kalenderjahres bei der bisherigen Direktorin hospitieren? Später erfuhr ich, dass Dr. Spazierer meine Vorgängerin loswerden wollte und sie an die neue Schule katapultiert hatte. Was meine Bestellung anlangte, hatte er sich nur erkundigt, wie mir die Auskunftsperson erzählte, ob ich bei der richtigen Partei sei.
Eine Woche später wurde ich wieder zu Dr. Spazierer bestellt. Er lud mich in sein Auto und fuhr mit mir zur Lehranstalt für gehobene Sozialberufe, die ich zum ersten Mal sah. Er ging mit mir ins Lehrerzimmer und sagte mir, meine Vorgängerin sei bereits an ihrer neuen Schule und ich solle ab sofort die Leitung übernehmen. Dann stieß er noch eine Drohung aus: Es gäbe immer weniger Interessenten an einer Fürsorge-Ausbildung, und wenn es mir nicht bald gelänge, mehr Schüler zu finden, würde er die Schu-

[1] Name geändert.

le schließen. Ich fragte ihn noch, wie ich das bewerkstelligen sollte, und er meinte: „Das ist Ihre Sache“. Dann ging er. Da stand ich nun und sollte aus Häcksel Gold spinnen.

Nach der kuriosen Einführung in mein neues Amt begann ich mich überhaupt erst mit der Aufgabe vertraut zu machen. Nicht nur mußte ich mich mit dem Lehrplan bekannt machen, ich mußte die Studierenden und die Lehrer kennen lernen, ja ich mußte überhaupt erst lernen, mich im österreichischen Schulwesen und in der Wiener Gemeindeverwaltung zurechtzufinden. Alles das wäre ohne die großartige Unterstützung durch die Sekretärin der Schule, Frau *Trude Kubita*, um vieles schwieriger gewesen. Sie war schon bei meiner Vorgängerin an der Schule gewesen und kannte sich mit all dem aus, was mir ein Buch mit sieben Siegeln war. Mit ihrem mütterlichen Wesen war sie durch viele Jahre die gute Fee der Schule. Leider ist sie viel zu früh verstorben.

Als ich die Schule übernahm, war sie tatsächlich fast am Ende. Es gab etwa 40 Schüler in zwei Jahrgängen. Um zu verstehen, warum der Beruf damals so wenig attraktiv für den Nachwuchs war, muss man in die Geschichte der Sozialfürsorge in Wien zurückgehen. Sicher finden sich viele gemeinsame Wurzeln mit Deutschland, doch hatte das Wohlfahrtswesen in Wien seine Besonderheiten. Daher, bevor ich über die Schule zu meiner Zeit zu sprechen komme, ein historischer Rückblick über die Entwicklung des Berufs der Fürsorgerin und die Geschichte der Ausbildung.

Das Wiener Wohlfahrtswesen

Die Anfänge zur Zeit der Monarchie

Die Armenpflege, die früher Sache der kirchlichen und privaten Wohltätigkeit war, wurde zu Beginn des 20. Jahrhunderts Angelegenheit der öffentlichen Verwaltung. Ein Problem stellten zu dieser Zeit die vielen Dienstboten und Fabrikarbeiterinnen aus entfernten Gegenden der Donaumonarchie dar, die unwissend und oft der deutschen Sprache unkundig, geschwängert und mittellos auf die Straße gesetzt wurden. Speziell zum Schutz für deren Kinder wurde das Amt des *Berufsvormunds* geschaffen. Zum *Berufsvormund* (später *Amtsvormund*) wurden dafür ausersehene Beamte bestellt, denen Frauen als Hilfskräfte zur Seite gestellt wurden. Deren Aufgabe war die Betreuung von Müttern mit Kindern, die in Armenpflege waren. Diese sogenannten *Berufspflegerinnen* sind die Vorläuferinnen der späteren Jugendfürsorgerinnen.

Entsprechend dem patriarchalischen Familienmodell war der Vormund ein Mann, die ihm unterstellte Hilfskraft eine Frau. Die Berufspflegerinnen waren Tagelöhnerinnen. Sie mussten acht Schuljahre absolviert haben und unbescholten sein. Ihr Prestige entsprach ihrer Stellung.
Etwas davon hat sich bis in die allerletzte Zeit im Verhältnis zwischen Amtsvormündern und Sozialarbeitern erhalten. Bis lange nach dem zweiten Weltkrieg waren die Fürsorgerinnen des Jugendamtes hauptsächlich auf die Arbeit mit außerehelichen Kindern beschränkt. Erst in den Siebzigerjahren wurde die automatische Amtsvormundschaft für uneheliche Kinder aufgehoben. Die Vorgesetzten der Fürsorgerinnen waren berufsfremde Juristen oder Amtsvormünder. Die ihnen unterstellten Fürsorgerinnen waren weisungsgebunden. Anders als die Sozialarbeiterin in England und Amerika war die Fürsorgerin eine Erfindung der Verwaltung.

Die Ära Tandler

Nach dem Zerfall der Habsburger-Monarchie wurde in Österreich im Herbst 1918 die Erste Republik gegründet. In Wien entstand in den folgenden Jahren unter sozialdemokratischer Führung das „Rote Wien", berühmt für seine gesellschaftspolitischen Reformen, den städtischen sozialen Wohnbau, die sozialmedizinischen Einrichtungen und den Ausbau der Jugendwohlfahrt unter *Julius Tandler* (1869-1936) (6).
Julius Tandler, ein prominenter Universitätsprofessor, war Stadtrat für das Gesundheits- und Wohlfahrtswesen. Er brachte für seine Tätigkeit ein umfassendes sozialmedizinisches Konzept mit, das eine Schwerpunktverlagerung der Fürsorge auf die neuen Gesundheitsdienste brachte. Er schuf Mütterberatungsstellen, Fürsorgestellen zur Bekämpfung der Volksseuchen Tuberkulose, Geschlechtskrankheiten und Alkoholismus, er führte Schulärzte und Schulzahnkliniken ein, schuf Erziehungsberatung, Kinderfreibäder, Sportplätze und Erziehungsheime für gefährdete Kinder und Jugendliche, welche die ehemaligen Besserungsanstalten ersetzten.
Eine dunkle Seite Tandlers, die gerne verschwiegen wird, hatte bis fast in die heutige Zeit schwerwiegende Auswirkungen auf die Soziale Arbeit in Wien. Er war nicht immun gegen den damals herrschenden Zeitgeist der Intoleranz gegen „Krüppel", geistig Behinderte, Geisteskranke, Straftäter und selbst gegen die Flüchtlinge aus Teilen der Monarchie. In einem Vortrag in der Gesellschaft der Ärzte im Jahr 1916 über „Krieg und Bevölkerung" (Sablik, S.113 ff.) sagt er u.a.: „Der Krieg hat durch die großen Truppen-

umzüge, sowie die Diaspora der Flüchtlinge auch eine weitgehende Rassenmischung zur Folge ... (die) in einem hohen Prozentsatz aller Fälle wohl nicht die glücklichste war." Er bedauert, dass die Kriegstauglichen „eine viel höhere Sterblichkeitsziffer besitzen als die Militärfreien", was zur höheren Fortpflanzungsmöglichkeit der körperlich Miserablen führt, „ein Umstand, der für die Degeneration der Bevölkerung nicht ohne Bedeutung ist." Er bezeichnete die Behinderten als „Minusvarianten" und befürwortete eugenische Maßnahmen, um ihre Vermehrung zu unterbinden. Die weitreichende Folge dieser Einstellung war, dass Tandler die bodenständige Mutter und ihre Kinder idealisierte, aber so gut wie nichts für die anderen benachteiligten Gruppen tat. Die Wohlfahrtseinrichtungen, die er ins Leben rief, bezeugen dies. Das war der Boden, auf dem nur wenige Jahre später die Nazi-Ideologie gedieh. Tandler selbst konnte natürlich nicht ahnen, dass er bald selbst zu den „Minusvarianten" zählen würde. Er war selbst ein zum Katholizismus übergetretener Jude. Er ist ein Beispiel dafür, wie manche Juden ihre Identität als Makel erleben und der Bewältigungsmechanismus der „Identifizierung mit dem Angreifer" (7) zum Tragen kommt. Ähnliches ist auch von Kriegsgefangenen und Entführungsopfern bekannt. Über die Langzeitwirkung dieser Politik der Diskriminierung bestimmter Gruppen wird noch zu berichten sein.
Was die *Rolle der Fürsorgerinnen* anlangte, so war die Ära Tandler dem Beruf nicht zuträglich.
Zu dieser Zeit hatten die Fürsorgerinnen, anders als die *Berufspflegerinnen* in der Monarchie bereits eine gehobene Ausbildung, und es gab Ansätze für eine Professionalisierung. Tandler hingegen hatte ein anderes Berufsbild vor Augen. Was er in Wahrheit suchte, war eine Gemeindeschwester. Um Fürsorgerinnen zu finden, die mehr seiner Vorstellung entsprachen, und um den Beruf auch einfachen Frauen aus dem Volk zugänglich zu machen, schuf er die Kategorie der *Hilfsfürsorgerin* ohne höhere schulische Ausbildung. Diese Zweiteilung führte zu endlosen Querelen und mündete schließlich in einer generellen Abwertung des Berufs der Fürsorgerin. Es ist unsere historische Tragik, dass die gewiss notwendige Gemeindeschwester sozusagen als Mini-Fürsorgerin von Tandler konzipiert wurde und dadurch in ein ungutes Konkurrenzverhältnis zu der sich eben emanzipierenden Sozialarbeit geriet.

Nach dem Zweiten Weltkrieg

Nach dem Zweiten Weltkrieg war der reformerische Schwung der Ära Tandler verflogen. Außer der Arbeit in der Jugendfürsorge gab es für Für-

sorgerinnen nur wenige Möglichkeiten. Eine geringe Zahl war im Gesundheitswesen beschäftigt, hier vor allem in der Tuberkulosebekämpfung. Ihre Hauptaufgabe war die Kontrolle der Einhaltung der Sanitätsgesetze als verlängerter Arm der Bezirksverwaltungsbehörde. Die Arbeit im Gesundheitswesen war womöglich noch unattraktiver als die im Jugendamt.
Jetzt rächte sich die einseitige Konzentration der Fürsorge auf das Jugendamt und die Verhütung von Seuchen. In den ersten Jahrzehnten nach dem Krieg gab es weder in der öffentlichen Sozialhilfe für Erwachsene Fürsorgerinnen (die Agenden wurden von Beamten besorgt), noch in den Gefängnissen, den Krankenanstalten und Altersheimen. Die Psychiatrie war total vernachlässigt, der Begriff der Bewährungshilfe war unbekannt. In allen diesen Belangen hinkte Österreich anderen Kulturländern weit nach.
Der Beruf der Fürsorgerin war nicht nur in der Hierarchie der Institutionen niedrig bewertet, auch in der Öffentlichkeit war das Bild nicht günstig. Ich erinnere mich an eine Umfrage eines Meinungsforschungsinstituts in den Sechzigerjahren über das Sozialprestige verschiedener Berufe. Die Befragten wurden aufgefordert 25 vorgegebene Berufe in eine Rangordnung nach ihrem Prestige zu bringen. Wie zu erwarten, rangierten Universitätsprofessoren und Ärzte ganz oben. Den letzten Rang nahm die Chemischputzerin ein, den vorletzten die Fürsorgerin.
So etwa war der Ruf der Fürsorgerin, als ich die Leitung der Schule übernahm. Es war nicht verwunderlich, dass der Beruf wenig Anziehungskraft auf die Jugend ausübte.
Wie der Beruf schließlich den Anschluss an die zeitgemäße Sozialarbeit fand, wird im folgenden Abschnitt über die Geschichte der Ausbildung berichtet.

ZUR AUSBILDUNG DER SOZIALARBEITER

„Von Akademie zu Akademie“ nannte ich den Vortrag, den ich anlässlich des 75-Jahr-Jubiläums der Akademie für Sozialarbeit der Stadt Wien 1995 hielt. Die Benennung bezog sich auf die Geschichte der Schule. Es ist die Geschichte eines Abstiegs und eines Wiederaufstiegs, der in engem Zusammenhang mit der Entwicklung des Berufs von der Fürsorgerin zum Sozialarbeiter steht (9).

1. Von der Akademie für Soziale Verwaltung zur Fürsorgeschule

Ich habe erwähnt, dass die Frauen, welche die Vorläuferinnen der Fürsorgerinnen zu Anfang des vorigen Jahrhunderts waren, ursprünglich keine fachliche Ausbildung hatten. Im Laufe der folgenden Jahre wurden verschiedene Kurse für die Ausbildung von Personen im Wohlfahrtswesen geschaffen, darunter auch von der Gemeinde Wien, die *Städtischen Fachkurse für Jugendfürsorge*. Noch vor dem Ende des ersten Weltkriegs gab es Pläne, diese zu einer *Akademie für soziale Verwaltung* auszubauen. Diese sollte, wie es in einem Gemeinderatsbeschluss vom 21. März 1918 heißt, „zur Ausbildung und Fortbildung der ehrenamtlich und beruflich in der städtischen Armen- und Wohlfahrtspflege tätigen Organe dienen...der theoretische und praktische Unterricht hat sozialhygienische, sozialrechtliche und sozialpädagogische Fächer zu umfassen ..." Nach den ursprünglichen Plänen war eine stark akademisch ausgerichtete Ausbildung mit Aussicht auf eine dreijährige Akademieausbildung mit freien Vortragsformen, Seminaren und Kursen vorgesehen. Der Besuch der Akademie stand Männern und Frauen offen. Die Hauptaufgabe der neuen Akademie sollte es sein, Mitarbeiter für gehobene Aufgaben in der Sozial- und Kommunalverwaltung heranzuziehen.

Leider kam es anders, wie ich es bereits im Abschnitt über die Rolle der Fürsorgerin in den Zwischenkriegsjahren skizziert habe. Ausbildung und Beruf erfuhren statt eines Aufstiegs eine Abwertung.

Im Jahr 1921 wurden die einzelnen Kurse der Akademie zusammengeschlossen, abgeändert und zu einer zweijährigen Ausbildung vereinigt. Die Anstalt wurde nun schulmäßig geführt und bildete Fürsorgerinnen in erster Linie für den Bereich der Jugendfürsorge und das Gesundheitswesen der Stadt Wien aus. Den Namen *Akademie für soziale Verwaltung* trug sie zwar bis 1938, in Wahrheit war sie aber eine zweijährige Fürsorgeschule.

In der Zeit des Nationalsozialismus 1938-45 hieß die Schule *„Soziale Frauenschule"*. Sie bildete nun Volks- und Wohlfahrtspflegerinnen heran, deren Aufgabe die Erb- und Rassenpflege für deutsche Volksangehörige war. In dieser Zeit wurden alle unehelichen Kinder Mündel des Jugendamtes.

Mit der Wiedererrichtung des Staates Österreich nach dem Zweiten Weltkrieg wurde auch die Schule wieder eröffnet, und zwar unter dem Namen *Fürsorgeschule der Stadt Wien*.

Sie schloss fast nahtlos an die Zeit vor dem Krieg an. Die Schule war wie früher dem Jugendamt unterstellt und es gab, wie erwähnt, kaum andere Arbeitsmöglichkeiten, geschweige Aufstiegsmöglichkeiten für Absolventen.

Der Lehrplan war gegenüber der Zwischenkriegszeit fast unverändert. Was geblieben war, waren die alten Formen ohne zeitgemäße Inhalte.

Die einzelnen Unterrichtsfächer standen unverbunden nebeneinander. Eine große Rolle spielten Fächer, die eher in die Ausbildung von Krankenpflegerinnen, als von Sozialarbeitern gehört hätten.

Die in der Zwischenkriegszeit erfolgte Entwicklung der Methoden der Sozialarbeit in anderen Ländern fanden in Österreich infolge der kriegsbedingten Isolation erst nach und nach Beachtung, allerdings nur in der Schule. Die damaligen Direktorinnen Dr. *Erna Sailer* und *Anna Holecek-Rosenfeld* führten zwar zusätzlich zu den herkömmlichen Fächern Unterricht in Vertiefter Einzelfallhilfe und Tiefenpsychologie ein, aber in den Praxisfeldern, die den Absolventen offenstanden, gab es keine Möglichkeit, diese Kenntnisse umzusetzen und nach dem Selbstverständnis der modernen Sozialarbeit zu handeln.

2. Von der Fürsorgeschule zur Lehranstalt für gehobene Sozialberufe

Eine Wende begann sich abzuzeichnen, als 1962 der Staat mit dem *Schulorganisationsgesetz* eine Neuordnung des österreichischen Schulwesens in Angriff nahm. Diese Notwendigkeit hatte sich ergeben, weil die grundlegende Struktur noch auf die Gesetzgebung des 19. Jahrhunderts zurückging.

Im berufsbildenden Schulwesen, und dazu gehörte die Fürsorgeausbildung, fehlte es überhaupt an gesetzlichen Grundlagen. Die damals bestehenden Fürsorgeschulen waren alle „Hauslehranstalten“ entweder der Religionsgemeinschaften oder der Landesregierungen zur Heranbildung des Nachwuchses für ihre eigenen Einrichtungen.

Die Schulerhalter hatten kein großes Interesse daran, den Status und damit die Ansprüche der Berufsgruppe zu heben. Die Betroffenen selbst waren eine zu schwache Gruppe, um ihre Anliegen durchzusetzen.

So kam es, dass mit dem neuen Gesetz z.B. die Lehrerbildungsanstalten zu *Pädagogischen Akademien* aufgewertet wurden, den Fürsorgeschulen hingegen der Status einer Akademie zunächst versagt blieb. Die Schule wurde zur armen Verwandten, genannt *Lehranstalt für gehobene Sozialberufe*, und definiert als *„akademieverwandte Lehranstalt“*.

Allerdings wird in diesem Gesetzeswerk das erste Mal die Berufsbezeichnung *Sozialarbeiter* statt Fürsorgerin verwendet.

Der Lehrplan wurde vom Unterrichtsministerium festgelegt und war für alle Lehranstalten Österreichs gleich. Er war noch immer starr und traditionell. Die von den Schulen vehement geforderte Aufwertung des Berufs durch eine dreijährige Ausbildung wurde noch immer nicht realisiert. Nichtsdestoweniger brachte diese neue Schulform eine relative Besserstellung innerhalb des österreichischen Schulsystems.

Das war die Situation, als ich 1970 unverhofft beauftragt wurde, die Leitung zu übernehmen. Mir wurde von Dr. Spazierer signalisiert, dass es der

Wunsch des Schulerhalters sei, die Schule möge weiterhin ihre traditionelle Aufgabe erfüllen, nämlich den Nachwuchs für die Jugendfürsorge der Stadt Wien sicherzustellen. Es war die Zeit der Vollbeschäftigung, und es bestand Mangel an Fürsorgerinnen. Die Gemeinde hatte zu einem desperaten Mittel gegriffen, um Aspiranten anzulocken: Neben kostenlosem Besuch der Schule und Stipendien für Bedürftige, gab die Gemeinde jedem Schüler ein Taschengeld unter der Bedingung, dass dieser nach Absolvieren der Schule fünf Jahre lang am Jugendamt arbeiten würde. Diese Maßnahme erwies sich als kontraproduktiv. Das Taschengeld war zu niedrig, um wirklich Bedürftige wirksam zu unterstützen; jene, die es nicht wirklich brauchten, verwendeten es beispielsweise, um die Raten für einen Autokauf abzuzahlen. Alle aber befanden, eine Stellung in die man quasi als Leibeigener gezwungen wurde, könne nicht erstrebenswert sein. Auf das Taschengeld verzichten wollte aber auch kaum jemand.

3. Von der Lehranstalt für gehobene Sozialberufe zur Akademie für Sozialarbeit

Von Anfang an bemühte ich mich, nicht zur Freude von Dr. Spazierer, der dies als Subversion ansah, inhaltlich und im Umgang mit den Studierenden Reformen zu setzen, soweit das unter den gegebenen Bedingungen möglich war. Da ich nicht aus dem österreichischen Schuldienst kam, tat ich eigentlich nichts anderes, als zu versuchen, was ich beim Studium im Ausland kennengelernt hatte, nämlich vom Nürnberger Trichter zu selbständigeren Formen des Wissenserwerbs und zu einem anderen Verhältnis zwischen Lehrenden und Studierenden zu gelangen. Den Unterricht in Psychologie übernahm ich selbst. Ich fand auch ausgezeichnete Kollegen, die einen partnerschaftlichen Umgang mit den Studierenden pflegten. Besonders erwähnen möchte ich die beiden beliebten Praxisleiterinnen *Lieselotte Sachtiz* und *Lotte Schäffer*, bei denen ich viel Verständnis und Unterstützung fand. Wir waren bestrebt, anstelle des überholten Image der Fürsorgerin bei den Studenten das Selbstverständnis als Sozialarbeiter zu wecken.

Bis dahin gab es keine Zusammenarbeit zwischen den einzelnen Schulen, im Gegenteil, jede versuchte sich als die beste darzustellen und die anderen herunterzumachen.

Mir wurde klar, dass wir nur Fortschritte in der Ausbildung machen können, wenn die Schulen an einem Strang ziehen. Bei den Leitern der anderen Lehranstalten fand ich mit dem Vorschlag, einen Verein der Schulen zu gründen, ein offenes Ohr. So entstand 1971 eine gemeinsame Plattform, die

Arbeitsgemeinschaft der Direktoren der Akademien für Sozialarbeit (ADAS), deren erste Vorsitzende ich wurde. Bald darauf schlossen sich auch die Studierenden aller Lehranstalten zu einem Verein zusammen, der *Arbeitsgemeinschaft der Studierenden an Akademien für Sozialarbeit (ASAS)*, mit der es in der Folge eine gute Zusammenarbeit gab.
Durch die ADAS und die ASAS wurde es möglich, dass alle Sozialarbeiterschulen gemeinsam gegenüber den Schulerhaltern und dem Unterrichtsministerium auftraten. Es ging um die Durchsetzung der dreijährigen Akademie mit zeitgemäßen Inhalten.

WIEDER AKADEMIE

Der große Umschwung kam in den Siebzigerjahren. Allerdings nicht primär durch die Schulen, sondern durch die gesellschaftliche Entwicklung.
Mit der üblichen Verzögerung erreichte auch Österreich die Jugendrevolte der 68er-Generation, in deren Gefolge auch das Berufsfeld der Sozialarbeit in Bewegung geriet.
Es war die Zeit der Basisbewegungen zur Öffnung der Heime und der psychiatrischen Großanstalten, der Hausbesetzungen, der Hippies, des Experimentierens mit Drogen.
Es gab jetzt neue Herausforderungen, denen mit den traditionellen Mitteln nicht begegnet werden konnte.
Es bestand ein enormer Nachholbedarf: Die Bewährungshilfe wurde ausgebaut, die Erwachsenenfürsorge begann in höherer Zahl Sozialarbeiter zu beschäftigen. Die Psychiatriereform kam in Gang, die Heimerziehung wurde einer kritischen Neubewertung unterzogen. Auch im Jugendamt wurde begonnen, an die Stelle von Kontrolle Dienstleistungen zu setzen.
Wenn wir uns in den vorausgegangenen Jahren bemüht hatten, den Unterricht in Inhalt und Didaktik moderner zu gestalten, so hatte uns das stets den nicht immer unberechtigten Vorwurf eingetragen, die Ausbildung sei „realitätsfremd". Nun hatte uns die Realität eingeholt.
Von nun an ging es bergauf. Zwischen der Erschließung neuer Arbeitsfelder und neuer Arbeitsmethoden und dem steigenden Selbstbewusstsein der Berufsgruppe gab es eine Wechselwirkung. Der vorher stagnierende *Berufsverband* der Sozialarbeiter erwachte zu neuem Leben.
Mit einem Mal war Sozialarbeit attraktiv geworden. Die Schulen wurden geradezu überlaufen. Obwohl seit dem zweiten Weltkrieg auch Männer zugelassen wurden, waren die weiblichen Studierenden weit in der Überzahl.

Jetzt stieg auch die Zahl der männlichen Interessenten. Vorher mussten wir „den Topf auskratzen", um die Schule halbwegs zu füllen, jetzt gab es Hunderte von Bewerbern. Wir mussten Parallelklassen einrichten, trotzdem konnten wir nicht annähernd die Nachfrage nach Studienplätzen befriedigen. Auch das Taschengeld mit der Arbeitsverpflichtung beim Jugendamt wurde abgeschafft, ohne dass es jemand vermisste.

1976 war es so weit. Durch eine Novellierung des Schulorganisationsgesetzes wurde die Lehranstalt für gehobene Sozialberufe zur *Akademie für Sozialarbeit.*

Es war sodann eine neue Lehrplanverordnung durch das Unterrichtsministerium in Vorbereitung. Diesmal, im Gegensatz zu früher, waren die Schulen durch die Arbeitsgemeinschaft der Direktoren (ADAS) direkt in die Planung eingeschaltet.

Keineswegs wurden alle Wünsche erfüllt. Inhaltlich fand der neue Lehrplan zwar den Anschluss an die moderne Entwicklung, aber die zweijährige Ausbildung war viel zu kurz, um die Anforderungen effektiv umzusetzen. Das vorgesehene dritte Ausbildungsjahr war am Widerspruch der Schulerhalter gescheitert, welche, wie immer, größere Ansprüche der Berufsgruppe befürchteten. Damit blieb die Ausbildung eine der kürzesten der Welt.

Die beiden Jahre, die dem neuen Lehrplan vorausgingen, habe ich in bester Erinnerung. Ohne verbindlichen Lehrplan, ohne Inspektoren, konnten die Schulen experimentieren.

Die Folge war ein fruchtbarer Wettstreit an neuen Ideen und neuen Methoden.

Die Akademie der Caritas in Innsbruck – unter der Leitung von Dr. *Maria Oberhauser* immer schon sehr innovativ – war die erste, die den Projektunterricht einführte. Die Studierenden an der Akademie in Linz erarbeiteten unter dem leider früh verstorbenen Direktor Dr. *Karl Bauer-Debois*, der ein Experte in Gruppenarbeit war, den Stoff fächerübergreifend in Kleingruppen. An der Akademie der Stadt Wien experimentierten wir mit einem Schul-Parlament, dem Lehrer-Studierenden-Gremium: Dort wurde versucht, alle Probleme und Vorhaben offenzulegen und auszudiskutieren. Es funktionierte gar nicht schlecht.

Projekte nahmen bald einen wichtigen Platz auch an unserer Schule ein. Nicht wenige führten schließlich zu neuen Arbeitsfeldern, die unsere Studierenden entwickelt hatten. Die Betreuung von Gastarbeiterkindern, das „Saftbeisel" (alkoholfreies Lokal), die Frauenhäuser, der Sandler (Stadtstreicher)-Club, Streetwork, Beratung und Ausstiegshilfen für Prostituierte, die Obdachlosenzeitung „Augustin", Animation und Kreativitätsentfaltung in einer Frauenstrafanstalt – sie alle begannen als Studentenprojekte.

Auch bei uns gab es die Auseinandersetzungen über die *Methoden der Sozialarbeit.*

In diesem Zusammenhang möchte ich die Rolle von *Anne Kohn-Feuermann* (1913-1994) für die Sozialarbeit in Wien würdigen. Anne war auch aus der Emigration aus Großbritannien nach Wien zurückgekehrt. Sie hatte an der Universität Glasgow das Diplom in Sozialarbeit erworben, gefolgt von einer Ausbildung in psychiatrischer Sozialarbeit. Sie leitete mit sehr großem Erfolg eine Child Guidance-Klinik und schuf die ersten Müttergruppen und Paargruppen in Schottland. Ihr Interesse gehörte dem Casework. Sie übersetzte das Standardwerk von *Helen Perlman, „Soziale Einzelhilfe als problemlösender Prozess"*, aus dem Amerikanischen ins Deutsche. Im Jahr 1956 nach dem Ausbruch der Ungarn-Revolte, als sich ein Strom von Flüchtlingen nach Österreich ergoss, erhielt Anne vom Österreichischen Komitee für Sozialarbeit eine Anfrage, ob sie helfen würde, die Ungarnflüchtlinge entweder einzugliedern oder ihnen bei der Weiterwanderung behilflich zu sein. Anne nahm sich acht Monate unbezahlten Urlaub und kehrte dann nach Glasgow zurück.

Als sie 1959 ein Angebot annahm, im Rahmen des Sozialamtes der Gemeinde Wien ein Referat für Individual- und Familienfürsorge aufzubauen, gab sie eine gefestigte Position als anerkannte Autorität auf. Über ihren Empfang in Wien schreibt sie in ihren Lebenserinnerungen (10):

> „Als ich mich bei Stadtrat Riemer meldete, teilte er mir mit, dass die Gewerkschaft gegen meine Anstellung protestiert habe – ich war ja nur vor Hitler geflüchtet –, weil sie, wie sie sagten, andere Mitarbeiter hätten, die diese Stelle wünschten. Diese hätten zwar nicht die Ausbildung, ja waren nicht einmal aus dem Beruf, aber sie hätten die Dienstjahre, die man braucht. Stadtrat Riemer fügte hinzu, dass er sich zwar für mich entschieden habe, aber mir nicht das angebotene Gehalt geben könne, sondern wesentlich weniger, aber im Laufe der Zeit würde sich das schon bessern. Da ich nun schon in Wien war, und in Glasgow alles aufgegeben hatte, blieb mir nichts anderes übrig, als zu akzeptieren...Ich begann also meine Arbeit anfangs Juni 1959. Ich traf auf unglaubliche und große Schwierigkeiten, die eine starke antisemitische Komponente hatten...nach kurzer Einschulung wurde ich Leiterin des Referats für Individual- und Familienfürsorge und auch die Leiterin der damals fast neuen Ehe- und Familienberatung der Stadt Wien. Auch hier gab es antisemitische Töne, die aber von Professor Walter Spiel kurzer Hand abgestellt wurden. Ich war ihm dafür sehr dankbar, und habe Derartiges im Referat nie mehr gehört. Ich blieb zwanzig Jahre, bis zu meiner Pensionierung."

Anne führte die Casework-Methode in ihrem Referat für Individual- und Familienfürsorge ein und unterrichtete dieses Fach bei der Bewährungshilfe und an unserer Sozialakademie. Ihre Stärke lag in der Praxis, wo ihr großes Engagement für jeden Einzelnen ihrer vielen Klienten vorbildlich war.

Leider blieb Anne auch an unserer Schule Enttäuschung nicht erspart. So wie auch in anderen Ländern gab es auch bei uns eine Zeitlang eine Rebellion gegen die Einzelfallhilfe, welche, wie viele Studenten meinten, sich nicht mit den gesellschaftlichen Ursachen der Notstände befasse. Es entstanden Feindbilder zwischen den Antagonisten, die in erster Linie Anne zu spüren bekam. Diese Auseinandersetzungen konnten schließlich beigelegt werden, als ich den methodenintegrativen Ansatz ins Spiel brachte, wo Mitglieder eines Teams, je nach Problemlage arbeitsteilig und gleichzeitig auf verschiedenen gesellschaftlichen Ebenen, tätig sind. Das fand Akzeptanz bei den Studierenden. Ich hatte Gelegenheit, das Wissen über diese Methode auch in Fortbildungsseminaren und Workshops für Sozialarbeiter in der Praxis und Lehrende an Sozialakademien in ganz Österreich zu verbreiten. Die Befassung mit dem Einzelfall wurde allerdings auch nachher im Unterricht nicht vernachlässigt. Als Anne in den Ruhestand trat, übernahm ein Absolvent unserer Schule diesen Gegenstand. Er benannte ihn allerdings nicht wie früher „Methodik der Einzelfallhilfe", sondern „Dyadische Sozialarbeit". Zwar verstand niemand, was das heißen sollte, doch es klang interessant. Niemand protestierte, das Fach erfreute sich großer Beliebtheit.

Für mich persönlich war 1976 ein trauriges Jahr. Mein Leben erlitt eine schmerzende Bruchstelle als Joseph an einem Krebsleiden starb. Er war ein kongenialer Gefährte und guter Vater unserer Kinder, der mich 32 Jahre lang begleitet hatte. Er erlebte noch die Heirat unserer beiden Ältesten, und er konnte noch zwei unserer sechs Enkelkinder kennen lernen.
Trost und Sinn fand ich in meiner Arbeit.

DIE INTERNATIONALE DIMENSION

Das Jahr 1978 brachte einen weiterer Meilenstein zur Aufwertung der Schule, als sie zum ersten Mal in ihrer 60jährigen Geschichte aus ihrem behelfsmäßigen Quartier in das neu erbaute Ausbildungszentrum für Sozialberufe der Stadt Wien übersiedelte. In diesem Gebäude befindet sich die *Bildungsanstalt für Kindergartenpädagogik,* das *Institut für Sozialpädagogik* und die *Akademie für Sozialarbeit.* Schon rein vom Räumlichen her, wäre es sinnvoll gewesen, die beiden letzteren Schulen in eine Schule für Sozialpädagogik/Sozialarbeit zu vereinigen. Es gab immer wieder diesbezügliche Bemühungen, die aber bis heute zu nichts geführt haben. Ich hätte auch gerne für die drei Schulen eine gemeinsame große Fachbibliothek unter der Leitung eines qualifizierten Bibliothekars gesehen, aber auch dies

scheiterte leider an der Scheu der einzelnen Schulen, etwas von ihrer Eigenständigkeit abgeben zu müssen. Nichtsdestoweniger hatten wir nunmehr eine Schule, die sich sehen lassen konnte.
Ein Erfolg war die Hinwendung zur internationalen Kooperation.
Ich hatte mich bald nach meinem Amtsantritt dafür eingesetzt, dass unsere Schule der *Internationalen Vereinigung der Schulen für Soziale Arbeit (IASSW)* beitrat und konnte auch die anderen Schulen dazu bewegen. Im Jahr 1974 hatte ich Gelegenheit, am Internationalen Kongress der IASSW in Nairobi teilzunehmen. Dort kam zur Sprache, dass die Organisation ihr Hauptquartier von den USA an einen anderen Ort außerhalb Amerikas verlegen möchte. Ich wusste, dass zum damaligen Zeitpunkt die österreichische Regierung unter Bundeskanzler *Bruno Kreisky* daran interessiert war, internationale Organisationen nach Österreich zu bringen. Ich nahm daher die Gelegenheit wahr und meldete das Interesse Österreichs an, Sitz der IASSW zu werden. Ich versprach mir davon Impulse für unsere österreichischen Schulen.
Durch eine Verbindung, welche ich zur damaligen Frauenstaatssekretärin *Elfriede Karl* im Bundeskanzleramt hatte, gelang es, die Zusage einer Subvention für die Ansiedlung zu erwirken. Der mächtige Dr. Spazierer ermöglichte der IASSW, Räume im neuen Schulgebäude zu sehr günstigen Bedingungen zu erhalten.
Die IASSW blieb zehn Jahre lang die unmittelbare Nachbarin der Schule. Später, nachdem die Regierung gewechselt hatte, flossen die Subventionen immer spärlicher. Schließlich mußte sie das Wiener Sekretariat aufgeben. Nach einer längeren Durststrecke ist die Organisation heute in Kanada angesiedelt, wo sie eine neue Blüte erlebt. Ich darf die ehemaligen Präsidenten der IASSW *Katherine Kendall, Robin Huws Jones* und *Heinrich Schiller* noch heute zu meinen Freunden zählen.
Die österreichischen Schulen sind nach wie vor aktive Mitglieder, und ihre Einbindung in die internationale Entwicklung ist nicht mehr wegzudenken. Sie beteiligen sich auch an der Europäischen Bildungskooperation und den Austauschprogrammen zwischen den Schulen in verschiedenen Ländern. Dies ist auch geboten in Hinblick auf eine europawertige Ausbildung.
An dieser Stelle möchte ich auch sagen, dass ich im Laufe der Zeit die Durchschlagskraft von Dr. Spazierer, die meine Vorgängerin und ich am Anfang so drastisch erlebt hatten, schätzen gelernt habe. Er erkannte, wann es Zeit war, statt zu bremsen, dem Gebot der Zeit folgend, Reformen durchzuführen. Er hat den Modernisierungsschub in seinem Ressort in den Jahren, in denen ich an der Schule war, mitgetragen, und bei der Gemeindeverwaltung durchgesetzt.

Der bisher letzte schon seit vielen Jahren geforderte Schritt wurde endlich 1987, fast 70 Jahre nach Gründung der ersten Akademie, mit der Verlängerung der Ausbildung auf drei Jahre vollzogen. Das war bereits vier Jahre, nachdem ich in den Ruhestand getreten war.

Ein Beruf, der gut unterwegs ist

In den letzten Jahren ging es stetig aufwärts. Neue Arbeitsfelder entstanden, nicht zuletzt durch die Pionierarbeit unserer Studenten und Absolventen. Sie eroberten auch nach langen Bemühungen eigene Aufstiegspositionen. Die leitenden Stellen in den nachgeordneten Jugendämtern und Sozialämtern werden nicht mehr von berufsfremden Vorgesetzten besetzt, sondern von Sozialarbeitern.
Die Hauptursache, warum es für Sozialarbeiter so schwierig ist, in gehobene Positionen aufzusteigen, besteht darin, dass es bis heute keine anerkannte universitäre Ausbildung für Führungspositionen, Lehre und Forschung in Sozialer Arbeit gibt. Nichtsdestoweniger kann ich mit angemessenem Stolz sagen, dass es viele Absolventen meiner Schule trotzdem geschafft haben. Wenn manche von ihnen zusätzlich auch noch einen Universitätsabschluss auf einem verwandtem Gebiet erworben haben, so war die Kombination mit Sozialarbeit sogar ein besonderes Plus am Arbeitsmarkt. Sowohl das Städtische Jugendamt, wie das Sozialamt stehen jetzt unter der Leitung von Absolventen der Schule. Viele Absolventen unterrichten an Sozialakademien und anderen Sozialschulen. Es würde zu weit führen, alle öffentlichen und freien Wohlfahrtseinrichtungen aufzulisten, in denen Sozialarbeiter interessante und wichtige Arbeit auf allen Ebenen leisten.
Jetzt ist die längst überfällige vierjährige Fachhochschulausbildung im Kommen. Es gibt erst seit wenigen Jahren in Österreich Fachhochschulen, aber bisher keine in den Sozial- und Gesundheitsberufen. Beginnend in 2002 werden jedoch die ersten Fachhochschul-Studiengänge für Soziale Arbeit geführt. Damit findet die Sozialarbeiterausbildung in Österreich endlich ihren angemessenen Platz.

Die Bilanz

Die Menschen haben aus den Gräueln der Vergangenheit nicht viel gelernt. Alte Übel bleiben bestehen, neue sind hinzu gekommen.

So wie auch in der Vergangenheit suchen die Sozialarbeiter Antworten auf neue Herausforderungen, sei es die neue Armut, der Verlust der sozialen Sicherheit und des Arbeitsplatzes, das Los von Migranten, Flüchtlingen, Opfern von Kriegen, Folterungen und Misshandlung. Sie sind bemüht durch neue Techniken und neue Sichtweisen den Problemen gerecht zu werden, etwa durch Empowerment von Benachteiligten, Mediation von Konflikten, oder dem Begleiten von Selbsthilfegruppen. Soziale Arbeit kann nicht alle Probleme menschlicher Existenz lösen, aber sie kann vermeidbares Leid mildern und Zeugnis geben, dass es auch die Gegenwelt der humanitären Weltanschauung gibt.

Für mich persönlich gibt es eine positive Bilanz: Die Arbeit an der Schule für Sozialarbeit brachte mir Erfüllung und Befriedigung. Ich habe in einem Alter, wo man meist keine Chance mehr auf eine neue Herausforderung hat, das große Los gezogen. Ich konnte alles das, was ich in meinem Leben gelernt hatte, in meine Tätigkeit an der Schule einbringen. Ich konnte mit jungen Menschen zusammen sein und sehen, wie sie sich von rebellierenden Jugendlichen zu engagierten Sozialarbeitern entwickelten, ohne ihre Ideale zu verraten. Mit vielen von ihnen bin ich noch heute in herzlicher Verbindung.

Schließlich war ich Zeuge, wie aus einem wenig angesehenen Beruf eine geachtete Profession geworden ist. Ich möchte gerne glauben, dass meine Bemühungen zur Aufwertung der Ausbildung auch etwas dazu beigetragen haben.

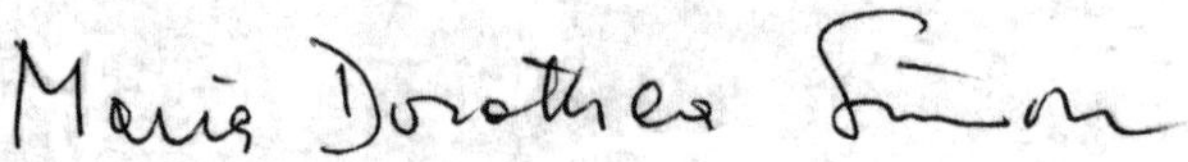

LITERATURHINWEISE

(1) Rozenblit M. (1982): The Jews of Vienna 1867-1914. State University of New York Press

(2) Schiller H. (1999): in Heitkamp H./Plewa A. (Hg): Soziale Arbeit in Selbstzeugnissen. Freiburg: Lambertus, S.282

(3) Freud, A. (1980): „Kriegskinder“, in Bd. II und „Anstaltskinder“ in Bd. III in: Die Schriften der Anna Freud, München: Kindler

(4) Kendall K.A. (2000): Social work education – Its origins in Europe. Council of Social Work Education, USA

(5) Zeller, W. (1957): Konstitution und Entwicklung. Göttingen: Hogrefe
(6) Sablik K. (1983): Julius Tandler – Mediziner und Sozialreformer. Wien: Schendl
(7) Freud A. (1946): Die Identifizierung mit dem Angreifer. In: Das Ich und die Abwehrmechanismen. London: Imago, S. 125ff.
(8) Freud Sophie (1988): The Legacy of Anna Freud. In Freud S.: My three mothers and other passiona. New York University Press, 298 ff.
(9) siehe Steinhauser W. (1994): Geschichte der Sozialarbeiterausbildung in Österreich. Wien: ÖKSA
(10)Unveröffentlichtes Manuskript

AUSWAHL AUS EIGENEN VERÖFFENTLICHUNGEN

Anmerkung: Die Chronologie meiner Publikationen spiegelt meine wechselnden Interessenschwerpunkte im Laufe der Jahre wider. Seit ich als Direktorin der Akademie für Sozialarbeit 1983 in den Ruhestand trat, engagierte ich mich ehrenamtlich bei der österreichischen Vereinigung von Familien mit psychisch erkrankten Angehörigen (HPE), und war wissen-schaftliche Mitarbeiterin am Ludwig-Boltzmann-Institut für Sozialpsychiatrie.

Simon, M.D. (1953): Zur Methodenfrage der Kinderanalyse und Kindertherapie. In: Acta Psychotherapeutica 1/4, Basel, S. 334 ff.

Simon, M.D. (1954): Der Children's Apperception Test bei gesunden und gestörten Kindern. In: Z. f. diagnostische Psychologie und Persönlichkeitsforschung 11/3/ 1954, Bern

Simon, M.D. (1959): Body Configuration and School Readiness.In: Child Development, 30/1959, Purdue University, USA, S. 493 ff.

Simon, M.D. (1964): Probleme des Krankenhausaufenthaltes bei Kindern – Neuere Forschungen auf theoretischem und angewandtem Gebiet, in: Das Krankenhaus, 1/1964, S. 27 ff.

Simon, M.D. (1964): Das Kind im Krankenhaus. In: Soziale Berufe 16/10/1964. Wien, S. 189 ff.

Simon, M.D./Formanek, R. (1964): Werturteilsbildung und Begriffsbildung bei jüngeren Kindern. In: Z. für experimentelle und angewandte Psychologie, XI,4/ 1964, S. 623 ff.

Simon, M.D./Strotzka, H. (1966): Die psychologische Bedeutung eines Krankenhausaufenthaltes bei Kindern – eine empirische Untersuchung. In: Pädiatrie und Psychologie, 2/1/1966, Wien-NewYork. S. 94 ff.

Simon, M. D. (1967): Über den Affektwert von Wortdarstellungen – eine Untersuchung an Kindern. In: Acta Psychologica, Amsterdam, 26/1967, S. 161 ff.

Simon, M.D./Tajfel, H./Johnson N. (1967): Wie erkennt man einen Österreicher? Eine Untersuchung über Vorurteile bei Wiener Kindern. In: Kölner Z. f. Soziologie u. Sozialpsychologie 3/1967, S. 511 ff.

Simon, M.D. (1969): Familienpathologie – ein neues Forschungsgebiet. In: Strotzka, H. (Hg.) Kleinburg, S. 169 ff.

Farberow, N. L./Simon, M.D. (1969): Suicides in Los Angeles and Vienna. In: Public Health Reports, Vol. 84, No.5, S. 389-403, U.S. Department of Health, Education and Welfare, USA

Kurzfassung der gleichen Arbeit in: Brown, B. S./Fuller Torrey E. (Eds): International Collaboration in Mental Health, Nat. Inst. of Mental Health, USA, S. 146 ff.

Strotzka H./Simon, M.D./Siwy P./Kunze E,/Stadler H. (1971) Umweltbedingungen psychosozialer Fehlentwicklungen – Eine sozialökologische Studie. Monographie der Serie „Wohnen u. Bauen in Krems", Krems 1971

Strotzka H./Simon, M.D./Siwy P,/Kunze E,/Stadler H. (1971): Interdependenzen sozialer Desintegation – eine sozialpsychiatrische Feldstudie. In: Social Psychiatry, Vol.6, Nr.4,1971, S.158 ff.

Strotzka H./Simon, M.D./Czermak G./Pernhaupt G. (1971) Psychohygiene und Mütterberatung. Wien.

Strotzka H./Simon, M.D.(1971): Psychohygienische Gesichtspunkte in der Mütterberatung. In: Mitteilungen der Österr. Sanitätsverwaltung, 72.Jg./7-8, S. 3 ff.

Die gleiche Arbeit nachgedruckt in: Biermann (Hg.) (1974): Jahrbuch der Psychohygiene, 2. Bd., München/Basel, S. 137 ff.

Simon, M.D./Schilder, E. (1971): Die Lage der Sozialarbeit in Österreich. Forschungsbericht d. Institut für Höhere Studien, Wien

Simon, M.D. (1972): Zehn Jahre später – das Lebensschicksal unverheirateter junger Mütter. In: Soziale Berufe, Nr. 5, Sept./Okt. 1972, Wien, S. 6 ff.

Simon, M.D. (1974): Social Science Content of Social Work Education. Invited Paper bei der Internationalen Konferenz der Schulen für Sozialarbeit. Nairobi, Kenia. Proceedings, IASSW. Juli 1974

Simon, M.D. (1974): Innerösterreichische und internationale Zusammenarbeit der Schulen für Sozialarbeit. In: Sozialarbeit in Österreich, 9. Jg. Nov. 74., Wien, S. 36 ff.

Simon, M.D. (1975): Probleme der Professionalisierung der Sozialarbeit in Österreich. In: Nachrichtendienst des Deutschen Vereins für öffentliche und private Fürsorge, Nr.12, 55.Jg.

Simon, M.D. (1975): Gibt es psychologische Geschlechtsunterschiede? In: Die Zukunft, Juni 75, Wien, S. 12 ff.

Simon, M.D. (1976): Wird Wien der neue Sitz der Internationalen Vereinigung der Schulen für Soziale Arbeit? In: Sozialarbeit in Österreich, Nr. 33, 11. Jg.

Simon, M.D. (1978): Problems of Social Work and Social Work Education in Austria. In: Barnett House Old Students' Association Yearbook, Oxford 1978. S. 10 ff.

Simon, M.D. (1980) Psychologie – gestern und heute. Eine Einführung in die Geschichte und die modernen Hauptströmungen. Österr. Bundesverlag

Simon, M.D./Frassine I. (1981): Methodenintegrative Sozialarbeit. In: Sozialarbeit in Österreich, Wien, S. 25 ff.

Simon, M.D.(1982): Issues of Health and Welfare Policy in Austria. In: Steiner K. (Ed.): Tradition and Innovation in Contemporary Austria. SPOSS Inc., Cal., USA, 1982, S. 109 ff.

Simon, M.D./Frassine, I., (1984): Community Work in Austria. In: Community Development Journal, Oxford University Press, April 1984, S. 96 ff.

Simon, M.D. (1989): Psychosoziale Beratung von Angehörigen von Psychose-Kranken. In: Psychologie in Österreich, 9. Jg., April 1989, S. 37 ff.

Simon, M.D. (1989): Die HPE-Beratungsstelle, ein Modellprojekt. In: Ergotherapie Nr.3/1989, S. 13 ff.

Simon, M.D. (1989): Counselling Families of Psychiatric Patients. In: Internat. J. for the Advancement of Counselling. 12/1989, S. 289 ff.

Simon, M.D. (1990): Psychotherapie und Psychosoziale Versorgung In: Gemeindenahe Psychiatrie, 11. Jg./2/,1990, S. 37 ff.

Simon, M.D. (1993): Das Unterbringungsgesetz und die Menschenrechte. In: Gemeindenahe Psychiatrie, 14.Jg./1, S. 37 ff.

Simon, M.D. (1993): Angehörigenarbeit: Probleme und Ausblicke. In: Hinterhuber/.Kulhanek (Hg.): Wandel in Diagnose und Therapie psychiatrischer Erkrankungen. Braunschweig

Simon, M.D. (1993): „Wer hilft mir?“ Was Angehörige sich von professionellen Helfern erhoffen. In: Soziale Psychiatrie, Nr. 62, S. 17 ff.

Simon, M.D. (1994): Psychiatriereform und die Lebensqualität von Angehörigen Schizophreniekranker. In: Katschnig/König (Hg.): Schizophrenie und Lebensqualität, Wien/New York, S. 231 ff.

Katschnig, H./Simon M. D./Kramer, B. (1994): Die Bedürfnisse von Angehörigen schizophreniekranker Patienten – Erste Ergebnisse einer Umfrage. In: Katschnig/König (Hg.): Schizophrenie und Lebensqualität, Wien/New York, S. 241 ff.

Simon, M.D. (1994): Anne Kohn-Feuermann – Ein österreichisches Schicksal. In: Sozialarbeit in Österreich 3b/1994, S. 6 ff.

Simon, M.D. (1994): Families of the Mentally Ill as Change Agents in Psychiatry. Keynote lecture, 1993 World Congress, WFMH, Proceedings, c/o Congress Corporation, Tokyo

Simon, M.D. (1995): Von Akademie zu Akademie – zur historischen Entwicklung der Sozialarbeiterausbildung am Beispiel der Schule der Stadt Wien. In: Wilfing H. (Hg.) Konturen der Sozialarbeit. Wien, S. 15 ff.

Simon, M.D. (1995): Angehörigenarbeit in der Psychiatrie. In: Sozialarbeit, Nr. 108, Wien, S. 16 ff.

Kramer B./Simon M.D./Katschnig H. (1996): Die Beurteilung psychiatrischer Berufsgruppen durch die Angehörigen. In: Psychiatrische Praxis, 13. Jg./1/96. S. 29 ff.

Simon, M.D. (1996): The Perspective of Families of the Mentally Ill on Basic Issues in Psychiatry. In: Psychiatria Danubina, Vol. 8/1/96, Zagreb, S. 5 ff.

Simon, M.D. (1996): Reform der Reform. Der Schwung der Psychiatriereform ist verloren gegangen. In: ACUT – Zeitschr. f. GesundheitsarbeiterInnen 26-27/96, S. 26 f.

Simon, M. D. (1997): The Relatives of the Mentally Ill's Perspective on Quality of Life. In: Katschnig/Freeman/Sartorius (Eds.): Quality of Life in Mental Disorders, Chichester/New York, S. 253 ff.

Katschnig H./Simon, M. D./Kramer B. (1997): Wie sie leben – wie sie leiden – was sie hoffen. Eine Umfrage bei Angehörigen psychisch Kranker in Österreich KONTAKT, Wien, Okt. 97. Sondernummer

Simon, M. D. (1998):Die Lage der Angehörigen Österreichs im europäischen Vergleich. In: Meise/Hafner/Hinterhuber (Hg): Gemeindenahe Psychiatrie in Österreich. Innsbruck, S. 223 ff.

Simon, M. D.(Hg) (1998): Aus der Betroffenheit. Festschrift anläßlich des 20-jährigen Gründungsjubiläum der österr. Angehörigenvereinigung HPE. Linz

Simon, M. D. (2000): Angehörige melden sich zu Wort. In: Psychiatrische Praxis, 22. Jg./5, S. 209 ff.

Simon, M. D. (2002): Ilse Arlt – Founder of Social Work Education in Austria. In: European J. of Social Work. Im Druck.

Silvia Staub-Bernasconi
* 12.5.1936

Ich schreibe diesen Beitrag im Schatten der Ereignisse des G-8-Gipfels von Genua sowie der Love-Parade in Berlin im Juli 2001. Auch wenn die beiden Veranstaltungen in Bezug auf ihre Zielgruppen und Anliegen Lichtjahre voneinander entfernt sind, gibt es Gemeinsamkeiten, nämlich Entgrenzungsversuche auf beiden Seiten: hier in Berlin die Überschreitung der Grenzen sogar des schlechten Geschmacks als kalkuliert-inszenierte Tabuverletzung, Ekstase, sprachloses Lallen und Dröhnen sowie oft unglaubwürdig-eintönig gespielte Verzückung und Inspiration – die Unterwerfung unter die Pflicht zum Genuss und zur Lust (Bourdieu). Und dies alles mit dem nach wie vor hochgehaltenen Anspruch einer politischen Botschaft, die man sucht, wie die Stecknadel im Heuhaufen. In Genua die Überschreitung der Grenzen der Kommunikation – nachvollziehbarer Argumente und klarer Forderungen – ferner zivilen Protestes und der von einer kleinen Gruppe wie seitens der Staatsmacht offensichtlich gewollte Übergang zu sprachloser Zerstörung und Gewalt. Eine Handvoll Globalisierungsgegner, denen an einer Konferenz, an der man – gewiss unter der teilweise verzerrten Perspektive des Nordens – u.a. über den Schuldenerlass für den Süden, Aidshilfe an Afrika, das Klimaprotokoll von Kyoto verhandelt, nichts anderes in den Sinn kommt, als die Gewalt zu globalisieren! Ein beklemmendes *déjà vu* drängt sich auf. Einmal mehr muss sich seit Seattle (Washington, Davos, Québec, Prag, Nizza, Göteborg) eine soziale Bewegung mit Spaltungstendenzen über die Frage auseinandersetzen, ob sie ihre Ziele gewaltlos oder gewaltsam durchsetzen will. Einmal mehr ertrinken die Probleme, Sorgen, Nöte und Unrechtserfahrungen von Millionen von Menschen in Gewaltorgien und den Streit um die richtige Strategie und Taktik. Und einmal mehr werden diejenigen, die den Weg der Einmischung, des gewaltlosen, zivilen BürgerInnenprotestes wählen, ob sie es wollen oder nicht, in den Strudel der GewaltaktivistInnen hineingerissen und öffentlich um ihre Denkarbeit und Ziele gebracht. Welche psychische und theoretische Verwirrung, die Machtfrage zu stellen, indem man gleichzeitig die Gewaltfrage stellt und legitimiert!

Nicht nur die WTO und der Weltwirtschaftsgipfel, in deren Perspektive die Welt ein grenzenloser Wirtschaftsraum ist, in dem ihre Interessen ungehindert Vorfahrt haben sollen, sind reformbedürftig. Auch die Demonstranten haben dringenden Reformbedarf. Und die Love Parade? Bis wohin reicht diese mittels Drogen aufgeputschte Leistungsschau eines allumfassenden ekstatischen Liebesgefühls? Vielleicht bis zum Karneval von Rio als Versuch, für ein paar Tage Elend und Armut zu vergessen? Kaum! Bis zu den Menschen als Zielscheibe eines weltweiten, aggressiv durchgesetzten Marktdiktates? Noch weniger! Oder vielleicht doch nur bis zum eigenen entblößten Bauchnabel? Wo braucht es Begrenzung, damit Entgrenzung nicht zum Ausgangspunkt für gewollte wie ungewollte Behinderung wird, d.h. für sozial und medial kultivierte Selbstreferenz ohne Umwelt- und mitmenschlichen Bezug – kurz: für die lokale wie weltweite, passive Duldung wie aktive Unterstützung und Fortschreibung von Ausbeutungs-, Kolonisierungs- und Gewaltverhältnissen?

Vermutlich habe ich jetzt meine Leserinnen und Leser verwirrt und enttäuscht. Sie erwarten einen ordentlichen Lebenslauf, der mit Geburt, Familie, Jugend-, Schul- und Studienjahren usw. beginnt. Nun, ich finde meine Biographie keineswegs so interessant und mitteilenswert, um darüber in chronologischer Weise viele Worte zu verlieren. Mir liegt mehr daran, aufzuzeigen, mit welchen Problemen ich in meinem nunmehr 45jährigen Berufsleben rang und welche *vorläufigen* Teilantworten ich dafür gefunden habe. Deshalb versuche ich, biografisch einigermassen nachvollziehbar zu machen, weshalb die oben geschilderten Ereignisse heute im Zentrum meines persönlichen, disziplinären und professionellen Interesses an Sozialer Arbeit stehen und welche Ereignisse, Begegnungen und Arbeitszusammenhänge zu einer Vorstellung Sozialer Arbeit geführt haben, die an eine teilweise vergessene, zur Zeit mehrheitlich verdrängte, teilweise explizit abgewehrte Theorie- und Praxistradition Sozialer Arbeit anknüpft.

SEKRETÄRIN AN DER EIDGENÖSSISCHEN TECHNISCHEN HOCHSCHULE

Meine berufliche Biografie beginnt wohl mit dem Beschluss meines Vaters, mich an die Handelsschule zu schicken. Er war ein damals sehr schlecht verdienender Versicherungsinspektor, der in den Krisenjahren anfangs 1930 aus seinem über alle Maßen geliebten Tessin in die verhasste deutsche

Schweiz migrieren musste, um Arbeit zu finden. So wollte er wenigstens genügend finanzielle Mittel haben, um meinem jüngeren Bruder ein anspruchsvolles, langes Studium in Physikalischer Chemie zu ermöglichen. Hier sah er sein mit zugegebenermaßen fast übermenschlichem Einsatz verdientes Geld besser angelegt. In seiner Vorstellung sollte ich hingegen möglichst schnell auf eigenen Füßen stehen oder besser Sekretärinnenstühlen sitzen, um dann ja sowieso zu heiraten. Und überhaupt sei das Studium nichts für Frauen. Zugegeben, ich hätte auch nicht sagen können, was ich studieren wollte, und so wird man dann halt, ehe man sich's versieht, fremddefiniert! Meiner Mutter – aus gutem bildungsbürgerlichem Haus in der französischen Schweiz – ist es zu verdanken, dass sie darauf bestand, dass ich wenigstens die – damals halbbatzige – Wirtschaftsmatur machen sollte. Sie selber hatte erfahren, was es nach der Scheidung von ihrem ersten Mann hieß, als gesellschaftlich geächtete Frau – ohne Beruf, sondern nur mit einem Maturazeugnis in der Tasche und dem ungestillten Wunsch nach einer glücklichen, kinderreichen Ehe – ein unglückliches Leben zu führen.

So landete ich nach dem Abitur denn wirklich auf dem besagten Sekretärinnenstuhl, der allerdings ein paar Besonderheiten aufwies: Ich war Institutssekretärin an der Eidgenössischen Technischen Hochschule und als solche durfte ich ganz offiziell während drei meiner Arbeitsstunden pro Woche Vorlesungen besuchen. Diese Gelegenheit ließ ich mir nicht entgehen. Da ich in meiner „Ausbildung zum Handel" vergeblich nach Antworten auf meine Lebensfragen gesucht hatte, erhoffte ich mir diese von Philosophie- und Psychologievorlesungen an der Universität. Soziologie war damals in Zürich inexistent! Weder verstand ich aber die Ausführungen über Hegel, Dilthey, Schleiermacher, Fichte, Schelling noch diejenigen über experimentelle Wahrnehmungs- und Verhaltenspsychologie. Leopold Szondis Vorlesung, u.a. über Eichmann und sein familiäres Umfeld, war schon greifbarer und hatte mit Problemen zu tun, die mich seit den Kriegsjahren umtrieben. Wenn nur dieses schwer fassbare „familiäre Unbewusste" nicht gewesen wäre! Fast hätte ich resigniert aufgegeben. Aber da gab es noch die Vorlesungen von Arthur Rich (Sozial- und Wirtschaftsethiker) über *Blaise Pascal* und vor allem diejenige mit dem Titel *Das Christentum als Frage an den Marxismus und der Marxismus als Frage an das Christentum.* Hier wurde ich erstmals mit den Schriften von Feuerbach, Marx und Engels konfrontiert – und dies, nachdem man mir in der Mittelschule beigebracht hatte, dass der Marxismus das schlimmste Übel der Neuzeit war. Aber hier begann ich wohl trotz dieser errichteten „Denkbarriere" erstmals zu ahnen, welche (sozialen) Probleme Marx ursprünglich lösen wollte und welcher denkerischen Anstrengungen es bedarf, diesem Anspruch auch nur annähernd gerecht zu werden. Ich denke, dass ich es Arthur Richs Vorlesungen zu verdanken habe, dass ich den Eindruck bekam, dass ein universitäres Studium sich nicht nur mit übergroßen, ehrfürchtig zu analysierenden und sich gegenseitig kritisierenden Autoritäten und Gegenautoritäten befassen muss, sondern dass es dazu eine Alternative gibt: die Formulierung von auch heute noch relevanten gesellschaftlichen und individuellen Problemen und die Befragung von Theorien, Ethiken, philosophischen Entwürfen wie Systemen, um diese Probleme gedanklich zu klären, ihre Entstehung zu analysieren, sie aufgrund ethischer Maßstäbe zu bewerten und nach Wegen sozialer Veränderung zu suchen. Die Hürden zur Universität (u.a. Nachmatur in Biologie!) schienen mir aber trotz beginnender Faszination zu hoch. Zudem suchte ich nach einer Kombination zwischen Reflexion und sozialem Engagement. Mittlerweile hatte ich genug verdient, um meine Stelle zugunsten einer Ausbildung aufgeben zu können. Die Schule für Soziale Arbeit schien mir derjenige Ort zu sein, wo man diese Verbindung am ehesten verwirklichen konnte.

SCHULE FÜR SOZIALE ARBEIT ZÜRICH (1958-1960)

Die vier Jahre „Handeli" waren meine unglücklichsten Schuljahre. Die einzigen Sternstunden brachten uns die vier Sprach- und Literaturfächer (Deutsch, Französisch, Englisch und Italienisch) und die knapp 20 Philosophiestunden, die man uns als Wahlfach anbot. Ich konnte mir nicht vorstellen, wofür das „Übrige", das immerhin etwa 75% des Lehrstoffes ausmachte, gut sein sollte, es sei denn für die Erlangung guter Noten für Themen, die mich nicht interessierten. Und das hieß nichts anderes als Paukerei.
Die Ausbildung an der Schule für Soziale Arbeit Zürich stand hierzu in grossem Kontrast. Nicht nur wurden dort bereits in den 50er Jahren sozialwissenschaftliche Theorien auf realwissenschaftlicher Basis gelehrt, die es so an der Zürcher Universität nicht gab (Soziologie, Gruppenpsychologie, Gemeinwesensoziologie, Soziale Frage(n), von Paula Lotmar nach Auslandsaufenthalten in Holland und den USA autodidaktisch aufgearbeitet); auch die Lehr- und Lernmethoden müssen im Hinblick auf die damalige Zeit als äußerst fortschrittlich, genauer studierendenfreundlich und vor allem demokratisch bezeichnet werden. So gab es zu den Vorlesungen auch Lehrgespräche, Gruppenarbeit, Exkursionen, Supervision für besondere Praxiseinsätze, individuelle Studien- und Praktikumsbegleitung wie -eva-

luation, die wir zum Leidwesen unserer Dozentinnen „Seelenstündchen" nannten. Die Ausbildung wurde von Praktika begleitet – in meinem Fall in einem Erziehungsheim für straffällig gewordene Jugendliche, auf dem Kinderpsychiatrischen Dienst in Zürich und auf einem Jugendsekretariat in Kombination mit der Jugendanwaltschaft von Winterthur. Das Auswertungsgespräch über den ersten Praktikumsbericht mit Paula Lotmar war so ziemlich niederschmetternd: „Fräulein Bernasconi, da hat es zu wenig Theorie!" Dabei hatte ich doch August Aichhorn, Hans Zulliger u.a. gelesen und eingearbeitet! Bekanntlich habe ich seither den festgestellten Mangel wettgemacht! Schließlich gab es nach jeder Schulwoche eine formelle Rückblicksveranstaltung auf das Geschehen, die vermittelten Inhalte, bei welcher wir weitestgehende Mitbestimmungsrechte hatten – und zwar bis zur letzten Konsequenz, so dass Lehrbeauftragte und sogar Mitarbeiterinnen entlassen wurden.

Dabei sei aber folgender Widerspruch nicht verschwiegen: Als zukünftige SozialarbeiterInnen wurde uns im Unterricht über den Umgang mit Individuen, Gruppen und Gemeinwesen unsere mehrheitlich von „Mittelschichtsnormen" geprägte Weltsicht systematisch in Frage gestellt, um einer professionellen, d.h. nicht-verurteilenden, analysierenden und verstehenden Haltung Platz zu machen. Gleichzeitig wurden wir im Schulalltag mit einer recht strengen Pflichtmoral konfrontiert, bei deren Gedanken auch heute noch viele meiner KollegInnen und Freundinnen schaudern, wie wenn sie diesen Ballast noch abschütteln müssten, oder aber ganz einfach darüber herzlich lachen können. So gab es beispielsweise jedes Jahr eine große, ganztägige „Frühjahrsputzete", anlässlich der wir das ganze Haus – eine wunderschöne „Rote Villa" im wunderschönen Rieterpark, in welcher Richard Wagner ausgerechnet an seiner „Tristan und Isolde" arbeitete – blitz und blank schrubben mussten! (Ab und zu wurde die Villa durch amerikanische oder holländische KollegInnen besucht, die am liebsten eine der schönen Badezimmerkacheln als Souvenir mitgenommen hätten). Meine damaligen Mitstudierenden würden allerdings hervorheben, dass ich immer wieder Wege fand, diesen Normen auszuweichen, offen zu widersprechen oder gar zu trotzen und dass dies wohl nur deshalb nicht von negativen Sanktionen begleitet war, weil ich mich wacker an den Lehrveranstaltungen beteiligte und zwar auch dann noch, wenn den anderen der Arbeitseifer oder die Argumente ausgegangen waren.

Die Bewältigung des Schulstoffes machte mir in dieser Atmosphäre keine Mühe. So ging ich auf eine an die Schule gerichtete Anfrage ein: Ob sie jemanden wüssten, der mit schwierigen Jugendlichen im Industriequartier von Zürich umgehen könne. Es war nicht Selbstvertrauen und Mut, sondern Nichtwissen und eine gehörige Portion Naivität, die mich diesen Auftrag annehmen ließ. Denn es stellte sich bald heraus, dass sich diese „schwierigen Jugendlichen" als „Halbstarken-Bande" organisiert hatten und die Umgebung – im besonderen ein Freizeitzentrum und seine Leiter – arg in Bedrängnis brachten. So gab es Dauerkonflikte, Vandalismus und Gewalt und ständige Kündigungen der Zentrumsleiter. Einer wurde spitalreif geprügelt. Dass ich den Schauplatz nicht grad wieder verließ, ist folgendem zu verdanken: Mein erfolgreich bestandenes Praktikum im progressiv geführten Erziehungsheim. Aber vor allem eine intensive Supervision und die persönlich engagierte Begleitung meiner damaligen Dozentin für Soziale Arbeit mit Gruppen, Lotte Brunnschweiler. So bin ich zuerst mal als stille Beobachterin auf die Strasse gegangen, habe ein paar erste Kontakte geknüpft und versucht, Misstrauen abzubauen. Dabei wurde ich mit Schimpfnamen und Aussagen bedacht, die ich schon im Praktikum kennengelernt hatte und mich deshalb nicht aus der Fassung brachten. Der erste Probelauf, die Jugendlichen direkter und als Gruppe anzusprechen, war ein Filmabend – damals (1958) noch eine Attraktion! Heute würde dieses Angebot wohl nur mit einem müden Lächeln quittiert. Es folgten weitere Filmabende und damit begann eine intensive Arbeit – zwei bis drei Abende pro Woche – mit dieser „Bande", ihren Randfiguren wie Sympathisanten. Besonders erfolgreich waren die mit viel Aufwand organisierten Fêten mit der Musikband einer „Arbeitserziehungsanstalt", mit welcher ich über die Betreuung von „Insassen" Kontakt hatte. Mit der Zeit machten sie diese Veranstaltungen auch für die Quartierbewohner zugänglich, was ihnen zu neuem, positivem Ansehen verhalf.

Die *1960 verfasste Diplomarbeit* war der Versuch, diese Arbeit, die ich auch neben den Praktika weiterführte, auf dem Hintergrund der damals neu an der Schule für Soziale Arbeit Zürich von Lotte Brunnschweiler gelehrten Prinzipien des „Social Group Work" und dem von Paula Lotmar ebenfalls neu gelehrten Fach „Sozialpsychologie" darzustellen. Im Rückblick würde ich sagen, dass es sich – im Vergleich zu dem, was ich später in New York erlebte – trotz aller Herausforderung – um eine recht „gemütliche" Form von Streetwork handelte. Das Drogen- und Waffenproblem, wie ich es später in der Lower East Side von New York kennenlernte, war noch in weiter Ferne.

Die Diplomarbeit machte nicht nur in der Schweiz, sondern auch in Deutschland von sich reden. Sie wurde, unterstützt durch Magda Kelber, Haus Schwalbach, in zwei Auflagen vertrieben. Noch immer treffe ich KollegInnen in Deutschland, die mich (nur) aufgrund dieser einen Publikation kennen und mir erzählen, wie sehr ihnen diese neue Sicht demokratisch-partizipativer wie professioneller Sozialer Arbeit, die sich übrigens, wie ich später feststellte, auf die Demokratietheorie von Jane Addams und John Dewey berief, im Rahmen der von den Amerikanern verpassten „Reeducationsprogramme in Demokratie" ans Herz gelegt wurde! Ob sie ihnen im Vergleich zu einer stark verrechtlichten Sozialen Arbeit in Deutschland auch einleuchtete, war nicht immer erfahrbar.

EIN UNO-STIPENDIUM FÜR EIN UNIVERSITÄRES STUDIUM DER SOZIALEN ARBEIT IN DEN USA

Dieses UNO-Stipendium ist wohl vornehmlich meiner Diplomarbeit bzw. der wohlwollenden Förderung durch die beiden obgenannten Dozentinnen zu verdanken.

Auf dem Hintergrund meiner Praxis- und Publikationserfolge und drei Jahren Praxis auf dem Allgemeinen Sozialdienst in Dietikon, der zweitgrößten Industriestadt des Kantons Zürich mit damals mindestens 35% Ausländern, war ich mit einem relativ guten Selbstbewusstsein in die USA gereist. So im Sinn, „ich geh mal schauen, was ich da noch hinzulernen kann". Ich dachte an eine Vertiefung meiner Kenntnisse, u.a. aus psychoanalytischer Sicht. Man suche die damalige Liaison mit einem Psychoanalytiker/Psychiater, die hinter dieser Absicht steckte! So kam ich zuerst an die University of Minnesota in Minneapolis, wo u.a. Gisela Konopka, Ruby Pernell, Etta Saloshin und Mirjam Cohn *Social Groupwork* lehrten. Es ging ganz schnell, bis ich zur Einsicht kam: Da musst Du *nur* lernen und teilweise auch umlernen!

USA war für mich zunächst ein großer Kultur- oder besser Strukturschock. Das 1963 immer noch vorherrschende Bild des großen Befreiers Europas wurde von einem ganz anderen Bild abgelöst, das vor allem durch Michael Harrington mit seinem Buch „Das andere Amerika – Armut in den USA (1962)", damals Hauptredner auf Sozialarbeitskongressen, an die Öffentlichkeit gelangte. Die fast alltäglich gewordene Meldung von Säuglingen und Kleinkindern, die infolge miserabler sanitärer Verhältnisse in faktisch abbruchreifen Häusern von Ratten attackiert oder gar an- und aufgefressen wurden; die zunehmende Unrast an den (meiner) Universität(en), die sich im „Free Speech Movement" und den Kampagnen der Bürgerrechtsbewegung der Schwarzen äußerte; die Ermordung von Sozialarbeitern im Süden durch

Angehörige des Ku-Klux-Clans, „nur" weil sie versucht hatten, Schwarze für die Stimmabgabe zu ermutigen; die Begegnung mit Sozialarbeitern als Bewegungsführern (z.B. Dave Fogel von der Strafgefangenen-, Whitney Young von der schwarzen Bürgerrechts-, L.E. Ohlin, zusammen mit Frances Fox Piven und Richard Cloward von der Sozialhilfeempfänger- und Stadtteilbewegung), mit AktivistInnen im „War on Poverty" und Lobbyisten in Washington; ferner die Zeitungsmeldungen über die Aktivitäten von Saul Alinsky in den Schwarzenghettos von Chicago und die Begegnung mit Reuther, dem damaligen Big Boss der Gewerkschaftsbewegung in Detroit, der sich jeden Tag nach Feierabend mit engagierten SozialarbeiterInnen traf und besprach – und vieles mehr in dieser turbulenten Zeit *notabene vor 1968 (!)* – bewirkten eine gründliche Neuorientierung meines Studienaufenthaltes: Zum ersten entstand die Frage nach einem breiteren theoretischen Bezugsrahmen für die vielfältigsten Probleme und Tätigkeiten, mit denen sich Soziale Arbeit befasste. Da das Soziologiedepartement örtlich wie personell mit der *Faculty of Social Work* eng verknüpft war, erweiterte ich das besuchte Vorlesungsspektrum in Richtung Soziologie (Don Martindale, Reuben Hill, Roy Francis, George Homans als Gastdozent) und Sozialpsychologie (u.a. Arnold Rose). Als zweites wollte ich das gesamte Spektrum Sozialer Arbeit kennenlernen, das aus Sozialer Arbeit mit Individuen, Familien, Gruppen, territorialen Gemeinwesen und Organisationen bestand, aber auch im Schnittpunkt sozialer bzw. sozialpolitischer Bewegungen vorzufinden war. Was lag da näher, für den letzten Teil meines Aufenthaltes der Einladung einer befreundeten Mitstudentin nach New York zu folgen, die nach Erlangung des „Master of Social Work" im Rahmen des „Community Action" und „Mobilization for Youth Programs" in der Lower East Side von New York arbeitete. Und dort machte ich drei wichtige Erfahrungen: Erstens die Möglichkeit konzertierten Arbeitens zwischen Case-, Group-, Communityworkern, nicht zuletzt wenn es darum ging, den äußerst schwerfälligen und oft willkürlich agierenden Wohlfahrtsorganisationen Beine oder gar die Hölle heiß zu machen, zweitens, dass es zur Veränderung der Situation Unterprivilegierter nicht nur Ressourcen, sondern auch Machtquellen braucht und schließlich, dass es selbstbewusste SozialarbeiterInnen gab, die keine Berührungsängste mit „der Macht" hatten. Daneben besuchte ich Vorlesungen und Seminare an der Columbia University, u.a bei William Schwartz, der seine Theorie und Methode des *Social Groupwork* auf die Arbeit mit Minderheiten und die Probleme des Rassismus ausgerichtet hatte.

ZURÜCK IN DER SCHWEIZ

Als ich dann 1965 – wegen des zeitlich limitierten Stipendiums – wieder in die Schweiz zurückkehren musste, hatte ich große Orientierungsprobleme. Zum einen führte ich meine Arbeit als Street- und Kneipenworkerin im Zürcher Niederdorf weiter. Ermöglicht wurde dies großzügigerweise durch eine Anstellung bei der Evangelischen Akademie von Boldern. Die Akademie hatte sich damals unter dem Leitgedanken „Dialog mit der Welt" zum Ziel gemacht, gesellschaftliche Probleme aufzugreifen und aus theologisch-ethischer Sicht zu beleuchten, so u.a. Gemeinwesen- und Siedlungsprobleme, Migration, d.h. damals noch „Ausländerfrage", Wirtschaftsethik, Lehrlingsbildung im Unternehmen, Frau und Kirche, Dialog mit den helfenden Berufen, theologische Aufklärung in Form Bultmannscher Exegese und deren Folgen für das Verhältnis zur Erfahrung, Soziologie des Fundamentalismus und der Spiritualität usw. Dies alles war bestimmten kirchlichen Kreisen ein derart großer Dorn im Auge, dass Boldern dauernd von kirchlichen Subventionskürzungen bedroht war und bald einmal ein „christlicheres, spirituelleres Gegenboldern" gegründet wurde. Ich hatte dort den für meine aufsuchende Sozialarbeit notwendigen Rückhalt in einem Team mit Marga Bührig, Else Kähler, Paul Frehner, Walter Hollenweger, Peter Gessler und Patrice de Mestral, denen ich sehr viel an weiterführenden Fragen, interessanten, oft auch heftig geführten Diskussionen, aber nicht immer ganz befriedigenden (theologischen) Antworten verdanke. Rückblickend würde ich sagen: Der Weg von den von Boldern verdienstvollerweise aufgegriffenen gesellschaftlichen Problemen (also vom sogenannten Ist-Zustand) zur normativ-theologischen und ethisch-appellativen Antwort (zum Soll-Zustand) ging mir zu schnell und unvermittelt. Mir fehlte eine differenzierte, (er)klärende Realitätsanalyse und zugleich die Ermittlung der Bedingungen, unter denen Werte und Normen entstehen und umgesetzt werden können. Zudem wurde ich mit meinen eingebrachten, ganz und gar untheologischen Themen und Anliegen immer wieder auf das „Vorletzte" festgeschrieben, das eben doch durch ein „Theologisch-Letztes" geadelt werden sollte. Auch wenn dies von den Boldern-MitarbeiterInnen und TagungsreferentInnen nie beabsichtigt war, empfand ich es doch als eine Art diffuses Herrschaftsverhältnis.

Gleichzeitig hatte ich grad nach meiner Rückkehr einen Lehrauftrag in Sozialer Arbeit mit Gruppen an der Schule für Soziale Arbeit Zürich, da man schließlich von meinem neu in den USA erworbenen Wissen profitieren wollte. Schon 1967 kam die Anfrage, ob ich nicht festangestellte Dozentin an dieser Schule werden wollte. Ich sagte unter der Bedingung zu, dass es eine Halbtagesstelle sei und ich nebenher ein Studium in Soziologie am dafür neu (1966) eingerichteten Lehrstuhl absolvieren konnte.

STUDIUM DER SOZIOLOGIE, SOZIALPSYCHOLOGIE, SOZIALETHIK UND PÄDAGOGIK AN DER UNIVERSITÄT ZÜRICH

Auf den ersten Zürcher Lehrstuhl für Soziologie wurde Peter Heintz berufen, der von 1956 an 25 Jahre als Experte für die UNESCO tätig war und in diesem Rahmen den soziologischen Lehr- und Forschungsbereich verschiedener lateinamerikanischer Länder reorganisierte. Mit seiner Leitung der sozialwissenschaftlichen Fakultät (FLACSO) in Santiago de Chile (1960-1965, d.h. bis zum Sturz von Allende) setzt die Geschichte der modernen lateinamerikanischen Soziologie ein (vgl. hierzu Wobbe 2000, S. 16f.). Sein Theorie- und Forschungsinteresse galt der Weltgesellschaft, dem internationalen Entwicklungsschichtungssystem, der Entstehung neo-feudaler Strukturen sowie dem Individuum, das an allen lokalen, nationalen, regionalen und internationalen Systemen direkt oder indirekt beteiligt ist. Gesellschaft(en) ohne Individuen, aber auch Individuen ohne Gesellschaft sind im Rahmen dieses systemischen Ansatzes undenkbar. Unermüdlich betonte er, dass man gar nichts von Soziologie verstanden habe, wenn man die Struktur und Dynamik der Weltgesellschaft und deren Einfluss auf soziale Meso- und Mikroprozesse sowie die individuelle Biografie nicht verstehe. Im Rahmen einer „Theorie sozietaler Systeme“ (Heintz 1972) entwickelte er systematische Annahmen über die Struktur und Dynamik sozialer Systeme sowie ihrer Interferenz. Ausgangspunkt waren lokale individuelle wie soziale Problemlagen, die er *bereits anfangs der 60er Jahre* wohl als *erster systematisch unter dem Gesichtspunkt ihrer globalen Bedingtheit* erfasste. Seine Schichtungstheorie setzt sich von normativen Modernisierungstheorien ab, welche die höher entwickelten Länder zum Maßstab des Entwicklungsprozesses erheben; er sprengt im weitern die soziologische Gleichsetzung von Gesellschaft mit sozialräumlich, politisch/staatlich organisierten Gesellschaften und *fragt nach dem allen Soziologen gemeinsamen Gegenstand der Weltgesellschaft* („I am studying a stateless society of immense complexity ... which is not perceived by most of its members“). Dieser Zugang zur Soziologie war und – wenn ich richtig sehe – blieb im Kontext der (neo)marxistischen wie (neo)funktionalistischen sowie kulturtheoretisch-reflexiven Gesellschaftstheorien ungewöhnlich, was seine Rezeption – oder in neuerer Diktion „Anschlussfähigkeit" – nicht gerade erleichtert (für eine einführende Darstellung im Vergleich zur Bielefelder Systemtheorie von Niklas Luhmann sowie der Topographie der Weltgesellschaft von John W. Meyer aus Stanford (vgl. Wobbe 2000).

Die zentralsten theoretischen Vorstellungen, die meine eigene Theorieentwicklung beeinflussten, lassen sich auch wie folgt zusammenfassen: Das Denken und Handeln von Menschen ist zum einen durch Struktur und Dynamik einer in Entstehung begriffenen Weltgesellschaft bestimmt, welche die gesellschaftlichen Umwelten von Individuen und Gruppen von Individuen und damit die zentralen Bedingungen ihrer möglichen Zielsetzungen und Handlungen strukturiert. Zum anderen wirken psychologische und sozialpsychologische Prozesse/Faktoren, insbesondere die Bilder und Interpretationen, welche die Menschen über sich selber, über andere, die Natur wie die Gesellschaft machen, die sozialen Regeln des Zusammenlebens, die sie sich geben, wiederum als aggregierter Effekt ihres Verhaltens – nicht zuletzt über soziale Bewegungen – auf die Struktur zurück – sei dies im erhaltenden oder verändernden Sinn (Heintz 1968, 1969, 1974, 1982).

Erstmals erlebte ich einen Soziologen, der es, im Unterschied zu denjenigen, die ich in den USA kennengelernt hatte, verstand, soziale Mikro-, Meso- und Makrothemen, Individuum und (Welt-)Gesellschaft miteinander zu verknüpfen. Erstmals erlebte ich mit erheblicher Verblüffung und Bewunderung eine Forschungsvorlesung, in welcher Peter Heintz sich meist kurz vorher die computerfrischen Forschungs(teil)ergebnisse beschaffte, um sie hierauf in seiner zweistündigen, frei gehaltenen Vorlesung im Rahmen seines theoretischen Ansatzes zu interpretieren.

DIE AUSEINANDERSETZUNGEN DER 68ER JAHRE AM SOZIOLOGISCHEN INSTITUT IN ZÜRICH

Wer im Zeitraum 1967-1979 studiert hat, kam nicht darum herum, sich zu den damaligen Ereignissen und Theorien in ein Verhältnis zu setzen, zumal am Institut auch etliche ausländische Studenten aus Deutschland (Frankfurt, München) studierten, die Mitglieder (neo)marxistischer und maoistischer Gruppierungen aller Art waren und, zusammen mit einer gewichtigen Untergruppe schweizerischer Studenten, den Theorie- und Forschungsansatz von Peter Heintz zur Weltgesellschaft offenbar kennen lernen wollten, um ihn – kaum oder gar nicht verstanden – lautstark als bürgerlich und reaktionär zu kritisieren. Mit Vehemenz forderten sie die Einführung kapitalismuskritischer Gesellschaftsanalysen und ein Teil von ihnen zugleich auch grad noch die Anerkennung von Demonstrationen und Streiks als Äquivalent zur geforderten dreijährigen Teilnahme am Forschungszyklus zur Weltgesellschaft. Peter Heintz aber verstand Soziologie nicht als Gesellschaftsphilosophie, sondern als strenge Grundlagen- und Realwissenschaft, und noch weniger hatte er im Sinn, zuzulassen, dass das Soziologische Institut in ein Zentrum für politische Agitation umfunktioniert wurde. Ein in meiner Erinnerung unvergessliches Seminar verlief wie folgt: Eine monatelang mühsamst ausgehandelte Institutsordnung war demokratisch verabschiedet und für mindestens vier Jahre als verbindlich bezeichnet worden. Das Seminar begann mit einem Großaufmarsch derjenigen, die „es sich noch einmal überlegt hatten" und die Studienordnung für null und nichtig erklärten. Kreideweiß erhob sich Peter Heintz, zeigte mit der Hand zur Tür und forderte all diejenigen mit heiserer Stimme autoritativ auf, sofort das Seminar zu verlassen, die sich nicht an diese demokratisch ausgehandelte Ordnung halten wollten. Dies hatte so niemand erwartet, galt Peter Heintz doch als „heimlicher Anarchist" und letztlich schüchterner Mensch. Und was ich in diesen turbulenten Zeiten nicht für möglich hielt: Die meisten Angesprochenen verließen den Raum und kamen nicht wieder!

Im Rückblick auf diese bewegte Zeit versuche ich zu erklären, weshalb ich den 68ern mit erheblicher Skepsis begegnete (was mir von KommilitonInnen natürlich angelastet wurde), um dann allerdings dem zentralen Thema dieser Generation und Theoriephase, nämlich *„Organisation und Verteilung gesellschaftlicher Macht"* bis heute die Treue zu halten, dieweil sich die meisten der damaligen, streitbaren Kommilitonen – ihrer Karriere zuliebe – bald einmal weniger brisanten Themen zuwandten.

Meine damalige Skepsis und Kritik erklärt sich auf dem Hintergrund der Erfahrungen in den USA, unscheinbarer, fast lächerlicher Details wie zentraler theoretischer Vorbehalte: Als erstes sei erwähnt, dass mir die kleinen Möchtegern-Revolutionäre im reichsten Land der Welt, die noch kaum je mit Armutsschicksalen in den Slums als Endstation aller Aufstiegshoffnungen konfrontiert waren und noch weniger konkrete Praxis in solchen Verhältnissen aufzuweisen hatten, auf dem Hintergrund meiner USA-Erfahrungen, aber auch meiner Streetworkpraxis in Zürich, ganz einfach keinen Eindruck machten. Dann erinnere ich mich, von meinen Studienkollegen, die alle aufgrund ihrer ökonomischen Verhältnisse oder/und verdienenden und haushaltenden Partnerinnen Vollzeitstudenten sein konnten, den Rat bekommen zu haben, meine Trippelbelastungsprobleme (Familie; Haushalt mit Kind; Halbtagesstelle an der Schule für Soziale Arbeit Zürich; Studium inklusive dreijähriges Forschungsstudium) doch mit Wegwerfgeschirr zu lösen, um nicht Abwaschen zu müssen. Nicht nur an diesem Beispiel, sondern fast täglich waren die Diskrepanzen und enormen Widersprüche zwischen Kritik der Verhältnisse, großen Emanzipationsparolen und konkretem Tun greifbar – Widersprüche, die im jüngsten schwedischen Film „Together" etwas zu klischeehaft dargestellt, aber von den sehr präzis beobachtenden Kindern höchst treffend kommentiert werden. Irgendwann merkte ich also, dass *mit Revolution und Emanzipation weder die Klientel der Sozialen Arbeit noch die Frauen bzw. die Revolutionierung des Geschlechterverhältnisses wirklich ernsthaft mitgemeint waren.* Und *noch weniger konnte ich mir* – trotz oder gerade wegen den 1968 gescheiterten Aufständen der Schwarzen von Watts in Los Angeles, die mir persönlich sehr nahe gingen – *eine erfolgreiche Revolution der Randständigen (Marcuse) vorstellen.*

Die *theoretischen Vorbehalte* bezogen sich auf den Stellenwert des Individuums in den (neo-)marxistischen Diskursen, das heißt dessen „Opferung auf dem Altar des Kollektiv- bzw. Klasseninteresses", wie ich dies einmal in einem Vortrag formulierte, was mir harsche Kritik eintrug. In diesem Zusammenhang waren die Theorie- und Forschungsarbeiten von Peter Heintz über Macht und Prestige (1968) als zentrale gesellschaftliche Strukturierungsprinzipien eine interessante, ja aufregende Alternative, die auch einen theoretisch begründbaren Weg sozialer Praxis eröffneten (vgl. hierzu meinen, zusammen mit meinem Ex-Mann verfassten Beitrag *Strategien gesellschaftlich Marginaler gegenüber strukturellen Problematiken – Aspekte der Praxis-Relevanz der makrosoziologischen Theorie von Peter Heintz,* 1980).

AUSWIRKUNGEN DER 68ER REVOLTE AUF DIE SOZIALE ARBEIT

Der konkrete Niederschlag dieser Auseinandersetzungen in der Ausbildung und Praxis der Sozialen Arbeit entbehrte nicht einer gewissen Dramatik. Ein Buch, dem sich innerhalb der Sozialen Arbeit – auch in der Schweiz – kaum jemand entziehen konnte, war der 1973 von Walter Hollstein und Marianne Meinhold herausgegebene Band über *Sozialarbeit unter kapitalistischen Produktionsbedingungen.* Unser damaliger Rektor, Dieter Hanhart, hatte sogar einen Artikel beigetragen. Hollstein zufolge war Sozialarbeit nichts als eine Marionette des Kapitalismus, d.h. einzig und allein Reproduktionsagentur zur Erhaltung der Arbeitskraft, Sozialisationsagentur zur Reproduktion der gültigen Normen der bestehenden Gesellschaft, Kompensationsagentur für den individuellen Ausgleich der Mängel, Widersprüche und Ungerechtigkeiten des sozialen Systems, Oppressionsagentur zum Schutz der Gesellschaft und schließlich Disziplinierungsagentur durch Kasernierung von abweichendem Verhalten (S. 205-207). Rückblickend betrachtet wurde hier der biologische Reduktionismus zu einem Strukturbehaviorismus umfunktioniert: Man sah nur vollständig von der Sozialstruktur determinierte Menschen.

Aufgrund solcher und vergleichbarer Analysen Sozialer Arbeit war kaum jemand mehr bereit, Hilfe an Individuen zu leisten. Die Sozialämter und Justizdirektionen warteten vergeblich auf PraktikantInnen. Diejenigen, die trotz allem doch noch tätig werden wollten, taten dies mittels Projekten und Bürgerinitiativen; eine radikalisierte Gruppe verfolgte gar revolutionäre Ziele (Berndt 2001). Und diejenigen, die nach wie vor Einzelhilfe praktizierten, wagten es kaum, darüber zu sprechen oder entschuldigten sich – wie Hausfrauen – dass sie eben „nur Einzelhilfe“ oder „Sachhilfe“ machen würden. Und die Methodenlehrerinnen in Einzelfallhilfe wurden in der Schweiz wie in Deutschland von den Studierenden wie der Dozentenschaft nur noch kritisiert, teilweise öffentlich niedergeschrieen, marginalisiert oder gar aus dem Lehrbetrieb verdrängt.

In diese Zeit fiel auch die Gründung einer Genossenschaft als „Arbeitsgemeinschaft für Gemeinwesenarbeit (AGA)“ durch eine Gruppe politisch engagierter AbsolventInnen, die in freiem, selbstbestimmten Auftrag Soziale Arbeit in und mit Gemeinwesen praktizieren wollten. Wir führten nicht nur viele Wert- und Zieldiskussionen, sondern hatten auch höchst interessante Aufträge und Projekte, wobei wir uns bald einmal im Klaren waren, dass wir dabei recht viel Wasser in unseren edlen Wein schütten mussten. Nicht ganz zu Unrecht wurden wir als leicht verschworene Gemeinschaft wahrgenommen, die alljährlich ihr „Vitznauer Gipfeltreffen“ hatte, wo wir uns jeweils über unsere Werte, Interessen und persönlichen Eigenheiten besannen und die Programmatik für das folgende Jahr festlegten. Rückblickend eine wirklich gute Zeit, die uns half, in den ausklingenden 70er und anrollenden 80er Jahren nicht in ein Jammertal zu sinken und Selbstmitleid zu üben.

Mir blieb klar, dass die Soziale Arbeit, ob PraktikerInnen oder AusbildnerInnen und TheoretikerInnen, den von der 68er Bewegung gestellten kritischen Fragen nicht ausweichen konnte und durfte. Und dies umso mehr, nachdem die damals gegebenen Antworten den organisationellen Trägern des Heim- und Sozialwesens ganz und gar nicht behagten und sie deswegen teilweise mit Repression antworteten. Zugleich stellte ich fest, dass ich in dieser USA-Studienzeit gelernt hatte, Soziale Arbeit primär aus der Perspektive seiner AdressatInnen, genauer: der empirischen Realität ihrer Klientel und ihren kleineren oder größeren Handlungsspielräumen, anstatt primär aus der Träger- und mithin Funktionsperspektive zu konzeptualisieren. Dies hieß im weitern, die Machtthematik nicht aus den Augen zu verlieren. Des weitern hatte ich Formen der wirksamen Hilfe, der Kollektivierung Sozialer Probleme, des gewaltlosen zivilen Ungehorsams, der begrenzten Regelverletzung, der sozial fantasievollen Mobilisierung von Entrechteten (Alinsky, Specht) und des, wenn auch äußerst mühsamen Gangs durch die Institutionen kennen gelernt. So entstand auf dem Hintergrund dieser turbulenten Zeiten der Wunsch einer theoretischen Klärung all dieser Fragen. Was lag da näher, als daraus das Thema einer Dissertation zu machen!

Auf den Spuren einer Theorie sozialer Probleme und Sozialer Arbeit – oder: Soziale Arbeit als Spielball der Human- und Sozialwissenschaften und schwer verdaubares Konglomerat theoretischer Ansätze

Immer wieder wurde ich von Studierenden und KollegInnen gefragt, wie denn meine Theorie Sozialer Arbeit entstanden sei. Da ich mich mit meinen Anliegen auf keine großen Geistesgrößen und damit auf keine klassische Philosophie- und Theorietradition – sei es Schleiermacher, Dilthey, Kant, Habermas oder Luhmann – berufen konnte, fällt die Antwort etwas kompliziert aus. Denn im Schatten dieser Größen der Geisteswissenschaft wiederholte sich meines Erachtens das, was sowohl in den 68er Jahren als auch in vielen theoretischen Ansätzen zur Sozialen Arbeit festzustellen war und ist: Soziale Arbeit wird zum kleinen, relativ unbedeutenden Anwendungsbeispiel oder gar „Anhängsel" einer „großen Theorie", ohne dass die sie und ihre AdressatInnen bestimmende Realität je einer theoretisch differenzierten, empirischen Analyse zugeführt würde.
Ich trug zudem eine Menge unerledigter Fragen mit mir herum:

- Als Kind nervte ich meine Umgebung – im Besonderen die Religionslehrer – mit der Frage, weshalb es denn so viel Elend, Armut, Hunger, Gewalt und Krieg auf der Welt gebe, wenn der christliche Gott doch allmächtig und gütig sei. Die Antworten befriedigten mich keineswegs. Entweder verwies man mich auf nicht weiter erklärbares, allgemeinmenschliches Versagen, auf die dunklen Mächte der Sünde oder man vertröstete mich auf ein noch zu kommendes himmlisches oder irdisches Paradies.

- Als Jugendliche wurde mir die „Pluralität“ meiner Familienkonstellation bewusst: Da gab es Reiche und Arme, Gebildete (Professoren) und Ungebildete, in 60-jähriger Ehe Lebende wie schnell Geschiedene, exkommunizierte Katholiken, Protestanten und Atheisten, versprengte Tessiner und einen großen „Familienclan“ in der französischen Schweiz, Zugeheiratete aus fernen Kontinenten, hohe Militärs (bis zum Admiral) und Dienstverweigerer, Konzerndirektoren, Wirtschaftskriminelle und aufgrund zweifelhafter Schizophreniediagnosen in Psychiatrische Kliniken Eingewiesene. Wie ist soviel Heterogenität in einer einzigen Familie möglich, und wie kommt es, dass es an Familienzusammenkünften wohl ab und zu ein Getuschel, aber nie klare Ausgrenzung gab? War es echte Toleranz oder eine Großmutter mütterlicherseits, die diesen Clan mit ihrer überstrengen Moral autoritativ zusammenhielt?
- Als Sekretärin an der Eidgenössischen Technischen Hochschule wunderte ich mich über wissenschaftliche Mitarbeiter, die in Lateinamerika eine Fabrik betrieben und es sich in der Schweiz äußerst wohl ergehen ließen, ohne je einmal über die dortigen gesellschaftlichen Verhältnisse ein Wort zu verlieren, außer: wenn sie Angst haben mussten, durch eine Linksregierung enteignet zu werden.
- Im Rahmen meiner Ausbildung zur Sozialarbeiterin blieb man mir eine Antwort schuldig, wie denn all die im einzelnen faszinierenden Fächer zusammenhängen und das begründen, was man als Soziale Arbeit bezeichnete.
- In den USA konnte ich schließlich folgenden Fragen nicht mehr ausweichen: Wie ist es möglich, dass in einer so reichen Nation, die Freiheit und Demokratie in aller Welt hochhielt, mit dem Leben ihrer Bürger verteidigte und Europa von der Naziherrschaft befreit hatte, so viel Armut, Elend und rassistisch motivierte Unterdrückung entstehen konnte und geduldet wurde? Wie ist es möglich, dass in einem Land mit einer Verfassung, die allen Menschen das Recht zugestand, nach „Happiness“ zu streben, diesem Recht in der Realität nichts entsprach, das in irgendeiner Hinsicht auf die ernsthafte Absicht der Vermehrung sozialer Wohlfahrt für alle wie Unterprivilegierte schließen ließ? Mit anderen Worten begann ich zu begreifen, dass eine Demokratie, die nur über die Freiheit des Individuums wacht und militärisch verteidigt, keine sozial gerechte Demokratie sein konnte.

Soziologiestudium sowie die Auseinandersetzungen der 68er und 70er Jahre am Institut wie in der Ausbildung zur Sozialen Arbeit trugen wesentlich zur Präzisierung meiner Fragestellungen bei. Es war mir definitiv klar, dass sich „soziale Abweichung“ als Gegenstand Sozialer Arbeit und „Resozialisierung“ als Praxisvorstellung als theoretisches Denkgefängnis erwiesen, das die ganze Problemlast dem Individuum aufbürdet und zugleich die zentralen Fragen nach der Herkunft, dem kulturell höchst unterschiedlichen Inhalt wie der Begründung und Legitimation von sozialen Normen im Dunkeln lässt. Ohne leugnen zu wollen, dass es problematisches, selbst- und vor allem fremdschädigendes Verhalten gab, dem ein Rechtsstaat Einhalt gebieten muss, konnte dies allerhöchstens ein Teilproblem Sozialer Arbeit sein.

Die gewählte Studienkombination von Soziologie, Sozialpsychologie, Sozialethik und Pädagogik mit dem Schwerpunkt auf Psychologie schien mir am geeignetesten, diesen Fragen nachzugehen.

Im Studium ging es mir dann allerdings etwa so, wie dies von einem Sozialwissenschaftler so treffend beschrieben wird: „Eines der dauernden Probleme, die ich bei der Lektüre verschiedenster Theorien hatte, war das folgende: ... Ich las Tocqueville und fand ihn überzeugend, ich las Edmund Burke und fand ihn ebenfalls überzeugend, ich las Marx und fand auch ihn überzeugend, Comte, Spencer, Durkheim, Weber – alle voll von Erleuchtungen und Einsichten für mich. Aber nach und nach wird man sich bewusst, dass es ‚Schulen‘ und ‚Traditionen‘, versteckte Folgerungen und strategische Unterlassungen gibt. Burke und Tocqueville waren Konservative, Marx war ein Revolutionär, Durkheim ein Funktionalist, Weber ein Nominalist. Man konnte auf keinen Fall mit allen einverstanden sein. Die Instituts- und Studentensubkultur legte dies unmissverständlich wie unwiderruflich fest. Etwas, was eine gut funktionierende Subkultur tut, ist, dass sie den StudentInnen Interessen klarmacht, um bestimmte theoretische Positionen einzunehmen und sie zu verteidigen. All diese Namen sensibilisieren die StudentInnen für fundamentale Unterschiede zwischen Denkern, und so werden sie befähigt, einen Text mit einem Schein von Kritik zu konfrontieren, der zeigen sollte, dass man die Autoren nicht etwa ‚naiv‘ auffasst.“ Aber vor allem geht es um die karriere-fördernde Zuordnung zu einer wichtigen Theorie- und damit verbunden auch Ausschlusstradition.

Bezogen auf mein eigenes Studium in den USA zeigte sich dies darin, dass ich mit dem innerfakultären Streit zwischen VertreterInnen folgender theoretischer Zugänge zur Sozialen Arbeit konfrontiert war. Sie alle hatten den Anspruch, die einzig angemessene Begründungsbasis für Soziale Arbeit schlechthin zu liefern. Es gab die erweiterte Psychoanalyse (Konopka, Redl, Wienemann), die Verhaltens- und Rollentheorie (Vinter), die Sozial- und Gruppenpsychologie (Ronald Lippitt, Kurt Lewin, Alvin Zander u.a.), den Symbolischen Interaktionismus (Mead, Rose, Sullivan, Blumer), die struktur-funktionalistische Systemtheorie von Parsons. So belächelte man die Psychoanalyse aus der Sicht verhaltenstheoretischer Erfolge bei Mitgliedern der Unterschicht und umgekehrt kritisierte man die antihumanistischen Grundprinzipien der Verhaltenstherapie auf dem Hintergrund der traumatischen Erfahrungen im Nationalsozialismus (u.a. Gisela Konopka, Etta Saloshin; als Gastprofessor kam Walter Friedländer dazu). Und wiederum wurden beide Theorieansätze aus der Sicht der Kleingruppenforschung als unwissenschaftlich abgetan. Und alle drei Zugänge fielen wiederum unter das Verdikt der strukturtheoretischen Schule, welche – u.a. aufgrund des Buches von Harrington „The Other America" (1962) und demjenigen von Richard Cloward & Lloyd Ohlin „Delinquency and Opportunity" (1960) – nach über 30 Jahren Vorherrschaft der Psychoanalyse erstmals in Kongressen wieder unüberhörbar die Probleme der Armut, Erwerbslosigkeit, Rassendiskriminierung und Hoffnungslosigkeit von ImmigrantInnen in den Ghettos und Slums der Großstädte thematisierte. Sie lieferten damit eine wichtige theoretische Begründungsbasis für die grossen, aus der Bürgerrechtsbewegung hervorgehenden Wohlfahrtsprogramme wie „War on Poverty" und die mit ihm verbundenen „Community Action Programs (CAPs)", „Welfare Rights Movement", „Mobilization for Youth" (MfY in New York), „Urban Renewal", „Economic Opportunity Act" (1964) (vgl. hierzu auch Frances Fox Piven & Richard A. Cloward 1986/1971).

Obwohl all diese TheoretikerInnen von der gleichen Realität der Sozialen Arbeit ausgingen und, aus meiner Sicht, alle einen wichtigen Aspekt Sozialer Arbeit beleuchteten, schien es ausgeschlossen, allen Positionen etwas abzugewinnen oder gar – noch schlimmer – mit allen theoretischen Positionen in einer bestimmten Hinsicht übereinzustimmen. Spätestens auf dem Master-Level musste man sich als Angehörige einer Theorieschule zu erkennen geben, schon nur, um einen Berater oder eine Beraterin der zu verfassenden Master-Thesis – und später der Doktorarbeit – gewinnen zu können.

In diesem Zusammenhang eine Reminiszenz aus der Supervision meiner „Fieldwork-Arbeit" mit einer Gruppe von Alleinerziehenden in einem Slum von Minneapolis: Meine Supervisorin verstand sich als Mitglied der psychoanalytischen Theorie- und Methodenschule und zeigte helles Entsetzen, als ich ihr erzählte, dass ich am Ende der Sitzung die Frauen gefragt hatte, „ob sie bisher oder heute etwas gelernt hätten“ – eine Intervention, die sich aus meiner Lektüre von Robert Vinter und William Schwartz ergeben hatte. Ihre Entrüstung war mir damals unverständlich. Sie vermittelte mir das Gefühl, das größte methodische Verbrechen begangen zu haben, dieweil es den Frauen, laut eigenen Aussagen erheblich besser ging und sie sogar formulieren konnten, weshalb dem so war. Einen weiteren „Fauxpas“ beging ich mit der Forderung nach einer Überprüfung der sozioökonomischen Verhältnisse und mithin der sozialen Rechtsansprüche auf Unterstützung dieser Frauen. Mitstudierende hatten mich darauf aufmerksam gemacht, dass in ihren Organisationen viele Klienten und Klientinnen, vor allem Kinder und Jugendliche hungrig zur Beratung kämen. So fragte ich mich, ob dies bei den Frauen, die sich mit mir als Gruppe trafen, vielleicht auch der Fall sein könnte. Dazu gab es die klare Antwort der Supervisorin: Diese Frauen könnten aufgrund ihrer „emotionalen Probleme“ von einer verbesserten ökonomischen Situation gar keinen Nutzen ziehen; sie sind arm aufgrund ihrer psychischen Probleme und nicht etwa umgekehrt! Dies war eine Lektion, die an Klarheit nichts zu wünschen übrig ließ, mich jedoch damals ratlos zurückließ. Weshalb konnte denn nicht beides der Fall sein und sich gegenseitig verstärken, war meine damals noch recht hilflose Frage?

Als UNO-Stipendiatin konnte ich mich nicht nur ratlos und kopfschüttelnd aus den Abgrenzungs- und Ausschlussritualen heraushalten, sondern auch den Entscheid über die Wahl einer theoretischen Position zunächst mal umgehen. So verlegte ich mein Suchen auf diejenige „wissenschaftliche Community“, die sich mit Theoriebildung und Forschung zu Sozialen Problemen befasste, die „Society for the Study of Social Problems“ und ihr Publikationsorgan „Journal of Social Problems“.

Aber auch hier stellte ich die gleichen Abgrenzungsrituale und (bis heute existierenden) Streit über die richtige Ontologie und Epistemologie fest; dazu kam ein mir sinnlos scheinender Dualismus zwischen objektiven und subjektiven Zugängen, zwischen Materie/Leib und Geist/Seele, Struktur und Kultur, Reflexion und Aktion, Individuum und Gesellschaft: Die einen Theoretiker gingen (gehen) vom *Primat des* (Sozio-)*Materiellen* aus und definieren Soziale Probleme deshalb als objektive Probleme der Armut/Erwerbslosigkeit, der Reproduktion materiellen Lebens, der Gesellschaftsstruktur/-organisation oder enger der Produktionsverhältnisse und der damit zusammenhängenden ungehinderten Kapitalakkumulation. Die anderen gingen bzw. gehen vom *Primat des Ideellen* (Symbolischen), der Ideen aus und definieren Soziale Probleme als Wert- und (Sub-)Kulturkonflikte,

als kulturelle Kolonisierung oder unreflektiert-tradierte Alltagsnormen und mithin als Produkt von kollektiv konstruierten Definitionsprozessen bzw. Interpretationen und Regeln. Und wieder andere gingen vom *Primat der Erkenntnisprozesse* selber aus und fokussieren ihre Theorie- und Forschungsbemühungen auf kollektivierte Artikulations- und Kommunikationsprozesse oder sie legen sich auf das *Primat des Verhaltens oder Handelns* fest und problematisieren sozial abweichendes Verhalten (z.B. Merton, Sack, Lamnek), beschädigte, ausgebeutete Arbeitskraft (Marx) usw. Es gibt einen Integrationsversuch von Robert Merton (1971), der sich aber bis heute nicht durchsetzen konnte. Er lautet zusammengefasst wie folgt: Soziale Probleme sind nicht nur Bewusstseinszustände, sozial konstruierte Deutungsmuster; sie sind ebenfalls unabhängig vom Bewusstsein, von kollektivierten Definitionen objektiv existierende sozialstrukturelle Sachverhalte, die auf Menschen einwirken; des Weiteren beziehen sie sich sowohl auf Reflexions-, Artikulations- als auch auf Verhaltensprozesse.
Die Theoriebildung konnte sich leider bis heute nicht von diesen Polarisierungen befreien (vgl. Albrecht 1990, 1999). Warum sollte ich mich zugunsten von Eindeutigkeit und Einlinigkeit für das eine und gegen das andere entscheiden? Warum sollte die Wahl eines bestimmten Ansatzes automatisch die Falschheit aller anderen implizieren? Warum sollte Theoriebildung reale Komplexität und Pluralität reduzieren, anstatt sie möglichst angemessen zu repräsentieren und zu reflektieren? Im sozialarbeiterischen Alltag hatte ich nur Menschen kennen gelernt, die mehr oder weniger von allen Problemdimensionen betroffen waren!
Der Schlussbericht, den ich der UNO ablieferte, ist eine Darstellung der großen Vielfalt von Problemen, Themen, theoretischen Ansätze und Debatten, politischen Optionen, professionsbezogenen, methodischen Fragen, mit denen ich mich während dieser Zeit auseinander setzte, allerdings ohne bereits einen möglichen Weg der Integration aufzeigen zu können. Es wiederholte sich gewissermaßen die Pluralität meiner Familienkonstellation, aber diesmal auf gesellschaftlicher und sozialarbeiterischer Ebene. Nur eines war mir klar: So unendlich bedrückend wie gleichzeitig auch hoffnungsvoll Erfahrungen und Arbeit im Ghetto- und Slumalltag von Minneapolis und New York waren, so weigerte ich mich gleichzeitig, die pauschale Verabschiedung „der Theorie" durch viele Sozialarbeits-AktivistInnen vorzunehmen – hatte ich doch gerade in den Vorlesungen und Seminarien bei Arnold Rose, u.a. Mitarbeiter von E. Franklin Frazier (The Negro in the United States, 1957), viele grundlegende Einsichten zur Armuts- und Schwarzenfrage erhalten. Wenn, wie damals viele AktivistInnen behaupteten, die an der Universität gelehrten

Theorien und Methoden nichts taugten, weil sie u.a. auf die Probleme der Mittelschicht zugeschnitten oder zu einfach gestrickt waren, so mussten nicht die theoretischen Bemühungen verabschiedet, sondern es musste die Frage nach besseren, komplexeren Theorien und Handlungstheorien Sozialer Arbeit gestellt werden. Und solche Ansätze waren durchaus bereits vorhanden. Sie reichten weit über die Psychoanalyse und das Casework hinaus, das später als „Gesamt-Sündenbock" für die europäische Kritik am amerikanischen „Social Work", z.B. diejenige von Peters (1968) wie der neo-marxistischen Ansätze in der Sozialen Arbeit (Hollstein & Meinhold 1973) herhalten musste.

Mir schien lediglich, dass all diese theoretischen, sich teilweise bekämpfenden Ansätze in Sackgassen geraten waren, aus denen sie nur schwer wieder herausfinden konnten. So machte ich mich auf die Suche nach einem theoretischen Bezugsrahmen, der diese Einbahnstrassen nicht aufheben, aber wechselseitig durchlässig machen würde. Sollte es vielleicht doch theoretisch möglich sein, *Materielles mit Ideellem, Reflexives mit Aktivitätsbezogenem, Subjektives mit Objektivem in Verbindung zu bringen, ohne das eine auf das andere zu reduzieren?* Der Sinn der verschiedenen „Ansätze" schien mir darin zu liegen, dass sie sich auf einen bestimmten „Wirklichkeitsausschnitt", sei es beim Menschen oder in Bezug auf die Gesellschaft bezogen, also an diesem Ausschnitt im wahrsten Sinne des Wortes „ansetzten" und darüber beschreibende und erklärende Aussagen machten. So weit, so gut. Aber wie musste man sich den Zusammenhang zwischen ihnen denken?

„Willst Du wieder einmal darüber diskutieren, wie viele Engel auf einer Nadelspitze Platz haben?", neckte mich ein Studienkollege bei meinen verschiedenen Suchbewegungen, die mich zuerst viele, zeitraubende Umwege machen ließen. Aber ich hatte mich mittlerweile darauf festgelegt, mich auf die Suche nach einer nicht-reduktionistischen, nicht-monistischen und nicht-dualistischen Sicht sozialer Probleme zu begeben. Und dabei hatte ich beschlossen, mich von diesem Weg nicht so schnell abbringen zu lassen.

Von Ervin Laszlos zu Mario Bunges Systemtheorie

Einen ersten Schlüssel zur Vermeidung eines beziehungslosen Nebeneinanders oder eines unreflektierten Eklektizismus lieferten mir die Arbeiten von Ervin Laszlo zur Systemphilosophie und -theorie. Dieser Bezugsrah-

men knüpfte implizit an die Heintzsche Theorie sozietaler Systeme an, befasste sich aber auf einer viel allgemeineren Ebene sowohl mit den allgemeinsten Merkmalen des Seienden und Werdenden als auch mit den Bedingungen ihrer Erkenntnis – kurz: mit Wirklichkeits- und Erkenntnistheorie als Metatheorien.
Ervin Laszlo wurde nach seiner Flucht anlässlich des Ungarnaufstandes 1956 u.a. Professor für Philosophie an der State University in New York, Herausgeber der International Library of Systems Theory and Philosophy und Chairman der Northeast Division of the Society for General Systems Research; später war er wissenschaftlicher Berater der UNESCO, Mitbegründer des Club of Rome, Leiter des UNO-Forschungsprojektes „Neue Weltwirtschaftsordnung" u.a.m. Seine Arbeiten schienen mir die Grundanliegen eines frühen Systemtheoretikers Sozialer Arbeit, Gordon Hearn (1958) weiterzuführen, ohne von der reduktionistischen, unhaltbaren Prämisse auszugehen, dass sich physikalische – zum Beispiel thermodynamische – Gesetzmäßigkeiten auf Mensch und Gesellschaft übertragen lassen (vgl. hierzu die ausführliche Kritik von Sokal/Bicmont 1998). Er hatte sich intensiv mit abendländischer Philosophie (Kant, Hegel, Husserl, Marx, Whitehead, Wittgenstein, ferner Berkeley, den Utilitaristen und Vertragstheoretikern u.a.m.) auseinandergesetzt und ihre Aussagen in ein Verhältnis zu human- und sozialwissenschaftlichen, später auch physikalischen und biologischen Forschungsergebnissen gebracht. Hier ein Zitat, das sein Anliegen wohl am besten wiedergibt:

> „Der spezielle Beitrag der Allgemeinen Systemtheorie stammt von ihrer Entschärfung (deemphasis) traditioneller Konzepte über Materie, Substanz, Idee oder Geist und ihrem expliziten Programm, Phänomene in Begriffen der Organisation zu fassen ... Nicht was ein Ding ist, woraus es gemacht ist, für welchen Zweck es existiert, definiert ein solches Phänomen, sondern wie es organisiert ist. Seine Organisation spezifiziert die internen Beziehungen der Ereignisse, welche es konstituieren, aber ebenso die externen Beziehungen der konstituierten Entität zu anderen Entitäten in ihrer Umwelt. Die einfachste Form der Konzeptualisierung einer Einheit in Begriffen ihrer organisationellen Invarianz ist die System-Vorstellung" (Laszlo 1974, S. 17).

Unterstützt wurde meine Suche damals durch die Lizentiatsarbeit von Werner Obrecht, die davon ausging, dass jeder Theorie – auch einer Alltagstheorie – unabhängig vom jeweiligen Selbstverständnis des (Alltags-)Theoretikers eine implizite oder explizite Wirklichkeits- und Erkenntnistheorie zugrunde liegt – heute ein in Wissenschaft und Philosophie breit diskutiertes Thema. Für eine erste Bearbeitung der Fragestellung wurde für mich die aus der Kybernetik stammende Vorstellung des „physico-kognitiven Sys-

tems“ zentral (Laszlo 1969). Laszlo konnte damit allerdings nicht erklären, wie „der Geist“ oder die Informationen in „die Materie“ bzw. den Leib gelangen! Die psychobiologische Forschung, die sich mit diesen Fragestellungen befasst, steckte damals noch in den Anfängen. So blieb sein Anliegen, Dualismen aufzuheben, tendenziell Programm.
Mein Versuch, die in dieser „physico-kognitiven Denkfigur“ enthaltene Grundidee der Verknüpfung von Geist und Materie, Seele und Leib, Reflexion und Aktion weiter zu entfalten, indem ich für ihre Hauptdimensionen aufgrund meines damaligen Wissensstandes human- und sozialwissenschaftlich begründbare Operationalisierungsvorschläge machte (1983), wurde als „Prozessual-systemische Denkfigur“ bekannt.
Inzwischen weiß man über dieses komplexe Problem sehr viel mehr – ein Thema, das in den letzten Jahren durch Werner Obrecht aufgrund der neuesten Forschungsergebnisse systematisch bearbeitet und von ihm unter dem Titel *Menschen als selbstwissensfähige, psychobiologische Systeme* zusammengefasst wird (1996, 2001, unter Bezug auf Bunge & Ardila 1990 u.a.).
Erstes Produkt meiner Suche nach einem Ansatz, der die verschiedensten, von Sozialwissenschaftlern artikulierten Problemdimensionen in ein plausibles Verhältnis zueinander zu setzen vermochte, war also ein Set von Begriffen, Dimensionen und Operationalisierungsvorschlägen zur Beschreibung von

(1) physischen bzw. Gesundheits-, Armuts-, Erkenntnis-, Deutungs-, Handlungs-, Isolationsproblemen – kurz Ausstattungsproblemen des Individuums;

(2) Problemen des Austausches zwischen Menschen im körperlichen, Ressourcen-, Erkenntnisstil-, Kommunikations-, Produktionsbereich;

(3) Problemen im Zusammenhang mit Machtstrukturen und ihren sozial begrenzenden und behindernden Regeln und schließlich

(4) Problemen im Zusammenhang mit vergesellschafteten Werten und Normen (Wert- und Kriterienprobleme) –,

dies alles zusammengehalten bzw. verknüpft durch einen noch wenig elaborierten meta- bzw. systemtheoretischen Bezugsrahmen (Heintz) (Staub-Bernasconi 1983).
Die Arbeit konnte infolge der Größe der vorgenommenen Aufgabe nur eine Zwischenstation sein. Das Ringen um Metatheorie zur Überwindung additiver bis willkürlicher Problemdefinitionen geschah u.a. auf Kosten der differenzierten Behandlung von Wertfragen, aber vor allem der ausführlichen Darstellung derjenigen Teiltheorien – Theorien mittlerer Reichweite – die

Eingang in die systemische Denkfigur gefunden haben. Allerdings konnte ich mir zugute halten, dass es sich laut Untertitel meiner Dissertation nur um erste *Umrisse einer Theorie Sozialer Probleme als Beitrag zu einem theoretischen Bezugsrahmen Sozialer Arbeit* handelte und meines Wissens kein vergleichbarer Versuch unternommen wurde, auf den ich mich hätte beziehen und abstützen können.

Eine neuere, zusammenhängende und – wie ich meine – erheblich verbesserte Darstellung der Thematik erschien unter dem Titel *Soziale Probleme – Soziale Berufe – Soziale Praxis* (in: Heiner et al. 1998). Der Entstehungszusammenhang dieses Buches ist gewiss erwähnenswert: Die Sektion Sozialpädagogik der Deutschen Gesellschaft für Erziehungswissenschaft hatte zu einer Tagung über Methodenfragen in der Sozialarbeit/Sozialpädagogik ins Rauhe Haus nach Hamburg eingeladen. Es ging schon dem Tagungsende zu, aber man war immer noch bei den Vor-Vorfragen über die Bedingung der Bedingung der Bedingung der Möglichkeit einer Handlungstheorie Sozialer Arbeit. Plötzlich standen – ohne sich vorher näher gekannt zu haben – die fünf teilnehmenden Frauen in der Pause zusammen (Frau Paulwitz war ursprünglich auch dabei) und schimpften über die unsäglichen Berührungsängste unserer Kollegen vor den „Niederungen der Praxis" drauflos. Und ebenso blitzschnell kam der Beschluss einer kleinen Anschlusstagung im wunderschön gelegenen Gut von Hiltrud von Spiegel, um ein eigenes Buch zu konzipieren, das dann allerdings nicht mehr so blitzschnell entstand, nun aber doch bereits in der 4. Auflage erschienen ist (vgl. oben).

Mein Beitrag im besagten Buch ist auch deshalb weiterführend, weil er die transdisziplinär dimensionierte Problem- durch eine ebensolche Ressourcenanalyse ergänzt, die Konzeption gegenstands- bzw. problemzentrierter Methoden/Arbeitsweisen ausarbeitet und anhand des immer gleichen Theorierahmens am Beispiel der Befreiung von Frauen aus Gewaltverhältnissen den Einsatz von Machtquellen als Teil von Ermächtigungsprozessen aufzeigt. Das Ganze stellt meines Erachtens einen Beitrag dar, um unabhängig von irgendwelchen normativen Vorgaben, funktionalen Imperativen und kognitiven Einschränkungen durch Träger des Sozialwesens oder durch politische InteressenvertreterInnen, individuelle und soziale Probleme beschreiben, erklären, bewerten und auf ihre Veränderbarkeit durch reflektierende und handelnde Subjekte hin befragen zu können. Dadurch wird erreicht, dass der Unterschied zwischen professionell und institutionell oder politisch begründeter Problemdefinition sichtbar und benennbar wird. Ilse Arlt hat dieses Anliegen in unmissverständlicher Klarheit wie folgt

charakterisiert: „Meiner Auffassung nach dürfen Fürsorgetheorie und -unterricht nie von der Art der Einrichtung ausgehen, sondern müssen vom Menschen selbst, von allen Bedingtheiten seines Lebens, vom Klima, Arbeit und menschlicher Umgebung aus urteilen ...“ Erst ein paar Jahre später entdeckte ich in den Schriften von Jane Addams, dass sie meinen theoretischen Ansatz in den Grundzügen bereits vor 100 Jahren vorweggenommen hatte. Und ich schämte mich, dass ich es bis dahin nicht für nötig gehalten hatte, ihre zahlreichen Bücher zu lesen. Obwohl sie zu den MitbegründerInnen der Chicago-Schule der Soziologie gehört und Trägerin des Friedensnobelpreises (1931) war, gab es keine Einführung in Soziologie, die mich auf sie aufmerksam gemacht hätte. Sie war „verschollen“ und wurde erst 1989 durch Mary Jo Deegan (Staub-Bernasconi 1995) als Soziologin wieder entdeckt (vgl. auch in Honegger/Wobbe 1998).
Die Weiterentwicklung der obigen Gedankengänge erfolgte aufgrund der Auseinandersetzung mit Studierenden, FachkollegInnen, der Sozialarbeitspraxis, aber vor allem mit einem Systemtheoretiker, der in der Zeit, in welcher ich die Dissertation verfasste, zu diesem Thema noch wenig publiziert hatte: Mario Bunge, Ordinarius für Philosophie an der McGill-University in Montreal. Mittlerweile erschien von ihm ein neunbändiges philosophisches Werk (1974-1989) unter folgenden Titeln: Sense and Reference/Interpretation and Truth/The Furniture of the World/A World of Systems/Exploring the World/Understanding the World/Philosophy of Science and Technology/Formal and Physical Sciences – Life Science, Social Science and Technology/Ethics. The Good and the Right. Wegweisend wurde er für mich u.a. dadurch, dass er nicht nur einen profunden, realwissenschaftlich gestützten Beitrag zu einer systemischen Ontologie, Epistemologie und Ethik bis hin zur Menschenrechtsfrage, sondern auch Wege zur wissenschaftlich begründeten, aktiven Gestaltung gesellschaftlicher wie individueller Prozesse auf systemischer Basis vorzeichnet. Dabei ist mir klar, dass ich mit diesem Ansatz ziemlich quer in der Theorielandschaft stehe oder – wie man heute so schön sagt – nicht ohne weiteres anschluss- und noch weniger konsensfähig bin. Aber damit muss man leben können.

VOM ADDITIVEN FÄCHERSALAT ZUM INTEGRIERTEN, TRANSDISZIPLINÄREN STUDIENPLAN SOWIE ZUR DISZIPLIN UND PROFESSION SOZIALER ARBEIT

An der Zürcher Fachhochschule lehrt und forscht weiterhin Werner Obrecht, Philosoph und Soziologe, den ich bereits während meines Studiums in Soziologie kennen gelernt hatte. Er ist der Nachlassverwalter des Werkes von Peter Heintz, der 1983 mit 63 Jahren völlig unerwartet gestorben ist und zu unserem großen Bedauern seinen vielversprechenden Theorieansatz nicht weiter entwickeln konnte. Werner Obrecht ist der beste Kenner der Theorie sozietaler Systeme – aus der Sicht von Peter Heintz einer seiner kreativsten wissenschaftlichen Assistenten –, der nicht nur seine Theorie, sondern auch ihre philosophisch-metatheoretische Begründung u.a. auf der Basis von Bunges Werk weiterentwickelt hat. Dieser gemeinsame Bezugsrahmen ergab und ergibt nicht nur immer wieder fruchtbare Kooperationsmöglichkeiten, sondern führte auch zur Entwicklung eines Curriculums für das Studium Sozialer Arbeit als Disziplin und Profession, das den Anspruch hat und u.E. einlöst, den sprichwörtlichen Fächersalat zugunsten einer transdisziplinären Theorie Sozialer Arbeit zu überwinden (Obrecht/Staub-Bernasconi 1991).

Der Anspruch wird seit Jahrzehnten hundertfach und allseits reklamiert, doch wird es äußerst spannend zu verfolgen, was passiert, wenn einmal ein solcher Vorschlag auf dem Tisch liegt. Ich spreche jetzt nicht von all denjenigen, die weder an der Theoriebildung noch an der Praxisentwicklung Sozialer Arbeit interessiert sind und lediglich danach trachten, unbehelligt ihr eigenes Theoriesüppchen zu kochen, ihren Nebengeschäften nachzugehen oder ihre weitere akademische Karriere vorzubereiten. Ich spreche von denjenigen, die ohne irgendein theoretisches (Gegen-)Argument sich plötzlich auf absolute Lehrfreiheit besinnen, um ihren theoretischen Allmachtsanspruch nicht aufgeben zu müssen. Die heute von allen lautstark reklamierte Transdisziplinarität setzt eben eine gewisse Bescheidenheit und die Bereitschaft voraus, sich als Teil eines gemeinsam zu entwickelnden Lehrplans zu betrachten. Und sie setzt vor allem voraus, dass man einen „Übersetzungsschlüssel" akzeptiert, der zwischen den etablierten „Theoriesubkulturen", den „middle range Theorien" vermitteln kann. Bis jetzt ist mir kein besserer Übersetzungsschlüssel bekannt, als die (Bungesche) Systemtheorie, wobei ich nicht ausschließe, dass es auch andere, bessere gibt. Er ermöglicht das, was man als *integrierten Pluralismus* – als komplexes Verhältnis zwischen Einheit und Differenz, Universalismus und Partikularität – bezeichnen könnte. Das heißt, dass niemand sein fachliches Spezifikum aufgeben muss, um sich einer vereinheitlichenden Supertheorie zu unterwerfen. Hingegen müsste man bereit sein, nachzudenken, zu welchen Problemen und Fragestellungen die eigene disziplinäre oder handlungstheoretische Orientierung einen Beitrag darstellt und zu welchen eben nicht, so dass man auf andere, miteingeschlossen ihre Kritik, angewiesen wäre. Aber gerade diese Forderung scheint eine unüberwindbare Denk- und Kooperationsbarriere zu sein. Dass das Problem der Diskrepanz zwischen Anspruch und Realität von Transdisziplinarität im gesamten akademischen Bereich besteht, macht die Sache nicht besser, sondern eher hoffnungsloser.

30 Jahre Schule für Soziale Arbeit Zürich (1967-1997)

Es ist dies eine lange Zeit, die länger gedauert hat als meine 21jährige Ehe mit Kurt Staub. Ich hatte ihn als vom Studium tief enttäuschten Theologiestudenten kennen gelernt, der sich bei mir über Studienmöglichkeiten in Soziologie in den USA erkundigte. Das Ergebnis dieser Erkundung war, dass wir zusammen in Zürich Soziologie studierten, uns eine Stelle an der Schule für Soziale Arbeit teilten und entsprechend als höchst fortschrittlich-emanzipiertes Paar galten. Dies umso mehr, als 1969 unsere Tochter Mirjam zur Welt kam und wir dies auch noch „irgendwie" meisterten – nicht zuletzt dank der Großzügigkeit der Großeltern Staub, ferner des damaligen Rektors Dieter Hanhart, meiner TeamkollegInnen und der Studierenden, die es zuließen, dass Mirjam schon ab vierter Lebenswoche am Unterricht und an den Projektsitzungen „teilnahm". Was ich damals mit dumpfem Schuldgefühl ahnte, hat uns Mirjam dann später sehr klar bestätigt: Es war für sie keineswegs die „glückliche Kindheit", wie sie im Lehr- und Drehbuch emanzipierter Eltern und vor allem emanzipierter Frauen steht.

Was ein jahrelanger, kontinuierlicher Team- und Arbeitszusammenhang mit allwöchentlichen Sitzungen bedeutet, wurde mir erst bewusst, als ich anlässlich eines Vortrages an einer Universität gefragt wurde: Was meinen Sie eigentlich, wenn Sie vom Team sprechen? Und nach meinem Weggang von Zürich nach Berlin wurde ich gefragt: Wie hast du das so lange ausgehalten, so eng in ein Team eingebunden zu sein? Meine Antwort: Es war keineswegs ein „Aushalten". Vermutlich mussten meine KollegInnen aufgrund meiner vielen Auswärts- und Nebenverpflichtungen (Projekte, Dozentenlehrgang, Universitäten Freiburg, Trier, Siegen, Wirtschaftsuniversität Wien, viele Vorträge usw.) mehr aushalten als ich in Bezug auf sie! Ab und zu war denn auch ihr mehr oder weniger artikuliertes Grollen unüberhörbar. Tatsächlich war die Balance zwischen Innen- und Außenverpflichtungen ein fast tägliches Kunststück mit rotierender Begünstigung oder Benachteiligung eines „Teilsystems" und um den Preis einer Dauerüberlastung. Eine klare, auf die klugen Vorschläge von Paula Lotmar zurückgehende Pflichtenaufteilung stellte allerdings sicher, dass sich niemand auf Kosten der anderen den festgelegten Pflichten entziehen konnte. Ja, was meinte ich mit „Team", wenn dieses Wort beispielsweise im Zusammenhang mit Lehr-, Curriculum- und Ausbildungsanliegen so leicht über die Lippen kam: eine Gruppe von sechs bis acht Menschen, die sowohl als DozentInnen für Grundlagen- wie für professionsspezifische Fächer alle mit dem Ziel der Weiterentwicklung der Profession Sozialer Arbeit hoch identifiziert waren und sind – etwas, das sich beispielsweise an vielen Klausuren, an der freiwillig geleisteten Überstundenzahl für Sonder-, Lehrplanentwicklungsaufgaben feststellen ließ; KollegInnen, die trotz aller theoretischen und methodischen Präferenzen und Differenzen bereit sind, aufeinander zu hören, sich gegenseitig über ihre Lehrinhalte ausführlich zu informieren und zusammen mehrwöchige transdisziplinäre Veranstaltungen zu wagen. KollegInnen, die miteinander streiten, Konflikte austragen können, ohne dass eine Form von grundständiger Loyalität in die Brüche geht. KollegInnen, die man am Ende eines meist von Überlastung gezeichneten Semesters manchmal ins Pfefferland wünscht, um sich aber im neuen Semester wieder auf die Begegnungen und Zusammenarbeit mit ihnen zu freuen. KollegInnen, von denen man mit fast absoluter Treffsicherheit im Voraus sagen konnte, wie sie sich zu einem heiklen Thema äußern würden – das eine Mal von den anderen gelassen und schmunzelnd ertragen, das andere Mal mit Verärgerung und wilder Verzweiflung quittiert. Dabei achteten wir auf sorgfältige, konsensuale Beschlussfassung. KollegInnen, auf die man absolut zählen konnte, wenn es darum ging, sich gegenüber den Zumutungen der „Hierarchiespitze" zu wehren. Kurz, eine Gruppe, die durch alle intern wie extern produzierten Höhen und Tiefen nicht nur arbeits- und teamfähig blieb, sondern darüber hinaus ihr hohes kreatives Potential bei jedem Einzelnen zu erschließen wusste. „Wisst ihr eigentlich, wie kostbar so etwas ist?", pflegte uns Paula Lotmar zu Beginn fast jeden neuen Semesters zu fragen. Ja, wir wussten es und es gab Zeiten, wo wir es mehr und andere, wo wir es etwas weniger schätzten. Es war ebenfalls Paula Lotmar, die getreu ihrer Lehre über die Führung von Organisationen (Lotmar/Tondeur 2000) das Konzept der auf die Schultern von Teammitgliedern verteilten Leitungsfunktionen einführte, das zu aller Zufriedenheit funktionierte, aber später angesichts von extern aufgezwungenen Restrukturierungsmaßnahmen nach harten Kämpfen wieder aufgegeben werden musste.

Es ist zu hoffen, dass durch die Entwicklung zur Hochschule dieses „Juwel an Teamkultur" nicht vollständig zerstört wird.[1]

Eine besonders enge Zusammenarbeit verband mich seit 1976 mit Markus Brändle-Ströh im Schwerpunkt „Gemeinwesenarbeit". Ich wurde durch ihn erneut mit Marx, Habermas, ferner Bloch, Holzkamp, aber auch einem für mich ganz neuen Arbeitsfeld der Sozialen Arbeit – Architektur, Wohnen und Gesellschaft – konfrontiert. Ein Artikel u.a. über die marxistischen Grundlagen der Supervision mit vielen Bloch-Zitaten sorgte für einigen Aufruhr in der Supervisionsszene. Und dies traf auf die Weltgesellschaftssoziologie von Peter Heintz. Konnte das gut gehen? Ich war überzeugt davon, war ich doch an seiner Berufung an die Schule mitbeteiligt. Und es ging gut. Unsere Zusammenarbeit begann, als ich noch relativ hilflos und didaktisch völlig unzureichend meine Theorie Sozialer Probleme und Sozialer Arbeit einbringen wollte. Sie erhielt aufgrund der durch ein Romboid visualisierten Denkfigur den Übernamen „GABA“ (ein gleichförmiges Bonbon), wobei eine der ersten Seminargruppen daraus den Satz „Großer Anfang Bach Ab“ kreierte! Dass ich diesen Tiefpunkt überwand, habe ich vor allem Markus Brändle zu verdanken, der daraus nicht Kapital geschlagen hat. Er wollte sich offenbar über die Kommunikationstauglichkeit meiner Gedanken ein eigenes und nicht nur ein studentisches Bild machen und las in seinen Ferien als erster meine Dissertation. Zu meinem grossen Erstaunen gab er mir ein äußerst ermunterndes Feedback. Die gemeinsam gestalteten Seminare verfeinerten unsere je eigenen theoretischen Zugänge

---

[1] Zum Team gehörten in ungefährer zeitlicher Reihenfolge ihrer Anstellung folgende langjährige KollegInnen: Paula Lotmar (u.a. Soziologie, Sozialpsychologie, Gemeinwesenarbeit, Familien-, Organisationssoziologie; Theorie Sozialer Probleme); Kurt Staub (u.a. Ethik, Soziologie, Initiant des Ausbildungsschwerpunktes Soziale Arbeit in und mit Gemeinwesen, Projektentwicklung und Projektberatung in Gemeinwesenarbeit); Herbert Eberhart (Allgemeine/Humanistische Psychologie, Supervision); Hanni Alter-Winkenbach (Soziale Arbeit mit Gruppen und Einzelnen, Supervision); Dora Ammann (Soziale Arbeit mit Einzelnen, Familien, Supervision); Doris Zeller (Soziale Arbeit mit Einzelnen und Familien, Supervision); Markus Brändle-Ströh (Kritische Theorie, Sozialpsychologie, insbesondere Sozialpsychologie des Helfens; Architektur und Wohnen; Gemeinwesenarbeit, Projektentwicklung und Projektsupervision); Dorothea Spörri (Geschichte der Sozialen Arbeit, Sozialarbeitstheorie, Einführung in das Sozialwesen); Werner Obrecht (Philosophie, Wissenschaftsphilosophie, Forschungsmethodologie, Soziologie, Psychobiologie, wissenschaftliche Grundlagen der Sozialen Arbeit); Linette Rindlisbacher (Sozialhilfe, Soziale Arbeit mit Einzelnen, Familien, Supervision); Thomas Zehnder (Gestaltpsychologie, Soziale Arbeit mit Einzelnen, Familien und Gruppen; Arbeit mit Drogenabhängigen, Supervision); Silvia Staub-Bernasconi (u.a. Initiantin des Ausbildungsschwerpunktes „Soziale Arbeit mit Gruppen“, Gruppen- und Einzelsupervision; ab 1973 Wechsel zum Schwerpunkt „Soziale Arbeit in und mit Gemeinwesen“, Projektentwicklung und Projektsupervision; Theorien Sozialer Probleme und Sozialer Arbeit, Handlungstheorien/Methoden Sozialer Arbeit, Soziale Arbeit und Menschenrechte).

(Brändle-Ströh 1989). Wir bildeten über 20 Jahre ein „Subteam“ – auch das gab es –, das den projektbezogenen Schwerpunkt „Gemeinwesenarbeit“ entwickelte, veränderte, unterrichtete, supervisierte und mit studentischen und politischen Krisen umzugehen hatte. Dies war vor allem in den stürmischen 70er Jahren eine große Herausforderung, wo wir vor den Vorstand zitiert und auf unsere politische Gesinnung hin befragt wurden. Mit Staunen erfuhr ich von Markus Brändle eines Tages, dass er sich für wichtige Sitzungen, an denen er vielleicht nur für ein paar wenige Sätze Redezeit hatte, mehrere Stunden vorbereite. Seine von mir und den Studierenden bewunderten, immer äußerst prägnant, ja scharf und vor allem ziel- und adressatensicher formulierten Situationsanalysen waren also nicht das Ergebnis von ad-hoc-Einsichten, sondern intensiver Gedankenarbeit. Sie berücksichtigten immer den Zusammenhang zwischen Kontext, (Organisations-) Struktur und den Empfindlichkeiten und Interessen des Subjekts. Und das Verblüffende war, dass ein unlösbar scheinendes Problem fast immer eine dauerhafte Lösung erfuhr. Dies haben offensichtlich auch andere auf den höheren Etagen festgestellt, als sie ihn zum Konrektor der Hochschule für Soziale Arbeit ernannten.

Nun, ich darf behaupten, dass sich meine theoretischen und handlungstheoretischen Lehr- und Lernversuche recht schnell verbesserten. Die Entwicklung nahm sogar einen unerwarteten Verlauf: Vor allem die Kurse bei PraktikerInnen fanden rasch Anklang; daraus ergab sich über viele Jahre hinweg eine intensive Zusammenarbeit mit Ruth Brack, Konrektorin der Schule für Sozialarbeit Gwatt, später Bern, die mich immer wieder für Weiterbildungskurse – nicht zuletzt für einen Dozentenlehrgang zur Schulung von SozialarbeitsdozentInnen – engagierte. Und diese Arbeit wurde kritisch durch Judith Giovanelli-Blocher begleitet, sei es in ihrer Funktion als Leiterin der Weiterbildungsabteilung der Schule für Soziale Arbeit Bern, sei es als Kollegin, die mir mit ihren scharfsinnigen philosophischen, sozialethischen und später schriftstellerischen Gedankengängen neue Perspektiven auf die Soziale Arbeit eröffnete. Die in dieser Zeit entwickelten Theorie- und Praxisinhalte brachte ich später in die Planung einer Hochschule für Bildungswissenschaften im Kanton Aargau ein, die aber einem parlamentarischen Nein zum Opfer fiel. Die überraschende Wende bezüglich meiner theoretischen und didaktischen Bemühungen bestand darin, dass es bald einmal nicht mehr die PraktikerInnen, sondern – bis heute – viele KollegInnen waren und sind, die meine Theorie als viel zu komplex und kompliziert beurteilten, auch wenn sie dauernd die Fahne der Transdisziplinarität vor sich hertragen!

RUF AN DIE TECHNISCHE UNIVERSITÄT BERLIN AB 1997 UND PENDELBEWEGUNGEN ZWISCHEN BERLIN UND ZÜRICH

Geplant war, meine Einbindung in Lehre und Ausbildung nach 30 Jahren (Hoch)Schule für Soziale Arbeit Zürich 1997 zu beenden! Es gab eine Menge Projekte und Vorhaben, die ich endlich in einem etwas ruhigeren Fahrwasser verfolgen wollte. Nun, es kam aufgrund meiner Anstellung an der Technischen Universität Berlin, an welcher ich 1995 als Spätzünderin noch habilitiert hatte, unerwarteterweise anders. Als Nachfolgerin von C.W. Müller[2] traf ich – im Vergleich zur Fachhochschule – auf ein wesentlich weniger enges Arbeitskorsett. Es erlaubt mir nicht nur, eigene Arbeitsschwerpunkte zu setzen, sondern auch etwas von der Kultur, Politik und geistigen Stimulation dieser „Stadt in Bewegung" mitzubekommen!
Und auch hier traf ich auf ein langjähriges, aufeinander eingespieltes „Institutsteam" mit allen mir gut bekannten „Mechanismen" – nur dass die Sitzungen nicht so häufig sind und „Institutsrat" heißen und sich die inhaltliche, disziplinübergreifende Zusammenarbeit tendenziell nur, wie das halt an Universitäten üblich ist, auf die Mitteilung der Vorlesungs- und Seminarthemen beschränkt. Hingegen ergaben sich durchaus erfreuliche Seminare und Vorlesungen im Co-Teaching.
Von früheren KollegInnen befragt, was denn der Unterschied zwischen Berlin und Zürich sei, antwortete ich zuerst mit Schmunzeln: Vieles ist durchaus vergleichbar. Neu waren die offenbar langjährigen Auseinandersetzungen mit dem Fachbereich Erziehungswissenschaft aufgrund unterschiedlicher Studienkonzeptionen – an Deutschlands Universitäten allerdings nichts Neues! Als wichtigsten Unterschied betrachte ich folgendes: Fast alle Mitglieder des inzwischen erheblich reduzierten Lehrkörpers waren bzw. sind Mitglied einer sozialen Bewegung, so u.a. der 68er Bewegung, insbesondere Heimkampagne (C.W. Müller, Manfred Kappeler, Manfred Liebel), Frauenbewegung (Tina Thürmer-Rohr, Andrea Schmidt), Ökologiebewegung (Waltraut Kerber-Ganse), Psychiatriereformbewegung (Gertrud Hartmann, Horacio Riquelme), Reform der Drogenpolitik (Manfred Kappeler), Reformierung des KJHG, was man als Produkt der 68er-Bewegung bezeichnen kann (Johannes Münder), Menschenrechtsthemen/-bewegung (Manfred Kappeler, Horacio Riquelme, Tina Thürmer-Rohr, Silvia Staub-Bernasconi). Und diese Konstellation scheint mir dafür verantwortlich zu sein, dass trotz der düsteren, für die „Langjährigen" besonders schmerzlichen Perspektive der Ab-

[2] Siehe seinen Beitrag in Bd. 1.

wicklung des Institutes alle noch mit vollem Engagement dabei sind und keineswegs innerlich bereits gekündigt haben.
Besondere Herausforderungen bietet mir die Auseinandersetzung mit neuen (Promotions-)Themen wie beispielsweise Gemeinwesenökonomie, Rechtsextremismus, Friedensarbeit im Rahmen regionaler und internationaler Friedensmissionen, die politische Dimension Sozialer Arbeit, Mediaton, Evaluation sozialpädagogischer Einzelbetreuung, ein Vergleich zwischen Luhmannscher und Bungescher Systemtheorie. Dabei lernte ich die seit den 70er Jahren institutionalisierten, viersemestrigen, u.a. von C.W. Müller eingeführten Theorie-Praxis-Seminare kennen. Diese haben den Anspruch, gesellschaftlich relevante Probleme aufzugreifen, reale Handlungsmöglichkeiten für Studierende zu schaffen, gruppendynamische Prozesse und Konflikte aufzuarbeiten – alles Erfahrungen, aus denen man mehr lernen kann als durch vorzeitige Spezialisierung oder ein kurzes „Beistellpraktikum" (Müller 2001).
Die größte Herausforderung, seitdem ich in Deutschland lebe, ist allerdings die erneute Auseinandersetzung mit dem Nationalsozialismus. Erstaunt stelle ich fest, wie tief geprägt ich von dieser Zeit bin, die ich als Kind und Jugendliche in einer Familie erlebte, welche die Geschehnisse in Deutschland und später die Kriege rund um die Schweiz äußerst wachsam und kritisch verfolgte. Hitlers Stimme bei den täglichen Nachrichten ist mir heute noch im Ohr und auch seine Aussage: Die Schweiz, das kleine Stachelschwein, das nehmen wir beim Heimweg ein! Mein Vater, der sich öffentlich gegen die Nazis exponiert hatte, hätte vermutlich zu denen gehört, die bei einem Einmarsch liquidiert worden wären. 1945 war ich überzeugt, dass ich nie im Leben Deutschland betreten würde.
Die zeitliche Distanz und die unübersehbare Literatur über diese Zeit verschafft mir neue, weniger emotional beladene Zugänge. Nicht nur, aber vor allem in dieser Hinsicht wurde mir Tina Thürmer-Rohr mit ihrer profunden Kenntnis der Kriegsgeschichte, des Nationalsozialismus und im besonderen des Beitrages der Frauen als Mitdenkerinnen und -täterinnen in dieser Zeit zu einer wichtigen Gesprächspartnerin. Dazu kommt ihre Beschäftigung mit dem Lebenswerk von Hannah Arendt, das bis in die Konzerte, zusammen mit Laura Gallati, eine dialogische Gestalt gefunden hat. Mein besonderes Interesse gilt heute den Denkfiguren, den Vorläufertheorien und -philosophien, dieser Kombination von Idealismus, Hegel, Kantscher Pflichtmoral, Fichte, Nietzsche-Interpretation, Wagnerscher Mystik, Carl Schmitt, Natur- und Sozialwissenschaftlern mit hoher Reputation sowie den vielen kleinen „Secondhand-Dealern mit Ideen". Der Ausdruck stammt von Hayek, der die

Prozesse der Diffusion des Marxismus sehr genau studierte, um die Ergebnisse auf die weltweite Verbreitung des Neoliberalismus anzuwenden. Sie alle trugen direkt oder indirekt dazu bei, das Undenkbare denkbar zu machen, was dann andere politisch in bisher nie dagewesener technokratisch organisierter Brutalität umsetzten. Ein weiteres Interesse gilt der von empirischen Zusammenhängen abgekoppelten Faschismuskritik, die aufgrund eines unterkomplexen, eindimensionalen Begriffs von Rationalität zur pauschalen Vernunft-, Aufklärungs- und Technologiekritik emporstilisiert wurde und wird (Schäfer 1994). Mit einem auf Zweckrationalität reduzierten Rationalitätsbegriff glaubt man, Moderne und Aufklärung als Ganzes kritisieren zu können – dies mit höchst problematischen Folgen für das Verständnis von Wissenschaft, Erkenntnis, Wahrheit und Veränderungswissen, das mithin nur noch als entfremdende Technokratie verstanden werden kann.

Nicht nur, aber auch auf diesem Hintergrund ist meine immer wieder geäußerte Kritik am menschenverachtenden Potential holistischer Theorien und Handlungsentwürfe, ob nationalistisch, neo-marxistisch, „systemisch" oder religiös zu sehen (vgl. hierzu die reiche Dokumentation von Kappeler 2000). Nicht zuletzt deshalb kritisiere ich scharfzüngig den funktionalistischen Zugang zur Theoriebildung in der Sozialen Arbeit, der für eine bedürfnis- und problemtheoretische Gegenstandsbegründung nur ein müdes Lächeln übrig hat und zur Zeit nur noch die systemkonformen, marktgängigen Leistungsstarken favorisiert und sich dazu hergibt, Empowerment ohne strukturelle Machtanalyse zu predigen.

Es gab wichtige Gründe, die Bande zu Zürich nicht ganz abzubrechen. Der eine Grund ist meine inzwischen 32jährige Tochter Mirjam, Fotografin. Sie schätzt es allerdings, immer wieder für ein paar Tage nach Berlin zu kommen, an denen wir intensive „Kulturreisen" (z.B. anlässlich der langen Nacht der Museen) unternehmen – unterbrochen durch leckere gastronomische Einlagen. Endlich ist es mir möglich, mich für ein paar Tage voll und ganz ihr, ihren Vorschlägen, interessanten Einschätzungen, Beurteilungen des gemeinsam Erlebten zu widmen, und dies, ohne dauernd auf nicht getane Arbeit zu schielen. Ein richtig schönes Gefühl und Erlebnis! Auch ihr fiel bei ihren kurzen Besuchen auf, wie allgegenwärtig die Themen des Nationalsozialismus, des Krieges und seiner Folgen – auch in der Kunst, den öffentlichen Debatten, im Theater – sind.

Im Weiteren wohne ich in Zürich mit meiner Freundin Marie-Louise Ries im gleichen Haus. Auch sie kommt ab und zu nach Berlin. Relativ häufiger – leider insgesamt zu wenig – sehen wir uns in Zürich über ein Wochenen-

de, manchmal auch in einem gemeinsamen Arbeitszusammenhang und bei gemeinsamen Einladungen oder Festen.
Und schließlich habe ich auch noch die Verantwortung für ein Projekt. In der Zeit von 1995-2000 war das „SOS-Team für interkulturelle Konflikte und Gewalt" ein wissenschaftlich ausgewertetes Pilotprojekt der Schweizerischen Gemeinnützigen Gesellschaft. Ab 2000 müssen wir versuchen, seine Eigenwirtschaftlichkeit zu erhöhen, was mit einigen Hürden verbunden ist. Obwohl die ungesicherte Finanzierung einem wie ein Mühlstein am Halse hängt, denke ich, dass es ein notwendiges Projekt ist, bei dem nicht der so genannte Markt allein entscheiden kann, ob es überlebt oder nicht. Seine höchst erfreuliche Entwicklung ist dem großen persönlichen wie professionellen Einsatz von Hanspeter Fent und Gülcan Akkaya, aber auch dem früheren Mitarbeiter Felix Baumgarnter, alles SozialarbeiterInnen, zu verdanken (Akkaya/Fent/Staub-Bernasconi 2001).

DIE VERWIRKLICHUNG EINES LANG GEHEGTEN TRAUMES

Als ich 1997 nach Berlin kam, befand sich das Institut in einem bewundernswerten, zermürbenden, leider erfolglosen Kampf gegen seine Schließung per Frühjahr 2003. An einer Klausur mit immer wieder neuen Überlegungen zu „Strategie und Taktik" gegenüber den maßgebenden universitären Gremien und Akteuren (da fühlte ich mich durchaus ganz schnell im Element), entstand plötzlich folgende Vision: Auch wenn wir untergehen, wollen wir würdig untergehen! Was könnte das bedeuten? Warum nicht die gemeinsame Arbeit an der Niederschrift unserer Vorstellungen zu einem progressiven, zukünftige internationale Entwicklungen berücksichtigenden universitären Studium in Sozialer Arbeit (Sozialarbeit/Sozialpädagogik)? Warum nicht der Versuch, ein Studium aufgrund der Menschenrechte als curriculumstrukturierende Leitidee zu konzipieren? Ein Studium, das nicht wir, sondern vielleicht und hoffentlich andere an einem anderen Ort realisieren!
Einmal mehr aufstehen als umfallen! Das gefiel mir. Und ein Ort, um dieses Anliegen einzubringen, bestand auch schon: die regelmäßigen Fakultätstreffen zwischen den vier Fachhochschulen in Berlin und Potsdam sowie der Freien Universität und der Technischen Universität Berlin. Auch dort wurden bereits Ideen zur Gründung eines Berliner Institutes für Postgraduale Studien in Sozialer Arbeit diskutiert. Und da gab es nach einigen „Wenns" und „Abers" eine höchst erfreuliche „Fusion" und intensive pla-

nerische und inhaltliche Zusammenarbeit. An einer Sitzung, an welcher sich der designierte Präsident des neu gegründeten Vereins bereits vor seinem Amtsantritt schriftlich verabschiedete, wurde ich Präsidentin des *Zentrums für Postgraduale Studien Sozialer Arbeit* und anfangs 2001 konnten wir eine Projektkoordinatorin anstellen. Im März 2002 hoffen wir, mit dem ersten 4semestrigen Kooperationsstudiengang zwischen den drei Fachhochschulen Berlins sowie dem Institut für Rehabilitationswissenschaften an der Humboldt-Universität beginnen zu können. Er baut auf einen FHS-Abschluss oder einen universitären Abschluss in Human- und Sozialwissenschaften auf und soll wahlweise für Lehraufgaben, Menschenrechtsarbeit/Internationale Soziale Arbeit oder innovatives Sozialmanagement qualifizieren, wobei die Masterthesis Basis für eine Doktorarbeit werden kann. Dass dieses Projekt zustandekam, freut mich ganz besonders: Ich erhoffe mir dadurch die Erhöhung der Chancen für qualifizierten Nachwuchs sowohl im akademischen Lehr- als auch im Praxisbereich, vor allem Lehr- und Führungskräfte, die mit der Disziplin und Profession Sozialer Arbeit vertraut sind. Des weitern knüpft das Projekt an eine Gründung von Alice Salomon an, die kurz nach der Eröffnung 1933 dem Naziregime zum Opfer fiel: die *Deutsche Akademie für soziale und pädagogische Frauenarbeit,* welche bereits 1925 zum Ziel hatte, Führungskräfte in der Sozialen Arbeit auszubilden. Ihr war zudem eine Forschungsabteilung eingegliedert.

THEMEN, FRAGEN, ENTWICKLUNGEN, DIE MICH BESCHÄFTIGEN?

Ach, da gibt es viele. So versuche ich abschließend, einige davon zu beleuchten. Und ich erlaube mir, hier nicht in wohl abgewogenen Sätzen, sondern pointiert zu formulieren. Beim Schreiben entdeckte ich, dass jedem der erwähnten Schwerpunkte auch ein wichtiger, von einer sozialen Organisationsform getragener Arbeitsschwerpunkt zugeordnet ist.

Der Niederschlag des Neoliberalismus in der Sozialen Arbeit

Mit abwechslungsweisem Staunen, Ärger und oft auch mit Verzweiflung verfolge ich, wie neoliberales Denken und die betriebswirtschaftliche Begrifflichkeit in der Theorie und Praxis Sozialer Arbeit Einzug hält. Letzteres bildet nicht etwa eine notwendige handlungstheoretische Basis für Leitungsfunktionen im Sozialwesen oder das hilfreiche methodische Werkzeug für die Gründung von sozialen Unternehmen/Genossenschaften, beispielsweise zusammen mit Erwerbslosen und weiteren AdressatInnen Sozialer Arbeit der so genannten ersten wie der dritten Welt (vgl. meinen Bericht über die IASSW/IFSW-Konferenz in Montreal 2000 im Mitgliederrundbrief der Deutschen Gesellschaft für Sozialarbeit vom April 2001). Sie durchdringt das gesamte Denken über Soziale Arbeit und wird still oder offen als endlich angebrochene „effiziente Professionalität" gefeiert, die nicht mehr endlos auf diffuse – psychologisch anteilnehmende – Weise an Problemen herumbastelt, sondern Fälle und Gemeinwesen, Ressourcen und Konflikte mit nie dagewesener Effizienz managt. Hauptkompetenz scheint die Überweisung von KlientInnen an andere Stellen zu werden – verschleiernd-modern als Vernetzung bezeichnet –, begleitet von effizienten Kommunikations-, vermutlich aber vor allem Überredungsstrategien, wenn es um über Überlastung klagende SozialarbeiterInnen geht.

Aber eben, die Sozialarbeitenden dürfen ungehindert weiterhin ihr großes Leid beklagen, dieweil man sich, um „in" zu sein, systematisch abgewöhnt hat, von den Problemen von KlientInnen zu sprechen, geschweige darüber nachzudenken und daraus sozialpolitische Konsequenzen zu ziehen. Da gibt es, getreu dem neoliberalen Utilitarismus, nur noch (Human-)Ressourcen, funktionale Trägerinteressen und marktkonforme, schnelle Lösungen. Nun ja, auf dem Markt sprechen Kunden ja auch nicht von ihren Problemen, sondern verlangen eben eine Dienstleistung für das, was sie zu bezahlen bereit und fähig sind.

Es gibt allerdings Ausbildungen wie beispielsweise der *Interdisziplinäre Universitätslehrgang für Sozialwirtschaft, Management und Organisation Sozialer Dienste der Wirtschaftsuniversität Wien (ISMOS)*, dessen co-leitendes und lehrendes Mitglied ich bin, die ein Gegensteuer zu diesen Entwicklungen darstellen und versuchen, der Frage nach dem komplexen Verhältnis zwischen sozialen und ökonomischen Zielen den ihr gebührenden Platz einzuräumen. Qualitätssicherung kann so auch zur Chance für die Weiterentwicklung von Professionalität werden. Aber es sollte ebenso klar sein, dass die betriebswirtschaftliche Forderung nach vermehrter Wirksamkeit und Effizienz der Sozialen Arbeit und vieler anderer gesellschaftlicher Teilbereiche durch die klare Forderung nach Sozialverträglichkeit der Wirtschaft zu ergänzen ist.

Der starke Einbruch ökonomistischer Denkweisen in die Soziale Arbeit ist meines Erachtens vor allem deshalb möglich, weil ihre professionelle Wissensbasis noch so weit von einer von DozentInnen wie PraktikerInnen getragenen, bejahten und weiter entwickelten Handlungs- bzw. Sozialarbeitswissenschaft entfernt ist, dass kaum bemerkbar wird, wann die minimalsten, im internationalen Berufskodex festgehaltenen Professionalitätskriterien unterschritten werden. Wo sind die Sozialarbeitenden, die, wie das Pflegepersonal, mit ihren AusbildnerInnen und DozentInnen an die Öffentlichkeit gelangen, um darauf hinzuweisen, dass sie gar keine professionelle Soziale Arbeit, ob Sozialberatung oder Jugendarbeit, mehr leisten? Dass auf diesem Hintergrund jede Art von modischer Theorie und Methodik, die dieses Vakuum füllt, leichtes Spiel hat, dürfte klar sein. Und was viele der jetzigen Theorien betrifft, so erschrickt man ob dem in etlichen Abhandlungen gezeichneten Bild theoretisch und ethisch verkrüppelter, auf Nützlichkeit, Beschäftigungsfähigkeit („Employability") reduzierter, marktfähiger Menschen. Bei alledem wird kaum durchschaut, wie sich die Gerechtigkeitsbegriffe zwischen Links und Rechts kaum mehr unterscheiden, d.h. wie einer marktförmig wachsenden Ungleichheit wachstums- und gerechtigkeitsfördernde Eigenschaften zugeschrieben werden. Dazu kommt, dass nicht nur die Bedürfnis-, sondern auch die Leistungsgerechtigkeit demontiert wird, wenn Menschen für Löhne arbeiten, die keine selbständige Existenzsicherung gewährleisten, aber vor allem, wenn bewusst ein Niedriglohnsektor ausgebaut wird, der durch den Übergang vom „welfare" zum „workfare" staatlich mitunterstützt wird (Shragge 1997) und schließlich, wenn nur die leistungslosen Einkommen der Sozialhilfeempfänger und nicht diejenigen der Shareholder problematisiert werden (Mahnkopf 2001). Und der unsinnigste Satz, der dies alles krönt, ist derjenige, dass wir alle die Wirtschaft repräsentieren und – implizit mitgesagt – selber für diese Situation verantwortlich sind. Er übertrifft sogar noch die von Margaret Thatcher ausgegebene Parole, es gebe nur Individuen und Familien, aber keine Gesellschaft.

Die Debatten um Sozialarbeitswissenschaft und Professionalität

Die bildungs- und statuspolitischen Interessen sind bei diesen pseudofachlichen Debatten derart durchsichtig, dass man sie kaum noch ernst nehmen kann! Nur auf diesem Hintergrund lässt sich erklären, weshalb man Wissenschaftlichkeit in völliger Willkür an organisationelle Kontexte – richtige (Erziehungs-)Wissenschaft an Universitäten versus fragliche Sozialarbeitswissenschaft an Fachhochschulen – zu binden versucht. Willkür auch deshalb, weil jede europäische und internationale Konferenz beweist, dass Soziale Arbeit außerhalb des deutschsprachigen Kontextes (auch oder nur) auf der Universitätsebene gelehrt wird und sogar im deutschen Sprachraum an der Universität Freiburg/Schweiz – zum Teil auch an den Universitäten

Bremen und Duisburg –, studiert werden kann. Besonders erwähnenswert scheint mir aber auch die Tatsache, dass es oft die Fachhochschuldozent(inn)en selber sind, welche die Professionalisierung Sozialer Arbeit ablehnen und so, ob gewollt oder nicht, deren erhebliche Abhängigkeit von unreflektierter Alltagsmoral, institutionellen Vorgaben und Trägerinteressen festschreiben. Willkür herrscht schließlich auch dann, wenn – unter Missachtung jeglicher Fakten sowie aufgrund der neueren, neoliberalen Forderungen nach rascher (gewinnbringender) Anwendbarkeit des wissenschaftlich erhobenen Wissens –, die „reine“ Wissenschaft den Universitäten und die angewandten, handlungs- und wertbezogenen Wissenschaften den Fachhochschulen zugeordnet werden. Fürs erste werden Dutzende von alten und neuen Professionen an den Universitäten gelehrt (Mediziner, Psychiater, Theologe, Jurist, Psychologe, Architekt, Ingenieur, Betriebswirtschaftler, Informatiker, Pädagoge, Umweltexperte, um nur einige zu nennen). Insofern verstehe ich auch Pädagogik und Erziehungswissenschaft als wertbezogene Handlungswissenschaft. Zweitens muss jede an einer Fachhochschule gelehrte Profession – sofern sie den Anspruch auf Professionalität erhebt – auf transdisziplinäres Bezugswissen rekurrieren, das sie nicht unbedingt selber entwickeln muss. Die Abgrenzung ist und bleibt verschwommen, was sogar positiv zu werten ist. Denn eine falsch verstandene Wertfreiheit des Grundlagenwissens hat sich als höchst problematisch erwiesen. Aufgrund der meist sehr mächtigen Lobbys dürfte es ohnehin kaum je gelingen, alle Professionen den Fachhochschulen und alle Grundlagenwissenschaften den Universitäten zuzuweisen. Nur die Soziale Arbeit hat leider keine Lobby an den deutschen Universitäten, so dass immer wieder versucht wird, sie an die Fachhochschulen festzunageln (vgl. meinen Beitrag „Klarer oder trügerischer Konsens ... in den Debatten über Sozialarbeitswissenschaft“ von 2001).

Es gibt in diesem Zusammenhang aber auch Erfreuliches zu berichten: Ein seit etwa sechs Jahren regelmäßig tagender *Arbeitskreis Theorie- und Wissenschaftsentwicklung in der Sozialen Arbeit,* dessen Vorsitz ich als *Vorstandsmitglied der Deutschen Gesellschaft für Sozialarbeit* innehabe, der sich kaum um solche „fundamentalen Differenzen“ und Statusfragen kümmert. Alle schätzen, so viel ich höre, die offene, lebhafte, kooperative und kollegiale Zusammenarbeit an Themen einer allgemeinen Handlungstheorie, eines Vergleichs von Systemtheorien, einer Reflexion über methodische Zugänge, an Fragen des Verhältnisses zwischen Sozialer Arbeit und Politik(-beratung) usw. Bis heute gelingt es uns, das berühmte „Hickhack“ unter KollegInnen zu vermeiden, ohne erhebliche theoretische Differenzen zu verwischen. Gründungsmitglied dieses Arbeitskreises ist auch Ernst Engelke, der mit seinem Buch *Soziale Arbeit als Wissenschaft* (1992) den unüberhörbaren Auftakt zur teilweise heftig geführten Debatte über eine Theorie und Wissenschaft Sozialer Arbeit eröffnet hat. Nach einer Phase massiver, nur langsam abklingender Anfeindungen war ihm vergönnt, anlässlich des 4. Bundeskongresses Soziale Arbeit in Mainz von 2001 einer verblüfften ZuhörerInnenschaft bekanntzugeben, dass in einer von der Hochschulrektorenkonferenz und der Kultusministerkonferenz verabschiedeten Rahmenordnung Soziale Arbeit als Wissenschaft anerkannt wird.

Endlose Abhandlungen über den Unterschied zwischen Sozialarbeit und Sozialpädagogik

Dazu kommt der Nebenschauplatz der nicht enden wollenden Auseinandersetzungen über den Unterschied zwischen Sozialarbeit und Sozialpädagogik. Für jedes diskutierte, so genannte Unterscheidungskriterium – so z.B. die postulierte Unterschiedlichkeit der AdressatInnen, der Problemerfassung, der theoretischen Zugänge, Ziele und Methoden, der Komplexität des Arbeitsfeldes – wäre ich jederzeit in der Lage, analoge Beispiele sowohl in der Sozialarbeit als auch in der Sozialpädagogik zu liefern. Dabei sei nicht verschwiegen, dass Sozialpädagogik, historisch betrachtet, den Blick tendenziell auf Lernprozesse unter schwierigen psychischen wie sozialen/kulturellen Bedingungen und Sozialarbeit tendenziell den Blick auf Prozesse der Versagung und Ermöglichung von Bedürfnisbefriedigung in Notsituationen unter sozialen/kulturellen Bedingungen erschwerten Erlernens von sozialen Problemlösungen legte. Hier nur ein einziges, besonders illustratives Beispiel einer Geisterdebatte: So wird das Diagnose-Hilfeverständnis von Alice Salomon kritisiert und im KJHG durch „unbestimmte Rechtsbegriffe" (Münder), so beispielsweise „das Kindeswohl" ersetzt. Worauf soll aber die gleichzeitig geforderte, „inhaltliche Füllung" oder Operationalisierung – so „die Deutung der Lebenslage und Prognose" – beruhen, wenn man nicht nur von ausgehandelten Alltagsmoralen und -theorien der AdressatInnen wie der Sozialarbeitenden ausgehen will? (vgl. Uhlendorff, Sozialpädagogische Diagnosen III, 1997, S. 17ff.) Im weitern: Alice Salomon bemühe sich um eine gezielte „psychische Beeinflussung", Sozialpädagogen jedoch um konkrete pädagogische Aufgabenstellungen sowie um die „Durchdringung" der Lebensbewältigungsprozesse der Heranwachsenden. Was sind denn Aufgabenstellungen anderes als versuchte Einflussnahme auf psychische Prozesse und Handlungskompetenzen? Und weshalb soll in der (klassischen) Sozialarbeit die Hilfe beim Umgang mit Aufgaben und Anforderungen der Alltagsbewältigung fehlen? Und wie unterscheidet sich „psychische Beeinflussung“ von der „Durchdringung der Lebensbewältigungsprozesse“ – eine geradezu angsterregende Vorstellung? Hier wird allein durch die Begriffswahl eine unübersteigbare theoretische Mauer geschaffen, die in sich zusammenfällt, sobald man beidseits fragt, was denn real (empirisch) gemeint ist.

Die wichtigsten möglichen, aber nicht notwendigen Unterschiede zwischen Sozialarbeit/Sozialpädagogik sehe ich in Bezug auf folgende Themen: die Antwort auf die Frage, ob SA/SP für alle Menschen oder nur für ein bestimmtes – mehrheitlich benachteiligtes Segment der (Welt-)Gesellschaft zuständig ist; welchen Stellenwert realwissenschaftliche Human- und Sozialwissenschaften als Bezugswissen haben sollen und miteingeschlossen die Antwort auf die Frage, ob die soziale Problemorientierung die Funktion Sozialer Arbeit bestimmen soll oder umgekehrt bzw. welches Gewicht die beiden Orientierungen in einem theoretischen Ansatz erhalten sollen. Weitere Differenzierungen ergeben sich bei der Beantwortung der Frage, inwiefern in einem vornehmlich geisteswissenschaftlich-hermeneutischen Zugang die (sozio)ökonomische Dimension wie die psychobiologische Konstitution des Menschen als Sachverhalt, Problem, wichtige Determinanten sowie als Thema von Sozial-, Gesundheits- und Gesellschaftspolitik berücksichtigt werden müssen und inwiefern ein eher strukturtheoretischer Zugang psychische Prozesse und individuelle Selbst-, Fremd- und Weltbilder als Sachverhalt, mögliches Problem und wichtige Determinanten integrieren müsste.

Wie sinnvoll sind solche Debatten angesichts der sich transnationalisierenden sozialen Probleme, wachsender Globalisierung Sozialer Arbeit und den Möglichkeiten einer transdisziplinären Systemtheorie, die zumindest ein Angebot wäre, Teilaspekte und Teiltheorien nicht zu entwerten und zu hierarchisieren, sondern zu integrieren? Wie sinnvoll sind sie angesichts der sich dadurch ergebenden neuen Aufgaben, die auf eine sich bis jetzt vornehmlich kleinräumig, gesetzesorientiert und fallbezogen verstehende Soziale Arbeit zukommen? Sofern es sich nicht um Statuskämpfe handelt, sind diese Unterschiede überwindbar. In der zukünftigen Praxis dürften sie ohnehin kaum eine Rolle spielen.

DAS DIFFUSE, NICHT „THEORIEWÜRDIGE" ARBEITSFELD DER SOZIALEN ARBEIT – AUF DER SPUR EINES GESCHLECHTERVERHÄLTNISSES?

In fast keiner Abhandlung zur Sozialen Arbeit, vornehmlich aus der Sicht der universitären Sozialpädagogik, fehlt das Argument des „diffusen, komplexen, erratischen, dauerndem Wandel unterworfenen Problem- und Arbeitsfeldes der Sozialen Arbeit", das deshalb keiner systematischen, theoretisch-wissenschaftlichen Reflexion zugänglich sei. Warum diese fortwährende Suche nach einem Einheit stiftenden Prinzip, das meistens ohne empirische Analyse der Adressatensituation auskommt? Warum die eifrige Suche nach einem einzigen obersten und inneren Zweck, von dem angenommen wird, dass er das „(Teil) Ganze" Sozialer Arbeit möglich macht? Zum einen wird hier völlig ausgeblendet, dass die Anfänge der Soziologie als Disziplin eng mit der Theoriebildung über Soziale Probleme verknüpft war, beginnend mit der *Sozialen Frage* bei Marx, ferner der *Armut, dem Fremden, dem Streit* bei Simmel, dem *Selbstmord* bei Durkheim, den vielschichtigen Untersuchungen von Hull House und der Chicagoschule zu *Migration* (Thomas/Znaniecki), *Armut, Arbeitsbedingungen im Frühkapitalismus, Gangs, Frauendiskriminierung auf dem Arbeitsmarkt, Frauenhandel, Kriminalität* (Jane Addams, Florence Kelley, Julia Lathrop; Park/Burgess usw.). Schon allein diese Aufzählung verweist uns auf zentrale, uns seit über 100 Jahren begleitenden sozialen Probleme und widerlegt die pauschalisierende Behauptung, es gäbe fortwährenden, unübersichtlichen und darum theoretisch kaum erfassbaren Wandel im Problembereich Sozialer Arbeit. Auch in der neuen so genannten Wissensgesellschaft werden sich die bekannten sozialstrukturellen und kulturellen wie sozialpsychologischen Mechanismen, wenn auch mit veränderten Inhalten, Verdichtungen und Kombinationen reproduzieren. Die Aussagen scheinen eher auf die kognitiv-theoretischen Grenzen der Theoretiker hinzuweisen. All die genannten Untersuchungen setzen zudem bei einer theoretisch mehrdimensionalen, empirischen Erfassung der Lebensverhältnisse und Probleme von Individuen, Familien, sozialen Kategorien (Arbeiter, Migranten, Frauen) oder sozialräumlichen Gemeinwesen an.
Und auch ich hatte eine Soziale Arbeit kennen gelernt und als Theorie Sozialer Probleme zu begründen versucht, die von den individuellen Nöten, strukturellen und kulturellen Behinderungen ihrer AdressatInnen ausgeht und diese einer theoretischen Reflexion zuführt. Es hat lange gedauert, bis ich die fundamentale Perspektivenumkehr, d.h. den „funktionalen Blick von oben" vieler Theorien Sozialer Arbeit (SA/SP) wahrnahm, nicht zuletzt deshalb, weil ich mir die Hauptkritik an den älteren amerikanischen Metho-

den, ihren so genannten technokratischen Funktionalismus, zu Herzen genommen hatte. Aber gerade in den neueren, einschlägigen Theoriebeiträgen geht es immer seltener um die Ermöglichung von Bedürfnisbefriedigung oder gar um die Befreiung aus illegitimen Machtverhältnissen. Diskutiert wird (wieder neu) soziale Abweichung von (sub-)kulturellen gesellschaftlichen Normen und Resozialisierung (vgl. meine diesbezügliche Kritik von 1983 in der Dissertation über *Soziale Probleme – Dimensionen ihrer Artikulation)* oder soziale funktionsbezogene Exklusion und Systeminklusion oder „noch höher": systemisch und/oder staatlich/gesetzlich und/oder trägerbestimmte Gegenstandsdefinitionen wie „Hilfe und Kontrolle", „Hilfe/Nicht-Hilfe", „Fall/Nicht-Fall". Und dies meist ohne Hinterfragung der Normen, Regeln und binären Codizes, welche Abweichung oder Exklusion festlegen, direkt oder indirekt produzieren und desgleichen ohne kritische Frage, ob denn Integration/Inklusion immer wünschenswert ist.
Mit Erstaunen musste ich also feststellen, dass der latente und offene Funktionalismus im Zusammenhang mit der Theoriebildung zur Sozialen Arbeit – übrigens auch in den neo-marxistischen Ansätzen (vgl. früher) – denjenigen der angelsächsischen Beiträge bei weitem übertrifft. Man kann es Zygmunt Baumann (1996) zufolge als paradoxe Harmonie zwischen folgendem bezeichnen: einer jeder empirischen Rechtfertigung enthobenen, gesetzgebenden Vernunft aufgrund einer postulierten, transzendentalen, unbezweifelbaren Kategorie oder Autorität, die über den gewöhnlichen Gesetzmäßigkeiten des Alltags und der vulgären sinnlichen Erfahrung steht und einer dazugehörigen strengen bis sanften Disziplinierungs- oder gar Unterwerfungspraxis unter ein Ganzes, einen höheren Zweck. Und dazu braucht es einen manchmal gütigen, wohlwollenden Lehrer/Erzieher und manchmal einen strengen, unnachgiebigen Wächter. Beide haben die Aufgabe, Chaos, Unbestimmtheit, Komplexität, Mehrdeutiges, Eigensinnigkeit, Abweichung in Ordnung, Pflicht- und Funktionserfüllung zu verwandeln.
Im institutionalisierten Dauerzweifel über die „Bedingungen der (Un-) Möglichkeit einer Sozialarbeitswissenschaft" versteckt sich meines Erachtens noch etwas weiteres: die Hintergrundfigur der Überlegenheit der Gedankensysteme großer Männer, Geisteswissenschaftler, über die Niederungen einer vornehmlich von Frauen bewältigten, diffusen Alltagspraxis, für die es mit ihrer „natürlichen Begabung" zur Fürsorglichkeit und Pflege vielleicht grad noch für einen „ganz normalen Beruf" (Scherr, in SozialExtra, 2001, H. 4), aber sicher nicht für eine (geistes-)wissenschaftlich fundierte Handlungswissenschaft und Profession reicht. Dennoch: Diese diffu-

se, vulgäre Praxis ohne die Dignität höherer Reflexivität muss natürlich durch den „großen Geist" der etablierten, akademischen Disziplinen kontrolliert und supervisiert werden, was ihre Subsumierung unter irgendeine, sich als Leitdisziplin deklarierende Leitwissenschaft legitimiert. So wurde die Soziale Arbeit wechselweise der Ökonomie, Soziologie, Psychologie oder anderen normativen (Handlungs-)Wissenschaften wie der Theologie, Medizin, Jurisprudenz oder Pädagogik/Erziehungswissenschaft und neuerdings der betriebswirtschaftlichen Managementlehre untergeordnet. Nun, all dies ist nichts anderes als Machtpolitik im Foucaultschen Sinne und gewiss nicht Wissenschaft.

SOZIALE ARBEIT UND DIE FRAUENFRAGE

Zu diesem Thema ist viel geschrieben und gesagt worden. Ich beschränke mich hier auf persönlich Erfahrenes. Es dürfte klar geworden sein, dass ich für lange Zeit von der Klassen- und Rassenfrage umgetrieben war. Ich musste mich dementsprechend nicht von einem klassen- und farbenblinden „kollektiven Wir" ohne Differenz lösen, offenbar einem krisenhaften Prozess in der Frauenbewegung, wie Tina Thürmer-Rohr im Rückblick festhält.

Die anfangs der 70er Jahre aufgekommene zweite Frauenbewegung nahm ich zuerst aufgrund meiner Trippelbelastung mit Familie, Arbeit und Studium nur von Ferne wahr. Es war das in meiner Dissertation ausführlich behandelte Machtthema (vgl. auch die einschlägigen Artikel im Buch von 1995 über Systemtheorie), das dazu führte, dass ich aufgrund von Vorträgen über „Frauen und Macht" – zum Beispiel an der *Volksuniversität in Zürich,* bei der *Internationalen Assoziation der Philosophinnen,* bei den *Frauen für den Frieden* – anfangs 1980 zur Frauenbewegung stieß, die nach wichtigen Anfangserfolgen zur Einsicht kam: Die Frauenfrage ist (auch) eine Machtfrage! Wohl noch wichtiger war meine Freundschaft mit Marie-Louise Ries, selbständige Laufbahnberaterin für Frauen, Initiantin von zahlreichen Frauenprojekten, u.a. auch des leider an internen Querelen gescheiterten Frauenbildungszentrums „Balance" sowie Kursleiterin in zahllosen Seminaren, u.a. auch im European Womens College, wo ich einen kleinen Unterrichtpart übernommen habe. Man konnte bei ihr vorbeikommen, wann man wollte. Immer traf man engagierte, interessante Frauen, die sich gegenseitig unterstützten, in Männerfragen berieten, miteinander feierten und lachten, aber auch über Misserfolge und scheiternde Partnerbe-

ziehungen hinweghalfen. Sie war und ist bei alledem ein ruhendes Zentrum in einem großen Frauennetzwerk, das heute noch besteht.
Nun, es kam zu einem kontinuierlichen, aber nie ausschließlichen Engagement in Frauenfragen, u.a. als *Gründungs- und Redaktionsmitglied der feministischen Zeitschrift „OLYMPE“*, die sich zum Ziel setzt, Frauen für ökonomische, (sozial)politische, internationale Zusammenhänge zu interessieren –, keine einfache Sache angesichts des doch vorherrschenden Interesses an Körperpolitik, Kultur- und Identitätskonstruktion und -dekonstruktion. Zudem habe ich immer versucht, Frauen im Bereich der Sozialen Arbeit zu fördern. Was die Übernahme von Führungspositionen im Sozialwesen betrifft, denke ich, dass dies beispielsweise über den ISMOS-Lehrgang in Sozialmanagement der Wirtschaftsuniversität Wien gut gelingt.
Was hingegen die zur Zeit im deutschen Sprachraum ausschließlich von Männern dominierte Theoriebildung betrifft, bin ich trotz erheblicher Anstrengungen deutlich weniger erfolgreich. Durchforsten Sie die Publikationen, die Sammelbände über Sozialarbeitswissenschaft: keine Beiträge von Frauen weit und breit! Hoffentlich habe ich keinen übersehen. Doch, kleine Ausnahme: Ria Puhl in einem Artikel zusammen mit zwei Männern und Maja Heiner in ihrem Beitrag über Nutzen und Grenzen von Systemtheorien in der Sozialen Arbeit. Abgesehen von fraglos höchst wertvollen Beiträgen über die Geschichte Sozialer Arbeit, über weibliche Schulgründerinnen, erste, wichtige Theoretikerinnen, (Frauen-)Projekte und vor allem methodische Fragen, mischt sich kaum je eine Frau in die Theorie- und Wissenschaftsdiskussion ein. Manchmal packt mich darob die Wut, manchmal die Resignation und manchmal erinnere ich mich an meine eigenen inneren Barrieren, die ich zu überwinden hatte, um offen dazu zu stehen, dass ich großes Interesse und Spaß an der Auseinandersetzung mit Theorien habe. Denn auch ich hatte verinnerlicht, dass Frauen „eigentlich Männer sind, wenn sie denken“ und eine theoretisierende Frau ihre Weiblichkeit verliert; und auch ich musste zuerst mal erfahren, dass sich Männer mit Theorien Lorbeeren und Frauen Liebes- und Beziehungsverlust einhandeln und kaum Zugang zu den dichten akademischen Männer-Netzwerken erhalten. Beim Sortieren alter Post fand ich einen Brief als Antwort an einen Kollegen, der mich ermunterte, mich für eine frei werdende Professorenstelle zu bewerben. Meine Antwort, über die ich heute herzlich lachen muss: „Eher gehe ich auf dem Mond spazieren, als mich für eine Stelle unter all diesen universitären Primadonnen zu bewerben.“ So beruht meine keineswegs zielsicher geplante „Karriere“ (Habilitation erst mit 60) eben doch auf dem bekannten Muster des Dornröschens, das hofft, von Prinzen wachgeküsst zu werden. Zu Beginn waren es Frauen, aber

danach tatsächlich fast immer Männer, die mir einen Schupf in Richtung Ausweitung meiner akademischen Lehrtätigkeit gaben.

SOZIALE ARBEIT UND MENSCHENRECHTE – SOZIALE ARBEIT ALS (EINE) MENSCHENRECHTSPROFESSION

Nicht nur in Bezug auf meine Theorie Sozialer Probleme und Sozialer Arbeit, sondern auch in Bezug auf dieses Thema werde ich immer wieder gefragt, wie ich denn dazu gekommen bin. Auch hier waren es Stationen oder vielleicht besser Brennpunkte, die ich nicht einfach löschen und ad acta legen konnte, sondern die sich immer mehr zu diesem Thema verdichteten (vgl. meine verschiedenen Beiträge unter diesem Titel im Literaturverzeichnis). Als erstes stellte ich fest, dass bereits Jane Addams in ihrem Buch *A New Conscience and an Ancient Evil* (1912) – basierend auf verschiedenen empirischen Studien bei verschleppten, in Bordellen und anderswo arbeitenden Mädchen und Frauen –, den Frauenhandel als staatlich geschützten Wirtschaftszweig mit „weißen Sklavinnen" analysierte und so in den Kontext der Sklavenbefreiung stellte. Viele ihrer Leser schrieen ob diesem Vergleich auf und ihre Rezensenten betrachteten es als das einzig stupide Buch, das sie je geschrieben hatte. Als eine der „sexuell arbeitslosen Frauen" von Hull House könne sie nichts von der Lust der Männer und ihrer Mädchen wissen. Die auch heute noch herrschende Vorstellung, nur Betroffenheit mache eine gute Analyse und Soziale Arbeit aus, erhält hier eine skurrile Wende.

In den USA lernte ich etliche aus Deutschland vertriebene, jüdische ProfessorInnen kennen (Gisela Konopka, Etta Saloshin, Walter Friedländer, Fritz Redl, Hans Falk), um später die Entdeckung zu machen, dass auch viele frühe Theoretikerinnen Sozialer Arbeit Jüdinnen waren und fast ausnahmslos alle verfolgt wurden oder ins Exil mussten (Alice Salomon, Ilse Arlt, Helena Radlinska usw.). Ich begann zu verstehen, was es heißt, das Recht, eine Rechtsperson zu sein, über Nacht zu verlieren. Mein Aufenthalt in den USA war aber auch die Zeit, wo ich mit der Bürgerrechtsbewegung der Schwarzen in Kontakt kam und realisierte, dass verfassungsrechtlich festgeschriebene Werte und Normen eine wichtige, unverzichtbare Machtquelle im Kampf um die Überwindung von Diskrimination, Rassismus, Klassismus, Sexismus sein können.

Ein nächster Schritt in dieser Auseinandersetzung war ein Sabbatical, das ich teilweise in Lateinamerika verbrachte. Im Rahmen meines Soziologiestudiums hatte ich gewiss schon einiges über Lateinamerika erfahren, da auch Soziologen aus Chile am Institut lehrten. Als ich aber 1987 in Lima landete und durch endlos-elende Favelas in die Stadt fuhr, versuchte ich im Bus zuerst, die aufkommenden Wut- und Verzweiflungstränen zu unterdrücken, um ihnen dann ungehemmt freien Lauf zu lassen. So war das also, wenn man nicht nur darüber las und hörte, sondern es mit eigenen Augen sah! Mein Weg führte mich dann nach La Paz, wo die Mineros in einen Hungerstreik getreten waren und – streng beobachtet und bewacht von Militärs –, tagelang schweigend, unbeweglich auf dem Hauptplatz saßen oder lagen (wie unterschied sich dies wohl vom alltäglichen Hunger?). Später ging es nach Rio, wo ich u.a. SozialarbeiterInnen kennen lernte, die unter miesesten Arbeitsbedingungen in Bus- und Bahnstationen Streetwork machten, in Kellern von 5-Sterne-Hotels – ohne Fenster und Lüftung – Hilfskräfte berieten, die jeden Tag fünf bis sechs Reisestunden auf sich nahmen, um für einen Hungerlohn zu arbeiten. Ein selbstbestimmtes, gesellschafts-, sozial- und fachpolitisches Mandat der Sozialen Arbeit war für sie und ihre DozentInnen, die ich an der Universität kennen lernte, eine Selbstverständlichkeit. Als ich in die Schweiz zurückkam, konnte ich nicht mehr so tun, wie wenn dies alles nicht existierte. Ja, Konstruktivismus hin oder her: Dies alles existiert(e) unabhängig davon, ob ich daran dachte oder nicht! Und all diese Menschen hatten „ihre Wirklichkeit" gewiss nicht selber konstruiert, sonst sähe sie ganz anders aus! Ich wunderte mich lediglich über die vielen Touristen, aber vor allem auch über die vielen weltgereisten Studierenden, die lange vor mir diese Länder besucht hatten und es offenbar fertig brachten, ihre Erfahrungen irgendwo so zu „verstauen", dass sie während der Ausbildung kaum je erwähnt wurden.

Ein nächster Meilenstein war die Begegnung mit Sozialarbeiterinnen des ANC aus Südafrika an einem Spezialkongress an der Universität von Chicago in Urbana-Champain zu Ehren von Jane Addams und ihren Friedensaktivitäten im Rahmen der *Women's International League of Peace and Freedom (WILPF)*. Die offiziellen Feiern zum 100-jährigen Jubiläum von Hull House in Chicago ließen in den Reagan-Jahren keine Würdigung der zentralen WILPF-Friedensvorstellungen zu, die Frieden mit Fragen sozioökonomischer Entwicklung und Gerechtigkeit, also den Abbau der wachsenden Ungleichheit, verknüpfen. Eine ganz besondere Freude war für mich, an dieser Tagung eine der Nachfolgerinnen von Jane Addams, die damalige Präsidentin der WILPF, Eleonore Romberg aus München, kennen zu lernen, mit welcher ich bis heute freundschaftlich verbunden blieb. Diese ANC-Sozialarbeiterinnen berichteten von den horrenden, täglichen Menschenrechtsverletzungen und hielten trotzdem unerschütterlich an der Vorstellung fest, dass „irgendwann“ das Apartheidsregime fallen werde. Ich schämte mich abgrundtief ob den (meinen) kleinlichen Klagen, ja dem Jammertal westlicher Sozialer Arbeit.

Ein weiterer Zugang zur Menschenrechtsthematik entstand durch die Aufnahme politischer Flüchtlinge, zuerst aus der Türkei, später aus Ex-Jugoslawien, Äthiopien, Eritrea, Irak usw. an der Hochschule für Soziale Arbeit Zürich. Zum ersten Mal ging es nicht mehr um etwas, das sich irgendwo in der Welt ereignete. Etliche waren ideell nach wie vor einem linken Sozialismus/Internationalismus zugetan, für den sie gekämpft hatten, verfolgt wurden und teilweise jahrelang im Gefängnis gesessen hatten. Als 1989 der Sozialismus übereilig für tot erklärt wurde, versuchte ich nachzuvollziehen, was dies für jemanden heißen musste, der in einem repressiven Staat für eine bessere Gesellschaft gekämpft hatte. Woher nehmen wir übrigens die naive oder zynische Anmaßung und postmoderne Arroganz, alle Aufklärungs-, Befreiungs- und sozialen Fortschrittsideale angesichts von Diktaturen, Rassismus, Sklaverei, Frauenverachtung und -schändung, Hungerkatastrophen und Krieg, angesichts der Geschehnisse in Ruanda, Afghanistan usw. pauschal zu denunzieren und zu verabschieden? Was ist das für eine Logik, die den Missbrauch und die Pervertierung der Aufklärungs-, Christentums-, Sozialismusidee zum Anlass nimmt, die sie tragenden Werte in den Mülleimer der Geschichte zu werfen? Welche AufklärungskritikerInnen und -verächterInnen wären vorbehaltlos bereit, in einer Diktatur, einem von Vertretern des fundamentalistischen Islam regierten oder einem moderne Sklavereiformen duldenden wie fördernden Land – wohlverstanden als Sklave/Sklavin – zu leben? Eine Antwort auf die Orientierungs- und Ratlosigkeit der besagten Studierenden war das Angebot eines Menschenrechtsseminars, bei dem ich hoffte, dass die Menschenrechte als neue Realutopie entdeckt würden, die Gerechtigkeit mit Freiheit verbindet. So begann gewissermaßen „unter diesem gemeinsamen Dach“ eine Zeit der interkulturellen Zusammen- und Projektarbeit innerhalb und außerhalb der Schulmauern – bis hin zur Gründung eines interkulturellen Begegnungszentrums. Über einen mehr zufälligen Kontakt kam es ferner zu Seminaren mit einem indischen Menschenrechtsaktivisten und Barfuß-Sozialarbeiter in der gewaltfreien Gandhi-Tradition, P.V. Rajagopal. Er lehrte uns, was alles im Namen der Anrufung der Menschenrechte, d.h. aufgrund von selbstdefinierten Aufträgen und Zielen von Armen und Entrechteten in Bewegung gesetzt und der Regierung abgetrotzt werden kann. Seit der Einführung der Menschenrechtssequenz wird das Thema von Kaspar Geiser und

Dorothea Spörri, zusammen mit einem auf Menschenrechte spezialisierten Juristen, als Fach weitergeführt und mit einem Besuch beim Europäischen Menschenrechts-Gerichtshof in Straßburg oder beim bei der UNO akkreditierten Büro der *Internationalen Frauenliga für Frieden und Freiheit (IFFF/WILPF)* in Genf abgeschlossen. „Postkarte genügt. Wir gehen allen gemeldeten Fällen nach, auch wenn es lange dauert!", sagte man uns in Straßburg. Nur dauern die Verfahren aufgrund der fehlenden Ressourcen tatsächlich viel zu lange.

Das Selbstverständnis Sozialer Arbeit als eine Menschenrechtsprofession gewann an Relevanz und Prägnanz, als ich 1991 von Ellen Mourajeff-Apostol, IFSW-Repräsentantin bei der UNO in Genf, um die Kommentierung eines Entwurfes zu einem UNO-Manual „Social Work and Human Rights" für Ausbildung und Praxis gebeten wurde. Nun sitze ich selber als Europäische Delegierte für Menschenrechtsfragen in der internationalen Kommission für Menschenrechte der International Association of Schools of Social Work (IASSW) und der International Federation of Social Workers (IFSW), welche dieses Manual verfasst hat und demnächst überarbeiten will! Es ist mir eine Freude, aber zugleich eine große Bürde, handelt es sich doch um einen ungeheuren Anspruch, und zwar sowohl für die Curricula und Praktika der Ausbildungsstätten wie für die Professionellen! Ist ihm denn die Soziale Arbeit gewachsen? Ich kann die Frage bis heute nicht beantworten, ja möchte sie bewusst offen lassen. Jedoch versuche ich seither (u.a. zusammen mit Hans Walz von der Fachhochschule Ravensburg-Weingarten und Susanne Zeller von der Fachhochschule Erfurt), dem Thema nicht nur mit zahlreichen Vorträgen, Seminaren und Vorlesungen mehr Resonanz zu verschaffen und immer klarer aufzuzeigen, wie sich die damit verbundene Herausforderung im Alltag der Sozialen Arbeit umsetzen lässt. Dazu diente auch ein 1999 organisiertes UNO-/WILPF-Seminar in Genf mit DozentInnen und Aktivistinnen zum großen, unerledigten Thema der Sozialrechte. Denn ich bin der Meinung, dass sich die Soziale Arbeit vor allem auf die theoretische, juristische und politische Weiterentwicklung der bis heute von offizieller Seite als nicht justiziabel deklarierten, u.a. von Thomas Marshall differenziert begründeten Sozialrechte – unter Einbezug der kulturellen Rechte – konzentrieren müsste (vgl. meinen Beitrag über „Sozialrechte als Restgröße" von 2000). Dies würde mit der Weigerung beginnen, die AdressatInnen Sozialer Arbeit als „Kunden" zu bezeichnen, um beispielsweise die Vorstellung von „SozialbürgerInnen" einzuführen.

Es war und ist zu erwarten, dass uns die Juristen das Thema streitig machen würden. Dies geht bis zur Aussage, man höre und staune, dass das Grundgesetz kein ihm übergeordnetes Recht brauche! Wie wenn eine Verfassung oder ein Grundgesetz die absolute Garantie dafür wäre, dass die seit 1993 juristisch weltweit als verbindlich deklarierten Menschen-, insbesondere Sozialrechte für alle Zeiten im Eins-zu-Eins-Maßstab auf Verfassungsebene festgehalten und umgesetzt würden! Lehrt uns da die Geschichte nicht etwas ganz anderes? Gerade lese ich von der Aushebelung der säkularen Verfassung durch die Sharia in Nigeria. Aber bleiben wir „close to home", wo in bestimmten Orten Menschen, die sich auf das Grundgesetz berufen, von Politikern als linksextrem bezeichnet werden oder wo der Dekan einer Fachhochschule für Sozialwesen der Meinung ist, Menschenrechte seien etwas für die Dritte Welt, aber gewiss nicht für Deutschland. Und kommen wir noch closer to home, also mitten in die Soziale Arbeit! Dort wird es aufgrund von Entwicklungen in der Arbeit mit rechtsextrem orientierten Jugendlichen notwendig werden, unzweideutig festzuhalten, dass professionelle Soziale Arbeit weder „rechte Sozialarbeiter" noch die Mitgliedschaft derselben in der vermutlich bald einmal verfassungsrechtlich verbotenen NPD zulässt.

Menschenrechte müssen sich auf das ganze normative und kulturelle Spektrum beziehen, nämlich als *Teil der Alltags- und Professionskultur,* als weiter zu *entwickelnde Sozialrechte* und schließlich als Anrufung der heute bereits einklagbaren *Individualrechte*. Dazu können weder die Juristen noch die Sozialarbeitenden allein beitragen. Ich kenne übrigens kein Thema, das sich besser für transdisziplinäres Denken, Theoretisieren und interprofessionelles Handeln eignen würde.

Auf diesem Hintergrund lässt sich wohl nicht nur meine persönliche Entwicklung zu diesem Themenbereich erhellen, sondern hoffentlich auch meine Freude über die Gründung des bereits erwähnten Kooperationsstudienganges für einen Postgradualen „Master of Social Work" in Berlin mit dem übergreifenden Thema „Soziale Arbeit als eine Menschenrechtsprofession" nachvollziehen. Er ist für mich der zur Zeit gewichtigste Meilenstein, der dafür sorgt, dass sich das Anliegen allmählich von meiner Person loslöst. Auch wenn dieser Master nur ein winziger Beitrag ist, dem alles dominierenden, sich universell gebärdenden neoliberalen kulturellen Alphabet ein anderes Alphabet bzw. eine Gegenkultur der Menschenrechte entgegenzusetzen und zu verbreiten, lässt mich dies keineswegs verzagen. Können wir denn nicht aus der Sklavenbefreiungs-, der Frauen-, der Bürgerrechtsbewegung, den kleineren Bewegungen der AdressatInnen Sozialer Arbeit, dem Fall der Apartheid sowie der Berliner Mauer lernen, dass (Gegen-)Bewegungen einzig und allein von Tausenden von winzigen bis großen Initiativen und einer weltweit wachsenden Zahl von Nichtregierungsorganisationen leben, die das tun, was sie tun können? Und damit wären wir wieder am Anfang meines Berichtes. Wohin bewegt sich dieses zusammenhängende Dreigestirn von Neoliberalismus mit Universalitätsanspruch, maßloser Egozentrik der Wohlhabenden und mehrseitiger staatlicher wie unkontrollierter Gewalt? Was ich noch vor ein paar Jahren als ferne Utopie bezeichnete, aber erhoffte, nämlich die Organisierung weltweiten Protestes und Widerstandes, hat sich bereits zu meinen Lebzeiten strukturiert und wurde in Seattle 1999 manifest. Bald einmal wird es trotz aller Abwehr seitens der Angesprochenen dazu kommen, dass man sich an den gleichen Tisch setzt und über neue Regeln einer WTO, einer Weltbank, eines GATS usw. verhandelt. Und dazu wird hoffentlich auch die Soziale Arbeit über ihre Nichtregierungsorganisationen, lokalen, nationalen wie internationalen Projekte einen kleinen Beitrag leisten. Es müssten Regeln sein, nach denen die beanspruchte grenzenlose Freiheit hoffentlich zu einer an den Menschenrechten orientierten und durch sie geschützten individuellen und ökonomischen Freiheit wird. Es ist dies eine Freiheit, die aber durch ökonomische Entwicklungs- sowie soziale und kulturelle Rechte wirksam begrenzt werden muss. Aber dies wird noch eine geraume Weile dauern. Die Gegenkräfte sind zu stark. Wie heißt es doch im ersten Artikel der Menschenrechtserklärung von 1789, der auch von Olympe de Gouges 1791 unverändert übernommen wurde? Schon damals ging es nicht um schrankenlose Freiheitsrechte, wie sie der westliche Liberalismus und Kolonialismus für sich beanspruchte. In diesem Artikel heißt es seit über 200 Jahren: „Die Menschen sind und bleiben von Geburt frei und gleich an Rechten. Soziale Unterschiede dürfen nur im gemeinen (also allen gemeinsamen) Nutzen begründet sein."

Ausgewählte Literatur

Akkaya G./Fent H./Staub-Bernasconi S. (2001): Auf dem Weg zu einer zivilen Mediationskultur? In: Riehle, Eckard (Hrsg): Mediation und Konsensbildung im kommunalen Raum. Publikation der FHS Erfurt

Albrecht G. (1990): Theorie sozialer Probleme im Widerstreit zwischen „objektivistischen" und „rekonstruktionistischen" Ansätzen. In: Soziale Probleme, 1. Jg., S. 5-20

Albrecht G./Groenemeyer A./Stallberg F.W. (Hrsg.) (1999): Handbuch Soziale Probleme, Opladen/Wiesbaden

Berndt H. (2001): Die Folgen der Heimkampagne von 1969 auf Praxis und Theorie der Sozialen Arbeit, Typoskript, Alice-Salomon-Fachhochschule, Berlin

Brändle-Ströh M. (1981): Stadtplanung mit den Betroffenen. Abstracts der Schule für Soziale Arbeit Zürich

Brändle-Ströh M. (1989): Gewalt, Macht und Herrschaft. Thesen und Handlungsanweisungen zum Thema. In: Sozialarbeit, 3:14-24

Brändle-Ströh, M. (2001): Teamarbeit. In: Hochschule für Soziale Arbeit Zürich (Hrsg.): Zürcher Beiträge zur Theorie und Praxis Sozialer Arbeit, Nr. 2:31-59

Bunge M. (1967): Scientific Research II: The Search for Truth, New York

Bunge M. (1974-1989): Treatise on Basic Philosophy, 8 Bände, Reidel, Dordrecht, Boston/Lancaster

Bunge M. (1996): Finding Philosophy in Social Science, New Haven/London

Bunge M. (1999): The Sociology-Philosophy Connection, New Brunswick/London

Engelke E. (1992): Soziale Arbeit als Wissenschaft, Freiburg

Geiser K. (2000): Problem- und Ressourcenanalyse in der Sozialen Arbeit. Eine Einführung in die Systemische Denkfigur und ihre Anwendung, Luzern/Freiburg/Br.

Heintz P. (1968): Einführung in die soziologische Theorie, Stuttgart

Heintz P. (1969): Ein soziologisches Paradigma der Entwicklung – mit besonderer Berücksichtigung Lateinamerikas, Stuttgart

Heintz P. (1974): Die Zukunft der Entwicklung, Bern/Stuttgart/Wien

Heintz P. (1982): Die Weltgesellschaft im Spiegel von Ereignissen, CH-Diessenhofen

Honegger C./Wobbe Th. (Hg.) (1998): Frauen in der Soziologie. Neun Portraits, München

Ife J. (2001): Human Rights and Social Work: Towards Rights-Based Practice, Cambridge

Kappeler M. (2000): Der schreckliche Traum vom vollkommenen Menschen. Rassenhygiene und Eugenik in der Sozialen Arbeit, Marburg

Kirst-Ashman K.K./Crafton H.H. (1994/1993): Understanding Generalist Practice, Chicago

Lotmar P./Tondeur E. (2000): Führen in sozialen Organisationen, Bern/Stuttgart/Wien, 6. Aufl.

Mahnkopf B. (2001): Gerecht ist, was effizient macht oder: Die Entdeckung produktionsorientierter Ungleichheit durch die neue Sozialdemokratie. In: Altvater E./Galtung J./Madörin M. et al.: Neoliberalismus – Militarismus – Rechtsextremismus, Wien

Mullaly B. (1997): Structural Social Work, Ideology, Theory, and Practice, Don Mills, Canada

Müller C.W. (2001): Helfen und Erziehen. Soziale Arbeit im 20. Jahrtausend, Weinheim

Müller C.W. (2001): Entwicklung der Präsentation von Theorie-Praxis-Seminaren an der Technischen Universität Berlin, Typoskript, Berlin

Obrecht W.(1996): Sozialarbeitswissenschaft als integrative Handlungswissenschaft. Ein metawissenschaftlicher Bezugsrahmen für eine Wissenschaft der Sozialen Arbeit. In: Merten R./Sommerfeld P./Koditek T. (Hrsg.): Sozialarbeitswissenschaft – Kontroversen und Perspektiven, Neuwied, S. 121-183

Obrecht W. (1999): Umrisse einer biopsychosozialen Theorie menschlicher Bedürfnisse, Typoskript, ISMOS-Universitätslehrgang, Wirtschaftsuniversität Wien, Wien

Obrecht W. (2001): Das Systemtheoretische Paradigma der Disziplin und Profession der Sozialen Arbeit, Zürcher Beiträge zur Theorie und Praxis Sozialer Arbeit, Hochschule für Soziale Arbeit Zürich, Zürich

Schäfer M. (1994): Die „Rationalität" des Nationalsozialismus. Zur Kritik philosophischer Faschismustheorien am Beispiel der Kritischen Theorie, Weinheim

Shragge E. (Ed.) (1997): Workfare. Ideology for a New Under-Class, Toronto/CA

Sokal A./Bricmont J. (1999/1998): Eleganter Unsinn. Wie die Denker der Postmoderne die Wissenschaften missbrauchen, München (Titel der engl. Ausgabe: Fashionable Nonsense, New York)

Soydan H. (1999): The History of Ideas in Social Work, Birmingham

Thürmer-Rohr Ch. (1994): Verlorene Narrenfreiheit, Berlin

Thürmer-Rohr, Ch. (2001): Dialogisches Denken. In: Bergt, T./Niekant, R./Schuchmann, U. (Hrsg.): Feministische Erkenntnisprozesse zwischen Wissenschaftstheorie und politischer Praxis, Opladen

United Nations (1994/1992): Human Rights and Social Work. A Manual for Schools of Social Work and the Social Work Profession, U.N. Centre, Geneva (Deutsche Übersetzung durch Moravek, M., Fachhochschule Ravensburg-Weingarten)

Walz H. (1998): Soziale Arbeit als Menschenrechts-Beruf, In: Soziale Arbeit, H. 21: 17-28

Wobbe Theresa (2000): Weltgesellschaft, Bielefeld

AUF DEN SPUREN EINER THEORIE SOZIALER ARBEIT – AUSWAHL EIGENER BEITRÄGE

Obrecht W./Staub-Bernasconi S. (1996): Vom additiven zum integrativen Lehrplan, in: Engelke, E. (Hg.): Soziale Arbeit als Ausbildung, Freiburg: 264-293

Staub-Bernasconi S./Staub K. (1980): Strategien gesellschaftlich Marginaler gegenüber strukturellen Problematiken – Aspekte der Praxis-Relevanz der makrosoziologischen Theorie von Peter Heintz. In: Hischier G./Levy R./Obrecht W. (Hg.):Weltgesellschaft und Sozialstruktur, Festschrift für Peter Heintz, CH-Diessenhofen: 555-589

Staub-Bernasconi S. (1983): Soziale Probleme – Dimensionen ihrer Artikulation. Umrisse einer Theorie Sozialer Probleme als Beitrag zu einem theoretischen Bezugsrahmen Sozialer Arbeit, CH-Diessenhofen

Staub-Bernasconi S. (1994): Wird die UNO zur Sozialarbeiterin oder die Soziale Arbeit zur Menschenrechtsprofession? In: OLYMPE, Feministische Arbeitshefte zur Politik, H.1: 82-89

Staub-Bernasconi S. (1995): Systemtheorie, Soziale Probleme und Soziale Arbeit: lokal, national, international. Oder: Vom Ende der Bescheidenheit, Bern/Stuttgart/Wien

Staub-Bernasconi S. (1995): Das fachliche Selbstverständnis Sozialer Arbeit – Wege aus der Bescheidenheit. Soziale Arbeit als „Human Rights Profession". In: Wendt W.R. (1995) (Hg.): Soziale Arbeit im Wandel ihres Selbstverständnisses: Profession und Identität, Freiburg: 57-80

Staub-Bernasconi S. (1997): Wann ist ein Problem (k)ein Problem? Soziale Arbeit zwischen drei Stühlen. In: Godenzi A. (Hg.): Zur Konstruktion sozialer Probleme, Freiburg: 199-266

Staub-Bernasconi S. (1997): Soziale Arbeit auf der Suche nach autonomen Paradigmen. Historische und aktuelle Betrachtungen. In: Seibel F. W. & Lorenz W. (Hg.): Soziale Professionen für ein Soziales Europa, ECCE-Erasmus-Projekt der Fachhochschule Koblenz, Evaluationskonferenz 1996, Frankfurt a.M.: 61-100

Staub-Bernasconi S. (1997): Handlungstheoretische Optionen in der Sozialen Arbeit in und mit Gemeinwesen. In: Ries H., Elsen S., Steinmetz B., Homfeldt H.G. (Hg.): Hoffnung Gemeinwesen, Neuwied: 80-104

Staub-Bernasconi S. (1998): Soziale Arbeit als „Menschenrechtsprofession", In: Wöhrle A. (Hg.): Profession und Wissenschaft Sozialer Arbeit. Positionen in einer Phase der generellen Neuverortung und Spezifika in den neuen Bundesländern, Pfaffenweiler: 305-332.

Staub-Bernasconi S. (1998): Weltaneignung und Weltverlust von Frauen am Beispiel der Sozialen Arbeit, Sozialrechte sind nicht unerreichbar. In: SozialExtra, April 1998: 9-11.

Staub-Bernasconi S. (1998): Soziale Probleme – Soziale Berufe – Soziale Praxis. In: Heiner M./Meinhold M./von Spiegel H./Staub-Bernasconi S.: Methoden der Sozialen Arbeit, Freiburg: 11-137, 4. Auflage

Staub-Bernasconi S. (1998): The history of the object base of social work theory. Comparisons between german, anglosaxon and international theoretical approaches. In: Reclaiming Science: Social Work Theory and Social Work Research in the Making. Fifth Inter-European Symposium of Schools of Social Work, Lucerne: 113-137 (auch in: Marynowicz-Hetka E./Wagner A./Piekarski J. (Eds.) (1999): European Dimensions in Training and Practice of the Social Professions – Dimensions Européennes de la formation et de la pratique des Professions Sociales, Slask, Katowice: 57-77)

Staub-Bernasconi S. (1999): Armut und Risiko in Ulrich Becks zweiter Moderne, Internet-Fassung der Beiträge des „Dritten Bundeskongresses Soziale Arbeit" in Dresden, Arbeitsgruppe „Wege aus der Armut – Lokale Ökonomie und die Rolle der Sozialen Arbeit", Technische Universität Dresden

Staub-Bernasconi S. (1999): Nach dem MAI kommt der November, In: SozialExtra, Okt.: 14-15

Staub-Bernasconi S. (2000): Vom gescheiterten MAI-Vertragswerk zum erfolgreichen WTO-Liberalisierungsprogramm? In: SozialAktuell, Fachzeitschrift für Sozialarbeit, Sozialpädagogik, Soziokulturelle Animation, Nr. 9: 2-6

Staub-Bernasconi S. (2000): Stichworte „Soziale Arbeit" (S. 619-625), „Soziale Arbeit als Menschenrechtsprofession" (S. 626-632), „Systemische Soziale Arbeit" (S. 737-740), „Systemtheorie" (S. 740-747), „Organisationsformen Sozialer Arbeit“ (S. 467-470). In: Stimmer F. (Hg.): Lexikon der Sozialpädagogik und der Sozialarbeit, Oldenburg, 4. erw. & völlig überarb. Auflage

Staub-Bernasconi S. (2000): Soziale Arbeit und Menschenrechte. In: Schruba B. (Hg.): Vom Jugendwohlfahrtspfleger zum Sozialmanager. 50 Jahre Sozialarbeitsausbildung in Dortmund, Essen: 48-65. (Abdruck auch in: Fachhochschule Wiesbaden, 25 Jahre Fachbereich Sozialwesen, 1999: 31-68, ferner Franger-Hule G.: Menschenrechte und Soziale Arbeit, Fachtagung 1998, Fachhochschule Coburg, 1999: 11-33)

Staub-Bernasconi S. (2000): Seitenwechsel – Chancen und Risiken von Grenzüberschreitungen zwischen Wirtschaft und Sozialer Arbeit. In: Elsen S./Lange D./ Wallimann I. (Hg.): Soziale Arbeit und Ökonomie, Neuwied: 136-156

Staub-Bernasconi S. (2000): Machtblindheit und Machtvollkommenheit Luhmannscher Theorie. In: Merten R. (Hg.): Systemtheorie Sozialer Arbeit. Neue Ansätze und veränderte Perspektiven, Opladen: 225-242

Staub-Bernasconi S. (2000): Sozialrechte – Restgröße der Menschenrechte? In: Wilken U. (Hg.): Soziale Arbeit zwischen Ethik und Ökonomie, Freiburg: 151-174

Staub-Bernasconi S. (2000): Klarer oder trügerischer Konsens über eine Wissenschaftsdefinition in den Debatten über Sozialarbeitswissenschaft? In: Pfaffenberger H./Scherr A./Sorg R. (Hg.): Von der Wissenschaft des Sozialwesens. Standort und Entwicklungschancen der Sozialpädagogik/Sozialarbeitswissenschaft, Rostock: 144-175

Staub-Bernasconi S. (2000): Ausgrenzung als gesellschaftliches Problem aus sozialwissenschaftlicher Sicht. In: Diakon. Werk der Evangelischen Kirche Westfalen (Hg.): Ausgrenzung als gesellschaftliches Problem, Münster: 19-33

Staub-Bernasconi S. (2000): Mary Parker Follett (1968-1933) – Demokratie in Organisationen: Konflikte als Chance, In: Socialmanagement, Zeitschrift für Sozialwirtschaft, H. 5/6: 15-24

Staub-Bernasconi S. (2001): Was wäre zu tun, wenn sich die Soziale Arbeit transnationalisieren würde? In: SozialAktuell, H. 5, 5ff.

Staub-Bernasconi S. (2001): Neue Aufgaben – Die WTO als Managementaufgabe. In: Socialmanagement, Zeitschrift für Sozialwirtschaft, H. 1/2: 12-18

Staub-Bernasconi S. (2001): Das fachliche Selbstverständnis der Sozialen Arbeit und EDV-gestützte Dokumentation. In: Institut für Sozialarbeit/Sozialpädagogik (Hg.): EDV-gestützte klientenbezogene Dokumentationssysteme in der Sozialen Arbeit – Information und kritische Sichtung, H. 2: 5-20.

Staub-Bernasconi S. (2001): Soziale Arbeit im Rahmen einer neuen globalen Ordnung (Bericht über die IASSW/IFSW-Konferenz 2000 in Montreal). In: Sozial-Extra, Zeitschr. f. Soziale Arbeit und Sozialpolitik, H. 4: 36-38 (vgl. auch Mitgliederrundbrief der Deutschen Gesellschaf für Sozialarbeit vom April 2001)

Staub-Bernasconi S. (2001): Ressourcenerschließung. In: Thiersch H./Otto H.-U. (Hg.): Handbuch der Sozialarbeit/Sozialpädagogik, 2. Aufl., 1507-1515

Staub-Bernasconi S. (2001): Soziale Arbeit und Soziale Probleme – Eine disziplin- und professionsbezogene Bestimmung. In: Thole W. (Hg.): Grundriss Sozialer Arbeit, Opladen (im Druck)

Werner Steinhauser
* 30.4.1934

Ich widme diesen Rückblick meiner Mutter, die mir in schweren Zeiten eine gute Ausbildung ermöglicht hat, und meiner Frau, die mir eine liebe und verständnisvolle Gefährtin ist.

Kindheit und Jugend

Ich wurde am 30.4.1934 in Rottenmann, einem mehr als tausendjährigen geschichtsträchtigen Städtchen im steirischen Paltental (Österreich) geboren, in dem mein Vater (Industriekaufmann) und meine Mutter (Hausfrau, eine der ersten Absolventinnen einer Handelsschule mit nachfolgender Büropraxis) damals lebten. Die Wurzeln der Familie sind, wie bei vielen anderen in Österreich, im Lande selbst, in Slowenien, Kroatien und Ungarn zu finden, und das tradierte Wissen darüber mag wesentlich dazu beigetragen haben, dass ich in meinem reifen Leben nie national, sondern stets übernational dachte und ein besonderes Interesse für ethnische Minderheiten entwickelte.
Die ersten Lebensjahre verliefen trotz der angespannten Wirtschaftslage im Österreich der Dreißigerjahre relativ problemlos, zumal mein Vater über berufliches Geschick verfügte und sich meine Eltern außerordentlich gut verstanden. 1937 erfuhr die Familie eine Vergrößerung durch die Geburt meines Bruders. Ich selbst akzeptierte ihn vom ersten Tag an, und später entwickelte sich zwischen uns ein überaus herzliches Verhältnis, das bis zu seinem Unfalltod andauerte.
Wir lebten in einer Firmenvilla, einerseits mit Blick auf einen großen Garten, andererseits mit Aussicht auf das Eisenwerk, für das mein Vater tätig war. Anfangs 1938 kam es zu einer einschneidenden Änderung: Mein Vater, der sich als Betriebsrat für vorenthaltene Leistungen eingesetzt hatte, wurde nach Wien in die Firmenleitung versetzt, und die Familie musste ihm folgen. Wenig später kam es zum sogenannten „Anschluss“ an das Deutsche Reich. Aus den ländlichen Verhältnissen der Steiermark kommend, fühlten wir uns in der Großstadt Wien zunächst nicht sonderlich wohl, und die Eltern hatten

vor, sich bei passender Gelegenheit zu verändern, was allerdings der Kriegsausbruch 1939 verhindern sollte. Zwar lebten wir auch in Wien in nahezu kleinstädtischen Verhältnissen, einem sogenannten Grätzel, bestehend aus einer Kirche inmitten einer Grünanlage, umgeben von bürgerlichen Häusern der Gründerzeit, unweit des 1. Bezirkes und nicht weit entfernt vom Prater, der grünen Lunge Wiens, doch konnte uns das die Berge und Täler der Heimat nicht ganz ersetzen. Freilich gab es auch in der Großstadt Interessantes zu sehen und zu erleben: Den in der Nähe gelegenen Donaukanal entlang verkehrte die Überlandstraßenbahn, die Wien mit Preßburg verband, den Kanal selbst befuhren damals noch täglich Dampfschiffe, deren Signale, wenn sie eine Brücke oder Fähre passierten, mir noch lebhaft in Erinnerung sind. Waren es in der Steiermark die Züge gewesen, die unweit unseres Wohnhauses vorbeifuhren und ihre Einfahrt in den Bahnhof pfeifend ankündigten, so waren es nun die Schiffe, die meine Phantasie beflügelten.

Das Familienleben gestaltete sich weiterhin sehr harmonisch, und ich weiß eigentlich nur von einem Streit, der sich zwischen meinen Eltern deshalb entspann, weil meine Mutter mit dem Eintritt meines Vaters in die „Partei“ nicht einverstanden war. Das und die freiwillige Meldung meines Vaters zur Ableistung des vorgeschriebenen Wehrdienstes, nicht zuletzt wegen des angestrebten Ortswechsels, führten dann unbeabsichtigt dazu, dass er einer der ersten war, die bei Ausbruch des Krieges eingezogen wurden. Wir sahen ihn von da an nur noch auf Urlauben, und ich habe ihn aus dieser Zeit als liebevollen, interessierten Vater in Erinnerung, auch seine Briefe an meine Mutter, die ich nahezu vollständig besitze, weisen ihn als einen Menschen mit hohen Wertvorstellungen und großem Gefühlsreichtum aus.

Wir merkten zunächst vom Krieg nicht allzu viel, weil wir viele Wochen auf dem Lande bei den Urgroßeltern verbrachten, wo ich auch die Schule besuchte. Das Haus der Urgroßeltern, im Stil der k.u.k. Sommerfrischen, befand sich in der Nähe einer habsburgischen Sommerresidenz, und meine Urgroßeltern waren, wie hätte es anders sein können, überzeugte Monarchisten, die das NS-Regime ablehnten. Sie waren liebe alte Leute, deren Ableben 1939 bzw. 1941 für mich die ersten bewusst schmerzlichen Erlebnisse hervorriefen.

Der mütterliche Großvater, ein erfolgreicher Bauunternehmer, der im Laufe der Jahre den Architektentitel erhalten hatte, ist mir als strenger, militärisch auftretender, stattlicher Mann im Gedächtnis, der im alt-österreichisch-ungarischen Heer viele Jahre in Laibach gedient hatte und im ersten Weltkrieg verwundet worden war. Er besaß neben anderen Auszeichnungen eine Tapferkeitsmedaille. Zweimal hat er seinen Betrieb aufbauen müssen, vor und nach dem ersten Weltkrieg, und es gelang ihm, in der wirtschaftlich schweren

Zwischenkriegszeit, überaus erfolgreich zu sein. Zu ihm und seiner zweiten Frau – die erste war schon im zehnten Lebensjahr meiner Mutter verstorben –, bestand immer ein etwas distanziertes Verhältnis, das erst mit der Zeit etwas lockerer wurde. Jedenfalls spürte ich, dass meine Mutter sich mit Vater und Stiefmutter nicht sonderlich gut verstand, unter den Spannungen litt, und das mag viel dazu beigetragen haben, dass ich früh soziale Sensibilität entwickelte. Mein Großvater, der wohl wegen des Betriebes Parteimitglied geworden war, beurteilte im engsten Familienkreis den Krieg von Anfang an als aussichtslos, auch wenn er sich dem Eindruck der Anfangserfolge der deutschen Armeen nicht ganz entziehen konnte, doch meinte er, es sei leicht Schlachten zu gewinnen, schwer dagegen Kriege; letztlich sollte er mit seiner Skepsis recht behalten. Meine Mutter hatte eine ähnliche Einstellung, der sich mein Vater ab 1942 anzuschließen begann.

Den väterlichen Großvater, Professor an einer technischen Lehranstalt, habe ich nicht gekannt, er war schon vor der Eheschließung meiner Eltern verstorben. Seine Witwe lebte im gleichen Ort wie die mütterlichen Großeltern, nämlich in Bruck an der Mur, doch spielte sie in meinem Leben eine eher periphere Rolle: Man besuchte sich und ging gelegentlich gemeinsam spazieren, meist waren meine zwei Grazer Cousinen dabei.

Meine Mutter schickte uns im Einvernehmen mit meinem Vater zum außerhalb der Schule stattfindenden Religionsunterricht, was ihr übel vermerkt wurde, auch erhielt sie eine Verwarnung wegen des Abhörens ausländischer Sender, und es wurde ihr der Einzug zur Arbeit in einer Fabrik angedroht, wovor sie ihr damals labiler Gesundheitszustand und die zwei Kinder bewahrten. Aus diesen Jahren erinnere ich mich, bei Spaziergängen noch die Aufschriften auf den Parkbänken gesehen zu haben, die da lauteten: „Nur für Arier“, ebenso an die gelben Judensterne, die manche Passanten trugen, später las ich Hinweise, die sich auf den nächsten Luftschutzkeller bezogen.

1944 forderte uns mein Großvater auf, Wien wegen des zu erwartenden Bombenkrieges zu verlassen. Während mein Bruder und meine Mutter Unterschlupf in einem steirischen Bauernhof unweit von Bruck an der Mur fanden, kam ich zu vermögenden, kinderlosen Verwandten auf den Semmering. Ich fühlte mich bei diesen Verwandten, obzwar mir nichts abging, nicht sonderlich wohl und hatte Sehnsucht nach Mutter und Bruder. Im Februar 1944 sah ich meinen Vater bei einem Besuch, der mir galt, zum letzten Mal.

In ausgesprochen schlechter Erinnerung ist mir ein Wochenende bei den Pimpfen: Ein stundenlanger Gepäckmarsch an einem heißen, wolkenlosen Tag, bei Trinkverbot, trug mir, dem gut Zehnjährigen, einen Sonnenstich ein, und der behandelnde Arzt, Prof. Dr. Hamburger, wollte eigentlich eine Anzeige gegen meinen Gruppenführer erstatten, was ihm meine Mutter vorsichtshalber ausredete.

Noch im Sommer des gleichen Jahres erlebte ich zusammen mit Mutter und Bruder anlässlich eines kurzen Aufenthaltes in Wien den ersten größeren Bombenangriff, und wir waren angesichts der erlebten Bedrohung froh, die Stadt rasch verlassen zu können.

Im August 1944 erhielten wir die letzte persönliche Nachricht meines Vaters, in der er uns verschlüsselt mitteilte, dass er von Holland, wo er einer turkestanischen Hilfskompanie vorgestanden war, nach Frankreich verlegt worden sei, bald darauf erhielten wir vom Wehrmeldeamt nur mehr die lakonische Mitteilung, dass er verwundet und auf einen Verbandsplatz transportiert worden sei, weitere Nachrichten sollten abgewartet werden. Weil diese nicht eintrafen, versuchten wir über Verwandte im neutralen Ausland zu erfahren, ob er vielleicht in Gefangenschaft geraten sei, doch blieben alle Anfragen ergebnislos. Für meine Mutter war der zu Recht vermutete Tod meines Vaters ein Schlag, den sie nie wirklich verkraftete. Sie wurde so in einer überaus schwierigen Zeit zur Alleinverantwortlichen und zur Alleinverdienerin, zumal sie wegen des Fehlens eines offiziellen Todes-Dokumentes erst Jahre nach dem Kriegsende eine Witwenpension erhielt. Ich habe sie ab diesem Ereignis viel seltener lachen gesehen und kann erst heute ganz begreifen, welch schwieriger Lebensabschnitt damit für sie begann.

Durch eine glückliche Fügung gelangte ich im Jänner 1945 zu meiner Familie in die Steiermark, sollte doch bald darauf der Durchbruch sowjetischer Truppen im Semmering- und Wechselgebiet erfolgen. Für mich bedeutete das insofern eine große Belastung, als meine ortskundige Mutter gerade damals im Kriegsgebiet unterwegs war, um einige Habseligkeiten zu bergen, die sich noch in Niederösterreich befanden. In dieser Zeit gab es Panzeralarm, und ich hatte mich dem Auftrag meiner Mutter folgend, zu entscheiden, ob ich ihre Rückkehr abwarten oder mich mit meinem Bruder nach einem Ort der westlichen Obersteiermark absetzen sollte, wozu mir meine Mutter für den Notfall geraten hatte, weil es hieß, dieser würde von den Engländern besetzt werden. Ich entschloss mich abzuwarten, und tatsächlich kehrte meine Mutter noch vor Frontzusammenbruch und Kriegsende zurück; die von ihr geretteten Besitztümer gingen dann leider durch Plünderung verloren.

Beim Einmarsch der sowjetischen Truppen begaben wir uns mit der beherbergenden Bauernfamilie vorübergehend auf eine Almhütte, um in relativer Sicherheit die weitere Entwicklung der Situation abzuwarten. Fast wäre meine Mutter erschossen worden, weil man unter ihrer Schlafstätte einen Revolver fand, den dort jemand versteckt hatte. Eine ukrainische Zwangsarbeiterin, der meine Mutter manchmal Gutes erwiesen hatte, hinderte den russischen Offizier daran. Er hielt uns wegen unserer schwarzen Haarfarbe und unseres dunklen Teints für geflüchtete italienische Faschisten. Wir durften schließlich zu den Großeltern, in deren Brucker Haus sich die Stadtkommandatur befand und wohnten dort, insgesamt acht Personen, auf Zimmer und Küche. Aufgrund seiner Russischkenntnisse konnte der Großvater für uns einige Vorteile erwirken, im Haus nach dem Rechten sehen und größere Beschädigungen verhindern. Nach Abzug der Russen kamen die Engländer und wir durften schließlich mit den Großeltern und einer dritten Familie in der nun wieder leer stehenden großelterlichen Wohnung Quartier nehmen.

Meine ersten intensiveren Gemeinschaftserfahrungen machte ich als 13- oder 14-jähriger bei einem Erholungsaufenthalt für Schulkinder, sowie bei der katholischen Jugend und bei den Pfadfindern, die damals gerade ihre Wiedergründung erfahren hatten. Ich fühlte mich dort wohl und übernahm bald organisatorische Aufgaben.

Die beengten Wohnverhältnisse veranlassten uns 1950 in das von den vier Besatzungsmächten verwaltete Wien zurückzukehren, zumal unsere Wohnung, von einem kampfbedingten Schaden und einer Einquartierung abgesehen, erhalten geblieben war und uns sonst möglicherweise verloren gegangen wäre, ohne dass in der Steiermark Ersatz absehbar gewesen wäre. In Wien standen uns immerhin die halbe Wohnung mit zwei Zimmern und einer gemeinsam zu benützenden Küche zur Verfügung.

Die Stadt wies damals noch starke Spuren des Bombenkrieges und der Kämpfe auf. Große Hinweistafeln machten auf den Übergang in eine andere Besatzungszone aufmerksam und lösten, zumindest beim Betreten der sowjetischen, gemischte Gefühle aus. Sehr einprägsam ist mir der Generalstreik von 1950 in Erinnerung, den manche auch als Putschversuch werten. Es gab Barrikaden, Streikende und Streikbrecher waren auf Lastkraftwagen in der Stadt unterwegs, der öffentliche Verkehr brach ob errichteter Sperren zusammen, und viele Geschäfte hielten geschlossen, der Schulunterricht entfiel, und für Tage war die Lage ungewiss. Letzten Endes obsiegte die Regierung unter Mitwirkung der Gewerkschaften, und Österreich blieb das Schicksal einer Teilung wie in Deutschland erspart.

In Wien fühlte ich mich in den gleichen Kreisen, die mir in der Steiermark behagt hatten, weniger wohl. Ich fand Anschluss an die politische Mittelschul- und Arbeiterjugend, zumal ich für studentische Verbindungen kein

Interesse hegte. Sehr bald entwickelte ich eine kritische politische Einstellung, nahm als Kulturreferent aber vor allem bildnerische Aufgaben wahr und versuchte mit studentischen und nichtstudentischen Jugendlichen Wiens Museen, Theater und Konzertsäle zu entdecken. Zur eigentlichen Politik hielt ich, vermutlich auf Grund der Erfahrungen in der Vergangenheit, eine gewisse Distanz, doch entwickelte ich meine eigenen Ansichten und versuchte mich in der Mitte zwischen konservativen und progressiven Strömungen zu halten. Aufgrund der Begegnung mit den Nöten junger Menschen und wohl auch aus eigenem Erlebnis, begann ich mich zunehmend für soziale Probleme zu interessieren.
Das Taschengeld für meine bescheidenen Bedürfnisse (Theater- und Konzertkarten, Museumsbesuche) verdiente ich mir durch Nachhilfestunden, Aufsichtsdienste bei der Wiener Messe und in Ferienlagern, meine Mutter hätte mir ja keines zu geben vermocht.

Schule und Studium

Meinen ersten Wiener Volksschultag musste ich in einer Ersatzschule verbringen, weil das eigentliche Schulhaus mit einrückenden Soldaten belegt war. In der Folge wechselte ich, bedingt durch unsere Landaufenthalte, wiederholt die Schule. Das bedeutete häufige Umstellungen, brachte mir andererseits auch Erfahrung mit unterschiedlichen Lehrerpersönlichkeiten, divergierenden Auffassungen von Erziehung und unterschiedlichen Unterrichtsmethoden. 1944 hatte ich zwar in Wien die Aufnahmeprüfung an die Oberschule abgelegt (fast wäre ich daran gescheitert, dass ich Geburtstage damaliger Reichsgrößen nicht wusste), besuchte dann aber aus Sicherheitsgründen eine ländliche Hauptschule und schließlich eine Kinderlandverschickungsschule. Aus dieser Zeit verblieb mir eine Freundin, die mittlerweile pensionierte Universitätsprofessorin ist. Ab Jänner 1945 besuchte ich die Oberschule in Bruck an der Mur, soweit es überhaupt noch Unterricht gab, denn die meiste Zeit verbrachten wir im Luftschutzstollen. Bei dieser Gelegenheit erlebte ich einen großen nächtlichen Bombenangriff, der Bruck als Bahnknotenpunkt und Industriezentrum galt. Dank eines aufkommenden Windes, der die Markierungsfallschirme vertrug, richtete er zum Glück aber nur wenig Schaden an.
Nach Kriegsende ließ mich meine Mutter die erste Klasse Realgymnasium freiwillig wiederholen. Ich hatte ausgezeichnete Lehrer, von denen mich Dr. Franz Grengg besonders beeindruckte, ein humanistisch gebildeter, vielseiti-

ger Mann, einer der seltenen Tatchristen, und Dr. Stefan Blaskowitz, ein Donauschwabe, der mein Religionslehrer war und viel später meine Frau und mich traute. Der 1950 erfolgende Schulwechsel nach Wien brachte mir eine Reihe von Problemen, weil Lehrpläne und Unterrichtsgegenstände nicht übereinstimmten. Ich verdanke es meinem damaligen Klassenvorstand, Dr. Johann Alexander, und einem weiteren Lehrer, Dr. Egon Dorigon, dass ich alle Schwierigkeiten überwand und schließlich 1953 die Matura ablegen konnte. Letzterer hat es überdies verstanden, Deutsch, Geschichte, Literatur und Volkswirtschaft so zu unterrichten, dass wir eine Weltschau gewannen. Meinem damaligen Direktor, Univ.-Doz. Dr. Häusler, gelang es, mein Interesse für Psychologie zu wecken, und er gab mir Gelegenheit, verschiedene Gedanken in einer Zeitschrift zu äußern. Die Persönlichkeiten dieser außergewöhnlich guten Lehrer haben mich zweifelsohne geprägt und mein soziales Interesse in hohem Maß gefördert.

Meinem Bruder ging es weniger gut. Er musste, weil meine Mutter das Geld für zwei Studierende nicht aufbringen konnte, nach der vierten Klasse Gymnasium eine Drogistenlehrstelle bei meinem Taufpaten in Tirol annehmen. Zwar schloss er seine Ausbildung als Landesbester ab, war aber mit dem erlernten Beruf nicht sehr glücklich und fand schließlich als Schauspieler seine Erfüllung, bis er 1973, nach seinem größten Erfolg, tödlich verunglückte.

Nach der Matura hätte ich die Möglichkeit gehabt, in die Firma einzutreten, in der mein Vater tätig gewesen war. Einer seiner früheren Kollegen, der aus rassischen Gründen unter Druck geraten und durch meinen Vater geschützt worden war, wollte sich nun seinerseits als hilfreich erweisen, doch besuchte ich dem Wunsch meiner Mutter folgend, zunächst den Abiturientenkurs an der Handelsakademie Wien I, bis es mir schließlich möglich wurde, mit einer bescheidenen Unterstützung meines Großvaters und durch die Arbeit meiner Mutter, an der Universität Wien Psychologie und Anthropologie zu inskribieren und damit einem Neigungsstudium nachzugehen. Von meinen Universitätslehrern beeindruckten mich besonders die Professoren Rohracher, die damalige Chefin des kinderpsychologischen Institutes, Professor Klimpfinger und der Tiefenpsychologe Prof. Bolterauer. Unter dem Einfluss eines Kollegen, des späteren Universitätsprofessors Pawlik, interessierte ich mich vor allem für jenen Teil der Psychologie, der damals an der medizinischen Fakultät gelehrt wurde und so besuchte ich die Vorlesungen von Hoff, Frankl, Ringel, Strotzka und Spiel. Mit Ringel sollte ich später sowohl beruflichen wie privaten Kontakt haben, wurde ja seine zweite Frau eine meiner Kolleginnen im Verband der Direktoren an den Akademien für Sozialarbeit. Mit Rücksicht auf den fehlenden finanziellen

Rückhalt studierte ich sowohl umfassend wie rasch, promovierte 1957 und hatte durch Vermittlung von Professor Klimpfinger das große Glück, sofort einen Arbeitsplatz zu erhalten.

Familie

Mein Studium unter ungünstigen familiären Verhältnissen und mein frühes berufliches Engagement hatten dazu geführt, dass ich zwar einen großen Freundeskreis besaß, mich aber erst relativ spät, 1968, zur Heirat mit einer jungen Frau aus meiner steirischen Heimat entschloss, zu deren Familie schon in der Vorkriegszeit Beziehungen bestanden hatten. Der neuerliche Kontakt kam eher zufällig, anlässlich eines Wien-Besuches ihrer Schwester zustande, und wir empfanden sofort Sympathie füreinander. Wir ergänzten und ergänzen uns in vieler Hinsicht, auch war sie mir bei allen beruflichen Problemen eine aufmerksame Zuhörerin und in späteren Jahren eine wertvolle Mitarbeiterin.
Unsere Ehe wurde durch zwei Kinder, eine Tochter, geboren 1969, und einen Sohn, geboren 1971, bereichert. Erstere studierte Psychologie, konnte allerdings aufgrund der einsetzenden Sparmaßnahmen und der verringerten Aufnahmekapazitäten in ihrem Fach nicht Fuß fassen und musste sich um eine andere Existenzbasis umsehen. Sie ist mittlerweile glücklich verheiratet und schenkte uns zwei Enkelkinder. Letzterer wurde Jurist mit starkem sozialen Engagement. Mittlerweile haben wir drei Enkelkinder, und sie sind – wie könnte es anders sein – die Freude der Großeltern.
1971 war nicht nur durch die Geburt unseres zweiten Kindes bemerkenswert. Ich erkrankte an Krebs, wurde operiert und bestrahlt und in der Ungewissheit, die doch durch längere Zeit bestand und mich an der Berufsausübung hinderte, fand ich viel Zeit zum Nachdenken und zur Besinnung über mein künftiges Leben, sofern es eines geben sollte. In dieser Zeit standen mir Frau, Mutter und Bruder emotional zur Seite, umso härter traf mich dann 1973 der schon erwähnte Unfalltod des Bruders, zumal er mir damals einen für die Familie wichtigen Weg abgenommen hatte, von dem er nicht mehr zurückkehrte.
Bis 1999 lebte meine Mutter in völliger geistiger Frische, bis sie, im 87. Lebensjahr, einem Krebsleiden erlag. Sie war und ist mir in vieler Hinsicht bis zum heutigen Tag ein Vorbild hinsichtlich Pflichtbewusstsein und emotionaler Zuwendung geblieben.

Tätigkeit als Psychologe

Meine Berufslaufbahn begann 1957 im Dienste der Stadt Wien, wo ich zunächst als Psychologe an der „Heilpädagogischen Station des Jugendamtes“ und als Jugendamtspsychologe für die Bezirke 13 und 14 tätig war. An der Station bestand damals eine enge Kooperation mit der Universitätskinderklinik unter Prof. Dr. Hans Asperger und dessen Oberarzt Dr. Paul Kuszen. Hier oblag mir die Untersuchung und Begutachtung von Kindern sowie die Planung der weiteren Unterbringung. Am Jugendamt hatte ich vorwiegend diagnostisch und beratend zu arbeiten, wobei sich die Bezirke hinsichtlich ihrer Klientel grundsätzlich unterschieden (Nobelbezirk, Arbeiterbezirk). Ich erweiterte meine Kenntnisse durch Auslandsaufenthalte, u.a. in einem vom British Council und der Universität Birmingham veranstalteten Lehrgang über frühkindliche Hirnstörungen; eine weitere Vertiefung meiner Kenntnisse in medizinischer Richtung erfuhr ich durch ein einjähriges Praktikum an der Universitätsklinik für Neuropsychiatrie des Kindes- und Jugendalters.

Im Jugendamt war es üblich, dass die Arbeit des Psychologen von der Sprengelsozialarbeiterin und der koordinierenden Fachkraft für Erziehungsberatung ausgewählt und vorbereitete wurde. Nach Gesprächen mit den Angehörigen und der Untersuchung des betreffenden Kindes oder Jugendlichen oblag es mir, ein Gutachten zu erstellen, allenfalls und nach einem Gespräch mit den Eltern, erforderliche Verfügungen zu treffen. Aus der Einsicht in die Komplexität und Multikausalität kindlicher Verhaltensstörungen kam ich sehr rasch zur Überzeugung, dass der Diagnose- und Entscheidungsprozess multidisziplinär erfolgen und verantwortet werden sollte. Meine Bemühungen gingen daher dahin, die an der Erziehungs- und Elternberatung beteiligten Fachleute zu einem wirklichen Team zu formen und die Eltern für die aktive Mitarbeit zu gewinnen.

Drei Jahre später wurde ich mit dem Aufbau einer psychologischen Beobachtungsstation für Lehrlinge betraut, wodurch ich zunehmend mit dem zu dieser Zeit sehr ausgedehnten Heimwesen in Berührung kam (es befanden sich 6.000 bis 7.000 Kinder in öffentlicher Pflege). Heimunterbringung war damals, falls der Verbleib eines Kindes oder Jugendlichen in der Familie nicht mehr möglich war, neben nicht all zu zahlreichen Pflegestellen die einzige Form einer erzieherischen Alternative. Gegen Ende der 50er Jahre hatten die Heimerzieher die Beamtendienstprüfung abzulegen und verfügten pädagogisch meist nur über eine Schmalspurausbildung. Sie betrachteten ihre Tätigkeit, in der sie im Wesentlichen auf sich gestellt blieben, nur als Übergangslösung und waren daher, von rühmlichen Ausnahmen abgesehen, eher mäßig motiviert. Mein Bestreben ging dahin, die psychologische und jugendpsychiatrische Konsiliartätigkeit zu etablieren und gleichzeitig die sozialarbeiterische Mitarbeit einzuführen und durch Vorträge bessere Arbeitsvoraussetzungen zu schaffen. Die Anregungen dazu hatte ich mir durch meine Auslandsaufenthalte in Deutschland, Holland und England geholt. Überdies versuchte ich, die Erziehungsberichte, die frei verfasst waren, zum Zwecke ihrer Vergleichbarkeit und zur besseren Prognosenstellung, zu systematisieren.

1963 wurde mir aufgrund meines Interesses der Aufbau der psychologisch-heilpädagogischen Betreuung eines Großteils der Kinder- und Jugendheime angeboten, womit ich für die damalige Zeit völliges Neuland betrat und eine Sonderstellung innerhalb des Psychologischen Dienstes erhielt. Es galt die Vertragsheime und die Heime der Stadt Wien zugunsten der dort befindlichen Kinder und Jugendlichen vom Vorteil der Zusammenarbeit mit einem Außenstehenden zu überzeugen, insbesonders davon, dass sein Wirken keine Kontrollfunktion darstellen, sondern ein Hilfsangebot sein sollte. Meine ursprünglichen Vorstellungen, ein Team aus Sozialarbeitern, Psychologen und Ärzten zusammen zu bringen, ließ sich zwar aus finanziellen Gründen so nicht verwirklichen, doch wurden mir die Sozialarbeiter der damals bestehenden Kinderübernahmestelle nach Maßgabe der Zeit zur Verfügung gestellt, auch gelang es, einige jugendpsychiatrisch geschulte Ärzte für die Konsiliartätigkeit zu gewinnen, unter denen sich die späteren Universitätsprofessoren Hans Zapatotzky, Friedrich Poustka und Max Friedrich befanden. Sehr rasch zeigte sich zum einen, dass der Therapiebedarf den diagnostischen übertraf, was mit den zur Verfügung stehenden Mitarbeitern nicht zu bewältigen war, zum anderen, dass die zu jener Zeit vorhandenen Großheime systemimmanente Probleme darstellten, die nicht zu bewältigen waren und nach Alternativen verlangten. Ich hegte überdies Zweifel an der Effektivität des bestehenden Systems, und eine von mir durchgeführte Untersuchung ergab, dass aufgrund der teilweisen Lebensfremdheit der Heimerziehung von damals die Rückfallsrate ziemlich hoch und nur dann geringer war, wenn es vor Beendigung der Heimerziehung eine Vorbereitung der Entlassung und anschließend eine Nachbetreuung der Jugendlichen und ihrer Familien gegeben hatte. Aus dieser Situation heraus entwickelte ich die Vorstellung, jedem Heim einen heilpädagogischen Erzieher beizugeben, der in Kooperation mit dem Konsiliarteam die Umsetzung der empfohlenen Maßnahmen einleiten und betreuen sollte, eine Vorstellung, die sich allerdings, wiederum aus finanziellen Gründen, nur modellhaft verwirklichen ließ. Ebenso erging es mir mit der Idee eines familienartig strukturierten, in ein normales Wohnhaus integrierten Kleinheimes, einer Institution, die man später als Wohngemeinschaft bezeichnen sollte. Wesentlich erfolgreicher war ich hingegen mit der Anregung für die Nachbetreuung von entlassenen Kindern und Jugendlichen, eine Aufgabe, die Sozialarbeiter gegen zusätzliche Honorierung neben ihren normalen Pflichten übernahmen. Weiters gelang es mir zu erreichen, dass die Notwendigkeit weiterer Heimaufenthalte jährlich überprüft wurde, dies nicht zuletzt, um Hospitalisierungserscheinungen zu vermeiden. Die gewonnenen Einsichten und Erfahrungen führten schließlich dazu, dass die Gruppengröße in den Heimen reduziert wurde, und zwar von ursprünglich 30 auf 12, auch wurden die Gruppen altersunterschiedlich besetzt und teilweise koedukativ geführt, und in Form eines so bezeichneten „lebenspraktischen Trainings" gelang es, eine intensive Vorbereitung nicht nur auf die Entlassung, sondern auch auf das Leben außerhalb des Heims einzuführen. Ein weiteres Betätigungsfeld ergab sich später durch die Mitarbeit in der damals sehr fortschrittlich geführten Ehe- und Familienberatungsstelle der Stadt Wien unter der Sozialarbeiterin Anne Kohn-Feuermann, durch die Betreuung spezieller Fälle der Bewährungshilfe und durch die Betrauung mit dem Verbindungsdienst zum Wiener Jugendgerichtshof, wo mir die Untersuchung von inhaftierten Jugendlichen und deren Auswahl für die öffentliche Ersatzerziehung (als Alternative zur Inhaftierung) oblag.

In diesem Zeitabschnitt arbeitete ich eng mit Senatsrätin Dr. Elisabeth Schilder zusammen. Sie machte sich besonders um die Bewährungshilfe verdient, deren Präsidentin sie war, und sie war eine der treibenden Kräfte bei den Bemühungen um eine Strafrechtsreform. Sie unterstützte und förderte meine Intentionen, solange sie bei der Stadt Wien tätig war.

Die intensive Auseinandersetzung mit Fragen der Heimerziehung führte dazu, dass ich schließlich als Vertreter Österreichs in die einschlägige Spezialkommission der F.I.C.E. (Fedération Internationale des Communautés d'Enfants) berufen und dort an Entwicklungsprogrammen mitarbeiten durfte, wovon an anderer Stelle berichtet werden wird.

Alle diese Tätigkeiten sollten sich später günstig für meine Arbeit als ständig beeideter Gerichtssachverständiger für Kinder- Jugend- und Familienprobleme erweisen.

Als Alternative zu den Kinder- und Jugendheimen entstanden in den 60er Jahren Großpflegefamilien, deren bedarfsweise Betreuung zusammen mit den Sozialarbeitern ebenfalls in mein Aufgabengebiet fiel, sodass sich mein Weg in dieser Zeit so beschreiben lässt: von der Diagnose zur Therapie, zur Sozialpädagogik und schließlich zur Sozialarbeit.

Ich hielt Vorträge an den Volkshochschulen, wurde von anderen Bundesländern zu Gesprächen eingeladen und gelangte auf diesem Weg schließlich zur Lehrtätigkeit.
1971 sollte aus mehreren Gründen einschneidend für mich werden: im privaten Bereich durch die schon erwähnte schwere Erkrankung, die mich zunächst für ein halbes Jahr aus dem Verkehr zog, beruflich durch die unter dem Einfluss der 68er Bewegung entstehenden massiven Angriffe auf die Heimerziehung, die von Deutschland auf Österreich übergriffen und die dazu beitragen sollten, die immer nur ansatzweise diskutierte Heimreform und die Schaffung von Alternativen weiterzubringen. Den letzten Anstoß dazu gab freilich ein Skandal 1971, der sich in einem der bestehenden Großheime ereignet hatte. Mehrmals war diese Institution von mir und meinen Mitarbeitern in Frage gestellt worden, ohne dass es entsprechende Konsequenzen gegeben hätte. Die an die Öffentlichkeit gelangten Fakten (Mord) und der Druck von außen zwangen nun zum Handeln. In einer von der Stadt Wien einberufenen Heimenquête war ich einer der Experten, die zukunftsorientierte Maßnahmen zu beraten hatten. Ich beschäftigte mich besonders mit dem lebenspraktischen Training, der Frage von Psychotherapie in Heimen, den Problemen der Nachbetreuung und redigierte die Diskussionsergebnisse, die später in broschürter Form erschienen (siehe Literaturverzeichnis unter: Aktuelle Probleme der Heimerziehung). Die Ergebnisse der Enquête leiteten eine grundlegende Reform der öffentlichen Ersatzerziehung nicht nur in Wien ein, an der ich selbst aber nur mehr indirekt über die Ausbildung teilhaben sollte.

DIREKTOR DES INSTITUTS FÜR HEIMERZIEHUNG DER STADT WIEN

Kurz nach meiner offiziellen Rückkehr an meinen Dienstort im Herbst 1971 wurde ich, nachdem ich schon zuvor einen Lehrauftrag am „Institut für Heimerziehung der Stadt Wien“ erhalten hatte, mit der provisorischen und bald darauf mit der definitiven Leitung dieses Institutes betraut. Beim I.f.H. handelte es sich um die zweite Ausbildungsstätte für Erzieher (später Sozialpädagogen) in Österreich, der eine Forschungsstelle angeschlossen war. Ich erhielt den Auftrag zur Reorganisation und zur Erweiterung des Institutes sowie zum Ausbau der externen Ausbildung an diesem, wodurch der qualitative Anschluss an das bereits bestehende Bundesinstitut gefunden und Neuentwicklungen eingeleitet werden sollten. Ich ging zunächst daran, den nebenberuflichen Mitarbeiterstab durch hauptberufliche, praxiserfahrene Lehrkräfte zu ersetzen, zentrierte die Ausbildung sozialpädagogisch-heilpädagogisch, wobei es mir vor allem um die Betreuung und Förderung des verhaltensgestörten Kindes und Jugendlichen ging, erweitert um den Bereich Freizeitpädagogik, und kreierte neue Modelle der Externistenausbildung, die den Bedürfnissen bereits in Arbeit befindlicher, aber bisher unausgebildeter Erzieher entsprechen sollten. So wurden kontinuierliche Kurse am Vormittag für die in Wien sesshaften Interessenten angeboten, vor Ort Blockkurse für Interessenten von auswärts. Großer Wert wurde von mir auch auf die Vorbereitung der künftigen Sozialpädagogen auf die Zusammenarbeit mit Sozialarbeitern gelegt.

Es gelang relativ rasch, die Ausbildungsstätte umzustrukturieren und ihren Ruf zu festigen. Ich ergänzte die bisher, mit Ausnahme des Direktors und der Leiterin der angeschlossenen Forschungsstelle, nebenberuflich tätigen Mitarbeiter in den Schlüsselfächern durch hauptberufliche, wobei es mir darum ging, solche zu finden, die sowohl eine gute, möglichst akademische Ausbildung besaßen, wie auch erzieherische Praxis. Einer von ihnen war Dr. Manfred Jochum, jetzt Intendant des österreichischen Hörfunks. Rasch stieg die Anzahl der internen wie der externen Studierenden. Erfreulich war, dass sie sich in der Praxis bewährten und heute fast alle in leitenden Positionen befinden.

In dieser Situation erreichte mich die Anfrage, ob ich bereit wäre, die Leitung des Psychologischen Dienstes der Stadt Wien, der größten Akademikergruppe, zu übernehmen. Das war zweifelsohne ein verlockendes Angebot, mit Rücksicht auf meinen noch immer ungewissen Gesundheitszustand und die Praxisferne, die mir mit dieser leitenden Funktion verbunden schien, aber auch, weil mir unklar war, wie sich meine früheren Kollegen zur Rückkehr in den Psychologischen Dienst stellen würden, lehnte ich dankend ab. Ich nahm mir vor, weiterhin am Institut zu bleiben und konnte nicht ahnen, dass bald eine andere Herausforderung auf mich zukommen sollte.

NATIONALE UND INTERNATIONALE TÄTIGKEIT IM BEREICH SOZIALPÄDAGOGIK

Aufgrund meiner Funktionen in der F.I.C.E. Austria und als Direktor des Instituts wurde ich in eine Ausbildungskommission des Bundesministeriums für Unterricht und Kunst berufen, die ein neues Modell für die Erzieher- (später Sozialpädagogen-)ausbildung entwickeln sollte. Ich war wesentlich am

Entwurf eines Ausbildungsplanes beteiligt, der dem der seinerzeitigen Lehrerbildungsanstalten ähnlich war, sollten die Absolventen ja die Matura (Abitur) ablegen, das hieß Allgemeinbildung wie Fachausbildung erfahren. Das ausgearbeitete Projekt zeigte, dass die Entscheidungsbildung für solche Lehrgänge sehr früh abverlangt und auch mit Fächern überlastet worden wäre. So wurde als Alternative dazu eine postmature Ausbildung entworfen, die die Ausbildung von Sozialpädagogen mit ausreichender Praxis und unter Supervision vorsah. Schließlich wurde von der F.I.C.E. und mir noch das Modell einer gemeinsamen Grundausbildung von Sozialpädagogen und Sozialarbeitern diskutiert, was auf der einen Seite Synergien nutzen, auf der anderen Seite Überstiegsmöglichkeiten in den jeweils anderen Beruf unter gewissen Auflagen ermöglichen sollte. Ich stellte mir das gemeinsame Studium bestimmter Basisfächer vor, auf die dann jeweils die fachspezifischen Ausbildungen aufgesetzt worden wären.
Wichtig schien es mir dabei, die prinzipiellen Gleichwertigkeiten der Ausbildungen und den Einbau ausreichender Ergänzungsmöglichkeiten für den Fall eines später gewünschten oder erforderlichen Umstiegs vorzusehen. Die beiden ersten Modelle wurden in modifizierter Form realisiert, das dritte Modell, an dem mein Herz eigentlich hing, stand als Schulversuch seitens der Ausbildungsstätte der Stadt Wien zwar zur Diskussion, wurde auch eingereicht, gelangte aber nicht zur Verwirklichung. Die Ursachen dafür lagen in finanziellen sowie schul- und berufspolitischen Rahmenbedingungen, die auf der Beibehaltung der Eigenständigkeit der beiden Ausbildungen beharrten, auch wenn sich schon damals abzuzeichnen begann, dass sowohl Sozialpädagogen wie Sozialarbeiter immer mehr in sich überschneidenden Tätigkeitsfeldern arbeiten würden, und damit auch an denselben Klienten.
Meine Funktion brachte es mit sich, dass ich im Ausland die unterschiedlichsten Ausbildungs- und Berufsmodelle kennen lernte. Schließlich durfte ich an einem sehr interessanten, sich über längere Zeit erstreckenden Projekt mitarbeiten, das sich mit dem Erzieher-(Sozialpädagogen-)beruf in ganz Europa auseinander setzte. Erarbeitet wurde die Studie von einem internationalen Team, das aus Vertretern verschiedener Staaten bestand (siehe dazu im Literaturverzeichnis unter: Leben mit anderen als Beruf), wobei mir als Österreicher die Aufgabe zufiel, die Recherchen in den damals noch bestehenden Ostblockstaaten zu betreiben. Die Arbeit am gestellten Thema war äußerst interessant, weil das Autorenkollektiv alle Erfahrungen in jedes Kapitel einbrachte, wobei dann jeweils ein Mitglied für einen ganz bestimmten Teilabschnitt verantwortlich zeichnete. Mein Spezialkapitel nannte sich „Unterstützende Systeme und Supervision“. Ich legte meinem Beitrag die Konver-

genztheorie Friedländers und Pfaffenbergers zugrunde und vertrat im Weiteren die Ansicht, „dass sich eine zukunftsweisende Heimerziehung daran orientieren müsse, was ihr vorangegangen sei und was neben oder nach ihr kommen werde. Sie sei ein Subsystem der Gesellschaft, das dieser zu dienen habe und nur dann seine Berechtigung fände, wenn es offen und in andere psychosoziale Hilfeleistungsangebote harmonisch eingebunden sei". Weiters war ich bemüht aufzuzeigen, dass sich je nach Offen- oder Geschlossenheit der Heime und damit der Rahmenbedingungen für die Ersatzerziehung die Effektivität vor- oder nachteilig verändere, und versuchte dies auch grafisch anschaulich darzustellen. Sehr viel lag mir daran, die Aufgaben des Sozialpädagogen als komplex darzustellen und leitete daraus die Schlussfolgerung ab, dass an die Stelle eines starren Agierens eine offene, interaktionistische Strategie treten müsse. Zur Erreichung dieses Zieles schien es mir wichtig, die Bedeutung von Experten und unterstützenden Systemen darzustellen, die Notwendigkeit von Supervision sowie von permanenter Schulung und Weiterentwicklung des Mitarbeiterstabes. 1981 konnte das Projekt erfolgreich abgeschlossen und publiziert werden. Heute stellt es eine wichtige Momentaufnahme der Situation in den späten 70er Jahren dar.
Mein Beitrag veranlasste Univ.-Prof. Sepp Schindler, an mich die Einladung zur Habilitierung in Salzburg zu richten. Ich betrachtete das als ehrend und reizvoll; mit Rücksicht auf meine aktuellen Verpflichtungen, aber auch um mich zeitlich nicht noch mehr der Familie zu entziehen, kam ich diesem Angebot nicht nach.
Ich nahm in der Folge noch an verschiedenen Konferenzen in Ost- sowie in Westeuropa und Israel teil und konnte später die dabei gemachten Erfahrungen auf dem Gebiet verwerten, dem ich mich anfangs der 70er Jahre zuzuwenden begonnen hatte.

NEUE AUFGABEN IN DER SOZIALARBEITERAUSBILDUNG

Die schon erwähnte neue Herausforderung kam 1971/72 auf mich zu, als mich die Caritas mit Zustimmung meines damaligen Dienstgebers ersuchte, die externe Sozialarbeiterausbildung zu übernehmen. Die Caritas hatte bis 1970/71 die älteste kontinuierlich geführte Sozialarbeiterausbildungsstätte Österreichs geführt (Gründungsjahr 1916) und sich dann entschlossen, sie aus Kostengründen aufzugeben. Der Grund dafür bestand darin, dass es damals nur wenige Interessenten für den Beruf gab, was einerseits an der schlechten Bezahlung, andererseits an den hohen Ausbildungsanforderungen (postmature Ausbildung), bei geringem Status der Absolventen von Lehranstalten für gehobene Sozialberufe – verglichen mit der Lehrerausbildung – lag, die zu diesem Zeitpunkt bereits auf Akademieniveau erfolgte. Diese Problematik habe ich in meiner „Geschichte der Sozialarbeiterausbildung (in Österreich)“ ausführlich behandelt. Die beschlossene Aufgabe dieser Anstalt, der einzigen kirchennahen im Osten Österreichs, löste einige Betroffenheit aus. Zwar war der Staat zur Schaffung eines Ersatzes bereit, der späteren Bundeslehranstalt, doch war man in katholischen Kreisen mit der nun eingetretenen Situation unzufrieden und wollte wenigstens, weil der Beschluss selbst nicht mehr rückgängig gemacht werden konnte, auf dem Sektor der Externistenausbildung tätig bleiben. Da ich als Psychologe schon einige Jahre hindurch das Eignungsprüfungsverfahren für die Lehranstalt der Caritas durchgeführt hatte, trat man an mich mit der Frage heran, ob ich bereit wäre, die auslaufenden, quasi übriggebliebenen Externisten (nach damaliger Studienordnung) auszubilden. Meine diesbezüglichen Überlegungen machten deutlich, dass dies aufgrund der Gesetzeslage schwer durchführbar, davon abgesehen aber gar nicht wünschenswert erschien, hatte doch mittlerweile der Wandel von der konservierenden Fürsorge zur modernen Sozialarbeit eingesetzt, was eine grundlegende Neuordnung der bisher wissenschaftslastigen Ausbildung in Richtung Methodik und Praxisorientierung nahe legte, in der eine externe Ausbildung ein Anachronismus gewesen wäre. In Beratung mit einer aus dieser Lehranstalt stammenden Psychologenkollegin, Dr. Eva Maria Mendl, die auch ausgebildete Fürsorgerin und später meine Stellvertreterin war, gelangten wir zur Ansicht, dass Ausbildung für Späteinsteiger künftig nur in einer speziellen Form für Berufstätige sinnvoll wäre. Zwar hatte es einen solchen Versuch bereits einmal gegeben, der allerdings erfolglos geblieben war. Man hatte damals versucht, das normale Ausbildungspensum durch Verteilung des Unterrichts auf fünf Abende zu bewältigen, was wegen der damit verbundenen Belastungen hohe Ausfallsquoten nach sich gezogen hatte. Meine Vorstellungen sahen dagegen eine Verlagerung der Ausbildung auf drei Abende (in späterer Folge mit einem weiteren Abend für unverbindliche Zusatzangebote) vor, bei gleichzeitiger Verlängerung des Studiums um zwei Semester. Die Praktika sollten verkürzt angeboten werden, weil ich schon bei den Erziehern die Erfahrung gemacht hatte, dass Interessenten mit beruflichen Vorerfahrungen – vor allem im Umgang mit Menschen – sehr rasch begriffen, worum es in der neuen Tätigkeit ging und primär das wissenschaftliche und methodische Rüstzeug erwerben mussten. Weiters wusste ich, dass es sehr viele umstiegswillige berufstätige Interessenten

gab, die mit Rücksicht auf ihre Familien die Arbeit nicht aufgeben konnten und daher auf eine andere Ausbildungsform angewiesen waren.
Ich legte meine Überlegungen dem damaligen Caritas-Präsidenten, Prälat Dr. Leopold Ungar und seinem Generalsekretär Dr. Friedrich Appelt vor, die mich mit dem Entwurf eines Lehrplanes sowie einer Studien- und Prüfungsordnung betrauten. Diese wurde von den Schulbehörden als Ausbildungsversuch genehmigt, und schließlich wurde ich gebeten, diesen in Personalunion mit der Erzieherausbildung durchzuführen. Mein Dienstgeber stimmte ebenfalls zu, und so fand ich mich in der Situation eines Doppeldirektors wieder, was auf längere Sicht gesehen, sicher keine Lösung sein konnte. Sie sollte sich rascher anbieten, als ich gedacht hatte. Durch den Abschluss des Konkordats zwischen dem Vatikan und der Republik Österreich wurde die Bezahlung der Lehrenden an den kirchlichen Schulen vom Staat übernommen und damit auch meine Entschädigung. In dieser Situation offerierte mir die Behörde, mich in ein Dienstverhältnis beim Bund zu übernehmen. Weil die Doppeldirektion mich ohnehin über Gebühr belastete und mich die Ausbildung von Erwachsenen und das Gebiet Sozialarbeit besonders ansprachen, stimmte ich dieser Einladung zu und quittierte mit Ende Dezember 1973 meine Position bei der Stadt Wien im Range eines Magistratsrates. Dem Institut für Heimerziehung blieb ich dennoch für längere Zeit via Unterricht an den Externistenkursen – und für die Schulung der Erzieher an Privatheimen – bis zu meiner Pensionierung – verbunden.
Ich wurde zum Leiter der neuen Ausbildungsstätte bestellt, 1974 zum provisorischen Professor und 1978 zum Professor LPA ernannt.
Bereits der erste Übergangslehrgang nach dem neuen Studienplan erwies sich als Erfolg, und die dabei gemachten Erfahrungen ermöglichten es, das Ausbildungsmodell zu verbessern und noch praxisgerechter zu gestalten. Die Annahme, diese Ausbildungsform würde attraktiv sein, bestätigte sich ebenfalls und führte dazu, dass sie durch einige Zeit die meisten Absolventen aufwies. Die Dienststellen nahmen sie problemlos auf und stellten ihnen das beste Zeugnis aus.
Sehr bald nach Eintritt in meine neue Position geriet ich in die Bemühungen um eine Ausbildungsreform, mit der man endlich das angestrebte Akademieniveau erreichen wollte.
Waren bis dahin die bestehenden Ausbildungsstätten, mit Ausnahme der neu gegründeten des Bundes, dem Gesetz nach Privatlehranstalten gewesen, die sich als Einzelkämpfer sowohl mit den Interessen ihrer Träger wie mit denen des Staates auseinandersetzen mussten, so war es die Königsidee von Dr. Maria Simon – damals Leiterin der städtischen Lehranstalt –, die

Gründung einer Direktorenarbeitsgemeinschaft anzuregen. Sie sollte sich als das wirkungsvolle Forum erweisen, in dem unterschiedlichste Interessen auf einen gemeinsamen Nenner gebracht und durchgesetzt werden konnten. Ich selbst sollte dort durch eine Reihe von Jahren, nach Dr. Maria Simon, wichtige Aufgaben erfüllen, worüber an anderer Stelle berichtet werden wird.

1976 wurde die Ausbildung endlich auf Akademieniveau angehoben und damit die Ebene der Lehrerausbildung erreicht. Für unsere Berufstätigenausbildung beinhaltete das freilich den Nachteil, dass wir aufgrund der hochschulmäßigen Gliederung keine Doppeljahrgänge mehr führen durften und damit in der Anzahl unserer Hörer von der Größe der zur Verfügung stehenden Hörsäle abhängig wurden, was uns maximal die Aufnahme von 38 Studierenden pro Jahrgang gestattete.

Als es schließlich zehn Jahre später in einem weiteren Schritt der Ausbildungsreform zu der ebenfalls angestrebten Verlängerung der Ausbildung kam (in den Tagesakademien von vier auf sechs Semester) mussten auch wir ein weiteres Semester, ein siebentes, hinzufügen, was von den berufstätigen Studierenden aber viel besser verkraftet wurde als befürchtet; die Ausfallsquote blieb praktisch konstant.

Die Bewährung der Absolventen, die sich sehr rasch in ihrem neuen Beruf zurechtfanden, die Qualität der Lehrenden, unter denen auch solche der Bundesakademie und der städtischen Akademie waren, trugen viel zum guten Ruf der Ausbildungsstätte bei und bewirkten auch, dass der Schulversuch schließlich zur gesetzlich geregelten Schulart erklärt wurde.

Neben der eigentlichen Ausbildung installierte ich Fort- und Weiterbildungsangebote, die für alle Interessenten, auch solche der anderen Akademien, sowie für Absolventen der früheren Fürsorgeschulen, zugänglich waren, ein Angebot, das gerne angenommen wurde, stellte es doch die Möglichkeit dar, den Wissensstand zu aktualisieren oder außerlehrplanmäßige Kenntnisse zu erwerben. Überdies offerierten wir unseren Absolventen durch ein Jahr hindurch Supervision, um einen etwaigen Schock beim Berufseintritt aufzufangen. Da für Berufstätige ohne Matura der vom Gesetz her vorgesehene einjährige allgemeinbildende Vorbereitungslehrgang nicht in Frage kam, entwickelte ich dafür ein externes (Abend-)Angebot, das gut akzeptiert und später auch von anderen Akademien übernommen wurde. Letztlich war es möglich, in diesen Lehrgang auch berufsspezifische Elemente zur Vorbereitung auf die eigentliche Ausbildung einzubauen, was mir sinnvoller schien als eine Schmalspurmatura.

War es mir bei der Entwicklung des Schultyps zunächst darum gegangen, den Personalmangel in der Sozialarbeit, der als Erbe der Ausbildungspolitik im Dritten Reich hinterblieben war, zu überwinden und einen neuen Kreis von Interessenten für diesen Beruf zu gewinnen, so ging es mir schließlich mehr und mehr darum, ein zeit- und zweckentsprechendes Ausbildungsmodell für Studierende mit und ohne Berufsvorbildung zu entwickeln, eine enge Verbindung von Ausbildung und Berufspraxis sowie zwischen Lehrenden und Studierenden herzustellen und das im Bemühen, vom veralteten Fürsorgemodell zu einem Modell für Sozialarbeit zu kommen. Auch wenn dieses Modell mehrfache Modifikationen erfahren musste, teils weil es die Erfahrungen verlangten, teils weil es Gesetzänderungen oder die einsetzende grundsätzliche Ausbildungsreform notwendig machten, so lagen meine Bemühungen im Trend, waren zum Teil auch richtungsweisend und wurden von den Verantwortlichen im Unterrichtsministerium und den Schulbehörden unterstützt. Zum Erfolg beigetragen hat aber nicht unwesentlich die Zusammenarbeit mit den Lehrenden und Studierenden, wobei sich letztere nicht nur kooperativ verhielten, sondern innovativ-anregend an der Entwicklung beteiligten. Ich rief Arbeitsausschüsse zum Studium bestimmter Fragestellungen ins Leben, an denen die Studierenden direkt beteiligt waren, später ermöglichten sie institutionalisiert einen überaus nützlichen Gedankenaustausch. Es ging dabei nicht immer ohne Meinungsverschiedenheiten ab, stießen doch bestimmte Idealvorstellungen nur allzu oft an formale oder finanzielle Grenzen. Eines der Probleme, das nie vollkommen gelöst werden konnte, bestand darin, dass ich, um die erforderliche Praxisnähe zu garantieren, bei der Auswahl der Lehrenden stets auf Verankerung in der Praxis bedacht war, wodurch gewisse Interessenskollisionen zwischen Beruf und Lehrtätigkeit in Kauf genommen werden mussten. Auch waren nicht alle Praktiker, selbst solche mit ausgezeichnetem Ruf, fulminante Didaktiker.

Prälat Dr. Leopold Ungar hatte Verständnis für unsere Experimentierfreude, und wir hatten keine andere Auflage, als dass Lehrende wie Studierende die Weltanschauung des Schulerhalters zu respektieren bereit waren. Ich betrachtete das als legitim, gleichzeitig bemühte ich mich, ein möglichst breites Spektrum der Weltsicht in der Ausbildungsstätte vertreten zu sehen, etwa nach dem Motto: Miteinander in Toleranz und Offenheit umgehen, gemeinsam Lehren und Lernen.

Umso bedauerlicher war es, dass sich die Caritas angesichts dieser an und für sich überaus positiven Entwicklung 1991/92 neuerlich dazu entschloss, die Akademie für Berufstätige aufzugeben. Die Gründe dafür waren zum Teil ökonomischer Natur, vor allem im Hinblick auf die zu erwartende Aufwertung in Richtung Fachhochschule, doch hat unausgesprochen sicher auch eine Rolle gespielt, dass sich die Akademie nicht reibungslos in das Konzept einer mittlerweile in der Ära nach Kardinal Dr. König konservativ gewordenen Wiener Kirchenleitung fügte. Man konnte sich zudem darauf berufen, dass wir kein Ausbildungsversuch mehr waren und es bereits eine zweite Ausbildungsstätte für Berufstätige in Salzburg gab, allerdings mit anderem Aufbau, für andere Interessenten und mit Jahrgängen nach Bedarf. Mit der schließlich erfolgten Zusage des Bundes, die Berufstätigenakademie an die bestehende Bundesakademie als eigene Abteilung anzugliedern, fand sich für mich als Direktor keine Verwendung mehr. Das bedeutete 1992 nach einigem Hin und Her meinen vorzeitigen Abschied in die Pension.

NATIONALE UND INTERNATIONALE TÄTIGKEIT IM BEREICH DER SOZIALARBEIT

Es war, wie bereits erwähnt, das große Verdienst und die Königsidee meiner Kollegin Dr. Maria Simon gewesen, die Arbeitsgemeinschaft der Direktoren zu gründen. Bis 1962 hatte es nämlich je nach Träger und Bundesland unterschiedliche Zulassungsbedingungen und Lehrpläne gegeben, abgesehen davon, dass es an einem institutionalisierten Kontakt zwischen den Ausbildungsstätten mangelte. So gesehen fiel es der Bürokratie nicht besonders schwer, sich auf höchst unterschiedliche Interessen zu berufen und das neben finanziellen Erwägungen als Vorwand gegen die immer wieder geforderte Ausbildungsreform ins Treffen zu führen. Ein weiteres Problem war, dass die Diplome selbst im Inland nicht überall als gleichwertig angesehen wurden, vom Ausland gar nicht zu sprechen.
Dr. Maria Simon, Psychologin und Leiterin der Lehranstalt für gehobene Sozialberufe der Stadt Wien, der zweitältesten Ausbildungsstätte, gab Ende 1972 den entscheidenden Anstoß zur Gründung des Direktorenforums.
Nach einigen Vorbesprechungen stellte sie 1973 den Kontakt zur Internationalen Vereinigung sozialer Schulen (IASSW) her und baute die von dort empfohlenen Beziehungen mit der Schweiz auf, studierte die Statuten ähnlicher Vereinigungen, u.a. der „Schweizerischen Arbeitsgemeinschaft der Schulen für soziale Arbeit" und besonders die der „Höheren Fachschulen für Sozialpädagogik" sowie der „Konferenz der Fachbereiche für Sozialwesen in der Bundesrepublik Deutschland (KFS)".
Nachdem es bereits im März 1973, anlässlich eines vom Bundesministerium für Unterricht und Kunst veranstalteten Seminars für Direktoren und Praxisleiter nach Zustimmung aller Direktoren, zur Bildung eines Propo-

nentenkomitees gekommen war, wurde bald darauf die Arbeitsgemeinschaft gebildet. Mit ihrer alsbald erfolgten Registrierung durch das Berufspädagogische Institut des Bundes erreichte sie offiziellen Status. Sie nannte sich zunächst ADÖLS (Arbeitsgemeinschaft der Österreichischen Lehranstalten für gehobene Sozialberufe), doch musste dieser Titel schließlich aus formalen Gründen in ADAS (Arbeitsgemeinschaft der Direktoren an Akademien für Sozialarbeit) umgewandelt werden. Am 23. Mai 1973 fand die erste offizielle Sitzung statt, Dr. Maria Simon und Dr. Karl Bauer-Debois (Lehranstalt Linz des Landes Oberösterreich) wurden zu den ersten Vorsitzenden gewählt. Um die enge Kooperation mit den Sozialarbeitern auszudrücken, wurde als Korrespondenzadresse der Sitz des Österreichischen Berufsverbandes für Sozialarbeiter gewählt, auch sollten die Vorstandswahlen längere Zeit hindurch im Rahmen des Jahreskongresses dieses Verbandes stattfinden. Bald darauf traten die Österreichischen Ausbildungsstätten auch der „International Association of Schools of Social Work (IASSW)“ bei.

Mit der bald darauf folgenden Bestellung von Dr. Simon zur ersten internationalen Delegierten wurden Vorstandsneuwahlen fällig, und Dr. Bauer-Debois und ich selbst wurden zu Vorsitzenden gewählt, womit eine Kombination entstand, in der ich durch 14 Jahre, später gemeinsam mit Dr. Friederike Lessing (Bundesakademie Wien) und schließlich mit Dr. Heinz Wilfing (Akademie der Stadt Wien), erster oder zweiter Vorsitzender der ADAS sein sollte. In welch langwierigen und mühseligen Prozess ich damit eintreten würde, ahnte ich damals zu meinem Glück noch nicht, auch wenn ich betonen muss, dass die Fachbeamten im Ministerium, die Ministerialräte Dr. Oskar Folkert, Dr. Felix Hosch-Merkel und später Dr. Ferdinand Reichel und Mag. Walter Bernhard stets ein offenes Ohr hatten.

Mein Bestreben war es von Anfang an, die schon überfällige Ausbildungsreform durchzusetzen. Diese war, wie mir ein hoher Beamter, zugleich Bundesrat, versicherte, bisher immer daran gescheitert, dass sich im Gegensatz zu den Pädagogischen und Berufspädagogischen Akademien keine parlamentarische Lobby für die Sozialarbeiter gefunden hatte. Ich sah darin aber nur eines der Hindernisse und erblickte ein zweites darin, dass im Wohlfahrtsstaat Österreich offensichtlich nicht sein konnte, was nicht sein durfte: ein Bedarf an Sozialarbeitern, zumindest so lange, als man mit Laien, die im Schmalspurverfahren ausgebildet worden waren, das Auslangen finden konnte. So wurde ich allen Ernstes vor einer entscheidenden Sitzung gefragt, ob ich wirklich der Meinung sei, dass die Ausbildung von Sozialbeitern dieselbe Priorität habe wie die von Lehrern. Ich sah es daher als eine zwingende Notwendigkeit an, sowohl mit meinen Kolleginnen und Kollegen ein schlüssiges Konzept für eine zeitgemäße Sozialarbeiterausbildung zu erarbeiten, wie auch intensive Öffentlichkeitsarbeit zu betreiben. So stellte ich zunächst Kontakte zu den Clubchefs der großen Parteien, zu den Schul- und Sozialsprechern, zu Ministern und Staatssekretären, sowie zu den Landeshauptleuten her, auch suchte ich die Verbindungsstelle der Österreichischen Bundesländer und den Gemeindebund für unsere Anliegen zu gewinnen. Letzteres erachtete ich schon deshalb für wichtig, weil Land und Gemeinden als Anstellungsträger für unsere Absolventen fungierten und sich zunächst einmal ambivalent verhielten, mussten sie doch bei der durchaus gewünschten Anhebung des Ausbildungsstandards mit finanziellen Mehrbelastungen rechnen. Schließlich stellte sich noch heraus, dass fehlende einschlägige Bestimmungen in der Dienstzweigeordnung und im Beamtendienstrechtsgesetz, falls es zu keiner Novellierung käme, dazu führen würden, dass die Akademie für Sozialarbeit nur solche einer minderen Kategorie geworden wären (siehe Steinhauser: Geschichte der Sozialarbeiterausbildung).

In unzähligen Konferenzen, Verhandlungen, Eingaben und Lehrplanentwürfen, in die auch die offizielle, mittlerweile gegründete Studentenorganisation (ASFÖLS) eingebunden war, wurden unsere Anliegen und Lösungsvorschläge unter die Verantwortlichen gebracht.

Es lag uns bei der Reform vor allem daran, eine umfassende fächerübergreifende Ausbildung in Theorie und Praxis, bei enger Verknüpfung von Theorie, Methodik und Praxis vermitteln zu können, wozu uns nach internationalem Vorbild eine mindestens sechssemestrige Ausbildung vorschwebte.

Bei der am 1.9.1976 erfolgten Erhebung der Lehranstalten zu Akademien wurde uns im Rahmen der 9. Novellierung des Schulorganisationsgesetzes nur eine viersemestrige Ausbildung zugestanden, einerseits, wie es hieß, aus finanziellen Gründen, andererseits weil zuerst die Pädagogischen und die Berufspädagogischen Akademien eine Ausbildungsverlängerung erhalten sollten, die Sozialarbeit hatte wieder einmal zu warten.

Es war uns klar, dass in vier Semestern die Ziele, die wir uns vorgenommen hatten, nicht erreicht werden konnten. Da es nicht vertretbar schien, auf konstituierende Fächer oder wesentliche Lehrinhalte zu verzichten (man hätte uns dann möglicherweise vorgeworfen, sie wären ohnehin entbehrlich gewesen), mussten wir das für sechs Semester konzipierte Studium fragmentarisch in den genehmigten Rahmen zwängen, was dazu führte, dass die Ausbildung eine theoretische Schlagseite bekam und dass praxisbezogene und methodenorientierte Lehrveranstaltungen nicht ausreichend zum Zug kamen. Im Rahmen von ordentlichen und außerordentlichen Direktorenkonferenzen, parallel dazu fanden solche der Studentenschaft statt, setzten daher unmittelbar anschließend Bemühungen um die sechssemestrige Ausbildung ein, und 1978 wurde auf einem Seminar des Bundesministeriums für Unterricht erstmals der Entwurf für eine solche mit integrierter Praxis vorgelegt. Er fand prinzipielle Anerkennung, auch konnte bei dieser Gelegenheit der Plan für einen mehr praxisbezogenen und weniger an der Allgemeinbildung orientierten Vorbereitungslehrgang erarbeitet werden, das alles sollte aber noch lange nicht die Realisierung unserer Wünsche bedeuten.

Im Rahmen einer Novellierung des Beamtendienstrechtsgesetzes war es uns zunächst gelungen, für lehrende Sozialarbeiter ohne akademischen Grad besoldungs- und titelmäßig den Akademikerstatus vorzusehen und damit eine Spaltung unter den Lehrenden und den Absolventen auszuschließen. Für Lehrende mit akademischem Grad, entsprechend ausreichender Berufs- und Lehrpraxis sowie wissenschaftlichen Publikationen, konnte mit den anderen Akademien gleichziehend, die Einstufung als Professor LPA gesichert werden. Letzteres war vor allem im Hinblick auf die gewünschte Unterrichtserteilung durch hochwertige Fachleute erforderlich. Als großen Erfolg konnte ich weiters verbuchen, dass es gelang, eine einheitliche Titelreglung (Diplomierter Sozialarbeiter = DSA) durchzusetzen und die Möglichkeit zur Nachdiplomierung für Absolventen früherer Ausbildungen festzuschreiben.

Nach einer von mir erwirkten Einladung der ADAS durch Landeshauptmann Dr. Krainer (Steiermark) und nach Diskussionen mit den Schulsprechern der Sozialdemokratischen- und der Volkspartei, verfassten wir im Jänner 1979 eine Resolution an alle Politiker und Schulbeamten. Wir legten dar, „... dass die bisherige Ausbildungsreform in ihren Ansätzen zwar richtig sei, der Lehrstoff, um rechtlich mit dem Ausland gleichgestellt zu sein, auch internationalen Standards entspräche, auf methodischem Gebiet, in den Anwendungsbereichen, aber auch im Bereich der Wissenschaftstheorie noch verbreitert werden müsse, weil sich gerade in der Auseinandersetzung zwischen vermittelter Theorie und erlebter Praxis eine Spannung aufbaue, die in einer viersemestrigen Ausbildung nicht bewältigbar sei. Die Absolventen hätten unserer Ansicht nach nicht bloß Wissen zu erwerben, sondern sollten aufgrund einer guten Schulung kombiniert und verantwortungsbewusst handeln können“. Wir verwiesen in diesem Zusammenhang überdies darauf, „... dass die Entwicklung in der Sozialarbeit rasant vor sich gehe und immer neue Organisationsformen einer ambulanten und bürgernahen Betreuung entwickelt würden, auf die unsere Absolventen ausreichend vorbereitet werden müssten. Derzeit ende die Ausbildung ja gerade dann, wenn die Studierenden begännen, ihre Einstellung zur Berufsrealität zu überprüfen und mit dem erworbenen Wissen in Einklang zu bringen. Um diesem Lernprozess gerecht zu werden, sei die Einführung eines dritten Studienjahres überfällig". Es folgte eine Konkretisierung unserer Vorstellungen für ein solches Studienjahr und der Appell, dem ersten Schritt der Ausbildungsreform einen zweiten folgen zu lassen. Wir konnten uns dabei auf die Erfahrungen stützen, die ein versuchsweise eingeführtes drittes Ausbildungsjahr im Bundesland Vorarlberg mit positiven Ergebnissen bereits gezeitigt hatte (Landeshauptmann Dr. Kessler hatte ein solches, um die Entwicklungen im nahen Deutschland wissend, in einem Schulversuch erprobt).

Als Ergebnis dieser Resolution kam es zu neuen Gesprächen mit den Unterrichtsbehörden, bei denen sich klar herausstellte, dass ausschließlich finanzielle und keinerlei sachliche Gründe zur Verweigerung des dritten Ausbildungsjahres geführt hatten, die aber nun, nachdem die positiven Erfahrungen eines solchen bereits vorlägen, überwunden werden könnten.

1980 gelang es Dr. Bauer-Debois und mir zu erreichen, dass die „Arbeitsgemeinschaft für Jugend- und Wohlfahrtspflege" die Ausbildungsfrage als Punkt 1 auf die Tagesordnung ihrer Vollversammlung setzte und mit dem zuständigen Sektionschef im Ministerium, Dr. John, eine Vereinbarung bezüglich des weiteren einvernehmlichen Vorgehens erzielt werden konnte. Wir beschäftigten uns überdies intensiv mit der Frage einer universitären Supervisionsausbildung, wobei ich die Weiterbildung unserer ausgebildeten Sozialarbeiter für spezielle Funktionen nach einer Anzahl von Praxisjahren als Aufbaustudium an der Universität im Rahmen eines eigenen Instituts propagierte.

Nachdem auch die „ARGE Sozialhilfe" ihre vorbehaltlose Unterstützung zugesagt hatte, wurde umgehend eine neuerliche aktuelle Begründung für das dritte Studienjahr erstellt, die neben dem Fächerkanon die Beschreibung der Lehrinhalte, eine Stundentafel und eine Darstellung der jeweils anzuwendenden Unterrichtsmethoden enthielt, weiters Regelungsvorschläge für die Honorierung der Vortragenden, im besonderen der Praxisleiter und der Praxisanleiter an den Praktikumsstellen.

Um unseren Bemühungen 1981 noch mehr Nachdruck zu verleihen, und Vorbehalte auszuräumen, wurde überdies ein Forschungsprojekt initiiert (Frasine-Lange-Untersuchung), und die Stadt Wien trachtete den Schulversuch einer Akademie für Sozialarbeit und Sozialpädagogik zu verwirklichen, wie ich ihn seinerzeit in der F.I.C.E. angeregt hatte. Bedauerlicherweise erhielt er keine Zustimmung, vermutlich weil man sich höheren Orts

vom Gedanken einer eigenständigen Erzieherausbildung aus berufs- und schulpolitischen Gründen nicht trennen wollte und den Vorteil von Überstiegsmöglichkeiten im Vergleich dazu geringschätzte.
Trotz prinzipieller Unterstützung durch das Ministerium musste ich an der Spitze meiner Kolleginnen und Kollegen weiterhin einen zähen Kleinkrieg führen und Intentionen abwehren, auf Fachschulniveau Absolventen mit mittlerer Reife als Billig-Version „Sozialer Arbeiter“ auszubilden. Diese und alle anderen Bemühungen erfolgten in enger Abstimmung mit dem Berufsverband der Sozialarbeiter.
In einer neuerlichen Resolution an den Bundesminister und damaligen Vizekanzler, den späteren Kreisky-Nachfolger Dr. Sinowatz, sowie alle Abgeordneten des Nationalrates, wurde im Interesse der internationalen Ausbildungsgleichwertigkeit dahingehend appelliert, die schon unendliche Geschichte der Reform zum Abschluss zu bringen, hatte man doch schon 1919/20 erste Anläufe dazu unternommen und versuchsweise eine zweijährige Akademie geführt. Unser neuerlicher Anlauf scheiterte zunächst auf einer ganz anderen als der pädagogischen Ebene, nämlich an den unterschiedlichen Einstellungen der Schulerhalter. Diese konnten und wollten sich der provisorischen „Wiener Regelung“ für die Honorierung der Praxisanleiter nicht anschließen. Diese sah via Bund die Bezahlung der Praxisanleiter nicht aus dem Personaletat, sondern aus dem Sachaufwand vor, eine Lösung, die alle anderen Akademien, vor allem aber die vom Bund subventionierten, von einer Aufwandsentschädigung für diesen Zweck ausgeschlossen hätte. In dieser kritischen Phase schied bedauerlicherweise mein langjähriger Mitstreiter, Dr. Bauer-Debois, aus gesundheitlichen Gründen aus dem Vorstand, und Dr. Lessing als Nachfolgerin und ich mussten nach ansatzweisen Lösungen Ausschau halten.
In dieser Zeit war ich des öfteren äußerst entmutigt, weil trotz der Zusicherung der Ministerialbeamten, dass der Ausbildungsverlängerung im Prinzip nichts Ernsthaftes mehr entgegenstünde, immer wieder neue neben den schon bekannten Detailproblemen auftauchten und der Erfolg aller Bemühungen so immer wieder in die Ferne gerückt wurde. Eines davon war beispielsweise die Honorierung der Kustodiate (Bibliothekswesen, Videothek etc.), die fehlenden Durchführungsbestimmungen im Lehrbeauftragtengesetz ein anderes. Wieder und wieder war es notwendig, Argumente zu sammeln, Lösungsvorschläge zu erstellen und die Dringlichkeit unseres Ansinnens herauszustreichen.
Landeshauptmann Dr. Kessler, der ja in seinem Bundesland bereits einen entsprechenden Schulversuch erprobt hatte, versprach schließlich, gemeinsam mit den anderen Landeshauptleuten unsere Anliegen zu vertreten. Weitere

Unterstützung erfuhren wir durch die Zusammenarbeit mit der Bundesrepublik Deutschland und der Schweiz, die uns über die „ARGE ALP“ (in der Dr. Striebel, Bregenz, unser Vertreter war) verbunden war. Über Einladung der Steiermärkischen Landesregierung, die ich dafür gewinnen konnte, eine notwendig gewordene Sitzung in Graz zu beherbergen, kam es noch im gleichen Jahr zur Abgleichung der von den Direktoren erarbeiteten Vorschläge mit solchen der Studierendenorganisation und einem modifizierten Vorschlag der Bundesakademie Wien, auch galt es die Ergebnisse der Frasine-Lange-Untersuchung zu berücksichtigen, die uns weitere Grundlagen für einen Motivenbericht lieferte.

Durch persönliche Kontaktnahme versuchte ich möglichst viele Einzelzusagen der Entscheidungsträger zu erlangen, wobei ich zuerst solche durch die Landeshauptleute Dr. Kessler und Dr. Krainer und dann durch die Abgeordneten zum Nationalrat Dr. Kohlmaier und Dr. Mock (den späteren Außenminister), dem Abgeordneten Dr. Cap sowie dem Präsidenten des Stadtschulrates für Wien, Dr. Matzenauer, erhielt. Ein bereits anberaumtes Gespräch mit Unterrichtsminister Dr. Zilk entfiel leider, da dieser zur vereinbarten Stunde zum Bürgermeister bzw. zum Landeshauptmann von Wien designiert wurde. – Auf der ministeriellen Ebene gingen die Sitzungen mit dem zuständigen Sektionschef Dr. John zwar weiter, doch spießte es sich diesmal an der Frage des geplanten einsemestrigen, supervisionsüberwachten Langzeitpraktikums, das von der ADAS, der Studierendenorganisation ASFÖLS und dem Berufsverband als Kernstück der Ausbildungsreform gesehen wurde, sollte es doch der Integration von Theorie und Praxis dienen. Zur Hilfe kam uns in dieser Situation, dass sich der Abgeordnete zum Nationalrat Dr. Karas zu einer parlamentarischen Anfrage bereit erklärte, wie es denn nun um die geplante Ausbildungsverlängerung eigentlich stünde. Der neue Unterrichtsminister Dr. Moritz beantwortete sie erfreulicher- und überraschenderweise dahingehend, dass diese seine prinzipielle Zustimmung habe, was auch in den Medien Niederschlag fand und hoffen ließ, dass in der Folge keine allzu großen Hindernisse mehr auftreten würden.

Tatsächlich galt es auch im Jahr 1985 Geduld aufzubringen und Detailfragen zu lösen: Vorschläge zur Änderung des Beamtendienstrechtsgesetzes waren zu erstellen, auch waren wir keineswegs glücklich, dass unsere Akademien, im Gegensatz zu den Pädagogischen und Berufspädagogischen, die direkt dem Ministerium unterstanden, aus politischen Gründen bei den Landesschulräten verbleiben sollten. Wir fürchteten durch deren Orientierung am Regelschulwesen nicht immer das erforderliche Verständnis für

unseren hochschulmäßig aufgebauten Lehrbetrieb erwarten zu dürfen, was dann auch immer wieder der Fall war. Zu guter Letzt mussten wir noch Retuschen an unserem Ausbildungsmodell vornehmen, war dieses doch in seinen Grundzügen mittlerweile zehn Jahre alt geworden und entsprach daher nur mehr teilweise den aktuellen gesellschaftlichen Anforderungen und unseren letzten Vorstellungen.
Zu meiner Verblüffung entdeckte ich gerade noch rechtzeitig, dass man keine Studienförderung für Besucher der Akademien für Berufstätige vorgesehen hatte, offenbar, weil man übersehen hatte, dass diese Ausbildungsstätten auch von Nichtverdienern, finanziell abhängigen Hausfrauen wie Arbeitslosen, besucht wurden, so dass ich Regelungen auch für diese Fälle reklamieren musste.
Ende Oktober 1985 gingen die einvernehmlich erstellten Vorschläge endlich ins Begutachtungsverfahren. Als ich die ministerielle Version derselben zur Lektüre erhielt, stellte ich mit Entsetzen fest, dass ohne Rücksprache an unseren Entwürfen entscheidende Änderungen vorgenommen worden waren. So hatte man die Studienbibliotheken, eine wichtige Voraussetzung für Studium und Forschung, gestrichen, ebenso den Forschungsauftrag und das Fach Methoden der empirischen Sozialforschung, das bereits seit 1976 gelehrt worden war, zudem waren willkürliche Kürzungen der Studienausmaße in den einzelnen Fächern erfolgt. Ich sah mich daher gezwungen, mit meinen Kollegen eine umfangreiche kritische Stellungnahme abzugeben, auch musste ich mich, um wenigstens einen Teil der Abstriche rückgängig machen zu können, um Unterstützung unserer Anliegen umsehen. Unser Elaborat ging schließlich allen mit uns in Verbindung stehenden Berufsverbänden zu, der Verbindungsstelle Österreichischer Bundesländer, den Lehrervereinigungen, dem Amt für Erziehung und Unterricht sowie dem Arbeiterkammertag. Keinesfalls wollten wir auf das Fach „Methoden der empirischen Sozialforschung" verzichten, ebensowenig auf die Möglichkeit, Forschung im Rahmen praxisorientierter Unterrichtsveranstaltungen zu betreiben. Ich war diesbezüglich der festen Ansicht, dass Feldforschung zum Arbeitsbereich der Sozialar-beit gehöre und nicht ausschließlich den Universitäten überlassen bleiben dürfe, weil diese ja mehr an den Forschungsergebnissen als solchen, als an den praktischen Konsequenzen interessiert wären. Wenn schon Kürzungen unvermeidlich sein sollten, dann wollten wir diese überdies selbst vornehmen und mit Prioritäten versehen. Das alles kostete natürlich wieder Zeit und strapazierte die Geduld aller Mitarbeiter außerordentlich.
In dieser Situation war uns die Expertise von Univ.-Prof. Dr. Strotzka besonders hilfreich, der die Beibehaltung des Faches „Methoden der empiri-

schen Sozialforschung" eindrücklich begründete, weitere massive Unterstützung erfuhren wir seitens der IASSW durch deren Präsidenten, Prof. Dr. Heinrich Schiller. Anlässlich einer von Staatssekretärin Dr. Fast einberufenen Enquête legte er in einer vergleichenden Analyse die Notwendigkeit der von uns aufgestellten Forderungen als Voraussetzung für die internationale Gleichwertigkeit der Ausbildung überzeugend dar. Als hätten diese Probleme nicht genügt, musste ich mich überdies gegen die geplante Errichtung einer „Höheren Lehranstalt für Sozialberufe" wehren, befürchtete ich doch, dass hier, mit einer Matura als Abschluss, quasi billige Sozialarbeiter ausgebildet werden könnten, was mir überdies auch im Hinblick auf die immer noch zur Diskussion stehende „Akademie für Sozialarbeit und Sozialpädagogik" nicht sinnvoll schien. Der Berufsverband der Sozialarbeiter, von mir informiert, stellte sich voll hinter unsere Ansicht, und es gelang uns in einer gemeinsamen Intervention den geplanten Schulversuch zu verhindern.
Im September 1986 kam es aufgrund der 9. Novelle zum Schulorganisationsgesetz endlich zum vorläufigen Abschluss der Reformbemühungen. Der bisherigen Ausbildung wurde das lange ersehnte fünfte und sechste Semester angefügt (der Ausbildung für Berufstätige ein siebentes), wobei unsere Reklamationen und Vorschläge in wichtigen Teilen Berücksichtigung fanden. Der Berufsverband für Sozialarbeiter würdigte den langen Kampf um die Ausbildungsfragen in seinem Journal SIÖ (1986, Heft 72, S. 2). Im diesbezüglichen Bericht hieß es „... ein dickes Lob gebührt vor allem jenen Direktoren der Akademie für Sozialarbeit, die sich ... jahrelang und unermüdlich für diese Sache eingesetzt haben. Frau Dr. Lessing und Herr Dr. Steinhauser dürfen die Früchte ihres diesbezüglichen Einsatzes noch in ihrer aktiven Zeit ernten." Die Ausbildung konnte umgehend nach den neuen Richtlinien in Angriff genommen werden.
Als erstem Vorsitzenden der ADAS wuchs mir aber gleich eine neue Aufgabe zu: Die Organisation des überraschend nach Wien verlegten 24. Internationalen Kongresses der IASSW für Sommer 1988. Als Vorsitzender der ADAS sollte ich als Sekretär des Organisationskomitees fungieren und in der Arbeit von Dr. Heinz Wilfing, dem 2. Vorsitzenden und Dr. Michael Striebel (Vorarlberg) unterstützt werden. Anbetrachts der kurzen Vorlaufzeit und des Fehlens finanzieller Mittel schien dies keine leichte Aufgabe: „Money in kind or in cash" musste organisiert, freiwillige Helfer gesucht, Räumlichkeiten gefunden werden, und der gesamte Veranstaltungsablauf inklusive der gesellschaftlichen Veranstaltungen war in Abstimmung mit der erfahrenen Generalsekretärin der IASSW, der Inderin Dr. Vera Mehta, zu planen, ebenso

die Unterbringung der Besucher. Alle diese Aufgaben konnten in enger Zusammenarbeit der Beteiligten zur vollsten Zufriedenheit gelöst werden, was als Nebenwirkung auch eine starke Aufwertung der ADAS in internationaler Hinsicht nach sich zog. Rund 450 Besucher aus mehr als 43 Nationen waren als Gäste nach Wien gekommen und durften einen fachlich und gesellschaftlich bestens organisierten Kongress erleben, und, was besonders wichtig war, mit dem erzielten Reinerlös konnten Rücklagen für die IASSW angelegt werden.

Der gute Nachruf tröstete mich allerdings nicht über das lax gebliebene Interesse der Ausbildungsstätten hinweg, von denen mehr als die Hälfte keinen Vertreter entsandt hatten (schließlich fiel der Kongress in die Ferienzeit!). Eine vom Berufsverband der Sozialarbeiter initiierte Bestreikung der Praktikanten der von mir geleiteten Akademie (in der Frage der Finanzierung der Praxisanleiter war es noch immer zu keiner brauchbaren Regelung gekommen) verstärkte meine Enttäuschung. Der überfallsartig ausgerufene Boykott, der ja letztlich die Studierenden traf und nicht diejenigen, die für die Finanzierungsregelungen verantwortlich gewesen wären, und das nationale Desinteresse am Kongress führten dazu, dass ich schließlich als erster Vorsitzender der ADAS noch vor Ablauf der Geschäftsperiode zurücktrat, dadurch fand eine 14-jährige Arbeitsperiode für die ADAS und für das Sozialarbeiterausbildungswesen einen wenig positiven Abschluss. Für meine Einsatzbereitschaft boten sich allerdings genügend andere Möglichkeiten.

Hatte mein Engagement in sozialer Hinsicht dazu geführt, dass ich in den Vorstand einschlägiger Organisationen berufen wurde (Gesellschaft für Neuropsychiatrie und Psychologie des Kindes- und Jugendalters, Österreichische Heilpädagogische Gesellschaft) so schloss meine internationale Tätigkeit in der Sozialarbeit an mein schon früher im Bereich Sozialpädagogik erfolgtes Wirken an. Zunächst wurde ich eingeladen, Mitglied der ASCOS zu werden (dem Amerikanisch-Schweizerischen Komitee für Sozialarbeit), in dem Prof. Dr. Louis Lowy (Boston) und Anton Hunziger (Luzern) durch Jahre hindurch eine entscheidende Rolle spielten. Die von ihnen herausgegebenen Lehrbehelfe für die Sozialarbeiterausbildung beeindruckten mich, und vor allem Prof. Lowy regte an, mich mit seinem Spezialfach Gerontopsychologie zu beschäftigen, selbst Vorträge zu halten und schließlich dieses Fach an der von mir geleiteten Ausbildungsstätte zu vertreten. Die von ihm inspirierte Auseinandersetzung mit Alterungsprozessen und in weiterer Folge mit dem Tod, führten zunächst zur Entwicklung eines Skriptums und schließlich zur Herausgabe einer Publikation mit dem Titel: Wenn der Tag sich neigt (siehe Literaturverzeichnis).

Was die Sozialarbeit betraf, vertraute mir Prof. Dr. Lowy eine umfassende Analyse der „Sozialarbeit im Netz freiwilliger und professioneller Dienste" an. Ich setzte mich dabei mit den Ursachen der Renaissance des Einsatzes von Laien auseinander, mit den Vor- und Nachteilen professioneller und freiwilliger Helfer, den Mängeln und Vorzügen derselben, der Bedeutung von Weltanschauung bzw. Ideologie, dem Problem der Machtausübung, der Frage der Verantwortung und möglichen Prioritäten. Diese Analyse, zunächst bei der ASCOS-Tagung Solothurn, 1984, vorgetragen, erschien später im Druck (siehe Literaturverzeichnis).
Meine ab 1973 erst lockere, mit der Zeit enger werdende Zusammenarbeit mit der IASSW, weckte zunehmend mein Interesse an entwicklungspolitischen Fragen, speziell nach einem Aufenthalt in Mexiko 1980, und führte dazu, dass ich anbetrachts der heraufdämmernden Vernetzung der Welt im Rahmen der Lehrplanreform eine Lehrveranstaltung über Entwicklungspolitik für unerlässlich hielt und auch durchsetzte. Eine ehemalige, aus Venezuela stammende Studentin, bot sich gerade damals an, für mich einen Vortrags- und Studienaufenthalt in Venezuela zu organisieren, der schließlich 1983 zu einer Studienreise durch mehrere Staaten Südamerikas führte (Ecuador, Venezuela, Peru und Bolivien) und mir das Kennenlernen wichtiger privater und öffentlicher Einrichtungen ermöglichte, vor allem aber das Gespräch mit Fachleuten der Sozialarbeit und Sozialpolitik. Ich fand dabei Gelegenheit, neben den sozialen Problemen Land, Leute und Kultur aus unterschiedlicher Warte kennen zu lernen. Meine eigenen Vorträge, die sich mit demoskopischen Fragen beschäftigten, kamen gut an, danach gab es meist sehr lange, intensive und aufschlussreiche Diskussionen.
Bei meinem ersten Aufenthalt in Venezuela (ein zweiter sollte 1990 folgen) lernte ich die Organisation „Accion Ecumenica" kennen und schätzen. Sie unterhielt damals ein Projekt für Landarbeiter, befasste sich mit der Gesundheitsversorgung in Armenvierteln und bei der indigenen Bevölkerung, weiters mit Fragen der Alphabetisierung und der Volksbildung. Die mit großem Einsatz geleistete Arbeit beeindruckte mich sehr, und es gelang mir zweimal zur Unterstützung dieser Bestrebungen Geldmittel aufzutreiben, welche die päpstlichen Missionswerke zur Verfügung stellten, nachdem Studierende der von mir geleiteten Ausbildungsstätte die Organisation und ihre Arbeitsweise in einer Seminararbeit detailliert beschrieben hatten.
1986 plante ich – in Verbindung mit dem 23. Internationalen IASSW-Kongress in Tokio – eine ausgedehntere Japanreise. Ich wollte auf dem Kongress einen Vortrag über die „Sozialarbeit und ihren möglichen Beitrag zur Lösung von Minderheitenproblemen" halten, der später in der Zeitschrift „Soziale Arbeit" erschien (siehe Literaturverzeichnis). Bei einem Gespräch, das die

Generalsekretärin Dr. Vera Mehta und ich in Wien mit dem Botschafter Thailands, einem IASSW-Mitgliedsland, Exzellenz Sawanit Kongsiri, führten, lud mich dieser ein, doch auf der geplanten Reise auch in Thailand Aufenthalt zu nehmen, wofür er ein Programm zusammenstellen wollte. Ich folgte dieser Anregung und fand so Gelegenheit, Einrichtungen der öffentlichen und privaten Sozialarbeit, des Gesundheits- und Schulwesens kennen zu lernen, aber auch die Slums und Flüchtlingslager zu besuchen. Ich erhielt weiters Gelegenheit zu einer Vorlesung an der Thammasat-Universität in Bangkok und traf mit dem Council on Social Welfare zusammen, wobei ich erstmals Kunying Amphorn Meesuk begegnete, damals Funktionsträgerin in der IASSW. Dr. Vera Mehta gab mir bei der Rückreise Gelegenheit, in Indien mit Vertretern des TATA-Institutes zusammenzutreffen, einen Vortrag an der „School of Social Work" in Bombay zu halten und einen ersten Einblick in die Probleme dieses großen Landes zu nehmen.
Nur wenig später, 1988, war ich, wie bereits erwähnt, zunächst als Organisationssekretär des 24. Internationalen Kongresses in die internationale Arbeit eingebunden. Wenig später wurde mir die vakante Position des Resident Treasurer übertragen, die ich 1989/90 als Resident Treasurer cum Treasurer und 1990 bis 1992 als Resident Treasurer ausübte. Damit befand ich mich sozusagen im Zentrum des Dachverbandes aller Sozialen Schulen.
Ich sah in diesem schwierigen Amt, das ich mit Wissen und einer bescheidenen Unterstützung des Unterrichtsministeriums ausübte, eine große Chance für Österreich. Ich war eingebunden in die Diskussion weltweiter Probleme, die Auseinandersetzung mit internationalen Entwicklungen, unterschiedlichen Erwartungen, Strategien und Erfahrungen, sie bereicherten mich und boten mir, was viel wichtiger war, die Chance, sie unserem Ausbildungswesen zugänglich zu machen. In den Begegnungen mit den Führungskräften der internationalen Sozialarbeit schloss ich zudem viele Bekanntschaften und Freundschaften, beispielsweise mit Prof. Suwantji Susworohardjo, die mich nach Indonesien einlud, teilweise auf meinen Reisen begleitete und mir auch die Sozialorganisation Mohammedía erschloss. Bei manchen so gewonnenen Freunden durfte ich Gast sein, andere wieder waren Gäste meiner Familie in Wien, und ihr Kommen und Gehen beeinflusste nicht nur mein berufliches Handeln, sondern auch unser tägliches Leben. Für meine Kinder wurde Multikulturalität und Weltoffenheit zur Selbstverständlichkeit, und sie sollten später mit starker „sozialer Schlagseite" ins Berufsleben eintreten.
An der Seite von Dr. Vera Mehta, die ich als überaus engagierte, sich keineswegs schonende Vertreterin für alles, was „Social Work" bedeutete, schätzen

lernte (was wegen des damit verbundenen hohen Arbeitsaufwandes nicht nur Begeisterung auslöste), kam ich auch in Berührung mit den großen Trägerorganisationen (Misereor, Innere Mission, Konrad-Adenauer-Stiftung etc.) und konnte so das Entstehen und das Gedeihen unterschiedlichster Projekte miterleben, auch war ich einer der Vertreter der IASSW bei den einschlägigen Unterorganisationen der Vereinten Nationen in Wien. Dank der durch die IASSW geknüpften Kontakte war es mir schließlich möglich, dem damaligen Wissenschaftsministerium wichtige Unterlagen für das Akkreditierungsverfahren der in Planung befindlichen Fachhochschulen zu übermitteln, ferner war ich am Entwurf eines Konzeptes einer dann doch nicht verwirklichten Sozialpädagogischen Hochschule in der damaligen Tschechoslowakei beteiligt, die ein Gegengewicht zu den überkommenen Ausbildungen aus der kommunistischen Ära hätte sein sollen. Die Verwirklichung dieser Idee scheiterte einmal mehr am Mangel an Finanzen und am Nichterkennen der damit verbundenen Chancen.

Nachdem es meiner Kollegin Dr. Maria Simon gelungen war, die IASSW mit Unterstützung des damaligen Bundeskanzlers Dr. Bruno Kreisky von New York nach Österreich zu bringen, wobei Mittel des Unterrichtsministeriums die Finanzierung des Generalsekretariats in Wien sicherten, solche des Außenamtes die Abwicklung internationaler Projekte, empfand ich es als mein ganz persönliches Unglück, dass ich in meiner Doppelfunktion als Treasurer der IASSW einerseits, als österreichischer Beamter andererseits, 1992 indirekt gezwungen war, das Ende des Sekretariats in Wien herbeizuführen. Die Beendigung meines aktiven Dienstes und damit der Fortfall der mir bis dahin zur Verfügung stehenden Infrastruktur hatte zwar mein Ausscheiden als Funktionär früher oder später absehen lassen, doch wurde es durch einen ganz anderen Umstand beschleunigt: Die sich ab 1990 abzeichnenden finanziellen Probleme der IASSW (steigende Ausgaben durch zunehmenden Arbeitsumfang, Kürzung bzw. Ausbleiben von Subventionen, Zahlungsschwierigkeiten vieler Mitglieder und damit Ausbleiben von Mitgliedsbeiträgen, Verfall des Dollarkurses) nahmen 1992 ein so großes Ausmaß an, dass sie die Fortführung des Sekretariats in Wien ernsthaft gefährdeten. Dies konnte ich bei einer Befragung durch das Ministerium auch nicht verheimlichen, und die Konsequenz daraus war das sofortige Einfrieren aller Subventionen. Ich musste meine Funktion zurücklegen, und in weiterer Folge kam es zur Schließung des Wiener Büros und seiner Verlagerung nach Kanada, an den Sitz des damaligen Präsidenten der IASSW, Prof. Dr. Ralph Gaber.

Ich bedauere es noch heute außerordentlich, dass ob der allgemeinen Sparmaßnahmen damals niemand die Bedeutung des Organisationssitzes für

Österreich, aber noch mehr für die internationale Zusammenarbeit, erkennen konnte oder wollte. Dass die Schließung des Sekretariats nahezu zeitgleich mit meinem vorzeitigen Übertritt in den Ruhestand erfolgte, belastete mich zusätzlich, zumal die Hintergründe nicht für alle einsichtig und verständlich waren.
Die IASSW war von Kanada aus in der Lage, ihre Tätigkeit in bescheidenerem Umfang fortzuführen und dank des Reservefonds, auch ihre Verpflichtungen in Wien zu erfüllen. Sie ist heute nach wie vor unbestritten der Weltdachverband der Sozialen Schulen und wirkt vor allem durch ihre regionalen Untergliederungen.

BERUFSBEGLEITENDE AUSBILDUNG ZUM PSYCHOTHERAPEUTEN

In dem Kapitel „Tätigkeit als Psychologe" habe ich erwähnt, dass ich meine Ausbildung in Psychotherapie berufsbegleitend erweiterte und später, schon um Fallbeispiele für die Lehrtätigkeit zu haben, eine kleine psychotherapeutische Praxis eröffnete. Als Leitgedanke stand dahinter die schon sehr früh gewonnene Einsicht, dass mehr noch als nach Beratung und pädagogischer Führung das Bedürfnis nach Psychotherapie bestünde. Nachdem ich mich zunächst mit der Verhaltstherapie und der Gesprächstherapie nach Rogers auseinandergesetzt hatte, begann ich eine über Jahre dauernde Ausbildung im Autogenen Training (Unter- und Oberstufe) sowie in der Kathathym-imaginativen Psychotherapie nach Leuner, weiters eine Ausbildung in Hypnose. Mit der Methode nach Rogers konnte ich vor allem als Gerichtssachverständiger gut arbeiten, versuchte ich doch meine Tätigkeit nicht bloß explorativ, sondern auch beratend zu verstehen, wobei ich immer mehr die Notwendigkeit zur Therapie sah. Meine Gesprächsführung ermöglichte es den Richtern, wie sie mir versicherten, einerseits meine Schlussfolgerungen nachzuvollziehen und schuf andererseits gar nicht so selten Voraussetzungen für einvernehmliche Lösungen, wo vorher Zank und Streit geherrscht hatte. Heute würde man mein damaliges Tun unter Mediation subsumieren. Tatsächlich habe ich bereits 1983 in SIÖ einen Beitrag über die Notwendigkeit intensiver Sozialarbeit mit Scheidungsfamilien verfasst (siehe Literaturverzeichnis). Für meine Studierenden baute ich zudem eine einschlägige unverbindliche Vorlesungsreihe auf, rechnete ich doch damit, dass für sie die Intervention in Scheidungsfamilien eine ganz neue Herausforderung werden würde.
Nach meiner Pensionierung und nachdem ich meine Tätigkeit als Sachverständiger 1993/94 aufgegeben hatte (ich wollte zu keiner Gutachtermaschine werden), widmete ich mich verstärkt der Psychotherapie und in geringe-

rem Ausmaß der gesundheits- und der klinisch-psychologischen Diagnostik. Als Konsulent einer Familienberatungsstelle habe ich überdies Gelegenheit, meine Kenntnisse in besonderen Fällen anzuwenden oder Therapien zu übernehmen. So bin ich auf meinem Weg von der Psychologie über die Sozialarbeit letztlich wieder bei der Psychologie bzw. der Psychotherapie angelangt, freilich mit den mir unentbehrlich erscheinenden Erfahrungen der Sozialarbeit.

Auseinandersetzung mit der Geschichte der Sozialarbeiterausbildung in Österreich

Meine Auseinandersetzung mit der Geschichte der Sozialarbeiterausbildung hat zwei Wurzeln: Zum einen erschien es mir unmöglich, die Frage „Wohin mit der Ausbildung?" zu klären, ohne zu wissen, womit sie eigentlich begonnen hatte, welche Mängel und Probleme aufgetreten und welche Lösungen in der Vergangenheit gefunden oder nicht gefunden worden waren. Zum anderen regte mich dazu ein unbeachtetes, verrußtes Paket an, das zur Vernichtung vorgesehen war und das sich bei näherem Zusehen als Archiv der „Sozialen Frauenschule" seit 1916 entpuppte. Es gab detailreichen Aufschluss über die Entwicklung des Ausbildungswesens bis in die 50er Jahre und enthielt auch Materialien über die Volkspflegerinnenausbildung der Ilse von Arlt, die bereits im Jahr 1912 die allererste Ausbildungsstätte Österreich-Ungarns begründet hatte.
Dieses Material gab mir die Chance, die Entwicklung des Ausbildungswesens von den Anfängen bis in die jüngste Zeit zu rekonstruieren, zu analysieren und in Beziehung zur Entwicklung in der Sozialarbeit zu bringen. Weil es bis dahin keinerlei gesichertes bzw. niedergeschriebenes Wissen gab, reifte in mir bald der Gedanke, alle meine Recherchen in einer Dokumentation zusammenzufassen. Ich schrieb zu diesem Thema zunächst einmal einen kleinen Artikel („Kurzer Abriss der Geschichte der Ausbildungsstätten für Sozialarbeit in Österreich"), wollte aber in weiterer Folge eine ausführliche Würdigung des Ausbildungswesens schaffen, die als Nachschlagewerk wie als Studienbehelf dienen sollte. Ich behandelte darin die gesetzlichen Grundlagen für die Ausbildung ebenso, wie die chronologische Entwicklung der Ausbildungsstätten, die erhaltenen Lehrpläne, die Studien- und Prüfungsvorschriften, die Stellung der österreichischen Ausbildungsstätten im internationalen Vergleich, die Beziehungen zur Sozialarbeit, dazu die aktuellen Probleme und die Bemühungen um eine Reform, und lieferte kurze Portraits der Wegbereiter der Ausbildung. Eine Charak-

teristik der Anstellungsträger, der Organisationen auf dem Gebiet der Sozialarbeit sowie eine Kurzfassung historischer, nicht mehr leicht erhaltbarer Werke sowie Beiträge von aktueller Bedeutung rundeten die Dokumentation ab. Die Arbeit an diesem Vorhaben beschäftigte mich neben meinen anderen Verpflichtungen 15 Jahre lang, bis es mir möglich wurde, sie mit Hilfe des damaligen Präsidenten der ÖKSA (Österreichisches Komitee für Sozialarbeit), Prof. Dr. Othmar Roden, 1992 herauszubringen (siehe dazu das Literaturverzeichnis).

Auch wenn diese Publikation zahlreiche Fehler enthält, die beim Korrekturlesen bereits ausgemerzt waren, und eine aufschlussreiche Absolventenstatistik abhanden gekommen ist (offenbar hat man beim Druck versehentlich auf eine frühere Diskette zurückgegriffen) so ist diese „Geschichte" bis jetzt das einzige, (bereits vergriffene) Buch zum Thema geblieben.

Die dabei erarbeiteten Materialien waren mir nach meiner Pensionierung ein wichtiger Behelf für eine Eröffnungsvorlesung an der Akademie Vorarlberg in Bregenz, bei der es um die Gegenüberstellung der Entwicklung von Sozialarbeit und Sozialarbeiterausbildung ging. Ich versuchte damit die wechselseitige Beeinflussung von Sozialarbeit und Sozialarbeiterausbildung, die Einflüsse von Pädagogik, Heilpädagogik, Psychologie, Soziologie, Psychiatrie und wirtschaftlichen Rahmenbedingungen, ihre stimulierende oder bremsende Wirkung darzulegen. Einen ähnlichen Vortrag sollte ich bei der Bundestagung der Sozialarbeiter in Linz 1996, halten, wurde daran aber durch eine ernsthafte Erkrankung und vielwöchigen Spitalsaufenthalt gehindert.

BEMÜHUNGEN UM DEN ANSCHLUSS AN DIE INTERNATIONALE SOZIALARBEITERAUSBILDUNG

Obwohl Österreich zu jenen Staaten gehört, in denen relativ früh eine Ausbildung für soziale Fachkräfte entstand und damit Einfluss auf Osteuropa ausgeübt wurde (wie aus dem Archiv der Sozialen Frauenschule hervorgeht), bewirkte die Zwangspause in den Jahren 1938 bis 1945 einen Entwicklungsrückstand, der wohl erst jetzt überwunden wird.

Im vorangegangenen Kapitel war ich bemüht darzulegen, welcher langjähriger Anstrengungen es bedurfte, um das Ausbildungsdefizit auszugleichen und die Reform überhaupt in Gang zu bringen. Neben dem bereits genannten Faktum gab es aber noch eine Reihe weiterer Hemmnisse, die den Anschluss an internationale Entwicklungen bremste.

Eines ist darin zu erblicken, dass, ausgelöst durch die Reformen Josef II., zwar sehr früh so etwas wie ein öffentliches Fürsorgesystem entstand, das allerdings länderweise unterschiedlich gestaltet war und für welches bis 1970 ausschließlich von privaten Trägern ausgebildet wurde. Das führte dazu, dass die Entwicklung von Ausbildungs- und Fürsorgewesen keineswegs synchron verlief. Dazu kommt, dass man nach dem „großdeutschen Zwischenspiel" lehrplanmäßig mehr oder minder an das Jahr 1934 Anschluss suchte und, was den Rang der Ausbildungsstätten betraf, sogar an die Zeit nach dem ersten Weltkrieg. Erst in den 60er Jahren begann man Entwicklungen aus Übersee zu rezipieren, auf die dann die Ausbildung zu reagieren hatte, doch geriet man dabei sowohl in der Ausbildung wie im Fürsorgewesen zunehmend unter den Druck der gesellschaftlichen Dynamik. Es fehlte natürlich nicht an Bemühungen, eine zeitgemäße Ausbildung für zeitgemäße Bedürfnisse zustande zu bringen, doch fanden die Sozialarbeiter, wie schon erwähnt, im Gegensatz zu den Pädagogen leider nie ausreichend Unterstützung durch die Öffentlichkeit. Für die Öffentlichkeit war die „Sozialarbeit" immer noch belastet durch den Ruf, den die alte Fürsorge gehabt hatte (Arbeit mit Armen, Deklassierten bei paternalistischem Eingriffs- und Kontrollcharakter), dazu kam, dass im sogenannten Wohlfahrtsstaat Österreich soziale Probleme ja eigentlich nicht existieren sollten. Erst durch die zunehmende Auflösung traditioneller Ordnungsstrukturen, das Entstehen von Wohlstandsverwahrlosung, die Revolten der 68er Jahre, das immer häufigere Auftreten von Drogenmissbrauch, die Probleme mit Immigranten, den gesteigerten Druck auf soziale Randgruppen, die anwachsende Zahl von Arbeitslosen, kam es zu einer größeren Bereitschaft, sowohl am System der Sozialarbeit wie bei der Ausbildung zur Sozialarbeit, über die eine oder andere Korrektur hinauszugehen und eine Reform einzuleiten. Allerdings fielen diese Bestrebungen bereits in die Zeit der finanziellen Verknappung, sodass Wünsche zwar zur Kenntnis genommen, die finanziellen Voraussetzungen dafür entweder nicht geschaffen werden konnten oder die Stillung der Bedürfnisse stärkerer und angesehenerer Gruppen Vorrang erhielt. So erfolgte ja die Anhebung der Sozialarbeiterausbildung auf Akademieniveau, als die Lehrerausbildung längst den Akademiestatus und das zusätzliche Ausbildungsjahr erreicht hatte. Wie bereits beschrieben, gelang die Reform für Sozialarbeiter erst 1986 (zehn Jahre nach dem ersten Reformschritt), was bedeutete, dass man ein Bildungskonzept umzusetzen begann, das teilweise schon wieder gute 15 Jahre alt war. Anderswo wurde zu diesem Zeitpunkt die Ausbildung schon auf Universitätsebene abgewickelt, in der Bundesrepublik Deutschland auf Fachhochschulniveau. Die Gleichwertigkeit mit derartigen Ausbildungen war so vielleicht qualitativ, aber sicher nicht formal gegeben, auch war unter diesen Umständen an das in Erwägung gezogene universitäre Aufbaustudium nicht zu denken. Wenn unter anderem gegen diese Absichten immer wieder eingewandt wurde, dass dadurch eine Entfernung von der Praxis bewirkt werden könnte, so vertrat ich dagegen die Ansicht, dass dies durch ein eigenes Praxissemester im Rahmen eines Fachhochschulstudiums zu vermeiden wäre und dass ein universitäres Aufbaustudium erst nach einer Reihe von Berufsjahren zugelassen werden sollte. Gerade von einem derartigen Aufbaustudium auf Universitätsebene versprach ich mir die Heranbildung von Führungskräften in der Sozialarbeit und in der Sozialverwaltung, vor allem aber auch die Rekrutierung praxiserfahrener Lehrkräfte. Ersteres schien mir schon deshalb notwendig, weil in Österreich die Vorgesetzten der Sozialarbeiter sehr häufig Verwaltungsbeamte oder Akademiker anderer Herkunft waren, z.B. Juristen, Psychologen und so fort, letzteres um auch didaktisch bestens geschulte Lehrkräfte zur Verfügung zu haben.

Die letzten Jahre meiner Tätigkeit als ADAS-Vorsitzender und ab 1988 als Mitglied des Direktorenkollegiums gingen daher stets dahin, die damals zuständigen Behörden von der Notwendigkeit einer baldigen und grundlegenden Reform zu überzeugen und tatsächlich wurde es möglich, nicht nur Sandkastenspiele zu betreiben, sondern in eine intensive Diskussion über das deutsche Ausbildungsmodell und über mögliche universitäre Lösungen einzutreten. Dank meiner Funktion, die ich bis 1992 in der IASSW inne hatte, gelang es mir, die verschiedensten Curricula und die für die Anerkennung notwendigen Akkreditierungsrichtlinien zu organisieren und in die Diskussion einzubringen.

Klar war dabei, dass unsere „Akademien" nicht groß genug sein würden um als Fachhochschulen deklariert zu werden, weshalb schon sehr früh der Gedanke entstand, Fachhochschullehrgänge mit Graduierungsmöglichkeiten unter der Dachkonstruktion einer Fachhochschule einzurichten.

In meiner Aktivzeit konnten diese Bemühungen nicht abgeschlossen werden. Umso erfreulicher ist es, dass sie nun unmittelbar vor dem Abschluss stehen, worüber im Kapitel 'Rückblick und Ausblick' berichtet wird.

DAS ÖSTERREICHISCHE ENDE EINER KARRIERE

1990/91 tauchten nach längerer Zeit wieder Überlegungen des Schulerhalters auf, die Berufstätigen-Akademie aufzugeben. Vordergründig wurde

ins Treffen geführt, dass die Caritas sparen müsse und es daher nicht angezeigt wäre, einen nun schon seit Jahren gesetzlich geregelten Ausbildungstyp weiterzuführen. Die Caritas sei immer bereit gewesen, Experimente einzugehen, gesetzlich geregelte Ausbildungen aber sollten durch andere Schulerhalter abgewickelt werden. Sparmaßnahmen führten zudem dazu, dass kaum Absolventen der Berufstätigenausbildung von der Caritas angestellt wurden, man behalf sich lieber mit kostengünstigeren Laien oder Absolventen mittlerer Ausbildungen. Aus finanziellen Erwägungen wollte man auch die Entwicklung zur Fachhochschule nicht mitmachen, sondern plante weitere Schulversuche im Fachschulbereich durchzuführen. Uneingestanden mag wohl auch eine Rolle gespielt haben, dass nach dem Ausscheiden Kardinal Dr. Königs das Klima konservativer und der Druck des Schulamtes auf die kirchlichen Lehranstalten stärker geworden war. So versuchte man, direkten Einfluss auf die Auswahl und schließliche Bestellung der Lehrenden Einfluss zu nehmen. Dagegen setzte ich mich zur Wehr, weil dies mit meinen Vorstellungen von offener sozialer Gesinnung unvereinbar gewesen wäre. Wir orientierten uns selbstverständlich auch an der christlichen Soziallehre, nichtsdestotrotz trug das der Ausbildungsstätte den Ruf einer gewissen „Aufmüpfigkeit", wenn nicht gar „Linkslastigkeit" ein, während uns andere nach wie vor als konservativ abstempeln wollten. Tatsächlich erfolgte die Auswahl der Lehrenden wie der Studierenden ausschließlich nach fachlichen Kriterien bzw. nach persönlicher Eignung – in der Ausbildung berücksichtigten wir alle Strömungen –, und stets war eine freie Diskussion möglich. Das war für alle einfach eine Selbstverständlichkeit, deren Bedeutung den Absolventen freilich erst später aufgehen sollte. Der Schulerhalter veranlasste mich, Vorstellungen hinsichtlich einer Weiterführung der Akademie bzw. Alternativen dazu vorzulegen. Im Hinblick darauf, dass ich nur beschränkte Einsparungsmöglichkeiten sah, schlug ich vor, entweder eine Trägergemeinschaft zu bilden, die Akademie mit einer der beiden anderen Wiener Ausbildungsstätten zusammen zu legen, wobei ich der städtischen, wegen ihrer größeren Kooperationsbereitschaft, den Vorzug gegeben hätte, oder eben ihre weitere Finanzierung zu sichern, wenn man der Meinung sein sollte, die einzige kirchennahe Ausbildungsstätte im Osten Österreichs aufrecht erhalten zu wollen.
Der Schulerhalter entschloss sich dazu, die Akademie an den Bund abzutreten, der sich in Anbetracht der Wichtigkeit der Berufstätigenausbildung auch zur Übernahme der Berufstätigenausbildung bereit erklärte. Bis es zu dieser Entscheidung kam, wechselten allerdings die Vorstellungen über die Zukunft der Akademie ständig, auf mein weiteres Schicksal wurde dabei vom Schu-

lerhalter nie eingegangen, und er überließ es dem Bund und mir, eine Lösung zu finden. Für den Bund war klar, dass ich zwar ein Recht auf die weitere Verwendung als Professor, nicht aber als Direktor habe. Mit Rücksicht darauf, dass Lehrende aus kirchlichen oder kirchennahen Lehranstalten vom Träger abberufen werden konnten und der Bund sich nicht verpflichtet sehen wollte, solche Kräfte weiter finanzieren zu müssen, war man knapp vor meiner Bestellung auf Grund eines konkreten Falles seitens des Bundes dazu übergegangen, die Direktoren an solchen Ausbildungsstätten nicht mehr durch den Bundespräsidenten quasi auf Funktionsdauer zu ernennen, sondern lediglich durch den Bundesminister mit der Leitung betrauen zu lassen. Dazu kam noch, dass es an der Bundesakademie für Sozialarbeit einen relativ jungen Direktor gab und zwei Direktoren für den gleichen Ausbildungstyp nur schwer vertretbar schienen. Vom Staat wurde dieses Problem schließlich so gelöst, dass man sich entschloss, mich anbetrachts ausreichender Dienstjahre in den vorzeitigen Ruhestand zu versetzen. Der bisherige Schulerhalter nahm an diesen Vorgängen keinen Anteil, führte weder mit mir noch mit der Behörde irgendwelche diesbezüglichen Gespräche. Wenige Tag vor meinem Pensionsantritt brachte mir die vorgesetzte Dienststelle dann zur Kenntnis, dass es aus formalen Gründen misslungen sei, mir den zum Abschied zugedachten Hofrats-Titel zu verleihen, und man befragte mich, ob man nun einen neuerlichen Antrag stellen oder mir eine staatliche Auszeichnung verleihen solle, weil dies auf weniger Schwierigkeiten stoßen würde. Verständlicherweise verzichtete ich auf beides. Zwei Jahre später erfuhr ich überdies, dass auch der Versuch eines Mitarbeiters, mich für eine kirchliche Auszeichnung einzugeben, vom Schulerhalter mit der Begründung abgelehnt worden sei, es würden dafür keine besonderen Voraussetzungen vorliegen. Der dafür Verantwortliche begründete seine Entscheidung mir gegenüber später damit, dass er der Annahme gewesen sei, ich hätte die Ausbildungsstätte fluchtartig verlassen (tatsächlich hatte ich im Wissen um meine Pensionierung sogar das nachfolgende Studienjahr sorgfältig vorbereitet) und entschuldigte sich bei dieser Gelegenheit für die Falscheinschätzung, aber auch dafür, dass er mit mir, sobald die Aufgabe der Akademie festgestanden sei, kein einziges Gespräch geführt hätte. Es war ausgerechnet das Land Wien, das sich später verpflichtet fühlte, meine Arbeit entsprechend zu würdigen.

Nach erfolgter Pensionierung blieb ich noch durch weitere zwei Jahre der Sozialarbeit verbunden, indem ich im In- und Ausland Vorträge hielt, für eine Landesregierung als Supervisor tätig war und die Herausgabe meiner „Geschichte der (österreichischen) Sozialarbeiterausbildung" vorbereitete. Dann fand ich, dass ich nicht mehr genügend in die letzten Strömungen und Entwicklungen der Sozialarbeit involviert sei und mich besser mit der Rolle des interessierten Zusehers begnügen solle. Tätigkeitsmäßig griff ich auf mein angestammtes Arbeitsgebiet zurück, etablierte mich als Klinischer und Gesundheitspsychologe und Psychotherapeut, auch war ich weiter publizistisch tätig, indem ich unter anderem für den Lambertus-Verlag einen Beitrag für seinen „Who is Who der Sozialarbeit" über die österreichische Sozialpionierin Ilse von Arlt schrieb, auch verfasste ich die umfangreiche, sorgfältig recherchierte Chronik eines vormaligen Bergbauortes in der Steiermark.

Als einer, der immer mit Menschen, aber kaum mit der Technik zu tun gehabt hatte, erwarb ich über Anregung einiger Enthusiasten, die auf einer für den Personenverkehr aufgelassenen Eisenbahnstrecke touristische Dampfzüge organisieren wollten, zunächst das staatliche Diplom als Kesselwärter und Triebfahrzeugführer, absolvierte die Eisenbahner-Dienstprüfung und führte so einige Jahre lang Dampfsonderzüge durch eines unserer schönen Gebirgstäler. Ich tat dies zur Freude vieler Kinder, die sich gerne bei mir auf dem Lokführerstand einfanden und mit Hingabe die Dampfpfeife betätigten. Es war für mich etwas Besonderes, dabei die Aufmerksamkeit meiner Eisenbahnerkollegen zu erfahren und natürlich auch die der Bevölkerung in den von der Bahnlinie berührten Orten. Man wusste offensichtlich mit dem Lokführer „Doc" viel mehr anzufangen als mit dem Direktor, dem Psychologen oder Therapeuten. Ich lernte die Welt so unter einem völlig anderen Aspekt als bisher kennen und in gewissem Sinne zu schätzen.

Auch diese Episode hat mittlerweile ihr Ende gefunden; ich widme mich meiner Familie, den Enkelkindern, dem Lesen guter Literatur, wofür ich auf Grund der vielen Fachlektüre lange keine Zeit gefunden hatte. Immer noch reise ich gerne. Insgesamt ist in mein Leben etwas ruhiger geworden und hat dadurch zweifelsohne an Qualität gewonnen.

Die Entwicklung im Sozialen betrachte ich nach wie vor mit großer Aufmerksamkeit, wobei ich vor allem die allzu umfassenden Privatisierungstendenzen mit Missbehagen betrachte, ebenso das Eindringen rein wirtschaftlichen Denkens. Ich sehe darin die Gefahr eines Verlustes von Rechtsansprüchen, einer zunehmenden Entsolidarisierung, der Zerreißung des bestehenden sozialen Sicherheitsnetzes, weil gerade in einer Welt der Starken der Schwache der besonderen Unterstützung durch den Staat bedarf und keineswegs auf Gnadenakte angewiesen sein soll. Es bestürzt mich, die Ausgrenzung immer neuer Bevölkerungsgruppen zu beobachten, seien es die Alten, die Behinderten, die Kinder, für die kein Platz ist, die Arbeitslosen oder die Ausländer, und ich fürchte mich vor einer Gesellschaft der Tüchtigen und Selbstgerechten, vor allem aber vor Regierenden, die genau zu wissen vorgeben, wie Probleme zu lösen sind und den Dialog darüber ablehnen. Auch kann ich wenig Gefallen an dem Slogan „Speed kills“ finden, und ich fürchte, dass die von den Politikern angestrebte „Soziale Treffsicherheit“ allzu leicht aus Betroffenen Getroffene machen könnte. Wo sich Gelegenheit ergibt, vertrete ich meine diesbezügliche Meinung. Im übrigen bin ich als Berater im volkskulturellen Bereich tätig, weil mir der Gedanke der Heimatpflege bei Achtung vor der eigenen wie der fremden Kultur immer ein Anliegen war und ist.

RÜCKBLICK UND AUSBLICK

Alle Stationen meines beruflichen Lebens waren für mich mit Lernen verbunden, und keine davon möchte ich missen, auch wenn es einige gibt, die ich nicht nochmals durchleben möchte.
Land und Stadt Wien boten mir vielfältige Möglichkeiten zum Erwerb beruflicher Erfahrungen auf unterschiedlichsten Gebieten, und sie haben mir, wenn auch nicht immer im erträumten Ausmaß, Gelegenheit zur Verwirklichung meiner Vorstellungen geboten. An den Volkshochschulen machte ich meine grundlegenden Lehrerfahrungen, die mir später am Institut für Heimerziehung und in der Sozialarbeiterausbildung hilfreich waren. Die Tätigkeit als Sachverständiger gewährte mir Einblicke in die Problematik unserer Familien, vor allem in das Leid von Kindern aus geschiedenen Ehen, das sollte mir später bei meinen therapeutischen Ambitionen nützlich sein. Meine Arbeit im Rahmen der F.I.C.E. und der IASSW brachte mir vielerlei Begegnungen mit interessanten Persönlichkeiten, vor allem mit den führenden Kräften der Internationalen Sozialpädagogik und Sozialarbeit und lehrte mich über die Grenzen eines Binnen- und Kleinstaates hinaus zu denken und zu empfinden, viele meiner diesbezüglichen Erfahrungen flossen in die Ausbildungsgestaltung ein. Als Direktor und langjähriger erster und zweiter Vorsitzender der ADAS war ich bemüht um den Anschluss an internationale Standards und durfte, mit einiger Zeitverschiebung, auch den Erfolg auf einer Zwischenebene erleben. Als Psychotherapeut kann ich noch heute dazu beitragen, Probleme zu reduzieren und dabei für mich selber lernen.
Mein Berufsleben war ausgefüllt und in einigen Punkten auch erfüllt. Manches an meiner beruflichen Entwicklung, das mir früher als zufällig erschien, erkenne ich heute als logische Abfolge, bei der sich jeweils eins aus dem anderen ergab.
Ich halte dafür, dass die letzten 40 Jahre in der Sozialpädagogik wie in der Sozialarbeit (die einander meiner Auffassung nach ergänzen) eine rasante

Entwicklung in Richtung auf Theorienbildung und auf einen vertieften, aufgearbeiteten Praxisbezug stattfand und stattfindet und dass die Sozialarbeit zunehmend Einfluss zu nehmen beginnt auf die Sozialarbeitspolitik und die Sozialpolitik. Ich sehe, wie bereits erwähnt, die Probleme, die sich aus dem marktwirtschaftlichen Denken, aus der Privatisierung des Sozialen ergeben können, und ich hoffe, dass es gelingen wird, dem einigermaßen entgegenzusteuern, und eine für die Praxis fruchtbringende Forschung zu betreiben. Ich erwarte auch, dass sich der Staat seiner sozialen Verantwortung, die eine Errungenschaft des vergangenen Jahrhunderts war, nicht einfach begibt. Soziale Probleme regeln sich nicht von selbst, sie haben auch keinen Markt, sondern müssen hinsichtlich ihrer Ursachen und Auswirkungen sorgfältig analysiert werden und zu entsprechenden Konsequenzen führen. Wenn die Sozialarbeit darauf vorbereiten soll, im Dienst der Gesellschaft an der Gesellschaft die Vorbereitung für eine qualifizierte, professionelle Form mitmenschlicher Hilfe zu leisten, dann müssen dafür ausreichende wissenschaftliche, methodische und praxisbezogene Grundlagen geschaffen werden. Sie bestehen bis heute nur ansatzweise. Eine Ursache sehe ich darin, dass die Sozialarbeiterausbildung lange Zeit unter dem Einfluss dominierender Quellenfächer stand, die nicht in einer speziellen, für die Sozialarbeit entsprechend entwickelten Art dienstbar gemacht wurden, auch stand, worauf wiederholt verwiesen wurde, die Forschung nicht unbedingt im Dienst der Sozialarbeit und der Sozialarbeiterausbildung. Es wird daher ein wichtiges Anliegen der geplanten Fachhochschulen sein müssen, die Studierenden gerade durch die praxisbezogene Forschung, etwa im Rahmen von Projekten, aber auch durch ein supervidiertes Praktikum, an die gesellschaftliche Wirklichkeit heranzuführen. Sie zu erfassen übersteigt das Vorstellungsvermögen, auch die bloße Lehre führt nicht ausreichend an sie heran. Es wird vermutlich auch Aufgabe der neuen Ausbildungsstätten sein, aufgrund von Forschungsergebnissen Lösungsansätze zu erarbeiten und modellhaft zu erproben. Weiters wird man – schon um der Verschulung vorzubeugen –, genügend Spielwiesen zur supervidierten Umsetzung von Methoden einzuplanen haben, wozu auch die Supervidierung der Berufsanfänger zu zählen ist. Das wechselseitige Feedback scheint mir dabei sowohl für die Lehrenden wie für die Lernenden wichtig. Was die Theorienbildung betrifft, so erwarte ich mir ebenfalls Anregungen durch die praxisbezogene Forschung, die vermutlich auch die Entwicklung sozialarbeitstypischer Methoden anregen wird. Zu berücksichtigen wird dabei sein, dass die Sozialarbeit (nach Friedländer und Pfaffenberger, aber auch nach Tuggener) eine Disziplin in Bezug auf andere Disziplinen in einem ganzheitlichen Funktionssystem gesellschaftlicher Hilfen darstellt. Auch bei eigenständigen methodischen Ansätzen wird die Sozialarbeit nicht ohne Verbindung zur Sozial-, Schul- und Erwachsenenpädagogik sowie zur Psychotherapie existieren können, ohne deshalb im eigentlichen Sinn Pädagogik oder Psychotherapie zu werden. Für mich bedeutet das, dass ein Ausbildungsschwergewicht auf der Weckung des Verständnisses für die Nachbardisziplinen und im Training der Kooperationsfähigkeit mit diesen liegen wird.

Überaus wichtig erscheint mir weiters die Möglichkeit eines universitären Aufbaustudiums, das die Ausbildung für Management- und Lehrfunktionen übernehmen soll. Die Sozialarbeiter werden lernen müssen, sich nicht als Einzelkämpfer zu sehen, sondern gemeinsam aufzutreten und sie werden sich nicht scheuen dürfen, ihre Stimmen in der Sozialarbeitspolitik und in der Sozialpolitik zu erheben.

Dr. Simon, Dr. Bauer-Debois, Dr. Lessing und ich durften in einer überaus kritischen Phase dazu beitragen, einen Teil der erwähnten Probleme zu lösen. Es wird Aufgabe der Nachfolger sein, diese Arbeit fortzusetzen.

Es freut mich in diesem Sinne ganz besonders, dass laut Auskunft des zuständigen Abteilungsleiters im Ministerium für Bildung, Wissenschaft und Kultur, MR Mag. Walter Bernhard, im Studienjahr 2001/2002 die Fachhochschulstudiengänge endlich ihre Verwirklichung finden sollen. Die Akademien werden in allen Bundesländern auslaufen und durch Fachhochschullehrgänge ersetzt werden, in Tirol und Vorarlberg mit der zeitlichen Verzögerung eines Jahres. Sie werden an bereits bestehenden Fachhochschulen angeschlossen sein, in Wien etwa an das Technikum bzw. an den Campus Favoriten, während in Oberösterreich, Salzburg und Steiermark die Länder als Träger auftreten werden, in Niederösterreich die Stadt St. Pölten.

Von der Zeitdauer her werden die Lehrgänge unverändert sechs Semester umfassen, zu denen allerdings ein zusätzliches reines Praktikumssemester kommen wird. Besonders erfreulich ist, dass die neue Ausbildung endlich auch den lange herbeigesehnten Forschungsanteil beinhalten wird. Bei einem einheitlichen Berufsbild und bei prinzipieller Gleichwertigkeit der Ausbildungen wird es zwischen den Lehrgängen gewisse Spezifizierungen geben, etwa mit dem Schwerpunkt Sozialmanagement, Städtische Sozialarbeit usw. Den Studienabschluss wird der Magister F.H. mit dem Zusatz Sozialarbeit bilden.

Mit Rücksicht darauf, dass die Lehrenden an den Fachhochschulen nicht mehr vom Bund, sondern von den Trägern finanziert werden, die vom Staat dafür Beiträge pro Studienplatz erhalten, wird es, wie in der übrigen postsekundären Ausbildung, vermutlich Studiengebühren geben. Für Studierende, vor allem für solche mit Familie oder solche ohne eigenes Einkommen etc., wird es daher notwendig sein, entsprechende Studienförderungsmaßnahmen vorzusehen.

Um den Beruf des Sozialarbeiters abzusichern (es gibt schon jetzt den Schulversuch einer „Höheren Lehranstalt für Sozialmanagement" und einen vom Land Kärnten initiierten „Universitären Lehrgang für Sozialarbeit", wird es wohl erforderlich sein, einen gesetzlich geregelten Berufsschutz zu schaffen, wie er für Psychologen und Psychotherapeuten ja bereits besteht.

Ich bin erfreut, dem Ende meines Berichtes dieses positive Ergebnis anfügen zu können, wurde es doch 30 Jahre hindurch mit viel Mühe angestrebt. Damit ist zumindest der internationale Anschluss geglückt und die Basis für die qualitative Ausgestaltung des Erreichten gelegt. Es wird an den Lehrenden, an den Studierenden und am Berufsverband der Sozialarbeiter liegen, daraus das Beste zu machen.

Literatur

Friedländer, W. A./Pfaffenberger, H. (1967): Grundbegriffe und Methoden der Sozialarbeit. Neuwied/Rh.

Steinhauser, W. (1968): Erziehungshilfe im Heim. In: Heilpädagogische Werkblätter, Wien, Heft 6, S. 303-311

Steinhauser, W. (1972): Heimerziehung in unserer Zeit. In: Information, Jugendamt der Stadt Wien, Heft 2, S. 9-15

Spiel, W./Fischer, G./Grestenberger, J./Heitger, M./Strzelewicz, W./Wilfert, O. (1972): Aktuelle Probleme der Heimerziehung mit Ergebnissen der Wiener Heimkommission. In: Institut für Stadtforschung – Kommunale Forschung in Österreich, Wien, Heft 4

Steinhauser, W. (1976): Über die Vorbereitung von Erziehern und Sozialarbeitern zur integrierten Zusammenarbeit. In: Erzieherblatt, Amt der Steiermärkischen Landesregierung, Graz, Heft 110, S. 141- 48

Steinhauser, W. (1976): Die Heimerziehung zwischen gestern und morgen auf dem Wege zur Selbstfindung. In: Information, Jugendamt der Stadt Wien, Heft 2/3, S. 16-27

Jochum, M./Steinhauser, W. (1975): Möglichkeiten der berufsbegleitenden Erzieherausbildung als vorübergehende Ausbildungsform unter besonderer Berücksichtigung der Situation in Österreich. In: Federation Internationale des Communautes d'Enfantes, Wien, Heft 1, S. 39-47

Courtioux, M./Jones H.D./Kalcher, J./Steinhauser, W./Tuggener, H./Waaldijk, K. (1981): Leben mit anderen als Beruf – der Sozialpädagoge in Europa: F.I.C.E., Zürich
(1982): The Sociapedagogue in Europe – Living with others as a profession: F.I.C.E., Zürich

Steinhauser, W. (1983): Wenn der Tag sich neigt. Sterben, Wagnis u. Chance, Wien

Steinhauser, W. (1983): Zur Notwendigkeit einer intensivierten Sozialarbeit mit Scheidungsfamilien. In: Sozialarbeit in Österreich: Wien, Heft 58, S. 42-44

Steinhauser, W. (1985): Sozialarbeit im Netz freiwilliger und professioneller Dienste. In: Informatio, Solothurn, Heft 1/2, S. 56-65

Steinhauser, W. (1989): Grundlegende Gedanken zur Integrationsproblematik in der Sozialarbeit. In: Chancen und Grenzen in der Integration, Kirche – Schule – heute, Religionspädagogisches Institut, Wien, S. 146-154

Steinhauser, W (1989): Sozialarbeit und ihr möglicher Beitrag zur Lösung von Minoritätenproblemen. In: Soziale Arbeit, Berlin, Heft 1, S. 2-9

Steinhauser, W. (1992): Geschichte der Sozialarbeiterausbildung (in Österreich), Wien: Österreichisches Komitee für soziale Arbeit

Hans Thiersch
* 16.5.1935

Erstens. Ich soll von mir erzählen, von dem, was mich in die Sozialpädagogik trieb und was ich in und mit ihr erlebt habe.[1]

Indem ich dazu ansetze, stocke ich. Ich kann nur erzählen, was ich erinnere. Erinnerungen aber sind immer auch das Bild, das ich mir heute von dem, was war, mache. Dieses Bild ist bestimmt von meinen heutigen Einsichten, Interessen und Gefühlen, meinen heutigen Ansprüchen, Zweifeln und Ängsten. Es ist das Bild einer Geschichte, in der ich mir das Gemenge von Möglichkeiten, verpassten Gelegenheiten, Leistungen und Versagen, Schuld und Dankbarkeit so zurecht erinnere, dass ich mich mit ihr arrangieren kann. „Mein Gedächtnis weiß" – so lässt sich vielleicht Nietzsche paraphrasieren – „was gewesen ist, mein Gewissen aber sagt, wie es gewesen sein soll". Nun gibt es Möglichkeiten, solchen subjektiven Konstruktionen wenigstens ein Stück weit gegenzusteuern. Ich kann versuchen, mich zu objektivieren, also Zeugnisse aus früheren Zeiten, Dokumente, Arbeiten, Briefe oder Tagebuchnotizen beiziehen. Das habe ich nicht getan. Als Kind des Zeitalters des Telefons habe ich über weite Strecken meines Lebens fast nichts aufgeschrieben, auf das ich nun zurückgreifen könnte. Ohne solches „Sperrgut" also kann das Bild, das ich im Folgenden von meiner Geschichte skizziere, nur ganz subjektiv sein. Dieses Bild ist aber auch unvollständig wegen der hier von mir erwarteten Kürze: Vieles taucht in der Erinnerung auf – vor allem Begegnungen und Geschichten mit anderen, mit Freundinnen, Freunden, Kollegen und Zeitgenossen und – daneben natürlich – Sachzusammenhänge; nur Weniges kann ich erzählen: Das bleibt notwendig unbefriedigend.

---

[1] Einige Passagen sind in Anlehnung entnommen aus: Thiersch, H.: Stürmischer Aufbruch und allmähliche Profilierung. In: Homfeldt, H. G./Merten, R./Schulze-Krüderer, J. (Hrsg.): Soziale Arbeit im Dialog ihrer Generationen. Baltmannsweiler 1999, S. 22-31.

Indem ich mich unter diesem Vorbehalt auf meine Geschichte einlasse, stocke ich zum zweiten Mal. Ich sehe mich – wie es ja bei solchen Vorhaben naheliegend ist – im Vergleich zu anderen SozialpädagogInnen, wie sie ihr Leben, z.B. im ersten Band dieser Reihe oder in dem von Hans Günther Homfeldt u.a. herausgegebenen Sammelband „Soziale Arbeit im Dialog ihrer Generationen" erzählen. Vor diesem Horizont bin ich über meine eigene Geschichte erstaunt und geniert. Sie ist in ihren äußeren Daten gesehen irritierend regelhaft und darin langweilig. Volksschule, Gymnasium, Studium, Assistenz, Professur an der Pädagogischen Hochschule und schließlich, seit 1970 und ohne Unterbrechungen Professur in Tübingen. Und: In dieser Regelhaftigkeit ist die Wahl der Sozialpädagogik eher zufällig gewesen. Man bot mir eine Assistentenstelle bei den Pädagogen an, Freundschaften zogen mich in praktische und theoretische Probleme der Sozialpädagogik, die – es wäre unehrlich, wenn ich das unterschlagen würde – mir vor allem als neue, offene und wenig bearbeitete Fragen attraktiv erschienen (im Vergleich zu der damals wesentlich durchgearbeiteteren Allgemeinen Pädagogik oder der Schulpädagogik z.B.). Hier war Neuland, hier lohnte es sich einzusteigen. Trotz solcher Zufälligkeiten aber verstehe ich mich heute als gleichsam in der Wolle gefärbter Sozialpädagoge, so wie mich auch Freunde und Außenstehende mit der Sozialpädagogik identifizieren. Ich habe mich auf Aufgaben eingelassen, bin in sie hineingewachsen und habe so meine Berufsidentität gefunden. Und mit der eher regelhaften und zufälligen Berufskarriere haben sich vielfältige Lernerfahrungen und Erlebnisse verbunden, die – so scheint es mir jedenfalls im Rückblick – mit meinem Arbeitsverständnis auch mein Lebensverständnis, meine Identität prägten. Davon will ich im Folgenden erzählen. – Dieses Vorhaben aber ist in sich prekär: Wenn ich nämlich von Lebens- und Berufserfahrungen zugleich erzähle, suggeriert das einen Zusammenhang zwischen beiden. Auf die damit sich stellenden Fragen nach Biographie und Theorie, nach dem Hintergrund des Lebens in Beruf und Theorie, will und kann ich mich hier nicht einlassen. Ich halte nur fest, dass ich annehme, dass Berufs- und Theoriekonzepte aus sich, gleichsam in ihrer eigenen Logik gelten, dass sie aber motiviert, gestützt und nahegelegt sein können aus Erfahrungen: Anlass und Geltung sind zweierlei und inspirieren sich vielleicht, bedingen sich aber nicht gegenseitig.

Und schließlich – das ist die dritte und letzte Vorbemerkung: Meine Behauptung einer Berufs- und Lebensidentität als Sozialpädagoge ist nur halb wahr. Gerade im Vergleich mit anderen SozialpädagogInnen wird mir sehr deutlich, dass ich mich in dieser Reihe nur bedingt vorstellen kann. Ich war und bin Erziehungswissenschaftler. Meine Arbeit ist in allem sozialpädagogischen Engagement immer auch eingebunden in allgemein-pädagogische Probleme der Theoriebildung, der Ausbildungsstruktur und der Fach- und Berufsorganisation. Das Ineinander von Erziehungswissenschaft und Sozialpädagogik prägt meine Variante der Sozialpädagogik.

Zweitens. Geboren wurde ich 1935 als Kind von Elisabeth und Friedrich Thiersch in Recklinghausen, einer mittelgroßen Stadt im Ruhrgebiet. Ich bin das erste von vier Geschwistern, der einzige Junge vor drei Schwestern. Unser Zuhause war bürgerlich. Beide Eltern hatten studiert. Meinen Vater hatte es – nach einer abgebrochenen Hochschulkarriere als Mathematiker – in die Industrie verschlagen, meine Mutter nutzte ihr Studium nie. Die Rollen unter meinen Eltern waren traditionell festgelegt; gewiss spielte mein Vater phantasievoll und goldig mit uns, erzählte viel und machte Musik, aber sein Leben war durch den unbedingten Primat der Arbeit bestimmt. Meine Mutter – ebenso erzähl- und spielgeschickt – war für den Alltag der Familie zuständig, die Versorgung des Mannes und der Kinder, die Pflege der verwandtschaftlich-privaten Beziehungen. Dieses Rollenmuster verdichtete sich immer wieder in charakteristischen Szenen: In späteren Jahren z.B. war es üblich, dass mein Vater, bevor er nach dem Mittagessen wieder ins Büro ging, sich kurz zur Ruhe legte. Damit er dabei nicht gestört wurde, mussten wir Kinder, die wir mit der Mutter zusammen in die Küche zogen um zu spülen, dort bleiben, bis mein Vater die Wohnung wieder verlassen hatte; das Knarren der Türen, wären wir aus der Küche herausgegangen, hätte ihn stören können. Diese Szene ist mir deshalb so besonders erinnerlich, weil 30 Jahre später mir, wiederum über Mittag heimkommend und ganz von meinen Problemen eingedeckt und meine Ruhe einfordernd, meine Frau vorschlug, doch mittags nicht heim zu kommen, sondern im Institut zu bleiben: Zuhause sei es mit den Kindern anstrengend und lebhaft, da störe ich nur; wenn ich dann abends nach der Arbeit und ausgeruht heimkäme, könne ich mich ja auch ins Familienleben mischen.

Unser Zuhause, so habe ich formuliert, war bürgerlich: Religion und Kirche wurden nicht in Frage gestellt, spielten aber neben den traditionellen und aufwendig familial begangenen Feiertagen keine Rolle. Es gab zuhause viele Bücher, wir besuchten Theater und Konzerte, wichtig waren vor allem ausgedehnte Wanderungen und Spaziergänge – meine Eltern waren von München aus leidenschaftliche Kletterer gewesen. Dass wir Kinder das Gymnasium besuchen und studieren sollten, stand nie in Frage. Lernen wurde erwartet und vor allem in den Ausfällen der Kriegszeit kräftig unterstützt; wir hatten Musikunterricht.

Vor allem aber war es bei uns zuhause privat; neben wenigen Freunden und Nachbarn war vor allem die Familie wichtig. Wir lebten bis 1945 inmitten der braunen Welt eine eigene, gleichsam isolierte und abgeschirmte Wirklichkeit. Meine beiden Großväter hatten ihre Stelle ebenso verloren wie mein Vater in seinen Berufsplänen 1933 lahmgelegt worden war. Meine Eltern hatten, verängstigt, ob sie wegen der Rassengesetze heiraten durften, an Auswanderung gedacht, bis mein Vater dann in der Industrie Arbeit und einen Winkel in der Gesellschaft fand. Meine Eltern, nicht nur gegen die Nazis, sondern dann auch ebenso gegen den Krieg eingestellt, wollten überstehen; sie wollten nicht auffallen und uns Kinder unauffällig durch die Zeit bringen. Wir hatten halbjüdische Bekannte, bis sie am Kriegsende in der Organisation Todt verschwanden – ich erinnere aber nicht, dass wir gewusst hätten, wer sie waren. Es gab bei uns keine politischen Unterhaltungen, wir hatten auch kein Radio. Es hat sich mir unauslöschlich eingegraben, wie meine Mutter uns Kindern während des Bombenangriffs im Luftschutzkeller inmitten erregter, weinender und schreiender MitbewohnerInnen Geschichten erzählte, unbeirrt, genau, eingehend; wir verloren uns in den Geschichten, wir hatten keine Angst, wir wussten uns geborgen. Meine Mutter hatte – wie sie später erzählte – Wasser in den Schuhen.

Den Schrecken des Krieges aber war ich – als Einziger unter uns Geschwistern – nicht gewachsen; die Angst vor Bomben und Tod mischte sich mit religiöser Angst. Im Religionsunterricht hatten wir gelernt, dass jede gute Tat uns auf der Himmelsleiter eine Stufe voran, jede böse aber zwei zurückwürfe; mir schien das Unternehmen hoffnungslos. Ich heulte halbe Nächte, meine Eltern waren froh, mich zu einer Tante und ihren Freunden aufs Land evakuieren zu können. Hier im entspannteren Feld erlebte ich das Ende des Krieges im Ineinander unterschiedlicher Erfahrungen, wie es mir von heute her gesehen ein Beleg für die Pragmatik und Fatalität von Alltag zu sein scheint. Wenn ich im Garten die Wege vom Unkraut freihackte, machte ich es in sorgfältig geplanten Mustern analog zu Kesselschlachten. Stundenlang saß ich, wenn die Bombengeschwader über uns hinwegzogen, oben auf der Holzlaube und spielte Flakabwehr. Zu lesen hatte ich offenbar nichts anderes als Walter Flex oder Graf Luckners Kriegsabenteuer. Die Bombennächte waren furchtbar, der Himmel stand rot über den Bränden von Mainz und Wiesbaden, die Großeltern retteten sich nur mit dem Handgepäck zu uns – sie erzählten, die Kastanien hätten über den brennenden Trümmern zu blühen angefangen. Am Haus zogen endlose Züge von Gefangenen und Soldaten vorüber, wir brachten Tee und Äpfel heraus. Mich schauderte – ich erinnere es noch gut – bei der Nachricht über den Soldaten, der, wie es hieß, heldenhaft unter Einsatz seines eigenen Lebens die Rheinbrücke gesprengt hatte. (Mit welchen Gefühlen, so verfolgte es mich, war er auf die Brücke hinausgeklettert?) Wir waren froh, aus den freigelassenen Heeresbeständen Lebensmittel hamstern zu können und vergruben sie nachts im Garten, vor Angst, die Nachbarn könnten uns verraten. Wir durften nicht auf den Marktplatz heruntergehen, wo die Nazis den Oberbürgermeister, der die Stadt den Feinden friedlich übergeben wollte, aufgehängt hatten. Er hing zwei Tage. Ich erinnere an die Freude und das „Gerechtigkeitsgefühl", als sich herumsprach, dass eben diese Nazis auf der Flucht besoffen vor einen Baum gefahren und im Auto verbrannt waren.

Das Ende des Kriegs war befreiend, nicht zuletzt auch, weil die Schule über längere Zeit ausfiel. Meine Erinnerungen bleiben politisch ungeordnet und alltagsbestimmt. Aus Polen kam ein entfernter Onkel zurück, erleichtert, sich zu uns in den Westen durchgeschlagen zu haben; die Stimmung war gedrückt, es gab Gespräche, bei denen wir Kinder herausgeschickt wurden; nach wenigen Tagen ging er in den Wald und erschoss sich. Der Familienrat hatte befunden, dass es für ihn mit seiner Geschichte keine Überlebenschance gab. Dann aber, bald nach Kriegsende, ich war 10 Jahre alt, war ich wieder nach Hause zurückgekommen. Wir Kinder ärgerten uns, dass die Lehrer, die wir mochten, die jung und interessant waren, ihrer Vergangenheit wegen entlassen wurden, während andere, langweilig-fade, uns unterrichteten; dass sie sich durch Widerstand gegen die Nazis und Glaubensüberzeugung ausgewiesen hatten, war uns ganz gleichgültig.

Das Leben in der Stadt war in den Nachkriegsjahren mühselig. Meine Eltern hatten ein Grundstück pachten können, das wir aufwendig von Trümmern befreiten, um im darunter liegenden Boden, gedüngt mit einer schwarz erstandenen Fuhre von Schlachthausmist mit Hufen, Knochen und Haaren, Kartoffeln, Steckrüben und Mohrrüben anzupflanzen. Wir Kinder zogen an den Eisenbahn-Verladegleisen entlang, um Kohlenbrocken aufzusammeln, die Bergleute von den ins Ausland rollenden Zügen herabwarfen. Wir sammelten auf abgeernteten Feldern barfuß Ähren- und Kartoffelreste, wir zogen mit Rucksäcken und einem Handwagen in den nahen Wald, um Holz zu sammeln. Mein Vater war der Arbeit wegen oft und lang fort; ich geriet in seine Rolle des Familienvorstands, zumal meine Mutter lange und schmerzhaft krank war. Wie sie, auch wenn sie eigentlich gar nicht mehr konnte, präsent zu sein versuchte und sich nur, wenn es gar nicht mehr anders ging, ins hintere Schlafzimmer zurückzog und ganz unansprechbar war, ist mir auch heu-

te noch gegenwärtig. Die Großmutter lebte bei uns, wir hatten sie sehr gern, ich besonders hockte endlos bei ihr, und sie hat sich für alles interessiert, was ich – phantasievoll, redelustig, ausschweifend – zu erzählen wusste. Sie starb am Abend, bevor meine Schwester und ich konfirmiert wurden. Verstört und aufgewühlt zogen wir beide durch die Stadt, die Brandmauer, auf die wir zugingen, sehe ich heute noch vor mir, wir waren hilflos und verloren. Als dann der Pfarrer am nächsten Morgen die Gelegenheit nutzte, von der Kanzel auf den Ernst des Konfirmationsversprechens angesichts des Todes zu verweisen, war ich wütend. Jahre hindurch habe ich keine Kirche mehr betreten.
Die Schule besuchte ich brav, aber sie langweilte mich weithin. Mit Tricks, Schummeleien, einem geringen Aufwand und immer wieder viel Ängstlichkeit, dass es so doch nicht reichen würde, kam ich durch. Der Unterricht war oft langweilig und autoritär. Die Lehrer lasen aus den Schulbüchern vor, in denen wir unter der Bank mitlesen konnten; die Benotungen waren streng und duldeten keinen Widerspruch. Ein Klassenlehrer schickte seine Tochter immer wieder in den Garten herunter, damit sie dort die Weidenruten schnitt, die er uns zur Strafe dann durch die inneren Handflächen zog. Quälend waren die Rituale, wenn wir auf das Podest vor die Klasse gerufen wurden, um abgefragt zu werden: Lauernd und genüsslich suchte der Lehrer in seinem Notenbüchlein, um dann, schneidend-zupackend, den Namen dessen auszustoßen, der ihm Rede zu stehen hatte. Ebenso genüsslich wurde die Austeilung von korrigierten Klassenarbeiten zelebriert: Entweder von fünf herunter oder von eins herauf Heft um Heft aufgerufen, angeblättert, aus ihm zitiert –, wir hockten und schwitzten vor Angst, wann endlich das eigene Heft drankäme. Die Lehrer aber wurden ihrerseits gedemütigt. Immer zu Beginn des Schuljahres standen alle Klassen auf dem Schulhof und warteten, wer ihnen als Klassenlehrer zugeteilt würde: Die Schultür öffnete sich, und einer um den anderen kamen die Lehrer die große Freitreppe herunter und gingen zu ihren Klassen, wo sie – je nach ihrer Beliebtheit – mit Freudengebrüll, mit Freundlichkeit, mit betretenem Schweigen oder mit lautem Zorn begrüßt wurden. Und: An den autoritären und zugleich in ihrer Schwäche durchschauten Lehrern rächten wir uns: Ein unsicher-freundlicher Deutschlehrer hat sich, nachdem wir ihn aus der Klasse herausgeekelt hatten, nur noch an der Wand entlang an uns vorbeizudrücken getraut, und niemanden aus der Klasse mehr gegrüßt. Einem anderen Lehrer haben wir beim Landschulaufenthalt nachts die Unterwäsche geklaut, und er stand dann, hilflos und eher winselnd, in unserem schummrig erleuchteten Bettensaal, wo wir Tiefschlaf vortäuschten: „Ich will meine Unterwäsche wieder haben...“.

Daneben, natürlich, aber gab es auch anderes. Lehrer, die uns als Menschen deutlich wurden, der blinde Lateinlehrer, der auf seine Frau angewiesen war, um Unterricht halten zu können; der Mathematiklehrer, der klein, buckelig und gefürchtet streng, schwer erkrankte und nur vorläufig gesund dann den Unterricht wieder aufnahm: Der Arzt habe ihn gewarnt, aber er lebe allein und habe doch nichts zu verlieren und niemanden außer uns, er lasse es darauf ankommen; nach drei Monaten war er tot. Und schließlich und vor allem: Vielfältig war der Unterricht interessant und spannend, in Geschichte, Deutsch, Biologie, in Religion, wo wir, ich denke ein Jahr lang, unserem sehr offenen, aber allmählich mürbe werdenden evangelischen Pfarrer nachzuweisen versuchten, wie unlogisch und theologisch absolut insuffizient Luther gewesen sei, wenn man ihn mit Thomas von Aquin vergliche. Eine breitflächig vorbereitete Theateraufführung hat uns ebenfalls ein Jahr lang in Bann geschlagen.
Wichtiger aber war für mich das Leben neben der Schule. Mindestens zwei Jahre war ich mit einem Kommunisten befreundet – es war die Zeit des kalten Kriegs – der mir auch dadurch besonders imponierte, dass er erzählte, er träfe sich mit seinen Genossen immer im Polizeipräsidium, da dort niemand auf die Idee käme, nach ihm zu suchen. Wir stritten endlos, begleiteten uns bis hoch in den Morgen immer hin und her nach Hause. Ich denke, er wollte mich werben, verstanden habe ich wohl wenig, plötzlich war er verschwunden, wohl zur Schulung in der DDR. Das Theater – Recklinghausen ist die Stadt der Ruhrfestspiele – war für mich zunehmend faszinierend; daneben las ich hemmungslos und alles durcheinander: Camus, Nietzsche, Goethe, Wichern und schrieb auch fleißig ebenso Abhandlungen wie freie Verse. Ich gab Nachhilfeunterricht, um mir zusätzlichen Musikunterricht zu finanzieren – wohl freundlich unkonventionell, indem ich Mathematik und Latein mit Geigespielen, Radfahren und weiten Wanderungen verband. Mit meinem Geigenlehrer führte ich endlose – den Gesprächen mit dem Kommunisten sicher ganz konträre – Gespräche über Gott, Geschlechtlichkeit, Sünde und andere Abgründigkeiten. Ich spielte stundenlang Geige, dirigierte das städtische Jugendorchester und wollte Dirigent werden.

Drittens. Nach dem Abitur zog ich – als „weißer Jahrgang" von der Wehrpflicht und den Verweigerungsverfahren entbunden – auf die Universität nach München, Bonn und vom 4. Semester an nach Göttingen, um Germanistik, Philosophie und Theologie zu studieren, umrahmt von vielfältigen anderen kulturwissenschaftlichen Veranstaltungen. Vor dem Hintergrund späterer politischer Sensibilität ist mir rückschauend rätselhaft, wie selbstverständlich ich – und wir – das Nebeneinander ganz unterschiedlicher politischer und gesellschaftlicher Profile unter den Lehrern hinnahmen. Ich studierte nebeneinander bei einem Philosophen, der erzählte, dass seine Angehörigen im KZ umgekommen seien, bei Helmut Plessner, dem Emigranten und Juden, und bei Hans Iwand, dem aus Ostpreußen stammenden Theologen der bekennenden Kirche. Zugleich wussten wir, dass Friedrich Gogarten 1933 autoritätsauffällig und – kurze Zeit – den deutschen Christen nahe gewesen war, dass der Germanist Wolfgang Kaiser in Spanien in der Nazizeit groß geworden war und dass Erich Weniger, der Pädagoge, zwar in Frankreich zu einer Widerstandsgruppe gehört hatte, aber auch als Führungsoffizier unterwegs gewesen war: Es interessierte uns ebenso wenig wie seine – uns ganz ominöse – Tätigkeit beim Aufbau der Bundeswehr. Wir suchten Lehrer, wir bewerteten die Lehrer ganz alltagspragmatisch nach ihrer Brauchbarkeit für unser Lernen und unser Studium; ich habe viel gelernt.

Wie es die Schule gewesen war, war auch die Universität weithin autoritär geprägt. Vorlesungen – gewiss sehr ausgearbeitet und kunstvoll – wurden zelebriert; (ich höre heute noch Romano Guardini, wie er in der Vorlesung über das Johannes-Evangelium sich im Bibelzitat unterbrach und mit veränderter, scharfer Stimme einen Kommilitonen herauswies, der zu spät gekommen war). Vor Sprechstunden und dem Vortrag von Referaten im Seminar hatten wir Angst. Einmal kam ein Professor, verärgert über ein Referat, ins Seminar, fragte nach dem Verfasser, ob er Abitur habe, ob er glaube Deutsch zu können und schleuderte ihm seinen Text quer über den Tisch herüber: „Hier jedenfalls werde ich Sie nicht wiedersehen." Ein anderer, unzufrieden in diesem Fall mit meiner im vorab abgelieferten Arbeit, zitierte zu Seminarbeginn, ohne mich zu nennen, sarkastisch und herablassend aus meinem Text, den ich erst allmählich erkannte; das Publikum feixte; er forderte mich dann auf, vorzutragen; dies überstand ich zwar, das Publikum quittierte demonstrativ freundlich; ich war zunächst wie gelähmt, um dann aber Wochen, ja Monate hindurch immer wieder – als wenn ich besessen wäre – mir ausdenken zu müssen, was ich ihm hätte antworten können und müssen. Ich gestehe, dass mich kein Mitleid gepackt hat, als ich Jahre später durch Zufall einen anonymisierten Bericht über seinen Aufenthalt in der Psychiatrie fand.

Dies aber war – natürlich – nur eine Seite. Daneben gab es die Abenteuer der großen Vorlesungen und intensiven, textgenauen, bohrenden Seminare, erregend in den Perspektiven, die sich öffneten, die mich bei Spaziergängen, in Diskussionen und Lektüren verfolgten. Es gab für mich vor allem das freie, schweifende Lesen: Kant, Goethe, Hegel, Marx, Freud, Hoffmannsthal, Brecht, Sartre. Es gab schließlich auch die studentischen Zirkel – halbe Nächte standen wir auf der Straße und diskutierten – und die Gastlichkeit der Professoren; es war selbstverständlich, dass jedes Seminar, dessen Größe es erlaubte, nach Hause eingeladen wurde. Für mich war der Rhons-Kreis des Theologen Friedrich Gogarten besonders wichtig: Jede Woche, im Wintergarten des Gasthauses hoch über der Stadt, diskutierten er, seine Frau, Doktoranden und Studenten miteinander und kontinuierlich an Themen und Texten.

Das Studium durchlief ich ohne größere Schwierigkeiten. Mit meiner Promotion – über kosmische Visionen Jean Pauls – aber bekam ich massive Probleme. Im ersten, raschen Anlauf verlief ich mich, mein Doktorvater Wolfgang Kaiser gab – wie am Rand stand – nach wenigen Seiten die Lektüre auf. Er konzedierte mir aber einen neuen Anlauf; als ich von meinem Konvolut von über 300 Seiten 40 neu bearbeitet und er sie gebilligt hatte, starb er ganz plötzlich. Nach einer beträchtlichen Zeit der Unsicherheit fand ich in Walther Killy einen neuen Doktorvater, der mich mit großer Geduld und Zutrauen in meine Möglichkeiten arbeiten ließ. Es blieb aber mühselig – und ohne den unbeirrbaren Glauben meiner Mutter, dass ich mit dem Projekt zurandekommen würde und ohne ihre unendlichen Redaktionen und maschinenschriftlichen Abschriften hätte ich es sicherlich nicht geschafft.

Als die Arbeit dann aber schließlich fertig war, war sie mir schon ferngerückt; ich hatte mich inzwischen anderen Fragen und Perspektiven zugewandt. In der Germanistik nämlich konnte ich mir eine Lebensbeschäftigung nicht vorstellen. Sie erschien mir zunehmend – wie einem meiner selbstironischen Germanistiklehrer – eher eine Sache für das Mädchenpensionat: Wie Klavierspiel und Stickerei für die Verschönerungen des Lebens, nicht aber für seinen Ernst. (Ich zitiere dies, obwohl ich mir bewusst bin, dass dies heute eine chauvinistische Ungeheuerlichkeit ist). Mich drängte es zu Handfestem, Nützlichem.

In dem damals für alle Lehramtsstudierenden verpflichtenden Schulpraktikum hatte es mich gepackt: Ich musste eine volle Unterrichtsvertretung übernehmen, täglich und aus dem Stand vier bis sechs Stunden, ich merkte, dass ich es konnte, dass mich die Schüler ebenso faszinierten wie ich ihnen gefiel. Ich erinnerte mich meiner Erfahrungen aus den Privatstunden, Pädagogik begann mich nun als Aufgabe und als Wissenschaft zu interessieren.

Viertens. Das war aber in der damaligen Zeit eine eher kuriose Wende. Als Lehramtskandidaten mussten wir Pädagogik belegen und suchten uns – wie es in manchen Landstrichen bis heute noch der Fall sein soll – einfache Themen und als leicht geltende Prüfer. Wir nahmen das Studium nicht ernst, das Studium für uns Lehramtskandidaten war wohl auch eher verlottert. Jedenfalls erinnere ich mich gut an mein erstes Seminar in Bonn: Es gab Anwesenheitslisten, man ging, wenn sie durchgelaufen waren. Dies ärgerte den Professor, und so ließ er die hintere Saaltür vom Hausmeister zusperren; dies hinderte uns aber nicht, wenn wir unsere Unterschrift auf die Liste gesetzt hatten, direkt an ihm vorbei durch die vordere Tür hinauszugehen. Er ließ dann auch sie abschließen. Als dann, wohl zwei Sitzungen später, drei Referenten gleichzeitig nicht anwesend waren, obwohl sie ihre Texte schon abgegeben hatten, brach der Professor wütend ab und wollte heraus, prallte aber gegen die abgesperrte Tür und musste mit uns zusammen – wir sollten uns beschäftigen, und er sah zum Fenster heraus – abwarten, bis der Hausmeister zur vorgesehenen Zeit von außen wieder aufschloss.

Diese Pädagogik also wollte ich nun in Göttingen studieren, und indem ich mich auf sie einließ, öffnete sich mir jene neue Welt, in der ich seither lebe. Die Hauptfachseminare waren anspruchsvoll und intensiv; wenn Erich Weniger begann, war es – so suchten wir uns damals seine Wirkung zu erklären – als wenn Hochspannung angelegt würde. Der überschaubare Kreis der Studierenden kannte sich und diskutierte intensiv; es gab Wochenendseminare in Lippoldsberg, wir tagten in einem dem Seminar gehörenden Pförtnerhaus des romanischen Klosters an der Weser, es gab Seminarfeste, und Erich Weniger saß vorne an der Tanzfläche und kommentierte die Paare einzeln.

In dieser Welt geriet ich nun in die erregenden gesellschaftlichen Umbrüche der 60er Jahre. Nach meiner so schöngeistig schweifenden Bürgerlichkeit mit ihrer alltagspragmatischen Unempfindlichkeit in politicis nötigten nun der Vietnam-Krieg, der Aufstand in Prag und die Frage nach den Zielen der beiden politischen Großmächte zur Auseinandersetzung. Die Frankfurter Schule bestimmte zunehmend unsere Diskussion. Mein intensiv erfahrenes, aber unverstandenes Unbehagen an der autoritären Gesellschaft und ihrer Erziehung kamen auf den Begriff; ich wurde sensibel für die Fragen von Macht und Ohnmacht, Herrschaft und Anpassung, Privilegien und Randständigkeit, für die Bedeutung sozialer Fragen. Wir litten an den bestehenden Verhältnissen, lästerten über Adenauer und hofften auf radikale Änderungen; wir glaubten an die Parole Willy Brandts: mehr Demokratie wagen. Ich trat der SPD bei.

Parallel dazu geriet das Pädagogische Seminar in Göttingen in den Strudel der sozialen und wissenschaftlichen Neuorientierung. Hier war ich zunächst in die Erörterung der geisteswissenschaftlichen Pädagogik, der Reformansätze zu Berufs- und Technikbildung und der Konzepte des Deutschen Ausschusses geraten. Mein erstes Referat hatte von der Bedeutung des Humanismus gehandelt („Die Griechen sind für uns, was für die Griechen ihre Götter waren", hatte ich mit Humboldt ausgelegt). Nach Wenigers bitterem frühen Tod – er war erst 64 – suchten wir, seine Schüler – unter der Herausgeberschaft von Ilse Dahmer und Wolfgang Klafki – das Erbe dieser hermeneutisch-pragmatischen Pädagogik zu bilanzieren, es aber zugleich zu öffnen und anschlussfähig zu machen für die neueren Diskurse der Frankfurter Schule. Heinrich Roth zog in Göttingen ein, von Weniger selbst noch ausdrücklich berufen, um seine Pädagogik in sozialwissenschaftlichen Ansätzen und empirischen Methoden zu ergänzen. Es gab im Seminar dramatische Auseinandersetzungen zwischen den Positionen; wir, die sicher nicht unarroganten Weniger-Schüler beharrten, und Heinrich Roth begab sich in die offene Auseinandersetzung, indem er seine Position im Verhältnis zur hermeneutisch-pragmatischen Tradition begründete. Im Zeichen „der realistischen Wende" entstand dann – im Zyklus der Vorlesungen durch Semester hindurch – die pädagogische Anthropologie und öffnete uns die neuen Welten der internationalen, vor allem auch amerikanischen Sozialwissenschaften. Die systematische Frage nach Bildsamkeit und Bestimmung, nach Grenzen und Möglichkeiten von Lernen und Begabung (man ist nicht begabt, man wird begabt, war Roths, von Nietzsche übernommenes Motto), wurde im Horizont einer dezidiert demokratisch verstandenen Erziehung zur Mündigkeit verhandelt. Mit seiner Mitarbeit an den Entwürfen und Gutachten des Deutschen Bildungsrats führte Roth die Arbeit Wenigers im Deutschen Ausschuss unter gleichsam neuen Rahmenbedingungen fort. Uns Assistenten hat er in diese Arbeit intensiv einbezogen; wir lernten in den Sitzungen die Protagonisten kennen, die für eine pädagogische Anthropologie relevant waren – Heckhausen z.B., Weinert, Aebli, Oevermann; wir schrieben zunächst Protokolle und dann auch eigene, den anderen Beiträgen gleichgeordnete Texte.
Neben Heinrich Roth kam Hartmut von Hentig nach Göttingen – auch er bewusst als Erweiterung und Ergänzung des Arbeitsspektrums berufen. Mit ihm und seiner großen Arbeit über das antike Bildungsideal und den altsprachlichen Unterricht öffnete sich die Diskussion wiederum in die Weite von kulturellen und philosophischen Fragen, die aber vor allem für Gegenwartsprobleme erörtert wurden. Für von Hentig war daneben die schöne Li-

teratur (Romane, Autobiographien) eine unverzichtbare Quelle pädagogischer Einsicht; neben die Diskussion von Schule und Schulreform trat die alternativer Lernkonzepte z.B. von Illichs Cuernavaca. Mit von Hentig hat sich – daneben – auch die Lebenskultur im Pädagogischen Seminar noch einmal gesteigert in einer Verbindung altuniversitärer Liberalität mit unhierarchisch-freundschaftlichem Umgang; ich habe das sonst nie so erlebt; man traf sich bis tief in die Nacht, um entstehende Texte zu diskutieren, er nahm uns mit zu Tagungen und Vorträgen, z.B. zu den Nürnberger Gesprächen, er lud uns zu den Festspielen nach Bad Hersfeld ein.
Im Pädagogischen Seminar aber gab es neben dieser gleichsam offiziellen und oberen Welt eine zweite, untere. In der Bibliothek war Martin Bonhoeffer als Hilfskraft tätig, neben Institutionsaufgaben und Studium vor allem engagiert an Kindern, die in Schwierigkeiten steckten. Ihre Krisen und Katastrophen waren immer gegenwärtig und verlangten Wachheit und unkonventionelle Bereitschaft. Er verlangte viel von sich, er verlangte es ebenso von anderen, es war schwer, sich diesem Sog von Nöten und Dringlichkeiten zu entziehen. Neben ihm gab es Gerold Becker, Herbert Colla und Renate Hetzel (meine heutige Frau). Sie waren miteinander engagiert im „Haus auf der Hufe", einer frühen, markanten Einrichtung problemorientierter Jugendarbeit, einem Haus für schwierige Heranwachsende im sozialen Brennpunkt, in dem sich Schularbeitenhilfe, Freizeitunternehmungen und Beratungen in allgemeinen Erziehungsschwierigkeiten so miteinander verbanden, wie es inzwischen für flexible und integrierte Hilfen konzipiert wird. Für dieses Haus brauchte man Reputation und im Vorstand einen Doktor; ich ließ mich verpflichten. Ich lernte die Arbeit und ihre „Kunden", wie man damals sagte, kennen; ich wurde von Martin Bonhoeffer und Herbert Colla auch hineingezogen in ganz informelle, private, neben und gegen die Amtsjugendhilfe praktizierte Erziehungshilfen, in denen sie okkupiert waren. Ich lernte aus dem Kampf mit häuslichem Elend, mit Lern- und Arbeitsschwierigkeiten, mit Heimeinweisung und Heimentlassung die Schrecklichkeiten der damaligen Heimerziehung und die Unwilligkeiten der Jugendhilfebürokratie kennen; ich lernte ebenso die Leidenschaft einer alltagsoffenen, ganz von den Heranwachsenden und ihren Problemen aus agierenden, alternativen Sozialpädagogik kennen. Sozialpädagogik wurde für mich zunehmend zum Thema. Neben meinen Seminaren zu allgemeinen Themen – Sozialisations- und Jugendtheorie, aber auch Frühe Schriften von Marx – entstand zusammen mit Martin Bonhoeffer und Gerold Becker ein größeres, mehrsemestriges Entwicklungs- und Unterrichtsprojekt zur Einführung in die Sozialpädagogik. In ihm versuchten wir – auch – zögerliche Verbindungen zu der sonst im Haus

geführten Diskussion; aber es bleibt für mich im Nachhinein verwunderlich, wie lange es z.B. bei mir brauchte, bis ich dann später in Tübingen begriff, welche Konsequenzen sich aus Roths Konzept der realistischen Wende für eine neu zu konstituierende Sozialpädagogik ergaben. Damals entstand auch ein gemeinsamer Aufsatz in der Zeitschrift QUICK, der seines Erscheinungsortes (wir wollten „skandalisieren" und waren deshalb wohl fahrlässig wenig zimperlich gewesen) und seines Inhaltes wegen sehr angegriffen wurde. Ich schrieb meine ersten Arbeiten zur Verwahrlosung und – in der Verbindung meiner germanistischen Vergangenheit und meines neuen Berufs – Texte zum Verhältnis von Literatur und Pädagogik, ein Thema, das mich bis heute verfolgt und das ich mit Walter Jens zusammen in einer späteren Publikation: „Deutsche Lebensläufe" wieder aufgegriffen und neu gefasst habe.
Mein so sich stabilisierendes Engagement in der Sozialpädagogik aber wurde wohl auch aus privaten Erfahrungen gestützt. Ich wohnte in Göttingen bei meiner Großmutter, die dort sehr seh- und hörbehindert, gebrechlich und phasenweise depressiv allein gelebt hatte; zu ihr war ich, vage aus meinem Theologiestudium motiviert, gezogen und lebte 11 Jahre bis zu ihrem Tod bei ihr. Sie hatte (wie das damals bei gutsituierten Frauen nicht selten war) vielfältige Hilfen; sie brauchte aber Gesellschaft, Ansprache, ein gemeinsames Leben mit wechselseitigen Erwartungen. Ich war in ihrem Haushalt versorgt; sie nahm Anteil an meinen Erlebnissen. Sie hatte in ihrem langen Leben vieles dramatisch und intensiv erlebt; sie erzählte ausführlich, gerne und spannend; sie lud – in den ersten Jahren – Kinder nachmittags zum Märchenerzählen ein, sie hatte gedichtet und dichtete immer noch; sie diktierte mir endlose Briefe, ich las ihr vor. Sie hatte, wenn es ihr gut ging, Humor: Sie blieb bis zum Ende leidenschaftlich, litt oft aber verzweifelt an sich, an den Menschen und an der Politik. Ich hatte Techniken entwickelt, ihre regelmäßig aufkommenden Depressionen gleichsam sich kumulieren zu lassen, um sie dann zum Platzen zu bringen; es verfing, aber es brauchte zunehmend anstrengende Zeit. Die Gebrechen meiner Großmutter verschärften sich im Laufe der Jahre, sie wurde ängstlich, sie wurde bettlägerig, die Nachtpflege wurde anstrengend, und die Erzählungen – tags, aber eben auch nachts – verliefen sich in endlosen Wiederholungen. Diese Erfahrungen – gleichsam mein Engagement in einer nicht offiziellen, flexiblen Alltagshilfe – prägen, wenn ich mich selbst recht verstehe, Grundmuster meiner Sozialpädagogik bis heute: Sozialpädagogik im Alltag, Sozialpädagogik im Wissen vom Zusammenhang von Leidenschaft, Komik und Elend, von Respekt, Selbstverständlichkeit und Hilfsangebot, Sozialpädagogik im Wissen um die Mühsal, auszuhalten und zu Ende zu bringen,

was man angefangen hat (mit allen Regelungen und verschlungenen Wegen, um Raum auch für das eigene Leben zu behalten), Sozialpädagogik schließlich im Widerstreit von Präsenz und Distanz.

Fünftens. 1967 verließ ich Göttingen – unhabilitiert, wie wir alle damals – Klaus Mollenhauer, Theo Schulze, Karl-Heinz Flechsig, Hans Tütken. Die Tatsache, dass Heinrich Roth (wenn ich das so sagen darf) sich nicht an Habilitationsprojekten engagierte, und dass mir immer sehr bewusst war, wie hilfreich eine ausholende, in Abstand zur Lehre entstandene Arbeit für die spätere Lehr- und Forschungstätigkeit für mich gewesen wäre, hat sicher mein starkes Engagement an Qualifikationsarbeiten begründet.

Wir, Renate Hetzel und ich – wir hatten inzwischen geheiratet – zogen nach Kiel.

In der Hochschule geriet ich in den Strudel einer sich neu formierenden Hochschule. Als Neuling wurde ich von den Studenten getestet, indem sie mich mit Raubdrucken und verwegenen Resolutionen provozierten und konfrontierten; eine Veranstaltung zur Sexualpädagogik musste in die Aula verlegt werden. In den Schulpraktika prallten die Studenten – und ich mit ihnen – mit den Lehrern zusammen. Als Vertrauensdozent geriet ich – zwischen Flugblättern und Wandzeitungen der Studenten und harten Positionen von Kollegen, die ihren Besitzstand wahrten – in Polarisierungen und schwierige Vermittlungsaufgaben. Die Hochschule platzte aus allen Nähten; eine gemeinsame Demonstration von Studierenden und Dozenten (wir Dozenten allerdings marschierten nicht durch die Stadt, sondern erwarteten die Studierenden am Ministerium) führte zur allgemeinen Überraschung zur sofortigen Bewilligung neuer Stellen und zum Versprechen eines – dann auch ausgeführten – Neubaus. Die Gesamthochschule lag in der Luft; ein Seminar, das ich mit Klaus Mollenhauer (der an der Universität lehrte) gemeinsam für Studierende der PH und der Universität veranstaltete – mit Massen von Studierenden zog ich einmal die Woche hinauf in die Universitätsmensa – war gleichsam ein erster inoffizieller Neuansatz. Ein anderes gemeinsames Seminar auf dem Schersberg (der Bildungsstätte Schleswig Holsteins, damals von Klaus Matthießen, dem späteren Umweltminister von Nordrhein-Westfalen, geleitet) war dann eine – der Hochschulpolitik insgesamt sicherlich nicht förderliche – Fortsetzung; in der Eingangsdiskussion mit Politikern nämlich hatten wir die Regel eingeführt, dass alle, die nicht einverstanden waren, sich vor den Tischen auf den Boden setzen sollten; dort saßen bald alle Studierenden, während wir, Klaus Mollenhauer, Theo Schulze aus Flensburg und ich oben saßen, als wäre nichts irgendwie auffällig, und uns bemühten mit den Politi-

kern weiter zu reden. Pläne für einen für PH und Uni gemeinsamen Diplomstudiengang entstanden und gediehen bis zur Unterschriftsreife; sie wurden dann allerdings, nachdem Mollenhauer wegberufen worden war und ich meinerseits nach Tübingen ging, von der Universität sofort wieder gestoppt.
Sozialpädagogik wurde für mich immer wichtiger, ich konnte sie neben meinen anderen Aufgaben an der PH gleichsam als Hobby verfolgen und traf darin – neben dem allgemeinen Massenbetrieb – eine kleine hochengagierte Studentengruppe; ich arbeitete mich ein, wir machten Exkursionen und trafen ebenso die Schrecklichkeiten der alten (geschlossenen) Heimerziehung wie imponierende Alternativen in Bad Segeberg im dortigen Erziehungsheim bei Anne Frommann.[2]
Schließlich wurde ich von Kiel aus in den Lehrerbildungsausschuss des Gründungssenats in Bremen berufen, um Studiengänge und darin vor allem Möglichkeiten des Projektstudiums zu entwerfen und Kollegen zu berufen. (Wir in den Gründungsgremien hatten uns, trotz der Verlockung, hier die eigene Arbeit zu planen und dann auch zu realisieren, geeinigt, uns nicht selbst zu berufen, um nicht dem Vorwurf von Korruption zu erliegen. Dies war – im Nachhinein gesehen – fair, aber doch auch ineffektiv. Natürlich haben die Neuberufenen eigene Pläne entworfen und eine eigene Praxis aufgebaut. Ich habe aus diesen Erfahrungen dann später bei der Gründung der Sozialpädagogik in Dresden viel gelernt.)
Die Reisen nach Bremen waren Reisen in ein anderes Land. Kiel war in allen politischen Auseinandersetzungen provinziell und gemäßigt. In Bremen aber war es leidenschaftlich, scharf, gruppen- und auch intrigengeschwängert.
Im Kontext der sich zunehmend dramatisierenden gesellschaftlichen Situation dramatisierte sich auch die Sozialpädagogik. Das Unbehagen an den so offenkundig verkarsteten Strukturen und verwaltungsbestimmten, stigmatisierenden Strukturen und an den autoritär disziplinierenden Erziehungsformen verdichtete sich – indem die kritisch-theoretischen Konzepte in die damalige soziale Unruhe gleichsam wie Funken hineinschlugen – zu wilden, aufsässigen Aktivitäten, z.B. der Befreiung von Heranwachsenden aus dem Heim (Staffelberg-Affaire), z.B. innerhalb der Lehrlings- und Schülerbewegung. Ich beschränke mich in diesem Rahmen darauf, die damalige Atmosphäre anzudeuten in Erinnerungen an den Jugendhilfetag 1970 in Nürnberg. Im Foyer, inmitten eines wogenden Menschengedränges, stand ganz am Rand auf zwei umgedrehten Kisten die zuständige Ministerin und eröffnete;

---

[2] Siehe ihren Beitrag in Bd. 1.

wenige auffallend seriös gekleidete Leute standen gleichsam pflichtgemäß um sie herum, sonst interessierte sich niemand; es ging schließlich um Aufbruch, um Revolution. In zwei großen Sälen wurden parallel Probleme des Kindergartens und der Heimerziehung verhandelt. Zur Heimerziehung versuchten wir, die geladenen Fachleute, unsere Thesen vorzutragen. Hinter uns auf dem Podium aber hatten sich „spontan" Heimzöglinge und revolutionäre Pädagogen niedergelassen und bestimmten unter Führung von Christian Marzahn (der quasi wie Napoleon seine Heerscharen dirigierte) mit Meldungen und Einwürfen die Diskussion. Im Publikum outete sich einer als heimerfahren und blamierte die Fachleute ebenso wie das Publikum durch die unmittelbare Drastik seiner Erfahrungen. Albrecht Müller-Schöll versuchte umsonst, die Redebeiträge zu sortieren; ich wurde wegen meiner Unfähigkeit, der Diskussion Herr zu werden, abgesetzt; Klaus Mollenhauer kämpfte verzweifelt um eine Verständigung zwischen den Gruppen. Sie gelang nicht, vor allem wohl auch deshalb, weil die Belegschaft unseres Saales immer wieder wechselte: Wurden bei uns Resolutionen eingebracht, war es brechend voll, weil aus dem „Nachbarsaal Kindergarten" Mehrheiten hineingeströmt waren, um mit abzustimmen, ging es dort um Resolutionen, dann entleerte sich unser Saal. Die Schlussveranstaltung schließlich platzte zwischen Resolutionen und Sprechchören: Mitglieder der APO stürmten die Bühne, Nonnen stürmten ebenso hinauf; beide Gruppen balgten sich um das Mikrofon und suchten sich gegenseitig mit erhobenen Fäusten niederzuschreien; um sich zu retten, spielte der Veranstalter über den Lautsprecher „Die schöne blaue Donau" ein; Studenten versuchten die Nonnen zum Tanz zu nötigen.

Sechstens. Uns aber verschlug es nach Tübingen. Aus Kiel, das ja am Rand lag, an Bremen, Nürnberg, Frankfurt und Berlin, den Hochburgen der damals sich dramatisierenden Sozialpädagogik vorbei, gerieten wir so wieder in eine mittelstädtische, eher randständige Lage. Aufgeregt aber war es auch hier. Um einen neuen Studiengang Diplompädagogik hatte es heiße Diskussionen gegeben; mit meiner Berufung war das Signal für seine Einrichtung und einen Schwerpunkt Sozialpädagogik gesetzt; die Seminare waren überfüllt, aus allen Fakultäten – und zum Teil auch von auswärts – kamen Studierende, die auf einen neuen Studiengang gewartet hatten, der, wie man hoffte und verlangte, Theorie und Praxis, Wissenschaft und revolutionäre Veränderung verbinden sollte. Nach einem Jahr waren es 700 Studierende; ich erinnere mich an mein damaliges makabres Vergnügen, mir auszurechnen, dass jeder 15. Student der insgesamt 11 000 Studierenden in

Tübingen bei uns studierte. Zu dem Massenandrang und den studentischen Erwartungen kamen – uns zusätzlich überfallend – auch die Erwartungen der Praxis an eine neue Wissenschaft, die in den sich umstürzenden Verhältnissen zu Klärungen verhelfen sollte.
In dieser aufgeregten, überlasteten, überfordernden und doch in Perspektiven herausfordernden Situation nun galt es Studienverhältnisse und Arbeitskonzepte in wissenschaftlich vertretbarer, universitär akzeptabler Form zu schaffen. Es galt,

- den Studiengang innerhalb der Universität zu etablieren,
- die Verhältnisse im Studiengang überschaubar zu machen und
- vor allem die Voraussetzungen für einen wissenschaftlich produktiven Studiengang zu organisieren.

Die Aufgaben waren ineinander verschränkt; ich gehe sie im Einzelnen durch.
So explosionsartig und abrupt die Situation in den 70er Jahren schien, so war sie doch von langer Hand vorbereitet. Die Deutsche Gesellschaft für Erziehungswissenschaft hatte 1962 nach langen Vorbereitungen einen Rahmenentwurf für das Diplomstudium Erziehungswissenschaft mit Sozialpädagogik als einem der Studienschwerpunkte verabschiedet. Diese Ordnung drängte auf ihre Realisierung. In Tübingen gab es seit den frühen 60er Jahren – neben der Sozialpädagogik in Göttingen und dem sozialpädagogischen Zusatzstudium in Hamburg – intensive sozialpädagogische Diskussionen. Andreas Flitner hatte sich auf dem Jugendhilfetag in Stuttgart für Ausbau und Professionalisierung der Sozialpädagogik stark gemacht; Jugendforschung, repräsentiert wiederum in seinen Arbeiten und denen von Walter Hornstein und Günther Bittner – hatte sich in Tübingen einen festen Platz erobert; Promotionen z.B. zur Erziehungsberatung, zum Jugendstrafvollzug oder zur Heimerziehung waren entstanden. Herbert Colla und Margret Umbach waren Assistenten. Nun, 1970, wollte die Universität – im Rahmen der Differenzierung der Erziehungswissenschaft, die Andreas Flitner in Tübingen systematisch betrieb – den Studiengang Sozialpädagogik: Sie wurde im inneruniversitären Maßstab – trotz der realen Überlastung – mit sieben Stellen sehr üppig ausgestattet. Der neue Studiengang und meine Arbeit wurden von Anfang an kollegial und freundschaftlich in der Fakultät gestützt, ebenso von einem Kreis sozialer und liberaler Universitätsfreunde: Hermann Bausinger (aus der Empirischen Kulturwissenschaft), Klaus von Beyme (aus der Politologie) und – für mich besonders wichtig – Walter Jens (Rhetorik) der gleich ein Themenheft der Universitätszeitschrift her-

ausbrachte und im Hintergrund Ernst Bloch, der auch zusammen mit seiner Frau Karola Bloch im Verein Hilfe zur Selbsthilfe für ehemalig Straffällige engagiert war. Mit dem Jugendpsychiater Reinhard Lempp ergab sich eine intensive und dauerhafte Kooperation, gewiss im Traditionshorizont der süddeutschen Nähe zwischen Sozialpädagogik, Heimpädagogik und Psychiatrie angelegt, aber in einer kollegialen und freundschaftlichen gegenseitigen Offenheit, die die Tübinger Situation – wenn ich es recht übersehe – sehr von der oft rivalisierenden und konkurrenzbestimmten Situation in anderen Gegenden unterscheidet.

Unterstützung und Freundschaften aber waren nur die eine Seite der Universität. Die andere war Zögerlichkeit, ja Misstrauen und Ablehnung gegenüber der Studien-Neuerung und ihrer vermeintlichen wilden Aufsässigkeit. Als wir, um in den immer weiter anschwellenden Studentenmengen nicht zu ersticken, den Numerus clausus beantragen mussten, wies der Senat uns zurück (noch heute höre ich die schneidend scharfe Antwort eines Dekans auf meine völlig verzweifelte Frage, wie es denn weitergehen sollte, und wir hätten doch im Antrag alle notwendigen Daten zusammengestellt: „Es könnte ja sein, dass das Papier zu dick und die Gründe zu dünn sind.“). Damals akzeptierte der zur konservativen Fraktion gehörende Rektor, Johannes Neumann, den Beschluss des Senates nicht, ein innerhalb der Geschichte des Senats sehr ungewöhnlicher Vorgang: Er könne es im Amt nicht hinnehmen, wenn der Senat den Untergang eines Faches in der Universität beschließe. Die Diskussion im Senat war damals auch dadurch besonders grotesk, dass nach unserem Antrag ein sehr dünn begründeter der Biologie anstandslos passierte. – Immerhin: Der Studiengang war damit gerettet und konnte seine Form finden.

So wurden die Verhältnisse – wenn auch auf dem Niveau der sehr hohen Überlastung – überschaubar. Eine innere Konsolidierung – wenn ich trotz der gegebenen Schwierigkeiten so anmaßend formulieren darf – gelang, weil wir Glück hatten. Wir arbeiteten – arbeitsteilig abgesprochen mit Andreas Flitner, Ulrich Herrmann und zunehmend vor allem Ludwig Liegle in der Allgemeinen Pädagogik – in der Sozialpädagogik als gleichsam verschworene Gemeinschaft von Freundinnen und Freunden mit sehr unterschiedlichen politischen, fachlichen und praktischen Profilen. Friedrich Ortmann z.B. lehrte zweisemestrig und vierstündig politische Ökonomie, Hedwig Ortmann repräsentierte antiautoritär inspirierte Konzepte, Burkhard Müller verfolgte den Zusammenhang von Leben und Lernen, ich entwickelte kritische, sozialwissenschaftlich gestützte Positionen, Renate Thiersch vertrat Kinderpädagogik und geschlechtsspezifische Fragen, Ulrich Seibert, Anne Frommann und Kreszentia Barth vermittelten, vor dem Hintergrund ihrer langen Praxiserfahrungen – engagiert gegen Bürokratie, Repression und überkommene Arbeitstraditionen – die Kompetenzen für eine zugleich politische und menschliche Praxis. Die Interessen waren aufeinander bezogen, prinzipielle Positionskämpfe, wie sie andernorts nicht selten waren und die Denk- und Studienpraxis lähmten, konnten sich nicht breitmachen; es konturierte sich ein in allen Unterschiedlichkeiten und Offenheiten zusammenhängendes vielgliedriges Arbeits- und Studienfeld. (Für eine größere Gruppe radikaler, auf Polarisierung hinzielender Studierender war das unbefriedigend; sie wanderten ab und bildeten noch Jahre später in Bremen und in Berlin sogenannte „Tübinger Kolonien".)

Neben und in den einzelnen Zugängen hatte ich – gleichsam als Floh im Ohr – das Ziel einer umfassenden, allgemeinen Theorie der Sozialpädagogik. Gesellschaftstheorie, Wissenschaftstheorie und Sozialisationstheorie sollten das Fundament abgeben zu Kritik und Diskussion unterschiedlicher Praxisfelder von der Jugendarbeit zur Heimerziehung und zur Gemeinwesenarbeit. Es galt den Status einer Erziehungswissenschaft nach der „realistischen Wende" auch in der Sozialpädagogik zu realisieren und die sozialwissenschaftlich-empirischen Konzepte mit den Konzepten der kritischen Theorie zu verbinden. Wir bezogen uns dabei ebenso auf Ansätze der frühen Chicagoer Schule wie auf Goffmans Arbeiten zur Stigmatisierung und totalen Institution, um die Fragen nach der Institutionalisierung der Sozialen Arbeit und die darin liegenden Problemen fassen zu können: Indem die Institutionen selbst, ihre Macht der Definition und der Erzeugung von Problemen in den Mittelpunkt rückten, fand Institutionenkritik so eine neue und radikale Begründung. Bernfelds Arbeiten brachten – in der Kombination von sozialistischer Gesellschaftstheorie und Psychoanalyse – den Zusammenhang von Gesellschaftsstruktur und Verhaltensmomenten auf den Begriff Blochs: „Ich bin, aber ich habe mich nicht, also werden wir erst", diente der ausgreifenden Begründung. Dieser Versuch war Gegenstand eines von der Deutschen Forschungsgemeinschaft finanzierten Ausbildungsprojekts „Defiziente Sozialisation".

Das Projekt okkupierte semesterlang die Energien unseres Arbeitsteams; es erwies sich – im dreifachen Durchlauf – als immer aufwendiger und komplexer; wir waren in der letzten Fassung bis zu Teil 6 in einem 6. Semester gekommen; Studenten lästerten, welche Fortsetzung wohl ihre Kinder erleben würden. Wir haben von den Materialien lange gezehrt, haben uns aber nicht getraut, sie zu veröffentlichen, obwohl wir ein Vertragsangebot von Rowohlt hatten. Es war uns mulmig geworden und zunehmend deutlich,

dass – in gegebener wissenschaftlicher Situation – die Zeit für einen solchen Entwurf noch nicht gekommen war.
Die sozialwissenschaftliche Fundierung verband sich mit Aufgaben, die sich aus der Praxis stellten. Auch wenn es in Wissenschaftskreisen nicht üblich ist, messe ich der Tatsache große Bedeutung zu, dass wir (Renate und ich) Kinder bekamen und auch die MitarbeiterInnen Kinder bekamen oder hatten; die Aufgaben, die Zeitstrukturen und Prioritäten von Wissenschaft und Familie, von Erwachsenen und Kindern durchdrangen sich: Die Lehre wurde in Bezug auf eigene Lebenserwartungen gleichsam geerdet: Es war eine schöne Zeit.
Hinzu kamen Praxisverbindungen, die sich entwickelten und stabilisierten. Es war gelungen, Martin Bonhoeffer zu überreden, aus Berlin nach Tübingen zu kommen, wo er ein eigenes Erziehungsheim übernahm. Anne Frommann und ich wurden Berater, Woche um Woche haben wir Fall um Fall durchgesprochen und durchgekämpft und immer wieder um den Begriff der dort praktizierten Arbeit und um ihre Weiterungen diskutiert. Eine der Konsequenzen dieser intensiven Kooperation war unsere Mitarbeit an dem „Bericht der Obersten Landesjugendbehörden zur Reform der Heimerziehung", den Martin Bonhoeffer aus Berlin mitgebracht hatte und bearbeitete und der dann für die weitere Entwicklung der Erziehungshilfen maßgeblich wurde (analog wohl zur Psychiatrieenquête für ihren Bereich). Wichtig waren für mich auch die Auseinandersetzungen in den Projekten der „Mobilen Jugendarbeit" von Walther Specht in der Kirchengemeinde Stuttgart-Hallschlag und in Kooperation mit der lokalen Jugendgerichtshilfe und der Polizei. Eindrücklich war hier vor allem das Engagement des Diakons Gottfried Franz, der in insistierender Deutlichkeit immer wieder daran erinnerte, in welchen Kreisen Christus heute verkehren würde und wie Christen sich deshalb heute – auch wenn das dem üblichen Gemeindedenken und seinem Frieden zuwiderlief – einlassen müssten auf die, die mit der Gesellschaft nicht zurandekommen und deshalb auch und gerade in der Gemeinde schwierig, aufsässig, frech und dreckig sind.

Siebtens. In diesen Theoriekonzepten und Herausforderungen durch die Praxis wurde das neue, erweiterte Feld einer Sozialpädagogik deutlich, die zuständig ist für Aufgaben der Lebensbewältigung in belastenden Situationen, wie sie sich im Lauf des Lebens ergeben können. Der Doppelname Sozialpädagogik/Sozialarbeit bürgerte sich ein. Die Frage nach dem Profil der theoretischen Fundierung für dieses erweiterte Arbeitsfeld führte schließlich zu einem neuen Konzept, dem der Alltagsorientierung. In ihm ließen sich

Traditionen der Sozialpädagogik und der Sozialarbeit aufgreifen und mit neueren, sozialwissenschaftlichen Ansätzen reinterpretieren und weiterführen. Dieses Konzept verstand sich – gleichsam bescheidener und zurückgenommen gegenüber dem großen, liegengebliebenen Ausbildungsprojekt – nicht als eine neue, allgemeine Theorie der Sozialarbeit, sondern als ein Arbeitsaspekt, der auf das Zusammenspiel mit anderen Konzepten (den Strukturanalysen z.B. aus der Gesellschaftstheorie oder der Sozialpolitik) ebenso verwiesen war wie auf konkretisierende Ergänzungen aus der Methodendiskussion. Alltagsorientierung als orientierendes framework aber empfahl sich als Arbeitsansatz, weil sie mit der Frage nach dem Alltag ausdrücklich die Ebene thematisiert, in der Menschen Probleme erfahren und Sozialpädagogik ihre Konzepte der Lebensbewältigung realisieren muss.

Alltagsorientierung – um ganz knapp an einige ihrer Intentionen zu erinnern – ist ein sozialwissenschaftliches Konzept, bezogen auf den Interaktionismus, konkretisiert aber in phänomenologischen und kritischen Konzepten des Alltagshandelns. Alltagsorientierung ist zugleich analytisch und normativ; sie beschreibt ebenso die Gegebenheit von Bewältigungsmustern (und insistiert auf dem Respekt vor ihnen) wie die Potentiale unterdrückter und verdrängter Optionen; sie thematisiert Notwendigkeit und Mühen der Destruktion des Pseudokonkreten im Namen dieser Optionen für einen „gelingenderen" Alltag. Alltagsorientierung ist ein Konzept zur Rekonstruktion historisch gegebener Alltagsverhältnisse. In den Widersprüchen von Ungleichheiten und von Systemzwängen und den lebensweltlichen Möglichkeiten insistiert Alltagsorientierung auf den Möglichkeiten von Erfahrungsräumen und Authentizität im Erleben – auf Möglichkeiten, die gegen die Verarmung und Entwertung alltagsweltlicher Kompetenzen inszeniert und gestützt werden müssen.

Aus der Analyse heutiger Lebensverhältnisse gewinnt Alltagsorientierung Konsequenzen für die Struktur der Sozialen Arbeit; diese Verbindung ist für Alltagsorientierung ebenso charakteristisch wie die Verbindung von Kritik der gegebenen Praxis der Sozialen Arbeit mit dem Entwurf neuer, alternativer Möglichkeiten; sie versucht so die kritischen Intentionen der 70er Jahre aufzunehmen und weiterzuführen in die Machbarkeit von Institutionen und professionellen Handlungsmustern. Alltagsorientierung kritisiert stigmatisierende und kolonialisierende Übergriffe der Sozialen Arbeit und entwirft dagegen Maximen einer Sozialen Arbeit, die im Respekt vor gegebenen Handlungs- und Deutungsmustern Ansätze findet, um darin und von da aus mit den Möglichkeiten eines ausgewiesenen, professionellen Handelns weiterführende Hilfen und Ressourcen zu inszenieren. Alltagsorientierung erweist ihre Fruchtbarkeit in der Sozialen Arbeit ebenso in den generell strukturierenden Maximen für das Verbundsystem sozialpädagogischer Dienstleistungen (Prävention, Regionalisierung, Partizipation und Integration) wie in Konzepten für konkrete Methoden und neue Zugänge, z.B. als Familienhilfe, Straßensozialarbeit, aber auch als Neustrukturierung von Heimerziehung, Beratung und Stadtteilarbeit.

Das Konzept Alltagsorientierung hat sich nur sehr allmählich durchgesetzt. Ich erinnere mich ebenso eindringlich an seine ersteVorstellung und an die erbitterten Auseinandersetzungen auf der Jahrestagung der Deutschen Gesellschaft für Erziehungswissenschaft, in denen es in seiner Vermittlung zwischen Theoriekonzept und Praxisproblemen als unsauber und affirmative „Melange" attackiert wurde. Ich erinnere mich ebenso an Auseinandersetzungen in der Kommission Sozialpädagogik in Bremen, wo die Praktiker es als unverständlich und unbrauchbar zurückwiesen. Christian Marzahn hat damals eine lange Nacht gebraucht, um mich über die Blamage meines Vortrags zu trösten und in der Sache zu stützen.

Wenn Alltagsorientierung sich als eine Möglichkeit erwies, in Kritik und Gegenentwurf Leitlinien einer progressiven Sozialen Arbeit zu fassen, so wurden vor allem Differenzierungen notwendig. Es entstanden dazu in Tübingen Arbeiten zu Fragen z.B. der unterschiedlichen Wissensformen im Alltag und in der Wissenschaft (Reinhard Hörster), zu Fragen nach der – trotz aller gegenteiligen Absichten doch sich durchsetzenden – Dominanz von Anpassung gegenüber den utopischen Potentialen, zum Raub der Utopie im Namen eines doch nur vermeintlich provokativen Alltags (Rainer Treptow), zu Fragen der Präzisierung eines alltagsorientierten professionellen, also verantwortbaren und strukturierten reflektierten Handelns (Burkhard Müller), zu Fragen schließlich der Präzisierung von Sozialpolitik, Alltagswelt und Lebensbewältigung (Lothar Böhnisch).

Achtens. Die Klärung dieses Konzepts ging einher mit vielfältigen Forschungsarbeiten, die ebenso Bedingungen und Möglichkeiten lebensweltlicher Erfahrungen der AdressatInnen wie vor allem Bedingungen und Möglichkeiten der Neustrukturierung von Institutionen der Sozialen Arbeit verfolgten. Forschungen wurden zunächst – und sie werden bis heute primär – in Qualifikationsarbeiten erbracht, also in Promotionen und in den seltenen Habilitationen. Es kränkt und irritiert mich, dass diese Leistungen gegenüber dem, was in Projekten, die mit besonderen, zusätzlichen Forschungsgeldern finanziert werden, eher nur nachrangig gewertet werden, obwohl sie nach dem Arbeitsaufwand der VerfasserIn, der Beratungsintensität und vor allem der Qualität von Ergebnissen oft dem, was in eigens finanzierten Projekten erzeugt wird, nicht nachstehen. Die Fachdiskussion der Sozialen Arbeit jedenfalls ist in den letzten Jahrzehnten ohne Qualifikationsarbeiten nicht denkbar. Neben ihnen aber hatten wir im Institut immer Forschungsprojekte. Sie waren in den frühen Jahren eher von der Deutschen Forschungsgemeinschaft finanziert, während wir später und zunehmend Gelder von Verbänden und Fachministerien hatten. Aus dem Selbstverständnis der Deutschen Forschungsgemeinschaft kann man diese Entwicklung monieren und unterstellen, dass damit Projekte außerhalb einer strengen Bewertung bleiben; dagegen scheint mir zunächst wichtig, dass wir heute eher praxisbezogene, also auf Entwicklung, Evaluation und Planung bezogene Projekte realisieren, die in das Förderungsmuster der DFG weniger hineinpassen. Diese Projekte sind wichtig, aber auch heikel. Praxisbezogene Forschung steht immer in Gefahr, Aufgaben der Beratung, der Begleitung und der unbefangenen Analyse ineinander zu vermengen, ja – angesichts des häufig sehr hohen Drucks von der Praxis her die Aufgaben der strengen Analyse und Beschreibung zu kurz kommen zu lassen. (Das hier liegende Dilemma ist mir nicht nur in Projekten, sondern auch in Praxisbesprechungen immer wieder schneidend deutlich geworden: Sich auf Praxis einlassen erzeugt Verbindlichkeiten und Loyalitäten, denen gegenüber der nüchtern-strenge Blick von Forschung nicht nur befremdend, sondern irritierend-zynisch sein kann: In einem Beratungsgespräch mit Heimerziehern – das ich jetzt einmal analog setze zu einem praxisorientierten Forschungsprojekt – ist es nicht möglich, prinzipielle Fragen nach dem Charakter der Heimerziehung als totaler Institution oder nach Heimerziehung als einer tendenziell stigmatisierenden und disziplinierenden Maßnahme zu erörtern.) Es braucht beides. Unterschiedliche Formen von Forschung müssen vor allem auch gegenüber der Praxis und den die Praxis stützenden (Finanzen zur Verfügung stellenden) Verbänden durchgesetzt werden. Soziale Arbeit – von Thomas Rauschenbach als „großer Körper mit kleinem Kopf" charakterisiert – leidet daran, dass neben den notwendigen Begleit- und Entwicklungsprojekten zu wenig beobachtende, analysierende Forschung realisiert wird.

Im Kontext von Forschungsprojekten war mir immer die Zusammenarbeit mit dem Deutschen Jugendinstitut, also dem primär für die Forschung in der Jugendhilfe zuständigen Institut, wichtig. Angesichts der so knappen Ressourcen der Sozialen Arbeit insgesamt schien mir die Verbindung und Vernetzung unterschiedlicher Ressourcen besonders wichtig. – Die Zusammenarbeit mit dem Jugendinstitut ergab sich eher zufällig; dem Jugendinstitut fehlten in der so sozialpädagogisch abstinenten Landschaft Münchens

Möglichkeiten, Mitarbeiter zu qualifizieren; uns fehlten Lehraufträge. So ergab sich ein Tauschgeschäft – vor allem auch, indem ich – und später dann Doris Knab und Ludwig Liegle – in den Gremien des Instituts mitarbeiteten, während das Jugendinstitut – jetzt durch den Direktor Ingo Richter, der bei uns Honorarprofessor ist – uns in unseren Lehraufgaben unterstützt. Besonders glücklich und ergiebig war es, als in diesem Zusammenhang in Tübingen eine Forschungs-Außenstelle eingerichtet wurde und Lothar Böhnisch und Heide Funk bei uns und mit uns arbeiteten; Probleme der Sozialen Arbeit auf dem Land und Frauen- und Heimforschung wurden wichtige Themen. – Jenseits dieser Tausch-Kooperationen waren die Reisen nach München für mich immer auch zugleich anregend und verwunderlich: anregend in der Vielfältigkeit von Fragen und methodischen Konzepten, verwunderlich als Ausflug in eine Szene, in der Wissenschaft ohne die permanenten frech-unbefangenen Herausforderungen von Studierenden praktiziert wurde und Arbeitsbedingungen herrschten, von denen wir in der Universität in unseren Projekten nicht zu träumen wagten. Dass die Münchner – wenn ich das so abgekürzt sagen darf – in ihrer Situation Probleme hatten und litten, beschäftigte mich sehr und gab mir eine erneute Bestätigung dafür, dass Probleme und Schwierigkeiten jeweils in ihrem Kontext gesehen werden müssen und in abstrakt-formalen Vergleichen nur bedingt erfasst werden können.

Neuntens. Die Einrichtung eines Studiengangs, die Klärung theoretischer Positionen und die Etablierung von Forschung war eines; ein anderes aber war die Frage danach, wozu die Studenten studierten und ob sie, durch ihr Studium ausgewiesen, einen Arbeitsplatz finden. Diese Frage war mit der Existenz eines Studiengangs ja nicht beantwortet. Zwischen 1960 und 1970 in der allgemeinen Diskussion der Erziehungswissenschaft und nach Planung und Verabschiedung des Diplomstudiums, war der Studiengang mit dem Schwerpunkt Sozialpädagogik gleichsam aus Gründen der Binnendifferenzierung notwendig geworden: gestützt durch das unmittelbar einleuchtende Argument, dass nach der Etablierung pädagogisch qualifizierter Lehrer auch in der Jugendhilfe qualifizierte Mitarbeiter verfügbar sein müssten, damit man nicht vor allem auch für akademisch ausgewiesene Leitungspositionen immer nur auf Mediziner, Psychiater, Psychologen und Theologen angewiesen ist. Der Studiengang aber war mit den Vertretern der Praxis – also den Berufsverbänden und vor allem den großen freien und öffentlichen Trägern – nicht verhandelt worden. Das Verhältnis der universitären Qualifikationen zu den konkurrierenden Ausbildungsintenti-

onen der Höheren Fachschulen (später der Fachhochschulen) wurde nicht verhandelt. Gewiss: In der Reformeuphorie der frühen 70er Jahre gab es Ansätze zur Koordination. In der „Arbeitgemeinschaft für Jugendhilfe (AGJ)“ entstand – unter der Federführung von Teresa Bock[3] – der Entwurf für ein Council sozialer Berufe; wir haben sehr einverständig gearbeitet, Konsequenzen hatte es damals – und ja bis heute – keine. Es entstanden im Kontext der Gesamthochschulplanungen auch Überlegungen für einen zusammengefassten Studiengang Soziale Arbeit; hier in Baden-Württemberg haben wir damals ein Y-Konzept mit ungleichen Schenkeln für unterschiedliche Abschlüsse erarbeitet, das – wie mir scheint – sich auch heute noch nicht verstecken müsste. Die Verhandlungen waren unter uns Fachkollegen verträglich, aber nicht ohne komische Situationen in der Absprache mit den Ministeriumsvertretern: Von Sozialisation und Sozialisationstheorie, so meinten sie durchaus wohlmeinend, und um unser Unternehmen zu befördern, sollten wir doch bitte nicht reden. Alle Wörter, die mit „So“ anfingen, klängen doch nach Sozialismus und gefährdeten das Papier im Ganzen. In unsere letzte Arbeitssitzung platzte die Nachricht vom Rücktritt Willy Brandts; wir stocherten in unseren Papieren und später dann im Essen und zogen nachts lange und verwirrt durch die Straßen Esslingens, wo wir tagten. Die Situation erwies sich im Nachhinein als Vorzeichen: Als unser Papier fertig im Gesamthochschulrat vorgelegt wurde, hatte die Landesregierung im entschiedenen politischen Schwenk alle Gesamthochschulpläne abgeblasen; unser Entwurf kam zu den Akten.
Unabgesprochen aber war der Diplomstudiengang vor allem auch mit der Praxis; sie und vor allem ihre Träger fühlten sich überfahren. Eine berühmtberüchtigte Stellungnahme des Deutschen Städtetags konstatierte, dass man für akademisch ausgebildete, intellektualisiert-verkopfte und praxisignorante Berufsanfänger – zumal von der Universität – keinen Bedarf habe. Im Nachhinein gesehen war unser Studienkonzept abenteuerlich blauäugig – wie auf der grünen Wiese allein ausgedacht; das aber war uns damals gar nicht bewusst. Um die angefallenen Fragen zu klären, war in Tübingen gleich 1972 ein Projekt zu Berufseinmündung und Arbeitsmöglichkeiten entstanden; seine Fragen wurden dann in den späten 70er Jahren in einer größer angelegten Diskussion über Berufsmöglichkeiten der akademischen Sozialarbeiter weitergeführt und – als Ergebnis einer breit besuchten Tagung – in seinen vielfältigen Facetten transparent gemacht. Diese Diskussion war dann auch der Hintergrund, vor dem eine weitere Klippe

[3] Siehe ihren Beitrag in Bd. 1.

bezwungen werden konnte. 1980 hat die westdeutsche Rektorenkonferenz – gleichsam in der Wiederaufnahme der Argumente des Städtetags und im weiteren Kontext der Frage, wozu man eigentlich Pädagogen brauche, die keine Lehrer sind – den Diplomstudiengang Erziehungswissenschaft zur Diskussion gestellt. In einer beklemmenden und dramatischen Sitzung, in die ich als damaliger Vorsitzender der Deutschen Gesellschaft für Erziehungswissenschaft (davon wird gleich ausführlicher die Rede sein) zitiert worden war, gelang es, einen Beschluss zu verhindern und die Einsetzung einer Studienreformkommission zu beschließen. Sie hatte zwar einen gemeinsamen Vorsitzenden, arbeitete aber – dem realen Nebeneinander von Universitäten und Fachhochschulen entsprechend – unterschiedliche Studiengänge aus und stabilisierte so die Situation.

Tätigkeit und Amt innerhalb der Deutschen Gesellschaft für Erziehungswissenschaft habe ich gerade erwähnt. Sie waren mir von Anfang meiner Tübinger Arbeit an wichtig, um die Perspektiven und Interessen der Sozialen Arbeit innerhalb der Erziehungswissenschaft zur Geltung zu bringen, die in ihrem Selbstbewusstsein noch weithin bestimmt war durch die traditionellen Interessen der allgemeinen und historischen Pädagogik und vor allem der Schulpädagogik. Mir saßen alte Erfahrungen mit der Vorgängerinstitution der Deutschen Gesellschaft für Erziehungswissenschaft – dem Verband der deutschen Universitätspädagogen – noch in den Knochen: Während unserer Kieler Zeit tagte er dort, ich, nur PH-Professor, hatte keinen Zugang zu den Besprechungen, unsere zahlreichen Freunde aus der Universitätszeit kamen in den Verhandlungspausen oder, wenn sie Verhandlungen schwänzten, zu uns herüber, und wir amüsierten uns gemeinsam über diesen Honoratiorenclub. Nun war ich im Vorstand und dann auch Vorsitzender. Es gelang – jenseits der streng hierarchischen Kriterien –, nicht nur Kollegen von der PH und der FHS zur Mitgliedschaft zu animieren –, wir sahen nicht, wie die Deutsche Gesellschaft für Erziehungswissenschaft ohne solche breite, offene Mitgliedschaft ihr Fachgebiet angemessen hätte vertreten sollen –, sondern auch unpromovierte Kolleginnen und Kollegen z.B. aus Forschungs- und Lehrtätigkeit (am Deutschen Jugendinstitut waren damals überhaupt keine promovierten Mitarbeiter tätig). Diese Intentionen verloren später leider wieder an Bedeutung. Es gelang mir auch, die neuen „Randpädagogiken" – also die Sozialpädgogik, die Erwachsenenbildung und die Sonderpädagogik – zu stärken und den neuen Initiativen, z.B. einer Kommission für Frauenfragen und -forschung und für Entwicklungspädagogik/interkulturelle Pädagogik Raum zu geben. Im Mittelpunkt der Vorstandsarbeit standen aber natürlich die Regularien, wie sie für eine Fachvertretung anstehen und darin vor allem Planung und Durchführung der jeweiligen Kongresse. – Der Kongress 1978 in Tübingen war aufregend. Die bildungspolitische Restauration hatte sich – im Zusammenhang des Gesamtschulvorhabens war davon ja gerade die Rede – formiert, von Friedeburg hatte sein Amt als hessischer Kultusminister verloren, die Thesen „Mut zur Erziehung", die auf breiter Front die pädagogische Reaktion mit ihrem offensiven Plädoyer für die einfachen Tugenden von Zuverlässigkeit, Pflichterfüllung und Leistungswilligkeit anführten, waren erschienen und erzeugten dezidierte Gegenthesen. Zur Eröffnung war Kultusminister Hahn als zuständiger Landesminister, der „Mut zur Erziehung" mit initiiert hatte, geladen. Er kam zu spät und verärgert in den Eröffnungssaal, weil die die Tagungspapiere verteilenden Studenten ihn nicht – obwohl er auf sein Amt verwies – vor anderen „abfertigen" wollten; er konnte dann seine Begrüßung nur unter allgemeinem Gelächter zur Sache zu Ende bringen. (Dies hatte, wie ich später zufällig las, fatale Folgen: In seiner Autobiographie berichtet er, wie ihn diese Veranstaltung noch einmal in seiner Überzeugung bestätigte, dass mit den progressiv-emanzipatorischen Bildungskonzepten der damaligen Zeit die Demokratie in ihrem Grundbestand gefährdet sei und es energisch gegenzusteuern gelte.) Wir Pädagogen aber, uns damals unserer Sache sehr sicher, feierten Friedeburg, den gerade abgesetzten Kultusminister, demonstrativ enthusiastisch als den, der für die rechte Sache stand. Die Veranstaltung hatte – von später aus gesehen – sicher symbolische Bedeutung: Wir machten uns trotzig Mut, weil wir uns, wenn auch uneingestanden, der Lage bewusst waren. – Beim Kongress in Göttingen, zwei Jahre später, sprach Ivan Illich über die Gefahr einer Pädagogisierung der Gesellschaft und traf sich darin mit der inzwischen auch in der Sozialpädagogik so intensiv geführten Diskussion zur Kontraproduktivität der wachsenden institutionalisierten und professionellen Arbeit. Sein Vortrag ist mir aber vor allem deshalb erinnerlich, weil hinter dem Redepult auf dem großen Podium zwei Kinder eines Mitarbeiters an einem Tisch saßen und malten. Die impulsive und ausladend-theatralische Gestik des Redners gefiel ihnen und sie machten sie drollig übertreibend nach; alle sahen es – nur Illich nicht – der sich am durchaus vergnügten Publikum zunehmend steigerte. Ich und auch sonst niemand hätte sich getraut, die Kinder zu unterbrechen; Illich sprach schneidend über die immer eingreifende Unausstehlichkeit der Erwachsenen im Umgang mit Kindern.

Die Entwicklungen der Sozialpädagogik brauchten – neben der allgemeinen Stützung in der Erziehungswissenschaft – vor allem den Aufbau einer fachspezifischen Diskussions- und Kritikkultur. Hier waren und sind für mich vor allem Kooperation und Freundschaft mit Hans-Uwe Otto wichtig.

Wir haben erkennbar unterschiedliche Herkünfte: Ich stamme aus der Erziehungswissenschaft, er aus der Soziologie der Sozialen Arbeit und der Professionalisierungs- und Dienstleistungsdiskussion. Gemeinsam aber waren – und sind – wir überzeugt, dass die Zukunft der Sozialen Arbeit nur darin liegen kann, dass sie theoretisch fundiert und interdisziplinär offen ist, sich politisch-sozialpolitisch verstehen muss und einen gesellschaftlichen Status braucht, der die politische Durchsetzung ihres Arbeitsauftrags möglich macht. Gegenüber technologischem oder klassisch-professionellem Expertenwissen braucht es ein Berufsverständnis, das die Ansprüche und Möglichkeiten der AdressatInnen in ihrem Eigensinn und ihren Eigenrechten ernst nimmt. Gemeinsam – aber in der deutlichen Priorität der organisatorischen Vitalität und unternehmerisch ausgreifenden Arbeitscourage von Hans-Uwe Otto – entwarfen wir Pläne und Vorhaben. Die „Neue Praxis“ entwickelte sich zum zentralen Publikationsorgan der neuen Sozialen Arbeit. Es ist in der Rückschau faszinierend zu sehen, wie in ihr nicht nur die relevanten Themen sehr früh und qualifiziert verhandelt wurden, sondern auch, und quer zur Herkunft der Autoren aus Universität oder Fachhochschule viele Kolleginnen und Kollegen repräsentiert sind, die die Diskussion bestimmen. Zusätzlich zur Neuen Praxis entstand später die „Sozialwissenschaftliche Literaturrundschau“, die – singulär nicht nur für die Soziale Arbeit, sondern auch für die Erziehungswissenschaft – in Essays, Sammelbesprechungen und Einzelbesprechungen die wissenschaftlichen Publikationen der Sozialen Arbeit kritisch begleitet und vorantreibt. – Neben den Zeitschriften wuchsen Buchreihen; zunächst die „Kritischen Texte“ im Luchterhand Verlag und später die „Edition Soziale Arbeit“ im Juventa Verlag. Hier war der Ort für die Publikation größerer Untersuchungen und theoretischer Diskussionen und der Ort, Diskussionen zu bündeln (der von Hans-Uwe Otto und Siegfried Schneider herausgegebene Band „Gesellschaftliche Perspektiven der Sozialen Arbeit“ war zugleich Gründungsdokument und erste Bilanz einer sozialwissenschaftlichen kritischen Sozialen Arbeit). Besonderes Gewicht hatte – und hat – für uns beide die Herausgabe des Handbuchs Sozialarbeit/Sozialpädagogik, das in den frühen 80er Jahren eine erste, breite Zwischenbilanz der Theorie- und Praxisansätze der Sozialen Arbeit gab, und, wie die Höhe der Auflage und die Zitationen erweisen – ein wichtiger Schritt auf dem Weg einer sich konsolidierenden Theorie-Praxis-Diskussion der Sozialen Arbeit war.

Dieses Handbuch haben wir zusammen mit Hanns Eyferth herausgegeben. Er hatte uns in den frühen 70er Jahren nach seiner Tätigkeit an der PH Lüneburg und im Kultusministerium in Hannover „zusammengebracht“: Er fand dann in unseren Aktivitäten – er war inzwischen kommissarischer Direktor des Deutschen Jugendinstituts – auch einen für ihn selbst noch einmal wichtigen Zugang zur Sozialen Arbeit; er verstand sich im Hintergrund als Schutzherr unserer Unternehmungen. In der durch Jahre sich hinziehenden Arbeit an der Herausgabe der ersten Auflage hat er uns – ganz alte Schule – nicht nur immer zu Ordnung und Terminen getrieben, sondern auch unsere großzügige Schusseligkeit durch insistierende Sorgfalt in der Durcharbeitung von Texten, in Kritik und redaktioneller Kleinarbeit kompensiert. Jetzt bei der Arbeit an der Neuauflage des Handbuches merken wir deutlich, wie er uns fehlt. Vor allem war er uns ein ebenso engagierter wie unbestechlich-spröder Freund. Er kam zu Tagungen und Vorträgen und diskutierte sie mit uns intensiv; auf meine Widmung aber des Buches „Die Erfahrung der Wirklichkeit" reagierte er nur sehr knapp: Das sei sicher nett von mir gemeint, aber mit dem Buch könne er gar nichts anfangen.

Zehntens. In der Mitte der 80er Jahre beruhigte und konsolidierte sich die Situation; die Etablierung des Faches Sozialpädagogik und des Studiengangs schien geglückt. Mit Siegfried Müller war ein zweiter Lehrstuhl besetzt und die Bielefelder Tradition und neue institutionelle und organisatorische Fragen auch in Tübingen präsent; später kam Maja Heiner hinzu mit ihren wieder eigenen Fragen der Praxisforschung, und es ergaben sich – vor allem im Kreis der MitarbeiterInnen (Thomas Rauschenbach, Rainer Treptow, Maria Bitzan, Susanne Maurer, Klaus Grunwald, Eberhard Bolay) immer wieder neue und produktive Konstellationen. In der Praxis waren Diplomstudenten akzeptiert, sie wurden und sind selbstverständlicher Bestandteil der sozialen Szene. Auch in der Universität war der Studiengang anerkannt und stand – da wir in Tübingen der Ordnung des baden-württembergischen Lehramtsstudiums entsprechend kaum Lehramtsstudenten hatten –, zeitweise als Platzhalter für Pädagogik überhaupt. Im Verhältnis zu den Fachhochschulen hatte sich eine friedlich-kollegiale Gleichgültigkeit entwickelt: Sie waren ebenso wie wir mit den eigenen Verhältnissen beschäftigt. Nach den Überforderungen und Erregtheiten des Anfangs hatte sich die Situation – so das Schlagwort, das damals die Runde machte – normalisiert. Sozialpädagogik war eine normale, normal leistungsfähige und anerkannte Wissenschaft geworden.

Diese Situation aber erwies sich als ein nur kurzes Zwischenplateau auf dem mühsamen und langwierigen Weg der Konsolidierung der Sozialen Arbeit, der – so scheint es mir wenigstens – bis heute noch mitnichten an sein Ende gekommen ist. Damals geriet die Soziale Arbeit in das Kreuzfeuer grundsätzlicher Fragen von zwei Seiten her, von der Erziehungswissenschaft und von den Fachhochschulen. Die Sozialpädagogik war innerhalb des Diplomstudiengangs zur größten Fachrichtung geworden, die Masse der Studierenden und die spezifisch sozialpädagogischen Fragen beanspruchten Raum; dagegen stellte sich in der allgemeinen Erziehungswissenschaft die Frage, ob Sozialpädagogik – gleichsam als Bankert – sich nicht aus den allgemeinen pädagogischen Fragen entfernt und verselbständigt habe und jedenfalls keine pädagogische Identität mehr besitze. Diese Frage, wie sie von Fatke, Hornstein und Mollenhauer vor allem vorgebracht worden war, bestimmte die Tübinger Szene durch Jahre hindurch. Als Nachfolger von Andreas Flitner kam Klaus Prange; in seiner programmatischen Antrittsvorlesung kritisierte er reformpädagogische Intentionen, in deren Theorie-Praxis-Konzept und – vor allem – deren dezidierten bildungs- und sozialpolitischen Reformintentionen ich mir mit Flitner sehr einig war und bin und – zum zweiten dann – das Konzept des Diplomstudiums mit seinem Studienziel Handlungskompetenz. Der Fehdehandschuh lag da – Prange stützte seine Kritik vor allem an der Sozialpädagogik mit einer beißenden Analyse von Studien- und Prüfungsverhältnissen. Im Institut brauchten wir – im wechselseitigen Misstrauen – beträchtlichen Aufwand und kluges Engagement auch der nicht unmittelbar Beteiligten (also von Ludwig Liegle und von Doris Knab), um Studienplan und Arbeitsorganisation so umzustrukturieren, dass wir uns nicht allzu sehr, und vor allem nicht – darin waren wir uns einig – zu Lasten der Studierenden ins Gehege kamen. In einer Institutsvollversammlung kam es zur öffentlichen Auseinandersetzung, in der ich die Sozialpädagogik in ihren Leistungen unter dem ja sehr missverständlichen Titel der „Blühenden Landschaften" darzustellen versuchte. Als „Elefantenrunde" und auf Video festgehalten ist diese Diskussion im Institut bis heute Orientierungsmarke und Spektakel zugleich. Die Situation dramatisierte sich; wir Sozialpädagogen hatten – unter der Federführung von Franz Hamburger – unsere Situation in ihren Möglichkeiten und Defiziten für die Diskussion innerhalb der Erziehungswissenschaft zusammenfassend zu formulieren versucht. Dies reizte Prange, seine Erwiderung wiederum reizte uns – es kam in der Zeitschrift „Erziehungswissenschaft" zum allgemeinen, öffentlichen Schlagabtausch, in dem uns Tübingern vor allem auch Hans-Uwe Otto zur Seite sprang. Man sprach vom „Tübinger Schisma". Nach diesem in der Nachkriegsgeschichte der Erziehungswissenschaft sicher ungewöhnlichen Vorgang herrschte Eiszeit, die sich inzwischen aber aufgetaucht hat, sodass wir jenseits von nach wie vor entschiedenen Differenzen in der Sache in Fragen der Fach- und Institutspolitik kooperativ agieren. Die damalige Dramatik der Tübinger Situation und – wenn ich das so salopp formulieren darf – der Pulverdampf über der Szene aber können und dürfen nicht verdecken, dass in dieser lokalen Auseinandersetzung Probleme deutlich wurden, die für das Selbstverständnis der Sozialen Arbeit und der Erziehungswissenschaft allgemein brisant und sicher bis heute nicht geklärt sind. Soziale Arbeit kann – so jedenfalls meine Position – als Öffnung pädagogischer Grundaufgaben verstanden werden, in ihr meldet sich – wie auch z.B. in Entwicklungen der Erwachsenenpädagogik oder der Medienpädagogik – eine Sprengung traditioneller Arbeitsgrenzen und eine Erweiterung hin zu einer Theorie der Lerngesellschaft an. Die darin liegenden wechselseitigen Provokationen, die Erweiterungen der allgemein-pädagogischen Fragen und die Korrekturen der manchmal eng geführten sozialpädagogischen Diskurse können aber nur genutzt werden, wenn Pädagogik sich als Ganzes sozialwissenschaftlich und als Verbund unterschiedlich spezieller Arbeitsspektren versteht.

Gleichzeitig und parallel zu dieser innerpädagogischen Auseinandersetzung verstärkten sich Fragen und Angriffe von den Fachhochschulen her. Sie hatten sich ganz analog zum Diplomstudiengang konsolidiert und sahen sich nun durch die Hierarchievorgaben im Hochschulgesetz auf den zweiten Platz gegenüber der Universität verwiesen, in einer nachgeordneten Konkurrenz zur Universität, die in ihrem Selbstverständnis und ihrem Verständnis den Aufgaben der Sozialen Arbeit nicht entsprach. Die Frage nach einer eigenständigen Sozialarbeitswissenschaft als Organisationskern ihrer Arbeit stellte und artikulierte sich als Befreiung von der Stimmführerschaft der universitär repräsentierten erziehungswissenschaftlich geprägten Sozialpädagogik. – Die Härte in der Auseinandersetzung traf mich ganz unvorbereitet; in der „Neuen Praxis“ ebenso wie in den baden-württembergischen Beziehungen hatte ich mich immer in kollegialer Kooperation zu den Fachhochschulen verstanden – zu der oben erwähnten Studienreformkommission war ich von Universität und Fachhochschulen gemeinsam nominiert worden. Die Vorwürfe einer erziehungswissenschaftlich geprägten Dominanz erschienen und erscheinen mir angesichts der realen Fachentwicklung in der Sozialpädagogik und erst recht angesichts des Vorwurfs der Erziehungswissenschaft, wir hätten den Fundus pädagogischer Grundkonzepte verraten, absurd. Auch der konkrete Vorwurf, dass Fachhochschulkollegen in ihren wissenschaftlichen Qualifikationsarbeiten durch uns Universitätspädagogen verbogen oder gar unterdrückt worden seien, ist meines Wissens bis heute nicht belegt worden. Wenn aber auch hier inzwischen das Kampfgetöse abgeklungen ist, darf das nicht darüber hinwegtäuschen, dass brisante Fachprobleme ungelöst sind: Die Rekonstruktionen der Wissenschaftsgeschichte der sozialen Probleme und Sozialarbeit im vorigen Jahrhundert, wie sie Hans Gängler, Wolfgang Schröer und Lothar Böhnisch vorgelegt haben, zeigt, dass die Auseinandersetzung zwischen Sozialpädagogik und Sozialer Arbeit nur eine Phase in dem langen, interdisziplinär schillernden Prozess der Profilbestimmung der Sozialen Arbeit zwischen Sozialpolitik, Sozialethik, Pädagogik und Sozialtherapie ist. Parallel und zeitgleich zu diesen heftigen und anstrengenden Auseinandersetzungen aber ergaben sich neue Herausforderungen, in denen Soziale Arbeit sich bewähren konnte.

1989 brachte die Vereinigung Deutschlands, die friedliche Revolution, den Zusammenbruch eines anderen, fremden Systems, die ich mir wie ja die meisten jedenfalls so nicht hatte vorstellen können – aber das ist hier nicht Thema. Für die Soziale Arbeit waren die Aufgaben, die sich neu ergaben, ganz ambivalent. Kolonialisierende Tendenzen, wie sie sich gerade auch in der neu aufzubauenden Praxis der Sozialen Arbeit in den neuen Ländern breit machten, wurden mir gleichsam im Bild verdichtet deutlich in Begegnungen mit Kollegen aus der Forschung der Ex-DDR: Vor der Vereinigung hatte man – ich erinnere mich noch an eine gewisse Verlegenheit – ihre Vorträge gehört und in allen Einwänden und Fragen vorsichtig-höflich kommentiert, wie es sich Gästen aus einem anderen Lebenszusammenhang gegenüber gehört. Nun aber – nach der Vereinigung – wurden die gleichen Arbeiten gnadenlos und ohne den Schutz selbstverständlicher und gleichwertiger Unterschiedlichkeiten zwar gleich zu gleich aber damit real von oben herab diskutiert – und zerrissen. Unsere Standards galten, wer sie nicht erfüllte, hatte versagt. Innerhalb der Universitätsszene war – und das erleichterte mir mein Engagement – die Situation günstiger. Es hatte in der DDR außer an der Humboldt- Universität keine Sozialpädagogik gegeben; sie musste neu aufgebaut werden. Ich wurde in den Gründungssenat der Universität Dresden berufen. Hier konnten wir – unter dem Vorsitz von Friedrich Busch – die Voraussetzungen für eine Sozialpädagogik schaffen, die sich seitdem – mit Lothar Böhnisch, Frank Nestmann und Christian Niemeyer – zu einem unverzichtbaren Bestandteil der sächsischen sozialen Szene und darüber hinaus zu einem Wortführer in der deutschen Diskussion entwickelt hat. Ich erinnere mich gut an unsere letzte Gründungssitzung und an mein ebenso erleichtertes wie wehmütiges Gefühl, dass hier nun unbelastet von den Querelen, die mich in Tübingen und der alten Bundesrepublik so bedrückten, mit neuem Elan und neuem Einsatz die Sache der Sozialpädagogik angegangen wurde. „Gib deine Fackel weiter, Hans Unwirsch ...“; der Schluss des (ja nicht unproblematischen) Hungerpastors von Wilhelm Raabe erfüllte sich. Die Kooperationen, die sich seitdem zwischen Tübingen und Dresden entwickelt haben, ge-

hören für mich zu den schönsten und vorantreibenden Momenten der Arbeit der letzten 10 Jahre.
Neben und zeitlich sogar zuvorliegend war für mich herausfordernd die Mitarbeit in der Sachverständigenkommission zur Erstellung des 8. Jugendberichts.[4] Es war ein Gesamtbericht zur Situation von Jugend und Jugendhilfe, und er gab mir die Gelegenheit, in der ebenso anstrengenden wie fördernden Diskussion der Arbeitsgruppe das Konzept einer alltags- und lebensweltorientierten Sozialen Arbeit in vielfältigen Praxiskonsequenzen durchzuarbeiten und zu erproben und vor allem im weiteren Horizont von Integration, Partizipation und Einmischungsstrategien politisch zu profilieren. Die Einladung zur Mitarbeit in der Kommission freute mich zunächst, ehe mir die eigentlich unzumutbaren, miserablen Arbeitsbedingungen deutlich wurden: Es gab keine Entlastung, also Beurlaubung oder Teilbeurlaubung in der laufenden Arbeit, das Honorar reichte nicht, um auch nur minimale Zuarbeiten für die Kommission zu finanzieren. Wir verhandelten mit der damaligen Ministerin Rita Süßmuth über diese Arbeitsbedingungen, die vor allem im Kontrast zu den Ressourcen, die anderen, gesellschaftlich höher rangierenden Kommissionen, z.B. dem Rat der fünf Weisen, gegenüber grotesk sind. Frau Süßmuth, ihrerseits ja von ihrer Mitarbeit am 6. Jugendbericht her auch Opfer eben dieser Arbeitsbedingungen, verstand uns gut, konnte uns aber nicht helfen, und auch inzwischen geführte intensive Diskussionen wenigstens für künftige Berichtsarbeit führten zu keiner Änderung. Nun also: Ich und wir ließen uns ein und entschädigten uns lediglich damit, dass wir uns an den unterschiedlichen Tagungsorten die Freiheit herausnahmen, auch Museen und Theater zu besuchen; wir waren es leid, uns an unterschiedlichen Orten in immer nur den gleichen meist spärlichen Tagungszimmern bei dem immer gleichen meist spärlichen Kaffee zu treffen, um nur über unser Vorhaben zu reden. Wir arbeiteten ohne Vorsitz. Es macht mich bis heute traurig, dass dieses Konzept, in dem wir ja gute Momente der 70er-Tradition noch einmal für unseren engeren Kreis realisierten, in weiteren Kommissionen nicht weiter verfolgt wurde. Wir arbeiteten sehr konsensual, wichtig war vor allem auch, dass die Mitarbeiter der die Kommissionsarbeit stützenden Arbeitsstelle des DJI (René Bendit, Hedi Colberg-Schrader, Sabine Sardei-Biermann) als gleichberechtigte Mitglieder schafften und Texte in eigener Verantwortung zum Bericht beisteuerten. Wir arbeiteten intensiv, wir schrieben alle Texte selbst und diskutierten

---

[4] (Zusammen mit Hans Bertram, Teresa Bock, Gertrud Casel, Ingrid Mielenz, Manfred Scholle, Barbara Wackernagel-Jacobs.)

sie zwei- und dreimal. Mir jedenfalls gelangen auf diese Weise Texte, die abgehangener und sorgfältiger waren als die, die ich allein zu schreiben pflege. Trotz unseres Einverständnisses in der Arbeit hatten wir wilde Auseinandersetzungen, z.B. über die geschlossene Unterbringung, über den Ausgleich der Interessen der öffentlichen und freien Träger, über die Anerkennung der im Zeichen einer neuer Subsidiarität agierenden bürgerschaftlichen Initiativen und Betroffenen-Zusammenschlüsse. Wir arbeiteten hart – neben meinen anderen Belastungen war es für mich zu viel, larvierte Hörstürze beeinträchtigten mich sehr. Ich erinnere aus der Schlussphase der Arbeit noch die makabre Szene, in der mir während eines Gesprächs mit Ingrid Mielenz so schwindelig wurde, dass ich mich vom Stuhl heruntergleiten lassen und auf den Boden legen musste, während ich telefonierte. Am nächsten Tag rief sie ganz besorgt zurück, was denn gewesen sei, ich hätte so seltsam geredet. Nach all der Anstrengung – wir waren es zum Schluss dann auch einfach leid und mochten die letzten, uns eigentlich notwendig erscheinenden Verdeutlichungen und Erweiterungen nicht mehr eintragen – konnten wir nicht mehr und waren um so enttäuschter, als unser Bericht in den Diskussionen zur Einführung des neuen KJHG – es hatte lange vor sich hingedümpelt, und niemand hatte mit seiner so plötzlichen Verabschiedung gerechnet – unterging. Die Diskussion unseres Berichts im Parlament war dann auch – wie aber auch schon die zu den vorigen Jugendberichten – ebenso spärlich besucht wie knapp. Man hatte es nicht einmal für nötig befunden, uns über den Termin zu informieren.
Trotz dieser so unglücklichen Umstände der Verabschiedung hat sich der Bericht durchgesetzt; wir erfuhren – und lernten – dass solche Berichte nicht an ihrer eigentlichen Funktion, der Politikberatung, gemessen werden können, sondern zunächst an ihrer Wirkung in der praxisbezogenen Fachdiskussion, also vor allem im mittleren Management, und dann erst, gleichsam nach dem Umweg durch die Interessen und Institutionen der Jugendhilfe, in der Politik. Der Bericht hatte Erfolg aber wohl auch deshalb, weil sich seine Intentionen mit denen des KJHG deckten oder ergänzten. Das ursprüngliche Neben- und Gegeneinander erwies sich auf Dauer als Synergieeffekt mit beträchtlicher Schubkraft für Praxisentwicklungen, die bis heute nicht an ihr Ende gekommen sind.

Elftens. Ich will dieses Zusammenspiel auf der fachlichen und politischen Ebene nicht weiter verfolgen und mich auf einige Bemerkungen zu notwendigen Weiterentwicklungen im Konzept Lebensweltorientierung beschränken, wie sie meine Arbeit in den letzten Jahren bestimmt haben.

Zunächst hat der Erfolg des Berichtes für Kritiker noch einmal bestätigt, was sie dem Konzept Lebensweltorientierung auch schon früher vorgeworfen hatten: Es sei für die Praxis, also als Professionskonzept tauglich, theoretisch aber zu dünn und verführe gerade durch den praktischen Erfolg zur Vernachlässigung theoretischer Anstrengung und belaste so die Konsolidierung der Disziplin Soziale Arbeit. Dieser Vorwurf konkretisierte sich für mich in einer Diskussion mit Klaus Mollenhauer: Ich bevorzuge eine Sprachweise, die Praxis und Theorie nicht streng voneinander scheide, was notwendig sei; man müsse lernen, dass Theorie nicht unmittelbar auf Praxis bezogen werden dürfe. Dies hat mich – jenseits der allgemeinen Auseinandersetzung zwischen Positionen vor allem auch meines Verhältnisses zu Klaus Mollenhauer wegen – sehr beschäftigt und verfolgt; wir hatten vereinbart, darüber – und auch über andere Differenzen – einen öffentlichen Briefwechsel zu versuchen. Sein plötzlicher Tod hat dies unmöglich gemacht und mir schmerzlich bewusst werden lassen, dass wir eine solche Auseinandersetzung auch schon hätten früher versuchen sollen und können. – Der Zusammenhang von Theorie und Praxis, von Disziplinwissen und Professionswissen scheint mir prinzipiell unaufhebbar. In diesem Zusammenhang aber sind Differenzierungen notwendig; solche Differenzierungen sind notwendig, um dem Verschleiß von Theorie in diesem Zusammenhang entgegenzuwirken – und das Konzept Lebensweltorientierung hat zweifelsohne wie jedes Konzept, das praktisch wird, einen hohen Preis für seine Wirksamkeit gezahlt. Differenzierungen aber hätten gerade im Konzept Lebensweltorientierung stärker ausgearbeitet werden müssen, da sein Ansatz sensibilisiert für Erfahrung, Erleben und ihre so oft unterdrückten Ansprüche an Theorie; darüber sind sicher notwendige theoretische Klärungen vernachlässigt worden. Dies und die notwendigen Aufgaben der Weiterentwicklung sind das eine. Das andere aber ist gegenüber dem heute so weit verbreiteten Pathos von Unterscheidung und Differenzierung auf dem in ihnen notwendigen Zusammenhang zu bestehen. Soziale Arbeit hat – wie mir scheint – unaufhebbar die Struktur einer praktischen Wissenschaft wie Medizin, Jurisprudenz und Technik. Dieser Zusammenhang ist in unserer Gesellschaft um so zentraler, als eine sich verwissenschaftlichende und im Zeichen von Verwissenschaftlichung pädagogisierende Gesellschaft existentiell angewiesen ist auf Wissenschaft als ein Organ der Reflexion dieser ihrer Praxis. Es scheint mir indiskutabel, sich in dieser Situation aus der Verantwortung für Praxis herauszuziehen, auch sich – wie es ja bisweilen favorisiert wird – zurückzuziehen auf die Position des bloßen Beobachtens. Beobachtung, Kritik und – daraus resultierend – Konzep-

te gehören unauflöslich zueinander. Dass damit die Unterschiede zwischen Theorie und Praxis, die Unterschiede also im methodischen Zugang und darauf begründet in Status und „Nutzen“, nicht geleugnet werden dürfen, ist ebenso evident wie dass damit keine Hegemonie von Theoriewissen über Praxiswissen behauptet werden kann; Theorie spielt – mit ihren spezifischen Möglichkeiten – im Spiel der Gestaltung sozialer Verhältnisse ihren eigenen Part. Die Notwendigkeit dieses Zusammenhangs zu betonen scheint mir schließlich auch notwendig gegenüber den Tendenzen, Wissenschaft aus gleichsam internen Gründen auf sich zu beschränken. Die im Muster von Systemtheorie unmittelbar evidente Selbstreferentialität des zunehmend wachsenden Systems Wissenschaft führt natürlich dazu, dass Wissenschaft sich auf Wissenschaft bezieht. Die für den Wissenschaftler notwendigen Bemühungen um Arbeitssicherheit im eigenen System und die Konzentration auf Selbstreproduktion und Karriere können solche Positionen zusätzlich stützen. Kollisionen und Enttäuschungen zwischen Theorie und Praxis, wie sie die öffentliche und sozialpolitische Auseinandersetzung der letzten 20 Jahre kennzeichnen, machen zudem eine solche Position attraktiv. Sie bleibt aber die des Fuchses, der die hoch hängenden Trauben als saure Trauben denunziert. Mir scheint es ein Denkfehler, aus den Bedingungen wissenschaftlicher Produktivität Gegenstandsbestimmungen der wissenschaftlichen Arbeit abzuleiten.
Jenseits dieser allgemeinen Auseinandersetzung stellten sich für mich mit dem Konzept Lebensweltorientierung Aufgaben der Fundierung und Präzisierung. Die Unterscheidung von Alltag und gelingenderem Alltag, von pseudo-konkret gegebenem Alltag und aufgegebenem Alltag musste gesellschaftstheoretisch genauer bestimmt werden. Soziale Arbeit ist ein Moment in dem kühnen Projekt der Neuzeit, soziale Gerechtigkeit zu realisieren, wie es im Rückgriff auf die allgemeine Gerechtigkeitstheorie von Rawls, auf die Stufentheorie von Marshall und – vor allem – auf die Theorie Eduard Heimanns von den Widersprüchen im Kapitalismus und den wesenswidrigen Konzessionen an die sozialen Bewegungen begründet werden kann. Von hier aus ergaben sich für mein aus den 70er Jahren geprägtes Denken zunächst die irritierende und mir selbst nicht geheure Notwendigkeit, Sozialstaat und Soziale Arbeit im Kontext unseres Staates und seiner Geschichte, vor allem in den 60er Jahren, der „goldenen Zeit des Ausgleichs zwischen Kapital und Sozialstaat“ (so Hobsbawm im „Zeitalter der Extreme“), zu sehen und die in ihm liegenden Chancen offensiv einzuklagen. Der Rekurs auf soziale Gerechtigkeit aber musste in sich differenziert werden: Soziale Gerechtigkeit konkretisiert sich im Sozialstaatspostulat

und den daraus abgeleiteten Rechtsansprüchen, Institutionen und professionellen Handlungsmustern auch der Sozialen Arbeit, löst aber in diesen Konkretisierungen das Projekt soziale Gerechtigkeit nicht ein; es bleibt immer auch Aufgabe. Die im Sozialstaatsprinzip benannten und uneingelösten Möglichkeiten aber lassen sich im Horizont der Philosophie von Ernst Bloch sehen – wie es in Tübingen dem genius loci entsprechend naheliegend ist: Soziale Gerechtigkeit als Moment einer konkreten Utopie, also als ein Kapitel utopischer Möglichkeiten, das Bloch selbst nicht gesehen und ausgearbeitet hat – ebenso wie er ja, verwunderlicherweise, die generell im Faktum von Erziehung und Pädagogik liegenden utopischen Möglichkeiten zwar beispielhaft bildgesättigt angespielt, aber theoretisch nicht weiter verfolgt hat.
So notwendig mir eine solche sozialethische Fundierung des Konzepts Lebensweltorientierung scheint – zumal angesichts der gegenwärtigen öffentlichen und wissenschaftlichen Diskussion, die auf Sachzwänge und Systemgesetzlichkeiten setzt – so pauschal und unbefriedigend bleibt eine solche Orientierung, wenn sie nicht konkret wird, also kleingearbeitet wird für die spezifischen Aufgaben und Möglichkeiten der Sozialen Arbeit. Mit dem Vorschlag einer moralisch inspirierten Kasuistik habe ich versucht, dieses Dilemma zwischen notwendigen allgemeinen Orientierungen und konkreten, institutions- und situationsbezogenen Aufgaben zu fassen: Es braucht ebenso die allgemeine Orientierung wie die Analyse der konkreten Aufgabe und – zur Vermittlung zwischen beiden – die Verhandlung, in der gemeinsam verbindliche, tragfähige Lösungen gefunden werden. Ein Aufgabenfeld einer solchen moralisch inspirierten Kasuistik, die natürlich institutionelle Probleme ebenso wie Probleme im Umgang thematisieren muss, ist Sozialarbeitspolitik, also Politik für und in den Aufgaben der Sozialen Arbeit, die zurzeit als vornehmlich regionale Politik so sehr im Hintergrund bleibt gegenüber den allgemeine Diskursen z.B. der renten- und versicherungsbezogenen Sozialpolitik oder der Medizinethik.
Konkretisiert werden aber musste das Konzept Lebensweltorientierung auch in Bezug auf unterschiedliche institutionelle Settings und Handlungsmuster z.B. für Obdachlosenarbeit oder offene Jugendarbeit; Studien zur Lebensweltorientierung als Leitmaxime der Familienhilfe, der Heimerziehung, der gemeindenahen Sozialpsychiatrie oder der Drogenhilfe und -arbeit[5] machten die unterschiedlich profilierten Aufgaben einer lebensweltorientierten Sozia-

[5] Matthias Moch, Astrid Woog, JULE-Projekt: Margarete Finkel, Matthias Hamberger u.a., Klaus Obert, Heidi Reinl, Gabriele Stumpp, Cornelia Füssenhäuser.

len Arbeit deutlich in der Strukturierung von Raum, Zeit, sozialen Beziehungen im Verhältnis zum eigenen Körper und ebenso in der Verhandlung der Fragen von Person und Profession, von Distanz und Nähe, von institutionell geprägten Vorgaben und individuellen Spielräumen. Solche Konkretisierungen führen über die notwendigen, aber auch unzureichenden allgemeinen Konzepte pädagogisch-professionellen Handelns heraus und können – wie ich hoffe – ein Stück Sicherheit und Selbstbewusstsein im Handeln begründen. Es scheint mir nämlich eines der immer noch ungelösten Probleme zu sein, wie eine Praxis lebensweltorientierter Sozialer Arbeit jenes Selbstbewusstsein findet, das das eigene und in der Situation als notwendig und hilfreich empfundene Handeln auch nach außen auszuweisen und offensiv gegenüber anderen Professionen zu vertreten erlaubt.
Das Konzept Lebensweltorientierung war angelegt auf Kritik und Veränderung des institutionellen Gefüges der Dienstleistungen Sozialer Arbeit. So war es für mich sehr reizvoll, dass uns im Laufe der 90er Jahre Projekte zur Jugendhilfeplanung angeboten wurden, die uns erlaubten – gleichsam als Probe aufs Exempel – Prinzipien einer lebensweltorientierten Sozialen Arbeit in die Gegebenheiten unterschiedlicher regionaler und lokaler Konstellationen hinein kleinzuarbeiten (Holger Gläss, Franz Hermann). In solchen Projekten wurden auch Fragen der Konfliktbewältigung, der Aufdeckung verborgener Konflikte und ihrer Bearbeitung, der geschlechtsspezifischen Akzentuierung von Konflikten konkretisiert, und vor allem auch der Kooperation und Koordination unterschiedlicher Interessen, vor allem auch zwischen Bürgern und Verwaltung (Maria Bitzan, Tilo Klöck). Fragen der Jugendhilfeplanung verwiesen zunehmend auch darauf, dass das Konzept Lebensweltorientierung darin verkürzt wird, dass die breite Skala lebensweltorientierter Hilfen in der Praxis doch immer wieder nur als Differenzierung von Angeboten verstanden wird, unter deren Blickwinkel Jugendliche und ihre Familien mit ihren Problemen gesehen werden: Das Konzept Lebensweltorientierung – auszugehen nämlich von den Aufgaben und Konstellationen der AdressatInnen – verkehrt sich in sein Gegenteil. Dem suchen neuere Konzepte der integrierten, flexiblen und sozialräumlich orientierten Hilfen entgegenzuwirken; in diesen Konzepten scheint mir das Prinzip Lebensweltorientierung eine gleichsam qualitativ neue Stufe erreicht zu haben, indem das Prinzip Lebensweltorientierung sich radikal nicht nur gegen die gewachsenen differenzierten Institutionen wendet, sondern versucht, das Prinzip der Ausdifferenzierung mit neuen Offenheiten und Kooperationen zu verbinden. Damit trifft das Konzept Lebensweltorientierung dann auf vielfältige andere Entwicklungen in der Jugendhilfe. Immer neue Impulse ergaben sich für

mich aus der Zusammenarbeit mit der – sich wandelnden und neu profilierenden – Heimerziehung in den Martin-Bonhoeffer-Häusern und im Dauerdiskurs mit ihrem Leiter Peter Schmid: Sie liefen parallel zu den allgemeinen Reformdiskussionen zur Heimerziehung (wie sie vor allem auch in der „Internationalen Gesellschaft für erzieherische Hilfen (IGfH)“ mit Wolfgang Trede geführt werden) und mit Diskussionen im Kontext der Jugendhilfestationen und vor allem im Horizont der Milieu- und Sozialraumorientierung (Lothar Böhnisch). In der Aufnahme praktischer Tübinger Reformansätze (im Konzept des Sozialderzernenten Dieter Rilling) und in der Beteiligung an dem bundesweiten Modellprojekt INTEGRA sind wir intensiv in die mit diesem Projekt gegebenen „Mühen der Ebene“ verwickelt. Diese Anstrengungen zur Neustrukturierung der Jugendhilfe aber verbinden sich zunehmend mit den neuen Konzepten zur Neuorganisation und zur Frage nach lebensweltorientierten Dienstleistungen in einer lernenden Organisation (Klaus Grunwald).

Schließlich: Das Konzept Lebensweltorientierung hat seine Vitalität erwiesen in Kritik und Neuentwurf institutionell-professioneller Dienstleistungsangebote der Sozialen Arbeit. Indem es versucht, allen Tendenzen zur Arroganz von Institutionen und zur Selbstreferentialität der Tätigkeit in den Institutionen entgegenzuhalten und auf dem Ausgang in den Erfahrungen und Möglichkeiten der AdressatInnen insistiert, möchte ich es zugleich verstehen als ein Moment innerhalb der für unsere Moderne charakteristischen Vergesellschaftung von Lebensproblemen und als Versuch, in dieser Vergesellschaftung die gegebenen Lebensressourcen nicht zu vergewaltigen, also das Prinzip Nachhaltigkeit für die Soziale Arbeit zu konkretisieren – verstanden als Ausgang von Ressourcen, als Arbeit mit Ressourcen und als Orientierung an zukünftigen Lebenschancen. Lebensweltorientierung aber verweist nicht nur auf Kritik und Neuentwurf institutionell-professioneller Hilfen, sondern immer auch auf die Möglichkeiten von Selbsthilfe und Selbstzuständigkeit im Alltag vor allen institutionellen und professionellen Angeboten, also auf dem weiteren Kontext einer Kultur des Sozialen – verstanden als Zusammenspiel von professionell-institutionellen Angeboten (mit ihrem spezifischen Anspruch sozialer Gerechtigkeit) und von Alltagszuständigkeiten mit ihren spezifischen Intentionen spontaner Hilfe und Unterstützung. Dieses Zusammenspiel ist in unserer Zeit nicht unproblematisch. Konservative Kräfte versuchen, Alltagszuständigkeiten gegen professionelle Hilfen auszuspielen. Im Zeichen der Zivil- und Bürgergesellschaft werden zunehmend soziale Lebensformen praktiziert, die das für unsere Gesellschaft konstitutive Moment der Vergesellschaftung von Problemen und Problemlösungen wiederum zu unterlaufen versuchen, namens einer illusionär-romantischen Rückwärtswendung oder – wohl realistischer – einer Reprivatisierung sozialer Probleme, um den Primat ökonomischer und leistungsbezogener Entwicklungsaufgaben störungsfrei zu halten. Auf der anderen Seite aber stehen professionelle Hilfen in Gefahr, die Leistungsfähigkeit und Vitalität nicht-professioneller Lebensbewältigungsmuster zu unterschätzen. Es scheint mir eine der für die nächste Zeit dringendsten Aufgaben und Möglichkeiten, diese Verhältnisse vor dem Hintergrund des Konzepts Lebensweltorientierung und vor allem auch angesichts der vielfältig praktizierten Kooperationen zwischen professioneller und bürgerschaftlicher Hilfe genauer zu klären.

Zwölftens. Dieser Gegensatz von professioneller und nicht-professioneller Hilfe ist mir auch immer bewusst geblieben in der Konfrontation beruflicher und privater Erfahrungen. Ich habe oben ja schon darauf verwiesen, wie sehr meine Arbeit auch durch Erfahrungen im privaten Raum bestimmt ist. Ich nehme diesen Faden noch einmal auf.

Meine weitere Familie, meine Geschwister ebenso aber auch wie meine Mutter haben sich zunehmend ehrenamtlich engagiert und mich von da aus immer wieder in peinliche, Schweißausbrüche erzeugende Situationen der Rückfragen und der Rechtfertigung professionellen Handelns gebracht. Hilflos hat mich die Erfahrung meiner Schwester gemacht, als sie, ratlos angesichts eines demonstrativen Selbstmordversuchs einer Pflegetochter, in einer Beratung um Hilfe nachsuchte und dort – nach beträchtlichen Terminproblemen – nur erfuhr, dass es offensichtlich ihr Problem sei, dass also sie Klientin und nicht Kollegin in einer schwierigen Arbeit wäre; sie hat die Beratung nicht weiter in Anspruch genommen. Ebenso nachdrücklich haben sich mir Zorn und Ratlosigkeit eingeprägt angesichts des Faktums, dass sich eine andere Schwester, als Vorsitzende des Trägervereins ehrenamtlich engagiert im Bau eines Wohnheims für Behinderte, in allen organisatorischen, rechtlichen und finanziellen Fragen auf sich selbst verwiesen erfuhr – also darin nicht unterstützt wurde von den kompetenten und zuständigen Fachleuten; solche Beratung aber wäre ja – im Effekt gesehen – sogar nur das Werfen mit einer bescheidenen Wurst nach der Speckseite kräftigen, ehrenamtlichen Engagements gewesen.

Die Besonderheiten professionell-institutionellen Handelns und ihre Problematik wurde mir aber vor allem immer wieder deutlich im Umgang mit unseren Kindern. Sie erzählen munter und leidenschaftlich davon, wie ihnen Schule und Jugendhilfe erscheinen und nötigen mich dadurch, mir vorzustellen, wie von meiner Tätigkeit in der Jugendhilfe (aber ebenso natür-

lich auch in der universitären Lehre) wohl von den „Opfern“ zu Hause und im Freundeskreis berichtet wird. Ich gestehe auch, dass ich mir, zumal jetzt, wo ich älter werde, bisweilen überlege, ob ich als der, der ich mit 20 Jahren jung, keck, selbstbewusst und arrogant die Universität besuchte, bei mir heute studieren würde. Ich vermute leider, dass ich nur wenige meiner Veranstaltungen einverständig besucht hätte.
Von meinen Kindern aber habe ich vor allem auch Themen und Fragen erfahren, die meine eingefahrene Sozialpädagogik provozieren und gleichsam auf Trab bringen. Alle waren (im Gegensatz zu meiner „privaten“ Jugend) – unterschiedlich lang und unterschiedlich intensiv bei der deutschen Freischar. Sie waren trotzig entschieden, etwas Eigenes, von uns Eltern nicht Mitbestimmtes zu machen – unsere damals gerade 13-jährige Tochter zum Beispiel ließ uns spät abends telefonisch wissen, sie wolle mit ihren Freunden im Zelt auf dem zugefrorenen Neckar übernachten und war davon nicht abzubringen. Alle berichteten von Unternehmungen und hätten schon gewusst, warum sie uns im vorhinein nichts Genaues erzählt hätten; sie beherrschten ein (ja sehr durchwachsenes) Liedgut – über 300 Texte hatten sie in ihrem Liederbuch, handgeschrieben, und wussten sie weithin auswendig – ein irritierender Gegensatz zu der immer so dramatisch inszenierten Abwehr, wenn sie für die Schule auch nur Weniges hätten auswendig lernen sollen. Sie waren stolz auf ihre Planungs- und Überlebenstechniken auf Fahrt und schließlich immer wieder engagiert bei den so „putzigen“ und zugleich ironisierten und ernst genommenen Ritualen in Bezug auf Kleidung, Affenpacken und Begrüßungen. Das alles hat mich nicht nur zur intensiven Beschäftigung mit Traditionen der Jugendbewegung geführt und zu ihrer heutigen Fortführung im Kontext der Erlebnis- und Abenteuerpädagogik. Es ergab auch eine kritische Frage danach, wie sehr pädagogisch veranstaltete und inszenierte Jugendarbeit unsere fachlich-wissenschaftliche Diskussion bestimmt; steht Sozialpädagogik in Gefahr, eine Berufswissenschaft professioneller Sozialpädagogen zu werden, wie die Schulpädagogik weithin eine Pädagogik für Lehrer geworden ist?
In eine ganz andere Richtung übergangener Fragen der Sozialpädagogik trieb mich die Reiterei meiner Tochter, bezogen weniger auf das pädagogisch ja naheliegende therapeutische Reiten, sondern auf die Reit- und Stallkultur als prominentes Feld heutiger nicht-pädagogisch-professioneller Mädchenarbeit und dort auf das Ineinander von autoritären Regelungen, Verantwortungszumutung und Erfahrungen von Freiheit. Das in der Pädagogik weithin gegebene curriculare Desinteresse an diesem Erlebnisfeld (ein Kollege fragte mich nur, ob ich nicht gleich ein Seminar anbieten wolle über den Penner und seinen Köter, das sei doch wenigstens Sozialpädago-

gik) beschäftigt mich. Tiere und Tierpädagogik – allgemeiner geredet – werden zurzeit fachlich wohl eher im politisch-ökologischen Kontext, also im Zusammenhang von Umweltfragen wichtig. Schließlich: Bei uns zuhause ist es sehr musikalisch, aber, im Gegensatz zu meinem früheren klassisch-bürgerlichen Interesse geht es nun um Bandkultur, um das Ineinander von Dichtung, Komposition, Arrangement und Markt, von Kreativität, Technik, „Organisation" und Gruppenproblemen – wie langweilig und ordentlich war meine Jugendorchesterzeit, in der wir vorgegebene Noten einstudierten. Es stürzt mich in Unbehagen, wenn ich dann in Seminaren feststellen muss, dass ich mich in der Musikszene besser auskenne als viele der werdenden SozialpädagogInnen. Sozialpädagogik als eine eher bürgerlich geprägte, mittelständische soziale Kultur?
Und schließlich: Wenn ich von mir erzählt habe, ist das nur eingeschränkt richtig. Meine Lebenserfahrungen, meine Berufsentscheidungen und Konzepte, vor allem auch meine Arbeiten sind nicht denkbar ohne meine Frau. Wir haben gelernt, gegen meine zunächst durchaus männlich geprägten Arbeitsvorstellungen und ihre durchaus traditionelle Ergebenheit in die familial bedingten Lebenseinschränkungen auch das Leben mit unseren vier Kindern als in allen Aspekten gemeinsames Projekt zu sehen und zu praktizieren; wir haben zudem das Glück, im gleichen Fach und an gleichen Fragen, aber in unterschiedlichen Berufsfeldern zu arbeiten (meine Frau ist vor allem engagiert an Fragen der frühkindlichen Erziehung und der Kindertagesstätten); wir können uns wechselweise korrigieren und alles miteinander verhandeln. Meine Geschichte mit der Sozialen Arbeit wäre ohne sie eine ganz andere geworden.

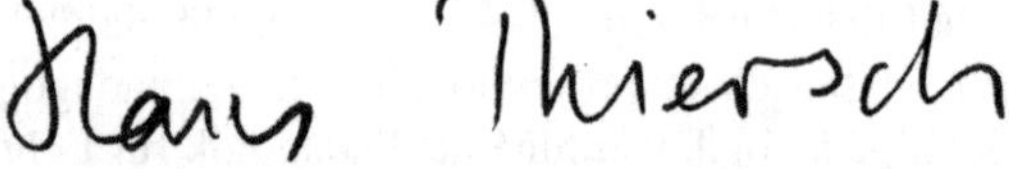

LITERATUR

Bernfeld, S.: Kinderheim Baumgarten. Berlin 1921
Bernfeld, S.: Sisyphos oder die Grenzen der Erziehung. Frankfurt/M. 1967
Bitzan, M./Klöck, T.: „Wer streitet denn mit Aschenputtel?" Konfliktorientierung und Geschlechterdifferenz. Eine Chance zur Politisierung Sozialer Arbeit. München 1993

Böhnisch, L.: Der Sozialstaat und „seine" Pädagogik. Sozialpolitisches Denken und historische Methode in der Sozialpädagogik. Neuwied 1983

Böhnisch, L.: Gespaltene Normalität. Lebensbewältigung und Sozialpädagogik an den Grenzen der Wohlfahrtsgesellschaft. Weinheim 1994

Böhnisch, L.: Sozialpädagogik der Lebensalter. Eine Einführung. 2. Aufl. Weinheim 1999

Bundesminister für Jugend, Familie, Frauen und Gesundheit (Hrsg.): Achter Jugendbericht. Bericht über Bestrebungen und Leistungen der Jugendhilfe. Bonn 1990

Bundesministerium für Familie, Senioren, Frauen und Jugend (Hrsg.): Leistungen und Grenzen von Heimerziehung. Ergebnisse einer Evaluationsstudie stationärer und teilstationärer Erziehungshilfen. Stuttgart 1998 (JULE)

Colla, H. E.: Fall Frank. Versuch einer begleitenden Erziehungshilfe. Ein Beitrag zur Pädagogik von Sozialbenachteiligten. Neuwied 1983

Deutsche Gesellschaft für Erziehungswissenschaft (Hrsg.): Erziehungswissenschaft. Hefte 13, 14, 15 mit dem Memorandum der Kommission Sozialpädagogik und den Antworten von K. Prange, F. Hamburger, S. Müller, H.-U. Otto und H. Thiersch

Eyferth, H./Otto, H.-U./Thiersch, H. (Hrsg.): Handbuch Sozialarbeit/Sozialpädagogik. 2. Aufl. 2001. Neuwied 1984

Flitner, A.: Konrad sprach die Frau Mama... Über Erziehung und Nichterziehung. München 1998

Frommann, A./Becker, G.: Martin Bonhoeffer. Sozialpädagoge und Freund unter Zeitdruck. Mössingen 1996

Frommann, A.: Da-Sein in Stellvertretung. Ausgewählte Aufsätze zur Heimerziehung 1960-1986. Internationale Gesellschaft für Heimerziehung IGfH (Hrsg.), Frankfurt 1987

Funk, H.: Nicht am Rande, sondern mittendrin. Lebensbewältigung von Mädchen im ländlichen Raum. München 1991

Gläss, H./Herrmann, F.: Strategien der Jugendhilfeplanung. Theoretische und methodische Grundlagen für die Praxis. Weinheim 1994

Gogarten: Verhängnis und Hoffnung der Neuzeit. Stuttgart 1953

Grunwald, K.: Neugestaltung der freien Wohlfahrtspflege. Management organisationalen Wandels und die Ziele der Sozialen Arbeit. Weinheim 2001

Heimann, E.: Soziale Theorie des Kapitalismus. Theorie der Sozialpolitik. Frankfurt/M. 1980

Heiner, M.: Praxisforschung in der sozialen Arbeit. Freiburg 1988

Hentig, H. v.: Cuernavaca. Stuttgart 1971

Hirschauer, P./Otto, H.-U./Thiersch, H. (Hrsg.): Neue Praxis. Zeitschrift für Sozialarbeit, Sozialpädagogik und Sozialpolitik

Hobsbawm, E. J.: Das Zeitalter der Extreme. Weltgeschichte des 20. Jahrhunderts. München 1995

Homfeldt, H.G./Merten, R./Schulze-Krüdener, J. (Hrsg.): Soziale Arbeit im Dialog ihrer Generationen. Baltmannsweiler 1999

Hornstein, W. (Hrsg.): Kindheit und Jugend in der Gesellschaft. Dokumentation des 4. deutschen Jugendhilfetages, München 1970

Hörster, R.: Kritik alltagsorientierter Pädagogik. Das Problem von Konstitution und Geltung, dargestellt anhand einer Reinterpretation der Methodologie von Alfred Schütz. Weinheim 1984

Internationale Gesellschaft für erzieherische Hilfen (IGfH) e. V.: Bundesmodellprojekt INTEGRA zur Implementierung und Qualifizierung integrierter, regionalisierter Angebotsstrukturen in der Jugendhilfe am Beispiel von 5 Regionen. Projektkonzeption 1999

Jens, W./Thiersch, H.: Deutsche Lebensläufe in Autobiographien und Briefen. Weinheim 1987

Kosik, K.: Die Dialektik des Konkreten. Eine Studie zur Problematik der Menschen und der Welt. Frankfurt/M. 1971

Liegle, L.: Welten der Kindheit und Familie. Beiträge zu einer pädagogischen und kulturvergleichenden Sozialforschung. Weinheim 1987

Maurer, S.: Zwischen Zuschreibung und Selbstgestaltung. Feministische Identitätspolitiken im Kräftefeld von Kritik, Norm und Utopie. Tübingen 1995

Moch, M.: Familienergänzende Erziehungshilfe im Lebensfeld. Eine Untersuchung an einem Modellprojekt. Frankfurt/M. 1990

Mollenhauer, K.: Erziehung und Emanzipation. München 1968

Müller, B.: Die Last der großen Hoffnung. Methodisches Handeln und Selbstkontrolle in sozialen Berufen. 2. völlig neu überarb. Aufl. Weinheim 1991

Müller, S.: Erziehen, Helfen, Strafen. Weinheim 2001

Niemeyer, C.: Klassiker der Sozialpädagogik. Weinheim 1998

Obert, K.: Alltag- und lebensweltorientierte Ansätze sozialpsychiatrischen Handelns. Bonn 2001

Ortmann, F.: Bedürfnis und Planung im sozialen Bereich. Opladen 1983

Otto, H.-U./Thiersch, H.: Sozialwissenschaftliche Literaturrundschau: Sozialarbeit/ Sozialpädagogik/Sozialpolitik/Soziale Probleme. Bielefeld

Prange, K.: Pädagogik im Leviathan: ein Versuch über die Lehrbarkeit der Erziehung. Bad Heilbrunn 1991

Rauschenbach, T.: Das sozialpädagogische Jahrhundert. Analysen zur Entwicklung Sozialer Arbeit in der Moderne. Weinheim 1999

Reinl, H./Stumpp, G.: Lebensweltorientierte Drogentherapie. Manuskript Tübingen 1998

Roth, H.: Begabung und Lernen. 5. Aufl. Stuttgart 1970

Roth, H.: Pädagogische Anthropologie. 2 Bde. Hannover/Dortmund/Darmstadt/ Berlin 1966 und 1971

Schütz, A.: Gesammelte Aufsätze, 3 Bde. Den Haag 1971/1972

Senator für Familie, Jugend und Sport (Hrsg.): Zwischenbericht der Kommission Heimerziehung der Obersten Landesjugendbehörde und der Bundesarbeitsgemeinschaft der Freien Wohlfahrtspflege „Heimerziehung und Alternativen – Analysen und Ziele für Strategien.“ Frankfurt 1977

Specht, W.: Jugendkriminalität und mobile Jugendarbeit. Neuwied 1979

Thiersch, H.: Abweichendes Verhalten – Definitionen und Stigmatisierungsprozesse. In: Roth, H./Friedrich, D.: Bildungsforschung. Probleme – Perspektiven – Prioritäten. Stuttgart 1975, S. 345-382

Thiersch, H./Münchmeier, R.: Die verhinderte Professionalisierung – Zwischenbericht zu Ausbildungsproblemen im erziehungswissenschaftlichen Hauptfachstudium. In: Haller, H.-D./Lenzen, D.: Lehrjahre in der Bildungsreform. Stuttgart 1976, S. 225-246

Thiersch, H.: Lebenswelt und Moral. Beiträge zur moralischen Orientierung Sozialer Arbeit. Weinheim 1995

Thiersch, H.: Lebensweltorientierte Soziale Arbeit. Aufgaben der Praxis im sozialen Wandel. 4. Aufl. Weinheim 2000

Thiersch, H.: Positionsbestimmungen der Sozialen Arbeit, Weinheim 2002

Thiersch, R./Thiersch H.: Dimensionen der Sozialraumorientierung in Kindertagesstätten. In: Konrad, F.-M. (Hrsg.): Familie und Kindheit, Münster 2002

Thiersch, R. u.a. (Hrsg.): Die Ausbildung der Erzieherinnen, Weinheim 1999

Treptow, R.: Raub der Utopie. Bielefeld 1985

Weniger, E.: Die Eigenständigkeit der Erziehung in Theorie und Praxis. Weinheim 1952

Woog, A.: Soziale Arbeit in Familien. Theorie und Praxis der Familienhilfe. Weinheim 1998

Wolf Rainer Wendt
* 14.05.1939

Ein persönlicher Charakter ist schon deshalb ein sozialer, weil er sich nur so ausbilden kann. Im sozialen Beruf wird besonders deutlich, wie Herausforderungen, vor die man selber im Laufe der Zeit und in seinen Beschäftigungen gestellt wird, den eigenen Lebensweg prägen. Danach kann ich Zeugnis von meinem Werdegang in sozialer Profession nicht mit der Schilderung sentimentaler Begegnungen und Erfahrungen ablegen, welche nur die private Seite des Daseins und persönliche Verstrickungen abbilden. Ich habe mich schon sehr früh einem kollektiven Bewusstsein angehörig gefunden, das auch Gemeinsamkeit des Erlebens und Zeitgenossenschaft heißen mag. Bewegt man sich darin, wird man dieses Bewusstsein nicht wieder los. Als junger Mensch leuchtete mir ein, dass die „Person" im antiken Verständnis die „Maske" des Schauspielers war, durch die es „hindurchtönt". Zu dieser Auffassung gehört indes, dass der Mensch seine Rolle, die er in der Gesellschaft spielen kann, auch wirklich annehmen muss gleichwie der Schauspieler seine Rolle im Spiel auf der Bühne. Mit dieser Einleitung will ich zu verstehen geben, dass mir die Wechselfälle der eigenen Biographie erst im Zusammenhang und auf dem Beweggrund von Schauplätzen mitteilenswert erscheinen, die andere Menschen mit mir geteilt haben und die vielen zugänglich waren oder sind. In meiner Geschichte sind Mentalitäten und die Entwicklung von Ideen wesentlich, so wie sie mich geprägt haben und wie sie auch zum Fortschreiten in der Sozialen Arbeit beitrugen.

Unter Diktat: Frühe Prägungen

Als Mecklenburger – ich bin in Schwerin geboren – bekenne ich mich zu dem landläufigen Vorurteil, aus einem rückständigen Land zu stammen, in dem mit großer Verspätung einzutreten pflegt, was anderswo längst geschehen ist. Dass hier Vergangenheit noch lange Gegenwart ist, schafft ein Bewusstsein von Kontinuität und Zusammenhang. In meinem Falle mag daher die Neigung stammen, alle Dinge auf die Dauer hin zu besehen, die sie hatten und die sie haben werden, und insbesondere das soziale Geschehen in seiner historischen Dimension aufzufassen. Neu ist etwas nur relativ zum Alten und in seinem Kontext. Als Kind bei meinen Großeltern auf dem Dorf waren Bücher noch aus der Kaiserzeit, gedruckt um 1890 herum, mein Lesestoff, in denen Entdeckungsreisen in Afrika und die Einführung der elektrischen Straßenbeleuchtung als Pioniertaten beschrieben und die ersten Telefone im Stahlstich als technische Kuriosa abgebildet wurden. Ich las vom Großherzog und sah ihn in Bronze zu Pferd im Schweriner Schlossgarten, derweil nach 1945 schon die vertrieben waren, die seinesgleichen verabschiedet hatten. Die Bücher aus der Nazizeit wurden auf den Dachboden verbannt, aber sie blieben in Druck und Ausstattung das Beste, was ich finden konnte. Vorkriegsqualität eben. Ich mußte also, was Modernität betrifft, viel aufholen in jungen Jahren.

Mein Vater war kaufmännischer Angestellter, ein bei seinen wechselnden Arbeitgebern vor und nach dem Krieg angesehener Buchhalter; im Krieg Soldat und danach mehrere Jahre in russischer Kriegsgefangenschaft. Meine Mutter, eine gut ausgebildete Hausfrau, mußte alleine zurechtkommen und hat mir und meiner zwei Jahre jüngeren Schwester in den entbehrungsreichen Nachkriegsjahren die Selbstverständlichkeit immerwährenden Mühens und Sorgens vermittelt. Wir sind mit einem kleinen Vorrat an tradierten Sprichwörtern aufgewachsen, die unumstößliche Alltagsnormen bezeichnen: Wer rastet, der rostet; Morgenstund' hat Gold im Mund, usw. Die Redensarten passten in unseren Erfahrungshintergrund. Sowohl mein Vater als auch meine Mutter stammten aus bäuerlichem Milieu, und eine Reihe von Eigenschaften, die ich mir zurechne, wie Beständigkeit, Zähigkeit, Naturverbundenheit sind gewiss dieser Herkunft geschuldet. Zudem lebte ich als Kleinkind kriegsbedingt längere Zeiten bei den Großeltern auf dem flachen Lande, im tiefsten Mecklenburg an der Müritz. Meine Großmutter war bildungsbeflissen; sie galt als die einzige Person im Dorf, die „Briefe aufsetzen" konnte. Mein Großvater war Preuße durch und durch. Beide standen ein für Fleiß und Disziplin, für Genauigkeit und Pünktlichkeit. Im übrigen war das bäuerliche Wirtschaften von morgens früh bis abends spät die erste Lehre, in die ich ging: hinter Hühnern und Gänsen her, dabei beim Pflanzen und Ernten im Garten, helfend beim Brotbacken auf dem Hofe, Fische angelnd im See und selbständig Beeren und Pilze sammelnd im Wald. Auf dem Lande war man

Selbstversorger, fertigte Wäsche aus Leinen, zimmerte Möbel und richtete im Fachwerk mit Lehm und Stroh Ställe für die Tiere her. Diese Art Lebenspraxis in Haus, Hof und Feld hat sicher einen Grund gelegt für die ökologische Theoriearbeit, der ich mich später widmete.

Innerlich aufgewachsen bin ich unter Diktaturen. Erst im Faschismus und dann unter kommunistischer Regie. Der Übergang war hart, aber nur ein Wechsel im totalitären Anspruch. Früh wurde ich gewöhnt daran und sicher auch geprägt davon, was beständig vor sich ging: der Kampf an einer Front, weltanschauliche Auseinandersetzung, Agitation und Propaganda, Uniformierung, Zwang zur Parteinahme. Nun mag man meinen, für ein kleines Kind lägen die politischen Verhältnisse fernab von seiner Erfahrung. Ich habe im Gegenteil eine zwar unscharfe, doch lebhafte Erinnerung an Aufenthalte im Bunker bei Luftangriffen, an Durchhalteparolen und das vor freizügigem Reden warnende Plakat „Feind hört mit". Auf frühen Fotos sehe ich mich neben meinem Vater in Wehrmachtsuniform. Meine Spiele als kleines Kind waren Kriegsspiele, die dann im Schulalter in „Geländespiele" übergingen, deren militärischer Charakter nicht verborgen werden musste.

Die Grenzerfahrung des Kriegsendes im Frühjahr 1945 bildete den ersten tiefen Einschnitt in meinem jungen Leben. Als die Front unser Dorf erreichte, lag ich mit Nachbarskindern in einem Splittergraben am Rande eines Waldes, von wo aus sich das Geschehen beobachten ließ. Zurückgebliebene Zwangsarbeiter steckten das halbe Dorf in Brand. Ich nahm elende Kolonnen von Menschen auf der Flucht wahr, bekam den Selbstmord von Familien mit, marodierende russische Soldaten, den Kampf um Lebensmittel, die anschließende Suche nach Nazis und die Zwangsarbeit junger Frauen aus der Nachbarschaft, die Eisenbahnschienen für die Russen demontieren und wegschleppen mussten. Meine Mutter nahm mich dann, weil die Einschulung bevorstand, nach Schwerin zurück. Sie hat uns Kinder in den ersten Jahren nach dem Krieg alleine, der Mann in Kriegsgefangenschaft, aufopferungsvoll und geschickt durchgebracht. Ich erinnere mich an erfolgreiche Schwarzmarktgeschäfte (Plattenspieler gegen Butter), an Bucheckern-Sammeln im Wald, an Pferdefleisch (selten) und Brennesselspinat (oft). Seitdem verstehe ich mich in Theorie und Praxis auf ressourcenorientiertes Haushalten und habe einige Vorbehalte, wenn heute von weit verbreiteter Armut gesprochen wird, ohne dass man sie in Blick auf Hunger und Not hinreichend relativiert.

Eingeschult wurde ich wegen des Kriegsendes ein Jahr verspätet. Ich lernte schnell und durfte bald eine Klasse überspringen. Außerhalb der Schule

nahm ich stundenweise an der christlichen Unterweisung teil, die von Frauen aus der evangelischen Kirche erteilt wurde.
Den Krieg um meinen Kopf führten sie und die Schule mit wechselseitigen Erfolgen und Rückschlägen. Zunächst hatte die Kirche die besseren Karten, denn sie konnte zur Bibel auch ab und an ein Butterbrot, gelegentlich auch Kartoffeln, austeilen. In der Schulklasse gab es nicht einmal Papier, so dass die Lehrerin für uns Hefte aus alten amtlichen Formularen herstellte, deren Rückseite sich noch beschriften und bemalen ließ. Die Lehrerin war eine strenge ältere Person, die sich sehr um ihre nicht nur nach Wissen hungrigen Jungen bemühte. Ihre Autorität galt unbedingt. Mich beförderte sie zum Klassensprecher, entzog mir diese Funktion dann aber unnachsichtig wieder, als sie mich während einer Deutschstunde intensiv beschäftigt mit der zeichnerischen Ausgestaltung eines Ozeandampfers fand. Ich war darob in meinem Gerechtigkeitsempfinden schwer getroffen, denn ich verstand nicht, warum ich mit meiner wirklich kreativen Leistung plötzlich kein Vorbild mehr sein konnte für die Mitschüler. Vorbild hatte man zu sein als Klassensprecher; schließlich war er nicht von der Klasse gewählt, sondern pädagogisch ausgesucht.
Während meiner Schulzeit war ich immer der beste Schüler und wurde dafür wiederholt ausgezeichnet. Ich las sehr viel. Mich trieb eine unersättliche Neugier. Zum Ärger meiner Mutter tauschte ich auch Spielzeug gegen Bücher ein. Mochte in der Nachkriegszeit Mangel an allen Lebensmitteln herrschen, an Lesestoff fehlte es nicht. Es gab Zeitungen und Zeitschriften, wobei ich am liebsten die gut illustrierte „USA in Wort und Bild“ konsumierte, eine ziemlich üble Propagandaschrift, an der sich aber die Fähigkeit üben ließ, zwischen den Zeilen und in den Bildern etwas anderes zu lesen als da geschrieben war. Diese Fähigkeit ist unter Diktaturen eine Schlüsselqualifikation, die in meinem Falle zu einem Andersdenken beitrug, das mir bald gefährlich werden sollte. Erst einmal häufte ich Kenntnisse an, mit denen ich in der Schule auffiel und die mir, als ich in die Oberschule wechselte, bei den Mitschülern den Spitznamen „Aristoteles“ eintrugen. Ich war damals wohl der jüngste eingeschriebene Leser der Mecklenburgischen Landesbibliothek.

POLITISCHE JUGEND

Im Alter von etwa neun Jahren endete bei mir die Koexistenz von Christenlehre und Schulwissen. In den Räumen der evangelischen Kirche die Bibel lesen und Martin Luthers Kleinen Katechismus herbeten, das war mir in dem Moment verleidet, als mir der Realitätsanspruch der Wissenschaft klar wurde. Gegen ihn versagte eine Glaubenslehre, die den Kindern damals noch so dargeboten wurde, als sei das Alte Testament eine Summe der Naturerforschung. Was es nicht tatsächlich gibt und was tatsächlich nicht sein kann, das sei auch unwahr, empfand ich als Neunjähriger. Mir wurde schnell peinlich, etwas geglaubt zu haben, was dem Licht der Erkenntnis nicht standhielt. Nun holte die andere Weltanschauung, die als wissenschaftliche ausgegeben wurde, bei mir auf. Lehrer sprachen mich an, ich sollte doch zu den „Jungen Pionieren" kommen, der neuen sozialistischen Kinderorganisation. Die „Besten" gehörten dorthin. Als ich eingetreten war, stieg ich gleich in den „Freundschaftsrat" auf. So hieß die Sprechergruppe der Pioniere in der Schule. An frohem Jugendleben wurde einiges geboten bei den Pionieren: Wandern und die Natur erforschen, Werken und Laienspiel, Altstoffe sammeln, sommerliche Ferienlager und der tägliche Fahnenappell.

Die Widersprüche nahmen indes nicht ab. Sie lagen Anfang der fünfziger Jahre in der DDR gewissermaßen vor Augen. Bunte Fortschrittspropaganda verdeckte notdürftig Ruinen und einen grauen Alltag. Wenn einige junge Lehrer in der Schule vom „sozialistischen Aufbau" schwärmten, schwiegen die älteren anderen beredt. Die Meinung in der Zeitung und private Meinungen vertrugen sich nicht; der Kommentar im Ost-Radio strafte dem West-Radio Lügen. Einige meiner Schulkameraden waren in der „Jungen Gemeinde" und blieben Freunde, auch als uns in den Kopf gesetzt wurde, dass dies eine gefährliche feindliche Organisation sei. Jedoch tat ich einiges für das richtige politische Bewusstsein. Der Sozialismus kam zu meiner Lernbegierde passend wissenschaftlich daher, und deshalb schien es lohnend, sich mit ihm zu beschäftigen. Stalin führte noch die Werktätigen in der ganzen Welt, als eine meiner Cousinen vom Lande die Chance bekam, über ein Vorstudium an einer „Arbeiter-und Bauern-Fakultät" zur Lehrerin ausgebildet zu werden. Sie musste dafür viel lernen, und ich half ihr dabei. Ein Schnellkurs in Marxismus-Leninismus war in der Ausbildung obligatorisch, um die Studierenden auf Linie zu bringen. Das hieß drei Bücher lesen, die quasi den „Kleinen Katechismus" der Linientreue bildeten: das „Kommunistische Manifest" von Marx und Engels, Stalins gespenstische Geschichtsklitterung im „Kurzen Lehrgang der Geschichte der KPdSU(B)" und seinen Leitfaden „Über dialektischen und historischen Materialismus". Ich habe diese und andere Texte als Zwölf- und Dreizehnjähriger intensiv studiert und bin besonders den dort bekämpften „Irrlehren" nachgegangen.

Ich nahm die kontroversen Denkfiguren mit in die Pubertät, und sie mischten sich in den instinktiven Wandel und den Aufbruch in dieser Lebensphase ein. Die verschiedenen „Ismen" in der Gesellschaftstheorie besetzten mein abstraktes Denken, vergleichbar dem Interesse anderer junger Leute an Musikrichtungen oder rivalisierende Mannschaften im Sport. Dialektik, antithetisches, Gegensätze auch wieder aufhebendes Argumentieren, ist das kognitive Verfahren geblieben, in dem ich seither in meiner wissenschaftlichen Arbeit die Dinge auseinandergehalten und zusammengeführt habe: Politisches von Links und von Rechts, Philosophisches aus Ost und West, Ökonomie und Ethik, Rechte und Pflichten, Professionalität und freies soziales Engagement ...
Nach Stalins Tod 1953 und mit dem Aufstand des 17. Juni begannen politische und persönliche Turbulenzen, deren Zustandekommen und Folgen nach Jahrzehnten nur noch schwer zu vermitteln sind. In der Oberschule war ich ein Kader der Freien Deutschen Jugend, der FDJ, hatte aber, statt sozialistisches Bewusstsein zu zeigen, zum Verdruss der Funktionäre oft lose politische Sprüche drauf. Zum Beispiel schilderte ich nach dem zweiten Deutschlandtreffen der FDJ in Berlin, Pfingsten 1954, den Daheimgebliebenen das bunte Bild von einem Demonstrationszug, der steckenblieb, aus dem viele Jugendfreunde nach Westberlin entschwanden und die übrigen sich die Zeit mit Hallotria vertrieben. Ein ungeschminktes, subversives und deshalb feindliches Bild. Nun bot sich, um mich loszuwerden, eine Schwäche an, die ich hatte: Sonst ein hervorragender Schüler, brachte ich im Turnen an Reck und Barren nicht die geforderte Leistung und zeigte auch noch Widerwillen gegen sie. Ich wurde nicht versetzt – und verließ im Protest die Schule. Zunächst versuchte ich, ohne Wissen meiner Eltern, mein Glück für vierzehn Tage in Westberlin, damals noch nicht ummauert, sah aber schnell ein, dass ohne besseren Schulabschluss auch im Westen keine Blütenträume reiften, und ließ mich von einem Onkel, einem Ingenieur, dazu bewegen, als Chemielehrling in den Leuna-Werken „Walter Ulbricht", dem größten industriellen Komplex damals in der DDR, anzufangen und nebenher die Abendoberschule „für Werktätige" in Halle/Saale zu besuchen, um das Abitur zu erreichen.
Es war eine fachlich gute Lehre, die ich begonnen hatte. Anorganische Schwerchemie. Das Arbeiten im Labor und an den Reaktoren der Ammoniak-Synthese entsprach meinem naturwissenschaftlichem Interesse. Jedoch gehörte zur Ausbildung die politische Erziehung mit allmorgendlichen „Zeitungsschauen", Versammlungen, Gestaltung von Wandzeitungen etc. Unter „Agitation und Propaganda" wurde die Verbreitung politischer

Wahrheit – und nicht etwa das Gegenteil – verstanden. Ich war dafür mit Thesen und Antithesen gerüstet. Die Mischung aus jugendlichem Tatendrang, rhetorischer Gewandtheit, pubertärem Protest und Leichtsinn zeigte Wirkung. Eine ansteckende Wirkung. Für die DDR war die innere Situation nach dem Ungarn-Aufstand im Oktober 1956 angespannt. Es gab eine intellektuelle Opposition um Wolfgang Harich, die einen „menschlichen Sozialismus" wollte (vgl. Prokop 1996). Ich hatte davon gehört und von Ernst Bloch und Georg Lukács gelesen. Der Macht- und Sicherheitsapparat steigerte seine Wachsamkeit und griff durch. Am 23. Januar 1957 wurde ich während einer FDJ-Konferenz in Leuna verhaftet. Das heißt: von Verhaftung war nicht die Rede. Ich hatte bei der Wahl des Vorstandes einen befreundeten Mitstreiter vorgeschlagen und störte damit die bereits „von oben" ausgemachte Wahl. Daraufhin wurden mein Kandidat und ich von zwei grauen Herren zu einem Gespräch aus dem Saal gebeten. Ich konnte nicht ahnen, dass meine Abwesenheit anderthalb Jahre währen würde. Gehandelt hatte die Staatssicherheit, und in deren Visier war ich, wie sich bald herausstellte, schon lange gewesen. Nach nächtlichen Verhören kamen wir in Merseburg der Form halber vor einen Untersuchungsrichter, der „Staatsverleumdung" feststellte, ein damals vergleichsweise geringes Vergehen, aus dem nach einiger Zeit im Untersuchungsgefängnis in Halle „Verbrechen gegen den Frieden" gemäß Artikel 6 der Verfassung der DDR wurde, wofür schlimmstenfalls die Todesstrafe anzuwenden war. Nun war ich so sozialisiert, dass ich mit Recht und Gerechtigkeit im westlichen, demokratischen Sinne überhaupt nicht rechnete. Ich hatte gelernt, dass Justiz ein Mittel im Klassenkampf und Recht immer das Recht der Herrschenden ist. Dass die mir, einem schmächtigen 17-Jährigen, nun „Antisowjethetze", „Boykott- und Kriegshetze", „Zersetzungsarbeit in der FDJ" und manches mehr zusprachen, hielt ich mir zugute. Als „politischer Gefangener" war ich anerkannt erwachsen: Für das Bezirksgericht Halle kam in meinem Falle Jugendstrafrecht nicht in Frage. Intelligenz fiel erschwerend ins Gewicht. Zeugen, die positiv über mich aussagten, bewiesen damit nur, wie verderblich mein Einfluss auf andere gewesen war.
Um die Szene zu beleuchten, zitiere ich aus dem „Leuna-Echo" vom April 1957. In der Zeitung konnte man über meinen Mitangeklagten und mich damals lesen: „Sie waren Mitglieder der FDJ und übten im Lernkollektiv längere Zeit eine zersetzende Tätigkeit aus, wie sie sonst nur durch bezahlte Feindagenten verübt wird. Beide sind sehr begabt, ließen Zurückbleibende die Schularbeiten abschreiben und sicherten sich auch durch ihre Redegewandtheit einen bestimmten Einfluss im Kollektiv der Lehrlinge. Im Herbst

des Vorjahres, als die ständige Hetze der imperialistischen Propagandazentralen gegen das Lager des Sozialismus zu schäumen begann, traten auch Wendt und S. offen hervor ... Offen traten sie für die Konterrevolutionäre in Ungarn auf, verleumdeten mit schmutzigsten Argumenten aus dem Arsenal der westlichen Hetzsender das Eingreifen der Sowjettruppen zum Schutze des Friedens, griffen die Friedenspolitik unserer Regierung an und bejubelten die volks- und friedensfeindliche Politik des Atombombenkanzlers Adenauer. Wendt verwandelte die Zeitungsschau am 5. Januar in eine Geburtstagsfeier Adenauers, dessen ‚Verdienste für das deutsche Volk‘ er würdigte. ‚Objektiv‘ verteidigte er das Verbot der KPD und griff die Grundlagen unserer Arbeiter- und Bauernmacht an ... S. sekundierte ihn bei allen Ausfällen. Organisatorische Mängel in der Erziehungsarbeit der FDJ und fehlendes Klassenbewusstsein der Arbeiterjungen im Kollektiv ermöglichten diesen beiden Spießbürgersprößlingen, in Wort und Schrift für den Klassenfeind zu werben. Als sie dazu übergingen, unter dem Vorwand der ‚freien‘ Meinungsäußerung auf der FDJ-Konferenz die Parolen des Feindes zu propagieren, wurden sie endlich beim Schlafittchen genommen. Hier handelt es sich nicht um unklare Haltung junger Menschen, sondern um vorsätzliche und bewusste Hetze bösartiger Elemente im Interesse des Klassenfeindes."

Das war die Sprache, wie sie George Orwell verewigt hat. Geblieben ist mir von solchen Verunglimpfungen die Abneigung gegen „politische Korrektheit“, wie wir sie nicht zuletzt in sozialberuflichen Sprachregelungen finden, nach denen die Nutzer eines Dienstes stets „Betroffene“ sind und die Sozialarbeit sich der „sozial Schwachen“ annimmt, „Opfern“ der Verhältnisse, wo nicht „unterdrückt“, so doch jedenfalls „benachteiligt“. Wir haben heute das Glück, in einer Demokratie zu leben, zu deren zivilen Grundlagen nicht zuletzt die Freiheit des Ausdrucks gehört. Mit der Sprache legt man sich die Dinge zurecht. Das ist auch in einer Demokratie unausweichlich so, nicht aber angebracht in einer Pflicht zur Parteilichkeit, besser in der Freiheit, Partei zu nehmen, und in dem Bewusstsein, dass es zu jeder Ansicht andere Ansichten gibt.

Seinerzeit war von „sozialistischer Demokratie“ die Rede. Meine Schulleiterin, „Verdiente Lehrerin des Volkes“, war couragiert genug, für mich einen Rechtsanwalt alter Schule aus Leipzig zu besorgen, der mich vor dem Bezirksgericht in Halle vertrat. Ich weiß nicht, wieviel er dazu tun konnte, dass ich zu (nicht mehr als) eineinhalb Jahren Zuchthaus und anschließend fünf Jahren Bewährung verurteilt wurde. Er ging mit guten Argumenten in Revision vor das Oberste Gericht der DDR. Das hielt aber an den einmal bezogenen Positionen fest; Linientreue eben.

Im Mai 1957 fand ich mich im Haftarbeitslager Volkstedt am Rande des Harzes in einem Barackenquartier mit 1000 Häftlingen wieder, die im Mansfelder Kupferschieferbergbau unter Tage und in der Verhüttung über Tage eingesetzt wurden. Ich war der jüngste Häftling im Lager und fuhr nach einiger Vorbereitung in Schacht „Fortschritt II“ ein. Die zivilen Bergleute betrachteten die Gefangenen als Kumpel, obgleich von zuständiger Stelle befunden worden war, es handele sich durchweg um „Kinderschänder“. Die Details des Kupferschieferabbaus tun hier nichts zur Sache. Die Arbeit war körperlich schwer, und nach den Monaten der Untersuchungshaft brach ich gleich nach Schichtende am ersten Tag zusammen als ich die Flasche Milch trank, die alle Bergleute zur Vorbeugung gegen eine Staublunge bekamen. Danach brauchte ich zwecks Wiederherstellung für eine Weile nicht in den Schacht und konnte diese Zeit intensiv zum Lesen nutzen. Zu den Merkwürdigkeiten der Haft gehörte, dass es im Lager eine Bibliothek gab, die mit guter Literatur gefüllt war. Balzac, Stendhal, Flaubert, Tolstoi, Thomas und Heinrich Mann: Ich konnte ihre Romane in Muße studieren. – Übrigens hatte man in der Untersuchungshaftanstalt meinen Wunsch, das „Kapital“ von Marx zu lesen, als Provokation empfunden: Der Anstaltsleiter bestellte mich ein und erklärte mir, dass ich meiner Verbrechen wegen unwürdig sei, die Werke von Marx zu lesen.

Wer als Häftling in seinem körperlichen Einsatz das Arbeitssoll übererfüllte, dem wurde, prozentual gestaffelt, Haftzeit erlassen. Derlei kam mir wenig zugute. An einem Morgen im Mai 1958 stand ich vor dem Tor des Lagers und war frei. Was für einen Menschen Freiheit bedeutet, habe ich nie intensiver erlebt als an jenem Tage. Zurück im Leben, bot sich mir aber weiter keine rechte Aussicht. Die für Ausbildung und Beruf zuständigen Stellen hielten sich gegenüber einem politisch Verurteilten zurück. In Schwerin wurde mir reichlich zynisch bedeutet, im Bergbau hätte ich doch eine Perspektive und könnte mich als anständiger Arbeiter bewähren.

ZWISCHENSPIEL: FLUCHT UND NEUE ORIENTIERUNG

Anfang Juni 1958 flüchtete ich nach Westberlin. Nun konnte ich mein unbändiges Gefühl, frei zu sein, wirklich auskosten. Als gerade 19jähriger mit meinem Erfahrungshintergrund als Flüchtling unterwegs zu sein, war ein Abenteuer. Ich wurde aus Berlin ausgeflogen, in Gießen von den Geheimdiensten befragt, als anerkannt politisch Verfolgter von freundlichen Helfern im Kalten Krieg erst mal zur Erholung nach Österreich geschickt und

kam dann nach Württemberg über eine Aufnahmeeinrichtung für junge Flüchtlinge in ein Heim der Diakonie, von dem aus ein Gymnasium besucht werden konnte, wollte ich doch das Abitur nachholen. Meine erste Bekanntschaft mit Sozialpädagogen und mit Heimerziehung währte nur einige Monate. Mich nach den Zeiten der Haft einem stationären Regiment unterwerfen: Das konnte nicht lange gutgehen. Ich suchte und fand ein Zimmer zur Untermiete, verhielt mich ansonsten ziemlich unbehaust und holte nach, was ich versäumt zu haben meinte, unter anderem Westeuropa von Nord nach Süd durchreisend. Mit meinen Kenntnissen in Marxismus-Leninismus wurde ich in politischen Bildungsveranstaltungen herumgereicht. Ich begegnete unter anderem Gustav A. Wetter, Jesuitenpater und Professor am Päpstlichen Orientalischen Institut in Rom, Autor der Bestseller „Der dialektische Materialismus“ und „Sowjetideologie heute“, und blieb mit ihm im brieflichen Kontakt. Finanziell hielt mich der „Lastenausgleich“ über Wasser, der mir als ehemaligem politischen Häftling aus der „Zone“ zustand – ohne Habe und ohne familiären Anhang.
Meine vagabundierende Existenz endete, als die Eltern eines Schulkameraden in Geislingen an der Steige mich in ihr Haus aufnahmen. Die Erinnerung an sie, die mir wieder Halt und eine Heimat boten, erfüllt mich mit Dankbarkeit. Ich wurde von ihnen, die selber fünf Kinder hatten, gewissermaßen adoptiert. Edeltraud Korpiun war eine promovierte Chemikerin, aber ambitioniert vor allem in Kunstgeschichte. Sie vermittelte mir den feineren Sinn von barockem Stuck und romanischer Skulptur. Joachim Korpiun war promovierter Ingenieur, besaß eine Reihe von Patenten in der Spezialchemie. Er stammte aus Berlin, während seine Frau ihre Wurzeln in Altbaiern hatte: eine fruchtbare Differenz. Der Familie und ihrem kultivierten Haushalt verdanke ich eine zweite Sozialisation. Lebensart, stilistische Fragen zu den bildenden Künsten (die Tochter war Bildhauerin), zu Architektur und Musik sowie soziale, politische und wissenschaftliche Themen waren täglich Gegenstand von Erörterungen. Wie bei den Eltern lagen bei den vier Söhnen die Interessen und Berufsausbildungen (Physik, Chemie, Architektur, Linguistik) weit auseinander, und der Streit der Meinungen entzündete sich ebensowohl zwischen ihnen als bei jedem Einzelnen. Darin einbezogen, lernte ich, was man heute modisch „Diversity Management“ nennt: unterschiedliche Veranlagungen, Kulturen und Haltungen gelten und zum Zuge kommen lassen. Neben der kognitiven Anregung, die mir die Familie gab, erzog sie meine Gefühle, war ich doch in den Jahren zuvor emotional einigermaßen verwahrlost. – Unterdessen hatte ich nach Klassen- und Schulwechseln und manchen Mühen das Abitur bestanden und durfte endlich studieren.

STUDIENGÄNGE

Im Schwäbischen war ich nun zu Hause, und da lag es nahe, in Tübingen zu studieren. Die Universität und die Stadt entsprachen noch ganz einer romantischen Vorstellung vom Studieren. In den alten Gebäuden der Alma Mater am Neckar schienen die Geister von Hölderlin, Schelling und Hegel noch anwesend, und gewiss hatten in den Seminarräumen, in denen ich mich aufhielt, auf dem abgeschabten Leder der Stühle vor Zeiten jene und andere Denker und Dichter gesessen. Die geisteswissenschaftlichen Institute um die Alte Aula glichen Refugien elitärer Gelehrsamkeit, abhold allen profanen Geschäften und dem Betrieb draußen im Lande.

In den 60er Jahren waren die Universitäten noch nicht überfüllt, und man konnte sich seine Studiengebiete frei zusammenstellen. Ich „belegte" hauptsächlich Lehrveranstaltungen in Philosophie, Psychologie und Soziologie. Später kam die Kunstgeschichte dazu. Von meinen akademischen Lehrern in Tübingen nenne ich in der Philosophie zuerst Ernst Bloch, der nach dem Mauerbau nicht nach Leipzig zurückkehrte. Er verkörperte für mich die humanistische Seite marxistischen Denkens. Einen Humanismus im „Geist der Utopie", ohne den man in der professionellen Sozialarbeit kaum auskommt. Sein „Prinzip Hoffnung" (Bloch 1960) hatte ich schon gelesen und genoss nun im Seminar die ästhetischen Umschweife, in der Bloch dem Materialismus jede Schwere nahm und ihn sinnlich kultivierte. Einen Gegenpol der Auslegung von Welt und Selbst besetzte Walter Schulz in Tübingen. Anregend auch der Religionsphilosoph Richard Schaeffler und Otto-Friedrich Bollnow, halb Philosoph, halb Pädagoge, der dann mein „Doktorvater" wurde. Inhaltlich war ich, mit der Tradition von der Antike bis zur klassischen deutschen Philosophie ohnehin vertraut, abonniert auf Nietzsches und Heideggers Werke, insbesondere in der Beziehung, die letztere auf die Daseinserhellung durch Nietzsche nahmen.

In der Soziologie eröffnete mir Ralf Dahrendorf den Horizont der angloamerikanischen Gesellschaftstheorie. Beeindruckt hat mich seine Rhetorik. Mehr von ihr ließ sich beim Altphilologen Walter Jens erfahren. Ganz verschieden waren die Geister in der Psychologie. Die einen ließen nur naturwissenschaftlich-experimentelle Fakten gelten, die anderen vertraten tiefenpsychologische Schulen oder hielten an Traditionen der deutschen Psychologie fest – von der graphologischen Charakterdeutung bis zur körperbaulichen Charakterfundierung, die Wolfgang Kretschmer, Sohn von Ernst Kretschmer („Körperbau und Charakter"), in der Psychiatrie vertrat. Dieses Nebeneinander hatte auch sein Gutes: In meinem Kontextbewusstsein richtete sich keine

selbstgenügsame Fachlichkeit ein. Ich studierte Psychologie in Tübingen der beruflich anwendbaren „Menschenkunde“ wegen, ergänzt zwischendurch in Berlin durch pädagogische und medizinische Aspekte.
Einige medizinische Lehrveranstaltungen waren im Psychologiestudium vorgeschrieben, an anderen nahm ich nach freier Auswahl teil. In Berlin war ich im Anatomischen Institut der Freien Universität auch bei Sezierübungen dabei. Im übrigen bildete die Psychiatrie einen Schwerpunkt. Eindrücklich sind mir die Lehrveranstaltungen Reinhard Lempps in Tübingen in Erinnerung geblieben, der von der Kinder- und Jugendlichenpsychiatrie den Weg in die Sozialpädagogik wies und diesen Weg in seinem Tübinger „Klinischen Jugendheim“ auch praktisch ging. Lempp stellte damals seine Erkenntnisse zum „frühkindlichen exogenen Psychosyndrom“ vor, der leichten Hirnschädigung, die sich in der Diagnostik dadurch auszeichnete, dass sie organisch kaum nachzuweisen war, aber für ein breites Band von Verhaltensstörungen verantwortlich gemacht werden konnte. Das Syndrom sprach sich herum: Anfang der 70er Jahre ergab die psychologische Untersuchung von Kindern im Rahmen der Jugendhilfe häufig den „Verdacht auf eine frühkindliche Hirnschädigung“, und ich hatte in Stuttgarter Heimen schwer mit der Annahme der Erzieherinnen zu kämpfen, mehr oder minder alle Kinder, die sie betreuten, seien derart geschädigt. Ohne die Forschungsleistung Lempps schmälern zu wollen: An jenem Syndrom erweist sich für mich eine Austauschbarkeit von Befunden, wenn es darum geht, für Verhaltensprobleme in komplexen Situationen einen akzeptablen Grund auszumachen. Er mag sich mal Minimal Cerebral Dysfunction, mal Hyperaktivität und schließlich Aufmerksamkeits-Defizit-Syndrom nennen.
Neben den Hauptfächern Philosophie und Psychologie studierte ich Kunstgeschichte. Die Brücke schlug die (philosophische) Ästhetik, deren Gegenstand ja zunächst sinnliche Erkenntnis und Erfahrung und dann erst die Kunst ist, die sie in einen Zusammenhang mit Lebensart und Lebensgestaltung bringt: So besehen ist das ästhetische Projekt ein soziales Projekt. Die schon bei den alten Griechen thematisierte Einheit des Ästhetischen und des Ethischen, des Schönen und des Guten, hat mich in späteren Arbeiten wiederholt beschäftigt. Ich griff die Verknüpfung von (moderner) Kunst und (moderner) Existenz in meiner Dissertation auf. Sie befasste sich mit Marcel Duchamp, der bekanntlich simple Alltagsdinge zu Kunstwerken verfremdete. Bei ihm ging es im Grunde um Ironie. Soll heißen: die bewusste „Verstellung“ dessen, was zu denken ist, mit dem, was man sagt oder darstellt. Ironie bedeutet Distanz zur eigenen Position, die nicht zu beziehen man sich ironisch vorbehält. Bollnow, mein Doktorvater, verstand nicht viel von meinem Thema. Aber er war selber ein Abweichler und von

der Physik auf die Philosophie und die Pädagogik gekommen. Ich schulde ihm Dank, dass er mich machen ließ.

Ironie war angebracht in jenen Tagen, als die später so genannten 68er in Bewegung waren. In Theoriediskursen wurde so ziemlich alles „hinterfragt“; die anschließenden Aktionen blieben oft Spektakel, die sich eher einer ästhetischen als einer politischen Beurteilung erschlossen. In einem Text, den ich Anfang 1968 schrieb und der dann ungedruckt blieb, analysierte ich studentische Demonstrationen in ihren theatralischen Zügen und als Happening. Ich nahm also an der Studentenbewegung mit innerer Distanz teil. Meine Freundin, eine Medizinstudentin, ließ dagegen selten ein Go-in und Sit-in aus, mit denen in den Universitätsinstituten die bestehenden Strukturen aufgebrochen und ihre etablierten Vertreter vorgeführt werden sollten. Sie leisteten kaum Widerstand, so dass der Vorgang weniger ernst denn unterhaltsam verlief.

Meine Dissertation war 1968 abgeschlossen, die Promotion erfolgte 1969. Das Doktorandenseminar bei Bollnow hatte seine pädagogische Anthropologie zum Inhalt (s. Bollnow 1968), insbesondere das Verfahren der „anthropologischen Reduktion“, worin gefragt wird, wie das Wesen des Menschen beschaffen sein müsse, um darin ein Einzelphänomen in seiner Sinnfälligkeit begreifen beziehungsweise sie als Beitrag zum Wesen des Menschen verstehen zu können. Kurz: Es ging um die Menschbezogenheit der Dinge. Exzessiv betrieben wurde im Seminar über viele Wochen hin die anthropologische Reduktion des Zaunes. Jeder Art von Zaun. Da dachte ich doch lieber an etwas anderes. Es erschien mir durchaus angebracht, in der Wissenschaft auf die menschliche Lebenspraxis zurückzugehen, aber warum damit die Nebelhöhle der akademischen Pädagogik lichten, wenn man sie auch einfach verlassen und an die frische Luft gehen konnte. Man hatte mir angeboten, als Wissenschaftlicher Assistent bei einem Bollnow-Schüler zu arbeiten. Aber diese Art akademischer Karriere sagte mir nicht zu. Ich habe die Entscheidung, nicht an der Hochschule zu bleiben, niemals bedauert. Meine späteren theoretischen Arbeiten wären kaum zustande gekommen ohne die Praxis, die ich mir damals wünschte und in die ich denn auch unverzüglich 1969 eintrat.

BERUFSPRAXIS: DAS LEBEN IST IMMER ANDERS

Das Studium der Psychologie hatte kein einheitliches Handlungsverständnis für einen Humandienst erzeugt. Die verschiedenen „Schulen“, die in der Lehre vertreten waren, bedienten teils das naturwissenschaftliche Denken und versprachen Objektivität, teils gingen sie geisteswissenschaftlich der

Entfaltung von Subjektivität nach oder untergruben diese tiefenpsychologisch. Die akademische Psychologie in den 60er Jahren wollte vor allem messen: Intelligenz, sinnliche Wahrnehmung, emotionale Reaktionen. Am Psychologischen Institut in Tübingen gehörte die Durchführung von Experimenten, etwa zur Gestaltwahrnehmung, zur Grundausbildung. Für die Praxis lernte man Tests konstruieren und Tests anwenden. In den vorgeschriebenen Praktika hatte ich Gelegenheit, die erworbenen diagnostischen Fähigkeiten einzusetzen. Zunächst in der Psychiatrie und in der Kinderklinik in Tübingen. Ich hatte psychische Hintergründe zu eruieren, wenn das im Rahmen der medizinischen Behandlung und zur Beratung der Eltern angezeigt war. Die Unzulänglichkeit meiner Befunde und des Rats, den ich geben konnte, empfand ich wohl, konnte mich aber bei allem Unbehagen an der Funktion festhalten, die mir in der Klinik zugewiesen war. Den weißen Kittel, den man zum Ausweis seiner Rolle dort zu tragen hatte, hängt noch bei mir im Schrank, und er tut seinen Dienst heute bei gelegentlichen Malerarbeiten im Haus.

Wo nun berufstätig werden? Ich prüfte mehrere Angebote. Empirische Sozialforschung reizte mich, weil sie wissenschaftliches Arbeiten außerhalb von Studierstuben verhieß. Die Chance, die mir Elisabeth Noelle-Neumann an ihrem Allensbacher „Institut für Demoskopie" bot, hätte ich beinahe ergriffen. Sie beeindruckte mich mit ihrer präzisen Intellektualität und nicht zuletzt mit der mich ästhetisch ansprechenden Perspektive, wie sie für mich am Bodensee die „Lebenslandschaft" zu finden, die der ortlosen wissenschaftlichen Beschäftigung Ausgleich bietet. Ich fing dann aber 1969 doch in Stuttgart bei der städtischen Erziehungsberatungsstelle an, die ich von einem Praktikum her kannte.

Die Beratungsstelle, übrigens die älteste kommunale Stelle ihrer Art in Deutschland, arbeitete seinerzeit in einer „Komm-Struktur": Eltern mussten sich telefonisch anmelden und etwa sechs Wochen warten, bis sie mit ihren Problemen an der Reihe waren. Das Verfahren hatte eine selektive Wirkung: Die häusliche Problematik musste nicht in ihrem Rohzustand untersucht werden. Ein Übriges taten die Tests. Sie schliffen die Schwierigkeiten so ab, dass sie sich den typischen Mustern fügten, welche die Experten für sie parat hatten. Ihnen entsprach das Strickmuster der Beratung. – Für die psychologische Untersuchung von Kleinkindern (aus Heimen, vor Adoptionen usw.) gab es keine solchen Schemata; deshalb überließ man sie gerne mir. Ich lernte das Verhalten der kleinen Kinder „in situ" diagnostisch betrachten, statt mich auf das unzulängliche Instrumentarium von Intelligenz- und Persönlichkeitstests zu verlassen. Die Entwicklung vieler Kinder, die ich damals im Alter von ei-

nem bis drei Jahren untersuchte, konnte ich später im Rahmen der Jugendhilfe lange Zeit weiter verfolgen und dabei die Einflüsse von Umwelt- und Anlagefaktoren beobachten. Eine der Erfahrungen, die ich machte – und nachmals bei den eigenen Kindern bestätigt fand, betraf die sehr frühe Ausprägung des Charakters: Entgegen der vorherrschenden Meinung über den Einfluss von Milieu und Erziehung ist wesentlich genetisch vorbestimmt, wie sich ein Kind von Anfang an „autopoietisch" verhält.
Im Jugendamt, dem die Kolleginnen und Kollegen der Erziehungsberatungsstelle nur widerwillig angehörten, hatte ich einen guten Draht zur „Verwaltung". Die Fachkräfte der Verwaltung vertraten mir gegenüber den Standpunkt: „Die Sozialarbeit ist Teil der Verwaltung". Ich hielt dagegen: „Wenn die Verwaltung denn eine soziale ist". Darüber konnten wir uns verständigen. Das Jugendamt nimmt mit allen Beteiligten eine soziale Aufgabenstellung wahr, die breit angelegt ist und weit hinausgeht über erzieherische Hilfen und einzelne fachliche Beiträge zu ihnen. Fortan waren wir uns auf der Ebene der Administration einig: Disziplinärer Eigensinn gehört eingebunden in den rechtlichen und politischen Handlungsauftrag. In der Erziehungsberatung wollte man von ihm nichts hören: Fachlichkeit setzte man mit Unabhängigkeit gleich. Sie schien der Tätigkeit von Gutachtern angemessen, die sich allein auf die Objektivität ihrer Verfahren stützen. Diese lassen auf fachlich angenehme Art verkennen, dass sie auf Abstraktion beruhen: Sie sehen von den konkreten Umständen und Verwicklungen ab, in denen Familien, Eltern mit ihren Kindern, leben und mit ihren Problemen zurechtkommen müssen.

Felder der Jugendhilfe

Praktisch entfaltete sich die Soziale Arbeit für mich in der Jugendhilfe. Das Geschäft des Psychologen in Diagnostik und Therapie erschien mir als zu eng, und ich ergriff deshalb die erste Gelegenheit, die sich bot, diesen Handlungsrahmen hinter mich zu lassen. Im Stuttgarter Jugendamt war man wie vielerorts um 1970 für Reformen aufgeschlossen, die damals gesellschaftspolitisch allgemein diskutiert und für die öffentliche Jugendhilfe sozialpädagogisch dekliniert wurden. Ich meinerseits fasste Pädagogik, die ich in Tübingen mitbekommen hatte, sozialpädagogisch auf. Übrigens war mir die andere Tradition der Profession Sozialarbeit damals noch nicht geläufig, und im nachhinein bin ich peinlich berührt, wenn ich an ein Gespräch in der Diakonischen Akademie denke, in dem Hedwig Schwarzwälder, erfahrene Methodendozentin an der evangelischen Höheren Fachschule in Ludwigsburg, die Methodik der Sozialarbeit pries und ich abfällig dagegen hielt, wissenschaftlich sei nur die Sozialpädagogik. Meine theoretische Arbeit führte mich sehr schnell zu der Einsicht, dass die Sozialpädagogik, jedenfalls als erziehungswissenschaftliche Subdisziplin, nicht hinreichte, um das ausgedehnte soziale Geschehen zu fassen, in dem soziale Dienste und Einrichtungen mit ihren Beschäftigten engagiert sind.

Von der EB aus „betreute" ich die Heime der Stadt Stuttgart psychologisch. 1970 wurde dafür eine eigene Dienststelle eingerichtet, die ich zu leiten hatte. Die Aufgabenstellung war etwas diffus. Das Personal der städtischen Einrichtungen sollte angeleitet, und Stuttgarter Kinder auch in Heimen anderer Träger sollten psychologisch begleitet werden. Ich kam damals viel herum bei den Einrichtungen der Diakonie und der Caritas im Lande, berichtete in der Fachpresse über anstehende Veränderungen in der Heimerziehung (Wendt 1971) und versuchte sie in den städtischen Einrichtungen durchzusetzen. Die stationäre Erziehung von Kindern und Jugendlichen wandelte sich – inhaltlich, organisatorisch und prinzipiell. Den Prozess der Veränderung habe ich seit 1970 begleitet, teils aktiv mit vollzogen, teils in der Rolle eines Beraters und Beobachters. So konnte ich beispielsweise die Entwicklung der Kinderheimat Kleingartach, damals ein Ort der Unterbringung von Stuttgarter Kindern weitab im schwäbischen Unterland, über ihre Differenzierung in Wohngruppen innerhalb und außerhalb des Heimgeländes in den 70er Jahren, teilstationäre Betreuungsformen und Lebensfeldorientierung in den 80ern hin zu einem Verbundsystem familienorientierter Dienstleistungen, begleiten, das nun ab dem Jahr 2001 unter dem Namen „Kleingartacher e.V., Impulse für Kinder, Jugendliche und Familien" firmiert.

1972 wurde mir im Stuttgarter Jugendamt die Leitung der neu gebildeten Abteilung Sozialpädagogische Heime, Adoptions- und Pflegestellenwesen anvertraut. In meine Zuständigkeit fielen das Kinderdorf Gutenhalde (das einzige kommunale Kinderdorf in der Bundesrepublik), mehrere Aufnahmeheime und Kinderhäuser, zwei Mutter-Kind-Heime sowie drei Kinderkurheime (auf die ich gleich näher eingehen werde). Selbständige Wohngemeinschaften und Wohngruppen kamen hinzu. Noch der Krankenhausverwaltung zugeordnete Säuglingsheime (nach der Devise „Kinder unter drei Jahren brauchen Pflege, keine Erziehung") schlossen bzw. wurden gegen einigen Widerstand in Einrichtungen mit gemischten Gruppen umgewandelt. Mit dem jungen, frisch ausgebildeten Fachpersonal, das damals eingestellt wurde, ließ sich in den Heimen viel bewegen. Ich hielt mich oft in den

einzelnen Häusern und Gruppen auf und besprach dort, wie das Zusammenleben in ihnen zweckmäßig zu gestalten war. Ansatzpunkt waren zumeist einzelne Fälle und Probleme. Ich war nicht nur diagnostisch, sondern auch unmittelbar bei vielen Kindern und Jugendlichen an ihrer Situationsbewältigung beteiligt. Gegenstand des Zusammenwirkens mit den Fachkräften war im übrigen der ganze Alltag, nicht ein abgesondertes therapeutisches oder heilpädagogisches Handeln. Die Entwicklungsarbeit in den Heimen führte zu Kontakten u.a. mit dem Kreis um Hans Thiersch in Tübingen, der seinerseits am Musterfall der Heimerziehung seine lebensweltbezogene sozialpädagogische Theorie entfaltete.
Mein Exempel wurde die Kinderkur. Die Landeshauptstadt Stuttgart besaß damals drei Kindererholungsheime, die in mein Ressort fielen. Eines in Storzeln an der Schweizer Grenze, das bald abgestoßen wurde, eines in Bad Rappenau und in Kreßbronn am Bodensee das sehr schön gelegene Hallberger Haus. Hier konnten sich jeweils sechs Wochen lang bis zu 120 Stuttgarter Kinder erholen. Das Hallberger Haus bot mir aus mehreren Gründen ein Experimentierfeld für eine in Form und Inhalt zu gestaltende stationäre Sozialpädagogik. Es war gerade nötig, Personal neu einzustellen, und so konnte ein engagiertes Team gebildet werden, das ein neues, abwechslungsreiches Programm für den Aufenthalt der Kinder im Kurheim ausprobierte. Die Räume mussten renoviert werden, und wir statteten sie farbenfroh und anregend aus. Geschaffen wurden Möglichkeiten der aktiven Lebensgestaltung für die Kinder. Sie reagierten auf das Milieu, das ihnen in den sechs Wochen des Aufenthalts am Bodensee geboten wurde, mit einem veränderten Verhalten besonders dann, wenn sie ziemlich belastet ankamen. „In Ruhe toben können", äußerte ein Kind zu der Frage, was ihm die Kur bedeutete. Ich nutzte das Erholungsheim in vielen besonders problematischen Einzelfällen, in denen wir im Jugendamt mit den Hilfen zur Erziehung nicht vorankamen. Das Hallberger Haus bot einen entlastenden Freiraum, in dem das problembeladene Kind und mit ihm die fachliche Jugendhilfe sich „mal ganz anders" geben konnten. Da verschwanden auch gravierende „Verhaltensstörungen", und dem einen oder anderen Kind blieb eine weitere Fremdunterbringung, auch die Psychiatrie, erspart. Mit den Mitarbeiterinnen im Hallberger Haus arbeitete ich ein Curriculum für die Erholungswochen aus; es ist in meinem 1975 erschienenen Buch „Kindererholung" dargestellt. Ansatzweise findet sich hier mit dem Situations- und Raumbezug bereits die ökologische Orientierung, die ich in den folgenden Jahren zu einem Theorierahmen für Soziale Arbeit ausbaute. Leider hat das Erfahrungsfeld der prophylaktischen Kinderkur die „Gesundheits-

reform" nicht überstanden: Die Krankenkassen zahlen nicht mehr für sie, und in der gesetzlichen Kinder- und Jugendhilfe ist sie als eigenständige Maßnahme nicht vorgesehen.
Zu meiner Zuständigkeit im Stuttgarter Jugendamt gehörte das Pflegekinderwesen. Auch in diesem Bereich entstanden neue Formen der sozialen Versorgung von Kindern: Sonder- und heilpädagogische Pflegestellen, Kurzpflege, Erziehungsstellen. Ich half mit, dass in Stuttgart ein solches differenziertes Angebot zustande kam und beteiligte mich an seiner fachöffentlichen Erörterung. Es bot Alternativen zur Heimerziehung (vgl. Bonhoeffer/Widemann 1974). Gemeinsam mit Jürgen Blandow und anderen formulierte ich im Auftrag der Internationalen Gesellschaft für Heimerziehung ein „Manifest zum Pflegekinderwesen" (1977). – Parallel zu dieser Entwicklung war in der Bundesrepublik der Modellversuch „Tagesmütter" angelaufen. Jugendamtlich hatte man das Institut der Tagespflege lange vernachlässigt. Wer tagsüber ein Kind aufnehmen wollte, benötigte nach dem Jugendwohlfahrtsgesetz eine Pflegeerlaubnis. Das wussten viele Mütter, aufnehmende und abgebende, nicht und begingen eine Ordnungswidrigkeit. Ein Ärgernis für den Dienst, der sich sonst mit der Tagespflege selten beschäftigte. Nun aber hatte die Frauenbewegung deren Potential entdeckt. Mehr Berufstätigkeit von Müttern erforderte akzeptable Unterbringungsmöglichkeiten für die Kinder. Tagesstätten gab es in Westdeutschland wenig. Außerdem wurde in der Tagespflege die Chance für Hausfrauen gesehen, die Versorgung ihrer Kinder mit einer Art selbständiger Erwerbstätigkeit zu verbinden. Diese und andere Beweggründe forcierten das Tagesmütter-Projekt ab 1974 (vgl. BMFG 1980). In ihm fanden sich einige innovationsfreudige Politiker/innen und Sozialwissenschaftler/innen zusammen, die ich damals kennen- und schätzen lernte, insbesondere die Bundesfamilienministerin Katharina Focke, Rita Süßmuth, damals Professorin für Erziehungswissenschaften und Mitglied im wissenschaftlichen Beirat für Familienfragen in Bonn, und Irmgard Gaertner, später Sozialsenatorin in Bremen. Ich erlebte in der Mitwirkung an dem Projekt, wie sehr ein solches soziales Vorhaben parteipolitische und ideologische Kräfte und verschiedene Professionen auf den Plan rufen kann, deren anderweitige Interessen die Innovation berührt: Kinderärzte meldeten sich als Sachverständige und wetterten gegen eine „Mehrfachbemutterung", die in den ersten Lebensjahren, wie man doch seit René Spitz wisse, äußerst beeinträchtigend wirken müsse. Dieser Befund passte zur Argumentation konservativer Politiker, die jeder Förderung der Berufstätigkeit von Müttern kleiner Kinder widersprachen. Sozialberufler monierten, dass Laien für eine Fremderziehung nicht qualifiziert seien und lagen mit diesem Argument auf der linken Linie

von Politikern, die in dem Projekt den Versuch sahen, den Ausbau „vergesellschafteter“ Erziehung durch Privatisierung von Betreuungsverhältnissen zu verhindern. Kurz: Die Kontroversen um die Tagesmütter waren ein Beleg mehr für die These, dass Soziale Arbeit, so personbezogen sie sich in den Dienst nehmen lässt, notwendig eingebunden ist in gesellschaftliche Diskurse und von ihnen abhängig bleibt.

Im Stuttgarter Verein der Tagesmütter gestaltete ich mit ihnen Gesprächsabende, die einen regen Erfahrungsaustausch mit sich brachten. Unterdessen führten die Kontakte nach Bonn im Bundesmodell „Tagesmütter“ in die zeitlich parallele Fachdiskussion, welche die Reform des § 218 StGB „flankierte“. 1975 wurde ich zum Mitglied der vom Deutschen Bundestag eingesetzten „Kommission zur Auswertung der Erfahrungen mit dem reformierten § 218 des Strafgesetzbuches“ berufen. Die interdisziplinär zusammengesetzte Sachverständigenkommission erörterte vier Jahre lang den Schwangerschaftskonflikt unter juristischen, ethischen, frauenpolitischen, sozialpolitischen, psychologischen und medizinischen Aspekten und als Schnittstelle solcher Ansichten. Die Kommissionsarbeit führte zu vielen interessanten Begegnungen. Gerne erinnere ich mich an die Beiträge von Hans Harald Bräutigam, Chefarzt einer Hamburger Frauenklinik und Ordinarius für Gynäkologie, der mit persönlichem Charme und rhetorischem Glanz in der Kommission dem Gemenge wissenschaftlicher, ethischer und politischer Erwägungen eine ansprechende Gestalt zu geben wusste. Später hat er regelmäßig mit Kolumnen in der „ZEIT“ die Zustände im Medizinbetrieb reflektiert (vgl. Bräutigam 1998).

Den Schwangerschaftskonflikt und die öffentliche Diskussion über den Schwangerschaftsabbruch ziehe ich bis heute bei meinen Studenten immer wieder als Beispiel heran für das Spannungsverhältnis von Sollen und Sein, von Normen und Fakten. Jene gelten, auch wenn diese ihnen widersprechen. Ohne Indikation ist der Schwangerschaftsabbruch rechtswidrig, bleibt aber nach sozialer Beratung straflos. Denn die wirkliche Lebenssituation der Schwangeren entzieht sich der normativen Beurteilung, nach der sie gegen den Schutz des ungeborenen Lebens gewogen werden könnte. Nicht einmal die Frau selber ist zu dieser Abwägung fähig, denn sie kennt ihre Zukunft nicht. Die Maßgabe des Bundesverfassungsgerichts in seinem Urteil vom 28.Mai 1993, dass die Konfliktberatung zielgerichtet dem Schutz des ungeborenen Lebens zu dienen habe, aber ergebnisoffen zu führen sei, kann jenseits der spezifischen Problematik als eine allgemeine Richtschnur dienen: Sozialarbeiter/innen vertreten Normen auch gegenüber aktuellen Bedürfnissen von Klienten und tun dies im gemeinsamen Interesse an der zivilen Exis-

tenz, die auf normative Ansprüche (Rechte und Pflichten) baut. Oft ist das Verhalten von Klienten als unverantwortlich, schädlich und nicht hinnehmbar zu bezeichnen; sie bleiben aber als Bürger und Mensch anerkannt und in dieser normativen Verfassung Partner ihrer professionellen Helfer.
Im Bereich der Erziehung hatte ich die Auffassung, dass Fordern und Fördern zusammengehören und dass Permissivität, wie sie sich unter antiautoritären Vorzeichen in der Jugendhilfe breit machte, nicht angebracht ist, von Anfang an in Wort und Schrift vertreten. Publizistisch boten sich mir dafür zuerst die „Blätter der Wohlfahrtspflege" an, zu deren Herausgeber, dem „Wohlfahrtswerk für Baden-Württemberg", seitens der Stuttgarter Sozialverwaltung viele Verbindungen bestanden. Das „Wohlfahrtswerk" tradierte die Zusammenarbeit öffentlicher und freier Wohlfahrtspflege seit 1816. Bald saß ich im Redaktionsbeirat dieser ältesten deutschen Fachzeitschrift und schätze seit nun bald dreißig Jahren die Diskussion in diesem Kreis. In ihm erwuchs die freundschaftliche Beziehung zu Konrad Hummel (ich komme darauf zurück) und die Zusammenarbeit mit Gerhard Pfannendörfer, Redakteur der „Blätter" seit 1981, später auch von „SOCIALmanagement", der für mich in vorbildlicher Weise seine journalistische Kompetenz mit Professionalität in der Sozialen Arbeit verbindet.
Meine Funktion in der Jugendhilfe brachte Beziehungen zur kommunalen Sozialpolitik, zu Sozialplanern und zu den freien Trägern und ihren Vertretern mit sich. Die öffentliche und die freie Wohlfahrtspflege waren in Stuttgart traditionell eng verwoben, und in dieser Verknüpfung konnte man auch gemeinsam Reformen angehen. Typischerweise nahmen sie ihren Ausgang von Diskussionen im kleinen Kreis, in dem das eine oder andere Mitglied im Gemeinderat mit Leuten aus dem Jugendamt, dem Sozialamt, der Evangelischen Gesellschaft oder von der Caritas, einander konfessionell und in der SPD verbunden und im Jugendhilfeausschuss dabei, einen Neuerungsvorschlag berieten, wonach man dann den Anträgen im Gemeinderat oder Vorschlägen der freien Träger mit Entwürfen aus den Ämtern entgegenkam. Für die Profession traf es sich gut, wenn die Gemeinderätin auch Sozialarbeiterin war – wie Helga Solinger, die später Sozialministerin in Baden-Württemberg wurde und als solche u.a. zur Förderung des Bürgerschaftlichen Engagements (s.u.) im Land beitrug.
Fachlich ergaben sich aus meiner Berufstätigkeit im Jugendamt Kontakte zu Fortbildungsinstitutionen und eine Reihe von Begegnungen, die mich beeindruckten. Unter anderen mit Fritz Redl, dessen Konzentration im sozialerzieherischen Handeln auf Stärkung des Ichs mir gefiel, und mit Bruno Bettelheim. Er bot mit seiner Chicagoer Einrichtung (Bettelheim 1975) ein

Rundum-Konzept von Heimerziehung als Abbildung der ganzen Gestaltung des Lebens von den äußeren Momenten und der Ästhetik des Milieus bis zur Inszenierung von emotionaler Gemeinschaft in jeder einzelnen Beziehung zu den jungen Patienten. Die Arbeiten von Bettelheim und Redl machten einen guten Teil des Inhalts meines Seminars zum Arbeitsfeld Heimerziehung aus, dass ich seit Herbst 1977 an der Berufsakademie Stuttgart abhielt, damals mit dem ersten Jahrgang, der im Ausbildungsbereich Sozialwesen an Berufsakademien graduiert wurde.

Bezüge eigener Lehre

Die Berufsakademie mit ihrem dualen System der Ausbildung kam in Antithese zum „verwissenschaftlichten" Studium an Fachhochschulen zustande. In Baden-Württemberg gab es die BA in einem Modellversuch seit 1974. Ich schätzte den Praxisbezug, der hier strukturell ausgeprägt wurde. Der damals im Kultusministerium des Landes zuständige Referent Dr. Manfred Erhardt (der später Wissenschaftssenator in Berlin wurde und danach Generalsekretär des Stifterverbandes für die Deutsche Wissenschaft) bezog mich in die Beratung ein, wie der zu schaffende Ausbildungsbereich Sozialwesen zu gestalten sei. Man dachte zuerst an eine Mixtur von Heilpädagogik und Jugendarbeit, weil in beiden Feldern Fachkräfte besonders gesucht waren. Ich empfahl eine weniger kurzsichtig angelegte sozialpädagogische Ausbildung, die dann in Stuttgart ab 1975 realisiert wurde. Nebenberuflich übernahm ich Lehraufträge an der BA. Kritik an der Wirtschaftsnähe dieser Institution entsprach zwar den Fakten, beeindruckte mich aber nicht. Hingegen war die Kritik insbesondere aus den Fachhochschulen hilfreich, die Berufsakademie böte nur eine „Schmalspur-Ausbildung". Ich rechne es mir als Verdienst an, ein generalistisches Studium der Sozialen Arbeit im Ausbildungsbereich durchgesetzt zu haben.

Die Notwendigkeit, die Studierenden in die Soziale Arbeit einzuführen, ließ mich in meiner Lehrtätigkeit Ausschau halten nach grundlegenden Texten. Daran herrschte Mangel. Es gab Walter Friedländers, von Hans Pfaffenberger bearbeitete „Grundbegriffe und Methoden der Sozialarbeit" und einige andere aus dem Amerikanischen übersetzte Bücher. An der Akademie las man Klaus Mollenhauers Dissertation „Ursprünge der Sozialpädagogik" und seine „Einführung in die Sozialpädagogik", restriktiv auf Jugendhilfe ausgelegt. Was die „Ursprünge" betraf, war ich in der Geistesgeschichte der ersten Hälfte des 19. Jahrhunderts durch intensive Beschäftigung mit Hegel, dem jungen Marx, mit den Romantikern wie mit den Frühsozialisten und mit den realen Begebenheiten in ihrem Kontext wohl bewandert: Mollenhauers Darlegungen befriedigten nicht. Woher die berufliche Arbeit am Sozialen kam, blieb zu klären. Es begann mein mehrjähriges Nachforschen zu einer „Geschichte der Sozialen Arbeit", die in erster Auflage Anfang 1983 erschien.

Unterdessen war auch mein ökologischer Theorieentwurf fertig. Die Umweltdebatte hatte die Wissenschaften vom Menschen nicht unberührt gelassen. Man sprach von „Sozialökologie" und „ökologischer Sozialisationsforschung" (Bronfenbrenner 1976). Ich veröffentlichte dazu bereits 1976 einen Artikel in den „Blättern der Wohlfahrtspflege". Anfang 1977 fand im Berliner Max-Planck-Institut für Bildungsforschung ein internationales Symposium „Zur Ökologie der Betreuung und Förderung von Kindern unter drei Jahren" statt, das sich den komplexen Wechselwirkungen familiärer und institutioneller Umwelten mit der Entwicklung von Kindern widmete (und den Streit um die Fremdbetreuung in Tagesstätten und Tagespflege aufgriff). In das Konzept, das ich entwickelte, floss Systemtheorie und viel Wissen aus der Philosophie ein. Ich hielt mich an die aristotelische Leitvorstellung des Hauses (oikos) und seiner Bewirtschaftung. Soziale Probleme, gar das psychische Befinden, machen darin nur einen Teil der Aufgaben der Lebensführung aus. Mein Werk „Ökologie und soziale Arbeit" (1982) beginnt deshalb mit einem Kapitel zur „Ökonomik des sozialen Lebens". Man bemerke, dass die später viel beklagte „Ökonomisierung" der Humandienste für mich von vornherein nichts Abschreckendes an sich hatte. Auch versteht sich für mich, dass die weiterführenden und paradigmatischen Anstöße in der Theorieentwicklung von außerhalb der direkten Sozialarbeit kommen. Sie ist schließlich eine Arbeit, welche die Gesellschaft an sich selber leistet, nämlich an den Verhältnissen und an dem Verhalten der ihr angehörenden Menschen und insgesamt am Zustand des Gemeinwesens.

Der ökosoziale Theorierahmen umfasst eine Reihe von Konzepten, die von mir und von anderen auch je für sich diskutiert und in Anwendung gebracht wurden. Zum Beispiel das Konzept der *Lebenslage*, das sich im Übergang von einer psychosozialen Diagnostik zu einer vielseitigen Situationseinschätzung (*Assessment* heißt das nun) als fruchtbar erwiesen hat. Mit der Lebenslage werden die äußeren Lebensumstände ebenso erfasst wie die inneren (somatischen und mentalen) Dispositionen, die Lebensgeschichte eines Menschen und seine subjektiven und objektiven Perspektiven. Ein anderes Konzept bezieht sich auf das Milieu als einen ausgedehnten Raum von Bezügen, in dem einzelne Menschen und Gruppen ihr Leben inszenieren und schon inszeniert vorfinden. Dieses Verständnis finde ich heute in der Sozialraumorientierung der Jugendhilfe neu ausgelegt wieder. Weniger bemerkt wurde in der Fachöffentlichkeit, dass zum bioökologischen Begriff der *Nische* (mit den Existenzbedingungen, die sich eine Art Lebewesen aktiv „einräumt"), das Konzept der *Selbstorganisation* korrespondiert: Leben, auch das soziale, unterhält sich in einer komplexen Eigenaktivität, die zugleich auf Auseinandersetzung und auf Übereinkunft angewiesen ist. Den letzten Abschnitt meines Buches „Ökosozial denken und handeln" überschrieb ich: „Miteinander wohnen im sozialen Haus", und ich fügte in ihn ein Credo ein, zu dem ich mit den Jahren gekommen war: „Nicht einzelne Menschen für sich und alleine sind in der Lage, sich den Charakter ihres Lebens einzurichten und ihm zugleich auch zu entsprechen".

Mit meinem ökotheoretischen Konzept kam ich in Kontakt mit denen, die sich seinerzeit in der Partei DIE GRÜNEN organisierten und war in verschiedenen Diskussionskreisen dabei, ohne allerdings in die Fundamentalopposition einzusteigen, die damals in der grün-alternativen Szene gepflegt wurde. Immerhin zeugt noch der Untertitel der ersten Auflage meiner „Geschichte der sozialen Arbeit" (1983) von dieser Beziehung: „Von der Aufklärung bis zu den Alternativen". Allerdings war nicht nur die ökologische Bewegung gemeint, sondern sie als eine unter den „neuen sozialen Bewegungen", die seit 1960 nicht zuletzt der beruflichen Sozialen Arbeit Schwung verliehen hatten, selber ihn aber nach 1980 nicht mehr besaßen.

Die „Geschichte" ist mein umfangreichstes und nach bisher vier Auflagen auch am meisten verbreitetstes Werk geworden. Schon in meinen Studienzeiten wusste ich, dass der Ursprung des „Sozialen" in der Aufklärungszeit zu finden war, als Bürger sich in Gesellschaften zusammenfanden und das Gemeinwohl mit dem Wohl von ihresgleichen identifizierten. Der Mensch ist zwar, mit Aristoteles, ein „politisches" Wesen, aber solange er an und in Gemeinschaft gebunden war, handelte er nicht *sozial*. Eine soziale Betätigung beruht auf freien Entscheidungen von Bürgern, die „in Gesellschaft" die eigenen und gemeinsamen Angelegenheiten förderlich verfolgen. Das gemeinnützige Handeln von Gesellschaften europaweit in der zweiten Hälfte des 18. Jahrhunderts war soziales Handeln in seinen Anfängen. Ich wandte mich mit dieser These nicht zuletzt gegen die linksideologisch gepflegte Auffassung, die Sozialarbeit sei aus der alten Armenfürsorge entstanden und wie diese als Unterdrückungsinstrument der Herrschenden zu verstehen. Vielmehr wurzelt sie in zivilem Engagement und wird in ihrer Entwicklung befördert von sozialen Bewegungen und dann übergriffen von Sozialpolitik: Mit diesen Feststellungen konnte ich einige Jahre später zum zivilgesellschaftlichen Diskurs aufschließen.

Das ökosoziale Paradigma – in komplexen Zusammenhängen denken und handeln – passte in den 80er Jahren gut zu dem in Verwaltungen und Diensten um sich greifenden „*managerialism*“, wie ihn Margaret Thatcher politisch durchsetzte. Das hieß, die Organisationen im Sozial- und Gesundheitswesen wie private Unternehmen wirkungsorientiert führen. Auf die geschickte Handhabung komplexer Vorgänge kommt es überall an, wo Menschen zielgerichtet zusammenwirken. Daraus war zu schließen, dass Management auch in der methodischen Sozialarbeit angebracht ist. Zum ersten Mal nahm ich den Begriff „Case Management“ bereits 1977 bei dem genannten Symposium zur Früherziehung in Berlin wahr. Management hat mit Autonomie, mit Selbstaktivität der Beteiligten zu tun. Es organisiert und steuert Zusammenarbeit. Über die Verbindung von Ökotheorie und Management kommunizierte ich mit Hubert Oppl, damals an der Fachhochschule in Benediktbeuern. Beide verfolgten wir den ökosozialen Ansatz weiter, u.a. in den von Hubert Oppl redigierten „Brennpunkten Sozialer Arbeit“. Sie bedienten eine multiperspektivische Sichtweise einzelner Handlungsbereiche – in den Methoden, in der Sozialpolitik und in speziellen Arbeitsfeldern. Hubert Oppl hat seine Auffassung, dass Sozialarbeit einer leistungs- und marktorientierten Organisation bedürfe, konsequent praktiziert und ist in das Management der Sozialwirtschaft gewechselt.
Ich pflegte derweil in der Lehre und in Publikationen weiter ein paralleles Arbeiten, beschäftigte mich speziell mit (biologischer) Selbstorganisation und dem faszinierenden Gebiet der Immunologie, die sozusagen das innere, somatische Gemeinwesen in seiner kaum vorstellbaren Komplexität behandelt. Dieser Einblick ergänzte meine Beschäftigung mit dem äußeren Gemeinwesen; sie wiederum wirkte auf mein Verständnis der Methoden Sozialer Arbeit zurück. Dazu trug der Austausch mit Konrad Hummel bei, der in den 80er Jahren Gemeinwesenarbeit von einem Altenzentrum in Fellbach aus betrieb (Hummel 1986), bevor er kommunalpolitisch in Augsburg und dann landespolitisch in Baden-Württemberg die Idee der Seniorengenossenschaften umsetzte und ein daraus abgeleitetes breites Bürgerschaftliches Engagement auf den Weg brachte. Es mußte praktisch in allen möglichen Formen von Selbsthilfe, Vernetzung, kommunaler Beteiligung und professioneller Begleitung erprobt werden, und zu seiner horizontalen Verbreitung gehörte unabdingbar eine Reflexion in der Vertikalen, mit der ganz banales Sichbetätigen und Sicheinsetzen für höhere Absichten der *res publica*, des zivilen Gemeinwesens, erschlossen wird.
In Betrachtung meiner beruflichen und wissenschaftlichen Biographie komme ich immer auf die Philosophie zurück, in der ich seit Jugendjahren belesen bin und die ich ausgiebig studiert habe. Für die Soziale Arbeit ein-

schlägig wurden Lehrveranstaltungen und Aufsätze insbesondere zu ethischen Fragen. In meinem Buch „Eignung – ethische Erwägungen“, das 1989 erschien, knüpfte ich an Grundbegriffe der griechischen Philosophenschule der Stoa an: Der Mensch soll in Übereinstimmung mit der Natur und dem Logos leben; „Oikeiosis“ steht für die Verschränkung von Ethik und Ökologie menschlichen Handelns. Dieser Zusammenhang wurde mir noch deutlicher, als ich mich näher mit der ostasiatischen, sprich: der chinesischen Philosophie beschäftigte, die wesentlich in Ethik besteht. In den 80er Jahren besuchte ich zusammen mit anderen Sozialberuflern mehrmals China. Die Fahrten organisierte der rührige Rainer Dold von der Stuttgarter „Gesellschaft für Jugendsozialarbeit und Bildungsförderung“. Der Anlass war ein durchaus fachlicher: Wir – unter anderen Nando Belardi, Dieter Kreft, Johannes Münder, Friedrich Ortmann und Rainer Treptow – interessierten uns für die sozialen Verhältnisse dort, und die Chinesen waren gerade bei Reformen im zivilen Bereich. Wir ließen uns auf einen intensiven Austausch ein, und meine Kollegen an der Berufsakademie fragten sich schon, ob ich mich vielleicht ganz nach Peking verabschieden wollte. Nach den Studentenprotesten im Frühjahr 1989 (ich habe sie unmittelbar miterlebt), die blutig auf dem Tienanmen endeten, unterblieben indes Projekte wie die Einrichtung einer Deutsch-Chinesischen Sozialakademie. Spätere Gelegenheiten zu Besuchen in China nahm ich nicht wahr, denn nach meiner Heirat und der sich vergrößernden Familie mit den Kindern Katharina, Julian und Manuel war Häuslichkeit gefragt und weniger Schweifen in der Ferne. Doch die reiche Kultur Chinas und die dort tradierte andere Denkweise wirkten mental in mir weiter: Als Frucht meiner fernöstlichen Erfahrungen entstand das Buch „Ritual und rechtes Leben“ (1994), in dem mit dem konfuzianischen Verständnis eines rituellen ethischen Handelns das Verhältnis von Institutionen und individueller Freiheit thematisiert wird.

PROFESSIONSPOLITIK

Verglichen mit dem Umfang und der Bedeutsamkeit Sozialer Arbeit in den Diensten für Menschen ist ihre dürftige Selbstverständigung nach innen und mangelnde disziplinäre Darstellung nach außen ein Skandal. Um dem abzuhelfen, wurde am 8. Juli 1989 die Deutsche Gesellschaft für Sozialarbeit gegründet. Mit Hubert Oppl hatte ich mich schon Jahre zuvor über die Notwendigkeit eines unabhängigen Forums für die Vertretung wissenschaftlicher und praktischer Belange der Sozialarbeit ausgetauscht. Anfang

1987 formulierten wir einen Gründungsaufruf, in dem es hieß: „Berufspolitisch, in der Praxis und in der Lehre befindet sich Sozialarbeit gegenwärtig in einer schwierigen Situation: Die breite eigene Kompetenz in den sozialen Diensten und Einrichtungen wird von den Trägern wie oft auch von den Berufskollegen geringer eingeschätzt als die fachliche Zuständigkeit und der Wert der Arbeit anderer helfender Berufe. An den Hochschulen führen zum großen Teil Sozialwissenschaftler aus den Disziplinen der Psychologie, der Pädagogik und der Soziologie und anderen Fächern die Ausbildung durch und bestimmen sie inhaltlich, während die „lehrenden Sozialarbeiter" nachrangige Positionen einnehmen. In der Praxis der sozialen Dienste mangelt es weithin an einer klaren, fachlich-wissenschaftlich begründeten beruflichen Selbstdarstellung. Das leidige Problem der Verständigung von ‚Theoretikern' und ‚Praktikern' kommt hinzu. Es ist an der Zeit, dass die Fachvertreter ein eigenständiges Organ haben für die Wahrnehmung gemeinsamer Anliegen und Vorhaben."
In der Gesellschaft als „Forum für Wissenschaft und Praxis" sammelten sich nach und nach viele Kolleginnen und Kollegen, denen an einer eigenständigen Sozialarbeitswissenschaft gelegen ist. Deswegen und weil sich ihre Befürworter vor allem an Fachhochschulen finden, wird die Deutsche Gesellschaft für Sozialarbeit oft in Konkurrenz zur universitären Sozialpädagogik (und ihrer Vertretung in der Deutschen Gesellschaft für Erziehungswissenschaft) gesehen. Das trifft aber zumindest im Verhältnis zu ihren führenden Vertretern nicht zu, treten diese doch auch für eine verbindende Wissenschaft Sozialer Arbeit ein. Sie muss anschlussfähig an sozialwissenschaftliche Diskurse allgemein sein (statt nur dem Anschluss der Lehre an Fachhochschulen an das universitäre Niveau den Weg zu ebnen). Ich denke aber, dass die akademischen Diskurse zur Sozialen Arbeit immer auch den Beweis antreten müssen, dass sie anschlussfähig sind an außerakademische Bewegungen und Beweggründe. Unter ihnen habe ich auf die zivile Orientierung Sozialer Arbeit in den letzten zehn Jahren ein Hauptaugenmerk gerichtet.
Professionspolitisch bleibt nämlich die Grundfrage immer neu zu beantworten: „Was ist sozial?". Auf der Mikroebene ist die Antwort in empirischer Sozialarbeitsforschung zu suchen, für die sich unsere Gesellschaft einsetzt. Während auf der Makroebene nachzudenken ist über die Antworten, welche sozialberuflich auf die soziale Frage gegeben werden, sind es hier die konkreten Lebensverhältnisse, in denen die Arbeit Wirkung zeigen soll. Der objektive, nüchterne Blick auf sie wird in der Praxis all zu oft durch die subjektive Passion verstellt, mit der die Professionellen eine helfende Beziehung anstreben und Hilfe vollziehen: Das Kind im Heim, das

allein gelassen und ganz auf die liebevolle Zuwendung der Sozialpädagogin angewiesen scheint, der behinderte Mensch, dessen sichtliche Abhängigkeit mit Betreuung abgedeckt wird, der Wohnungslose, der abgerissen daherkommt und rührend von seinem unglücklichen Schicksal erzählt: Stets hindert der Impuls, wohltätig sein zu wollen, an der durchaus teilnehmenden, aber objektivierenden Beobachtung. Ambulante Hilfen für Kinder sind nicht von den Fachkräften der Heimerziehung verlangt und entwickelt worden; dass behinderte Menschen „selbstbestimmt leben" wollen und können, hörte man nicht zuerst von ihren beruflichen Betreuern; einzelne Hilfen für Wohnungslose, das musste gelernt werden, tragen zur Chronifizierung ihres Zustandes bei. Wissenschaft muss sich fernhalten können von unmittelbarer Brauchbarkeit, in der leicht verstellt wird, was nachhaltig wirkt und nutzt.

Nicht erst seitdem ich zum Vorsitzenden der Deutschen Gesellschaft für Sozialarbeit gewählt bin, blicke ich auf ein ebenso angenehmes wie fruchtbares Zusammenwirken mit meinen Kolleginnen und Kollegen im Vorstand zurück – in den ersten Wahlperioden mit Hubert Oppl, Dieter Fußnegger, Hans-Joachim Puch, Anne Durner, Konrad Hummel, danach mit Silvia Staub-Bernasconi (mit ihr befand ich mich schon vorher in fruchtbarer Auseinandersetzung, vgl. Staub-Bernasconi 1989), Albert Mühlum, Udo Wilken, Wolfgang Antes und Rita Sahle sowie mit Gerhard Pfannendörfer, der in der Gesellschaft für die mediale Vertretung sorgt.

Nach der deutschen Wiedervereinigung veranstaltete unsere Gesellschaft mehrmals Treffen in den neuen Bundesländern. In Jena regte ich die Gründung der „Thüringischen Sozialakademie" an und wirkte an verschiedenen Stellen bei der Nachqualifizierung von Sozialberuflern mit. Viele von ihnen waren erfahrene Fachkräfte der Jugend-, Sozial- und Gesundheitsfürsorge. Ihnen fehlte die im Westen tradierte methodische und rechtliche Fundierung der Profession. Ihr ziviler Charakter war nach 1990 nicht nur im Osten zu betonen, sondern aktuell auch im Zusammenhang mit dem Diskurs über Bürgerstatus und Demokratie, der im Westen schon in den Jahren zuvor begonnen hatte und einen Mentalitätswandel bezeichnete, der auch das Selbstverständnis der professionellen Sozialarbeit betrifft. Die Deutsche Gesellschaft für Sozialarbeit ließ sich deshalb das Thema Zivilgesellschaft besonders angelegen sein. Dazu gab es 1995 einen ersten Kongress der Gesellschaft in Stuttgart (vgl. Wendt 1996). Dreh- und Angelpunkt waren die Aktivitäten Konrad Hummels in Sachen Bürgerschaftliches Engagement, getragen vom Sozialministerium des Landes und den kommunalen Spitzenverbänden. Konrad Hummel sorgte auch für anregende Begegnungen mit den amerikanischen Protagonisten zivilgesellschaftlichen Handelns Michael Walzer, Benjamin Barber und Amitai Etzioni als den Hauptvertretern des amerikanischen Kommunitarismus. Von der zivilgesellschaftlichen Diskussion her hat sich in den letzten Jahren die Meinungsbildung darüber entfaltet, wie die Bürger in eigenen und gemeinsamen Belangen und damit befasste Professionelle teilhaben können an neuen Konkretisierungen des Sozialen.

Zur Selbstverständigung in der beruflichen Sozialen Arbeit gehört nach meiner Meinung gleichermaßen der Ausweis ihrer generalistischen und ihrer speziellen Kompetenz in einzelnen Handlungsbereichen. Ich habe deshalb für die Deutsche Gesellschaft für Sozialarbeit 1995 vorgeschlagen, den in Amerika eingeführten Begriff der „Klinischen Sozialarbeit" (clinical social work) zu übernehmen und damit die Zuständigkeit und Fähigkeit zu bezeichnen, zum Behandlungserfolg bei gesundheitlichen Beeinträchtigungen und in der Rehabilitation nach Krankheit oder bei Behinderung mit Sozialer Arbeit beizutragen. Es dauerte einige Zeit, bis sich dieser Vorschlag herumgesprochen hatte. Zwar war der Begriff im Deutschen nicht ganz neu; Hans Ulrich Senftleben gebrauchte ihn bereits, allerdings in der Gleichung Klinik gleich Krankenhaus. Bis heute gibt es das Missverständnis „Klinische Sozialarbeit gleich Sozialarbeit in der Klinik". Es half immerhin den Begriff verbreiten. Manche Sozialberufler im Gesundheitswesen meinen, sich schon deshalb „Klinische Sozialarbeiter/in" nennen zu dürfen, weil sie in diesem Bereich tätig sind. Gewollt ist mit dem Konzept jedoch eine Kompetenz im Hinblick auf Heilung oder Wiederherstellung von Patienten. Es muss also bei Sozialdiensten im Krankenhaus, in der Psychiatrie, in der Drogenhilfe usw. erst einmal bestimmt werden, wo und wie dieser Beitrag in der Behandlung geleistet wird, um danach die dazu nötige Qualifizierung zu benennen. Die Debatte um die Klinische Sozialarbeit ist inzwischen in den Streit um die Ausbildungsabschlüsse im Sozialwesen einbezogen worden. Für eine Fachsozialarbeit, wie sie die Klinische musterhaft ist, wird ein Aufbaustudium verlangt und der Master-Abschluss vorgesehen; er soll aber die generelle Qualifikation grundständig ausgebildeter Sozialarbeiter/innen nicht beschädigen.

Wer die Gefahr beschwört, dass mit einer Fachsozialarbeit die Einheit der Berufsausübung verloren gehe, übersieht, das diese Einheit aus ganz anderen Gründen von Fragmentierung bedroht ist. Viele Praktiker bezeichnen sich selber lieber als Berater, Betreuer, Therapeut, Familienhelfer, Gemeinwesenarbeiter etc. oder stehlen sich als Supervisoren und Mediatoren aus der Zugehörigkeit zur Profession. Man muss sehen, das die Gemeinsamkeiten des Berufes in den vergangenen Jahrzehnten weniger in der Sache als in ideologischen Übereinstimmungen von Berufsvertretern bestanden. In dem Maße, in dem jene Überzeugungen dahinschmelzen und postmoderner Gleichgültigkeit Platz machen, wie ihr der Philosoph Lyotard in „Das postmoderne Wissen“ (1986) das Wort geredet hat (ich war Lyotard anlässlich einer Vernissage seines Künstlerfreundes Buren in Stuttgart begegnet), bereitet es zunehmend Mühe, sich divergierenden Tendenzen entgegenzustellen. Die Aufgabenstellung Sozialer Arbeit ist vielschichtig und vielseitig, jedenfalls nicht eindeutig, und die Berufsangehörigen haben keine einheitliche Auffassung von ihr, stehen ihr und der eigenen Tätigkeit ambivalent gegenüber. Das ist eine ständige, in den letzten Jahren viel besprochene Erfahrung. Hundert Jahre Profession, 1998 in den USA gefeiert, und das Ende des alten Millenniums waren Anlass für viele Rückblicke und Ausblicke. Während der amerikanische Berufsverband mit einigem Stolz die Kontinuität von Social Work seit den Zeiten von Jane Addams und Mary Richmond betonte, spricht man international von Fragmentierung und Verlust an Ansehen. Dagegen erscheint die in akademischen Kreisen hierzulande immer noch nicht abgehakte Dichotomie oder Konvergenz von Sozialpädagogik und Sozialarbeit als, wenn auch immer wieder irritierende, Randproblematik. Ein kollegiales Treffen in Trier im November 1997 zeigte, wie heterogen sich das Selbstverständnis der Profession in Deutschland entwickelt hat und wie wenig homogen ihre Perspektiven sein dürften. Die grundsätzliche Differenz von Theorie und Praxis kommt hinzu. Darauf machte in Trier eindrücklich noch einmal Klaus Mollenhauer, schon von schwerer Krankheit gezeichnet, aufmerksam (vgl. Homfeldt/Merten/Schulze-Krüdener 1999).

WENDUNG ZUR SOZIALWIRTSCHAFT

Eine analoge Entwicklung wie die Diskussion über klinische Kompetenzen des Sozialberufes hat der schon länger währende Diskurs über Management als generelle und spezifische Kompetenz genommen. An ihm beteiligte ich mich zunehmend. Wurde Management als steuerndes, planmäßiges Vorgehen, als methodisches Element also, noch akzeptiert, gab es gegen den betrieblichen, unternehmerischen Topos *Management* starke Widerstände in der Sozialarbeiterschaft – und mehr noch in der Lehre. Eine wirtschaftliche Führung der Geschäfte Sozialer Arbeit schien sich nicht mit der auf individuelle Bedürfnisse ausgerichteten Beziehungsarbeit des einzelnen Helfers zu vereinbaren. Tritt sie allerdings nicht längst zurück hinter vernetzter Zusammenarbeit von und mit Diensten? So fragte ich mich, ob sich die Trennung von „Methode“ und „Betrieb“ noch aufrechterhalten lässt. Vielleicht waren

es gerade meine Erfahrungen als Psychologe, dass ich der Leidenschaft reserviert begegnete, mit der Sozialarbeiter/innen ihre persönliche Beziehung zu den Klienten von allem, was nach Geschäft und Kalkül aussah, frei halten wollten. Natürlich ist eine vorbedingungslose Hilfsbereitschaft, sind Einfühlsamkeit und Verständnis vonnöten, um Menschen in Krisen und Konflikten wirklich beistehen zu können, aber das Mitgefühl bei aktuellem Betroffensein sollte den Blick nicht ablenken von der weiterreichenden Problematik persönlichen, familiären und gemeinschaftlichen Zurechtkommens. Soziale Arbeit wird als eine Arbeit an individueller und gemeinsamer Lebensführung angefordert. So gesehen, liegt eine Gestaltungsaufgabe vor, zu der die Ressourcen der Dienste wie die Ressourcen der Menschen, für die Dienstleistung erbracht werden soll, herangezogen werden.
Die geschickte Handhabung, der überlegte Einsatz und die Bewirtschaftung der Mittel, über die man verfügt, sind Bedingungen für ein erfolgreiches Arbeiten, wenn es sich über längere Zeit erstreckt und mehrere Personen und Stellen (Dienst- wie Kostenstellen) in Anspruch nimmt. Ich hatte schon von meinem ökologischen Verständnis her keine Schwierigkeiten damit, den personenbezogenen Dienst in einen wirtschaftlichen Kontext zu rücken. Im Gegenteil, er erschien mir historisch wie theoretisch ein vorgegebener Rahmen Sozialer Arbeit zu sein. Bereits in den 80er Jahren befasste ich mich mit makro- und mikroökonomischen Beiträgen zur Ausleuchtung dieses Rahmens. Soziale Arbeit – ihre berufliche Identität, die Politik um ihre Dienste – kann in einem dynamischen Mehrebenensystem betrachtet werden, in dem (oben) die wohlfahrtsstaatliche Funktion und volkswirtschaftliche Bedeutung dieser Arbeit, intermediär ihr organisiertes Operieren, wirtschaftlich „zwischen Markt und Staat", und (unten) personenbezogen die Art und Weise der Kommunikation zwischen Professionellen und den Nutzern von Diensten und Einrichtungen sowie zwischen Bürgern in Selbsthilfe und eigenem Engagement, zu diskutieren sind.
Mir wurde zunehmend klar, dass die Leitvorstellung von der aufhelfenden Beziehung zu einzelnen Klienten, so wichtig sie in jedem Einzelfalle sein mag, ein schlechter Ankerplatz für die Theorie der Sozialen Arbeit ist: Geeignet als Ansatz für erzieherische und therapeutische Interventionen, irreführend, um partnerschaftliche Zusammenarbeit zu konzipieren. Lange Zeit war es für den Sozialberuf typisch, dass eine einzelne fürsorgliche Person auf Menschen zugeht, die arm sind, randständig, gestört oder in Krisen und zweifellos hilfebedürftig. Damit der Helfer hier einspringen kann, muss er Zugang zu den Betroffenen haben; also baut er eine Vertrauensbeziehung zu ihnen auf. Der Professionelle weiß, was zu tun ist; die Klienten

sollen es ihm abnehmen. Und zweifellos ist eine gute Kommunikationsfähigkeit unerlässlich in der Sozialen Arbeit und muss hinreichend ausgebildet sein.

Was aber, wenn Bürger selber soziale Dienste für sich in Anspruch nehmen wollen, über das Angebot informiert sind oder sich informieren lassen, als Behinderte auf ein selbstbestimmtes Leben Wert legen? Oder wenn Bürger im Alter ihre Selbständigkeit wahren wollen, als Eltern eine passend zugeschnittene Kinderbetreuung wünschen oder als Bewohner in einem Stadtteil selber informell soziale Arrangements treffen und dazu Fachkräfte beiziehen? Menschen wie du und ich brauchen in den Schwierigkeiten der Lebensführung heutzutage soziale Dienste, mal früher, mal später, mal weniger, mal öfter. In Abhängigkeit wollen sie sich deshalb nicht begeben und Objekt von Fürsorge schon gar nicht sein. Selbstaktive Nutzer ziehen Unterstützung und helfende Dienste heran, wenn sie diese in ihrem „life management" gebrauchen können. Sie beziehen die Hilfen in die Bewirtschaftung ihrer eigenen Angelegenheiten ein. Ich habe in letzter Zeit ganz persönlich und in der Perspektive eines Nutzers erlebt, wie sehr ein Sozialdienst seine Aufgabe verfehlt, wenn er die Ökonomie einer Familie bzw. persönliches Haushalten nicht hinreichend berücksichtigt. Als meine Frau mit Zwillingen schwanger war und einige Wochen vor deren Geburt die meiste Zeit liegen musste, nahmen wir die Haus- und Familienpflege in Anspruch. Nacheinander kamen drei, sicherlich gut ausgebildete Familienpflegerinnen in unseren Haushalt, stießen sich daran, dass er vorhanden war und sich nicht auf ihre Arbeitsweise ausrichten ließ (s. hierzu Wendt 2001). Unsere Familienökonomie widerstand der helfenden Intervention. Diese war, was die Zweckerfüllung betrifft, unwirtschaftlich. Gelernt werden kann daran: Was im sozialberuflichen Helfen wirklich zählt, ist sein Wirksamwerden im Kontext der Lebensführung von Menschen, die Hilfe auf ihre Weise zu nutzen verstehen.

Sozialwirtschaft ist zum hauptsächlichen Thema meines wissenschaftlichen Arbeitens in den letzten Jahren geworden. Ich wirkte mit an der Entwicklung von Konzepten zur Ausbildung von Sozialwirten, war bei der Gründung der „Bundesarbeitsgemeinschaft Sozialmanagement/Sozialwirtschaft an Hochschulen" dabei und sprach mich professionspolitisch mit anderen dagegen aus, die wirtschaftliche Geschäftsführung bei den Trägern, in den Einrichtungen und Diensten der Wohlfahrtspflege, den Betriebswirten zu überlassen. Sozial ist auf eine ganz andere Art und Weise Wertschöpfung zu gestalten, zu steuern und zu verantworten als in einem auf finanziellen Gewinn ausgerichteten Unternehmen. Der Sozialwirt baut besser auf einer sozialarbeiterischen Qualifikation auf als dass er sich als spezialisierter Betriebswirt versteht. Die Ausbildung zum Sozialwirt bzw. im Sozialmanagement gibt es inzwischen an vielen Fachhochschulen und auch an Berufsakademien. Allerdings gelang es in Stuttgart bisher nicht, sie neben der betriebswirtschaftlichen Ausbildung zu etablieren. Sozialwirtschaftliche Kompetenz ist indes nicht allein in der Führung von Sozialorganisationen, also auf der Mesoebene der Erbringung von Dienstleistungen, gefragt. Sie ist ebensowohl erforderlich auf der politischen Makroebene, wo die gemeinnützige freie Wohlfahrtspflege in Deutschland in Konkurrenz zu privaten Anbietern gerät und von der europäischen Wettbewerbsordnung herausgefordert wird (vgl. Wendt 2000). Und auf der Mikroebene will die Zusammenarbeit mit selbstaktiven Nutzern sozialwirtschaftlich gestaltet sein. Das ist eine Managementaufgabe. Ihr Gegenstand sind Prozesse, wie sie methodisch insbesondere im Case Management ablaufen.

Damit bin ich wieder bei den praktischen Seiten meines sozialberuflichen Engagements. Case Management ist bei oberflächlicher Betrachtung technischer Natur. Dass ich für diese Verfahrensweise wie überhaupt für ein Management in Humandiensten eintrete, ist mir verschiedentlich angekreidet worden. Dabei wird leicht übersehen, das die klare Ablauforganisation im Case Management den Vorzug hat, prozedural „fair" zu sein, mit den Nutzern Einschätzungen vorzunehmen, Abhilfe zusammen zu planen, nach Vereinbarung zu handeln und die fallweise Soziale Arbeit rechenschaftsfähig gegenüber allen Beteiligten zu machen. Zudem wird eine nutzerorientierte Systemsteuerung verlangt. Seitdem meine Schriften zum Case Management gelesen werden, befasse ich mit Anwendungen dieses Verfahrens in einzelnen Arbeitsfeldern im ganzen deutschsprachigen Raum. Das begann mit der Schaffung von Informations-, Anlauf- und Vermittlungsstellen (IAV-Stellen) für pflegebedürftige ältere und für behinderte Menschen in Baden-Württemberg (s. Wendt 1993) und setzte sich in Kontakt mit Pflegediensten, Integrationsfachdiensten, in der Erarbeitung von Verbundlösungen in der Drogen- und Wohnungslosenhilfe und in Fragen der Gestaltung von Komplexleistungen, z.B. in der ambulanten Psychiatrie, fort. Case Management hat mit übergreifender Versorgungsgestaltung und Versorgungssteuerung im Sozial- und Gesundheitswesen zu tun und mit der Einführung von Informatik in die Dienste. In Humandiensten laufen Prozesse der Informationsverarbeitung ab; man kann sie mehr oder weniger effizient organisieren. Meine Beschäftigung mit Sozialinformatik und einem sozialen Wissensmanagement ist in diesem Zusammenhang zu nennen. Informationen haben ihre Bedeutung in dem Kontext, dem sie entnommen werden, und in dem Kontext, in dem man sie mental aufnimmt und in

Wissen wandelt. Was sich mit ihm erreichen lässt, ist Kompetenz. Sie verbindet Befähigung mit Zuständigkeit. Im sozialberuflichen Engagement mangelt es weniger an einzelnen Fähigkeiten als am Ausweis und an der Entfaltung von Zuständigkeit. Nach meiner Erfahrung ist, wo immer ein Case Management eingeführt wird, ein Prozess der Organisationsentwicklung nötig, um es erfolgreich zu etablieren. Wieder hängt es vom „Betrieb" ab, wie die Arbeit vonstatten gehen kann.

EIN AUSBLICK, KEIN FAZIT

In meiner eigenen Entwicklung habe ich mich immer kontextgebunden erfahren. Ich bin früh in politische und gesellschaftsverändernde Prozesse hineingezogen worden. Im Fortschreiten durch Beruf und Lehre bleibe ich in diesem Handlungs- und Orientierungsrahmen, den wir auch nötig haben, um zu klären, was sozial ist, welche Berechtigung und welchen Wert Sozialarbeit hat und wie sie sich mit ihren Leistungen im Beruf und in freiem Engagement darstellen und behaupten kann gegenüber anderen Interessen und in unbestimmter Zukunft. Ich bin überzeugt, dass nachgerade die Vielgestaltigkeit und offene Identität von Sozialer Arbeit sie zukunftsfähig sein lässt.

Allerdings ist da wenig ausgemacht. Ein Fazit kann ich weder in der Sache noch persönlich ziehen. Die Zeit, in der wir leben, ist durch Beschleunigung gekennzeichnet. Hat die Zunft vormals die „Politisierung", dann die „Therapeutisierung" Sozialer Arbeit beschäftigt, mußte sie danach die „Ökonomisierung" ertragen, wird sie nun von der „Informatisierung" erfasst. Dazu kommen strukturelle Neuorientierungen – von den stationären Einrichtungen zu den ambulanten Diensten und zur Flexibilisierung im Sozialraum. Mehr Selbstverantwortung und Teilhabe entzieht der Fürsorge an vielen Stellen die gewohnte Legitimation. Komplexere Anforderungen an die Lebensführung erweitern zugleich die professionelle Aufgabenstellung. Ihr ist auf immer neue Weise nachzukommen. Im Sozialwesen wird wie im Gesundheitswesen die Reform zu einer Daueraufgabe. Die Praxis hat sich auf Innovationen allenthalben einzustellen, und die Theorieentwicklung kann kaum folgen. Pflegte man einmal die Vorstellung, Sozialarbeit sei dazu da, sich überflüssig zu machen, stellt sich vielmehr heraus, dass es einen Überfluss an Problemen und Aufgaben gibt, für die sozialberuflich immer wieder und jeweils neu Kompetenz erworben werden muss. Wie weit wir damit kommen oder wo andere dafür zuständig werden und sich befähigen, lässt sich nicht sagen. Die

Anwesenheit einer Fachkraft ist nicht ausschlaggebend dafür, dass sozial gearbeitet wird. Gesellschaftliche und humane Beweggründe nötigen zu einem umsorgenden Handeln und zur Reflexion in Sozialer Arbeit. Ich stecke in dieser Arbeit. Was die Profession betrifft und die Disziplin – und was in meinem curriculum vitae mich selber betrifft.

LITERATUR

Bettelheim, Bruno (1975): Der Weg aus dem Labyrinth. Stuttgart

Bloch, Ernst (1960): Das Prinzip Hoffnung. Berlin

BMFG (1980): Das Modellprojekt „Tagesmütter". Abschlussbericht der wissenschaftlichen Begleitung. Schriftenreihe des Bundesministeriums für Jugend, Familie und Gesundheit, Bd. 85. Stuttgart

Bollnow, Otto Friedrich (1998): Die anthropologische Betrachtungsweise in der Pädagogik. Essen

Bonhoeffer, Martin/Widemann, Peter (Hrsg.) (1974): Kinder in Ersatzfamilien. Stuttgart

Bräutigam, Hans Harald (1998): Beruf: Frauenarzt. Erfahrungen und Erkenntnisse eines Gynäkologen. Hamburg

Bronfenbrenner, Urie (1976): Ökologische Sozialisationsforschung. Stuttgart

Homfeldt, Hans Günther/Merten, Roland/Schulze-Krüdener, Jürgen (Hrsg.) (1999): Soziale Arbeit im Dialog ihrer Generationen. Baltmannsweiler

Hummel, Konrad (1982): Öffnet die Altersheime! Weinheim

Lyotard, Jean-Francois (1986): Das postmoderne Wissen. Ein Bericht. Graz und Wien

Mollenhauer, Klaus (1959): Die Ursprünge der Sozialpädagogik in der industriellen Gesellschaft. Weinheim

Prokop, Siegfried (Hrsg.) (1996): Ein Streiter für Deutschland. Auseinandersetzung mit Wolfgang Harich. Berlin

Staub-Bernasconi, Silvia (1989): Soziale Arbeit und Ökologie 100 Jahre vor der ökologischen Wende. Ein Vergleich der theoretischen Beiträge von Jane Addams (1860-1935) und Wolf Rainer Wendt (1982). In: Neue Praxis, 19, 4. S. 283-309

Auswahl aus eigenen Arbeiten auf dem Denkweg des Autors

Wendt, W. R. (1970): Ready-Made. Das Problem und der philosophische Begriff des ästhetischen Verhaltens, dargestellt an Marcel Duchamp. Meisenheim

Wendt, W. R. (1971): Methodische und organisatorische Veränderungen in der Heimerziehung. In: Blätter der Wohlfahrtspflege, 118, 5. S. 140-143

Wendt, W. R. (1975): Kindererholung. Ein sozialpädagogisches Curriculum. Stuttgart

Wendt, W. R. (1976): Der ökologische Ansatz in der Sozialpädagogik. In: Blätter der Wohlfahrtspflege, 123, 12. S. 294-296

Wendt, W. R. (1977): Physische Erziehung als sozialpädagogische Aufgabe. In: Unsere Jugend, 29, 2. S. 56-62

Wendt, W. R. (1977): Das ethische Defizit in der Jugenderziehung. In: Zentralblatt für Jugendrecht und Jugendwohlfahrt, 7, 1977. S. 267-273

Wendt, W. R. (1982): Ökologie und soziale Arbeit. Stuttgart

Wendt, W. R. (1983): Geschichte der sozialen Arbeit. Von der Aufklärung bis zu den Alternativen. 1. Aufl., Stuttgart

Wendt, W. R. (1984): Soziales als Gegenstand von Politik und Arbeit. In: Brennpunkte Sozialer Arbeit – Sozialpolitik und Zukunft Sozialer Arbeit. Frankfurt am Main, S. 7-31

Wendt, W. R. (Hrsg.) (1985): Studium und Praxis der Sozialarbeit. Beiträge zur Ausbildung und zu den Arbeitsfeldern. Stuttgart

Wendt, W. R. (1986): Die ökosoziale Aufgabe: Haushalten im Lebenszusammenhang. In: Umwelt – Lebenswelt. Beiträge zur Theorie und Praxis ökosozialer Arbeit. Frankfurt am Main. S. 7-84

Wendt, W. R. (1986): Haushaltswissenschaft und soziales Management: Beiträge zur ökonomischen und exekutiven Kompetenz von Sozialarbeitern. In: Nachrichtendienst des Deutschen Vereins, 66, 6. S. 235-241

Wendt, W. R. (1988): Immunstatus und Lebenslage: Konsequenzen aus der immunologischen Forschung für die Gesundheitsarbeit. In: Blätter der Wohlfahrtspflege, 135, 1. S. 7-17

Wendt, W. R. (1988): Soziale Einzelhilfe: Von der Falldiagnose zum Unterstützungsmanagement. In: Brennpunkte Sozialer Arbeit – Soziale Einzelhilfe. Frankfurt am Main. S. 9-30

Wendt, W. R. (1989): Eignung. Ethische Erwägungen. Frankfurt am Main

Wendt, W. R. (1990): Die Krise des Sozialen. Für eine ökologische Erneuerung sozialen Handelns. In: Blätter der Wohlfahrtspflege, 137, 1. S. 3-7

Wendt, W. R. (1990): Between Social and Somatic Disorders: The Promotion of Health as Part of General Social Work Practice. In: Social Science and Medicine, 31, 1. S. 35-42

Wendt, W. R. (1990): Ökosozial denken und handeln. Grundlagen und Anwendungen in der Sozialarbeit. Freiburg i.Br.

Wendt, W. R. (Hrsg.) (1991): Unterstützung fallweise. Case Management in der Sozialarbeit. Freiburg i.Br.

Wendt, W. R. (1992): Werkstattgespräche zur Sozialarbeitswissenschaft: Positionsbestimmungen. In: Nachrichtendienst des Deutschen Vereins, 72, 8. S. 270-271
Wendt, W. R. (1993): Zivilgesellschaft: Jenseits der Fürsorge. In: SOCIALmanagement, 3, 1. S. 37-40
Wendt, W. R. (Hrsg.) (1993): Ambulante sozialpflegerische Dienste in Kooperation. Freiburg i.Br.
Wendt, W. R. (1994): Ritual und rechtes Leben. Studien zwischen den Kulturen. Stuttgart
Wendt, W. R. (Hrsg.) (1994): Sozial und wissenschaftlich arbeiten. Status und Positionen der Sozialarbeitswissenschaft. Freiburg i.Br.
Wendt, W. R. (Hrsg.) (1995): Soziale Arbeit im Wandel ihres Selbstverständnisses. Beruf und Identität. Freiburg i.Br.
Wendt, W. R. (1995): Klinische Sozialarbeit braucht ein Profil. In: Blätter der Wohlfahrtspflege, 142, 10. S. 256-257
Wendt, W. R. (Hrsg.) (1995): Lehre und Praxis als Partner in der sozialen Arbeit. Rudersberg
Wendt, W. R. (1996): Zivilgesellschaft und soziales Handeln. Bürgerschaftliches Engagement in eigenen und gemeinschaftlichen Belangen. Freiburg i.Br.
Wendt, W. R. (1997): Case Management im Sozial- und Gesundheitswesen. Freiburg i.Br. (3.erw. Auflage 2001)
Wendt, W. R. (1998): Behandeln können. Klinische Kompetenzen in Praxisfeldern Sozialer Arbeit. In: Blätter der Wohlfahrtspflege, 145, 9+10. S. 173-175
Wendt, W. R. (1998): Soziales Wissensmanagement. Baden-Baden
Wendt, W. R. (1999): Müssen die Klassiker deutsch sein? Oder: wie breit Soziale Arbeit gegründet ist. In: Sozialwissenschaftliche Literatur Rundschau, Nr. 38. S. 31-40
Wendt, W. R. (1999): Sozialwirtschaft und Sozialmanagement in der Ausbildung. Baden-Baden
Wendt, W. R. (2000): Bannkreis der Ökonomie – Bannkreis des Sozialen. In: Wilken, Udo (Hrsg.): Soziale Arbeit zwischen Ethik und Ökonomie. Freiburg i.Br. S. 31-52
Wendt, W. R. (2000): Vom ökosozialen Ansatz zur Sozialwirtschaftslehre. In: Soziale Arbeit, 49, 8. S. 282-289
Wendt, W. R. (2000): Sozialinformatik: Stand und Perspektiven. Baden-Baden
Wendt, W. R. (2000): Ansätze einer Sozialwirtschaftslehre. In: Sozialer Fortschritt, 49, 11/12. S. 261-270
Wendt, W. R. (2001): Sozial Arbeiten am persönlichen Wirtschaften. In: Blätter der Wohlfahrtspflege, 148, 5+6. S. 100-103

Die Herausgeber

Hermann Heitkamp, geb. 1937, Diplom-Sozialarbeiter, Diplom-Pädagoge, Supervisor (DGSv), Dr. rer. soc., Professor, Gründungsdekan des Fachbereichs Sozialwesen an der Hochschule Zittau/Görlitz. Studium der Sozialarbeit, Erziehungswissenschaft und Soziologie in Freiburg, Essen, Tübingen und Konstanz. Siebzehnjährige Berufserfahrung in den Bereichen Suchthilfe, Jugendbildung, Körperbehindertenarbeit und Heimerziehung. Mitglied der Fachkommissionen (Studienreformkommissionen) „Sozialpädagogik/Sozialarbeit" und „Heilpädagogik" der Kultusministerkonferenz Bonn. Veröffentlichungen: Zeitschriftenartikel und Buchbeiträge zu verschiedenen sozialpädagogischen Themen und zur Studienreform Soziale Arbeit. Monographien: „Sozialarbeit im Praxisfeld Heimerziehung" (Frankfurt/M. 1984), „Heimerziehung und Pflegefamilien – konkurrierende Erziehungshilfen?" (Frankfurt/M. 1989), Mitherausgeber von Band 1 „Soziale Arbeit in Selbstzeugnissen" (Freiburg 1999).

Alfred Plewa, geb. 1948, Diplom-Psychologe, Dr. phil., Professor an der Fachhochschule Ravensburg-Weingarten, Hochschule für Technik und Sozialwesen. Studium der Erziehungswissenschaften und Psychologie in Fulda, Gießen und Freiburg i.Br. Frühere Berufstätigkeit in der Psychotherapieforschung, Erziehungsberatung und Psychiatrie. Veröffentlichungen: Buch- und Zeitschriftenbeiträge u.a. zu den Themen Angst, Psychotherapie, Sprache, Selbsthilfe. Mitherausgeber vom zweibändigen „Handbuch der Psychologie für die Seelsorge" (1992/93) und von „Soziale Arbeit in Selbstzeugnissen", Band 1 (1999).